西南财经大学"211工程"三期建设项目资助

西南财经大学马克思主义经济学研究院
西南财经大学经济学院

编

陈豹隐全集

第一卷

理论经济学

①

西南财经大学出版社

图书在版编目(CIP)数据

陈豹隐全集. 第一卷/西南财经大学马克思主义经济学研究院,西南财经大
学经济学院编. —成都:西南财经大学出版社,2013.4
ISBN 978 - 7 - 5504 - 1012 - 1

Ⅰ.①陈…　Ⅱ.①西…②西…　Ⅲ.①陈豹隐(1886~1960)—全集
Ⅳ.①Z427

中国版本图书馆 CIP 数据核字(2013)第 066291 号

陈豹隐全集. 第一卷

西南财经大学马克思主义经济学研究院
　　　　　　　　　　　　　　　　　　编
西南财经大学经济学院

责任编辑:张明星　李　雪　王　利　向小英　李霞湘　汪涌波
助理编辑:高小田
封面设计:杨红鹰
责任印制:封俊川

出版发行	西南财经大学出版社(四川省成都市光华村街55号)
网　　址	http://www.bookcj.com
电子邮件	bookcj@foxmail.com
邮政编码	610074
电　　话	028 - 87353785　87352368
照　　排	四川胜翔数码印务设计有限公司
印　　刷	四川森林印务有限责任公司
成品尺寸	165mm×235mm
印　　张	171.25
插　　页	32 页
字　　数	1975 千字
版　　次	2013 年 4 月第 1 版
印　　次	2013 年 4 月第 1 次印刷
书　　号	ISBN 978 - 7 - 5504 - 1012 - 1
定　　价	398.00 元(全五册)

日本东京帝国大学留学时期（1913-1917）

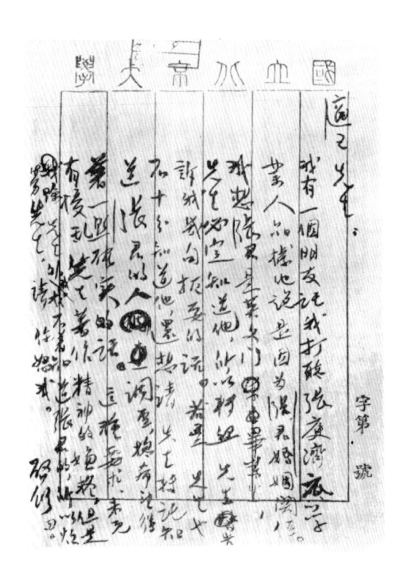

陈豹隐致胡适书信手迹

陈豹隐出生地（位于中江县回龙镇夏家沟）

陈豹隐先生逝世

本报讯 中国人民政治协商会议全国委员会常务委员、中国人民政治协商会议四川省委员会常务委员、中国国民党革命委员会四川省委员会常务委员、四川财经学院教授陈豹隐先生因患脑溢血症，經急救无效，于1960年9月9日上午八时四十分在成都逝世。陈先生遗体已經移至成都市殡仪馆，追悼和安葬将择日举行。

陈豹隐先生治丧委员会已經組成，即日办理有关治丧的各項工作。治丧委员会名单如下：

陈 毅	李井泉	徐 冰	廖志高	王宏实	邓錫侯 邓作楷
叶兆毅	田一平	卢子鹤	李宗林	但懋辛	张曙时 张秀熟
张仲箎	罗承烈	赵蒼璧	柯 召	徐崇林	黄 隐 夏仲实
程子健	童少生	彭劭农	彭迪先	熊 揚	龔逢春

陈豹隐先生逝世（《四川日报》1960年9月11日）

經濟系教授馬初先生

政治系主任陳修先生

北大的人物（左马寅初，右陈豹隐）（《北大生活》1921年12月）

1957年全家福
前排左起：严永军、严永伟、陈来英、陈政禧、陈政宁、陈健；
中排左起：陈理达、陈惟辛、杨绍衣、唐惟俶、张佩琳、骆涛、陈志嘉；
后排左起：陈若豹【小辛】、严家彝、陈寅星【演辛】、陈豹隐、
　　　　　陈庚辛、陈大良【传辛】

序

　　西南财经大学是国内马克思主义政治经济学研究的重要阵地。在西南财经大学"211"三期工程"中国社会主义市场经济理论与实践"的项目建设中，我们开始着手系统梳理自陈豹隐、彭迪先、汤象龙、刘洪康等以来，中经刘诗白、王叔云、许廷星、何高箸等承前启后，马克思主义经济学在西南财经大学的百年传承。收集、整理、编辑、出版《陈豹隐全集》无疑是这个宏大工程中的重要组成部分之一。

　　陈豹隐（1886—1960），原名陈启修，字惺农，笔名勺水、罗江，四川中江人。父陈品全，光绪二十年（1894年）甲午恩科进士。陈豹隐早年在家中私塾进行启蒙教育，1900年入法国人兴办的广州丕崇书院。1905年他因赴法读书未果，遂东渡日本。辛亥革命期间，一度回国，在王芝祥第三军任二等参谋兼军需司副司长。后因黄兴失势再度留日，1913年考入东京帝国大学法科大学政治科①。1916年他在东京发起成立丙辰学社（后更名中华学艺

---

　　①　当时，帝国大学共有东京帝大、京都帝大、东北帝大、九州帝大四所。东京帝大实行分科大学制，东京帝大法科大学下设法科和政治科，1919年分科大学制废止，经济学才从中独立出来。陈豹隐所读的政治科实际相当于政治经济科，分科大学制造就了他经济学、政治学和法学的综合素养。

社），并当选首任执行部理事。1917 年受邀担任北京大学法科教授兼政治门研究所主任。1923 年底赴苏联和西欧进修，期间先后加入中国国民党和中国共产党，并当选中共第四期旅莫支部审查委员会委员①。1926 年赴广州，出任黄埔军校政治教官、第六届广州农民运动讲习所教员、国立中山大学法科科务主席兼经济学系主任等。武汉国民政府时期，任武汉《中央日报》总编辑、武汉新闻记者联合会总主席、武汉国民党中央政治会议秘书长等。大革命失败后流亡日本，从事理论著述、文学创作和翻译工作。1930 年重返北大，曾参与"第三党"（农工党前身）筹建和冯玉祥泰山讲学。抗战期间，历任第一至四届国民参政会参政员。1947 年任重庆大学商学院院长。1951 年任重庆财经学院院长。1952 年年底因院系调整，调任四川财经学院临时院务工作委员会教务组组长。1956 年被评为经济学一级教授。② 1959 年当选第三届全国政协常委。

陈豹隐兼具多重身份，他的一生可谓浓缩了一个时代。他是各种思潮的预流者和引领者，他既是学者，又是社会活动家。

---

① 共同担任该届审查委员会委员的有李大钊、罗亦农、王一飞和王若飞。

② 1956 年评定的全国经济学一级教授仅两名，即陈岱孙和陈豹隐。

    作为经济学家的陈豹隐，1914 年即以翻译小林丑三郎的《财政学提要》而初露锋芒，1924 年出版了中国最早的自著财政学教科书《财政学总论》。1929—1930 年，他进一步翻译出版了《经济学大纲》（河上肇）和《资本论》第 1 卷第 1 分册（此为《资本论》的首个中译本）。其后，他致力于构建完整的经济学理论体系，先后出版了《经济现象的体系》、《经济学原理十讲（上册）》、《经济学讲话》等专著。抗战期间，他积极关注战时经济问题，主编和合著了《经济恐慌下的日本》、《抗战建国纲领浅说》、《战时财政新论》等。新中国成立后，他毅然坚持计划生育与社会主义制度下仍有商品生产和价值规律作用的观点，展现了知识分子的崇高人格。

    作为政治学家的陈豹隐，早在留日时即热心国内政治事务，发表了《欧洲大国联邦论》、《对德外交之公正批评》、《抱影庐陈言》等文。五四运动前后，更是他的政论活跃期，如《国家改制与世界改制》、《庶民主义之研究》、《从"北洋政策"到"西南政策"——从军国主义到文化主义》、《文化运动底新生命》、《国家之本质及其存在之理由》、《国民权之种类其存在理由及其等次》等即撰于此时。1925 年他挑起了著名的"联俄与仇俄"之争，张奚若、徐志摩、巴金等名流纷纷卷入。1925—1927 年，他主持《国民新报副刊》、《广州民国日报》、武汉《中央日报》，刊发了大量社论。专著《新政治学》和《现代国际政治讲话》则是他政治学思想的集大成。

作为法学家的陈豹隐，早年热心宪政，先后发表了《国宪论衡》、《孔道与国宪》、《护法与弄法之法理学的意义》、《何为法?》、《法律与民意及政治》、《我理想中之中国国宪及省宪》等文，并起草了《四川省自治组织法草案》，提出了"八权宪法论"。他乐于提携后学，为《宪法学原理》、《比较劳动法学大纲》、《比较宪法》等多书撰序。

作为文学家的陈豹隐，柳亚子在《新文坛杂咏》十首中将其誉为新文坛十大将之一。他以乐群书店和《乐群月刊》为主要平台，在 1928－1929 年短短两年间刊发了大量作品，先后创作了戏剧集《齐东恨》、《恋爱舞台》和小说集《酱色的心》，翻译出版了《新的历史戏曲集》、《白鼻福尔摩斯》、《日本新写实派代表杰作集》、《高尔基的回忆琐记》及大量单篇小说、诗歌和文论。期间，他还引发了著名的"有律现代诗"和"新写实主义"之争。他兼作文言诗和白话诗，诗歌创作贯穿于他的一生。

作为哲学家的陈豹隐，热衷方法论之学。1919 年他即在《新青年》第 6 卷第 5 号（即著名的"马克思研究"专号）上发表了

《马克思的唯物史观与贞操问题》，1928 年翻译出版了爱里渥德的《科学的宇宙观》，1932 年进一步出版专著《社会科学研究方法论》，并撰写了《马克思哲学的基础和在一般社会科学上的地位》等多篇论文。

作为社会活动家的陈豹隐，是各种组织、活动的积极参与者和领导者。1916 年他领导成立的丙辰学社，后发展为近代三大民间科学机构之一①。1917 年他执教北大后，成为评议会、教职员会、马克思学说研究会等的活跃分子。1925－1926 年他又成为了关税自主、首都革命、"三一八"反对段祺瑞政府等运动和集会的中坚。北伐期间，他战斗在广州和武汉的各条战线。1930 年他参与筹建"第三党"，并当选干事。"九一八"事变后，他积极宣传抗日救亡，并多次赴泰山为冯玉祥讲学。"七七"事变后，他作为国民政府军事委员会参事室参事、国民参政会参政员等，为抗战事业积极出谋划策。新中国成立后，他加入民革，敢于建言。他交际圈广，与李大钊、胡适、鲁迅、吴虞、茅盾、张资平、蔡元培、郭沫若、郁达

---

① 即中华学艺社、中国科学社、中华自然科学社。中华学艺社主要由留日学生组成；中国科学社主要由留美学生组成；中华自然科学社则主要吸收本国毕业的社员。

夫、朱德、顾孟馀、邓演达、冯玉祥、黄炎培、顾颉刚、白鹏飞、王兆荣等都过从甚密，并留下了《我三次受到孙中山先生伟大人格的影响》等许多有价值的回忆文章。

但正是这样一位学术大家和风云人物：一方面因资料匮乏，新中国成立后其论著多无缘再版；另一方面因其名字系统过于繁复，除启修、豹隐外，他的字即有惺农、莘农、辛农、星农、星侬等诸多写法，而勺水、罗江的笔名亦长期不为人所知。故除首译《资本论》外，其各方面成就长期湮没而不彰，国内陈豹隐研究甚至一度滞后于日本学者。西南财经大学本着高度的历史责任感和使命感，筚路蓝缕，首次整理、出版《陈豹隐全集》，相信必将开创国内陈豹隐研究的新阶段。

西南财经大学马克思主义经济学研究院
西南财经大学经济学院

出版说明

"所谓大学者，非有大楼之谓也，有大师之谓也。"西南财经大学立校之本，不仅在于培养金融家、会计师这样的专业性人才，更应对人类的思想库有所贡献。不论是对一所学校，还是一个民族，只有文化才能生发凝聚力。

为巩固与发展西南财经大学在国内马克思主义经济学界的传承与创新地位，2010年9月，我校成立了国内首个马克思主义经济学研究院。同年11月，《二十世纪中国知名科学家学术成就概览·经济学卷》计划为我校老前辈陈豹隐、汤象龙、刘诗白三先生立传（后增补彭迪先、李锐），而《陈豹隐传》恰由刘方健和陈拓负责。其后，又进一步为《百年中国金融思想学说史》合撰《陈豹隐金融思想学说概要》。撰稿即意味着收集资料，资料越积越多，为便利后学，由刘灿、刘方健积极组织，开始筹编《陈豹隐全集》。

2011年寒假，陈拓受刘方健委托，开始全面收集整理资料。全集的编纂工作得到了时任校党委书记封希德、校长赵德武的高度重视，全集被批准立项，并获得了学校"211"三期工程建设的经费支持。

全集由西南财经大学副校长、马克思主义经济学研究院院长刘灿教授和经济学院执行院长刘方健教授总其成，由经济学院陈拓具体负责收集整理资料、草拟体例、撰写编者按、选配插图及统稿，由图书馆江佳惠、马玲负责文献传递，由陈豹隐幺女陈若豹负责手稿、照片等遗物整理，由经济学院贾忠负责芦田肇日文论文的汉译。在出版方面，由西南财经大学出版社总编室主任王艳负责整体协调、沟通。

全集的整理与出版得到了西南财经大学名誉校长刘诗白教授，校长张宗益教授，校办王石主任，发展规划处许德昌处长、黄韬副处长、陈益刚副研究馆员，经济学院党总支杨海洋书记，马克思主义经济学研究院李萍副院长，出版社冯建社长、伍韧总编辑、曾召友副总编辑，图书馆李天行馆长，档案馆金元平馆长、卿太祥副馆长，陈豹隐之子陈寅星先生、陈大良先生、女陈若豹女士，及中国国家图书馆、上海图书馆、北京大学档案馆等各大图书馆、档案馆的大力支持，日本岛根县立大学张忠任教授曾协助联络日本国学院大学芦田肇教授并取得其对收入全集的四篇论文之授权。

因全集卷帙浩繁，为打造成足可传世的学术精品，出于慎重，今暂推出第一、二卷。在刘灿、刘方健主持下，全集第一、二卷共经六轮校对：

第一轮，照排公司毛校。

第二轮，出版社一校。

第三轮，针对部分一校完的稿子，2011 年九十月，由图书馆副研究馆员江佳惠和经济学院朱春辉、王婉、尚元、韩晓娜、李福瑾、李涛、许顺利、梁晓敏、薛坤庆等对全集进行校注（注后因故取消）。剩余稿子则由责任编辑和陈拓负责。

第四轮，2012 年八九月，由《经济学家》杂志社蒋少龙教授和李涛、范铮、何悦、王峰峰、何江山、田苗、李克非、郭斌、陈拓等对全集进行三校。

第五、六轮，2013 年 1～3 月，由陈拓进行四校、五校并统稿。

由于最初出于众手，体例又多有变更，广大责任编辑、美术编辑们为此付出了巨大的艰辛和努力。

虽经六轮校对，但校书如扫落叶，全集工程大，时间紧，又是首次整理、结集，各方经验不足，虽竭尽所能，仍难免多有疏失，还请广大读者不吝赐教，以俟日后修订。

凡 例

一、关于全集的编排

全集拟分为七卷（正编五卷，附录两卷）：

第一卷：专著。其中主编或合著的书，仅节选其自著部分。

第二卷．译著。

第三卷：论文。

第四卷：译文。

第五卷：诗歌、书信、札记等。其中公开发表的书信，部分虽具有论文性质，但出于体例的统一，仍收入此卷。

第六卷：生前史料与评议。主要包括陈豹隐在世时他人的书评、商榷文章及有关其生平事迹的有代表性的、对读者而言不易得的史料。在选材上，我们力求公正客观，不管是正面的还是负面的，甚至偏激之词，均概予照录，我们相信读者的判断能力。所谓有代表性，是因为相关史料太多，如果全选则选不胜选，我们只能精选直接性的或透露有关键信息的史料。所谓对读者而言不易得，主要指档案、手稿等，我们均尽可能地加以收集、整理。

第七卷：身后研究与追思。主要包括陈豹隐逝世后，关于陈豹隐的有代表性的、对读者而言不易得的研究和回忆文章。在选材上，因部分文章大同小异，我们尽量选取有开创意义或突破性贡献的。所谓对读者而言不易得，我们重点组织翻译了日本学者芦田肇的研究论文，并邀请陈豹隐子女撰写了详实的回忆文章。

卷内排序：

第一、二卷：以学科为依托，兼顾出版时间。

第三至七卷：一律以时间为准。时间明确者，按写作时间、收稿时间、付排时间、出版时间依次选择；时间不明确者，则由编者略加考订，并予说明。

二、关于全集的插图

为做到图文并茂，我们在每册均选配了插图。在插图选择上，主要考虑史料价值。除选用了陈寅星先生、陈若豹女士珍藏的大量照片和实物照片外，西南财经大学经济学院和档案馆还先后组织卿太祥、赖江维、陈拓等，赴中江、北京、上海、广州、泰安等陈豹隐工作和生活过的地方，采集了大量照片。此外，我们还选配了一批如出版预告、书刊扉页、通知通告和零散档案文件等各类有重要史料价值，但无法一一编入全集的图片。

其中，老照片因年代久远，正反面多无题识，因而撰写插图注成了一个非常考究的工作。我们一方面依靠陈寅星先生、陈若豹女士进行初步辨识，另一方面结合有关资料进行核考。

　　如第一卷第二册"1919年冬唐惟俶、陈豹隐、屠孝实、吴君毅、杨适夷在北京为潘力山赴美饯行",则主要依据吴虞1920年1月21日和2月26日日记①,再结合陈豹隐年龄段和各种资料(如潘力山赴美时间等)考证而得。

　　又如第二卷第三册"20世纪20年代初与同事及亲友在中央公园(今中山公园)合影",编者首先通过查阅民国照片等,将拍摄地点锁定在了中央公园;其次,合影的人物疑为丙辰学社或四川旬刊社中人,但编者不敢轻定,故阙疑以待博识君子。

　　诸如此类,尚有不少,不足之处,还请赐正。

　　三、点校说明

　　在底本上,有修订者,则尽量选用修订版等定本,而以其他版本为参校本。在文字校勘上,一方面出于慎重,另一方面考虑到出版方的实际情况,我们的核心原则是尊重原文。除对明显的文字排校错误予以订正,底本(尤其是手稿)不清处用□标出外,编者和

---

　　① 吴虞1920年1月22日日记称:"君毅来快信……外寄有同陈惺侬、杨适夷、屠正叔饯力山合影一张。"(中国革命博物馆整理,荣孟源审校:《吴虞日记 上》,成都:四川人民出版社,1984年,第517页)1920年2月26日日记称:"邮局寄到君毅、陈惺侬夫妇、杨适夷、屠孝实与潘力山饯行照片一张。"(《吴虞日记 上》,第525页)而图片中恰好是这几人。

责任编辑凡有疑问，尽量采用编者注的形式，不妄改原文〔如当时的一些语言习惯、名词翻译（马克思除外）等，我们均不予改动〕。全书用现代规范简体字横排，个别用简体字可能妨碍文意表达处，仍用繁体字。在标点符号上，除对严重违背当下出版通例或妨碍文意者，作适当规范外，其他均按原文排印。

由于全集时间跨度大，卷帙浩繁，出于众手，加上又是首次整理、结集，各卷各册各文章面临的情况不尽一致，难求一律。因而如有特殊情况者（如五四前论著），我们将在相应的编者按中予以说明，还请读者留意。

附录：第一、二卷待查证书目

第一卷待查证书目：

1.《宪法学原理讲义》：陈豹隐在《财政学总论》（收入全集第一卷第三册）里，多次征引"《宪法学原理讲义》"一书，但此讲义本编者未能觅见。

2.《科学的社会观》：常裕如《一生坎坷的早期经济学家陈启

修》① 和刘会军《陈豹隐传》② 称，陈豹隐著有《科学的社会观》，1929 年由上海乐群书店出版发行。编者未能觅见。陈豹隐在《科学的宇宙观》（收入全集第二卷第四册）的《序》里，自称拟出该书，并在《新政治学》（收入全集第 卷第四册）中大量提及该书，但似乎未见出版。

3. 《新经济学》：常裕如《一生坎坷的早期经济学家陈启修》和刘会军《陈豹隐传》称，陈豹隐著有《新经济学》，1929 年由上海乐群书店出版发行。而邹进文《陈启修的〈财政学总论〉》则称：该书为日本河上肇著作之译本。③ 编者未能觅见。

4. 《经济学原理》：常裕如《一生坎坷的早期经济学家陈启修》和刘会军《陈豹隐传》称，陈豹隐著有《经济学原理》，1931 年由北京大学铅印出版。编者未能觅见，疑与《经济学原理十讲》（收

---

① 常裕如：《一生坎坷的早期经济学家陈启修》，孙连成、林圃主编：《中国当代著名经济学家（第一集）》，成都：四川人民出版社，1985 年，第 298—299 页。收入全集第七卷。以下不再另注。

② 刘会军：《陈豹隐传》，吉林大学出版社、红旗出版社，2009 年，第 340—341 页。以下不再另注。

③ 邹进文：《民国财政思想史研究》，武汉：武汉大学出版社，2008 年，第 166 页。

入全集第一卷第二册）存在渊源关系。

5.《禁烟问题》:《民国时期总书目》称，陈豹隐编有《禁烟问题》，1939 年 6 月由中央训练团党政训练班印行，"内容有禁烟简史，禁烟的意义，政策、步骤和方法，六年禁烟计划的实施及成就，抗战建国与提前禁绝的必要及可能，共 5 部分"，并标识北京图书馆（今中国国家图书馆）有藏。① 然编者多次联系文献传递并赴北京查访，均未获见。

第二卷待查证书目:

1.《综合经济史》:《乐群月刊》1929 年第 2 卷第 8、9、11 期等均登有题为《陈豹隐集译〈综合经济史〉出版预约》的广告，全文如下:

> 经济史是一种最重要的历史:（一）从学问上说，它是经济学和其他社会科学的基础，因为社会科学上的原理都是由经济史实上归纳得来的;（二）从做实业的人说，经济史可以指导他们应办的实业的方向;（三）从革命家和建设家说，经济史可以做他们的政策决定的指针。

---

① 北京图书馆编:《民国时期总书目 1911－1949 社会科学（总类部分）》，北京:书目文献出版社，1995 年，第 208 页。

　　不过，经济史当中，又有两种：一种是专门叙述经济发达的通性的，即所谓一般经济史；一种是专门叙述一个地方经济的发达的特性的，即所谓各国经济史。这两种东西本是互相为用，缺一不可的，然而在事实上却还没有把这两种东西合起来的著作。这实在是学界上的一个缺憾。

　　陈豹隐先生为要填满这个缺憾，特集译几个站在新史观上的著作，"为成综合经济史"，内分：

　　（一）经济史概论（石滨知行著）

　　（二）英国经济史（野村兼太师著）

　　（三）美国经济史（九冈重尧著）

　　（四）德国经济史（石滨知行著）

　　（五）法国经济史（平贞藏著）

　　（六）俄国经济史（嘉治隆一著）

　　（七）日本经济史（猪谷善一著）

　　这些著者都是日本各官私立大学的著名的左倾教授，而译者的流利畅达的笔致又是大家在《经济学大纲》上面久已知道的，所以这部《综合经济史》实在是一部恰恰足供中国社会需要的空前的好书，一部可以引起读者兴趣，一气读下去，从头一直读到末尾的好书。

　　全书约六十五万字，精装两厚册，定价五元，预约三元。上海乐群书店出版。

但该书编者未能觅见，疑未出版。

2.《高尔基与文学》：常裕如《一生坎坷的早期经济学家陈启修》和刘会军《陈豹隐传》称，陈豹隐译有《高尔基与文学》，1929 年由上海乐群书店出版发行。编者未能觅见。

3.《现代经济之批判》：《民国时期总书目》称，陈豹隐译有杜罗斯基著的《现代经济之批判》，1931 年 5 月由上海文艺书局出版发行，"内容仅含'商品'、'货币或单纯流通'两章，主要论述商品的交换与价值问题。卷末有《经济学批判绪言》一文。书内有注释。"并标识北京图书馆（今中国国家图书馆）有藏。[①] 但编者多次联系文献传递并赴北京查访，均未获见。

4.《最新经济学》：常裕如《一生坎坷的早期经济学家陈启修》和刘会军《陈豹隐传》称，陈豹隐译有科夫满编辑的《最新经济学》，1933 年由上海乐群书店出版发行。编者未能觅见。

---

　　① 北京图书馆编：《民国时期总书目 1911－1949 经济》，北京：书目文献出版社，1993 年，第 70 页。

　　以上诸书，欢迎读者提供线索。同时，希望海内外朋友帮助我
们继续搜寻陈豹隐遗著、遗稿等，并对全集错讹之处进行批评指
正，我们会在适当的时候，续出全集补编或修订版。欢迎致信：
junxingjian@gmail. com（陈拓），或与西南财经大学相关机构
联系。

编者按

　　《经济学讲话》，陈豹隐讲，马玉璞、胡亚衡、杨廷胜、邢润雨、任右民记，1933年11月由北平好望书店①出版发行，1934年8月再版，本次所选底本为1937年9月第三版（又题《订正经济学讲话》）。

　　该书第二篇第四章的前四节，曾题《货币的基础理论》，首刊于《国立北平大学法学专刊》1934年2月第2期，陈豹隐称："这一篇文章，在大体上，和最近就要出版的拙讲《经济学讲话》的第二篇第四章相当。在这里所以特特提出来作为独立论文的理由，只在：（一）这篇文章本可以成为独立的论文，（二）这篇文章综合了各家所说，对于货币的本质，给了一个浅近而深刻的解释，的确可供初学者参考，（三）这篇文章对于现今世界恐慌中的各种货币问题的解释，给了一个有力的唆示②，（四）这篇文章算得是第一次《法学专刊》拙稿《商品的价值》③ 的续稿，应该继续登载。"④

---

　　① 季陶达称：好望书店"由北平大学法学院陈启修等教授自己出钱开办。"（季陶达：《我是这样自学的》，《中国当代社会科学家　第3辑》，北京：书目文献出版社，1983年，第218页）
　　② 又作"示唆"，意为启示。
　　③ 收入全集第一卷第二册。
　　④ 陈豹隐讲，邢润雨、胡亚衡记：《商品的价值》，《国立北平大学法学专刊》1934年2月第2期，第1页。

该书主体部分是由陈豹隐根据学生的听课笔记大加补削而成。关于当时的上课情形，据顾卓新传介绍："到北大后，顾卓新对陈启修（即陈豹隐）讲的政治经济学很重视，陈刚从国外回来，思想左倾，讲的就是《资本论》的理论和材料，所以特别引起学生们的兴趣。陈每次讲课，许多学校的学生都来旁听，有时多达几百人。"[1] 又据《北京大学校史》载："1931 年 6 月，经济系学生要求开设马克思经济学和苏联经济研究等课程，1932 年经济系开设了"马克思经济学说及其批评"，作为选修课。1933 年下半年改为"马克思经济学说"，并定为四年级的必修课，由陈启修讲授。"[2] 另据《国立北平大学一览》（1934 年），陈豹隐在当时的北平大学法学院开设有经济学、经济政策、政治政策、现代国际政治、政治学、社会科学研究方法论、经济学名著选读七门课程[3]，这使他对

　　① 周才裕：《顾卓新》，中共党史人物研究会编：《中共党史人物传 第 77 卷》，北京：中央文献出版社，2002 年，第 339—340 页。

　　② 萧超然等编：《北京大学校史（1898—1949）》（增订本），北京：北京大学出版社，1988 年，第 295—296 页。

　　③ 国立北平大学校长办公处编：《国立北平大学一览》，1934 年，第 126—141 页。其中"经济学名著选读"为陈豹隐与柏烈伟（俄国教授）合开。当时北平大学法学院含法律系、政治系和经济系，陈豹隐在三系都兼有课，1934 年 7 月法学院与商学院正式合并，更名法商学院。

马克思主义经济学有了一个比较的眼光和完整的视角。

关于该书，据《关声》"书报介绍"栏称："本书篇幅虽多（共一千零五页，约五十余万言），惟文体浅近，凡经济学上的难题，如价值论，货币论等都很平易地解释出来；且内容丰富，包罗经济学上各重要的问题，无论哪一派的经济学说也都一一加以叙述并加以正确的批评……中间第一第二篇的分量比其他各篇多些，因为著者认为这两篇是非常重要的，尤其是第一篇绪论需要特别精读，才能抓住经济学的正确概念。"[1]

又据陈豹隐在自藏的《经济学讲话》（第三版）上的题识称："长江后浪推前浪，学海新波盖旧波！此书已过时，只有第一篇第三章和第四篇尚可略供参考。请阅者原谅！"[2]

相关介评，另可参看：胡植元《评陈豹隐讲货币的基础理论》、岳光《陈豹隐的〈经济学讲话〉批判》等，收入全集第六卷。

---

[1] 《书报介绍：经济学讲话》，《关声》1935年第4卷第1期，第11页。
[2] 题识署"八、十一"，年份未详。

目录

经济学讲话

自　序

　　这本讲话是根据几个听讲者的笔记（除第二篇第二章第四节是我自己写的外），由我自己亲自动笔，大加补削而成的，所以严格的说当然算不得是一种著述。我所以肯将它付印，固然一部分是因为有好几个朋友极力怂恿，然而主要的却是因为这本讲话在取材的新鲜广及，材料配置的有统系，有条理，狭义的经济学上各重要问题的几于应有尽有的面面都唆示周到，难问题如价值论及货币理论等的解释的平易化，等层上面，都有它的固有的特色，不但足以表示我个人最近对于经济学原理的讲述的抱负，并且，从听讲者的一大部分人的经验说来，实足以帮助初学经济学的人们的理解的缘故。所以这本讲话并没有向读书界作"这是最新的最完全的经济学的著作"的要请①，只不过，在许多入门书或好而不新，或新而不全，或全而不易理解的种种不满足的状况当中，提示一个比较各方面都顾到，比较可以省去初学者的脑力支出的浪费部分的本子而已。

　　这本讲话是前后五个人笔记出来的。所以文体及用语往往不纯一，虽经我自己注意修改，这种缺点还是依然存在，不过，在大体

---

　　① 原文如此。当借用自日语，意为请求、要求。——编者

上，修改后的现状总算达到文不害意的程度了。

这本讲话的第一篇及第二篇两部分的分量比其余各篇似乎过重，其实据我看来，这并不过当，因为如果从初学者着想，的确这两部分最为重要，又最为难懂（特别是第二篇的价值理论及货币理论有这种属性），所以我主张在讲习时应把这两部分的比重加多。

在这本讲话中，从全体说，（一）关于中国及过渡期经济部分，（二）关于资本流通问题，（三）关于资本经济扬弃问题，都未能充分展开，加以详细的批判和分析——这固然一方面是因为这种问题在性质上是一个特殊的问题，未便在初步的入门书上充分的展开，然而一方面也因为讲演时间不够，在事实上不能充分展开的缘故。在我补削笔记时，本想补入一部分，但事实上却因抱病未能如愿。

关于文字的不纯及未十分展开的部分，只好等将来更版时再谋修正添补罢。

最后我要在这里附加表明的，是对于第三篇以下的笔记者故任右民君的哀悼。任君仕优而后留学于德国，甫自德国归来，即来听讲，并热心笔记，自愿负整理之责，然而不幸整理未竟，就因热心学习游泳，溺水而死，成了一个学问过程中的牺牲者！假使没有这个不幸，也许第三篇以下的文字不是现在的状况罢？我在这里，一方面从个人友谊上，深为任君痛惜，一方面也为中国一般初学经济学的人们可惜！

陈豹隐

一九三三，十，十，于北平

关于第二版的几句话

　　本讲话的第二版，在修改文字，纠正误排，添加第一版上遗漏了的必要的说明，等层上面，虽有了相当的订补，然而在大体上，却算得完全是第一版的内容再生产者。

　　关于第一版上未能充分展开的部分，本想在第二版上大加扩充，但是，在事实上，只因第二版的需要，出于意外的在出版后六个月中就已来到，致使日在病忙之中的讲述者，未能照预定计划做去，致使未能充分展开的地方依然如故——这是讲述者应该对于读者表示慊忱的！

陈豹隐

一九三四，四，四，于北平

关于第三版

　　本书的第三版，也和第二版对于第一版一样，只有若干文字上的修订，在内容上却没有什么变更。

　　关于原来打算开展扩充的部分，依旧有志未逮，原因是我个人年来集中精力于政策论的研究，实在感觉没有余力去从事纯理论的工作。仍请读者原谅！

陈豹隐

一九三七，三，一八，于北平

导　言

在未讲经济学本身以前，先把我对于几个和经济学的讲习有关的问题所抱的意见，说一说，以当引子。这里要说的问题有四：

一　讲习目标问题

我以为，在今日的中国，讲习经济学，应有三个目标：

（a）主要的　经济学的主要的目标是什么？自然不消说，是阐明资本主义社会的经济构造及其发展的法则。原来，人类社会的基础虽是经济，而经济本身的构造却是时时在变动着，如像，古代社会的经济是自足自给的经济，而现在却已经是资本主义的交换经济，就是例子。这种交换经济，特别复杂，比起古代社会及其余的奴隶社会，封建社会等[①]，都格别不同，有它固有的构造和变动的法则——这正是经济学要加以研究与说明的（至于今日的世界上是否只有这种经济，以及我们中国人所处的是什么社会，是资本主义的社会，还是非资本主义社会，这些问题这里姑且不管，搁在后边

---

　　① 原文如此。书中"古代社会"有时指原始社会，有时又指奴隶社会等。——编者

再讲）。总之，就世界大体说，今日除苏联外，其余都是资本主义社会，所以今日经济学家最主要的目标，就在阐明资本主义社会的经济是一种什么经济，它是怎样构造，它的发展法则又是怎样。

（b）次要的　次要的目标是要站在一定的立场，批评现今资本主义社会经济的种种变动及其过程上的斗争，换句话说，要站在社会主义的立场上来批评今日的经济现象及社会运动。原来，无论何种经济，一旦变动到相当时期，必然会招致本身发展的停滞，因而招致种种改革运动及斗争。谁都知道，今日的资本经济正在大大的变动和恐慌当中，失业人数的日益增加，多数劳苦群众日益困苦，这都表示着，今日资本经济发展的停滞，所以在这种停滞中，必然的有社会运动和斗争的发生，想用种种的方法来改造它。因此，我们对于资本主义今日这些经济现象及社会运动，要站在社会主义的立场上，加以批判，这样才能说明发展法则的现实的意义。这自然是与第一种目的相关联的，不过可以分开：一个是说资本主义社会的经济构造及发展法则，一个是说对于这些构造及法则，那些不以资本经济的存在为利的人们怎样去斗争。后者本是应归今日所谓社会运动，经济政策等学课去讲的，但是经济学上也不能不说到，不过在经济政策及社会运动上是当作主题，去详尽说述的，而在经济学上却只说其大概，因此，所以在此它才成为次要的目标。

（c）附带的　附带的目标是要说明某种非资本经济的构造，即封建社会及社会主义社会的经济构造和发展法则的要点。本来，人类社会是不断发展的，其形态的变动也不是突然一天就成就的；例如所谓资本经济社会，就只是假定的存在，绝不是纯粹的存在，只是因为研究上的便利起见，才在概念上分为一个独自的存在。其实

社会的历史是整个的连结的，是不能分开的；其发展的各期是继续
的慢慢变动的，是后一期多少包含前一期的成分的，所以不能说在
资本主义社会内没有封建经济的成分，同时社会主义的经济成分亦
莫不孕育在资本经济的内在矛盾中。所谓资本主义社会经济，不过
是说它在那一期的经济领域中，占了主要的势力和指导的地位而
已。所以我们想要研究资本主义社会，对于前行的封建社会和后至
的社会主义的构造，也是必然要说到的；不但理论上是如此，就是
事实上也是这样的。试看，不是一方面有殖民地的国家，被封建经
济支配着的社会，一方面又有苏联的社会主义社会吗？因此，我们
要彻底了解资本主义社会的经济内容，非拿封建社会及社会主义社
会来反证，是不可能的；就是说，要明白资本主义社会经济的特
色，必定要把封建或半封建社会的经济，以及社会主义经济或半社
会主义社会的经济，等等，和资本主义经济的不同点说出来。更从
我们中国人的地位看来，我们学经济学当然应说明中国经济的构造
和发展法则。然而中国是什么经济？它的资本经济的成分多寡如
何？它的封建经济的分量又如何？不用说，中国社会经济形态的性
质是非常难于决定的，不过，中国纵然是资本社会，但所含的非资
本主义社会的经济分量，也是占有重要的位置的，如经济上的半自
给经济，政治上的表现，如像军阀，地主，土豪等正在大肆狷獗
着，就是明显的证据。所以要明白中国社会经济是怎样，必须以非
资本主义社会的封建社会的研究作研究的出发点——这是一方面。
再一方面，我们中国人要明白资本主义社会的经济变动或社会变
动，又非把苏联的经济变动和社会运动研究不可，因为苏联经济是
一个半社会主义经济，是由资本经济转化而来的经济，并且苏联的

阶级斗争与资本主义社会的阶级斗争，表面虽然好像类似，本质上也是不同的（所以在资本主义社会的价值论，剩余价值论，不能适用于苏联），而事实上苏联和资本主义国家及中国，却是并存着的，并且是相互交通着的，所以相互发生着影响。因此，所以说，从中国人的地位说，我们非附带的同时研究苏联经济不可。

二　讲习顺序如何的问题

我对于这个问题，抱着如下的见解：我以为马克思所著之《资本论》的叙述顺序，大体上看来虽是很妥当的，不过，为讲义上的便利计，在小地方自然不妨加以变动。所以我们现在的讲话也要随我们的中国人目前状况的需要，把《资本论》那种顺序，略加变动，但大体是从价值论讲起，说到资本主义社会的必然消灭为止。全讲话共分为六篇：

（a）第一篇　绪论　绪论的内容，大体是要说明经济学是什么东西，是不是真正的科学，是怎样的发展起来，怎样成了今日这种完成的形态，其派别又如何，其研究方法如何；总之，就是要说明经济学是什么。有的人主张起首就讲价值论，但，据我想，为免得惹起学习者的讨厌，在开始地方，为设绪论一篇，说明概况，以为经济理论本身的准备的必要。

（b）第二篇　价值论　价值论是一切经济理论的基础，特别是马克思主义经济学的基础，所以经济理论本身开始得从它说起。不过，这里所谓价值论，还只是一般商品社会的商品的价值论，所以还只是资本经济理论的引线，还未说明到资本经济社会的商品的价值本身的全部——固然资本社会也是一种商品社会。次，这里所谓价值论，当然包含货币理论在内。

(c) 第三篇 剩余价值论 在第二篇里面，只说到一般商品的价值，还未达到我们的本题，因为商品不但是资本主义社会有之，就是其他阶段的社会如封建社会也有。只有剩余价值，才是资本社会特有的，所以只有说到剩余价值论时，才算达到我们的本题。资本主义社会的商品与封建社会的商品不同，因为在资本社会内制造商品的劳动者，不能自己作主，是把他的劳动力卖在资本家的掌握中，因此在生产过程中，由劳动所创造的剩余价值，是不能归劳动者所享受，而是归资本家所获得的——这是资本主义社会的一种特殊情形，在非资本社会的商品生产上所无的。剩余价值是什么？是怎样产生的？什么是资本和利润？这些问题的说明是本篇的内容。

(d) 第四篇 平均利润论 平均利润论的内容，在说明剩余价值的去路。原来，在资本经济内，资本家所获得的剩余价值，是不能独占的：在直接方面，是要一部分分给地主，再一部分分给商人与银行家等；在间接方面，也是要纳税给资产阶级政府的。这篇的主要的目的就在说明这种分配。总之，这一篇要说明从整个社会看来，由劳动者产生的剩余价值及由小生产者产生的剩余生产物如何分配到各阶级中间去。以上二篇都是说明资本经济的构造的。

(e) 第五篇 资本积蓄论 上两篇只是说明剩余价值如何而来，以及如何而去，这一篇要说的，是资本积蓄论，是从动的观点，说明整个资本主义社会的资本的变动，即整个资本阶段所得的利润的变动。所谓资本，所谓利润，从动的观点看来，都是一种东西。整个社会的资本或利润如何积蓄集中起来，其集积的过程中必然发生的现象如经济恐慌，阶级斗争，等等，都是这一篇要说的。总之，重要的是说明资本积蓄的法则，次要的是要说明社会运动和阶级斗争的必然性的。

（f）第六篇　资本社会扬弃论　扬弃，是从 aufhoben 翻译来的，就是扬弃资本主义社会，而成立一个较高的社会主义社会的意思，其详细的意义详见拙讲《社会科学研究方法论》①。这一篇是说资本社会的向下崩溃的必然性的；具体说来，是要说资本主义怎样发展到帝国主义时期即它的最后阶段，怎样过渡到社会主义社会，帝国主义间是如何必然的要冲突，在冲突的战争期间，普罗列达里亚是如何必然起而革命，夺取政权，废止生产手段私有制，等等。

三　讲习方法及关联的科目如何的问题

我以为这种问题，应该这样答复：先从讲习的方面，要按前边的顺序，达到我们所希望的目标，这是很不容易的，因为讲习的目标甚大，内容甚繁，要在不多的时间中去做讲习的工作，当然是要苦心惨淡，特别努力的，并且必定伴随着苦痛的。所以在讲习方法上，我们不能②特别注意。不用说，讲者固然没有深的学问，习者也未必都有充分准备，而理论（如像价值论和地租论）又当然是很深奥的，非一时所能了解，所以要按顺序做详尽的说明，在经验上是很难有好结果的。因此，所以我想最完善的办法，就是我以提纲

①　收入全集第一卷第四册。——编者
②　原文如此，疑为"不能不"。——编者

挈领和批判的方法，把上述顺序中的最要之点口授诸君，诸君则务于整理笔记之外，努力参阅他书，以期深造，这样才有达到目的的可能性。至于这个"讲话"，只不过要借以省一部分笔记之劳，并非定能包含我所要说者的全体，也不必一定与口授者无出入。

其次说到关联科目。这可分为三种：

（a）社会科学方法论　要真正懂得经济学，就非研究社会科学研究方法论不可，因为社会科学研究方法就是唯物辩证法，就是一切社会科学上必需的基础方法。

（b）社会进化史　资本主义经济不是呆板不变的：它不但在其本身上面有种种的变动，并且它的前身也还经过许多变动。它的这些变动的一部分是与社会进化史的内容相关联的，所以社会进化史对于研究经济学，是有很大帮助的。

（c）政治学　经济学和政治学之关系，最为密接，因为（1）在作用上政治是经济的集中表现，政治对于经济，占着优位，可以用权力影响它；（2）在根本关系上，政治虽然必受经济基础的决定，然而关于变动的运动和斗争却必然成为政治运动和政治斗争。因此，所以可以说，不懂政治学的大意，便不能尽懂经济学。

四　参考书种类如何的问题

参考书这句话，涵义甚宽，现在姑把它限于初步的并中文的范围内来说罢（至于更进一步的，非中文的参考书，留在后面，于每章之后，随时口述）。在这个限定的意义上，我以为经济学的参考书可分成二部：

（a）必要的参考书。其中有：

（1）拉比托斯等著《政治经济学教程》：此书有李达等的，周维渥的及温健刚的三种译本。此书原著者为 Lapidus and Ostrovitianov 二人，在初版时错误处甚多，观点亦不正确，并且著者系二人，思想不一贯自所不免。但是尽管的有错误，而其书则风行一时，译成了数国文字。后来加以批判而指示其错误的人很多，直到第六版才重新彻底改正，李等所译即根据修正后的日译版本，周译闻系根据俄文原本。现在论这本书的特长，也就是说举它作为参考书的理由。著者用流利的通俗的文辞，把马克思主义经济学的要点奥义，叙述出来，实在有入神的妙处，单就文字讲，也不是其他经济学所能及的，不但容易了解，而且令人读之不厌。这是此书的第一特长。其次，它不仅把资本主义社会的经济加以探讨而说明之，即半社会主义的过渡时期经济也加以论究。固然，自马克思以来，到今日，有不少的经济学家将资本主义社会的整个时代的经济，详细的阐明过，然而同时能兼顾到苏联社会主义经济的成立，即所谓普罗列达里亚专政的过渡期的经济的著作，却尚寥寥无几，而著者竟能为人之所未为，实在是难能可贵。这是此书的第二特长。有以上二种特色，所以有作为参考书的价值。此外这书还有一个附带的特长，即英日德等文都有译本，诸位任研究何国文字，为对照起见，皆可自便的购阅。但中译本的缺点，却在尚未全译，只有上半部。最近此书第七版已出，日译本已有一分册。据第七版已出部分说，比第六版更进步，改正了许多错误，特别是方法论上的错误。可惜尚无中译本。听说原文已出第八版，但在中国还没看见。

（2）拙译《经济学大纲》①：河上肇在大学教授经济学二十年，这书就是在他教授任期内，每年经过一次修改的经济学讲义的最后本，1928 年出版问世。这虽是他研究马克思主义几十年的历史的结晶，虽是苦心惨淡所得，但仍不免有许多缺点。我现在先说其缺点：河上氏汉学很有根基，称得起学有渊源，他用其巧妙的文笔，装饰字句，表面上看来好像文采斐然，其实内容却很平常。如严复的《天演论》译文一样，虽极力表现得古奥清雅，然而很少有明确的印象。他没有注意到应用通俗浅近的文字，仅用其汉学式的写法，所以结果使读者不容易揣摩其真正的思想。谁都知道，一切社会科学，应当拿平庸的语言去写，要是不然，恐怕因文字的不易了解，倒把真正思想埋没了！此其缺点一。我所译的是上半部，下半部有郭沫若的译本，上半部是说经济学，下半部是经济思想史；当然下半部也是其研究的精华，但是脱稿较上半部早三五年，所以其中含有心理派等非马克思主义的思想，他也曾声明过。这种思想的存在就是我不全译的主要理由。上下两部分的思想与见解，当然互有关联，若缺了下半部，或许也有人说，如此就恐怕不能得整个的概念，并且上半部关于经济学理的批判处甚少，例如在价值论上他只说明马克思的价值论，而对于其他各派的价值论却未加以充分的批判。像这样只是阐明马克思的经济学，使读者读了不能有彻底的了解和认识，总不如站在马克思主义的立场上，把各派的经济学的要点，引证出来，精确的加以批判，使读者借此也能洞察马克思经济学的正面和反面；可是单就上半部说，著者却把此都忽略了。此

①　收入全集第二卷第一册。——编者

其缺点二。河上氏照《资本论》的顺序，丝毫未移动的写成此书，关于这一层我也有意见。固然，马克思的《资本论》是最合乎科学原则的经济学，但是马克思所住的时代是什么时代，而今日又进展至什么时代？以前只有推想未能确知的事实，现在都确知了；以前未被证明的理论，现在因为资本主义社会的发展，一切都被证明了。马克思对现社会发展的最后阶段即所谓帝国主义的阶段，不过仅有暗示，而无明确的论述。在经济学今日的后继者，因时代及需要之不同，自然不但不能完全拿古人所著经济学的顺序为顺序，并且当然还要增加马克思不及看见而由列宁完成的帝国主义阶段的经济学。我们试放开眼睛看最近三十年来资本主义社会所演成的国际独占，以及社会主义经济即苏联的成立！这是何等重大的事实！当然都有加以探讨和追述的必要啊！若是舍此重大事实都不顾，如何能说明资本主义的全时代，成功统一的经济学？只因河上氏过于重视《资本论》的缘故，不敢添加，甚至连次序都不敢变更，所以写成了一本不能笼照资本社会全时代的经济学。此其缺点三。它虽有以上三种缺点，可是也有它的特长：这书不是以西欧的水平线写的，而是用东方人的心理，东方人的程度作成的，其例证多取材于东方，以迎合东方人的好尚，使其容易接受；所以本书有许多材料在西欧或许要被认为中庸常识，而东方人则觉着理论新奇，容易了解（例如关于货币论部分）。诸君且莫误会说我前边说文字古奥，难于理解，这里又说适合东方人，容易明了，好像前后矛盾，不能自圆其说。其实这并不矛盾：文字固属深奥难解，若在取材上当以西欧的水平线写之，那就会越发的难懂了，而这本书竟能拿东方人的程度和心理写成，当然适合东方人的口味，容易接受，容易了解。最后再说一说我译此书的情形。现在一般的翻译家，每每一知半解的，甚至连原文都不彻底明白即前后不接的去译书，弄得错误层出不穷，闹出许少笑话。我这译本，自信是尽可能的努力和尽可能的负责任的译文，比较起来总算是可靠。或许诸君要疑我是吹牛，大言欺人，不过在我个人自问是负责任的，努力的。现在复回到本题，这书虽然有缺点，究竟河上氏是研究马克思主义多年的人，其理论无大误谬，有作为我们参考书的必要。

（3）《资本论大纲》：这书是施复亮译的，由神州国光社出版，原著者为日本高畑素之，原名为《马克思主义经济学》。高畑氏外国文比较好，费了五年的功夫，易稿三次，才完成《资本论》的日译本。在十几年前的日本，因为资本主义的发展，社会运动勃兴，故有几十人企图翻译此书，但是只因理论高深，分量巨大，都是未竟全功，半途而废，只有高畑氏独能获最后的成功。因为这个缘故，他的名誉遂蓬蓬勃勃的轰动一时，被社会人目为马克思主义经济学的了解者。但是他的思想和行动，却完全与马克思主义相反，很受左翼的攻击。不过尽管他说的理论和他行的实践，不是科学社会主义的理论和实践，然而总算是最初完成《资本论》的翻译者，不能不说他是研究马克思主义经济学有年，至少也不能不说他能窥知大略。这是举他这书作为参考书的主要理由。现在进一步论其缺点罢。这书原来是日本评论社为和河上氏对抗起见，特请高畑氏著经济丛书中的这部书，准备压倒河上肇。可是高畑氏非真正的经济学家，对于各派的经济学无彻底的认识。《资本论》是用批判各家经济学的方法，暴露资本主义社会之矛盾而作成的，所以很明显的，以对《资本论》仅知大略的人来著《资本论》解说，当然从原则上说是盲目的，无识的，如何够说得上是了解者？所以他对马克思批判各家经济学的东西，都没有加以探讨和说明。此其缺点一。并且他这书是以《资本论》为准绳，顺序的去解说，当然关于资本主义发展的最后阶段即帝国主义的时代，毫未加以解释，又苏联的半社会主义经济的理论，也未加上去，因此他这书在取材范围上不是完全的经济学，与河上氏的书有同样的缺点。这是第二。高畑著此书未成而死，死后，他的门生们自承师业，宣称他们是最忠实的继续其师未竟之功，然而其自身尚不可靠，门生更无论矣！所以思想往往不一贯，是第三个缺点。最后，高畑氏是竭尽毕生之力，把《资本论》上的话，用作自己的话，来作《资本论大纲》，固然用原著者的话，可以免生错误，可是对东方人却没有河上氏的书的长处，与李季译的《通俗资本论》有同样的毛病。这是第四。这书缺点虽然很多，也有其特长，即：文字浅显，容易理解。这层拿来和河上氏书的古奥比较，是其优点。这也无怪，因为在求通俗一层，高畑费过很大的苦功：在他译《资本论》时，曾经三次易稿，每稿成，亲使大学一年级学生听之，不懂者弃之，再易稿，以能听懂为止。所以这书在其流畅的文笔，浅近的意义上说，不能不说它是好参考书。

（4）《经济学原理十讲》[①]：这是我自己著的一本书，不敢说没错误，不过我在开始作此书时有二种抱负和愿望：第一，我要以中国人的心理和程度为水平线，决不是拿资本主义发达的国家之人民的程度为标准，例如"关于价值论"（下册），"关于经济现象的述

---

① 收入全集第一卷第二册。——编者

说"（上册）等等，其取材都是很浅近，或许能帮助中国人容易了解。第二，要以批判的态度，用新的材料，站在科学社会主义的立场上，用一种能使中国人理解的写法，去批判各派的各个理论，如价值论，货币论等等。此外我还努力把苏联半社会主义的经济理论加上去，希望能得到统一的经济学。如果能做到以上各点，使中国人的初学者对现社会的经济现象有明确的认识，也算是达到我的抱负和愿望了。这几点就是举它为参考书的理由。

以上四种参考书，诸君能于讲义之外完全读之，在一学年间的成绩，就算不错了；自然谈不到获得什么高深的学理，不过总算打了一点根基。在今日，就我个人的意见说，姑且不要乱翻乱读，因为书市中实在很多观点错误之书，那些书，等待有了根基的知识后，再去研读，因为到那时，自然就不致被引入歧途了。

（b）次要的参考书　这里所说的次要的参考书，不是指供给我们达到讲习目标之用的参考书，而是指那些可贡献我们种种材料的东西。因为只是当作研究材料用的，所以它本身不是必要的，而是次要的，并且还是属于资本主义经济学的范围的。不消说，我们不但要把社会主义经济学来作课外的参考书，同时还要把资本主义经济学来作材料应用，才能达到讲习目标。这种参考书有三：

（1）中译《实用经济学》（另一内容稍异，名为《经济学的实际知识》）：这书的著者系日本高桥龟吉，他注意实际的经济现象是模仿欧战后的嘉塞尔（Cassel）。嘉氏在欧战前即主张，研究经济学，不必从价值论研究起首，只要留心到社会所表示的各种经济现象，把握住现社会的表面的一切，就够了。高桥氏于欧战后，模仿嘉氏，利用日本材料，把种种经济现象，用其高明的手段，体系化的写成此书。如果我们离开价值论来说，当然这是一部较优良的书，但是，不注意经济解剖及价值论，如何能把现象认清楚，怎样能把握资本主义时代的精髓，而察知其矛盾呢？所以这书只不过是材料的供给书罢了。

（2）中译《基德经济学》（Gide：Principle of Economics）：这书有四十国的译文，大半都用作教科书，在中国有不少的学校也把它当作课本用。多数国所以把它当作教科书用的理由，并不是因为它有作为教科书用的异常价值，而是因为它是用折衷态度写的。现代一般教科书派经济学家为免被统治阶级的注目，或为迎合统治阶级，往往拿不违背资本主义社会的东西去著书，去教学生，既免去攻击，又省得有通缉令的麻烦，并且还能保守住个人的地位，卖出许多的版税——这是折衷派的好处！这本书之常常被用作教科书，就是一个著例。其次是文字流畅，写的技术巧妙，较诸美国的伊利，英国的马霞尔更为高明，并且合乎教科书的长短，按学期容易授完。这也是这书常常被人使用的一个理由。有以上二种特长，我们也可以把它拿来作为材料参考。

（3）中译津村秀松著《国民经济学原论》：这书虽然比上二书更旧，然而其材料却很丰富周到，说明亦很显明，和上述《基德经济学》相似；不过基德偏重英国派材料，而此书却偏重德国派材料，其间稍有不同罢了。此书如当作材料参考，至今仍不失为一良书。

第一篇　绪　论

第一章　经济学在一般科学体系上的地位如何

第一节　导言

在经济学的第一篇，设一个绪论，并且在绪论的第一章把"经济学在一般科学体系上的地位如何"这一问题提出来，这或许一般人要觉着奇怪，尤其是把《资本论》认为是经济学的轨范形式的人们，或许更要觉得罕异。但是在我个人意见，却认为有这种必要。其理由如下：

一　先从设绪论问题说，教经济学的主要目的，在使学者理解，这是谁都知道的。那么，当然怎样能使学者容易理解，就应当用怎样的方式去阐明经济现象。自然，马克思的基本思想，要严厉的保守和发展，可是经济学的顺序，却是另一问题，是可以因时代的不同和经济现象的变迁，而有变动的：我们不能不采用顺时代的方式，用不着死守《资本论》的顺序。就是拿马克思的《经济学批判》一书（这书当然是重要的书，因为里面有唯物史观的公式）来说，马克思初次所作的经济学书就是此书。也可以说它是《资本论》的绪论。他经过数年研究的结果，觉着这书上的说明还不满意，遂有今日的《资本论》的著述。由此可知马克思本人对其经济学的计划，在最初和最后，还有这样的大变动，况且我们处在今日所谓资本主义的最后阶段的时代，比马克思的生存末期，不知经过多少变迁，岂能还老守《资本论》的顺序，丝毫不顾到社会的现阶段么？特别是对于中国人，岂能无环境和文化上的顾虑。所以我设绪论的目的，在不愿顺序上完全盲从古人，而要随时代的转移而为转移，以助学者的理解。

二　次说在绪论上开始提出的那个设问，在中国讲经济学，特别是在大学一年级，我以为有把这种设问加以探讨和说明的必要，因为如果只有绪论而在绪论内没有这种设问，学者必要发生这样疑问：经济学究竟在一般科学上占着什么地位？它是不是一种科学？试看，在事实上，只管说经济学是一种最合乎科学原则的学科，然而仍有否认社会科学不能称为科学的人，说心理，伦理，政治，经济……都不在科学研究范围之列。那么，对科学无深的认识的人们，势必怀疑经济学，甚至公然随声附和的说经济学不是一种科学。例如从前历史派与正统派即因此发生很多的争执：德国历史派说经济学不能和自然科学相提并论，不承认它是一种科学，而英国派则认它为和自然科学有同等的价值。他们之所以发生此种错误，不惜费时靡力的去相互争执者，就因为他们对科学无彻底的认识的缘故。中国文化比较落后，这种非科学的见解，尚靡漫全社会，所以我们在绪论的开始，就在此种设问，这并不是无理由的，而是十分必要的。

要说明经济学在一般科学体系上的地位如何，似应分为四层去说：（一）说明科学的内容和本质，（二）说明科学的体系，（三）说明经济学的地位，（四）说明经济学的重要程度。现在依次说下去。

第二节　科学的本质和意义（内容）

一　这个问题，本是社会科学方法论上的问题，所以在此只能很简单的用结论式的说法，分为两段说明：（一）科学的本质，（二）科学的意义（内容）。科学的本质是什么？即是说，科学的特质是什么？如果我们用结论式的说法去答复，就是这样：科学，即是人类的所谓意识形态（ideology 或译思想体系，或观念形态）当中的一个部门，更简单的说，乃某一时代某社会人类间的生产关系的意识上的反映的全体之一个部门。人类社会是离不开生产关系的，有某种生产关系，就有某种意识，习惯，嗜好，思想，感情，信念的发生。但因反映方式的不同，也可反映在个人的方面，也可反映在社会的方面。普通说来，是个人的社会集团的反映，成为社会心理或社会意识。此种社会心理和社会意识，假如把它连起来看，就可以成为体系。这个体系内的各部门当然是有联结的，譬如生在次殖民地之下的中国大学生们，从一般说，自然有其同样的嗜好思想和习惯，而绝不是一方面有大学生的思想，一方面却和工人嗜好相同。固然，也许有特别的，但那是少数的例外。大体说来，所谓思想体系，是从整个团体，阶级，阶级层反映出来的，所以各时代各有其意识形态，同一时代又有各种不同的意识形态：封建时代有封建时代的意识形态，资本主义时代有资本主义的意识形态；同时资产阶级有资产阶级的意识形态，无产阶级有无产阶级的意识形态。意识形态或思想体系的内容，可分为哲学的，科学的，艺术的，宗教的等等部门，这种部门主要的是以所注重的意识的各方面之不同而为区别的。照心理学说，意识至少可分为知，情，意三方面，意识形态的各部门虽三方面都有，但总是注重某一方面，或是以某一方面为中心的。以理智为中心的是哲学和科学，不过前者是以宇宙全体为对象，后者是以宇宙当中的一部分作为对象的。艺术是以感情为中心的——固然它也离不开理智。其实是以感情为主的。如像诗，画，跳舞，雕刻等事，都是以感情为中心的，是感情丰富的人，才会创造出来的；如人睹画而生美感，读阅小说时舍不得放手，那就是表示着再现其感情的作用。宗教是知，情，意三者均有，而是以意为主的，像那无根无据的所谓天神，上帝……竟有人相信它为造物主，那是全靠意志去维持的。当然，宗教是否有永久存在理由的问题，在此没有涉及的必要，因为我们现在所要说的，只是科学。科学的本质何在？简单的答复是：在它是意识形态当中的一个部门。

二　我们要进一步阐明科学的意义（内容），我们就得用正当的方法，假如用错误的方法，势必得到错误的结论。正当的方法是什么？无疑是非用科学家常用的，从对象，目的，观点三方面出发研究的方法不可。其详细的探讨，应在社会科学方法论上去说，这里不必麻烦的烦碎的究明，只拿简单明了的话略加叙述。

科学是以宇宙现象之一部分，为其研究对象的，无论什么科学，都不外乎要对于宇宙的现象的一部分加以观察分析认识。虽然各科学各有其特殊的研究的对象，不过，总逃不出宇宙现象的一部分。科学的目的，如果分段来说，可分为四个段落：

（A）观察现象，搜集现象，变更现象，使其体系化，普遍化；

（B）找寻现象间的因果关系；

（C）寻求现象间的因果法则；

（D）把所得结果应用到实际上去。

把这四个段落合起来，即是科学的整个目的。至于科学的观点，却极难简单说明，如只从结论上说，则因观点与目的是互相关联不可分离的缘故，应分述如下：在科学目的的第一段落上，要有唯物的，实证的观点；在第二段落上，即在搜求因果关系的时候，要用因果论的观点及分科的一时的观点；在第三个段落上，要用近真的，变动的，检证的观点；在第四个段落上，要用创造宇宙的观点和积极实践的观点，换句话说，即实践与理论合一的观点。

总起来说，科学就是具有上述研究对象，目的，观点三者的一个意识形态部门。当然科学的本质和意义，不是这几句简单的话所能说明白的，不过大体说来，不外上说的结论式的说明。至其详细，请参看拙著《社会科学研究方法论》。

第三节　一般科学的体系和经济学

一般科学的体系应该如何？这虽有许多人研究主张，然到今日还是一个未决的问题。这也难怪，因为科学的体系如何应该随科学的意义而决，而科学的意义如何，却还无定论；上面所述的那样的科学的意义，并不是任何经济学家所共认的，即在科学的社会主义者，也未曾很体系的说过，所以它只是一部分人的见解而已。不过我个人总觉得这是一种比较精确的见解。科学的体系和科学的意义，是不能分开的，有某种关于科学意义的主张，即有某种的关于体系的主张。现在如站在新的科学的立场上说，当然还看不见有所谓完整的体系的主张，即有，不消说也是断片的。固然，在恩格斯的《反杜林格论》① 及《自然辩证法》上，关于马克思主义的哲学，经济学，以及其他诸科学，是有批判的，然究竟还没有明白指示一个整个的体系。那么，恩格斯为什么不把科学的完整体系拿出来？据我想，其主因不外以下的两种：第一是科学的社会主义者注重实践的斗争，而不轻于作概念的游戏，第二是他们对于一般事象不肯轻于下定义，因为从唯物辩证法看来，一切都是变动着的，发展着的，是不应当有所谓定义。但是，在我们研学者看来，科学这东西似乎是应当有个体系的，（不过它当然不是一成而不变的）尤其对于初学社会科学的人们，为便于了解起见，更应给他们一个体系。现在我把自己所拟立的体系写出，以供参考。当然，这种体系，不是我自己随便凭空造出，而是综合各方的比较研究而得来的。

---

① 后文又译作《反杜林论》。——编者

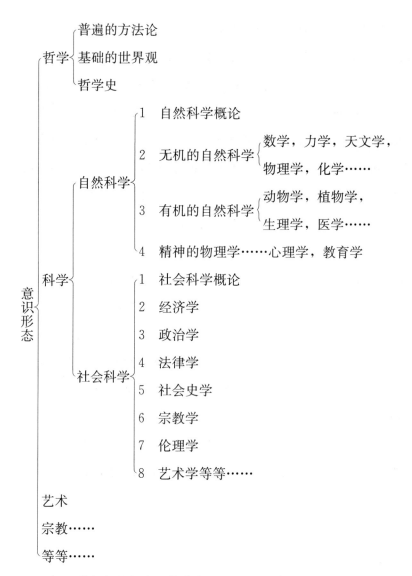

意识形态中所包含的其他部分，不在我们研究之列，因为现在所要探讨的，只是科学。不过，要明白科学的体系，亦必须把哲学的研究内容写出。哲学应该研究的部分是：（一）普遍的方法论，

（二）基础的宇宙观^①，（三）哲学史。科学是站在哲学的总论的立场之下来分科研究的，所以要研究一切科学，非先略知普遍的方法论，基础的宇宙观及哲学史不可。科学本身又有自然科学与社会科学之别；若再依其不同的各种研究对象细分起来，又可形成多种个别的科学。先就自然科学说，可分为：（一）自然科学概论。（二）无机的自然科学；但同以无机界为研究对象的学问中，更可分出数学，力学，天文学，物理学，化学等。（三）有机的自然科学；在同以有机界为研究对象的学问中，更可分出动物学，植物学，生理学，医学等。（四）精神的物理学，即把人类的意识，作为物理现象研究的科学，如心理学，教育学等。次就社会科学说，可分为：（一）社会科学概论，这是研究科学本身的方法，体系和历史的。（二）经济学，这是以人类生产关系为研究对象的，次为政治学，法律学，社会史学，这是主要的社会科学。再次要的是宗教和伦理学等。在社会科学中，站在第一重要地位的，就是经济学。怎样说呢？因为经济学是直接以社会本身为对象的，换句话说，是以人类生存条件即协力劳动关系为研究对象的，即是说，是一种研究人类与人类（人与人）之间的生产关系的学问——因为社会本身就是人类和人类在经济上的结合体，在生产上的结合体。其次，虽然社会上很显然的有政治现象的存在，但政治的基础是建筑在经济上面的，所以经济学重要过政治学。再其次，有法律学，但法律在本质上却只是政治上的种种现象和作用更加凝集固定而成的结晶体；诚然，法律有它的固有领域，然其寿命的始终，完全是依

---

① 上面的体系表作"基础的世界观"。——编者

政治为归宿的。先有经济，然后有政治，其次才有法律的诞生，所以说社会的实质是经济，作用是政治，形式是法律；所以法律学不能占重要地位。再把社会上的经济政治法律各方面的发展总结起来，即有所谓历史学，不过它是以社会为对象而研究之者，所以它就是社会史学了。宗教和科学虽各是另外一个东西，但如果把宗教当作科学的对象，当然可有单独的宗教学。论理学①和艺术学也各有其独立的存在。很显然的，这种种科学当然更不见重要。

若综上所述，那就形成了我们所说的体系。在这样体系之中，为什么没有说到社会学呢？原来从社会科学的立场说，无所谓社会学，一般科学的社会主义者，只承认有"社会诸科学"，而绝不承认有所谓"社会学"。理论上虽然如此，不过，在事实上，除苏联没有社会学的名词外，如在其他资本主义社会内，却是仍然保留着。详见拙著《社会科学研究方法论》。

第四节　经济学在今日科学界上的地位

一　从一般社会学的体系上说，经济学占有极重要的位置，因为社会本身即为经济的结合体，所以经济学是其他一切社会科学的基础。经济学不单是在一般社会科学上占有极重要的位置，并且还是沟通社会科学与自然科学的媒介物。为什么呢？因为一则它的研究对象是生产关系即社会本身，所以比较多带客观性；二则经济学

————————

① 上面的体系表作"伦理学"，而"论理学"指逻辑学，不便妄改。——编者

比较进步，已经找出一些和自然科学上相同的因果法则，所以也可以说是多带有所谓自然科学性。在这个意义上，它可克服和消灭了许多认为自然科学才是"科学"的错误观察和偏见。自然哪，那种偏见的论争是无意义的，但其结果，却会使社会科学不能发展。偏见者们之所以轻视社会科学的原因，也就是因为不懂自然科学和社会科学的在科学的观点上完全相同而又相关的缘故，如果能真的把经济学的性质认识清楚，那对于科学关系的认识上是有很大帮助的，因为如此就能明白自然科学的发展也受社会关系即经济关系的制约。这是不可忽视的一点。

二　再从现今一般科学的发展程度来看，经济学比较其他一切科学也是站在更重要的地位。现在我们人类的问题不是怎样去克服自然的问题了，因这个工作已有了大的成绩和满意的进步。现在我们的问题，只是人类与人类之间的经济关系，没弄清楚，人类的生产上的合作，没有弄到完善，即人类之间的不合理，没有克服的问题。据经济学家的考察，现在全世界的物质生产资料的方法，如全部活用起来，实可以养活今日五倍以上的人类，然而那种在假定上可以养活百万①人的物质，实际上却只能养活今日全世界人口二十万万的半数，其余一半贫无立锥的无产者和小生产者的运命，都在失业，饥饿，冻寒，贫困，瘦死之中！为什么会显现着这种不良的现象呢？自然，不消说是因为生产手段的私有。所以今日的问题，不是在怎样去克服自然，而是在怎样克服人与人之间的剥削关系，换句话说，即怎样克服阶级压迫的关系。而能够负担着把人与人之

---

①　原文如此，疑为"百万万"。——编者

基础关系发现出来的责任的，却只有经济学，所以经济学在现今可以说是重要于一切自然科学。如果没有经济学，自然科学也无用处。甚至于就是哲学，在今日亦不能不让经济学一步。拿辩证法说罢，无论学自然科学的或学社会科学的，都非懂得它不可，这是一般科学的社会主义者所共认的。但是，在我看来，仅仅外表上懂得辩证法上的几个原则和名词，是不够的；假如只懂辩证法而不懂得经济学，那在哲学上的所谓辩证法，就会仅仅的变成一个空式。所以在今日一般科学发展上说，经济学是在哲学上及一般科学界上占了最重要的地位。

第二章　经济学的对象，目的和观点

第一节　经济学的对象

　　一　前面我们虽已把经济学在一般科学上所占的地位详明的论究过，但是还未将其本身的内容，即经济学究竟是一门研究什么东西的科学，一个问题，加以详细的探讨。如单是那样，当然还不足以说明经济学的全体内容，所以除了上面所说的以外，还要精确的论到经济学的本质。

　　我们要了解经济学的本质，还非用我们前面说过的研究一般科学的方法或原则来说明不可，就是非从对象目的观点三方面来考察经济学的本质不可。但是，这并不是说把经济学分为三个部分，不过为研究便利而易于了解起见，姑且把它分为三个层次而作科学的论述罢了；当然三者互有关联，不能独立的分离，这是自明的事实，不待多说。只管采用这个方法，但是，要说明经济学的对象即其所研究的对象，仍不是一件容易的事。据我所知，自《资本论》出世以后，直至一九三二年左右，经济学的对象如何问题，还没有明确的解答。但是同年末苏联出版的几本书，例如科夫满等十二人所著的《政治经济学》及杜可尔等著的《经济学研究法》等等上面，却有优良的论究及比较合理的论断；所以现在我们可以说，关于经济学的对象，直至一九三二年才有比较正确的论断；因此，从来许多关于经济学对象如何的分歧的论争，或许能有一个告终段落的结束罢。现在我们即照此书上所研究的经济学的对象的要点讲下去罢。

二　关于经济学所研究之对象，有极繁杂的主张，我们为研究便利计，在次序上，先将最普通的各派议论叙述出来，加以批判和辨驳，最后写出我们认为对的主张。自然，在繁杂的各派说法中，也还有五花八门的纷争，现在不过在此错杂的纷争中抽出通为一般人所注意的各派的理论而批述之，至于其他不关紧要的，自可置之不理。这些主张如下：

A：经济学是以财富为研究对象的学问说　正统派的一般人大抵主张经济学是研究财富（Wealth）的学问。固然，在他们当中也有说以财货为经济学的对象或以商品为经济学的对象的，可是我们不管他千差万别的在表面上所表现的名词如何不同，总之，其实际所指的都是财富，是财富的流通，是财富的价值。这种主张，从纯正的科学的立场说来，当然是谬误不正确的。我们知道，财富两个字是包含着生产手段和消费资料两大种类的一切有价值的经济财货的总名称，那么，如果经济学是研究财富的学问，岂不是与工艺学技术学无区别吗？因为种种财富财货的生产，明明是归工艺技术等学研究的啊！即此可证明其为错误。其次，若是所说的财富是指商品而言，这虽然不正确，然似乎尚有一部分的道理，因为经济学固然不单单以研究商品为限，但总是以解剖商品为主。然而财富不限定就是商品，商品以外还有许多多的东西也都叫做财富，如果把自给经济的生产与消费上所有的种种财富都归到经济学来研究，则经济学的范围将广至不可言，而为事实上所不可能的了，这更足以晓得此种学说之不确。再进一步说，从事实看，明明经济学是研究人类和人类在经济生活上的生产关系的，固然在其研究的进程中要说到财富，可是我们的研究不是以财富为主要的成分，也不是以商品为财货而研究之，而是把那种以商品为媒介物时所形成的人类同人类之间的关系阐明之；例如我们论到货币，就不是研究货币的本身的构造如何，而是要把它视为人类和人类之间的关系的媒介物来看待。从以上各种理由看来，主张财富说的学说，显然是犯着无条件的错误，没有存在的价值。

　　B：经济学是研究根据经济根本原理而来的活动的学问说　　心理派大抵主张，经济学的研究对象是那种根据所谓经济的根本原理而来的一切人类的活动。我们要了解这种说法的基本意义，先要知道什么是他们所说的经济的根本原理。所谓经济原理，即是以最少的劳力或费用，得到最多或最大的效果。例如以走路说明：我们从一定的地方进行，要达到同一的目的地，谁都知道走近路，谁都不愿意走远路；更拿购买物品说，如果同样质量的东西，谁也总选择价格贱的去买，反之，如果价格一样，我们当然会购买优美的货物。根据这种原理而来的人类一切活动，就是经济学的研究对象——心理派及德奥等国学者多如此主张。

现在我们批判此说之错误：这一说固然很巧妙，在表面上看好像是很合理的，其实骨子里则乖谬绝伦，仍不足以说明经济学所探讨之对象。虽然比前一个主张更进步一点，稍切实际（因为它认定人类在行一切经济活动时是根据原理而行的，不似前说之空泛），但是，所谓经济原理在实际上，不特行经济活动时可适用它，而且在其他一切人类行动时也都可通用，例如拿政治现象说，若是能平和的或不劳力即可成功某事件，谁愿意掀起政潮或糜财去运动？这也是走近路不走远路的根本原理啊！又如现今我们研究任何学问都得懂外国文，所以，论理，应该是学世界无论哪一国文字均好，而人们大半偏偏要学日文，这就是因为取其容易理解而收效快的缘故。可见避难求易的原则是无论什么行动上都可适用，并非经济现象上的特有固有的原则，所以这第一种说法显然是谬误不合道理。原来，人类皆有自卫的本能，这本能是外界物质的必然反映，是人类为普遍的应付外界物质而固有着的本能。但是此种本能发现在人类行动上，就成为合理的行动，形成所谓经济的基本原理。所以这种原理原是心理学上的原则，并非经济学上所特有固有的原则，那么，以非经济学所特有的心理学上的原则而用到经济学，其谬可想！并且经济学原是研究人和人的关系及其媒介物的，请问，在实际上，经济学上的商品，货币，地租等怎样能说得上是根据此原理而来的活动？如果一定要说经济学的这种对象是根据此原理而来的经济活动，那么所有一切科学都可说是经济学了？所以此说并未道着经济学之真正的研究对象。

　　C：经济学的研究对象是经济说　历史派大抵主张经济学是关于经济的学问，即主张，经济学的研究对象是经济。至于经济是什么东西即其本质如何，他们却不大注意，他们只从表面上把经济学与政治学法律学等分开，而对于分开的根本理由，他们却未能充分说明。这显然是要从各派纷歧的论调中，找出一种避免攻击的巧妙和解法。说经济学的研究对象是经济，看起来好像是合理，其实是以问答问，无异不下定义。这样怎能把经济学的本质显示给人们？

　　主张这说的人们，为免除别人的驳击，当然要进一步对经济下定义，以自圆其说。所以在事实上有人主张经济是关于物质生活的幸福的活动全体，也有人说，经济是生产的活动或行为，消费的活动或行为，交换的活动或行为，分配的活动或行为四种东西合起来，构成了人类关于经济财货的活动或行为的全体进程时的名称。这两种关于经济的解释，在我们用科学的眼光来看，无疑的是错误的。若是把人类关于物质生活的幸福的活动全体当作经济，那么，吸空气，晒太阳也是人类物质生活幸福上所不可缺的活动，我们也将称关于空气太阳的活动为经济吗？纵然把物质生活的活动当中关于所谓用劳力所得的东西的生活活动当作经济，也仍然不能说明经济的真意义，因为它不能明白的把技术行为和经济行为分开。第二的全体进程说，其缺点也正在此。此外也还有人说，人类除了政治法律文化……的活动外，所剩的就是经济的活动，经济活动的全体就是经济，即是，从消极方面去解释经济的意义。这自然更空泛，更不确定了。总之，他们虽然对经济有各色各样的解说，我们都认为不确实，不过，拿来和前两种的说法比较起来，当然是进步些。在表面上似乎不容易找出它的谬误，其实精密的观察起来，我们也可以看出其种种的缺点。须知，在经济生活上，人类和人类时刻接触着，时刻发生着密切的关系，同时，人类同物也时时发生着关系，而经济学只研究前者，不研究后者。像他们尽管说经济学以经济为研究的对象，而不能明白指出经济学究竟指研究人类和人类之间的关系的学问，还是指研究人类同物的关系的学问而言，像这样笼统不清的说来说去，始终把经济学放在飘渺而无内容的空处，怎样能说是合理的探讨？

以上三种说法都是不正确的，下边我们再论述第四种现今被认为确当的说法。

D：经济学是研究人类和人类在经济生活上的生产关系的学问说　社会主义经济学者大抵主张，经济学的对象是人类和人类在经济生活上的生产关系，简单言之，就是说，经济学所研究的是人类和人类间的生产关系。这一说虽比较适当，而且能把握住经济学对象的真精髓，但是也不能算是完全充实和准确。我们要理解这种主张的充实与否，准确与否，必须先明白什么是生产关系；知道了生产关系，就会明白此说的长处，同时也知其缺点。拿唯物史观来说，自有人类即有人类的共同生活，换句话说，人类的生活在根本上就是共同的，组合的，即人类在最初即因环境的逼迫，必须结合起来，行分工合作制的协力办法，才能生存，所以在原始人类即是共同的生产；到后来，尽管有社会的进展和生产方式的不同，然而共同生产这个现象却不能消灭。我们试看社会进展的阶段，由原始共产经济至奴隶经济，复演至封建经济，更移转至今日的资本经济，这各时代的生产方式虽有许许多多的变化，结果总不外是由简而繁，日趋复杂罢了，其为共同生产关系则一。所以有人说经济学的对象就是这种共同生产关系。这一说显然的比前几种说法进步，能把经济学的对象明切的指示出来；但是我们还不能认它为是完全充分与准确的理论，因为它只说到生产关系，那仍是空洞而没有内容的东西，仍难把握住经济学的对象的本质。因此，所以我们还要进一步求出生产关系的内容或本质，因为了解了生产关系的内容或本质，自然就明白人类在其所处的生产关系下，怎样行着经济的活动，同时就明白经济学的研究对象究竟是些什么东西。

拿唯物史观来说，生产关系的内容或本质是生产力或生产诸力，所以我们必须更进一步把生产力加以分析和说明。从生产力的构成上说，生产诸力可以有三方面：第一，人类要生产种种维持生存的物品，就要有供给生产劳动之对象的劳动对象或生产对象，例如农人没有土地就不能耕种，工厂里纺纱织布没有棉花和棉纱也难成功纱布①；土地，棉花和纱布都是劳动的对象或生产对象，是生产力的一部分。第二，单有劳动对象，还不能生产，必须在对象之外更有劳动工具（用具）或狭义的生产工具，如像耕种必须农具，纺织必须机械。人类之所以异于其他动物者，就是因为它能制造并运用工具的缘故，固然最初或许也是用两只手去耕种和收获，但是社会渐次进化，人类借其智力，更知制造运用工具，以求丰富的生产物，就是与自然或禽兽斗争，也知利用木枝与石子。这样渐次进化，直到近世，虽然借科学发明的机械，作大量的生产，其劳动也还离不开工具。所以工具（用具）也是生产力的一部分。第三，虽有劳动对象和劳动工具（有人把这二者合称为生产手段或生产工具

---

① 原文如此。——编者

或生产用具），仍不能生产，必定要有推动二者的人类精力即人类全体精神和筋肉的力量，结合起来，才能生产；这种力量在经济学上把它叫做劳动力，中国也有称作劳力的，原是 labour power 二字的转译。这三种东西，必紧结在一起而运动起来，才能使可能的劳动力成为活的劳动力，才能使工具发生作用，才能使可能的劳动对象（或原料）变为真正可供使用的物品，换一句话说，才能构成生产力；这三个部分是同样的重要，缺少一个部分就不能生产，即不能构成生产力，所以必定把它们放在一个劳动过程上，劳动力才能活动的去生产。普通人把这三个东西称为要素（element），在马克思主义书中却名为要因或契机（moment），因为要素或构成是静止的观念，所以我们还是用契机二字来表示为宜，不要因名词而混同观念。这三个契机是不可分离的契机，必须要把它们结合起来时，才能存在而为活的契机。从表面上观察，它们似乎是三个独立的要素，其实是一个东西的三种不可少的成分，是几个动的活的成分，不是静的死的成分。简单言之，三个契机乃一个东西的三方面，缺少一个也不能成为生产力。普通所谓生产力有三个要素（element），那是错误的；这并不是三个要素，而是整个的东西的三方面。这是要特别注意的。

我们已经知道，要生产力的三个契机都活动起来时，它们才成为生产力，现在再论述生产关系与生产力不可分开的因由。生产关系是人类和人类在经济生活上的关系，是因生产物品而存在的关系，但是它绝对不能和生产力脱离。固然是因生产物品而生产关系才成立，但是反过来说，如没有生产力，物品也就无由产生，所以说，人类的生产是在一定的生产关系之下而施行生产，生产关系是

外形，生产力是内容，外形和内容结在一起时，才能构成人类经济
生活的全面，也就是说才能构成经济学的对象。这是二者不可分离
的基本观念。明白了这个理由，则前面所说的经济学以生产关系为
对象，那种说法之空洞而无内容，也就了解了。所以，如果我们要
纠正此说，可以这样给经济学的对象下定义：经济学的对象，是当
作生产力的发展形式或运动形式看的生产关系，具体说，是与某种
生产力相对应的生产关系。这样一来，可知经济学不但研究人类和
人类在经济生活上的生产关系，并且还要把其中的生产力如何的进
展，怎样的变化，在某种意义上与生产关系相适应，在某种意义上
与生产关系相冲突，等等，都得加以研究和探讨的了。例如在今日
的资本主义社会，已发展至没落帝国主义时代的第三期即快要崩溃
的时期，生产关系和生产力暴露出激烈的冲突，生产工具和劳动力
表现出停止的状态，如像美国铁的生产装置有百分之八十停顿不活
动，全世界的劳动者有五千万人以上失业，连家族有五万万人饿
饭，即是，失业者占可以工作者的六分之一，饿饭者占全体人类二
十万万的四分之一，这是何等巨大的生产力停止啊！为什么有这些
生产工具的停顿和失业人数的大量增加的不幸现象发生呢？这完全
是资本主义社会制度的矛盾的反映。世界日日闹着生产过剩和生产
品无法销售，其实并非没有人需要的真正过剩，乃是一方面有人需
要而无购买力，另一方面有商品不愿蚀本出卖的生产结构所使然的
生产过剩：如像美国农产品的麦，因为生产量之增加，价值逐日的
跌落，还是无人购买，所以一方面有许多资本家为高涨价格，而以
麦当柴火烧了去，或听其自然的腐臭，而另一方面却每日有一千人
的饿死者！这就是明例。这样看来，生产关系与生产力不适应的时

候，所表现的这种残酷状况，当然也是经济学所应该研究的。

前面我们明白了生产力与生产关系的不可分性以及经济学的对于二者的研究的必要，但是，要知道，这种关系所表现于社会的形式，也非了解不可。其所表现的形式可以从生产力的三种契机来决定。这三种契机可分为二部分，即生产工具（包含着劳动对象及劳动工具）和劳动力；在某种社会内，生产工具与劳动力不分，在某种社会内，一部分人独占着生产工具，另一部分人只有劳动力。在原始共产社会内，生产者即生产工具的所有者，换句话说，因为生产工具和劳动力不分，所以生产工具都是劳动的人们大家所有的。到了私有财产制度成立的时候，生产工具独操于少数阶级的人们的手中，弄得一部分大多数阶级的人们如奴隶，农奴及无产阶级等只有劳动力而无生产工具，因之生产关系及生产样式也就具有独有的面目或特色。经济学就是研究当作生产力之发展形式看的生产关系及生产工具和劳动力的所有者的样式的学问。总结一句话，经济学所研究的对象，是当作生产力的运动形态看的生产关系及生产样式。

附带还要说的：所谓生产关系，在普通经济学上虽然都指生产，消费，交换，分配四者对待时的生产的关系而言，我们所说的生产关系却不是与三者对待起来，而是把它当作广义的人类的一般的物质关系，把所有狭义的生产，消费，交换，分配，种种关系，都包含在内。为什么把这种种都叫做生产关系？因为四者本不可分离：没有生产活动就无从分配，更没有东西消费，没有东西交换，反之，没有消费活动，生产物无所用，也谈不到什么交换，分配。总之，四种东西构成了人类关于经济生活的全体进程即广义的生产关系，所以我们所谓生产关系是指广义而言。

　　三　第四种理论是补充后是否正确？即经济学是否绝对应以当作生产力的发展形态看的生产关系及生产样式为对象？这在资本主义经济学家，当然有不少的讨论，这里姑且不言。就是单单从社会主义经济学家的内部来说，也有种种不同的论争，自恩格斯以来，还未解决。这即是说，纵然以当作生产力的发展形式看的生产关系及生产样式为经济学之研究对象，但是，生产关系及生产样式时时变动，自有人类以至现在，生产关系和生产样式至少有五次变动——原始共产经济，奴隶经济，封建经济，资本经济以及苏联的过渡期的社会主义经济——那么，所谓经济学以生产关系和生产样式为对象的话，究竟是以全人类的历史上的各阶段的生产关系和生产样式为对象，还是以人类历史上的某一阶段的生产关系和生产样式为对象呢？于是就有广义的经济学和狭义的经济学之大论争。广义的经济学是指全历史发展的五个阶段的生产关系及生产样式的研究而言，狭义的经济学则单就资本经济的生产关系及生产样式的研究而言。在马克思的书上只说到《资本论》是以资本经济的生产关系为对象，没有更具体的表示，但是在恩格斯的名著《反杜林论》上，却广义和狭义二者兼认，布哈林则主张经济学随着资本主义社会之崩溃而结束，即在资本主义社会后便无经济学，然而列宁对他却持激烈的反对，谓经济学在社会主义社会仍可存在。此后波达诺夫（Bogdanoff）也主张广义说，各持异见，纷争不已。究竟经济学应以人类历史的全过程为对象，还是以人类历史的某阶段为对象？这问题前二年在苏联有很大的一个论争，相互辩驳，到底还是以狭义广义二者并存作结论。可是我们要认清楚，这里所谓广义与波达诺夫所谓广义的说法不同，他以为广义经济学是研究人与人的一般的劳动关系，其内容非常抽象，暧昧不定，而这里所谓广义的经济学却是历史性的具体的，即只有人类历史发展的各阶段上的具体的，特殊的，各有特别法则的生产关系及生产样式才能在广义经济学的研究之列，才能是它的内容。至于所谓狭义的经济学，也不是单纯论究资本经济，而是过渡期的苏联经济为完成资本经济的说明起见，也在研究的对象中。到了将来扬弃政治的，无阶级的，真正社会主义的社会，其有计划的经济上的生产关系仍须研究，故仍有另一种狭义经济学的必要，因为有计划必有理论，无理论就不能有计划，决不能一面是计划的经济，一面却无任何理论。所以我们的研究虽是狭义的经济学，但所谓狭义却与布哈林所说的狭义不同，而是以资本主义社会的经济为主，同时为要更明了资本经济起见，对于其所由转化来的封建经济和它必然进展去的过渡期的社会主义经济都加以研究和检讨。关于这层，有详细说明的必要，所以另换一项论之。

四　我们既是采取狭义的经济学，要拿资本主义社会的生产方法和生产关系为主要的研究对象，那么，如要达到这个目的，想把它弄个彻底清楚，当然，照上面所述，一方面要论到资本经济的过渡期的社会主义经济，一方面还要关联及资本经济前的封建社会经济的一部分。特别是前于资本经济的封建经济的研究的必要是自明的事实；因为资本主义社会经济也是商品经济，在那里，无论什么生产物，都是以商品的性质而生产出来的，所以我们要了解资本社会的生产，对于商品的发生，长成，发展……就非有彻头彻尾的理解不可。然而商品经济社会却有两种，一是资本社会以前的单纯商品社会，一是资本商品社会，所以要彻底明白后者，就非对前者有彻底理解不可。当然，在这里应该先把商品的意义弄个明白。所谓商品，就是不是为生产者自己使用而生产，而是为拿去贩卖而生产时的生产品的名称；换句话说，劳动生产物是否为商品，要看它所尽的社会的任务如何或对于社会的机能如何，才能决定。所谓商品经济社会就是这样生产物的商品占着主要势力之社会。当然，在最初原始共产经济时代以后，商品社会成立以前，并不是绝对的无商品，不过，在那时，纵然也有商品，但大部分的生产物不是以商品性质而被生产的，所以算不得商品社会。我们晓得，所谓经济是错综复杂，时刻的在变动着的，并没有纯粹的性质，所以要知道所处的社会是什么社会，只要看什么东西在社会上居着指导或支配的地位。在商品经济社会内，主要的大部分生产物都显示着不是为生产者自给而是为被他拿去贩卖的作用。单单具有这种作用的生产物占主导地位的社会，就是第一种商品社会，即单纯商品社会。

其次再论资本商品社会。所谓资本商品经济的特征，只在除开生产物以商品形式而被生产外，还有一种在生产上占着主导地位的资本的存在。我们要了解资本商品经济，非先简单的把资本这东西在经济学上的意义，弄清楚不可。这在后面剩余价值论上，还有详细的论述，这里姑且简单言之。资本这东西，不是普通经济学上所说的本钱，也不是所谓与消费资料相对待的生产手段，而是资本家为营利的缘故专拿去取得别人所生产的剩余价值的，基本的东西，换一句话说，就是为得到剩余价值的缘故而投下的根本：它是资本主义经济的特色，它是由一部分人剥削别部分人时所使用的东西。固然，一般说来，要行新的生产，就得先投下一种基本，譬如耕田就要先有土地，工厂里行新的生产，就要先有生产工具，原料等等，就是例子。而这种为新的生产而投下的东西，也有人叫他做资本；但资本社会所谓资本，却不是这个意义的资本。当然新的生产是要依赖旧的生产品的，不但劳动手段必然是旧的生产品，并且人还要吃饭穿衣，行着新陈代谢，才能实行劳动：这一切都是新的生产之准备，所以，如果把资本看成是为生产而投下的一切根本东西，那也许可以把这一切叫做资本，但是，这是非资本主义社会的资本，而不是资本主义社会的资本。在资本主义社会里面，资本家以卖买原则，雇佣别人，即购买别人的劳动力而行生产，同时即因此而把生产的结果归于劳动力的购买者即自己的手里，而不使它归于劳动力的出卖者即实行劳动的劳动者的手中。像这样买别人的劳动力，而结果由自己处分，借以取其剩余价值的人，就是资本家；在资本家这样购买劳动力去行生产时所投下的一切旧的生产结果，才叫做资本。所以资本社会的资本家在买劳动力的时候，就必定先有取得剩余价值之目的（是否真能取得，那是另一个问题），换一句话说，就是资本家当买劳动力的时候，已经算定劳动的结果必比买时所花的一切费用大，他才去买，反之，若是生产结果明明不能超过一切费用，而毫无剩余价值可得，资本家固然不肯妄行购买，就是生产结果明明和一切费用相等，恐怕他也不会白费精力和成本，作无谓的举动。这样说来，资本并不是为新的生产而投下的东西，而是资本家在来投下生产的一切根本东西时，就抱有剥削劳动者而取其剩余价值之希望的时候，才会成立的东西了。因此，可知资本是社会的范畴，它在物质上无论何时都是同一的旧的生产物，只有在社会制度有了变动，使它所显示的社会机能有上述转变时，它才成资本。在原始共产经济下面，不消说，根本上就无剥削别人的事，所以当然无所谓用来作剥削劳动者的工具，即资本，就是在奴隶经济及封建经济下面，虽有劳动结果上的剥削，但是，它还不是单靠资本本身来剥削，所以在那种时候，也当然没有资本。一直到有了买卖劳动力制度的时候，才有专用作剥削剩余价值的工具的东西即资本的发生。这样一来，诸君或要疑惑：资本家当雇佣劳动者而实行生产时，难道没有生产原料和生产工具之费用，怎能够置此不管，而仅仅注意着为剥削剩余价值而购买劳动力一层。这个问题的答复，现在不能详述——后面剩余价值论上自然要详述——姑且简单的说罢：资本家当然也要购买原料和生产工具，但是剩余价值的产出，却全靠劳动力的行使即劳动，所以也可以说全靠劳动力的购买；因此，所以现在可以把原料和生产工具的购买，置之不问，而作如上的说明。现在回到本题。在资本社会以前的非资本社会内也有商品，不过它仅为单纯的商品，但是，在劳动手段所有者和劳动力所有者分开，依劳动力的买卖的原则而行生产，那种现象占着支配地位时，那种单纯商品的生产就成为资本商品的生产。那个非资本社会也变为资本商品社会。当然，在资本商品的社会内，也有单纯商品的生产存在（如像自耕农的生产），不过资本商品生产却占重要的主导的地位。

资本商品社会既然是和单纯商品社会一部分相同，一部分相异的社会，所以在我们要研究狭义的经济学时就会发生问题，一个很大的问题：我们只是专研究资本社会，还是兼研究以前的单纯商品社会？对于这个问题，有人主张，狭义的经济学只能论到资本社会的生产关系及生产样式，也有人主张，狭义经济学还要把单纯商品生产加以分析和研究。这究竟哪一说正确呢？不过，据马克思所说："研究高级的东西，等于研究低级的东西，例如研究人类的生理，即可知猿类的生理"，那句话的意思看来，当然是后一主张对，因为虽然单纯商品经济和资本经济不同，但是只要研究资本经济，就等于研究单纯商品经济。所以我们固然以资本社会的生产关系及生产样式为对象，同时也不能不论到单纯商品社会的生产关系：这并不是为单纯商品经济而研究单纯商品经济，而是为资本经济而研究到单纯商品经济的。结论是这样：不是独论资本商品经济，也不是二种商品经济兼重，更不是那要知现在，非研究过去不可，因此把资本社会前的三种经济状态即原始共产奴隶封建的各种经济状态，通通加以研究的说法（要是不然，把单纯商品经济和资本经济同时并重的研究，或把各种前资本经济都加以研究，那么，结果岂不差不多要变成广义的经济学吗?）。总而言之，狭义的经济学的主要研究对象虽是资本主义社会的生产关系，然为明了其转化和进展的过程，同时却也要研究到其前的单纯商品的社会。

我们附带的还必须要研究过渡期经济，这是前已说过的，这里不必赘说，只要知道：（一）过渡期经济的萌芽，必然的会被包含在资本经济的末期矛盾之中，（二）资本经济的彻底理解，必然的含着它的去路即资本经济的转化和崩溃的理解在内，两件事，就够了。

第二节　经济学的目的

一　经济学的目的，和一般科学的目的大致相同，而一般科学的目的，在第一章上，已经详细讲过，这里用不着再为重复的赘述，所以只简单的把经济学的目的说一说。我们已经知道经济学是一般科学体系内的一种科学，所以当然它的目的也与一般科学的目的不相上下，所不同的地方，就是由于其研究对象的不同而来的差异。固然，任何科学都有其固有的探讨目的，然而在方向上却无两样（例如同是找出一种因果法则），质言之，一般科学的抽象的目的虽相同，其具体的目的则互异，如像同是追求因果法则，而物理学以研求物理的法则为目的，政治学则研求强制权力的法则等等为目的，就是明例。因此，当然经济学也是一样有其固有的研究的目的，并且照一般科学的通例，我们也可以把它分为四个段落来说明：

（一）观察经济事实（现象），搜集经济事实，变更经济事实，使经济事实体系化，普遍化；

（二）找出经济现象中的因果关系；

（三）追寻出带有相当普遍性的，关于经济现象的因果法则；

（四）根据因果法则，设定种种经济政策。

这四个段落的本身，前面已经说过，用不着再说；这里要说的，就是：从科学的一般研究上看起来，如上述，经济学的目的的方向和一般科学大致相同，其差异处只在程度的深浅和对象的各异；不过，这个道理，在事实上，除了社会主义经济学者外，一般的经济学者却仍没有领会或把握着。他们对于经济学的目的，往往怀疑不解；因为他们不知道一般科学的目的，只有程度的差异，而无性质的差异，所以他们对经济学的目的，各持偏见而行争论。现在我们且看看各派的主张和它们的谬误。

二　英国正统派主张：经济学的目的是在探求人类经济生活间的永久不变的法则，如价值法则，供求法则等。这不消说是错的，因为从一般说，世上并无永久不变的法则。德国历史派却主张：经济学的目的，只在求明某国某时代的实际经济情形，换句话说，经济学的目的，在记述一时一地的经济事实和制度，不在求因果法则，而且经济生活上根本就无所谓永久的普遍的因果法则。他们以为各时各地都有不同的经济现象，经济学的目的就是要在这各种不同的现象中，探求其中隐藏着的特殊倾向，即主要的经济事实，并在不同的主要事实上，设定经济政策。这种主张的错误也很明显，因为否认因果法则就等于否认经济学，而且事实上在经济现象中显然存有种种法则，如恐慌法则，价值法则等。其次折衷派往往主张：经济学目的在寻求由大量现象现出来的，具有大同小异性的，所谓统计的法则。他们以为这种法则也不是自然现象上的法则，也不是历史派所谓倾向性，而是介在二者之间的东西。这种折衷论者不知科学的发展性和统一性，当然只是一种杂凑的见解，其谬不待多言。更次，还有所谓经济现象派主张：经济学的目的，不在研究高深的理论，因为只要观察经济生活上表面的事实或现象，就可把握着社会的一切，用不着探求因果法则；即使经济现象内有因果法则，也绝不是靠研究或探求所能知道的，所以用不着白费力。例如，物品价贵，只需在表面的价格上求其涨贵的道理就行，用不着深的追求，如像一部书比一面镜子价钱小，纵然是因为他们本身的价值原有大小的缘故，但是我们可以不必研究这个价值的根本问题，我们只需研究其价格的变动，能够指出那是因为在供求关系上书多而镜子少的缘故，就够了。这是嘉塞尔的主张。说到这里，我们要知道各派对于价值论有种种不同的论争，正统派以为价值是由劳动的大小而定，心理派以为价值由各人主观的看重程度而定，马克思却主张，价值大小是靠生产上所需的社会平均必要劳动的多寡而决——有各色各样的论调。自然，在这纷杂的斗争中，无疑的是马克思的理论正确，然而嘉塞尔一派却认为价值论只能决定质，而不能决定量，所以他们主张只要研究其价格变动，知道物品贵贱的变动道理就行了。这种供多求少则价贱，供少求多则价贵的皮相之见，不能说明价值的本质的大小，显然不是带有科学的普遍性的法则，怎样能说是经济学所求的目的？总之，一般经济学家，对于一般科学的目的没有彻底的认识和理解，所以弄得他们相互争论，纷纷辩驳，在我们看来，简直可笑得很！

三　前边我们虽然把经济学的目的分为四个段落，不过，那还是抽象的说法，其实如果具体的要研究经济学，却不能没有一个特定的次序。经济学究竟应当先从何处研究起？这是很重要的问题，有在这里，和经济学的目的关联着，加以说明的必要。我们研究经济学，自然必得先有基础的知识，换句话说，必定先要有概论或原理的知识，有了一般的概念后，再顺序的去研究经济学的各部分，那就容易明白的多了。研究了经济学概论之后，首先要研究经济史。经济史是研究资本经济并资本经济以前各种经济上的历史的事实和制度的。我们既然采取狭义经济学，要对资本社会的生产关系及生产方式，有洞彻的明了，当然对资本经济本身的变化及资本经济所由转化而来的其他经济状态，也有加以探讨的必要；就是说，因资本经济是变动的，所以其本身发展的各阶段的历史，既非研究不可，而且照上节所说，我们还得要论究单纯商品的社会，所以历史的研究，显然是不可缺少的。再次，还要研究经济思想史或经济学说史。我们知道，在某社会内的经济思想原是其社会的经济事实的反映，那么，一方面研究经济史，他方面当然就要研究经济学说史。千百年的经济史，必然反映为种种的经济思想的历史。至于这些经济思想是否能进一步更造成经济事实，那是另一问题，如果拿唯物史观来说，就可以这样说：一切事实都反映为思想，但多数人的思想如果是有意识的，有目的的向着一个方向走，当然也可以反映到事实上去，而造成新的事实。这，诸位或许要疑惑：照此说来，岂不变成了二元论或循环论？其实绝不能造成二元论：须知拿经济事实和经济思想的关系说虽是前者决定后者，但在后者成立之后，前者和后者之间却可以发生相互作用；即事实反映为思想而造成学说，同时学说在特定限度内也可以帮助事实前进。所以我们既研究经济史，当然也有研究经济思想史的必要。更次，经济政策也非研究不可。经济政策是站在某一种立场上，根据学理，针对事实，去研究经济现象上应施行或应防止的方法的。这当然是生产关系所反映的东西，所以也在必须研究之列。

照上面这样简单的说来，我们已看到有这样许许多多的部分要归到经济学的范围，来构成它的部分研究，况此外还有说明经济和地理的现在关系的经济地理，以及用文字或数字记述过去及现在的经济事实的经济统计学或经济状况学，都应在经济学研究范围之中。我们这样把经济学分为各种分科研究，只因为在事实上非分科来研究不可的缘故，同时也因科学之所以为科学就由于它是分科探讨的缘故。当然，有一经济的分科研究，同时所以得着一种特殊目的，分科研究愈多，经济学之特殊目的也愈多（如像经济史以研究各阶段的经济事实为目的，经济思想史以明了思想之进展为目的之类）。所以所谓经济学的目的这句话，除了上述四段落的总的整个目的之外，还有经济学的各分科研究的部分目的。但是，我们要知道，整个的目的固然并不妨害部分的目的，即不妨碍经济学下面之一切分科研究的部分的目的的存在，然而狭义的经济学的部分的研究，却不能叫做经济学的整个的研究。总之，我们不要把部分目的与整个目的相混合，因为部分的目的只是形成整个的目的的。

第三节　经济学的观点

一　经济学的观点，当然不能离开一般的科学的观点，而这一层在第一章第二节特别是在拙著《社会科学研究方法论》上，已有很详细的说明，在此没有重新累赘叙明的必要（参看《社会科学研究方法论》，十二页至十六页），所以只用很简单的结论式的话说一说。大体说来，经济学的观点，我们可以拿它和上一节关于经济学目的的四个段落对照来说：

关于目的的第一段落，即关于经济事实的观察，汇集，变更并整理，应当用"实证的观点"。

关于目的的第二段落，即关于因果关系的寻找，应当用：（一）物质形态变转的观点，（二）择要的观点，（三）一时代的流动的观点。

关于目的的第三段落，即关于因果法则的追求，应当用：（一）变动的观点，（二）近真的观点，（三）检证的观点。

关于目的的第四段落，即关于应用方面，应该用不但说明宇宙，还要创造宇宙的观点；用经济学的话说，即应该用不但说明事实而且要改造事实的观点。

不过，要知道，上述经济学应有的观点却只是社会主义经济学者所主张，在事实上还未被各派经济学家所领会。各派经济学在表面上虽不尽都把观点当成一个问题来讨论，但是，在实际上却没有不抱着某种观点，可惜所抱的都是错误的观点。如像：正统派把社会看成和自然完全相同，未免蔑视事实；历史派把社会看成和自然完全无关，看成社会现象中完全没有轨道，也未免同样在另一方面蔑视事实；心理派把社会现象看成心理现象，社会学派把社会界看成独立于自然界和精神界之外的特殊领域，当然更不免违抗事实。只有上述观点，才是一面承认自然精神社会三者有区别，一面承认三者有关联的，唯物主义论的，正确的观点。

二　经济学的观点，是一个很重要的问题，所以首先应把"观点"的意义认识清楚。在普通看，好像"观点"是和"立场"（或见地）相类似的；其实立场（或见地）是指对某一件事，站在某一种实际利益的方面而说的，如说站在政府的立场上，是指代表政府的利益而说，换言之，即是指代表统治阶级的利益而说，又如说站在学问的立场上，也是同样指站在学术的利益上的而说的。照《社会科学研究方法论》上说，科学原是为需要而产生的，一切科学都是附有阶级性的，所以所谓立场，即是代表某种阶级利益而言。至于观点，那是指站在哲学上的某种宇宙观而观察事实。虽然观点本身也是带有阶级性的。但这当然与立场不同，如像我们可以说站在政府的立场，但不能说站在政府的观点上，就是一个很好的例子。

"观点"又往往和"研究方法"相混，如像用哲学的观点或用科学的观点一类的话，往往可以改为用哲学的研究方法或科学的研究方法，因为这时只是指研究方法，不是指比研究方法涵义更广的观点（关于研究方法的意义和它与宇宙观的关联和区别，请看本编第四章第一节）。总之，观点是指站在某种哲学的宇宙观而言，如果对宇宙观没有把握，则一切研究都不能顺序进行，而使一切研究都归失败，所以对于宇宙观要有认识，要有一定的宇宙观，即一定之观点。这是对于一切科学的关键，经济学当然也不是例外，所以研究经济学者对于唯物辩证法，即正确的宇宙观非有彻底的认识不可。像布哈林，蒲列哈诺夫，等等，就因为有错误观点而使其理论发生错误。据普通的见解说，像心理派的经济学，其观点是根本错误的，即完全是以主观心理解释来决定的，所以心理派经济学研究得不到真正的结果，更不会成为科学的经济学——这就是研究经济学非把握着正确的观点不可的最明显的例证。

第四节　经济学的立场

前节已经说过，立场的意义就是指站在某种实际利益的方面而说，而经济学所研究的对象，照前述，是生产关系和生产样式，明明是与人类生活极密切的，所以经济学的立场如何是一件很重要的事。例如资产阶级对于经济现象的讨论，总是站在自身的阶级利益上，在另一方面的无产阶级，当然也是站在他自己的阶级利益上去说明经济现象。只因阶级性必附带含着利益性，所以在对象目的和观点之外，还得讲立场。立场通常是代表阶级利益的，阶级是因生产关系上的地位即经济的利益之相异而区分的，利害相同的就会形成同一阶级，所以所谓经济学的立场的问题，结果就是经济学的阶级性问题。但同时还要知道，立场比阶级性更大，因为事实上还有比阶级更大的立场，且阶级之内更有无数的阶级层，如拿资产阶级说，其中就有所谓商业资产阶级，工业资产阶级，金融资产阶级等等的区别，另外还有间接剥削被压迫阶级的利益的人们，如像收买股票和公债等的人们，这也是资产阶级的一种；更因为他们虽都是直接或间接榨取无产阶级的，而其榨取的途径不同，所以他们的内部，在榨取的过程上为利益的竞争，时常冲突，如像工业资产阶级如想独占着他所剥削的剩余价值，则必然有商业资产阶级与之争衡，又如在金融资产阶级与地主及工业资产阶级间，也都有许多冲突的情形，等等，都证明他们虽都是剥削者，然而也有许多内部的阶级层的不同。至于无产阶级间也是同样的，有重工业的工人和轻工业的工人，工场工人和街头工人，熟练工人与不熟练工人等等的区分；他们因为手艺不同和种种利害的不同，在阶级意识未发达时，也是时常冲突的，如像电车工人与洋车工人都是无产阶级，但在为本身的利益而相竞争时，双方往往会激烈的冲突起来。如以日本东京的电车工人与公共汽车公司的工人间的冲突为例，我们看见当公共汽车开驶之始，四五万的电车工人都起来反对，但每次因为受了津贴而在事实上阻碍电车工人罢工的，又是公共汽车公司的工人。这种很明显的例子，足以证明在无产阶级内部也是有种种的阶级层。所以说，立场比阶级性大些。经济学的立场之所以重要，即在于此。经济学从立场关系上，更分为种种阶级或阶级层的不同的经济学，如在资产阶级立场上，最初有代表新兴产业资本的重农学派经济学及正统派经济学，其次有代表金融资本的心理派经济学等。在无产阶级的立场上有马克思主义派经济学的左右中各派。季德经济学代表法国小资产阶级，马霞尔代表英国的落后的（是比较后起的德国美国说的）资产阶级。由上所述，可知同是经济学而有种种不同的立场，所以想要判断和检讨某种经济学，对于立场是先要有决定了解的。

按普通经济学的说法，立场可分为以下五种：（一）私人经济的立场，（二）私团体经济的立场，（三）公共团体经济的立场，（四）国民经济的立场，（五）世界经济的立场。以上五种分法，如照我们上面说的看来，当然是不精确的，此外当然更可分为无限的立场，现在姑且依此种分法，加以检讨罢。在这五种立场里面，普通以为经济学应当采用的，只是国民经济的立场。从私人经济并私团体经济看的私经济学的立场只是归所谓私经济学如商业学，公司管理学等应采用的立场。其次如国家经济的立场的经济学，那主要的是研究如何来剥削国民的，那是财政学，不是经济学。至于最后的世界经济的立场，那只是空想上的世界经济学的立场，迄今日止，在实际上没有存在理由的，虚伪不实的立场。

普通许多经济学家，虽都是站在国民全体的立场来研究国民经济学，但是，所谓国民全体在事实上是否有呢？在前边已经说过，乃是虚拟的，举例说罢，东三省自被日本占据后，一般爱国人民是积极主张着设法收复失地，而一般为维持自己地盘的统治阶级，则始终贯彻其无抵抗政策，这样看来，所谓全体国民又在哪里？所以说，全体国民是虚拟的，结果是变成了阶级性的。

因为全体国民的立场结果变成阶级性，所以对于一切经济学，要观察其阶级性，如苏联有无产阶级性的经济学，英国有资产阶级性的经济学，季德有小资产阶级性的经济学，都是明例。在事实上没有一种经济学是不带有阶级性的。因此，近人往往以阶级性的不同，把经济学分为两大派别，即资本主义经济学与社会主义经济学——这是一种很正确的分类。但若说二者各是整个的东西，其内部没有区别，那却又是完全错误的，因为阶级之内，还有阶级层的区别。所以要真正懂得国民经济学，就要除了站在国民的立场及阶级的立场之外，再加以党派性（阶级层的立场）的研究观察才行。试就整个的金融资产阶级而观，其内显然有种种的派别和小区分，如像美国的二大财阀，日本的四大财阀之类，就是明例。所以在许多阶级内又可分若干小的阶级层，若干小的阶级层内又有小的区分，因此，一方面代表每一阶级的有"党"，另一方面代表阶级层的有"派"，如像在中国的国民党，有所谓左派，右派……在苏联的共产党有所谓史达林派，托洛斯基派……这都是一些铁一般的事实，所以，结果阶级性的分法还不充分，必须由立场说到阶级性，再由阶级性说到党派性，在理论上才算妥当。总结来说，经济学的立场的存在，就是所谓国民经济学，社会主义经济学，资本主义经济学等等所以成立的基础，也就是经济学各派之所以发生的原因。这原来是事实反映的结果，并非凭空臆造。我们懂得经济学的立场这一段话，同时就会懂得经济学的党派性的意义。

第三章　经济学的发展和派别

第一节　经济学的发展和资本经济的发展阶段

一　前章所述的所谓经济学的定义，只是按照科学一般的通则，从种种具体的经济学，加以抽象舍象的手术而得到的定义，所以那只算得是一种所谓抽象的经济学的定义，而实际上具体的经济学，却因阶级性及党派性之不同，与第二章所述不是完全相符的。我们之所以叙述第二章，只不过为具体的经济学提出一个共通基础，以作说明并批判的一个准据而已。因为这样，所以在我们已说过抽象的经济学的定义以后，未述及经济学的各种理论前，对于具体的事实上存在的经济学的大体，必须进一步相当的知道，如若不然，恐怕在将来就不能很明白的将种种部分的理论解释出来，批判下去。

但是，仅仅知道具体经济学的大体，还不充分，即是说，单单知道所谓经济学派是不够用的；因为各种具体的经济学，无论是资本主义经济学或社会主义经济学，都不是凭空成立的，而是积累以前各种经济学说，加以选择，适者采纳之，不适者舍弃之，然后再参加个人主观的主张，把它们综合起来，而形成自己派的经济学的。如像亚当·斯密（Adam Smith）的正统派经济学，就大部分是来自重农派的经济学说，另外还含有古代时的经济学说。又如马克思经济学内的价值论，是他把亚当·斯密那种尚未完全的价值论，补充起来而形成的，他的地租论又是从李嘉图（Ricardo）的地租论转化而成的；这都是大家知道的事实，不可否认，所以社会主义经济学不是他一个人独创的，不过是他积累以前的种种片断学说，或尚未完全的学说，加以整理，使之形成一种新的体系罢了。不但经济学如此，就是其他一切科学也是一样。所以要真正了解经济学，就先得观察它的源流，即经济学的历史，所以前面说经济学说史当然在经济学范围之内。不过，我们这里的主要的目的，却不在批判各家经济学说，而在知道经济学的大体的发展，所以我们只要知道经济思想史的概要，就行了。

更进一步说，单是这样还不够的，除开经济学说史之外，我们还要研究经济史的概要（当然因为我们在研究狭义的经济学，所以这里只是指资本经济史的概要）。我们知道，所谓一切意识形态，不是偶然发生的，都是客观的存在的反映。拿一切经济学来说，它也是一切经济事实的反映。唯物史观上说过："不是意识决定存在；而是存在决定意识"（不消说，这里会发生"学说对于事实是否有反作用"的问题，我认为当然一切学说可以依反作用而成新事实，但这种反作用，是有一定的限度的，它只是影响事实而已。这个问题详见拙著《社会科学研究方法论》的唯物史观一段上）。经济学是一切生产关系及生产方法的反映，如果不知其发展的大概，就不能明白它的真正源流，所以我们对资本经济史还得知道。但经济史是一种专门研究，在此决不能把它加以详细解释，只能说其大概而已（否则，那就变成经济史了）。

以下我们要在本章把这些问题，简略的说一说，先说资本经济发展的阶段，即资本经济史，次说经济学的发展和派别。

二　我们要先从资本经济发展的阶段说，但是，资本经济是什么？它的本质又如何？这在前面也说到一点，不过要彻底了解这个问题，还得要有更周到的说法才行。在普通经济学上都是先说"资本"的简单的意义，然后再加上"经济"二字，去说明"资本经济"，但据过去的经验，这种说法是突如其来的和不彻底的，不易使人理解，所以现在要用另一方法，把资本经济的"本质"是什么这个问题，彻底的说一说。本质，是德文 Wesen 的译语。种种客观的存在虽具有种种的性质，但是，其中必有某几种是它的固有本色，假如将其本色除掉，就不能保存其独自的种种的存在的东西；例如人类是热血的乳哺的……脊椎动物，这几层是和其他许多高等动物一样的，但人类和其他高等动物比起来时，它的特质是具有特别发展的敏活的手的构造，在劳动过程中，能运用自己的手，制造工具，使用工具，更因足能站立而行的缘故而有大脑与咽喉的发达，因而有意识与言语的发生，随即有社会文化的进步，等等——这都是人类的特色或本色，如把这些特色除去，则人类和其他高等动物所差异的地方将无所存。这些特色就是本质。资本经济之所以异于其他经济，即因它也有其本质的特色在，否则，资本经济与社会主义经济及封建经济间，就没有什么区别了。那么，资本经济的本质是什么？关于这一层，从来就有种种说法和论争，迄至现在，似乎仍然没有终结。为便于了解起见，先从各种想说明资本经济的本质而有意识或无意识的说错误了的说法，开始论述。这种错谬学说之中大致分为三种：

A：第一种说资本经济的本质，在有很宽的很复杂的市场，即商品贩卖的市场；因为所谓商品是一种不是为自己使用而是为交换而生产的物品，市场即其贩卖的范围，所以认为资本经济的本质，即在市场很宽，及其组织非常复杂精密。这种说法显然是错误的。诚然，市场是一天一天的宽，商品市场组织是一天一天的复杂精密，但因这样说法并未把资本经济的本质说到，所以它是不确实的。事实上，在资本经济的社会以前，即在封建社会的时候，就有商品和市场，只此，就可以证明市场不是资本经济社会所独有的。其次，如果拿宽狭说，也不适切，因为所谓宽狭是比较的话；诚然封建社会市场的宽狭，比诸今日以世界为市场的状况是相差甚远，然若谓有宽的市场就是资本经济，那就陷于错误之中，如在社会主义体制下的苏联经济，也有市场和商品，然而它已非资本经济的性质，并且它的市场比起小资本经济国更大，其范围及于全世界，和英法美诸国一样；由此可知市场的宽狭说是不对的了。所谓市场组织精密复杂一层，也同样是空泛无凭的，可以拿同样的理由和事实去驳倒它。这种说法是法西斯派经济学的主张，奥国舒盘（Spann）是其代表。原来法西斯派经济学关于经济组织的理想，是一种与旧来的封建社会相类似的经济组织，所不同的只在市场的宽狭简复，宽而复杂的市场是他们所埋想的东西的一部分，也是他们所谓资本社会的长处，所以他们会拿这一层为资本经济的本质。但是，从客观看来，他们虽标榜着新的经济理想，其实他们是拥护和帮助金融资产阶级的（详见本章第二节），也就是资产阶级的变相工具，因此他们不肯把资本经济的真的本质说出，因此也就不能不用市场说以作敷衍。

　　B：第二种说法，是所谓商品说，不但资本主义经济学者主张它，即所谓社会主义学者亦多有主张之者，不过它的表现形式不同罢了。现在我们要讨论的，主要的是对社会主义学者的主张。如考茨基的在总流通上资产阶级与无产阶级一致说，伦纳（Renner）的资本经济的特色在一切生产品由生产地达到消费地时须经过流通部面的迂路说，就是明例。布哈林也是这种主张的一个代表者，他在种种讨论上都拿资本经济的本质在它有商品一层为其根本的论据。其实他忘记商品本有两种，忘记了资本经济时代的商品与单纯商品经济时代的商品不同，是发生了为剥削而存在的剩余价值的现象后的商品。固然，在"A. B. C. of Communism"内，布哈林在原则上虽曾说过资本经济是具有商品和雇佣劳动二个特征的，然若从他的著作的各方面观察，就可以看见他在各种实际问题上，总以为资本经济时代的商品与单纯经济时代的商品是相同的，故在《转型经济学》一书中，曾说帝国主义可以变为有组织的帝国主义，又他在一九二四至一九二八年，对于所谓德国和美国的产业合理化，更坚决的认为是资本经济趋于有组织的经济的证据。在美国一九二一至一九二八年的繁荣期间，各国经济学者，都以为美国可以永久繁荣而无恐慌。其实，从纯理上说，如单纯商品经济的无政府状况成为有组织的，那是可以的，然而以利润获得的竞争为目的的资本经济，却是决不能变为有组织的经济，因为资产阶级的压迫无产阶级，帝国主义侵略弱小民族都是利润经济即剩余价值法则的必然的结果；他们中间是永远不能够调和，永远非竞争不可的。布氏对于两个社会的本质的特色没有认清，所以也随着流俗派的经济学者，做那种谬误主张。本来认识单纯的定理的事容易，把定理应用到实际上问题上去的事却非常难，所以虽布氏亦不免发生巨谬。所以理论与实践是必须统一的，否则，即很明白理论也是空漠而不中用的。一般资产阶级的经济学者之所以错误，亦即在此。

C：第三种国民经济说是普通一般资本主义经济学家的主张。在从前，他们根本就不承认有所谓资本经济，有所谓封建经济。资本经济云云，在从前，通常都是社会主义者说的。近年因在事实上有了社会主义经济的苏联，资本主义经济学者为表示区别起见，也不能不承认资本主义这个名词了。不过，在他们的著作上却不明下定义。他们只是常常说，现今经济是国民经济，国民经济将来可以达到世界经济，所以他们在事实上认资本经济为国民经济。这说对不对呢？我们得考虑一下。我们在前面说过，国民经济是虚拟的，但为什么发生这种虚拟呢？因为有它的事实的背景，因为在资本经济生产的下面，必然有先进民族对于落后民族的侵略，所以不能不有这个虚拟，去作对外竞争。固然在先进民族内部也有种种阶级的区别，并不是整个的利害完全一致的，但先进民族之侵略后进民族，却是事实。因此，所谓资本经济，结果是等于民族经济即国民经济。这说在这一层上是不错的。不过，要知道，资本经济的本质特色尚不在此，因为在封建经济时代，也有一民族侵略他民族的事实，所以资本经济结果虽等于国民经济，而国民经济却不一定就是资本经济。并且认资本经济的向外侵略为整个的民族向外侵略，也是一个错误，因为资本经济的向外侵略，根本上绝不是因为全民族的要求，而只是因为资本的内的发展，为增加资本的利润即剩余价值计，非向外侵略不可的缘故，所以认资本经济与国民经济尽等的话，是不对的；那只是表面的，敷衍的话，与市场说一样，同是替资产阶级说话的一种说法。

以上都是关于资本经济的本质问题的谬误说法，现在可以说第四的真正的对的说法。先笼统的说，则资本经济这东西，一方面是商品经济，一方面是经过了克复之后的商品经济，即高度的商品经济，也就是经过否定之否定的，完成的商品经济。何以故？因为这种资本经济的存在，是由单纯商品经济里面必然长成的，是因为单纯商品经济内必然的发生生产手段的独占，雇佣劳动，对于劳动者的剥削等新事实的缘故而来的，是不能离开单纯商品经济而自生，而是克服单纯商品经济的各种属性，使它们依然被保存于体内的。

因此，所以说它一方面是商品经济，一方面是经过克复后的，转化了的商品经济即高度的商品经济。其次，如更具体的来说，则资本经济的本质可以从两方面看：

1. 从单纯商品经济看　把资本经济当成单纯商品经济看时，具体说，它有三种主要属性：

（一）它是无政府的，无组织的。这里所谓无政府和无组织，并不是指絜然无关的分离分散，因为如果那样，就不会有商品的存在。在商品存在的地方，必然会有一种漫散的集合，不过，它乃是无意识的，无中心机关去主持的集合。具体说，在商品经济制度的生产下，各人往往都是自己只生产一两种生产品，而在消费时却是需要种种生产品。那么，他如何满足自己需要呢？是把自己所生产的和他人生产的实行交换（这话是将特殊情形舍开来说，是一般的说法，并不是说在商品制下面一切人都是这样）。他们交换是用什么方法？那是没有一定规律或法则的，只是各人随意的拿到市场来行交换而已。怎样交换？何时何地开市？关于这些问题，只有习惯，并无规定，所以是无组织的。在最初是由习惯而成，先由稀少的定期如一年一季而集，以后就渐渐变成频繁的定期如二三日的交换。所谓都市即是从定期交换而慢慢形成的常期交换的市场，在今日或者有时也有人主持，有人计划都市，但是，从一般发生史说，从全体作用说，它是无组织的，是从一种习惯渐渐长成的。所以在这种意思的下面，商品经济的第一属性是无政府的无组织的。

（二）第二种属性是跟着第一种属性来的。商品经济既是无组织的和无政府的，所以在商品的交换上，在其卖出与买进上，必然会发生"自由竞争"。在无组织的状况下面，无论卖的或买的方面，当然都要自由竞争，否则，大家就会有坐以待毙的危险。所以可以说没有自由竞争的现象产生，就会没有商品经济社会。当然，不但狭义的买卖方面有自由竞争，连运货等等方面，也可自由竞争。普通所谓自由竞争，含义甚广，连营业自由（营业是指专门从事生产事业的工业，商业等），职业自由（职业是指生活的来源）等，甚至人物交通自由和契约自由也都包含在内。所以这是一种广义的自由竞争。固然，自由竞争在最初是有限制的，但随着商品经济必然的向前发展，自由竞争也越厉害越广泛，直到资本经济成熟，自由竞争才成熟。

（三）它受盲目的自然发生的价值（或价格）法则的支配。所谓无组织无政府和自由竞争，同时又是有价值法则支配着的。这种法则的存在，可以在市场上证明出来：如某种商品不能卖的时候，它就没有人再去生产；反过来一旦某一商品销路甚大，大家就会都去争着生产。拿龙须菜说，它原来是外国产的一种菜类，但是因为大家喜欢吃的缘故，北平菜园也就种植起来了，这在事实上虽然无人主持，然卖者却要生产这种东西。由此看来，价值法则是市场上的调节器，市场虽说是无政府的，无组织的，自由竞争的，但有盲目的自然的价值法则支配着，这法则可以在价值或价格上面表示出来。此种属性，好像和前述两种属性相矛盾，其实这三者是相关联的：如果无盲目的法则支配，则各人各行其是，社会的共同生产就不一定能继续了。不过，同时要知道，具有这三种属性的商品经济仍然是常常有变动的：由最初的部分商品经济，而全面的商品经济，由物物交换的商品经济而货币商品经济，由单纯的货币商品经济而资本货币商品经济即资本经济——这样的不断发展着。

2. 从资本商品经济看　把资本经济当成资本商品看时，即把它当成一种转化了的较高级的商品经济看时，资本经济也具有三种主要属性：

（一）在资本经济的生产之下，在大体上，生产手段的所有者和劳动力的所有者，不是一个人，而是分离的两个人。即一部分人独占着生产手段，另一部分人仅有劳动力。这和单纯商品时代不同，在那时的小手工业者和农民，其生产上所使用的劳动对象和劳动工具大抵都是自己所有的，他们用自己的劳动力，结合二者而行生产，所以当时生产手段和劳动力都归一人所有，还没有分离而归二人所有的现象。到了社会转化为资本商品经济社会的时候，生产手段和劳动力二者的所有人却实行分家，二者各自为一部分人所有。当然，这不是绝对的说，在资本商品经济的社会内，没有独立的小手工业一类的生产者存在，不是完全否认乡间一部分独立小农的生产保持着前资本社会的生产状态，那种事实。我们所谓生产手段和劳动力二者的所有人的分离，是就主要的，支配的事实而言。这是转化了的较高级的商品经济即资本经济的第一属性。

（二）在资本经济生产占在支配地位的时候，劳动者是以商品贩卖者的资格，贩卖自己的劳动力于资本家，替人劳动，从买劳动力的资本家方面说，是用钱去买别人的劳动力，利用别人去劳动而实行着生产。当然，这与第一个属性即生产手段和劳动力不为一人所有那种特色是互有关联的，因为二者虽然分离，可是总得另行结合起来才能生产，所以不能不有买卖劳动力的现象。在这种劳动力买卖原则之下的生产劳动，谓之雇佣劳动；雇佣劳动的存在就是资本经济的第二属性。我们知道，所谓生产都是指把生产力的二契机用劳动结合起来使其运转而发生创造作用那件事说的，不过，劳动的性质却随时代而有不同：单纯商品经济社会内的为自己的利益，用自己的工具和劳动力而行的劳动是自由劳动，奴隶经济社会内的主要的奴隶劳动，是强制劳动，封建经济内的主要的农奴劳动是半强制劳动，资本经济社会内的主要劳动，是劳动者把自己的劳动力卖给资本家之后的雇佣劳动。所以雇佣劳动这种东西，从它占了支配地位时的意义说，只是资本经济制下才有的。

（三）第三种属性是从前二种属性转化来的。前边既说劳动力和生产手段二者的所有者不是一个人，当然，在这种状况下，生产过程上的两个所有人在目的上，不能一致。这和在生产手段和劳动力二者的所有人没有分开的时候的情形，大不相同：那时生产目的是单一的，而这时的生产目的，却有两个。在劳动力的卖者一方面，他把自己劳动力卖给资本家，显然的是为得到卖价即工资，无代价或工资，他就不会去替资本家劳动，当然也就根本上不成其为劳动的买卖。反过来，在买劳动力的资本家方面，他用钱把劳动力买进来的目的，在表面上看，好像是为劳动本身。其实我们进一步推论到劳动力的所有者为什么必须把劳动力卖出去，资本家又为什么必要买劳动力进来，我们就会看见资本家骨子里头的真正的目的。劳动者之所以出卖劳动力，简单的一句话，没有别的因由，只为的是吃饭。至于资本家，那却绝不能说他是为吃饭而买劳动力，就是为吃饭，那也不是直接的主要的目的，而是间接的次要的目的，因为固然他们也把所剥削来的一部分，作为吃饭的资费，但和劳动者的主要的为吃饭，却有天渊之别。他们既主要的不为吃饭，他们总另有主要的目的，决不能因为玩戏或偶然高兴而用金钱去买劳动力；况且买劳动力后，还要去买劳动对象和劳动工具，非常麻烦！追诘到底，资本家买劳动力的目的，只在想得到广义的利润。利润的意义，在这里不能有详细的说明，姑且简单言之。资本家把买来的劳动力所生产的生产物即商品，复转卖出去时，总希望得到更多的代价，即比原来成本费用更多的代价。这种希望中的代价，就是资本家所谓的利润。当然在事实上的交换过程上也有不能得到利润，甚至蚀本的时候，不过就大体说，资本家总是为得到利润而才买劳动力的。这是资本经济的第三属性。我们如果把资本家所说的利润，用别的话来表示，则资本家为求得利润而买劳动力，这句话，也可以改为资本家是因为剥削劳动者的剩余价值而买劳动力。因为利润和剩余价值在事实上原是同一的东西（在剩余价值论还有详明的论述），只因前者是从全资本看，后者是从拿来买劳动力的资本看的时候的概念，二者所取的见地不同，所以才变成两个概念。资本家为掩饰无产阶级的耳目，虽然常常把剩余价值叫做应得的利润，但是，如果从劳动生产物的价值形成过程上看，利润的确只是劳动力所产生的结果而被资本家攫取去的东西。所以经济学者把资本家自欺欺人的利润的追求，称为剩余价值的剥削，不是无理由的。

剩余价值这东西，常常被人看成和剩余生产物相同；其实这两个概念迥不相同，我们应加以辨正。原来，结合生产力的三个契机而行生产，这件事，本是自有人类以来就有，到现在还没有两样的。人类结合这三个契机而行生产时，总想生产出来的东西比原来投下的根本东西多得一点，这也是人类本能上必然发生的现象。那么，只要有人类社会的生产存在，人们必定常常想改变其生产方式，以求生产力之发展，以便获得更多的剩余生产物。照这样说来，可知投下基本东西以求得到剩余，是人类的必然，剩余生产物的存在是与人类俱来的了。虽是如此，但这种剩余用什么理由或样式，归于何人所有，这在人类历史发展的进程中，却经过四个阶段：第一，在原始共产社会，生产手段为大家所有，不是归于一部分人把持的，所以其所生产的剩余生产物，也为大家所共享。第二，在奴隶社会，生产手段完全为奴隶主人所有，奴隶没有享受之权，而且奴隶本身也和物品一样，完全归奴隶主人处分或指使；在这种生产关系之下的劳动剩余物，当然只归奴隶主人所享受。第三，在农奴社会内的所谓农奴，虽大部分是从奴隶解放出来的，然仍是一种半奴隶式的奴隶，还不能脱去残酷的领主诸侯的剥削；因为他们一半是自由人，一半是奴隶，他们的劳动力虽是自己所具有的，而生产手段的大部分却仍为领主诸侯所把持，仅一小部分归自己所有，所以生产结果的剩余物，也是大部分为领主诸侯所剥削，仅一小部分为自己所享受。第四，在有私有财产时的自由人的生产状态下，生产者自己虽是自由人，但因没有奴隶或农奴去代自己劳动，还得利用自己的劳动力，去运转自己的生产手段而生产，所以劳动结果的剩余生产物当然归他自己所有。这种生产状态，叫做小生产者的生产状态，这虽是很久以前就发生了的，但它成为社会上的支配状态，还是在前边所说的单纯商品社会时代。这时候，商品已出现，所以剩余生产物才成为剩余价值，不过，商品虽已发生，剩余价值虽已存在，然而因为劳动力的买卖还未盛行，所以剩余价值却是归劳动人自己所有的。到前面所说的在劳动力买卖原则下的生产成立时，才发生第五个生产样式，因此其剩余价值的产生样式才和前面那一个单纯商品阶段的剩余价值的产生样式有别，因而具有独特的归属样式，归资本家享受了去。所谓资本经济的第三个属性，就是资本家所说的利润，同时也就是这种在劳动力买卖原则下生产出来的剩余价值，也就是资本家所榨取（to exploit）而得的剩余价值；这种属性最重要，所以也有人说资本经济之所以为资本经济，就因为资本家买劳动力时的最后目的在榨取劳动力所创的剩余价值的缘故。

现在我们把前边所说的总结起来说，当作单纯商品经济看的资本经济之主要属性有三，即（1）无政府无组织的生产，（2）自由竞争的交换，（3）盲目的价值法则的支配。当作转化了较高级商品经济看的资本经济，也有三种主要属性，即（1）生产手段和劳动力所有者的分离，（2）雇佣劳动的优势，（3）为剩余价值的剥削而行的生产。如把这六种属性连结起来，就成为资本经济的主要属性全体，就找出了资本经济的本质。当然在六种属性中，后三者是资本经济所特有的，所以更是本质的主要的属性。这样一来，我们对资本经济的本质，就可借此简单的论述，得到解决，同时也可了解，所谓资本即是拿来买别人劳动力而榨取其剩余价值的东西了。

三　我们理解了资本经济所具有的独特的本质之后，应进一步研究资本经济之本身的发展。我们要知道，上边所说的那种资本经济，虽具有六种主要属性，然它本身和它的属性却不是固定的，而是时刻在变动着，进展着的。就拿资本经济的无政府无组织的生产来说，也不完全的是前面所述那样的无组织无政府的去行生产：在初期是那样无组织的无政府的生产，然而到了资本经济发展至某阶段，却必然的借其他的组织，企图减少其本身的无政府性，例如资本主义社会进展到最后阶段即所谓帝国主义的时代，必然的会利用

Kartell 和 Trust 的组织而行相当有节制的生产，就是很明显的例证，证明无政府的生产，是转变的，进展的。我们再拿其盲目的价值法则来说，更可得到正确的概念：在初期资本经济下的生产品的价格，虽是盲目的，混乱的，但是到国家的中央银行制度实施后，则必然会借它操纵全社会的金融，节制物价，因以减少价格盲目性的程度。由此，可知资本经济的六种主要属性是变动的，其程度上有很大的差别。原来，社会的一切东西都是变动的，当然资本经济不能是例外，所以资本经济本身，随着社会发展的原则，也在那里时刻的发展着。然而要知道，这里所谓发展，不是普通的由小而大的发展，倒是把出生，发展，消火都包含在内的发展，就是说，是把资本经济的由生成，长大，衰老而转变到失去资本经济特色的苏联社会主义的过渡经济去的诸阶段，都包含在内的发展。但是我们要明白，在本质的主要的属性未变以前，它还是资本经济社会。所谓本质的主要的属性，即是上边所说的，生产手段与劳动力二者的所有者的分离，雇佣劳动的优势和为剩余价值的榨取的生产，三种东西。资本经济的社会，就是这三种东西还保存着的社会，若是失去这种属性，它就非资本主义社会了。

那么，按照上述意义的发展说，资本经济是怎样发展的？在我们未说明其用什么样式来发展以前，先得说明我们应用如何的方法探讨这种发展。我们研究资本经济之发展是要用唯物史观的方法来观察的。具体的说，所谓唯物史观的方法是：如要观察人类全体的社会，主要的先要观察其生产关系和生产样式，又因为生产关系和生产样式离不开生产力，所以最好是把三者连结起来而行观察。我们已经知道，所谓生产关系，生产样式及生产力，是一个东西的三方面，是形成整个全体中的个别部分的东西；这种从整个全体中的各方面各部分的观察，就是唯物史观的普通的一般的观察。我们现在若用这种观察法来观察资本经济之发展（诸位若是还嫌这种说法不充分，可参考《经济学原理十讲》和《社会科学研究方法论》的唯物史观一节），结果就可以把资本经济的发展，分为三个段落或三个时代：（一）商业资本经济时代，（二）产业资本经济时代，（三）金融资本经济时代（与帝国主义时代相同）。

在上边所说的三种本质属性未消灭前，资本社会的本身的内容，随着这三个时代，不特在经济上有种种不同，即在政治上也有种种差异。我们且先把这三个时代，加以简单的解释。我们之所以先解释这三个时代的本身的意义的缘故，就是因为前面说过，要论述经济学各派别的主张，非先将各派别所依以发生的经济基础或时代本身的意义弄清楚不可的缘故。在未论述前，还要附带的说我们所应当注意之事。所要注意的事，就是：第一，我们虽把资本经济分为三个段落，它们却不是绝对的不能再分的分期，即拿资本经济的第三个段落所谓金融资本经济来说，它也还有种种的分期法，如像分为向上期和没落期之类；所以这种分期是为研究便利起见而分的，其实在每一个段落内，还有各种的分期法。第二，所谓三个时代，不是绝对的互不相容的分期，不但不是在第一个段落内，没有第二个段落内的东西，而且在第二个段落内还必然含有第一个段落内的事实在里面；因为拿唯物辩证法来说，一切东西都是按照否定之否定的原则而发展的，因而在前段落内，含有后段落的萌芽，在后段落内，含有前段落的因子。第三，所谓分期，是就整个的资本经济发展的全时代而分的，不是就某国家或某地方而分的。因为，事实上在先进的国家（如像在英国），其商业资本经济时代的发展期间往往很长，再经过产业资本时代，才达到金融资本时代，而在后进国，却往往好像突然渡过产业资本时代而达到金融资本时代似的（如像日本，在明治维新时，还保持着商业资本经济，似不能马上急遽的转变为金融资本经济，然而事实上它一方面虽因为在各帝国主义压迫之下，产业不容易发展，然而他方面，同时还有经济和政治落后的中国去供它的剥削和压迫，因而使日本好像没有经过产业资本经济时代似的，突然由商业资本时代转变到金融资本经济时代）。由此，可知，如果就个别国家说，是无从分期的，所以我们的分期，是就一般而分的。但是，虽然是就一般而分期的，却决不能否认上边所说的个别的转变发展的特色，因为例外的发展，也自有其发展的客观的原因在：例如欧洲的瑞典，瑞士等，不能不说其产业资本的发展已达到绝顶，然而事实上它们还不能转变至帝国主义时代，这当然有其复杂的原因在，与我们上面所说的并不发生矛盾。

现在让我们进行这三个时代的说明：

A：商业资本经济时代 商业资本经济的发展的时期，正是十五世纪到十八世纪末的当儿，这时的资本家是一种未成熟的初态的资本家，是采取商业形式来剥削小生产者及劳动者的剩余价值的。关于所谓商业形式，在初学者或许要发生疑问：马克思所谓资本，如前述，是买进劳动力的资本，他是先说产业资本，后来才论到如何把产业资本所获剩余价值转于商人，他是以买别人劳动力而榨取其剩余价值那件事为起点来说的；既然剩余价值是由产业资本来的，商业如何能剥削劳动者的剩余价值呢？因为如果说买劳动力才能剥削剩余价值，那么，商人仅仅雇到几个店员而已，有什么多大的劳动力所产的剩余价值，供其榨取呢？这当然是应该怀疑的，而且是初学者必然会发生的怀疑。原来，在资本经济的初期所盛行的商业资本，与今日所谓商业资本不同。其不同之点有二：第一，当所谓资本经济刚要开始的时期，一般的支配的生产还是小手工业及小农业的独立小生产，不像今日之以资本家的生产占优位。但是，那些独立的小生产者却因生产的发展，必然的会受商业的压迫夺收，至驯至失掉独立生产者的地位，以致发生变形的资本主义式的剩余价值的榨取。这种变形的资本主义的榨取者是当时那种又非今日的商业资本家，又非今日的工业资本家的，特种商业家即初态的资本家。为什么会发生这种商业家呢？理由是这样：因为生产物渐渐丰富，因而市场也渐渐扩张的结果，商人把小手工业或农业的生产品，转运到其他地方去卖，受到落后民族热烈的欢迎（例如在中国，前几十年，一般人把英法等国的精质的廉价商品，认为广货或洋货，而表示欢迎。这是先进民族的生产品运到落后民族的地方时，必然发生的现象）；但是，在封建时代的小手工业者或农民的本钱，大抵是异常微小的，或是有一点多的本钱，也不敢大着胆去行多量生产，而必然的要等待有人聘请的时候，或是有人定购的时候，才敢放胆生产，因为不如此则恐在生产物无法出售时，弄得等于白白生产，而发生经受不起的大的费用损失。因而到了市场扩张甚宽的时候，不能或不敢去放胆生产的小手工业者或农民，才必然的会靠商人的帮助而生产，同时商人却把贱购的生产物，运至生产落后的地方去贵卖，用其强盗式的，欺骗式的手段，而实行取得剩余价值，其次复把此种用强盗式欺骗式取得的剩余价值，以高利贷的方式，借于小手工业者或农民而使其生产，或帮助其原料而向其定购货物。这种商人是一种特殊的商人，在经济学上名为"收买商行"。例如在东三省的日本商人，借钱于农民而使其生产大豆，从中渔利，取得其剩余价值；又如鲁大公司，借钱于农民，令其种甜菜，供给生产糖的原料；又如上海的英美烟草公司，用预约的形式，收买附近的烟草，加以制造，名为英美烟草，欺骗的卖于中国人；等等，就是现代的实例。这种种收买商行的商业，实系初态的变相的工业。当然，这时的小手工业者或农民和把自己的劳动力卖于工厂的工人不同，但是，在实际上其受资本家之剥削则没有两样。何以故？因为小生产者当然不知市场之价格，又无充分的本钱，所以只好听商人的舞文弄舌的鼓惑，受商人的狡诈欺骗的包办。他不听商人的舞文弄舌的鼓惑，不受商人的狡诈欺骗的包办，又有什么方法去行生产呢？因而小生产者结果只有忍苦，听其蛊惑，受其包办，终至破产失业而变为无产阶级；这种无产阶级化了的小生产者，已经把自己的小小生产手段卖于商人，自己不能自行生产，所以只好把自己的劳动力卖于商人，而商人却把他们集合到工厂里行更大的生产，以期得到更多的剩余价值。这样一来，收买商行的商人，遂变为工业资本家。不消说，这自然是渐渐转变的，并且在未变为工业资本家的商人，也与普通的商人不同，而是带有工业意义的特种商人。第二，这时的商业资本家对内是用收买商行的办法，对外是用强盗式欺骗式榨取落后民族的金钱。遇落后民族甚孱弱或甚少的时候，则强夺其金钱；遇落后民族甚强时，则以不等价的卖买，剥削其剩余价值。所以说商业资本时代的商人不是普通的商人，而是带有强盗性的欺骗性的高利贷式的商人。

上边我们已经把商业资本经济时代的商业的特殊意义说明白，现在进行商业资本经济的本身的探讨。我们要真正理解商业资本经济的本身的问题，如前述，就非使用唯物史观的方法不可，否则，就难得到正确的完满的认识。因为无论研究经济学，或其他一切科学，只要是牵连到史的发展，除了用唯物史观的方法外，没有别的正确的法子。不消说，唯物史观的本身的复杂问题，在这里不能解说，我们现在只能适用它的原则于我们所研究的商业资本经济的问题，作一个很简切的说明。自然，要了解最初的资本经济即商业资本经济的本身，还非先把商业资本经济以前的封建经济的大要说明不可，因为只有这样才能彻底的明白。所谓唯物史观的方法，依前述，在目前这问题上说，总不外是：先把某一时代的生产样式说明，再论其生产关系如何，次说明在这样生产样式和生产关系之下的生产力是怎样发展的，即生产力是进步，还是退步，如果是进步则不必说，反之，如果是退步，即如果生产力和生产关系相冲突，那么，就要说明究竟哪一个阶级是改造社会或实行社会革命的使命的，哪一个阶级是站在相反的地位而不愿意社会变动的，换一句话说，即要说明阶级间或阶级层间之斗争。现在我们就本着这种方法而论述商业资本经济的发展状况。

为彻底明白起见，我们还得约略说明在商业资本以前的封建社会内，上边所说的四个要探讨的东西是怎样。在封建社会下，从一般生产样式说，是农奴的生产即半自由半奴隶的农奴的生产占着主要地位的生产。不消说，在这种生产样式之下，当然也有奴隶的生产及独立的生产，不过到底是农奴生产占着支配的地位，所以我们可以单拿它来说。这时农奴苦心工作所得的剩余生产物，在此种生产关系之下，大抵为统治阶级所剥削，就是说，农奴虽然尽量的生产，结果却被封建诸侯领主用武力的，政治的理由，尽量的剥削了去。在封建社会内，诸侯的私产和国家的公产不分，其情形，拿中国的话来说，就是所谓普天之下，莫非王土，率土之滨，莫非王臣；这话的意义，就是表示国家内所有的一切土地和财产，都是属于国王的，人民也为其所有，听其指使，国王可任意封某人为王，某人为侯，把某部分的土地赏给王侯，人民也为其附属品；质言之，在这时是公私未分开的，公私分开是从近代开始的。因此，所以封建领主诸侯对农奴的剥削，和今日的资本家对雇佣劳动者的剥削不同：虽然都是同一的剥削，可是今日的资本家是靠卖头的方式，用自己的资本，来剥削无产阶级的剩余价值的；在封建时代的诸侯领主，却是拿政治的力量或理由，来剥削农奴们的剩余生产物的。总起来说，农奴时代的生产的特征是这样：第一，农奴的生产，主要的是小规模小范围的农业生产；第二，农奴所生产的剩余生产物，大部分为国王诸侯用政治的力量剥夺之；第三，农奴生产，主要的是自给的生产，一小部分是商品生产；第四，农奴的生产，既然是小范围的生产，所以诸侯领主容易用禁令以强制之，换一句话说，在农奴经济的生产内，没有自由竞争的现象，生产者任何时候都要受领主的禁令（即有自由竞争，也是例外）。把前述种种生产关系和种种的生产状态合起来，就可以构成农奴经济的生产关系和生产样式。

现在要问：上边所说的生产关系和生产样式，究竟对当时的生产力有如何的影响？就是说，生产力是进步呢？还是退步？在未说明前，附带的还要提醒诸位，不要忘记在上边所说的农奴生产之四种样式外，还有商人存在，当然这在今日看来是不足道的，而在当时却有意义（详见后）。封建领主不把农奴当人，而用武力强制其生产，剥削其大部分的剩余生产物——在这种生产制度之下，农奴虽无自主权，虽没有完全的自由，但是，和奴隶经济之下的状况比较起来，要算进步些；因为在奴隶经济的生产制下，不特把全部分的生产物，归于奴隶主人享受，并且奴隶本身也为其主人所有，没有人格权，而农奴却一半是自由人，可以享受一部分的生产物，所以不能不说是比较前社会进步。就是拿奴隶受奴隶主人之压迫一点来说，亦可得同样结论：奴隶主人强使奴隶作过度劳动的生产，因而损坏其身体，终至必然的激起奴隶之反抗，而停顿其生产力，所以在这个意义上，上述的农奴生产显然是比奴隶生产进步些。然而要知道，一切生产力不是永远不变的，而是一刻不息的，往前进展着。我们已经说过，生产力离不开生产关系，同时，生产关系也离不开生产力，在某时代，生产力和生产关系相适应，到另一时代则生产力会和生产关系相冲突。生产力就是按照这原则不断发展着的。它在农奴生产之下，也必然的是变动着的。所以从前所谓农奴生产比较奴隶生产进步，那种事实，到了生产力和生产关系相冲突的时候，也不能不急遽的发生变化，表现出生产关系束缚生产力，不使它往前进步的现象，即表现着农奴生产本身退步。

当农奴经济的初期，因它克服了奴隶经济的缘故，整个的生产力有了进展，生产品也随着有大量的增加，因而人类的物质生活也比较丰富起来了，社会的一切都现出向上发展的气象。但是，就因为生产物的增加，领主诸侯对剩余物之剥削益更加多，他们就会把剥削来的剩余生产物，越更多量的消靡于享乐的奢侈，同时农奴也把他们所得的一部分剩余物，拿去和别人交换。这样一来，必使社会上的小范围的生产，渐次扩张到大范围的生产，不特克服了自给经济，而且生产力的向前发展，竟不能不和封建诸侯的种种有计划的有组织的禁令发生抵触；加之，上边说过，此时还有商人存在，他们乘着这时候剩余生产物的日多及交换范围的日广，而长大起来，以前所谓小势力的商人，因为现在剥削的利润越多，所以就渐渐变成保有强大势力的商阀了。我们要知道，商人的用尽气力去剥削别人，是常有的事实，不但在商业资本主义社会的商人是强盗式的和骗子式的，就是这时的商人，也是强盗式的，骗子式的专一去剥削农奴们的剩余生产物。商人的势力既大，则领主诸侯尽量把从农奴们剥削来的剩余价值，靡费于穷兵黩武的战争，或是用作享乐的奢侈时，其结果自然要招致商人不能多剥削的情势，因而招致其嫉视和反对——虽然商人也常用高利贷形式，盘剥领主诸侯——同时商人既在经济上占有绝大的利益，自然希望把社会变为纯粹商品社会，使农奴不受领主的禁令，去尽量的生产，以便商人好去求自己利益的扩张，绝不愿意把农奴的大部分剩余生产物归于诸侯领主，去供无益的享受或作打战之用；于是商人遂成为一方面希望农奴尽量的生产，另一方面又不赞成诸侯间的战争或奢侈。这样一来，在整个封建社会的生产之下，统治阶级的诸侯领主，希望社会继续着以前的生产关系，好剥削农奴们的剩余生产物，而被压迫阶级的农奴，却一方面希望增进生产力，丰富其生活，另一方面却不愿意受诸侯领主之剥削，所以愿意打破旧有生产关系；同时如上述，商人为增加自己的利益，也一方面愿意生产力增加，一方面不愿意农奴的剩余生产物过于为诸侯领主夺取，而赞成打破旧有制度。在这种彼此利害不相容而互相冲击的状况之下，封建经济的生产力，当然会从以前那种向前发展的状况，变而为生产关系所束缚了；以前所谓生产范围的渐次扩张的趋势，现在也被生产样式的小范围所束缚；以前努力工作的农奴也都因被诸侯领主的剥削压迫，禁令束缚而不能且不欲挣扎更进一步了；因此种种变动，弄得被桎梏着的生产力有非撞破生产关系不可，非撞破小范围不可，非撞破禁令不可之势。在这种压迫，剥削和冲突下面，当然社会一切的生产，都表现出衰退和不景气的现象。

上边只说被桎梏的生产力要撞破生产关系向前发展，但是，它是不是能撞破呢？这还有从阶级势力的比较加以说明的必要。我们知道，商人在此时的力量已经很大，他们为增加自己的利益，既希望撞破生产关系，农奴在封建制下本有莫大的经济上的实力，他们又不愿意受领主诸侯的剥削，当然更希望撞破生产关系。只有那些徒拥虚名，已无实力的领主诸侯以及种种寄生虫式的僧侣们，还希望保持着现社会的制度以剥削农奴的剩余劳动物。于是，我们就不能不看见封建社会的农奴的暴动到处蜂起，同时城市的商人，也在表面上帮助农奴而反抗领主诸侯，不消说，这不是真为帮助农奴而反抗，而是为自己的利益和诸侯领主斗争的。结果，全社会的有实力的大多数民众，都对当时的领主诸侯，表示十二分的不满而激烈的反抗，这种反抗，积之既久，就依由量到质的变化的原则，正式变为整个的统治阶级与整个的被统治阶级的冲突和斗争，即是说，变成革命。这种革命的成功的迟早，虽要看各国农奴的努力之程度如何而定，不过，过去的事实表示着，从一般说最后的胜利大抵是属于被压迫阶级的。到这时，领主诸侯被打倒，而封建制社会也因之崩溃。

封建诸侯领主虽然被打倒，封建制度虽然解体，但是，在革命过程上尽力最多的农奴，却没有得到主要的利益，所得到的，仅仅是脱去社会的不自由和身份的不自由之虚伪的空名，而真正的利益，却为在革命过程中在实际上采取渔人得利式的商人攫取。商人只顾虑到如何把自己买卖生产物的路程上的障碍除去，而没有真正努力推翻全盘的旧时制度，不但不努力推翻，倒留下一些封建遗物，以为己用。农奴所得的那一点的微末利益，当然还是不彻底，所以在新建筑的社会内，仍不能取得支配的地位。因此，在革命以后，得到支配地位的只能是商人：商人在表面上帮助农奴打倒封建领主，除去禁令束缚，使农奴能自由的解放而增大其生产量，结果使商业利益增大，所以商人可算是在经济利益上收得美满的结果，同时在实际上又和封建遗物勾结，而取得政治上的支配的地位。所以我们说：在这次阶级斗争的结果，商人得着真正胜利，封建领主失败，农奴只得到虚伪的社会自由之空名。虽然是这样，然而从社会全体看来，新的体制已成立，生产关系已变动，整个的社会经济已变为商业资本经济了。

我们明白了封建经济转变为商业资本经济的过程上的一切现象，现在可以研究商人在经济和政治上都得到胜利后的商业资本经济了。在商业资本经济的生产样式下，从生产的性质说在表面上是自由生产者的生产占主要地位的；不过这种自由生产者只是名义上的自由人。因为农奴只得到表面上的名义自由，而实际在政治上还受统治阶级的压迫，同时在经济上又不能独立，不是没有充分的生产手段（如土地），就是没有本钱去生产，不得不向商人去借钱，因此，一方面受统治阶级的严重赋税的榨取，他方面受商人高利贷式的剥削，所以农奴在新社会内，虽然取得社会的，身份的自由，而在政治和经济上，仍难脱离封建制度传下来的专制君主的压迫和商人阶级的剥削。除开农民之外，随着商人势力逐日的增加，小生产者的范围逐日的扩张，因而手工业的独立小生产者也增多，可是小手工业的生产者的独立也只是表面上的独立，在政治上固受压迫，而在经济上又何尝不受剥削，例如，这种小生产者不明市场之价格，势非受商人的指导或欺骗不可，在本钱不足时，也得向商人高利借贷。总之，此时自由的农民和小手工业者所受的压迫和剥削的程度，比封建期还更加严重：在封建社会内还有比较可靠之领主的保护，而在名为自由人的今日，却呻吟呼号于商人残酷的剥削之下。这一点，专从表面上看，似乎和前边所说的资本家的剥削不同；其实是相同的，因为此时正是资本主义社会之开始期，商人虽是不成熟的商业资本家，可是总不能不称他是资本家，说他在剥削农民和小手工业者的生产之剩余。商业资本经济的生产，就是在这样生产样式之下而生产的。

因为生产样式有了变化，所以社会的主要生产领域，渐由农业领域转变到工业领域，主要生产品也由农业生产品转变而为工业生产品；国内的禁令渐变为国际禁令，君主专制政治渐变为立宪政治。关于这几层，理由甚多，很难明了，我们姑且简单说：第一，因为交换范围日广，所以要使生产品能有特色而易销售，则对所生产的物品就非加工以求精美不可；而且加工后的生产物，也比未加工前更容易运输些，例如作为原料去卖的羊毛，输出不便，必然的要把它在工厂里变成工业生产品，才能比较容易的运输到生产落后的远方去卖。这是为货物销路推广，及便于运输至远地的关系，不能不先把农产品的原料变为工产品的完成品。第二，因为生产力的注重领域有了变化，一方面销路推广，能运输到远地，他方面国内小生产者得自由生产，不受禁令的限制，因此交换益频，商业日益发达，所以商业资本家在国内自由贸易的口号之下，越发扩大其势。然而他们虽高唱着自由贸易，可是对外的商业势力还不充分，还不能单借经济上的实力，把工业生产品运输到远地去销售，而必须要利用国内的政治力或武力作后盾，才能把商船变成海贼船，到处作骗子式和强盗式的行动。这种或利用武力去扩张商业，或采用保护关税制度，禁止外国商人的货物入口，企求独占市场，就是所谓重商主义（详见第二节）。但是商业资本家如何能利用国内政治力及武力呢？只因商业资本家是帮助统治阶级扫荡诸侯领主，使其获得统一的政权的，所以在实际上等于商业资本家在政治上获得支配的地位，因为统一后的君主还要借其资本以巩固自己的政治势力，还不能不低首下心的去听命于对自己政权有勋功的商业资本家的指挥；因此，商业资本家才得照自己的理想，形成国内自由贸易，国外武力销售的事实。第三，因为交换范围日广，所需商品日多，并且名义上变为自由人的农奴，为企图增加自己利益计，也当然要尽量的去生产，所以生产力越往前增进。这样一来，商品的生产数量就更为加多，输出的地域也越远，因而不特把自给经济完全压倒，并且必然的还要进一步把单纯商品经济，转变而为资本商品经济，同时，在政治上，因为政治实权又为商业资产阶级所把持，所以过去的封建社会种种门阀，到了新的制度之下，就不得不或迟或早的消灭；就是统一了政权的君主，也失去了从前神圣的威严，要想在政治上有何设施或变动，非得到商业资本家之同意，是不敢轻举妄动的；具体的说，就是，在此时君主已无实权，政治在实际上已变成立宪政治即所谓民主政治，在学说上反映为个人主义，使国家有形成法治国的趋势。不过这时所谓法律，虽是通过国会而成立的，而国会却由资产阶级所把持，所以整个的政治在实际上是资产阶级的政治。总而言之，在商业资本经济下，资本家方面，利用雄厚的资本，去剥削小生产者，小生产者方面却只有名义上的自由，而没有实际上的自由，同时实际上的统治阶级又是变相的商业资本家，所以新生产关系上的经济的利益，都被这种资本家劫去，国家组织的政治上的权力，也被资本家把持，结果变成：主张维持现社会的生产关系的是商业资本家，反对这种生产关系的是被压迫的小生产者和其他大部分民众。

依上面所述，我们已知道了商业资本经济的生产样式和生产关系的一般情形，现在还要考查其生产力比前一时代是进步还是退步。先拿没有得到真正利益的小生产者说，他们总算得到一点名义上的自由，比以前受领主之极端剥削总强一轴；那么，以未得到真正利益之人尚且有利，不消说，得到实际利益的商业资本家，无疑的更是有利的。一般的说，在有利于多数人的状况下面，生产力是进步的，而这时的小生产者和商业资本家占多数，所以初期商业资本经济是比较进步的。不过，这种商业资本经济的发展时期继续之长短，在各国各有不同，例如德国日本只有百余年，而英国却有四百年的历史。照唯物史观来说，只有生产力和生产关系无冲突时，生产力才能进步——虽然终究要变成冲突。在这时代，商业资本家虽是不成熟的资本家，然而总算是变相的剥削小生产者的资本家，同时小生产者所受压迫一天比一天大，因而一天比一天更没落，到了某时期，小生产者的一部分就必然要变成无产阶级。反之，在商业资本家本家方面，剥削的利益越多，交换范围越宽，越感觉到手工业范围之小，于是把将近变为无产阶级的小生产者（手工业者和农民）的一部分，集合到工厂里，使他们作工厂手工业的生产。这对于商业资本家，固能剥削更多的利益，但同时，却形成没落的小生产者为无产阶级，形成社会的家内手工业的生产为工厂手工业的生产；而商业资本家，复从远地的落后民族，用骗子式和强盗式的手段，榨取许多的金钱，运回国内，致使物价昂贵，结果形成商品虽充斥，而一般人的购买力减少的现象，于是小生产者益感到困难，不能维持生活，因而更没落，更无产化。到这时候，原来以剥削国内外的民众为务的商业，不能再向前发展了，同时小生产者也不能且不愿充分的用其劳动力去生产了，因而生产力渐渐变化，渐渐停滞退后，发生非把那种拘束着它的生产样式和生产关系撞破，就不能前进之趋势。在这时，商业资本家虽用政府武力去行骗子式和强盗式的交换，也不能获到所期的结果了；因此，如非改变方法，就不能继续再生产下去。而事实上也有生产方式的改变。不过这种改变，不是把从前的方式全部的取消，而是只改变其方向，不改变其本身；若是把本身都改变了，那就是整个的由量到质之转变，而非资本主义经济内部的转变了。

商业资本经济不能继续行再生产，而需要改变方法，已如上述，但是哪一阶级担当这种改变生产方式之使命呢？不消说，是没落的小生产者。这我们可以在社会上看见小生产者反抗商人运动之激烈的表现，例如英国谷价增加的斗争，就是反对重商主义的露骨的表示。多数小生产者受商业资本家之剥削，简直无办法，终至于不变成出卖劳动力的无产阶级，必变为无业的流氓无产阶级。因此，社会上就发生流氓无产阶级的前伏后起的接连不断的杀人放火的现象。到了这时候，商业资产阶级内的，掩饰着狰狞面目的慈善君子，就有所谓救贫事业的提倡，救贫会的设立（当然，对此还有反对者，如马尔萨斯的《人口论》就是此种反对的代表）。然而大批的流氓无产阶级，还是逐日的有增无已，例如英国那时的盗匪抢劫绑票盛行，就是明显的例证。但是我们绝不能把此种犯罪视为违叛社会的秩序的行动，倒可以把此种犯罪视为生产关系的反映，因为本是不良的生产制度，造成了流氓无产阶级的求生无路的事实。同时，在社会上还有一种由商人转化来的，和商人站在同一的资本家地位的成分即专门经营工厂手工业，不兼做商业，即专把家庭工人集合起来在工厂行大量生产的工业资本家。他们的利益也与商业资本家相反。工业资本家用雇佣劳动者的方法，做出来的生产品，不是自己去卖，而是转卖给商人去出售的，所以只要工厂管理得法，生产品能够销售，则购原料及劳动力以行生产，依据剩余价值法则，总会得到利润，断不会有很大的损失危险，因而他们所得的利润日益多，渐渐强大起来，并且因大量生产，成本较贱的缘故，他比生产同种商品的小生产者及兼营工业的商人，比较容易出售生产品，所以在事实上实力日增，也可以起而与商业资本家对抗。加以工业资本家还看到商业资本家的保护政策的政治于自己无益而有损：因为在对内方面他们用钱雇佣劳动者以生产，表面上明明是平等的，不必用政治力量去保护，只要施行分业的方法，就可以榨取很大的剩余价值，得到大的利润；并且重商主义的保护政策使食粮昂贵，生活困难，结果影响到工人工资，使工业品的成本增加，也是于工业资本家大大不利的。其次，在对外方面，工业资本家因生产技术进步的缘故，已可以专靠价廉物美的商品，去压倒竞争商品，不但用不着政治上的特殊保护手段，并且保护政策还往往会惹起敌国报复。最后，工业资本家务必想把自己的生产品贵卖于商人，而商人却想贱买从中渔利，这也是冲突之一点。因为这种种缘故，所以，工业资本家之帮助小生产者，打倒重商主义的商业资产阶级的政府，也是当然的事情。这恰恰和前时期的商人帮助农奴及小手工业者打倒封建领主，是一样的。今日在经济学说上的所谓重农派和正统派，就是代表工业资本家来打倒商业资本家的。总而言之，商业资本家要国家武力的保护，而工业资本家却不然，因而起来帮助无产阶级和没落的小生产者，打倒商业资本家；可是，结果，实际得到政权的，是工业资本家，不是无产阶级及没落的小生产者。这和农奴推翻封建领主而不能得到政权，没有两样。这样一来，工业资本家就代商业资本家兴起，而商业资本经济也变为产业资本经济了。

B：产业资本时代　产业资本时代的生产样式，比起前时代，发生了很大的变动，所谓工厂生产已占了主要的支配的地位。在原先从家庭手工业进到工厂手工业的时候，所谓工厂生产尚未达到支配的地位，但是到了产业资本时代，它就变成了主要的形态。因此，全社会的生产样式，发生了一种大的变化——产业革命。本来，所谓产业革命，是包含着组织方面，技术方面……的，但它最主要的部分却是技术方面的革命，即普通所谓由器具的生产变而为机器的生产，那种突变。因为在工厂制下面，大家可以集合在一起而行分工制度，如织布可分成上纱，接线，管机，平布等等，无数的工作层次，而各管一种，所以在分工的时候，因熟能生巧的缘故容易在器具上有所发明，即易使器具经过发明而变为机器。所以，自有工厂制以后，在事实上，在工厂手工业的技术上面，发生一大变化，结果会把工厂手工业的生产变为工厂机械工业的生产。这种生产样式的变动，就是产业革命后产业资本经济变动的主要的内容。这是所谓生产样式变动的第一点。

其次，再从生产的主要部门说，在产业资本时代，一切生产活动，和前一时代不同，当然是注重以工业部门为主，交通业农业部门为附的一般产业部门，至前时代站在支配地位的商业部门，就在被支配的地位了。不过，虽然一般产业都被注重，但其中特别被注重的却是工业部门。这是这时代的特色，也就是所谓生产样式变动的第二点。

最后，在产业资本时代，从原则上说，所谓资本主义的产业上的劳动不是在分散的情形中被使用，而是集中在一起而被使用的，即是，这时的资本主义的产业上的劳动者是在一定的有组织的有计划的指挥下面而行劳动；只因这种劳动者是在有计划的分工之下做工，所以劳动生产性①就特别的加大。更简单的说，只因为劳动时所使用的工具和样式不同，而劳动生产性（Productivity of Labour）也就随着增加。劳动的强度在工场制之下，当然也加大了：在一定时间内的劳动，因其努力的程度增加，所以其结果当然也就不同了。这是生产样式变动的第三点。

在这时代，是具有以上三种样式的生产事业占住了主要的地位。因为靠这三种生产样式的变动，可以用较少的劳动和较少的成本而获得较多的效果，所以有这种样式的生产事业，可以压倒其他

---

① 指劳动生产率。下同。——编者

不用这种生产样式的生产，因此它就不能不占着优越的地位。但是，能完全具有这三种样式的，在事实上只有工业，所以这时站在支配地位的，就是新式工业。新式工业对于商业是站在领导和支配的地位的，因为既然它在工业生产的部门上压倒了一切，当然势力雄厚。对于商业也就再没有什么害怕了的；因此，工业部门内那些从前须依赖商业资本家的地方，现在是完全独立的归自己支配了。新式工业对于生产原料的农业，不消说，更是具有支配力的。因为这种种的优越，所以此时所有的资本家都愿向工业上投资，因此工业生产就越发占了优势的地位。

在以上那样生产样式下面的生产关系如何？它起了如何的变动？从大体说，上述生产样式的变动对于生产关系上最大的效果，是真真的完成了对于生产手段一无所有的无产阶级。在以前的时候，他们还不是纯粹的无产者，往往对于生产手段尚能部分的私有，但在这时代却把生产手段完全丧失了。因为此时工人既在工厂做工，就无从保持他的生产手段，也更绝对不能够积蓄了钱财，去自购生产手段，因为一般的说，在资本主义生产之下，剩余价值的全部只能完全归于资本家，而资本家发给工人的工钱却受工资法则的支配，有一定的限度，绝对不会增大起来，使工人变为有产者。因此随着工业资本的发展，无产阶级的人数一天一天的增加，一般小生产者都渐渐的没落而变为无产者。这样，无产阶级就不能不成熟了。在资本主义的生产下面，从资产阶级说，无产阶级的大量的存在是绝对必要的；同时无产阶级因人数的增加和组织的进行亦必然的会变成绝大的势力；这种资本家对于无产阶级的依赖性的增大及无产阶级自身的势力的增大，就是所谓无产阶级成熟的意义。无产阶级既成熟，所以无产阶级与产业资产阶级的对立，在生产关系上就占着主要的部分。换句话说，整个社会上的无产阶级与资产阶级的对立，即从此时开始。这时当然另外还存在着自由手工业生产和小农民的种种生产，但他们在生产关系上已不能占在主要的地位了。所谓剥削劳动者之资本家和被剥削的劳动者在生产关系上的对立，就在此时成立。从前的资本家是兼用骗子和强盗的方式，然而现在却不是那样了。这是这时生产关系的第一个特色。

这时生产关系的第二个特色，就是产业资本家从商业资本家截然分离。他们利用这个分离即分工而使其资本利润更行增大；虽然他们关于商品的贩卖还是要依靠商人，然而他们因资本的集中利用的原理，更依此而扩大了生产。他们在此时，因为本身已经有了很大的势力，可以压倒一切，所以他们不害怕商业资本家，倒是商业资本家对产业资本家完全站在唯命是听的地位了。其次是工业资本家与交通方面的关系的变动：在以前的运输是由商人兼办的，然到此时，工业资本家就完全不必自己去作运输，他可利用分工原理，听由运输业去作。再次是银行业，它从十四世纪的时候就有，不过以前仅是作为商业汇兑之用而已，至如今日之存款放款的银行，却是在产业发达时才成立的。在产业发达之时，产业资本家之资本的来源，因生产规模扩大，有时也会感觉缺乏，有向银行借款的必要，而在款项有剩余之时，却又有存贮于银行的必要，因为存在自己的地方是死的，而存在银行中却是活的，可以生利。所以银行业是随着产业资本的发展而发展的。加之，因为产业向前发展，在政治上必然的有立宪政治即法治的实现，所谓法律必然有了更大的威严，使存款放款更能安全，所以银行业的力量必然更加长大。因此，以汇兑存款放款为主的银行业，变成了新的独立的存在，渐渐成为今日的在经济上占着最高地位的银行。总而言之，独立的营业部门，日益加多，因此，在生产关系上变得更复杂了。

在以上那样的生产样式与生产关系下面的生产力如何？在产业资本经济初期，前面所谓商人剥削手工业者及农民，以致小生产者的生产力减少，随着货币加多而来的物价昂贵使他们无法购买等等，在商业资本之下的剥削情形，自然是减少了。产业革命和劳动生产性增加，能够使劳动者在同一的生产时间中生产出更多的生产品，即比较能以最少的劳力获得更大效果，所以每件物品所含的劳动量变少了；换句话说，就是物价低落了。同时，产业单命后的大量生产虽然越发有使小生产者没落的倾向，但是，至少从短期间看来，总似乎大量生产的大工业可以一方面促进原料生产的农业发展，一方面给与失业的流氓无产阶级以职业。因此一般穷苦无告者，在暂时之间，依饥者易为食的理由，也觉得已得到一种较优的糊口生活，所以在以上所说的几种生产样式的下面，随着商业资本时代的剥削的减少，社会又表现着渐趋繁荣了。总而言之，在新的生产样式和生产关系之下，商业资本时代的骗子式和强盗式的剥削渐减，政治上的一切所谓非法压迫亦多多少少有表面的比较减除，因此多数民众可以比较多消费，因而资本可以加大，因而生产品也加多，于是生产力在这种状况的底下，就现着发展的状态了。虽然依照资本经济的法则，在国内仍是不免有小小恐慌现象的发生，但是，从全体看，因为此时各处在殖民地状态下的地方尚多，不愁无生产品的销路，加以各国的资本不是同时的向前发展的，因而先进国在国际上尚无许多有力的商品竞争者，所以恐慌尚易解消，生产尚能继续增加发展。一句话说完，这时生产力的发展是随着产业革命，政治改革及销路扩大三种契机而存在的；这个发展期间，从一般说，是从十八世纪至十九世纪的中叶左右的期间，也就是所谓产业资本的向上期。

然而到十九世纪中叶左右，情形就不同了。以前产业资本经济之所以能够发展，如上述，乃是因为劳动生产性增大所致的物价的低廉，各产业资本国发展的不平均所致的向外销货，及无产阶级的被剥削程度减轻所致的暂时缓和斗争（这时无产阶级比较容易谋得职业，所以一方面他们有购买力，一方面不会常常斗争，去阻碍生产力）等的缘故。但是，产业资本经济越发向前发展，则对于无产者所借以维持其生活的职业就必然的会不能依旧供给，依旧保持下去；换言之，即产业资本经济越发发展，则一般小生产者就必然的会越发没落，因而无产者人数越多，生活越苦，一旦没落者有了觉悟，也就必然的要发生社会主义的理论而行阶级斗争，因此，从劳动力方面说，必然的会随着资本主义的进行而使生产力减少。从另一方面说，资本家又必然会利用劳动者的相互竞争求职而越发减低工资以资弥补，而使消费力减少，驯至生产和消费失当而发生恐慌，使生产力发展停顿。所以在这个时候的生产样式和生产关系下面，从国内方面说，因为阶级斗争和生产过剩恐慌发生的缘故，生产力也就逐渐停顿或减低了。在对外方面，以前各资本主义国的发展是不均等的，到此时，则许多后进国的资本主义的势力已可与先进资本国互相衡量力，而在国际上竞争，所以国外销路也就减少，因此越不能不改良机器，以求价廉。机器生产越向前发展，生产即益集中，规模因此愈大，而必然的循环的恐慌也就越发剧烈和扩大起来，不易解决，因此产业资本家所负担的损失就越发大了，生产力因此也不能不停顿或减低了。在这种内外夹攻之中，若是仍然依靠那样的生产样式和生产关系时，生产力当然不能继续再行向前发展，结局将不免有大大的停止或退后。在这时候，受损失最大的还是无产阶级，所以他们在这种恐慌的过程之中，特别有把这样生产关系，转换了去的必要。简单说，因为事实上在这种生产样式和生产关系之下的生产力不能再行进步和向前发展了，所以它必然反映为劳资间的剧烈的阶级斗争及资产阶级各层间的利润分割斗争，因此全社会上就会发生政治上的经济上的普遍斗争，结果必然的会使这时代的立宪政治上也起一种变动：一方面是无产阶级想实现它的社会主义的民主政治，质言之，即想实际参加政治；他方面因为资产阶级各层间的利害不一致，使资产阶级各政党本身也发生大的裂痕，而不能维持两党对立的原则。因为立宪政治的解释上，发生了分歧，所以从此异常的及不合法的阶级斗争及阶级层斗争，就勃发而不可遏止了。

以上所谓阶级斗争，若从整个的有支配力的意义说，当然就是整个无产阶级对于整个资产阶级的斗争。虽然在资产阶级的本身也有阶级层间的斗争，但主要的却是无产阶级和资产阶级的斗争。在这样斗争下面的最后胜利，笼统的说，当然是整个资产阶级的，部分的说，只是金融资产阶级的。何以言之？因为一则无产阶级的胜利全靠强有力的组织和巨大的实力，二则无产阶级是为实现社会主义而斗争，在原则上须带有国际性才能成功，而在这时代，无产阶级的组织薄弱，其力量比资产阶级的力量相差还远，且国际间也还没有无产阶级的实际活动的组织，所以无产阶级获得胜利的条件还是缺乏的。再从资产阶级的内部来看，此时产业资本因为遭过了恐慌诸原因的相当摧残，它的势力已经渐渐衰颓，所以占了优势地位的，必然的就是羽翼已丰的银行资本家。银行资本家在原则上绝对不用烦愁商品的能否销售，因为商品的不能销售是产业资本家的损失；同时又因为银行是无数大小资本家存蓄和借贷款项的地方，所以银行对于别种事业的势力，渐渐可由借款关系，变为监视账目关系，更由监视账目关系，变为指挥命令关系，最后就会达到银行自己直接经营关系。这样一来，银行业渐渐的变成了经济界的中心势力，变得可以统治别的事业了；这时，银行的资本也不单是拿去供买卖货币和存款放款之用，而是还兼着直接拿去经营别的种种事业了，所以此时银行资本的质是完全变更了。这种变了质的银行资本，不仅是用于银行业的上面，同时还拿去或供商业之用，或参加直接生产部门的生产。因此银行资本就变成所谓金融资本。金融资本家既是在资产阶级层的斗争上取得最大势力和最后胜利的，所以在劳资阶级间的斗争上的最后胜利，必定也归金融资本家取得。这种金融资本在经济界占着压倒的势力的时代，就是所谓金融资本经济时代。

C：金融资本经济时代　金融资本阶级的客观的使命，在打破以前产业资本经济时代那种不能再行发展生产力的局面。但，它在实际上到底是用什么方法去打破？换言之，到底金融资本经济时代的生产方法本身有如何的发展？这当然是第一应该解决的问题，我们详细考察它一下罢。

金融资本经济时代的生产样式的特色，第一，在行了比较有组织的生产。这当然只是说在资本主义的生产之中的一部分是有组织的，而不是说资本主义生产整个的有组织。金融资本的成立及其所以能够发展增大，就是因为它不但是拿来经营银行业，同时还拿去经营其他商工业。金融资本阶级所经营的产业部门和种类虽然甚多，但是它并不是杂然漫然的抓在一手，而是实行着有组织的有计划的经营，譬如在面粉业，交通业，煤矿业……都被金融资本阶级自己经营或支配着的时候，它就可以在各种部门间，通盘合算，斟酌缓急，截长就短，挹彼注兹。这样，比起非金融资本家所经营的同种部门，就可以节省资本费用，减少成本，因此，它的商品的价格就可以低廉，它的商品的销路也就渐渐的扩大；结果，一方面使其生产日益扩张，另一方面可使一般颠连无告的失业者容易寻求职业。这样一来，停滞的生产力又发展了，繁荣的现象又呈露了。因此，从大体和短期间看，这种比较有计划有组织的金融资本时代的生产样式，可以把产业资本时代的生产力发展的桎梏打破而更向前发展。

金融资本经济时代的生产样式的特色，第二，在以武力帮助对外的经济竞争，助长生产力的发展，换言之，在实行帝国主义的生产。金融资本阶级在国内既取得了经济上的优越地位而把一切压倒，自然的要发展到政治上去，极力扩充军备，以作对外的经济竞争的后盾，于是形成了帝国主义或国际资本帝国主义。国际资本帝国主义的本质，在它一方面是用高度产业下的强大武力对外实行武力侵略政策，他方面是依靠资本的充裕和商品价格的低廉，实行资本输出，商品投卖，原料攫取式的经济侵略政策——它虽是对于其他金融资本已经成熟的国家不能行这种侵略，但是它可向落后民族的地方，集中它的侵略。金融资本主义发展为帝国主义的趋势，虽然在各资本主义国的情形是一样的，不过，在时期和程度上，当然还有先后深浅的差别，如像，在英国的帝国主义已经发展到了相当的时候，德日两国却尚在萌芽之中，就是明例。只因各帝国主义的成立和发展不是同时的和均等的，所以先进国（如像英国）国内过剩的商品及过剩的资本，才有可以销售的市场及投资的市场，而使其生产力更向前发展。这种先进帝国主义国内生产力尚能发展的时期，就是所谓金融资本经济的上向期①（一八七〇年——一九〇〇年）。

此次在以上所述对内在金融资本各经营部门的范围内实行了有组织有计划的生产，对于实行采用武装的经济侵略政策的生产样式的过程中，当然对内更可以实施金融资本本身的联合，在国际上实行国际的资本联络。这一切一切，就是此时生产样式在生产组织上所表现的新发展。

其次要问：在生产技术上生产样式有无发展？有的。虽然大部分的机器和技术没有什么变动，但是小部分却有了变动。首先，在产业资本时代的主要动力是蒸气力，到了金融资本时代，主要动力却改变为电力了，当然用电力比较用蒸气力所获得的生产力是相差很多的。其次，蒸气机关之改变为汽油的机关，也和电动力一样，可以增加生产力，特别是应用到一切交通业上面，大可以补电动力之不足。再次，是合成化学工业的发明。以前产业资本时代生产是被天然的原料所限制的，到此时，用新发明的合成化学工业如像人造染料，人造肥料，人造丝等，就可以主要的从空中取得无限的原料以供制造和应用。更次，是电气传信的发明，如电话，电报，无线电……均在此时被发明；这种消息传递的迅速，对于金融资本时代的生产力的发展是有过很大关系的。总结起来说，此时的技术的变动，虽然不像由商业资本到产业资本时代的变动那样巨大，但是，的确也发生了关系重大的变动。如上所述四点，我们不能不说

---

① 原文如此，文中又作"向上期"。——编者

是在金融资本时代，在生产技术上表现出来的新的生产样式。

在这样生产样式之下的生产关系是怎样呢？不消说，在这种生产样式之下的生产关系是没有根本的变动的：资产阶级和无产阶级的对峙是仍旧的。但在另一方面观之，生产关系的内容却更为复杂了。具体说，因为金融资本阶级的资本实行了国内的联合，其事业的规模异常宏大，所以其生产和资本的势力范围也就超出了国界，而扩张到殖民地和半殖民地去，依赖对殖民地和半殖民地的剥削，去实现其利润；换言之，落后民族也在生产关系上占一位置了（这和单纯出卖商品于落后民族不同）。其次，金融资本阶级的生产力既然扩大，就非有另外的除开殖民地以外的更大销场不可，即非行更大的竞争不可，因此，所以在国际间它们非联合在一起就不能在竞争中获得胜利；例如英国煤油的生产非与荷兰联合来对美国的总联合不可，德国电器工业的生产非与欧洲各国联合来对美国电机托拉斯不可，就是例子。因此，所谓生产关系，不能仅仅以国内并殖民地及半殖民地内的关系为限，而是随着它们向外的联合竞争的必要，蔓延到国际的联合关系上去了（结果致使国内的无产阶级与国外的无产阶级的利害也客观的一致起来了）。所以它们当所希望的剥削或利润不能取得时，势必诉诸战争，不然就利用关税政策的斗争，所谓倾销（Dumping）政策（即在国内提高价格，向外国输出时却降低价格的政策，这样在表面上好像是受了损失，但是，事实上这样一来时，一方面可以利用高关税和贱价格，去压倒外国的资本，另一方面，因积货销售，国内停滞的资本就可变成活的资本，所以不无好处），货币对外汇兑政策（即用种种方法，减低本国货币的对外价值的政策，譬如在日本货币价落，外国货币可以贱买日本商品时，在事实上等于奖励输出，所以日本工业品可以运到美国去卖，在汇兑上虽然日本吃亏，然而日本可以借此销售停滞着的生产品，这当然对于日本自己的产业，是有利的），种种方法去行竞争。所以对殖民地及国外的生产关系的扩大，当然在经济上会发生很大的反映作用，结果不是增加金融资本的势力，发生殖民地反抗，就是增高关税和提高物价，以至于必然引起国际战争；这对于无产阶级都有不利的影响，因此生产力的发展必然要停止或退步，而和生产关系相冲突。

现在我们可以接着讨论金融资本统治下面的生产力如何的问题了。这当然与以前各时代的生产力如何问题，有同样的倾向：在刚由产业资本时代转化时，即在金融资本时代的初期，金融资本经济下的生产力是前进的发展的，但是，到它的末期，生产关系又渐渐的变为生产力的桎梏而使它不能发展了。在金融资本初期之时，它的生产样式上有了新的技术的发展，在组织方面也产生了许多新的样式出来，而使大规模的有组织的生产范围出现。在生产的组织和生产技术上，既有了新的发展和变动，生产力当然会跟着增加。同时，随着这种变动的进展，劳动的生产性（所谓劳动生产性，即就每一小时的劳动的生产结果的多寡而言，多者即为增加，为发展，少者即为减少，为退步）当然也增加了。在产业资本的末期，劳动生产性已经不能向前进步，纵然可以维持现状，终属一时的勉强：因为劳动生产性的发展，第一是要看大家的努力与否，而这个努力在那时却是不可期的；即就劳动者本身的精力说，在其贫苦生活日甚一日救死不暇之际，当然也无余力去增加劳动的生产性。至于金融资本初期的劳动生产性之所以发展，如从劳动者方面说，乃因金融资本阶级在生产组织上和技术上有了变更和发展，获得了许多利益，拿了一部分去奖励贵族工人努力从事生产，而这些工人也因剥削减少，在暂时间有努力的可能的缘故。其次，在产业资本时代的末期，其生产组织方面，因为极端自由竞争的缘故，形成了完全无政府状态的生产，但是，一般说来，欲求生产品的销售，根本上非商品价格低廉不可，而极端无政府式的生产却不能发生组织上的利便和成本的减轻，因此价格也无从低廉，所以生产力停滞了。到了金融资本的初期，却因前述的天然的企业联结和一手经营之故，可以减少成本，免除产业资本末期的生产上的不利益，因此生产品的价格就变得较廉；金融资本家既获得廉价的武器，当然就可利用竞争上的胜利品即特别利润，将新的生产技术实施，因此劳动手段和劳动对象方面亦便表现着发展的倾向，而生产力就进展了。譬如意大利产业上的煤油机关的应用，合成化学工业的发展，就是一个很好的实例。原来，意大利在产业资本末期，因为劳动手段和劳动对象的不足，生产力是停止着的，然而到了金融资本的初期，因有煤油机关和合成化学工业的应用，意大利的停滞着的生产力却一时进展了。更其次，从交换范围说，因为随着国际性的生产的发展及帝国主义的武力对外经济侵略的进行，交换范围日益广大，过剩生产品暂时有了销路，所以生产品的数量会日益增大，结果影响到国内的劳动者，使他们增加消费力；这样一来，当然生产力在暂时也会随着更进展了。总之，在上面所说的那种种情形之下，金融资本阶级可以把产业资本经济时代的末期所感觉的那种生产力的桎梏解消，而使生产力更向前发展。这个生产力发展的时期，就是所谓帝国主义的向上期。以上是纯理论上的说明，但，就从实际的历史看，也可以得着同一的解释。所谓帝国主义的向上期，就是指着约莫从一八七〇上下起至一九〇〇年或欧洲大战的开始止的期间说的。试看在这个期间，如像德国在一八七〇年左右，生产力虽发生了停顿的现象，但是，自从加以组织的和技术的改良并施行了帝国主义的政策之后，它的生产力就有了相当的增进。英国也是具有同样的情形。不但英国如此，就是其他各国亦莫不皆然。所以从大体看，帝国主义向上期的生产力是和生产关系适应的。

但是，更进到某一时期，生产力和生产关系就要发生冲突。其理由是这样：在金融资本时代的初期，生产力之所以发展，第一是因为有新技术的发明，第二是因有新组织和新的产业结合，第三是因有新销路的扩张；然而到了金融资本发展为独占的势力（如托拉斯等）的时期，这三种原因就都会失其作用。先拿新技术的发明说罢，在金融资本发展为独占势力的时候，从一般说，在技术方面决不会有什么新发展的。为什么？要知道，在金融资本时代初期获得了并增加了利益的，只是金融资本家，当然绝对不是无产阶级，也更不是其他资产阶级；无产阶级虽然因在此时期可以得到比较可以糊口的生活，缓和了阶级斗争，然而，只要在私有制度未推翻以前，照资本积蓄的法则说，无产阶级的生活，必然的不会有什么大的改良，并且一般小生产者也是必然的要没落而为无产阶级的，所以此时的无产阶级只是把反抗斗争加以缓和，始终不能得到什么真正的大的利益。实际能得到利益的，当然就是金融资本阶级本身，结果金融资本阶级就会利用优势的经济政治力量，吞并了非金融资本家而取得独占（或独霸）的地位。一到此时，金融资本阶级就不用依靠新技术新组织，以及其他一切的协助了，它可直接的利用它那独占的地位而取得特别利润了。换句话说，它此时可以对于旧的技术，保持原状，不加改良，而对于新的技术，设法收买，而不使用。因为它们的目的原来不在发明，只在赚钱，所以在它们可以一面保持旧技术，一面利用独占的地位，提高价格去增加利润时，它们对于新的技术，当然不但不需要，并且反要禁止发明，或使其匿弃而不被应用了，拿商务印书馆作例来说明罢，譬如它收买到一本新的物理学的著稿，论理，在收买后当然是可以刊印成本以献于世的，然而它为要保持它旧印的物理学的销路和由此而来的利润的缘故，它却把所购之新物理学稿本置诸高阁——因为这样于它最有利，所以不得不如此办。商务印书馆虽然不是金融资本家，但其独占性质却是同样的。所以在金融资本带有独占性的时期，新技术纵然可以减少成本，也不会被金融资本家实际应用，因为那是不必要的，甚至于是不利益的事情。其次，从产业的结合说，到了金融资本成了巩固的独占势力的时候，它从前那种减少成本的好处，是不会有的了，因为一则从产业结合而来的利益原是有限度的，随着独占的形成，这种好处会渐近它的极限，二则独占金融资本既可利用托拉斯等的组织而提高价格去增加利润，从人类目的意识说，它对于自己，决不会倒转减低价格去打倒自己，去减少利润而使自己受损失的。更次，看看销路的增加方面如何。在金融资本的初期，国内因为产业上的一时发展，一般农民和小生产者可以重新获得相当的消费力，所以在国内可多销售货物。然而要知道，这种国内销售的增加，只有在成本减少物价低落及失业困苦者减少时才能实行，而在金融资本时代的末期，物价既因独占而提高，而大众却日益困苦失业：农民在独占势力的压迫下，不能不贱卖自己的农产品，因此日益失业或没落而为无产阶级；其他小生产者也有同样情形；这时的无产阶级为谋生存计，当然都要竞争求职，但是，只因竞争的结果，致使工资越发减降，失业者越多。因此种种，国内销场就不得不日益减少。其次再拿国外销场看看。殖民地及半殖民的市场是有限制的，而各帝国主义国之向殖民地及半殖民地的侵略却必然会日日增加不已，当然向国外的销路也就不得不减少了。加以帝国主义间的向外竞争者愈多，它们就不能不愈努力从事竞争，以全力从事扩充军备，结果，弄得人民的负担愈益加重，人民消费力愈益减少。况且在帝国主义对外竞争时，提高关税是必然采用的政策，这种政策的牺牲者（即用高价消费物品的），显然的又是国内多数无产阶级农民和一般小生产者。况且，在另一方面说，打仗的以及因战役而惨杀于枪林弹雨之下的也是他们。这样看来，就可以知道有种种复杂交错的原因，必然使国外国内销路不能不减少了。

既然三种可以使生产力发展的理由，这时都不存在，金融资本经济的生产力就不能向前进步了，当然生产就会停滞，当然跟着这种情形而发生的就是经济恐慌了！试从事实上，就金融资本经济末期的今日的整个世界的生产力来看，生产设备只有百分之三十在运转着，其中如钢铁只有百分之十二在生产着，其百分之八十八在停顿着；他如小麦因为价贱的缘故，就有不把它看成食料吃，而把它当成燃料烧的现象，但是，在另一方面，却有五千万的壮丁没有饭吃和工作去做。像这样生产力的契机既不能活动，生产力怎能不停滞后退？生产力的停滞后退，不但在恐慌中表现出来，并且在阶级斗争中表现出来：在像革命，内乱，罢工，农民暴动……都莫不是生产力和生产关系的冲突之表现。试就今日的事实来看，所谓资本主义的一般危机恐慌日甚一日，第二世界战争危机日益尖锐化，各国国内革命和内乱不断的爆发，都是一些极明显的实例，在事实上表示着生产力和生产关系不能再相容了。更具体的说，今日整个世界的情形是这样：在一方面，农民，小生产者以及殖民地和半殖民地的无产者，为维持生命起见，非行斗争不可，因此，在金融独占资本的国家内特别发生了许多农民和无产阶级联合的暴动反抗，在殖民地和半殖民地的人民也频频起来反抗金融资本帝国主义的压迫；同时，在另一方面，帝国主义国与帝国主义国之间，复行着猛烈的国际斗争，因此，金融资本帝国主义者一方不能不设法以武力侵略他国市场，以便解决并缓和国内的恐慌危机，他方又不得不利用国外的力量以镇压国内革命的爆发。总之，在今日，生产力和生产关系的冲突，已表现为一国内或国际间的资产阶级和无产阶级间种种斗争，同时，斗争愈烈则生产力益受影响而停滞后退，结局越发引起斗争，已迫得不能不另改方向去解决此种矛盾问题了。至于将来的解决的方法是向社会主义走或向法西斯主义走，那要看各国情形而定；不过，法西斯主义是有种种缺点的，决不能彻底，所以社会主义是必然的最终归宿。

四　把以上总结起来，可以得到以下的结论：第一，资本经济是必然发生的，并必然发展的。所谓必然，是说不是任何人有意识的可以叫它发生或叫它不发生，而是有它发生的必至的条件，换言之，不是一种偶然发生而是一种具有充足而且必要的原因的发生。原来，在封建社会内，因为生产力与生产关系发生了冲突，所以在旧生产关系上有利的阶级和无利阶级，在此种情形之下必然发生斗争，这种斗争进展到一定时期，就可克服原来的矛盾而形成另一新的生产关系，即达到所谓否定之否定的阶段而形成资本经济。资本主义经济既是在这样的斗争过程中发生的，当然，在成立后的资本主义经济的内部，也可继续不断发展的进程，适用这样辩证的发展方式而向前发展。所以资本经济之由商业资本经济转变到产业资本经济，更依由量到质的变化的原则，由产业资本经济而到金融资本经济，都是它本身矛盾使然，是它内部斗争使然。在这个意义上资本经济是必然发生和必然发展的。第二，此种资本经济的必然的发生并发展，不是离开了人类的，而必定是经过了人类的斗争而来的。换言之，这种必然是参加过人类的阶级斗争的必然，所以资本经济的发展，虽是必然的，却不是自动的，或宿命论的。第三，资本经济的必然发展是含着它的必然消灭即上述的必然改变方向在内的，所以它不是可以常存的。

以上三层，拿唯物辩证法上的用语说，叫做辩证法的发展，即经过对立的统一，否定之否定，由量变质并由质变量之根本法则的发展。这就是说资本经济的发展，和其他一切东西的发展一样，都是一种辩证法的发展。由此，可知以前的所谓经济学的观点，只是观点的一部分，还不够用，还得加上由辩证法而来的这些观点。以上所述也就是辩证法的发展的一个好实例。

第二节　经济学发展的四个时期

一　概说

前面第一节所说，只是本章的一个准备，因为说经济学史以前，对于经济史的概约，有预先知道的必要。现在既有了这种准备，就可以在此节开始讲述经济学的发展了。为便于理解起见，分为几个段落说下去，先说叙述方法及分期。

我们怎样叙述经济学的发展？普通关于经济学的发展的叙述，不外两法：（一）以人为单位，说某人有某种学说，（二）以时代为单位，说某时代有某种学说。这两种说法都是不充分和不确切的。因为，若照第一说法去叙述，至好也不过仅是一部字典；若按第二说法，结果就只会成功一部年书。我们原来是为要解决经济问题，才要了解经济学的历史，若照学典体或编年体而叙述经济学，那是机械的，对于我们目的，是不合的；即把二法合一，也是不合的。那么，除此二者之外还有什么方法？这就成为问题了。如照唯物辩证论的原理说，经济学史必然要在下述三个条件之下去研究，去叙述：（一）无论如何，要有某种学说的经济基础的说明。学说固然重要，然而它的经济基础也是重要的，因为对于某种学说的经济基础若是不懂，就绝对不会了解它，不能批评它。照唯物辩证法说，真理虽是绝对的，然而在我们的实际认识过程上关于一切东西，不能得着绝对的真理；认识过程上所谓真理，实只是相对的和近真的；所以想要判断某种东西是否为真，就要看它的历史性，就要拿来和经济的关系对照来看，即是说，要考察它的经济基础。但要知道，普通关于所谓经济基础，发生了许多的误解：有的把经济基础看作与物理学上所谓"物质"相同，这当然是错误的；还有人把经济基础视为"地理的"，把经济看成了死的东西，这当然更是错误了的。照唯物史观说，所谓经济基础，是指生产力和生产关系的全体而说的，所以所谓决定某种学说的经济基础，就是要看它是在何种生产力和何种生产样式的生产关系下发生的。只有这样说，才能同时应用唯物史观上的阶级斗争说。（二）要承认一切学说绝对不是由某人或某部分人制造出来的，而是因为某阶级的需要而产生的；不是在短期的时间中产生，而是在长时间中经过了无数的变动而来的，换言之，即是依由质到量，由量到质的转变原则而转化来的；它更不是凭空想出来的，而是从实际需要和斗争而来的，但，因实际的需要和斗争，结局从它本质看来，就是生产关系上的某一阶级为满足自己的利益而来的需要和斗争，所以一切学说必然是从阶级的斗争中发生出来的。简单的说，要明白一个学说，必然要说明它在实际阶级斗争上的经过和意义。（三）所谓"一切学说"范围太宽，当然应有一定的限制，从一般说，只能是"主要的站在支配地位上的学说"的意思。因为我们只是以研究学说的派别和发展源流为目的，所以不必十分详尽的知道，只要知道那种占支配地位的学说就够了：只要知道这些，我们就会明白学说的发展史，至于一切不占支配地位的学说，于我们是无用的。

方法问题既决，现在我们进一步去研究经济学史的起点和分期问题。经济学的发展，在历史上有二三百年之久，要想把这二三百年的长久期间的各阶段的学说，很妥当的施行区分，的确不是一件容易的事，事实上，关于这问题各国的经济学家的意见也还不一致，所以究竟如何行这个区分，尚成为绝大的问题。不过，就我个人的见解看来，为便利计，似可以分为四个时期。其次，纵然我们采用四个时期的分期法，但究竟应当从何时说起，也还是很大的疑难。不消说，照理，应该从经济学成立时说起，然而经济学到底是何时成立，被何人弄成立，却又成为问题。英法的经济学家，在过去为这问题，曾有激烈的论争。法国经济学家主张经济学应从重农学派起，英国经济学家却大抵主张经济学应从正统学派起，也有人说应当从重商学派起。这种种对经济学史之成立时期的主张，显然不是根据科学原则的观察和论断，而是从国民的虚荣心立说的。我们知道，正统学派的代表是亚当·斯密（Adam Smith），他是英国的人，重农学派的代表是克涅（Quesnay），他是法国人。所以许多人以为经济学史开始于某国人，就觉着自己的国有无限的光荣，因而固持偏见。当然这种虚荣心的主张是错误的。我们应当以研究真理的科学的立场来观察，用科学的眼光来论断。如果能这样，则经济学史的发展，当然宜从重农学派开始。原来，科学之所以成为科学，必然因它带有几个本质的特征，虽然科学本身还是不断发展的，然而只要某种学说能具有科学的本质的特征，哪怕是发达程度甚低的，当然也算是科学。前面在第一章上我们把科学目的分为几个段落，就是要看其在那四个目的的段落上达到某一个段落，而定其科学的发展程度，并且，我们所以设第一章，前面说过，就是要借此为标准，去测定某种学说在对象，观点，目的三者上面是否能合乎科学的本质的要件。正统派的亚当·斯密的《诸国民之富》①当然是含有这几个科学的条件的。所谓第一个段落上的，搜集经济事实，观察经济事实，整理经济事实，使经济事实体系化，普遍化，第二第三个段落的在经济事实中，找出因果关系及因果法则，等等目的，在亚氏上述著作内都已达到，是不成问题的，因而他的经济学当然可以成为科学。至于重农学派的代表著作，如像克涅的《经济表》，虽然不如亚当·斯密的书那样能完全达到那几个段落而

---

① 今译《国富论》，原文其他各处也多作《国富论》。——编者

合乎科学条件，但是，在大体上，采取自然科学的归纳法，而使经济现象成为体系，并努力寻求法则，总不能不说是科学的著作。重商学派在重农学派之前，论到它在目的方面的成绩，可以说连第一个段落都没有达到；从其研究方法说，也不是科学的方法，而是用主观的，思维的，政策的观点，没有正统派搜集经济事实……找出因果法则的成功，所以重商学派的学说只能称为学说，不能称为科学。今日所谓科学，本和学说不同：科学是有体系的学问，学说只是零碎的断片东西。现在我们就根据科学的观察和论断，从重农学派开始叙述经济学的发展。

二　商业资本经济成熟，原始聚积终结，产业资本经济开始时期的经济学

这时期的经济学的代表者，是重农学派，重农学派风行的时候，正是一七五〇到一七七六年的当儿。我们要明白重农学派的经济学，非先知道重商学派的学说的大要不可，因为，如不了解其对立的学说，就不能知道重农学派的来源和斗争的对象。在前面论述资本经济发展的时候，已经说到商业资本经济的真正意义。我们知道，商业资本时代所谓商业资本家，不是直接剥削劳动者的剩余价值的资本家，而是变相的利用"收买商行"来剥削小手工业生产者和农民的资本家；这种变相的资本家，不但剥削国内的小手工业生产者和农民，而且把贱买得来的小手工业生产者和农民的生产物，用骗子式的方法和强盗式的手段，转卖给落后民族而攫得其金钱；同时这种商业资本家和封建君主站在一方面，利用政治权力，行海盗式的劫夺，而且努力拒绝外国货物入口，企图独占利益，所以只要有欺骗和抢劫的可能，他们总想利用海军，去欺压落后民族，劫

掠他国商船（例如英国之于荷兰，就是很明显的例证）。这种特殊的资本家，不是今日的纯粹资本家，因而他所剥削来的利润的累积资本的增殖，在经济学上有一个特殊名称叫做原始聚积（在剩余价值论上还有详细的说明）。所谓原始聚积的意义，就是指资本之原始的集中和聚中。这时的商业资本家，一方面把国内的小手工业生产者及农民剥削来的金钱，集积而为自己所有，另一方面复把那种用骗子式强盗式的手段从落后民族劫掠来的金钱，也都聚积在一处，使其发生资本作用。所谓资本，我们前面说过，有二种意义：一种是普通所谓本钱的意义，一种是具有用来作为基本的东西，去剥削劳动者的剩余价值的意义，例如货币，在非洲美洲时，只是第一种意义的本钱，没有显示第二种意义的资本的作用，到了商业资本家把它们运回到欧洲，则逐渐成为真正的资本而出现于社会；这就是说，商业资本家把还没带有资本性质的东西，原始的聚积起来，而使它成为资本。商业资本家利用资本之聚积，更扩大其剥削，终至把许多原始的小手工业生产者及农民的剩余生产物都剥削了去，把他们的工具房屋土地都夺收了，使他们这些没落者都变为一贫如洗，只好出卖劳动力的无产阶级。这种剥削，从资本家方面说，是原始的把国内外货币聚积而成为资本，从被剥削者方面说，是原始的使受剥削者没落而为无产阶级，使他们把一切东西都卖给资本家。这样资本的聚积，就是原始的聚积。

利用资本的原始聚积的状态而实行剥削的商业资本家，依前节所述，到了某一时期，生产力和生产关系相冲突，社会起了剧烈的变化的时候，就不能再行其骗子式强盗式的剥削，而不得不让步于新兴的产业资本家；因此代表商业资本家的生产单位的经济学说，也就不能不被世人否认而让位于重农学派的经济学。代表商业资本家的经济学说，就是所谓重商主义（mercantilism）；重商主义占支配地位的时候，正是一五五〇到一七五〇年的当儿。现在我们且简单的论述其要点：

1. 在重商主义的时代，商业最被重视。因为这时是资本商品经济的商业资本时代，社会上一般人都认定商品生产是最有利益的，而且是最易发展的，因此社会上所重视的中心点，就移到商业，以为只有商业才是"生产的"，只有商业才能国富兵强。于是商业益发展，资本益聚积，商业资本家遂在政治上和经济上都占绝大的势力。当时先进的英国，因商业的发展而富强起来，所以世人都视富国强兵的道理，除商业外没有第二个法门，因而各国皆争先恐后的向商业道上发展去。当然这不是凭空来的，而是前节所述经济基础之反映。总之，这时一般人都重视商业，认为是发财生利富国强兵的要道。

2. 单靠国内的商业，交换范围太小，似乎只可个人致富，仍不足以富国强兵，所以必然的会想到把商业扩张到国外去的办法，因而重商学派就主张发展对外贸易。他们所谓对外贸易，是站在原始聚积的见地上说的；其目的要尽量的把国内的商品贩运出去，而不如量贩回国外的商品；就是说，他们主张国际贸易上的商品出多入少，以为如此才能获得利益，反之，如果出少入多，他们以为在国际贸易上就要吃亏。

3. 商业资本家虽想把国内的商品以出多入少的方法贩运出去，然而因商业是交换的性质，不管怎样出多入少，总得有一种交换品才行；这种出多入少时的，换进来的交换品，在那时，就是金钱，即贵金属的货币。结果，他们输出商品的目的，在事实上就是要取得金钱或货币，所以重商学说这种以本国的货物交换国外的金钱的主张，又被人们叫做重金主义或重货币主义。

4. 要想达到上述的第二第三的目的，即要想达到商品出多入少而攫得金钱的目的，单靠经济上的平等交换，还难成功。在当时，各国以利益所在，都向这一条路发展，如英国和荷兰的海上争霸，就是明例。国际商业竞争上的逐利者当然有增无已，而重金属的分量却有限，所以结果必然的要借政治上的力量，去企图达到剥削和攫取的目的。因而重商学派就主张：（一）采取保护贸易政策，高筑海关壁垒，抽入口货以重税，使其不易销售，甚或禁止入口。（二）利用国家的海军，保护私人的商业；这种保护不特可发展本国的商业，而且乘机还可劫掠他国的商船，同时也可借武力压迫殖民地半殖民地的人民，而进行强盗式的剥削。（三）间接利用国家的力量，帮助商业组织，由国家给与一种特殊的保证，使其剥削落后民族；例如西印度公司和东印度公司的组织，虽然表面上是私人的营业，其实是受国家保证其不受损失的贸易公司。这样一来，因多数人可放胆投资的缘故，这种公司的资本日大，利润日多，因而可以把剥削来的金钱借给落后地方的（如印度的）贫穷的封建诸侯；封建诸侯因借用这种公司的金钱的缘故，不得不在政治上让步，给与一种特权，自甘束缚，终致受这种公司的完全支配，最后只需国家利用海军的武力稍稍加以压迫，那块落后民族（如印度）的领土，就变为商业资本家所属国家的领土了。总之这种间接保护贸易，也是重商主义的发展商业的一种方法。

5. 其次，重商主义者，要使本国的货物多销售出去，当然就得要奖励国内的生产，因而也就非增加生产的原料不可。例如在英国，供给呢绒生产的原料，本是丰富有余的，但是，商业扩张的结果，弄得呢绒的生产量大增，因而感受羊毛的缺乏，当然也就是感受输出商品的缺乏，于是就非改变方针而采取种种对内的新政策，以求商业之发展不可。所谓对内的新政策就是：第一，要把封建时代的行规即所谓帮行制度取消，以便从事生产者可任意改业，任意制造。第二，要把狭小的贩卖范围扩大到全国，使商人在国内能自由转运商品，自由贩卖商品，同时对劳动力这种商品卖买上的限制，即对那种被行规规定的，一处工人不能到他处任意工作的限制，也非彻底取消不可；因为只有这样，才能不受限制的去生产，才能不受限制的去工作。第三，因生产力的增进，常常闹着原料缺少的恐慌，所以，要想使某种原料（例如羊毛）增加，就要多养羊，就不得不把既耕土地故意荒芜起来，拿它作为饲羊的牧畜场。这在商业资本时代，那种名义上保有政权的君主或其代理人，就会替商业资本家把耕种的农民逐去，而使耕地牧场化，如像英国的圈地，就是很明显的实证：他们毫无忌惮的利用政治上的权力，夺收农民的生产手段的土地，而改为养羊的草场。简单的说，重商主义反映于国内政策上的事实，就是一方面高唱自由，要打破封建时代的帮行制度，打破交易范围的限制，实行国内自由贸易，而他方面却利用政治权力的极端压迫，夺收农民的土地，作为自己生产手段的原料生产地。

以上五点就是重商主义经济学说的内容。由重商主义经济学说的内容看来，我们很易看到，重商学派只偏重于交换方面，而未充分顾到生产分配消费等问题。因此，所以它只能成为经济学说，不能成为经济学。

我们明白了重商主义经济学说的内容，就可以进一步继续讨论重商主义学说何以要被人否认的问题了。照前面所述，重商主义原是代表商业资本家的利益，拿来辩护其原始聚积的行动的，所以到商业资本家因国内国外的种种理由，不能再利用原始聚积的方式去实行剥削的时候，因商业资本经济制下的生产关系束缚着生产力，不能使它向前发展，所以社会的许多方面不需用重商主义而想推倒它了。于是反重商主义的重农学派，就代之而兴起。我们要明白重农学派经济学的内容，就非先把前节所说的，怎样由商业资本经济转化到产业资本经济的过程，再简单的重说一遍不可。原来，在产业资本家从商业资本家分离之后，因为工场手工业的生产力量日见增加的缘故，产业资本家的势力渐次变成强大；同时，因重商主义的商业资本家之无穷的剥削的结果，被剥削的小手工业生产者和农民遂不能维持生活，而渐次没落下去成为无产阶级；并且，在另一方面，商业资本家从落后民族劫掠得的金钱大量进口，使国内的货币增加，物价高涨，更令小手工业生产者和农民感受痛苦（货币增加的结果，必然使一般的劳苦的小生产者及无产阶级，受生活的压迫而颠连无告；因为从货币理论说，货币少时，必定会使货币贵而物价廉，反之，货币多时，必定会使货币贱而物价贵，例如同一质量的米，在货币少时，其价格贱，在货币多时，其价格贵。关于这一层，第二篇第四章还有说明）。这种货币增加，反使物价昂贵的现象，于拥有巨大货币的资本家虽不关紧要，然而一般的没有充分货币的小手工业生产者和农民，却不能不枵腹忍苦，减少其消费力。结果，商品充斥，劳苦群众无钱去买，遂使在商业资本经济的生产样式之下的生产力，无从进展而不能不停顿。同时，因各国商业的发展，竞争者越多，国外的市场或全被占领，或已到饱和度，无法更行推销其堆积如山的货物，所以这时的新兴产业资本家就不能不别找出路而求生产力的前进。当然，此外有无产者及小手工业生产者和农民吃苦，也要求另想方法。因此，产业资本家遂联合他们，起而打倒商业资本家的支配。可是，在成功后，产业资本家却又转变方向，离开无产者及小手工业生产者和农民，独自的去实现自己的利益。这样，遂由商业资本时代过渡到产业资本时代，这种现象在学说上的反映，即是重商主义被否认被打倒，而重农学派兴起，企图拥护产业资本阶级的利益。

但是重农派经济学的内容究竟如何？这是我们现在要讨论的问题。要明白这问题，最好是把重农派的主张拿来和其斗争对象的重商主义学说对照观察：

1. 重农学派以为重商主义所注重的商业，并不能生产出多数民众所需要的生产物，认为只有农业才能满足这种需要。就是工业，它虽比商业进步，也不过把已经生产出来的东西改变样式而已，总不能从无生有，从小变大。例如没有米时，只有农民耕种稻田，才能有米的食料；木板缺乏，只有种植树木；羊毛不足，自然非养羊就不能得到呢绒的原料；所有这许许多多的原料，只有从农业生产出来，而且仅仅只有农业是"生产的"（Productive）。重农学派所谓农业是"生产的"，是把原始的生产业都包含在内，是指广义的农业，认定只有它才是"生产的"，才于人类有利益。重商主义虽主张商业发达就可富国强兵，但是，事实证明那种办法不特不能富国强兵，反致小手工业生产者和农民没落而为无产阶级，生活益感受困难。因而重农学派极端否认重商主义而主张重农主义（Physiocracy）。

2. 重农学派认为重商主义之注重国际的出多入少是不合理的；以为经济学上的根本原则在增加多数民众所需要的生产物的质及量，因为只有如此才能使多数民众感受幸福，而达到富国强兵的目的。所以重农学派极力反对重商主义之注重一般的出超政策，而主张注重国内农业生产品的质和量的增加。

3. 重农学派以为重商主义之抱极端崇拜货币主义，也是错误的。重农学派认为货币只是一个商品交换之媒介物，认为不但理论上决无货币增多就会国富兵强之理，并且在社会的事实上确表现着货币的增多反使民众的生活越苦：它不特不能使国富兵强，倒反招致许多小手工业生产者和农民没落而为无产阶级，那种不幸事件。

4. 重农学派对于重商主义之主张用政治的力量去保护国际贸易，也持反对意见，以为国外需用外国货物，或本国需用外国货物，在原则上都是应该的，因为只有实行国际的分工生产，才能收有无交换的利益，才是平等的而非欺骗的交易。因而他们非常反对保护贸易政策，而主张实行自由贸易政策，即，某国所无的生产物和某国所有的生产物尽量自由的交易的政策；以为这种贸易，如能听其任意发展，自然就能行国际的分工生产。不消说，这种主张还有其哲学上的宇宙观的根据，不是凭空来的：重农学派采取一切听其自然发展的自然法则的观点，以为万事不必加以人力的干涉，所以在政策上就不能不主张放任的自由主义。

5. 重农学派对于重商学派在国内政策上一方面主张自由交易，另一方面却行着事实上的实力的压迫一层，在表面上也很反对。固然，在打破封建帮行制度一层上面，重农学派是表赞同的，即所谓事实上的自由剥削一层，当然也不是他们所反对的，因为他们所代表阶级也需要没落的小手工业生产者和农民替自己劳动。但他们对重商主义利用政治上的压力一层，则不同意。他们在哲学上既采取自然法则的宇宙观，当然在理论上对于政治的压迫要反对；况且既主张重农，当然就不能不反对剥削农民的现象（自然这不是实际的反对）。

总结以上反对重商主义的各点，就可以形成重农主义经济学的基础。此外重农学派对于重商主义的商品价值问题，也提出来说明，以为一切的商品价值，不是从交换过程上发生，而是从生产过程上发生的；同时还注意到重商主义所不注意的分配消费等问题。这就是说，他们为对付重商主义起见，在经济学上，对价值问题，生产，分配，消费问题等等都有详细的论究。因此，在范围上及体系化上，重农学派的经济学是合乎科学条件的，所以说它能成立为经济学：在克涅所著的《经济表》上，经济学上所有的东西已被包含在内，而相当的体系化了。

上边的说明，对于重农学派的经济学的来源或经济基础，还未充分说到，现在关于这一层，再作进一步的讨论。我们说过，重农学派是代表产业资本阶级的利益的，但是，要知道，这时的产业资本家还是未成熟的产业资本家，它和今日的工业资本家不同，所以用不着纯粹的资本经济的理论，例如正统派所谓价值是从劳动来的那个理论，那就只有在工厂生产盛行时才有需要。产业资本家的生产这时还没有完全压倒小生产者而完全成熟为积极的势力，所以他们只消极的觉着重商主义的保护政策的不利，使他们所需要的原料和销场都受损失，因而要反对重商主义，主张一切东西都是从农业生产出来的，所以应该重农。在实际上，重农学派所谓反对货币主义，国际分工及自由竞争的提倡也都是于产业资本阶级有利，而于商业资本家有损的。并且重农学派在经济学上说到生产，顾及消费，而不单是注意交换，这也可以给商业资本家一大打击，而有利于产业资本家。不消说，以上各种主张，只有利于产业资本家，而对于小手工业生产者和民众并无利益，因为那种种主张并不能真正解除他们的最大痛苦，他们并不一定需要剥削的自由和帮行制的打破。不过，从表面上看，在反对重商主义一层上，似乎重农学派对他们纵然无很大利益，至少也是无损的。因此重农学派遂成为当时的幸运儿，它的经济学遂变成代表着社会的支配势力的学说。当然，重农派学说也和一切转变期的学说一样，是在生产力和生产关系相冲突的时候，代表着新兴的阶级即产业资本阶级，在斗争中发生的；同时，只因它还能表现着在劳动过程上占主要地位的劳动者，小手工业生产者及农民的利益，去推翻既成的学说——商业资本家的学说，所以能被一世遵信，而形成重农学派的经济学。

附带的说，前边我们之所以认重农学派的发展时期从一七五〇年开始，是因为在这年，克涅的《经济表》出现，同时我们认重农学派的发展时期在一七七六年结束，是因这年有亚当·斯密的《国富论》问世。

三　产业资本经济成熟期即资本经济本身确立和发展时期的经济学

在这时期，产业资本经济已成熟，资本经济的本身已确立发展起来，在事实上这正和一七七六到一八一七年间的时候相当，是经济学说上的正统派即所谓古典派占着支配地位的当儿。正统派经济学的代表者是从亚当·斯密开始到李嘉图终结。

正统派经济学的内容的成立和发展，和以前的重商学派及重农学派一样，也是从实际斗争中产生出来的，不过各自的斗争的对象不同罢了。正统派的斗争对象有两方面，即重农学派和重商主义。我们已经知道重农学派原为反对重商主义而发生，现在正统派却是为反抗重农学派的学说而发生，同时也和重商主义斗争。只因在重农学派占支配地位的时候，没有把重商主义全盘推翻，所以到了正统派兴起时，自然就有同时打倒新势力和旧势力即未被消灭的重商主义势力的必要，因而正统派就变成实行着二重性的反抗和斗争。事实虽如此，但是说明上却很感困难，我们只有尽可能的努力，企图打破这种难关，从正统派学说的紧要点，说明它的来源和内容。这，如拿来和前边的重农学说对照起来研究，或能更易明了：

1. 正统学派不似重农学派之看重农业，或重商主义之看重商业，而是注意产业（Industry）的；这里所谓产业，是广义的，包含有一切工业，农业，矿业，交通业等等在内；有人把 industry 看成狭义，单单视为工业，那当然是错误的。正统派为什么要注重产业呢？我们要明白这个理由，就非把重农学派之所以反对重商主义的原因重提一下不可。原来，商业资本家并没有真正把生产物增加，商业并不是"生产的"（Productive），不能贡献给全国民众的幸福；事实上，商业资本家劫掠来的货币的聚积，反招致了民众的生活痛苦，使其贫穷无告而没落为无产阶级，因此，所以重农学派才视重商主义为非富国强兵的要道。但是，现在的正统派却以为重农学派的反对重商主义而注意农业，诚然正确不错，然而认定社会上的一切经营当中只有农业是"生产的"那种见解，却很谬误。这种主张，显然的仅仅注意到农业的自然生产物，显然的没有注意到一切自然的生产物，都要加上人为的劳动，才真有益于民生。因为纯然由自然来的生产物的原料，绝不能满足人类的物质生活的需用，必然的要加上人类的劳动，才能变成种种人类必需的生产品。重农学派以为只有土地力和太阳力能从无中生有，能使小变大，视人为的制造力不关紧要，这当然是错误。就拿农业生产物说，也还是非用人类的劳动力不可：米谷是耕种的结果，绝不能自己生长出来，或直接的以原料的形态，供人类需用。再从工业品看，更可明白，因为自然所生产的很粗的原料，如果没有人为的劳动加上去，使其变更形式，成为工业品，那些原料，就会依然是原料；由此可知只有自然力才是"生产的"，那种说话的谬误。所以正统派第一主张：重商学派的仅注重商业和货币，固属错误，而重农学派的单视农业为"生产的"，也不见得正确：正统派所注重的，是产业一般。但因在产业一般当中，事实上是工业占主要地位，所以结果等于注重工业。从上述正统派的主张，我们也可以看见其二重性的斗争。

2. 第二点是注重商品的研究，这和第一点互有关联。正统派虽然注重产业一般，但，如上述，其特别注重的，却是工业。因此，所以正统派必然注重商品的解剖。因为拿农业上生产品和工业上生产品比较看来，其用途上的性质，的确大有差别：农人所生产的生产品虽大抵是归自己使用，而工人生产出来的生产品却大抵不是为自己用，而是含有贩卖用的商品的性质的。固然农业生产品也可行交换，但是至少农人自己总要用一部分，而工业生产品却大致都是商品性质。因此，所以正统派既注重工业，就得把商品看得很重要。自然，在重农学派占支配地位的时候，也曾研究到商品，但是，因农业所生产的东西，多半为自己所需要，所以用不着重视商品，也没有详细解剖商品的必要。到工业被重视时代，却因工业所生产的生产物的性质的缘故，而不能不研究商品，不能不详细解剖商品。这种重视商品，当然与第一的注重工业互有关联，现在我们为便于理解计，姑且分开说。既然只有在工业生产品占主要地位的时代，商品才能成为问题，因此，所以代表产业资本家的利益的正统派之重视工业，珍贵商品，当然是不足异的。不过，工业生产物的商品，如果研究起来，却含有稀奇古怪的神秘性，这种古怪的神秘性，在社会上必然会变为商品崇拜教。所谓商品崇拜教的真正意义，留在后面再说。总之，从主要的握着商品的工业资本家说，有说明商品的必要，因而正统派就努力去研究并解剖商品。以前重商学派视商业为富国强兵的唯一道路，重农学派视农业为供给人类需要的唯一生产要径，现在到了产业发展到更广大的商品生产时代，正统派却不能不把商品当作研究的中心——这是三派所注重的要点的差异，也就是三派辩论和斗争的一个对象。

3. 第三点是注重劳动即价值，这和第二点的商品解剖又互有关联。商品一方面具有可供人类使用的使用性即使用价值，同时还具有交换性即交换价值或价值，例如眼镜同书籍交换，各有交换价值或价值，或是一副眼镜交换两本书，或是两本书交换五副眼镜。在单是农业生产品占主要地位时代，自然用不着深刻的去研究货物之价值，但是到了产业发展，商品崇拜教盛行的时代，则必然的会研究使用价值和交换价值，而且必然会进一步商品崇拜教盛行的时代，则必然的会研究使用价值和交换价值，而且必然会进一步把使用价值同交换价值分开，因为在商品崇拜教盛行时，一般人特别会注重商品的交换能力，即价值。固然重农学派也曾论到生产物的价值问题，然而没有深刻明确的讨究；只有正统派才对商品价值有详细的说明，才作进一步的研究，而发现了人和人在劳动过程上的特殊的社会关系，同时，在解剖一切商品的价值时，才注重到人类的劳动力的活动，即注重人类的劳动（因为一切东西之有价值，是人类劳动力的作用，这在价值论上还有详细的说明）。就因其能把一切东西的价值认定是由劳动产生，所以结果正统派才能求得价值法则，利用价值法则，断定某国的富强或贫弱，要看某国在其社会生产过程上所支出的劳动量的多寡而定。如是，则要想国富兵强，就不能不把本国内的劳动，善为使用，同时就不能不承认，劳动能善为使用与否，能影响到整个人类社会的幸福。正统派的这种视一国的强弱由其国的劳动支出的多寡而定的主张，我们如把它和重商主义及重农派的主张对照起来研究一下，自可明了其主张的进步性。重商主义认定货币积多，就可国富兵强，重农学派认定农产品的增加，才是富国强兵的唯一要图；而正统派却对重商主义的主张，加以严厉的攻击，认为谬误，同时对重农学派的农产品加多则国富的倡导和主张，认为固是正确，然而不充足；因为社会上的一切必需的生产品不限定都是农业生产品，并且，如果把农业生产物拿去经过工业上的变更形式的制造，明明更能满足人类的物质欲望，况且土地有限，不能无限的从农业上增加生产，万不能说国家的富强，只有靠着由天然力来的生产物的增加。既然认重商主义和重农派的注重点是错的，所以正统派就主张：只有发展产业一般，特别是发展工业，才能增进国民经济的幸福，才能使商品分量加多，种类加杂，品质加好。这样，当然也就不能不进一步主张，由社会上劳动支出的多寡即商品的价值，去判断国民经济的好坏，即富力的大小。这是正统派学说的第三点。附带的请注意，我们在前边曾说所谓经济学是研究国民经济即资本经济的，但是，要知道，国民经济是带有阶级性的，正统派所谓国民经济，虽是笼统言之，其实是代表产业资本阶级说的国民经济。这和马克思主义经济学上所谓国民经济，意义大不相同。

4. 第四点是主张自由贸易，这又与第三点互有关联。正统派既主张一国的富强由支出劳动量的多寡而决定，这显然暗默的含有对立的经济的存在。因而他们所谓经济学，不但要研究国内的经济，并且还要注重对外的经济；就是说，不但注重国内的一切经济现象的变动，同时还要注意到国际经济的关系。这样研究国际经济，不消说，不是新的事，在过去重商主义和重农学派也曾顾虑到国外的事实；然而他们主要的却是以商业或农业为中心，是表面上的对外，不是整个的对外。重商学派的对外，是想多运回国外的货币，这当然和正统派的主张大异。就是重农学派的对外，也只是所谓国际生产分工的对外（只是主张实行对外自由贸易，把甲国所有的生产物，和乙国所有的生产物交换），只是想本其自然法则的观点，去实行国际自由放任主义；这与正统派所谓国际贸易自由放任，有不同的地方。正统派主张对外贸易自由，在表面上似乎与重农学派相同，因为他们都反对重商主义的对外干涉，他们在哲学的宇宙观上都承认自然法则，所以都不能不反抗人为的干涉；但是，在理由上和实际的意义上却有差异。正统派以为国民经济的好坏，不一定要看对外贸易的利益的有无，不一定以商品出多入少为准，而是要看国内支出的劳动量如何。不消说，正统派以为商品出多入少的主张是错误的，以为我们所以行国际贸易者，必定因为先有缺乏某种生产物的国家存在着的缘故，就是说，某国有货物进口，必定因其国少这种货物的缘故，某国有货物出口，必定因其国多这种货物的缘故。这种理论是否正确，姑且不论，总之，正统派站在以国民的支出劳动多寡而定其强弱的观点上去承认自由贸易，比较重农学派的单单用自然法则，当然更为理由充足，所以正统派之对外自由放任贸易论，实特别有其价值论的根底，形成一种纯经济学上的自由贸易论（虽然实则因英国产业进步，成本减低，所以单靠自由贸易，已经足够压倒竞争国的商品的缘故），他们的经济学的理论就因此更为坚固不易动摇。例如英国的自由党，从正统派以来，对于对外贸易应采取保护政策或自由政策的问题，始终赞成后者，到现在还没有解决（虽然现今英国国民内阁在实际上已采用了保护贸易政策），这就是很明显的证实正统派的价值论的力量的伟大。

5. 正统派在对内方面，超过了自由竞争论的主张的范围，还进一步在斗争过程中带有很浓厚的革命色彩。固然重商主义在过去曾努力打破封建制度的束缚，不能不说其带有若干革命性，重农学派的努力打破商业资本家那种不利于国民的重货币主义，也不能不说其带有若干革命性，但是，他们这种革命性乃普通的一般的斗争中的革命性，因为本来一切学说都带有阶级斗争的革命色彩，都有打破旧来制度，建设新制度的企图。现在的正统派却不单是这种一般的打破旧势力，建设新制度的革命性，所以说它是带有很浓厚的革命色彩。从事实上看，我们知道，重商主义虽是反对封建势力，但非彻底而肃清的反对，重农学派虽是反对商业资本家的压迫民众，但他们在事实上却又不免站在祖护封建地主的立场上，只认定商业资本家的剥削和欺骗的残酷不良，而没有努力把一切商业资本阶级相勾结的整个东西扫荡无余。及到了产业资本经济成熟时代，代表产业资产阶级的正统派（正统派之代表成熟的产业资本阶级，可于上面所述四个要点看出，这里用不着多说），不仅要打破初期的商业资本家的剥削，同时还要把地主的封建势力肃清，他们以为，否则仍脱不了束缚而前进。这种急进的主张，当然不能不说它带有浓厚的革命色彩。

我们还得进一步讨论为什么只有正统派才带有很浓厚的革命色彩。简单说，这是因为：第一，正统派知道要把重商主义和重农学派在现实社会的一切势力，彻底的推翻，才能实行自由贸易，才能实现产业资本阶级的利益，所以不能不彻底猛进。第二，为打倒重商主义和重农学派起见，不得不采用革命的观点，承认社会制度（生产方法）是变动的，不是永久的，认为在这一时代的，有利于人民的社会制度，到了另一时代就会变成和人民利益相反的东西；认为在一时被社会颂扬的好现象，过时则会被认为是坏的事实。正统派这样认定社会制度，足以证明他们带有富于变更性的革命精神，虽然后来到了他们取得支配地位的时候，他们的后继者变更了主张，成了俗流派，但在当时确是具有革命性。他们视那种由重商主义制过渡到重农主义制，复演变至产业资本制的推移，是制度的完成，所以他们认定重商业制度和重农业制度必然的要被打倒，只有后进的产业资本制才是进步的，有利益的。第三，正统派的理论家都具有革命的实践精神。亚当·斯密和李嘉图都是一方面实行理论的斗争，一方面作政治的运动。这种以理论家而作政治运动的实践的革命性，当然与后述的历史派和心理派不同，就是与前述的重商主义和重农学派也不相同。第四，正统派的主要理论家，如像亚当·斯密和李嘉图，都一方面是经济学家，同时还是政治学家，他们不但高谈经济的理论，而且还去研究与经济相关最密的政治理论即革命实践的理论。在政治学上所谓功利主义，就是正统派形成的。这种经济理论和政治理论并重及经济运动和政治运动兼驰并进的实践精神，在历史上只为正统派和马克思学派所独具；当然这不是凭空来的，而是因为他们都能代表被压迫阶级，为多数民众信赖，所以必然的要研究政治理论，要作实践运动。而且正因为他们是代表被压迫的资产阶级或无产阶级而站在被压迫的地位，所以才能把政治上和经济上的种种掩饰面目的虚伪性，完全暴露出来，表现那种为真理之斗争。

把以上五点总合起来，就形成正统派的经济学的全体大要。它是斗争中产生出来的：因为它是代表新兴的产业资本家的利益的，所以必然要和与产业资本阶级的利益相反的学派斗争，即必然的要和重农学派斗争，必然的要和没有被重农学派完全推翻的重商主义斗争。附带的还得指出：（一）亚当·斯密最初也是重农学派的信徒，后来因为重农学说在英国已无实际的用处，所以才主张正统派的新说，而反对重农主义。（二）因为英国产业比法国的产业发达早，用不着保护对外贸易，所以他主张不但要打倒英国的商业资本家及其政策，而且还要打倒一切的商业资本家及其政策。很显然的，这种绝对自由贸易的主张，是代表英国产业资本家的利益的。原来，在这时英国产业资本已经成熟，不但不需要对外贸易的保护政策，而且也以不保护为便利；因为，如果要利用武力或关税，去保护产业向外发展，别国当然也可借口这种保护而实行保护政策，结果必然发生冲突，彼此不利；与其那样，还不如主张绝对自由贸易，尚可杜绝他国的保护政策的口实。

四　金融资本经济成熟时期即所谓帝国主义开始及向上期的经济学

在这时期的经济学有两大派别：代表金融资本阶级的经济学和代表无产阶级的经济学。那种学术思想的二分性，本是金融资本经济成熟时期的一般的必然现象，所以这时的经济学也不能是例外。

甲：代表金融资本阶级的经济学。这种经济学当中，复有许多派别和名称，后面还有详述，这里我们只有在这繁杂的名称和派别中，求其共同的特色，先做一种笼统的说明。这种经济学的各派，在劳资斗争的过程中，都采取调和的态度，主张社会政策，因而可以把它们叫做社会政策派。在这时，金融资本已成熟，阶级对立的斗争也达到不能两立的时候，斗争程度的深刻，不是以前任何时代所可比拟，斗争范围的扩大，也不是以前任何时代所曾有：这是一种有组织的斗争，有意识的斗争，有目的的斗争。在这种有组织有意识有目的的斗争过程中，自然不能不由事实的反映，发生理论的斗争：一方面，站在支配地位的金融资本阶级固然有它的斗争理论，在另一方面，虽站在被支配地位，然而人数和势力都逐渐增加的无产阶级，当然也不能不有它的斗争理论。两方面本来势均力敌，所以其代表的理论斗争的力量也势均力敌。当然这不是偶然发生的，而是从资本经济制度之下必然形成的。在从前，重农学派，重商主义及正统派间也斗争过，但是那种斗争是一在前一在后的斗争，即没落者与兴盛者间的斗争，只有到了这时候，才是一种一时瑜亮，势力均等，各不相下的斗争。于是一方面发生了空想社会主义及科学社会主义的社会运动，同时另一方面统治阶级就采取一种政策去镇压这种运动，欺骗这种运动。这种以调和斗争为目的的镇压和欺骗的政策，就是所谓社会政策；采取社会政策的经济学派就是社会政策派。其对抗方面的经济学派就是后面要述的前期马克思主义经济学。

这种社会政策派又叫做流俗派。从一般说，流俗派就是把正统派的理论的科学性流俗化了的一派。正统派把重农学派打倒，把重农学派的经济学的不充足，指出而补充之，所以马克思认它为是最合乎科学原则的经济学。流俗派继正统派之后，把正统派的实践的革命性弃去，因此也就把正统派的科学精神丢去。这也不是偶然，因为，照唯物辩证法说，只有代表被压迫阶级的学说，才是科学的，所以在正统派所代表的阶级取得支配地位的时候，自然就用不着这种科学精神了，所以正统派的继承者不拿科学精神来研究经济学，唯一意敷衍表面的具文，极无意义的说来说去，倒把经济事实上的真理埋没了。这种埋没真理的经济学派，就叫做流俗派。流俗派的名称，是马克思给与的。就马克思本人对流俗派这名称的各种见解来说，似含有二种意义：一为狭义流俗派指上述流俗派，一为广义流俗派是把历史派和心理派等都叫做流俗派。我们现在也采用两义，一面承认狭义流俗派，一面把各社会政策派叫做广义的流俗派。所谓广义的流俗派中含有四派：

A：狭义流俗派　狭义流俗派风行猖狂的时候，正是一八一七到一八四八年的当儿。马克思在狭义时所说的流俗派，是指自称是正统派的继承者的经济学者们，如英国的 J. S. Mill 和 Senior，法国的 B. Say，德国的 Rau，都是自称为继承亚当·斯密和李嘉图的。这些人不管他本身怎样主张，但其结果总是把正统派的学说流俗化了。J. S. Mill 以为他自己完成了亚当·斯密和李嘉图的价值论，其实是越弄越糟。Senior 主张社会的贫穷是由于大家奢侈的缘故，自以为是补正二人，是一个更加成熟的见解。B. Say 却以不相干的话敷衍门面，自谓发挥了正统派的理论。总之，他们都是把正统派的革命精神失去，完全把亚当·斯密等的学说流俗化了。

　　所谓狭义流俗派与除开狭义流俗派的一般广义流俗派的差别何在？在流俗化的一层上他们虽完全无异，但在表面上，狭义流俗派承认正统派的理论正确，而除开狭义流俗派以外的广义流俗派则对正统派的理论却还加以批判。所谓狭义流俗派是代表什么阶级，怎样发生的？狭义流俗派是代表已经取得政权，变成统治者的，金融资本化了的产业资本家的。在政治上，这时在各国已经成立了立宪政治，虽然有些国家在表面上还拥戴着君主，其实都是立宪的性质，都是代表已经金融资本化了的产业资本家的政治。它们到了十九世纪，已占着支配地位，它们当初所有的，代表被压迫阶级的革命理论已经不需要了（虽然名义上的正统派的科学理论，在实际上还是一种可以拿来欺骗人的东西）；因为如果再承认这种革命理论，就等于打倒自己，所以只有靠这时流俗化了的正统派理论，去欺骗世人，敷衍表面。这时产业资本家已渐让位于金融资本家，或转化为金融资本家，在这种转化中的金融资本家的利益中，虽含有产业资本阶级的利益，然它已没有用旧来革命的经济学的必要了。不过，从另一方面说，总得有一种经济学来代表正在转化中的金融资本阶级的利益，作为假面具的敷衍，因此就有了狭义流俗派的发生。

　　狭义流俗派也是从斗争中发生的：它对正统派，自称为继承者，当然不会公然反对正统派。它第一是对空想派社会主义者及科学派社会主义者实行斗争，第二是和所谓历史派斗争。

B：历史派经济学　又名德国派经济学。此派经济学之得此名，是因它注重所谓历史的研究，又发源于德国的缘故。此派经济学的主张的倾向，大致说来，是反对狭义流俗派与正统派。这当然有它必然的理由存在。原来，德国资本经济的发展，具有特殊的情形，一般的说，它比起英法两国较为落后；同时，在当时的德国的内部，政治上不是统一的，而是分成若干小的邦国的；所以在当时，德国不但在政治上不能与英法对抗，而且在经济上是饱受着英法的侵蚀。在这样的情形之下，德国新兴产业资本阶级如果要与先进国的英法竞争，在经济上就不能不应自己的实际的需要，而创造一种德国的特殊的经济学说。所以可以说历史派经济学是德国的社会的现实的反映，其要点如下：

1. 认为经济学上的种种的原理，不是带有普遍性的东西。历史派根本就不承认狭义流俗派和正统派之所谓永久法则，而认为经济上种种原理是没有普遍性而只有特殊性的。更简单说，根本就不承认有所谓"法则"，因为"法则"二字是带有普遍性之意义的。他们以为一个时代的法则只能用于那一个时代，决不能再用于第二时代，所以在经济学上说什么普遍法则，那是不对的。反过来说，他们以为一切经济现象都是带有历史性和地方性的，所以他们以为也用不着所谓法则，只要找出特殊时代的特殊地方的经济事实，并对那事实找出对付的方法就够了。再进一步，具体说来，即他们以为英国正统派和流俗派的经济原理是不能在德国适用的。拿自由贸易政策说，从他们看来，若在德国实行，就是等于自杀；因为英国商品生产技术发达的缘故，所费成本较小而物价廉低，故可以在德国比德国货还易销售，英国的商品，是可以压倒德国的同样商品，而使德国的商品不能出卖，因此德国的经济事业也就永久不会发展起来。所以，为要使德国经济事业向前发展，就必须采用保护政策。由此可见历史派的否认法则性，否认自由贸易政策的普遍性，其目的只在主张保护关税。因为他们以为，如果德国对于英国输入德国的商品，加以高度的保护关税，英国的商品于原价外加上税金，价格必贵，因此就不能再行输入德国，结局就是等于拒绝英国的商品进口，也就是等于保护了德国本国的同样产业的发达。

2. 上面所说只是对外的方面。他们在对内方面，亦一样的要反对正统派的理论。正统派是主张对内采取绝对自由竞争政策的，主张国内商品之流通，劳动力之移转等等，在国内都是可以绝对自由竞争的（重农派的主张大体也是如此）。德国历史派却认为此种主张在英法虽是有效力的，而在德国内部却是无效的，无益的。他们以为德国的产业比较英法落后，因此，德国资产阶级的力量，远不及英法两国资产阶级的力量大，还不能任其自然的发达；并且资产阶级对于无产阶级的压迫，也远不及英法两国的那样厉害（因为它们的中间，还多带有封建时代领主和农奴间那样的美德，也就是说，它们相互间还存有温情），所以劳资之间，还不能适用绝对的自由竞争的原理。再就资本家与资本家之间来说，内部也还遗留着以前的帮行制度，它们之间还有情谊，也不能适用绝对自由竞争的原理。所以历史派以为：在以上种种情形下面，如果要使德国经济发展，产业进步，不但不受英法经济的侵略，并且要和英法并驾齐驱，列于同等的地位，就必须使德国国家站在所谓超阶级地位上，运用保育干涉政策，一方面使劳资间彼此要保持着从前的封建美德，不让阶级斗争向前发展，在另一方面，必须使资产阶级间的冲突缓和起来，以增进全体民族的利益。总之，他们主张：在德国为要解决以上的两种问题，是必须采用所谓社会政策，以调协劳资，节制资本。

3. 在研究法上主张注重归纳法。从前英国的正统派和狭义流俗派在研究的方法上是注重演绎法的。演绎法是以某一命题为前提，用逻辑的方法，推演问题中的各种新的命题；反之，归纳法乃由已知已发现之多数事实，抽出普遍的定理。归纳法与演绎法本身的不同和关联，在此不能详述。如只从经济学上说，英国正统派是把一切的学理，认为是笼统的由人类的利己心，具体的由价值的法则演绎而来的，并且把所谓普遍的法则，认为是永远不变的既成的真理，而演绎为种种政策。德国的历史派却认为只靠演绎法不够，还必须是用归纳法并且要偏重归纳法。历史派不承认有所谓法则，因为他们所需要的，对外只是保护关税，对内只是社会政策。英国的正统派想根据所谓普遍法则，去找出政策，德国的历史派却想用归纳法先找出种种事实，更由事实去决定种种对付政策。因此，所以最后就变成研究方法上的争论。可知所谓方法上的论争不是绝对的，而是与政策有关联的。

以上三点是德国历史派经济学的主要内容。由此，可知历史派经济学是根据实际上的需要而发生的，是根据德国比较落后的封建经济性而来，并且是因为受英法两国之外来的压迫，在斗争的过程中产生出来的。历史派之否认法则的存在，从纯科学的见地看来，结果是等于否认经济学，这显然是错误了的。他们之主张对外保护关税，从德国当时情形说，是相当对的，而对内的所谓社会政策中的劳资调和等主张，却很显然的是帮助资产阶级压迫和榨取无产阶级的，因为这种政策对于站在支配地位的资产阶级方面是没有任何损失，而对于站在被支配地位的无产阶级，却等于解除它们的武装。其次，所谓保护产业运动，在表面上看好像是站在全国国民的立场，调和资产阶级与资产阶级间的冲突，其实德国的大资本家大致是和政治上的封建势力相结合的，所以这种运动只不过是帮助强大的资产阶级压迫弱小资产阶级罢了。至于历史派之特别注重归纳法，从一般的方法论上说，当然是错误的，因为我们知道，归纳法和演绎法，在整个的作用上，本是相互关联的，而不是相互对立着的。即从经济学上说，他们这种说法，也不见得有是处。他们之所以那样主张，显然为的是要达到推翻正统派的绝对自由贸易说，以便拥护德国资产阶级的目的，因为主张归纳法就可以否认法则，并反对以利己心为出发点的自由。

所以历史派的种种说法，结果，从目的上说，是等于狭义流俗派，因此我们才把历史派放在广义流俗派之内。不过，要知道，在当时德国那样的情形之下，历史派这种学说，则确压迫了小资产阶级和无产阶级，提高了德国的产业发达程度，使德国的资本经济有了很快的发展；所以历史派这种拥护德国资产阶级的经济学在理论上虽然不对，但是在事实上却发生过很大作用，至少在经济政策的体系的发展上是有过相当贡献的。历史派的代表者是李斯特，瓦格纳，罗歇等。

C：心理派　此派的根本学理，是利用心理学上的法则为根据的，故称为心理派；又名奥国派，因为此派在欧战前的代表者如贾巴卫，门格尔等大半是奥国人。心理派当中还可以分为各小派，其中其一派大致是利用数学来说明心理现象，再拿心理现象来说明经济现象的，所以心理学派的一部分又名为数学派。不过，在这里要注意：利用数学来说明经济现象的，不一定就是心理派；然而心理派用数学来说明经济现象，却是当然的并常见的（因为实验心理学离不开数学）。此派所主张的内容，因为涉及心理学，所以不容易说明，好在这里也无详说的必要，且作最简单的说明，以识其大要。

心理派的社会基础，完全在金融资本，心理派经济学是代表金融资本家的利益，随着金融资本经济的成熟而产生出来的东西。所谓金融资本的成熟，照前节所述，是指金融资本家一方面利用资本去经营银行业，同时他另一方面又利用同一资本去经营产业和商业说的。在这样金融资本经济时代下面，社会上发生了许多的结果，主要的，如像：（一）金融资本家方面的力量非常之大，而无产阶级方面的人数却愈多，生活也愈苦；即阶级对峙和斗争日甚一日。（二）银行业必然的会随着发展，因为一方面是向银行借款的人越多，他方面是向银行存款的人，即依靠银行为生活的人也越多了。（三）股份公司非常的发展，风靡了一世，一般小生产者甚至无产阶级，都被卷入漩涡，都零星的去购买股票债票等；如像欧战后在人口一万万二千万的美国，是否每一人都买有一张股票，虽不敢断定，不过，在一九二九年九月大恐慌的时候，因为股票的忽然跌价的缘故，据说在三天之内，有三百万人变为赤贫者，由此可知美国专靠股票而坐吃利息的人之多，此外不专靠股票为生的人还不知有几十倍！其他各国亦当不能是例外。在上述三种主要的特殊状况之下的金融资本阶级，当然就需要一种经济学说，去缓和阶级斗争；同时从那种依赖金融资本阶级为生，而坐吃利息的人说来，也有发现一种新的经济学说，去说明他们的寄生的有闲者生活的存在理由以巩固其地位的必要。因此就形成了所谓心理派的经济学。其次，心理派之最初发生于奥国，也有其社会的基础，因为在欧战前的法奥两国中坐吃利息的人特别多。譬如俄国西伯利亚铁路及中国的京汉铁路……就主要的都是法国比国奥国那般坐吃利息之人所投资筑成的。

心理派经济学的最要点有三：

1. 心理派攻击正统派的客观价值论（不消说，也就是等于攻击马克思的价值论），而主张主观的价值论，以为价值不是客观的存在，而是在主观上存在的。例如一副眼镜的价值有若干，从一般人说，这应该是一定的客观的存在，而心理派认为这是不一定的，是主观的。在心理派所谓主观的里面，含有买卖两方面的主观；譬如以铅笔作例罢，他们以为如卖者视铅笔代价的货币为稀少而富有价值之物，而买者亦非常需要此种铅笔，则铅笔的价值必大；如卖者不大重视铅笔的代价的货币，而买者亦不一定需要铅笔，则它的价值必小；故铅笔价值之大小，乃由双方主观上所视之轻重的程度而决定的。但是，主观上的轻重程度又如何决定呢？心理派以为，这是要看主观的主体所有的商品或货币的数量多寡而决。拿商品方面为例来说明罢，假如现有一支铅笔，其卖买价格是八分，则照上述的理论说，这个卖买所以能成功，就是因为卖者认八分为重要而买者对于铅笔也正有需要的缘故；然而，如果买者另外还有一支红铅笔可供使用，他就可对付使用，而不必一定再买一支了，所以他对铅笔的主观价值就会变，不必定是八分钱了。这还是他除将要买得的铅笔之外，只有一支铅笔时的话。若他另外还有第三支时，他就会更把新要买得的那支铅笔看轻而减少其价值了。又试再拿一个人走到沙漠时的例子来说（这本是特殊事情，似不能为例，但此派却常以此事作例），在沙漠中所最需要的是水，假如行沙漠每日必要喝一瓶水，并假定要五日之后才可走出沙漠之地，那么，在这人手中只有五瓶水时，他对于每瓶水的重视程度，当然要比他有六瓶七瓶八瓶时对每瓶所应抱的重视程度为大，因为在这时如果少了一瓶，他即有渴死在沙漠之虞；假如手中只有两瓶水，甚至一瓶水时候，他对每瓶水所加的重视程度，当然就会更大，因为如果失了这两瓶或一瓶，他的死灭就在眉睫。心理派以为由此两例，可以知道所有的某东西越少，其价值就越大，所有的某种东西越多，其价值就越轻。心理派由这种见解，引申起来，更造成他们所谓限界效用价值说，去设法精确的决定各种东西的每个单位应有的主观价值。关于这问题，他们常引这样的例：如有五斗米时，每斗之主观价值是照主观看得最轻的最后一斗米的主观价值而决定，因为其余的比较看得重的各斗米有损失时，可以拿最后一斗米去填补。假使再有第六斗或第七斗米时，则每斗米的主观价值即按最后之第六或第七斗米的主观价值而决定；因为如果缺少任何斗米，都可以拿最后一斗米去抵偿。在这样的意义上，可以说，在我们有许多单位的东西时，这东西的每个的价值是由那被看得最轻的一部分东西的价值来决定的，以空间的关系比譬说来，就是由那种最站在限界外边，可以随时被舍弃的效用即所谓限界效用（marginal utility）来决定的。至于主观的个人价值，如何变为客观的社会价值的问题，心理派自然还有说明，我们这里且不赘说，等到价值论上再说罢。

　　总之，心理派以为：一切东西的价值如何，是要视其物的数量之多寡而被决定。即货物数量愈多，则其物之所有者视之愈轻，故主观的价值少；反之则视之愈重，故主观的价值大。此种价值论很明显的是在反对马克思的价值论，它的用意就在缓和阶级斗争。何以言之？因为这显然与中国那"安贫达命"的话，有同样的意思，要使贫乏者自慰。若从科学的见地上说，这种价值论很明白的是欺骗人的话，恰恰与宗教家之所谓"来生幸福论"的一般麻醉说，同为虚妄。不过，单单靠这种缓和阶级斗争的价值论，对于坐吃利息的人的寄生生活，还不能有充分的说明和拥护，所以当然心理派另外还有其次的理论。

　　2. 关于资本，心理派也有特殊的主张。心理派以为：资本就是过去生产物中未被用完，而可以供将来生产之用的东西的别名，资本就是一切现在生产手段中之由过去生产而来的部分。这种说法，显然是另一种的解释，不但与马克思所谓拿去剥削他人所生产之剩余价值的基本手段就是资本的意义，极端不相同，就是与正统派所谓除土地和劳动力外，但凡发生企业利润的基本东西都是资本，那种见解，也有差异。心理派这种解释，当然是错误的，因为照那样解释，则几乎世上无一物非资本，无一人不是资本家，无一时代不是资本经济时代了。但是，要知道，这种谬误的解释对于坐吃利息的人寄生生活的说明，却有莫大的关系：因为这种解释容易引人相信，利息生活者和无产阶级的地位相同，因为利息生活者的资本固然不外乎是过去生产品，而无产阶级也可一方面做工，一方面买一张股票存着，也似乎可以有资本，可以变为资本家。这样一来，显然二者就无别了。结局，心理派的此种解释，骨子里，不过是要缓和阶级斗争。因此，所以它才成为反对马克思学说的一种武器。

3. 心理派对于利息，也有特殊的说明，不过，心理派所谓利息有两义，广义包含利润在内，狭义指普通利息，现在且单就狭义说罢。本来古来就发生过利息问题，即有了货币，就有所谓正当利息的问题发生。为什么借钱之人能得利息？利息为什么发生？这到今日还有许许多多的争论，还有许许多多不同的学说。其中心理派的说法最为特别。心理派既然在价值论上主张主观的价值论，所以他们认为：从主观方面说，现在一切财货的价值，要比较将来财货的价值大些，因为现在财货能够为目前享用，而将来的财货是否能完全被所有人享用，还属问题：一则将来的物价常有变动，就是说，货币本身的价格常有变动，譬如现在的十元是否在将来仍在实际上值得十元，尚不可知；二则人之生命无常，即价值本身不减，而借者的所有人将来是否活着去享用也不可知。故现在财的价值比将来财为重，将来财的价值是比现在财为轻。因此，现在借十元给人的借出人，为补填将来十元的价值之减少部分起见，必须于十元之外，向借入人另索一种代价；这种代价，就是利息。这种利息理论，当然可以照样适用于股票的红利。这样一来，坐吃利息的人之所以能获得利息，在表面上似乎比较有充分的理由，好像坐吃利息这件事，不算是不应该的事了。因此，好像那种依赖金融资本家为生活的有闲阶级的寄生生活，也不是不应该的了。

心理派经济学的内容，大致如上。这种学说的不真实，这里不必多说，只要几句话，就可以证明其为欺骗人的一些呓语：如果真的价值是主观的，那么，商品的价值，岂不是永远要发生极大的动摇，永远不能决定？但事实上市上的商品却约莫有一定的价值。如照心理派那样解释资本，那么，岂不是猿猴，蜜蜂，蚂蚁……都有所谓资本，并且它们也就可以变为资本家了？心理派的利息理论，非常的不完全：只说到借出人何以要求利息，而没有说到利息从何处而来，即为何有利息这种收入的源泉。总之，从科学的眼光来说，心理派的经济学显然没有一个地方是真实的。心理派经济学的目的，只在打倒正统派及马克思派的经济学说，以拥护金融资本家及其附属物。心理派认为这样，就可以缓和阶级斗争，可以使坐吃利息的人，能如磐石似的巩固了他们的地位。心理派经济学虽无科学的价值，然而却投着时代的需要，所以在欧战之前以及酣战之中，它的力量是很大的。如美国的菲雪（Fisher），在欧战时代，即是含有极大心理派色彩的一位代表者。当然这是不足奇怪，因为在金融资本经济时代，社会状况当中原存有心理派发展的可能性，所以常常有借它来拥护这种状况的必要。不消说，此时，狭义流俗派，历史派……当然是还是存在的，又如现在，还更有所谓新的流俗派的存在；不过，心理派随着金融资本经济的发展，而成为金融资本家的主要仆人，而蔓延到了全世界，却仍是一些不能否认的事实。

D：折衷派　“折衷”二字，按普通说本是把左右或甲乙二者合起来的意思，并且在事实上其中还可以含着许多的意义，但在这里说的折衷，却只是指正统派与历史派或心理派间的折衷，所以在此特别要注意这里的折衷派，决不是把资本主义经济学与社会主义经济学相折衷的折衷派，而是把资本主义经济学内部的各派折衷起来的。此派又名自由学派经济学。"自由"二字，从政治学和经济学上说，它的由来是很长久的，意义也不一定。在此处却有两种意义：第一，是对于以前各派，均不加以攻击，亦不加以偏袒，对于各派之长，都自由的加以采取的意思。第二，是关于社会问题，主张自由放任，自由竞争，自由团结，自由协作的意思。以前经济学派主张第二个意思的自由的，也曾有过，如重商主义，重农派，正统派都是主张过的。不过，它们的主张之间，还有程度强弱深浅的区别：重商主义所主张的自由程度最浅，正统派最深。折衷派关于社会问题的时候，所谓自由，是介乎其中的。折衷派在这个意思上所谓自由，在表面上，是继承正统派，要把所谓政府的干涉，完全废除，恢复所谓绝对自由竞争，但是，在实际上，却认为这样不能解决阶级斗争和社会问题：它们于上述的自由之外，还主张用自动的协作社的组织，去解决它，即主张合作的自由。它们所谓协作社是指不用政治的力量造成，而是大家自由团结起来成功的那种协作社，譬诸生产协作社，消费协作社……大致都是自由团结起来，自由去做，不依靠政府，而靠大家团结的力量，协作的力量，去企图解决经济的问题。此派又名教科书派。这个名称之由来，我们一看"教科"二字的意义，就会明白一个大概的。此派在学说上的态度，是对于任何派都不得罪，对于各派资本主义经济学，它都采取一点（社会主义经济学，当然是在反对之列的了）。因而此派特别的被各国国立及公私立大学所欢迎，因为它能集合各派的学说的大要，而且是反对社会主义的。加之，此派的著述，对于一切材料的取舍，都是站在教科书的立场，为适宜教科书而决定的，所以此派所著之书籍，在这一层上也易被采用。当然自由派和教科书派的名称都是不妥的，只有折衷二字，才能包含此派之内容。

此派之发生比较上述几派都迟，但它在十九世纪的末叶及二十世纪之初，是表现过相当权威的。此派的代表者，是英国的马霞尔（Marshall）和法国的基德（Gide）。他们的学说内容，因为是折衷的，所以很不容易说明。笼统的说，基德的价值说，是一方面采取了正统派的主张，他方面却又采取了心理派的主观价值说，结果变成了一种非驴非马的主张；所以他自己虽然称为他有他的特殊主张，但是，从许多方面来说都是说不通的。马霞尔的价值论，也同样是一方面主张价值是由劳动决定的，他方面又主张它是参酌主观价值而决定的，所以表面仿佛甚周到，其实是不一贯（详见后述价值论）。以上是只就纯理上说的，其次再从实际政策加以观察。此派的最后目的，只在使阶级斗争停止，所以它们在政策上的主张不必一致，有时采取正统派的主张，又有时采取历史派的主张，结果也是弄成一种杂烩。在方法上面，如从大体说，它们把正统派的演绎法，心理派的心理的方法，历史派的归纳法，都采取了一部分，而形成了一种它们所谓最完备的方法；它们那种方法虽比上述各派的方法好，然而因为它没有一贯的哲学的基础，完全不懂得辩证法，所以还是不充分的。它们对于阶级斗争与贫富的问题如何呢？它们认为由政府干涉贫富问题，是不对的，它们以为这问题应由人民自己去解决。它们对于阶级斗争，更认为是一种不好的现象，以为：如果阶级斗争长此继续下去，全体社会必定会陷于一种窘困的状态中；因而此派主张采用社会政策去调和阶级斗争。不过要知道，它们虽然对于政府的干涉，表示不赞成，认为是违犯了自由的原则，但是，它们却忘了在实行社会政策时，万万难免利用政府的干涉，即万不能不靠政府之力，强行调和政策，去缓和阶级斗争。关于这一层，它们的主张和心理派的主张颇相类似。

我们再进一步观察，此派所代表的阶级。很明显的，这派是代表着这时的统治阶级的。一般说来，在弱者与强者相互斗争时，如有人设法阻拦弱者，不使其再行抵抗，其结果就会等于帮助了强者去压迫弱者，因为强者本是站在有利益的地位，弱者是因为处于不利益的压迫之下，才起来反抗的，如果以调和为口实，更使弱者不敢或不能去斗争，则强者就更加强，弱者更受压迫了。一般的原理既是这样，所以折衷派之主张个人协作的自救，结果是等于帮助强者的统治阶级去压迫弱者的被统治阶级的。其次再看看折衷派到底代表统治阶级中的哪一部分。折衷派是在金融资本经济时代发生，在此时，站在最有利的支配的地位的，自然就是金融资本阶级，所以折衷派也似乎应该代表金融资本家；但是在实际上它却把各派学说折衷起来，似乎它的目的在使资产阶级内部不相互斗争，似乎它是代表整个阶级。这是什么缘故？不消说，所谓代表整个阶级，当然和所谓代表整个社会一样，只是一种幻想：在纯理论上说，资产阶级的对外利益虽是一致的，然而在它的内部，却还有商业资本阶级，工业资本阶级，金融资本阶级……的阶级层，不断相互斗争着，结果必定有一阶级层变为支配的阶级层，而把其余的阶级层的利益，附属在自己的利益之下。拿此时的状况说，支配的阶级层是金融资本阶级，其余的阶级层都站在金融资本阶级的支配之下，所以所谓帮助整个资产阶级，结果只是帮助金融资本阶级。由此可以证明折衷派在事实上完全是代表着金融资本阶级的利益的。

折衷派的学说在学术上的价值到底如何？这自然是不待多说，

就会一目了然的：固然，一般学术都难免是集合各派的学说而成的，但是，凡是一种学说，它总有一贯的理论，如折衷派之将两三种极端相反的东西合在一起，而无一种综合力去克服它，则结果只是等于杂凑，而不能自圆其说了。所以从全体来看时，折衷派的经济学在学术上是丝毫没有价值的。然而要知道它是为时代的需要而产生，它是代表着金融资本阶级的需要，用折衷，调和，自由等的名义，去避免资产阶级内部的相互斗争并减少无产阶级的斗争反抗的；所以它本身虽然没有价值，但在资产阶级整个的对外的见地上，在十九世纪末及二十世纪初的时候，它恰恰能满足支配阶级的需要。因此，所以这派的书籍，才能普及于全世界。

折衷派当然也不是凭空产生出来的，它和一般学说一样是从斗争中出来的；不过，只因它是带有"折衷"性的缘故，所以它的斗争不像其他各派的斗争那样激烈。折衷派经济学不仅与正统派，历史派，心理派及狭义流俗派等经济学斗争，并且还和下述的马克思派经济学斗争。

乙：代表无产阶级的经济学 前面已经说过：只因金融资本经济时代是资本经济发展的最后时代，所以阶级斗争必然的越发激烈，因而在经济学上必然发生对抗的趋势，一方面有代表金融资本阶级的经济学即广义流俗派的经济学，一方面有代表无产阶级的经济学即科学的社会主义经济学，亦即马克思主义派经济学。我们为便于明了起见，姑称后者为前期马克思主义经济学，以便与后期马克思主义经济学区别。关于前期马克思主义经济学的主要内容，因为它发生的时间比较在后，头绪纷繁，所以很不容易简单的说明。现在为明白大体起见，姑且分它为三方面：

A：前期马克思主义经济学的一般的特色　这大致可分为四点：

1. 前期马克思主义经济学，是带有历史性的经济学。这是一种什么意义呢？前期马克思主义经济学所谓历史性，当然不是历史派所谓历史性，而是马克思所说的，那种客观的，带有相当普遍性的法则性。马克思主义在经济现象上所谓法则，是那种被认为是带有相当普遍性的法则，即是说，在某一时期虽具有普遍性，但到了另一时期，却可以失掉那普遍性的法则；如像所谓恐慌法则，在资本经济时代，虽是一个普遍的法则，但是到了社会主义经济的时代，它必然就会失掉它的普遍适用性，就是一例；其他经济的法则，也是这样随着时代而变动其适用性的。因为前期马克思主义经济学，是一方面承认法则的存在，但另一方面又认为法则是随着历史的变动而变动其适用性的，所以可以说前期马克思主义经济学是带有历史性的经济学。

2. 前期马克思主义经济学是带有唯物辩证论的性质的。这句话，乍听之，好像是不容易懂的。但是，如果我们想到，前期马克思主义经济学，对于经济现象的及其发展的说明，都是适用唯物辩证法上那几个基本原则的（这是它与其他各派最不相同的地方）；更具体的说，如果我们想到前期马克思主义经济学是承认经济学本身是由生产关系，生产力，生产样式三者决定的；如果我们想到它还是用否定之否定，由质变量及由量变质，对立的统一三个原则，来观察生产关系，生产力及生产样式三者，来观察一切经济现象，解剖一切经济现象，预测一切经济现象的，那么，这句话的意义就不难理解了。

3. 前期马克思主义经济学，是带有实践性的。这当然与第二特色，互有关联：如果承认唯物辩证法是对的，必然就得承认一切现象中的斗争也是对的，即承认一切的发展，都是以斗争为原动力的；所以赞成唯物辩证论的，就必然会赞成阶级斗争。而所谓阶级斗争，却是带有实践性的，所以赞成唯物辩证论的经济学，就不会采取纯粹理论的态度，而必然会把一切理论，尤其是把经济学的理论，看作斗争的武器，并且把经济理论也看成是斗争中产生的；再进一步说，即必然的会主张一切经济学者要参加阶级斗争，才能把理论与实践合而为一，才能发现真理。因此，所以说前期马克思主义经济学之带有实践性，是它所带的唯物辩证性的必然的结果（详细说明，应该属于唯物辩证论的讲义上，兹从略）。

4. 因为前期马克思主义经济学有了上面的三种特色，所以它的研究方法，必然会带有批判的性质，而绝对不会像一般那样平铺直叙。批判二字的意义，很不容易解释，非从认识论方面来说，是不能够充分明白的；如果通俗的说，则所谓批判，不是一般的那样断片的研究讨论和表面的平铺直叙，而是把问题的全面，全关联，都放在眼中，并且从自己所斗争的对象即对抗学说中，找出它们的一切缺点，加以克服，再建立自己主张起来（这当然是与折衷意义不相同的）。前期马克思主义经济学就是采用这种批判式的研究方法的。这也不是偶然的：前期马克思主义经济学既然是带有实践性的，在研究方法上，也就必然是带有批判的性质的，因为只有这样，才能拿理论为武器，去打倒异己的理论。关于这一层，在事实上，我们在马克思所著之《资本论》与《经济学批判》中，都可以看见是那样叙述着，那样实行着的。这样的研究方法，可以说是前期马克思主义经济学在研究方法上的一种创举。

B：前期马克思主义经济学的具体理论　这可分为几点来说：

1. 抽象劳动价值说　"抽象"二字，当然不是普通所谓抽象的意义，详见次篇。此说在一切价值上，是一种最近乎真理的学说。

2. 剩余价值论　此是与第一说相关联的，并且也是前期马克思主义经济学所独有的。

3. 平均利润论　这是说一切资本家所获得的利润，从整个的方面说，是平均的，按照同一的比例而定的。此种说法在以前虽然有人说过，但是，到了前期马克思主义经济学的时代，才告完成。

4. 绝对地租论　地租这东西，可以有等差地租与绝对地租种种的区别，找出这个区别，去纠正并补充过去的地租论并完成了地租论的，是前期马克思主义的经济学者。

5. 积蓄论及恐慌论　简言之，这是从时间上看，说明一方是资本一天一天的增大与集中，因而有生产的增大和集中，而他方是无产阶级的人数日益加多，窘困日益加甚，消费力日益减少，以至于必然发生恐慌的。这个理论，从全体说，是前期马克思主义经济学所特有的，当然也是与前面几点，相互关联着的。

C：前期马克思主义经济学的客观的作用　这可分下列两点：

1. 在客观上继承正统派，把它所未完成的东西，加以纠正和补充，使它完成。如对于地租论，价值论等，就是明例。所以可以说，前期马克思主义经济学对于英国的资本主义的科学的经济学，是集其大成的。

2. 与广义流俗派中的各派，实行激烈的斗争，把它们的缺点，完全暴露出来。

D：前期马克思主义经济学的阶级性　这在已经说明了以上三点之后，是不必多费推敲可以明白的；因为前面已经述过的，所谓剩余价值论，恐慌论……五点，都是代表着在被压迫地位的阶级去说明的，因而可以说前期马克思主义经济学主要的是代表被压迫的无产阶级的利益；并且因为在资本主义之下的一般小生产者，也必然受压迫，必然要没落为无产者，所以，前期马克思主义经济学又是兼代表小生产者的手工业者和农民的利益的。

E：前期马克思主义经济学的价值　因为它发生在各派经济学说之后，所以它是能够加以客观批判的；从另一方面说，前期马克思主义经济学既是代表着被压迫阶级的学说，所以它能够把一般的真相暴露出来，因而从科学上说，是比较近乎真理的。不过，要知道，前期马克思主义经济学虽然是比较近真理的东西，却不见得绝对的就会被社会所赞同，在实际上，倒是被统治阶级，用无的放矢的种种手段，去设法摧残和消灭过它的。固然在十九世纪的下半，它也曾被一部分的民众接受过，不过终究是由于受修正派的修正而被淹没了，因此，直到后期马克思主义经济学成立为止，在事实上也就没有发挥什么大的作用。前期马克思主义经济学当然也不是凭空而来，而是从斗争中发生出来的：从一方面说，它不但和无政府主义的巴枯宁派及普鲁东派斗争，并且还和空想社会主义者及罗泊杜斯及拉萨尔等斗争；从另一方面说，重农派，正统派，广义流俗派等等也是它的斗争对象；总之，它是于当时各派激烈的斗争过程中，经过无数的论争锻炼，才成为一个整个的有体系的经济学。

五　没落的帝国主义时期即金融资本经济的没落期的经济学

经济学发展的第四期，简单说来，可以叫做"没落的帝国主义时期的经济学"。它的具体时代，大致是从二十世纪以来（或从欧战前后）起，到现在止的时期，通常叫做帝国主义没落期或下向期。只管是在没落期，但是它并未失去帝国主义的特性，所以在这时期，依然和前时期一样，一方面有代表着没落的帝国主义者的经济学，他一方面，又有代表着无产阶级的经济学。因此我们可以把它分为甲乙两项来说：

甲：代表没落的帝国主义者的经济学　代表没落时期的帝国主义者的经济学，大致又可分为四派；它们本身虽然是各有不同的内容，但也有一种共同的倾向：四派的理论虽有不同，而它们在想要弥缝帝国主义间的矛盾，想用所造的经济学说，来解释帝国主义之无没落性，一层上面，却是不谋而合——这和以前的广义流俗派中的各派虽各有自己的主张，而在为金融资本阶级作掩护工作，一层上面，则不谋而合，那种情形，完全相同。所以在此我们就可以把它叫做新流俗派。新流俗派所包含的四大派别是：（一）现象派经济学，（二）统制经济派经济学，（三）超帝国主义派经济学，（四）法西斯主义经济学。

A：现象派经济学　前面已说过，这派是在二十世纪之初就发生了的，它的代表者是嘉塞尔，他所著的《社会经济学》，在当时虽也是被人欢迎着的，但是，在欧战之后，因世界经济有了变动的缘故，更被人欢迎了。现象派的主要主张：不必研究高深的理论，只要能够研究当面的经济现象，就够了。这种主张的理由有二：第一，现象派认为一切理论的东西，都是没有结果的，即以价值论说罢，它认为哪一派经济学都不能把价值现象彻底弄得清楚，所以主张从此可不必再费苦力，只从表面加以研究，也就可以了。价值的表面研究，即是价格的研究；即是主要的只由需要与供给的关系，去决定价格之变动的研究。在今日，价格的变动，是可以利用由中央银行操纵金融的方法，去决定并说明的，因为价格是价值在货币上的表现，其高低可以随货币多寡而变化，而在今日的文明国家中，货币的数量又几乎是可以完全操纵的。现象派认为这样解决，也就可以，不必更汲汲于研究高深的价值论。第二，现象派认为欧战以后的经济现象，是比以前更为复杂，如德国之对各战胜国的赔款，实乃空前之创举，同时各协约国向美国所借之战债，亦为以前所未闻之事。所以自欧战以后，美国的经济势力，几乎可以支配到全世界，就是国际与国际间经济关系，越发的密切了的证明。因此，现象派认为：现在既然没有能力去研究经济学的基本理论，只要能够研究明白了新发生的国际经济现象，也就足够了。

现在我们看一看，现象派的主张的经济基础是什么。第一，我们先要知道，现象派经济学只是欧战后的现象主义之一方面的表现。原来，欧战后的各国，特别是战败国之生活困难及前途之无希望，使世界上发生一种现象派哲学，它在人生观上是主张不必好高骛远的状态，也不必十分悲观目前，只要在现实中努力谛观，自有出路，即主张一种含垢忍辱式的消极的人生观。这种人生观自然在维持金融资本之统治上是有利的，它发现在艺术文学上便成为现象派艺术学或文学（一种也不主张浪漫主义，也不主张自然主义，也不主张普罗主义，也不主张怪恶主义，而主张在一面听天安命，一面努力生活的主义的艺术或文学），发现在经济学上就成为现象派经济学。第二，我们要知道，在欧战以前已经有人主张在经济学上不必研究价值论，现象派只不过是一种把过去这种不要价值论的经济学扩充起来的东西。他们之所以排斥价值论而只研究表面现象，只因为：如果一切资本主义经济学者，从价值论去开始研究经济学时，结果就必然得承认马克思的抽象价值论，因此也就必然得承认剩余价值论，那么，结局，就是等于承认阶级斗争，而无形中帮助了社会主义的运动。这当然是和没落期的帝国主义者的利益相反的，所以代表没落期的帝国主义者的经济学对于价值论，剩余价值论，恐慌论等，只得均用以不了了之的办法了之，而只从现象的研究上加以掩饰。此即现象派之所以必然发生，亦即其主张之所以必然那样的主要原因。由上述两层，可知它是代表金融资本阶级的经济学，从哲学上说，现象派的说法是等于不可知论的，也就是一种否认科学的主张，其谬误是不待言的。现象派当然不是凭空来的，而是在和各派的相互斗争中发生的。

B：统制经济派经济学　统制经济派是有相当的历史的，其来源比较久远。我们知道，资本经济是无组织的，无政府的商品经济，所以，在这无组织无政府的经济支配的过程中，必然要发生阶级斗争和阶级层间的斗争。所谓阶级斗争，是指无产阶级和资产阶级间的斗争，所谓阶级层间的斗争，是指无产阶级内各层和无产阶级内各层的斗争，及资产阶级内各层和资产阶级内各层间的斗争。这种种斗争虽是资本经济下面必不可避免的现象，但是，到了资本经济进展至某种程度时，资产阶级为免除或缓和不利于本身的以上各种斗争起见，必然提出了统制经济的主张。这种统制经济的主张的最初形态，产自德国的新历史派（历史派有新历史派和旧历史派的区别，新历史派的代表者是 Wagner 和 Brentano。他们一方面企图用人为的政治力量，把不利于资本经济的种种斗争免除去，另一方面主张用心理的缓和方法及社会政策，去消灭阶级斗争——这在经济学上叫做讲坛社会主义家，因为他们要想在讲坛上说服阶级斗争的心理），因为新历史派那种用政府的力量去解消阶级斗争以及阶级层的斗争的主张，可以说是带有统制经济性的经济学。其次，在十九世纪末，二十世纪初，各国都发生了种种想利用 Trust 和 Kartell 的组织，去减少资本经济的无政府性的主张。不消说，这些组织本是由产业资本过渡到金融资本时必然由资本的融合而形成的东西，其目的在企图消灭由资本经济的无组织无政府性而发生的一切弊病（就因为这种新组织的实行，所以欧洲先进国的生产才得着在金融资本初期的发展的胜利）。这些组织和关于这些组织的主张可以是统制经济派的第二来源。不过上边所说的统制经济派的两种来源，还不是统制经济派的真正的直接的来源。统制经济派的真正的来源，是到了欧战时才最初发生的统制经济的事实。我们知道，欧战是任何时代未曾有过的一种空前的大战争，是倾举国一致的战斗力而行的生死存亡的斗争，因而交战两造①的国家，就不能不停止国内的经济上的自由权，把国内的无组织无政府的经济，统制起来，以企求对外的胜利。事实昭示我们，在当时德英法比俄美等国都把国内的主要的生产上的经营管理权，隶属于政府的管理之下：第一，把交通业改归国家一手管理，如像交通业的航运和陆运，都受国家指挥；第二，主要的工场生产事业，也都改由国家直接管理或间接控制；第三，供给原料的煤油和煤炭公司，也都改归

---

① 意为两方。——编者

政府管理。其次，关于消费方面，还有食粮的管理问题。国内食粮尚存多少，每年需要数量的多寡如何，国内的产额能供给到如何程度，这都是在战前就要详加考虑的问题，到了战时更要由国家管理，才能使粮食不发生恐慌。例如英德比等国在平时就食粮不足，要从国外运输，到了战时，国内食粮之分配，更应变更，在前线苦战的兵士应多得消费资料，安居内地者则宜少分给，这当然已不能不需要管理了；并且食粮的生产，不是积多才消费的，而是一方面生产，同时就作为生活的资料来消费的，因此食粮的生产也有管理的必要。然而在食粮缺乏的期间，单单靠生产和消费的管理，而不把价格加以限制，就保不住不由食粮交换的价格的跌涨，而影响到一般物价和整个的国民经济，于是就不得不把食粮和重要商品的交换的价格也管理起来，而实行最高或最低价格的限制，例如把一种商品的最高或最低的价格定为最高十元和最低八元。在十元和八元之间，其卖价可任意涨落，如果过了限度，则要加以干涉。最后为达到以上各种管理的成功，经济上的动脉的金融也必然的要被管理着。总之，对于一切交通，生产，消费，价格，金融，等等，都或多或少的使其受国家的管理或限制，以至于形成欧战期间的欧洲各国经济之战时国家管理。当然，这种管理不是把一切生产手段都收为国有的社会主义的管理，而是由国家组织管理委员会来实行管理的。这种管理委员会是由各职业团体及其他一切有关于这种组织的生产部门，选举职员，来参加管理的。这时期的经济的管理，才是统制经济派所指的真正管理，因此才由这种管理的事实的反映，形成统制经济派的独立的经济学。

欧战期间的经济管理实行的事实的发生，对于以前的讲坛统制经济的主张和利用 Trust 与 Kartell 的组织来管理经济的企图，给了一个证明，证明其理论不虚，于是赞同者日多。欧战后就一方面有现象派的代表嘉塞尔的经济学，主张不必研究经济现象的根本原理，只要顾到表面的现象就能管理经济，一方面还有开恩斯（Keynes），是站在折衷派的见地，去倡导统制经济的理论的。但是统制经济派的真正成熟期，还在所谓产业合理化的实行期间（1924—1928）。我们知道，欧战后帝国主义的没落期，可分为三个时期：第一期（1917—1923）是无产阶级进攻期，又名为革命期。在这时，因为资本经济的进展及世界大战的缘故，无产阶级和没落的小手工业生产者及农民的势力日益增加，攻势的斗争益显激烈，而资产阶级却一般的大都是退守的。到第二期（1924—1928），资产阶级却起来攻击或压迫无产阶级及小生产者，同时在生产上实行了所谓产业合理化的方法，把经济的不景气的现象，渐次恢复。所谓产业合理化的方法，在这里不能详细说明[①]，姑简单言之，就是：第一，要使国内的劳动合理化，而尽量的发挥其生产性，第二，要使国内的资本合理化，而尽可能的发展其生产作用。但是我们要明白，这种产业合理化在资本主义体制之下的实行，不是真正的能使一切生产手段及劳动力都尽量发生生产作用，而是只能使大资本吞并小资本，而是更加紧的剥削无产阶级及小生产者。不过，在事实上，产业合理化的方法在各国实行的结果，使资本主义社会得到了一种暂时的安定，尤其是在美国生产的发展上，经济繁荣显现得更

　　[①]　详细说明可参见陈豹隐《产业合理化》一文，收入全集第三卷第二册。——编者

露骨，因而这时期又叫做资本主义相对的安定期。到了第三期（1929—），资本主义的本身的矛盾的发展，引起了世界的一般危机期的经济恐慌和无产阶级斗争的力量的加大，而到处表现出暴动的革命，因而这时又叫做世界恐慌和革命动乱期。我们所说的统制经济派经济学就是第二的产业合理化的时期的产物。这时期是所谓使一切生产手段和劳动力，不丝毫浪费的尽量的发生生产作用的时期，所以在表面上从短期间看来，好像是资本经济减少其以前的无组织无政府性，而且事实上美国确因产业合理化方法的实行，生产力在表面上异常发展，因此统制经济派的理论才趁这时期而真正问世。统制经济派的代表，除了上边所列举的二人外，还有美国的 Fisher 和有名的 Ford，都是统制经济的倡导者。Ford 是美国的汽车大王，虽然不是统制经济派的理论的代表者，可是他实行了统制经济的主张，今日所谓 Fordism 就是他所主张的世界经济在统制之下永远繁荣的主义。其次德国的 Schumpeter 和英国的 Einizig 都是统制经济大家。经了这些名人的提倡和鼓吹，统制经济派才渐次风行，未几而主张经济由国家管理就可免除资本经济的无组织无政府以及经济恐慌等的经济学，竟风靡了全世界。这可以说是第一种的统制经济派。

但是正在资本主义世界高唱世界经济永远繁荣的当儿，美国的交易所恐慌（1929）的忽然爆发，给了美国资本主义一无所措手足的打击，而且世界各资本主义的国家，也或先或后的卷入恐慌的漩涡。到了这时，统制经济派就不能不潜伏而表现出绝迹的样子。然而我们要知道，这并不是统制经济派的消灭。迄至一九三一年的下半期，欧洲各国暂渡过金融恐慌期后，它们又死灰复燃的抬起头来，以为这次全世界的经济恐慌是因为没有实行完全的真正的统制经济派的主张的缘故，现在只要实行完全的真正的统制经济的集团经济（Bloc Economy），自然就不致再招引那些不幸事件。它们所谓 Bloc Economy 就是说各帝国主义国各成一集团，如像美国成立一集团，英国成立一集团，以及苏联日本等也各自成立一集团，由这种种集团对其他各集团实行竞争，而对本集团内部则采取容让的态度和互助的政策。并且它们以为，如真要行统制经济，在一狭小集团的组织内绝难成功，必然的要扩大范围，才能收效，就是说，必然的要使英法德美日等大东西都各自成一集团，才能实行统制经济的主张，同时在一集团内才可以自给自足。然而这种主张总得有证据来证明，才能使人相信，不能徒谈空论，于是它们就用苏联五年计划（1928—1932）的成功，来证实其理论的确当。以为集团的统制经济是再好没有的方法。它们这样的引证和比譬，乍看起来，好像是合理，其实却荒谬绝伦。我们知道，资本主义的生产是一种站在生产私有制上的，为求得利润的生产，在苏联则为一种站在生产手段公有制上的，为有计划的满足社会的需要而行的生产，所以在苏联自然可行统制经济，而资本主义的生产的利润竞争性，却和统制原理极端抵触，如何能行统制？但愚昧的或有意假装愚昧的它们却认为苏联既可行统制经济的办法，他国无疑的也可实行，因此美国法国和大英帝国等等都采用了整个的集团经济的关税制度以对外。这样一来，日本就企图占领东三省，以便一方面扩张其商品市场，一方面供给它以大豆煤铁等原料。自然，虽把东三省占领了，也不见得就能解消日本经济上一切原料的缺乏，但日本的统制经济派却以为可以解消。总之，它们以为可用统制经济的方法，从商品市场，投资市场，及原料供给地各方面，把经济恐慌的因子免去。

全世界恰恰正在恐慌过程当中，正需要一种理论，所以统制经济派乃复兴起。这是第二种的统制经济派。其次在上述的集团统制说之外，还有 Einizig 的整个资本经济有统制的联合起来与苏联对抗的主张。他以为苏联土地广大，人口众多，一切原料应有尽有，如果资本主义能连结起来和苏联斗争，大家分割其市场，分配其原料，自可免除资本经济的矛盾，自可免除由矛盾所反映的经济恐慌。这是第三种的统制经济派。把以上各点总结起来说，统制经济派的理论的根据，第一是苏联集团经济的成功，第二资本主义本身的 Trust 和 Kartell 的组织，在从前曾暂渡过以前的经济恐慌，招致相当的产业的发展，所以它们都以为在更大范围内使各国联合起来行一种集团的组织，就可免却恐慌。这是现今统制经济派所主张的主要内容。此外，从一九三三年起，在美国实行了的"国民产业复兴案"（NRA）的理论，在表面上似乎也可以形成一种统制经济派，但，实际上，它和上述第一种相差无几，论理，应归入第一种。

这种企图用小集团的组织，去减少或解消资本经济恐慌的统制经济派的主张，是否正确，这里用不着多说；只要我们顾到集团经济的实行，必然的要在把一切生产手段的私有都废止的社会如苏联的社会内，才有实现的可能，而资本主义社会却是为求得利润的生产，就够了。只要利润追求的特色一日不除去，统制经济的主张就绝不能出现于为求利润而生产的社会内，因为利润存在一日，人们就决不能真正减少自己的利润而和他人联合。如果统制经济在资本主义社会能实现，那只有在民族或国家死生存亡所关的战时，或许能强迫实行；如在没有战争的平常时候，而谈统制经济，那简直是笑话。不消说，这种主张在学理上虽是毫无价值的，而在事实上却还有许多人容纳它——这自然是因为资本主义的世界为解消经济恐慌起见急不暇择的缘故。总之，统制经济派在客观上是用无稽之谈欺骗无产阶级及小生产者，同时又是以画饼安慰对帝国主义失望的人们；结果它脱不了流俗派的那一手把戏。

C：超帝国主义派经济学　超帝国主义派和上述的统制经济派，在表面上似难区分，同时在事实上，赞同第一派的主张者，也必赞同第二派的主张，所以也似乎没有分开的必要；但是，我们如从纯学理上观察，则二者的理论却各具有独特的面目：统制经济派是站在帝国主义的立场来论究一切的，而超帝国主义派则表面上是站在社会主义的立场来论究一切的。这派的代表是赫赫有名的考次基（Kautsky）。

考次基在十九世纪末还是真正的马克思主义派，他那时所持的经济理论还是马克思的基本东西；但是，到了社会民主党的内部起了纷争而开始分化的时候，他所发表的一切经济原理和活动，完全背叛马克思主义，走向中间派的超帝国主义派的道上去了。他关于资本主义必然进展到帝国主义去一层，见解和一般的社会主义家的见解，大致相同，也以为帝国主义是资本主义发展到最后阶段必然来到的东西。所不同的，只是他认定帝国主义在十九世纪末到二十世纪初，还有大的变动，他对帝国主义为准备把商品和资本运输到殖民地去销售或把殖民地的原料运回来的缘故，而必然实行种种压迫的手段，以及必然和其他帝国主义竞争一层，虽也承认，但是他却以为资本制度矛盾的发展，决不能引起大战，倒因资本主义的日益发展，兵器日益精良，国际经济日益密切的缘故，各帝国主义不能或不敢一国单独在平等势力间作战，所以必然会联络在一起，共同向落后民族进攻；虽然帝国主义者不断的扩张军备，似乎跃跃欲试的准备打战，然而其结果反必然的会转变到缓和，而使各帝国主义彼此联络。考次基用二种事实来证明这种理论：第一，是海牙和平会。他以为各帝国主义提议缩减军备，共约和平，就是消灭战争的先声；第二，是庚子年八国联军进逼中国的事实，在那时以前，各帝国主义虽纷纷占领中国领土，然而不肯受相互打战的损失，所以只好互相联合起来压迫弱小民族，他以为这次事变后所定的《辛丑条约》，就是很明显的证实。考次基以为这种各帝国主义不再单独的攫取殖民地，而要联合起来共同宰割的办法，是帝国主义的变质，也就是所谓超帝国主义的初态。这就是所谓超帝国主义的理论。但是，不久欧战发生，事实证明考次基理论的错误，超帝国主义派因此就不能不潜伏。可是到了一九二四至一九二八年，如前述，各帝国主义实行了产业合理化的时候，考次基又起来大吹大擂的说，超帝国主义理论有实现的可能。这种主张适用在于东亚，就有人想把中国变成国联的共同殖民地，让各帝国主义共同投资。在这时，特别足资超帝国主义的理论的证明的，是德国之欧洲共同殖民地化。考次基以为欧战以后，世界各国经济关系越发密切，一国的经济往往关联到多数国，尤其是资本雄厚的美国经济为然；只因为大战时各国由美国借入的战债积累甚多，到了战争终结时，战败者固然因要赔偿战胜者的靡费而不能不更向美国告贷，而战胜国的英法，也得归还美国的战债，致使美国成为各国经济的枢纽，因而世界经济愈益密切，已经由狭小的国民经济范围，转变为扩大的世界经济范围了。所谓世界经济的主要意义，就在某国经济的变动，立刻牵动全局而影响到其他各国一层；如美国的对战债偿还问题的强硬意见，足使各帝国主义的内部不安，就是一例。因此，超帝国主义派认定其理论正确，以为这样密切的世界经济状态就可消极的免除战争。考次基更巧妙的，舞文弄舌的，说明他以前认为帝国主义间的大战不能爆发，而事实上第一次世界大战居然爆发，那只是他的估量错误，并不是他的理论不对；他的理论倒反因此次大战而越发巩固，因为在这次大战中各帝国主义丧失了无数的生命，损坏了无数的财产，各帝国主义者得了莫大的教训，所以只能有这次帝国主义的大战，以后再不会有这样战争发生的可能。考次基很敏捷灵巧的拿眼前的由产业合理化的实行结果而来的生产繁荣为证明，所以容易使人相信他的理论。这样一来，就有希废丁（Hilferding）和布哈林的无组织无政府的帝国主义可以变为有组织有政府的帝国主义之论调出现，这都是超帝国主义的理论的追随者。

这种超帝国主义派的理论——帝国主义可以变为有组织有政府的帝国主义的理论，是否正确，用不着详细辩驳。如果我们注意到资本主义社会的生产，是为求得利润的生产，那么，我们就会明白：一日利润的生产不取消，就决不能减却资本主义的矛盾，就决不能免除帝国主义间的斗争。这个道理，自一九二九年世界经济恐慌的事实中，明显的表现出来。到这时，考次基潜伏不言了，布哈林也取消其帝国主义可变为有组织有政府的帝国主义的理论了。这种一方面表面上站在社会主义的立场，一方面又以为资本经济可以统制的议论，当然是犯着无条件的错误。如果帝国主义能解消此次世界经济恐慌，或许超帝国主义派能够再兴起来，然而现在世界经济恐慌日益蔓延深刻的事实，却越发证明其理论的荒谬。超帝国主义的主张的效用，在客观上，无异压迫社会运动，为帝国主义辩护。这显然是新流俗派的一小派：因为，如果资本经济真正的可变为有组织的经济，那么，就用不着革命，就可很和平的由资本主义走向社会主义，就可利用国会的多数席，去取得政权，而实现社会主义了。所以考次基这种主张，结果是投降帝国主义，替他们缓和阶级斗争，替他们欺骗无产阶级和没落的小手工业生产者及农民，使他们不要革命，而等待社会主义的自然到来。

D：法西斯主义经济学　法西斯主义经济学还没有完全成立，它不是从意大利发生，而是以奥国经济学家舒盘（Spann）的经济学说为基点的。舒盘的学说的轮廓成于欧战前；自欧战后因苏联计划经济竟能实现，及产业合理化方法的采用竟使资本经济得着暂时繁荣的缘故，带有统制性的舒盘的主张，遂渐次为一般人所注意，或被认其有实现的可能而被采用。现今意大利及德意志就是采取这种主张的基点的。这种经济理论，在表面上很和前述统制经济派类似，所以也有人把它算做统制经济派之一。但，只因它主张"绝对的经济的自足自给主义"（Auta. Lkie），它的根本的社会观不同，所以应另成一个派别。

舒盘所主张的法西斯主义经济学，又叫做全体主义（Universalismus）经济学。他一方面对资本主义制度的剥削无产阶级，加以反对，同时对社会主义的把一切生产手段收为公有，也不赞同，以为如果一切生产手段都收为公有，一般人必因生产手段的公有，而失其所有欲而变成懒惰。他以为：应当把资本主义制度下一切生产手段为资本家所操纵的弊病，及社会主义制度下因生产手段收为公有所招致的懒惰的弊病，都免除去，而把资本主义和社会主义的善良所在都保留着，如像资本主义社会内的大规模的生产，及社会主义制度下的自由的劳动（这种劳动能尽量的发挥其劳动力，是社会主义为公不为私的好处），等等一切，都保留而采用之。总之，保存二者的长处，抛弃二者的短处——这是全体主义经济学的第一要点。其次，以为真正大规模的生产，只有如一台机器的构成一样，由各部分去努力分工合作，才能充分发挥效力；就是说，如果要谋全社会的经济的福利，就要社会上各个人都安分守己的去分工合作，如同一个钟表上的个个轮子，有秩序的有组织的转动不息一样，也就和封建经济那样生产组织之下的有诸侯，有农民，有工人，有商人，各安其分一样，才能达到目的。这是全体主义经济学的第二要点。第三，他以为：虽然是采取资本主义和社会主义的长处，虽然要各个人各安其分的大规模的生产，但是，并不必忧虑剥削的现象发生，因为一方面国家可用政治力量去防止资本家的过分的要求或剥削，并免除劳动者的过度的工作，另一方面又可建设理论的信仰，使大家相信，全体生产要大家相辅相助去做才能发展，各人就像钟表的机轮，有一个损坏则不能转动，所以只有大家都知道只取其所应得的东西，不相侵害，才能使全社会全民族有机的向前发展。这样一方面有国家的干涉，一方面有理论的信仰，则不特全社会全民族的经济可向前发展，而且也可以没有剥削现象和阶级斗争的发生。因为有这种主张，所以他的经济学又叫权力派经济学或意志派经济学。这是全体主义经济学的第三要点。舒盘著有一部《经济学说发展史》，内边阐述着全体主义的理论。据说意大利及德意志近年的各种设施，就是按照其主张的基点实行的。在日本最近有土方成美著的《法西斯主义》一书，也是说明这种理论的。全体主义经济学自被意大利的法西斯主义采纳实行后，势力一天一天的扩大起来，一般社会主义除左倾者外，右倾者都有变为社会法西斯主义经济学的信徒的倾向。

法西斯主义的经济学，是否正确？我们现在得进一步看看。很明显的，它一方面承认私有生产手段的存在，同时却想免除资本家的剥削——这是一个大大的矛盾，一个大大的漏点。他们以为要使资本家不剥削，可以使国家用权力去监督，但是，事实昭示着，我们决不能离开经济势力而创设一超阶级的国家权力；只要承认政治是因经济利害的关系而存在，承认权力者就是经济势力的化身，我们就不能用政治力量使资本家不剥削。试看意大利的莫索里尼和德国的希特勒，都是受资产阶级的补助而行法西斯运动，就可以从事实上证明这种超阶级的政府是不能存在的。如果一方面主张把一切生产手段都收为国有，一方面主张由国家去干涉经济剥削，那还有若干道理，但是现在一方面承认私有财产的资本，一方面又否认资本家的剥削，这是何等滑稽的理论啊！我们事实上看见意大利的时刻发生农工的暴动，可知道这种经济学仍是以拥护资产阶级的利益为本务，使用巧言来欺骗无产阶级及小生产者的，所以它仍是新流俗派的一种。这从受资本家的剥削而没落的小手工业者和农民看来，在他们要想冲破自己的生活困难的时候，不能不说全体主义经济学能供给他们所梦想的东西，怪不得会被他们所赞美，所容纳。但是，在客观上，全体主义经济学却不是真正的科学的经济学，而是替强有力的资产阶级充当辩护士，使大家各安分守己的工作，不要作社会革命运动。我们在前边说过，在强弱相斗时，如劝勉其罢争息斗，结果就等于帮助强者，并非扶持弱者；同样，全体主义的主张安分守己，是等于帮助强有力的资产阶级去压制无产阶级，所以它仍脱不了流俗派的调和斗争的那个把戏。

乙：后期马克思主义经济学　后期马克思主义经济学是与前边说的没落期的帝国主义经济学相对抗，是直接反抗帝国主义的，因而又叫做反帝国主义经济学。其发生时期当然和新流俗派的时期相同：它们同是没落的帝国主义时代的产物。所谓没落的帝国主义时代，上边已经说过，就是独占金融资本主义即帝国主义的生产关系和生产力相冲突的时代，在这时，各帝国主义国家的国内必然有广大的无产者，没落的小手工业生产者和农民对金融资本的斗争，同时在国外也必然有殖民地的民族对帝国主义的反抗；就在这种激烈的斗争反抗中，一方面必然的发生代表帝国主义的经济学，以拥护其政权，另一方面必发生代表国内的无产阶级，没落的小手工业生产者及农民与国外的殖民地民族的经济学，以反抗帝国主义的压迫。关于这种从无产阶级等及落后民族对帝国主义的斗争声中形成的反帝国主义经济学，在这里用不着像前边那样分开的详细的说明：我们知道它和前期马克思主义经济学大致相同，其所不同的地方，就在根据独占的金融资本主义时代的经济现象，把前期马克思主义未完成的所在，完全建设起来，就是说，只在补充前期马克思主义经济学以新的东西这一点。这样一来，当然会发生疑问：既然说后期马克思主义经济学和前期马克思主义经济学大致相同，为什么这里又把它们分开而个别的提出来说明呢？对于这个疑问的答复很简单：因为反帝国主义经济学在这个时期占着重要的关系的缘故。例如帝国主义的本身如何成立发展或变动？殖民地的民族怎样必然的会和帝国主义国内的无产阶级结合来反抗帝国主义？帝国主义如何必然的没落，必然的走向过渡期的社会主义的道路？这许许多多的问题，都是被压迫者所必须知道的，然而又都是前期马克思主义经济学所没有充分解释的，所以现在必须特别的把资本主义如何行最后的发展和如何没落的理论补上，才能把整个关于资本主义经济学完成，才能把前期马克思主义经济学上的预言变成有确切的证明，才能使它确切的供实际的需要。这是后期马克思主义经济学所以可以分立和必须分立的第一缘由，也就是它的内容的第一要点。其次，在帝国主义国家已开始没落了一角，社会主义社会已在世上奠了一个基础的今日，我们在事实上有知道这个新社会的经济构造和发展法则的必要，因为这个经过转变后的，继资本主义的没落而来的新社会，当然有其特殊的发展，有其独特的生产关系，有其独特的生产力，有其独特的生产样式，所以我们不能不相当的知道。但是我们不但不能在资本主义经济学上去知道这些东西，并且也不能在前期马克思主义经济学上去充分找出这些东西。因此，我们对于专门的研究资本主义没落后所形成的过渡期的生产关系如何，生产力怎样发展，是什么样式的生产样式，等等问题的后期马克思主义经济学，就不能不特别置重，而把它看成一个独立的经济学。这是后期马克思主义所以可以分立和必须分立的第二缘由，也就是它的内容的第二要点。

后期马克思主义经济学即反帝国主义派经济学的阶级背景如何？后期马克思主义经济学产生于帝国主义的没落期，所以它所代表的阶级，主要的是国内的反帝国主义势力的无产阶级，但是，要知道反帝国主义的势力，不完全是国内的无产阶级，此外还有没落的小手工业生产者和农民，以及殖民地民族等等；所以从客观上看来，后期马克思主义经济学，是代表这些反帝国主义的势力的全体，去解剖帝国主义的矛盾，暴露资本主义的必然没落，并说明已经没落转变后的新社会，必然是走向社会主义社会去的过渡期社会的。

反帝国主义派也是从斗争中产生的，其斗争的对象比较复杂，现在且简略的述在下面。第一，后期马克思主义派经济学恰与新流俗派同时，常在和它们对抗中，因而其斗争的对象，主要的就是新流俗派的各小派。其次，除新流俗派外，在当时还有历史派及折衷派的势力，所以后期马克思主义经济学也不能不对它们斗争，不过，它们不是其主要的斗争对象罢了。此外，社会主义经济学当中的一派，也是反帝国主义派经济学的斗争的对象。原来，这时的经济学，从阶级性的立场来区分，虽可以大别为没落的帝国主义的经济学和无产阶级的经济学，但是，从党派性的立场说，又可分为许许多多的派别，在这里没有详细说明的必要，姑且简单的把社会主义经济学拿来看，其中就可以分为左右中三派：有站在左方的经济学家，有站在右方的经济学家，还有站在中间的经济学家。这样的区分，当然不是容易的事，因为往往对某一问题的讨论虽站在左方，而对其他一问题的讨论却可站在右方，有时极左派的人可以变成极右派；就像俄国的布哈林，在俄国革命前为左派，到了革命后又转变为右派，就是明例。我们现在在这里姑且简单笼统的，说其大概（将来遇到某一问题的讨论时，再乘便说明各派的主张而细为区分）。我们知道，反帝国主义经济学，事实上，是在它和各种不正确的经济理论的斗争当中形成的：最初把反帝国主义经济学当作一问题来讨论的，是霍泊生（Hobson）所著的《帝国主义论》（1902年出版），后来列宁所著的《帝国主义论》，处处引证其说，不过在当时都认定霍泊生是修正主义派。其次希废丁著有《金融资

本论》（1907），卢森堡（Luxemburg）著有《资本蓄积论》
(1913)，内容都比较更进步些，然而还有许多不正确的所在。最后
把反帝国主义经济学的理论弄完全的，是列宁所著的《帝国主义
论》(1915)。在这本书上，才把反帝国主义经济学的理论，精确的
形式化了，所以反帝国主义的经济学到了这时才算完成。但是，在
这些完成阶段的过程中，还有许许多多的辩论，不特反帝国主义经
济学要与对抗的资本主义经济学相辩驳，并且社会主义经济学本身
中的各派别间，也有各种争论。不过这些争论都还是观念上的片断
的说明。直到一九一七年，因为在俄国真正在事实上完结了帝国主
义，事实上有建设过渡期经济的必要，所以过渡期经济学的发展论
争，越发激烈，关于资本主义转型的各问题，发生了无穷的理论斗
争。所以反帝国主义经济学的形成，也经过了无数的斗争的：对资
本主义经济学有斗争，在社会主义经济学本身中有斗争，对所谓中
间派也有斗争；就像关于资本主义的经济恐慌之发展等问题，不知
经过多少纷辩。正因其是从复杂的斗争过程中产生的，所以很难找
出真正的代表。自然，列宁是一个代表，但此外如布哈林等，则时
常发表背叛马克思主义经济学的理论，难称为代表，如像在一九二
四到一九二八年期间，布哈林发表过有组织的资本经济的理论，显
然是背叛反帝国主义经济学的主张。因此，除完成了帝国主义阶段
的经济学的列宁外，没有第二个可列举的代表。

后期马克思主义的反帝国主义的经济学，与前期马克思主义经
济学比照起来，在经济学的贡献上也有不同：前期马克思主义经济
学，只把正统派所未完成的东西弄完成了，后期马克思主义经济学
却完成了资本主义的没落期的经济学；关于所谓过渡期的经济现

象，前期马克思主义经济学当然没有详细说明的可能，所以关于这种东西的设问和问题的解决，只是后期马克思主义经济学的反帝国主义经济学的贡献。这是第一点不同。其次，因斗争对象的不同，所以在对敌克服上的贡献也不相同：在这时虽然还有历史派和折衷派的余孽，而主要的反对势力则为新流俗派的各派，而后期马克思主义经济学却把它们克服了，这当然也是一个新贡献。

第三节　经济学的派别

在未开始说明经济学的派别前，我们得先论述唯物辩证法上关于派别问题的见解。从唯物辩证法上说，一切论理的东西与历史的东西是统一的：今日成为论理的，必然就是历史的，即由历史上的事实反映得来的东西；这不是机械的单凭脑海的想，以为有甲就有乙有丙的论理，而是唯物辩证法的，由客观的事实反映来的论理，是把一切东西都看为带有历史性的论理。因为论理的东西必然是历史的东西（除了拙著《社会科学研究方法论》上说明这问题外，以后在价值论上和货币论上还有说明），所以要研究什么派别，决不能把它作为概念的游戏来说明，而是应当择那种在历史上有根据的东西来论述的。既然如此，所以我们目前要叙述经济学的派别，必然的须与前边所说的经济学的发展史相一致，就应该把前边的东西重提起来，简单的说明。但是这里又会发生疑问：既然派别必然是历史的，而前节已把经济学的历史说过，这里为什么又把派别单独提出来讨论呢？我们之所以把派别特别提出来讨论的理由，是：第一，因为前边论述经济学史的时候，是把占主要地位的各派别的经济学派拿来叙述的。但是，除了占主要地位的派别外，还有中间派，也有其历史的根据和背景，不能随便丢开，所以这里有说明一切派别的必要。第二，因为前边是就经济学的发展史去说明各派别，而在发展史上存在过的许多学说，却也有现今还存在的，也有已经几乎绝迹了的，所以关于这些学说的是否现存，当然还要说明：这也是要说明派别的理由。

关于经济学的派别的区分，当然可以有种种标准，但据私见，我以为应当站在阶级性的观点上，先实行总的划分（我们知道，在帝国主义的没落期，一切东西都带有阶级性）如下：（一）资产阶级经济学，（二）无产阶级经济学，（三）中间派经济学（小资产阶级经济学）。其次，再在各个大划分之下，更作小的区分。

A：代表资产阶级的经济学的派别，在这里，可以总上节所述，略释如下：

1. 重农学派经济学：一般的说，它现在算是绝迹了，因为它是代表商业资本经济过渡到产业资本经济时的新兴产业资本的东西，而这个时代早过去了，所以它也不能存在。不过在落后民族的国家内，尚有它的遗迹可寻，如像中国李石曾先生似乎在事实上还是倡导重农学派的（他是否融化了重农学派的经济学，这不敢断言，如只就其所发表的片段文字来说，似可证明其为重农学派。李先生曾留学法国）。

2. 正统派经济学：今日的正统派大致都参加着历史派和心理派的成分，在英国的 Pigou 是现在比较最纯粹的正统派。

3. 狭义的流俗派：这尚存在着，现在我们还看见在各国有不少的，用狭义流俗派经济学，替金融资本家辩护的人。

4. 德国历史派：这到二十世纪后渐渐减少了，现今各国有名的历史派学者很不多见。

5. 心理派：这还相当盛行，在欧洲大陆和美国，还有许多人带有心理派的色彩。

6. 折衷派：所谓教科书派的折衷派现在还是盛行；各国大学的经济学教科书，仍是折衷派的东西占优势。

7. 新流俗派：当然还存在。现象派的嘉塞尔被国联理事会所聘请，正在发挥他的特色。统制经济派自"Bloc economy"说盛行后，正在兴盛中。法西斯主义派，在资本主义国家内正在猖狂的发展着。超帝国主义派，目前潜伏不闻，似有一半向左回到社会主义经济学的阵营，一半向右走到法西斯主义派去的倾向。

B：代表无产阶级的经济学的派别　社会主义经济学的派别，笼统的很难说，不过勉强说来，似可以把社会主义经济学分为右左中三派。现在就这三派对于经济政策的设施，经济学的研究方法，以及经济学研究对象或适用范围三项的见解，加以说明：

1. 社会主义经济学的右派：右派对经济政策的设施，特别是关于过渡期的政策，主要的采取调和的政策，如他们在苏联，最初对于新经济政策（nep）的问题，后来对于富农清算的政策的问题，大致都采取调和的态度。其次关于经济学研究方法及经济现象的解释，他们大致是带有机械唯物论的色彩（所谓机械唯物论的内容，到后边再说），不是辩证唯物论的。最后，关于经济学研究对象或适用范围，他们主张仅以资本经济为研究的对象，至关于过渡期经济，他们认为完全用不着经济学：他们把资本经济和过渡期经济截然分开。

2. 社会主义经济学的左派：第一，关于政策方面，他们主张绝对不妥协，绝对的实行阶级斗争，如在苏联对于新经济政策，左派坚持反对的理论，对五年计划之中农集团农业化，也不赞同。第二，他们对经济学研究的方法，在表面上虽是主张唯物辩证法的，然而在事实上还带有很重的观念论的游戏色彩，如像在苏联的 Roobin 的价值说，显然是受了黑格尔观念论的影响。一般的说，俄国的 Deborin 派的哲学是带有观念论的色彩的，而左派却是在 Deborin 影响之下而主张经济理论的。第三，他们对于经济学研究对象或适用的范围，主张资本经济和过渡期的经济之间，没有区别，如像关于货币论，他们以为货币的性质，在过渡时期与在资本主义时代一般无二；这是把关于资本社会的经济学，整个用作关于过渡期的经济学的：他们把资本经济和过渡期经济合而为一。

3. 社会主义经济学的中派：第一，社会主义中派对于政策方面，主张要看具体问题发生时的全般社会状况如何，而定应付的经济政策，如像在苏联，当一九二一年时，国内政治的纷乱初告平靖，许多经济机构俱已损坏，如果不行新经济政策，则整个国民的经济生活就要发生危险，所以他们主张妥协；后来当国内社会主义成分已经强大时，则对于富农问题，极端主张斗争——这都能使我们看到社会主义中派因周围事实之不同而异其政策。第二，对于经济学研究的方法，社会主义中派一方面主张使用唯物辩证，另一方面主张彻底反对机械唯物论的辩证法及观念的辩证法的使用，而极力倡导大家要在事实当中找出辩证法的发展。第三，对经济学研究对象或适用的范围，社会主义中派认为，关于资本经济的理论，可相当的（不是全部的）适用到过渡经济：他们以为关于资本经济的经济学及关于过渡期的经济学，固然各有其领域和理论，但是，只因为一方面在过渡经济内必然含有资本经济的成分，而另一方面过渡期的经济学的主要特色即计划性的研究，却不是资本经济学上的研究，所以一方面不能不借助于资本经济的理论，即不能不相当的适用资本经济的理论于过渡期经济，同时，另一方面，过渡期的经济学却自有其固有理论。并且，他们以为，无论哪一个哪一时的过渡期经济都是混合的，都得相当的适用前时代的理论，例如由封建经济过渡到资本经济时的经济也是一方面要适用封建经济原则，同时要适用过渡期的特殊原则的经济，因为并不是在过渡期中绝对的没有封建经济的成分。因此，所以他们主张现今的过渡期的经济既不能不含有资本经济的成分，当然也就不能不相当的适用资本经济的理论。

社会主义经济学的三派的代表，右派是布哈林，左派是Roobin，中派若以经济学者的资格说，除了列宁之外，似乎现在还没有。

C：代表中间阶级的经济学的派别 除了上边所说的资本主义经济学的派别和社会主义经济学的派别外，还有中间派经济学（这和上述社会主义中派不同，应该注意）；它是代表中间阶级的知识分子，小手工业者，小商人，农民等小资产阶级的利益的，在这里，没有详细说明的必要，现在仅指出其各小派的主要的代表。中间派经济学是站在资本主义经济学和社会主义经济学之间，时刻可以走向资本主义经济学方面去，时刻也可以走向社会主义经济学方面去的经济学，所以我们就依照其接近资本主义经济学的程度的深浅，顺次列举其各小派的代表者，加以简单的介绍：

1. Oppenheimer：他是德国耶纳大学教授，属于所谓社会学派。其所著三大巨册的《社会学》，事实上包含政治学及经济学在内。他主张经济法则居于政治权力之下才能有效，所以又称强力派。

2. Hobson：他是英国伦敦大学教授，他在帝国主义论上，占有地位，他最初是和平社会主义者，现在则连和平社会主义者都说不上。他常常自以为是站在社会主义的立场，其实所主张的理论是与资产阶级有利的。因为他认定帝国主义的前途可以是和平社会，而且他主张社会主义的目的可依和平的说服手段达到。

3. Sombart：他是德国柏林大学教授，著有《资本主义发展史》五大巨册。他虽自称是站在社会主义的立场来论究一切的，其实无异为资本家说话：他一方面承认社会运动，同时又否认阶级斗争；他的社会主义是国民的社会主义；他否认经济法则，而认定经济学只是理解的科学。

4. Bogdanoff：他原为俄国多数派社会主义者，后又转变为召还派，与列宁脱离，其后再没有参加实际的社会运动。据苏俄现今一般人的意见，他还没有理解唯物辩证法。他在经济学派别上的地位，在今日说，很难安置，我们姑且把他放在中间派罢。他著有许多经济学书籍，其中有《经济科学概论》一书，中文有施复亮译本，诸君读之，自知他非真正的社会主义经济学者。他没有辩证的方法论，他的经济学是抽象的，不是具体的历史的。

5. Kautsky 和 Hilferding：这二人，从全般和长时间看来，可以说都是站在中间派的立场的经济学者，亦即改良的社会主义派的经济学者。Kautsky 原为社会主义经济学家，著作不少，但到了二十世纪，却转变为背叛社会主义的经济学者，其原因在他没有把握住唯物辩证法的方法论。Hilferding 则最初就时常发表反马克思主义经济学的理论，例如所著《金融资本论》，在今日已确切被证明为离开马克思主义经济学以生产为出发点的路线，踏上了以流通为出发点的中间派的修正主义经济学的路线。

第四章　经济学的研究方法

第一节　概说

经济学的研究方法，这一段，本拟放在后面再说（最近，在理论上已经公认方法论应放在经济学原理的最后一章去讲），但终于感觉相当困难，似乎不能不在这里说一说：因为研究方法若不懂，则对于经济学上许多问题的说明，也就不易明白。就拿将要论到的价值论为例罢，假如事先对于经济学的研究方法论，没有一点概念，那么，对于为什么开始就说商品的价值一层，就不免要根本怀疑，并且关于价值理论的叙述方法，也不免发生诧异。因此，我们在这里，在必要的范围内，略述关于经济学的研究方法。研究方法这句话的意义大致分为三种：

（一）普通在一般经济学上常说的研究方法　如正统派及许多流俗派所谓经济学研究方法，就是这个意义的研究方法，它们所指的内容，其实就是形式论理学上的所谓归纳法与演绎法（在此没有详细说明它们的必要），此外也还有指所谓心理学上的心理方法的。

不管所指的是其中的哪一个，总之，这些都不是经济学上所特有的方法，而是在一般科学上所共有的，因此，它们不能成为经济学的一个研究方法。并且，如认归纳法或演绎法为经济学的研究方法，那更不对，因为二者只是在一般科学上同是用着的方法的一部分；譬如在我们用归纳法时，最后的结论的应用还是离不开演绎法，从另一方面说，在我们用演绎法时，最初的前提也离不开归纳法，因为二者是相互关联着的，不是相互分离着的。

（二）把唯物史观及狭义的抽象分析法看成经济学的研究方法

现今关于经济学的研究方法，比较有名的有三本书：第一是《社会主义经济学方法论》，是科恩（Kohn）所著，中文也有译本；第二是福本和夫（北条一雄）著的《为着经济学的批判》，也有中译本；第三是杜科尔等著的《唯物辩证论的经济学研究方法论》，听说有好几起人在翻译这书，想来不久可以有中译本出现。这几本书所谓经济学研究方法，就是指着现在要说的第二种意义的经济学研究方法说的。这几本书的著者都把经济学研究方法，看成是以唯物史观及狭义的抽象分析法为内容的。他们主张的详细内容如何，请迳参阅原书，这里不能述说，现在只简单的加以批评罢。唯物史观本身是否能成为经济学的研究方法，的确是一种很大的疑问。固然，在经济学上要用唯物史观的观点，但是，在其他的社会科学上也同样是要用的，如政治学，法律学……都非用唯物史观的观点不可的。所以我们只应说唯物史观是一般社会科学上的必需的一般方法，而不能说它是经济学所独有的方法。唯物史观本是宇宙观点的一部分，如果把唯物史观的观点，认为是一种方法时，那也只可以把它叫做一般社会科学上的批判的方法，或叫做广义的社会科学方法。因此，我们现在研究经济学，断不能把唯物史观看成经济学的研究方法。假如那样主张，那就不免有概念不清之嫌。

（三）单单把经济现象的抽象分析法，视作经济学的研究方法

这里所谓经济现象的抽象分析法，是指以唯物辩证论的哲学为基础的，经济学上的推理方法及认识方法。推理方法是指思维方法的本身，认识方法是指认识的主体如何认识客体，例如观察实验的方法；前者是主体内部所含有的方法，后者是主体对外部时的方法；这在普通形式论理学上看来，似乎是两不相关的东西，但是，从矛盾论理学看来，这两者虽是有区别的，然而同时却是不可分离的，统一的研究方法。为什么？因为从辩证的唯物论看，思维法则本身就是客观的事实内所含的法则的反映，它所以能在思维上适用有效，只因为这种反映的缘故，并且，从另一方面说，认识本身如果没有思维法则为先导，也就无从入手。这是简单的指示，至于详细的说明，请看拙著《社会科学研究方法论》。

在以上三种意义当中，从纯理上看来，我们在经济学原理上所应该采用的，当然只是第三种意义的研究方法，因为只有这种方法才是经济学上所独有的方法。因此，我们现在所要说的经济学的研究方法，就是站在辩证唯物论的基础上，把普通所谓推理方法和认识方法总一起来的抽象分析法；即是说，是在认识方法上，加以推理方法，用辩证法的原则把它统一起来的方法；是带有辩证法性质的一种推理方法与认识方法。更换言之，即是把形式论理的方法克服之后，所成立的一种较高级的推理方法与认识方法——一种以辩证唯物论作基础的推理方法和认识方法。质言之，就是在社会主义经济学的研究上，所常常用的，所常常说的抽象分析法。这是在

《资本论》,《新经济政策》和《俄国资本主义发达史》上,都采用过的方法。它当然不是一种凭空无稽的,而是从实际经验来的一种有效方法。所以,可以说,只有把广义的观点论除开,而又是根据唯物辩证法的观点而成立的抽象分析法,才是在经济学的研究上可以特殊应用的方法。

第二节 什么是抽象分析法

那么,抽象分析法是什么东西?想要彻底的加以说明,是要很费时间与劳力的。好在在拙著《社会科学研究方法论》及《经济学原理十讲》上,都有说明,所以现在不加详说,只用一种通俗的带有常识性的话,分四段落,略为叙述:

A:所谓抽象分析法,不是形式论理学上的抽象法 形式论理学上的所谓抽象法,和这里的抽象分析法大不相同:形式论理学上的抽象法,是一种"异中识同"的方法,即在种种不同的东西中,找出它们相同的特性来。就以人作例罢,我们要明白人为何物,非用所谓抽象法不可,因为世上每人各有不同的特色,正如俗语说的"人心不同,各如其面"一样,有高有矮,有肥有瘦……种种的不同,我们很难决定以谁为标准,去行说明。但因各人也有相同之点,所以可以用抽象法,舍去它的异点,而保留着它的相同之点,以求出人类所具的共通点。譬诸人类虽各上述的种种不同,但是,在人类都具有五官与四肢一层上,却是一样的——这同样之点就是人与人间的共通点之一。如用此法,详细抽象下去,便可找出一切人类所共同特有的几种特点,如像:是具有高度的意识,浓厚的感情，两只手能制造并使用工具，足可直立走路，等等。由此即可获得"人"的概念，因为这种种共同之点，是可以被适用于全人类，而对于非人类的一切动物，却是不能适用的。由此，我们就在人类的各种不同的特色中并在一切不同的动物中，识得人类的共通点了。此即所谓形式论理学上的抽象法，亦即异中识同的方法。这种普通的抽象法，也是在抽象分析法中被应用着的，不过抽象分析法，如后所述，是另外又加了一种手术的方法，就是一面抽象，一面分析的方法。由此可知二者的差异的大体。用学术语说来，前者可叫做空虚的孤立的抽象法，后者可叫做实存的普遍的抽象法。

B：抽象分析法不是普通分析法 形式论理学上的"分析"，常常是包含着"分析"与"综合"两部分的，不过，普通简单说来，却只称为"分析"。什么叫做分析？形式论理学上所谓分析，是一种同中识异的方法，即在种种相同的东西当中，找出其异点的方法。拿物质作例来说罢，我们把同一物质，依据其特色，一类一类的分开，就可以从同中识异。从生物学上看，一切物质很显然的是有两大部分：（一）为有生命的有机物；即是如将它的生命除开，它就会死，若将一部分损坏，被损坏的一部分就会失掉原来的形态的物质；具体来说，若把树枝折下，被折的树枝就必会干枯，若将全树损坏，全树即会枯死。不但植物如此，就是动物也有同样情形。但其中却有区别：植物是固定在一定地点的，假如离开了它那所在地，它就必然要死掉的。而动物却是可以自由走动，没有固定在一处。所以有生物又可分为动植物两大类。（二）为无生物，如在矿物学或化学上，可以依种种标准，分为种种，如金属性物与非金属性物，酸性物与非酸性物，等等的；又如植物可分为单子叶与双子叶，动物则分为热血，凉血，等等之类。上面这些例足以证明，我们可以在种种具有共同性质的现象当中，在表面相同的东西当中，找出它的异点来——这就是所谓"分析"。但若把种种分析的结果，依其类似点的多寡，排列起来，使它成一体系，这就可以形成一种分类表——就是所谓"综合"。

经济学上的研究方法，不是普通形式论理学上的分析法，而是在一般分析法之外，还加上一种抽象法的方法；就是一面用普通分析方法，一面用普通抽象方法的方法。它把普通分析法的坏处除掉，把它的优点加以保留。普通分析法的劣点，是它只能说明表面的现象，而不能认识内部的关联。譬如拿动植物的各种分类表说，它究竟为什么分开？各种类之间除开表面的类似之外，有什么根本的区别和关联？普通分析法，是不能解答这种问题的；简单的说，它的劣点，是不知道各种东西内部的关联。但它能求出各种东西外部的区别，这却是普通分析法的优点。抽象分析法，就是把普通分析法那种不知内部关联的劣点除掉，把它那在外部可以找出区别的优点，加以保留时的方法。这就是抽象分析法与普通分析法的区别。

C：抽象分析法的理论的说明　这可分为三层叙述：

1. 抽象分析法，是把所谓形式论理学上的抽象法与分析法，合而为一，使它们形成一种有机的结合时的方法；简而言之，不是一种凑合，而是把它们各当作一种要因（Moment），使它们结合在一起，而后形成的一种整个东西。

2. 抽象分析法，是怎样实行着抽象法和分析法的结合呢？从抽象法方面说，这时的抽象虽也仿佛是按照普通抽象法，把某种东西的相同点抽出，而舍弃它那相异之点，但其实这时的抽舍的标准大不相同：因为抽象分析法，是站在唯物辩证论的哲学观点上，拿唯物辩证论的宇宙观作取舍之基础的。这个问题本来很难说明，如果通俗的说，就可以说，它是以"由质变量，由量变质"，"对立物的统一，统一物的分裂"，及"否定之否定"三大基本原则为基础的；即是说，是站在这种原则上，对于适合以上原则的，加以保留，对于不合这些原则的，则舍而弃之。所以，我们说，这抽象是伴着分析的抽象。这样一面抽象，一面分析以后，再把存留下来的，加以抽象与分析，依次作去，直到不能再行抽象的分析的时候为止。这是抽象分析法的理论说明的第二点。

3. 从分析法方面说，这时的所谓分析，不是普通的分析，而是伴着抽象作用的分析。拿一切物质可分为有机物与无机物，而在有机物中，更可分为动植物的例来说，这与抽象分析法虽似乎很相近似，但是其实也大不相同：抽象分析法是要以唯物辩证论的观点为基础而定分析后的取舍（即抽象），以便再行分析的，所以决不像普通分析法那样不加取舍。抽象分析法是经过种种抽象之后而更加以分析，所以能够愈分析愈获得某种事物的主因；对于主要的即有支配力的，抽出（留住）来，对于无支配力的即附属的不相干的，舍了去。所以二者同为分析，然而所得结果，却是不相同的。这样在分析段落上，到了舍无可舍，分无可分的时候，便把最后剩下的主因作为起点，排列起来，再归到综合的段落上，把以前各种留着的主因联贯起来，并加上原来舍去了的各种副因，如此就可以重新组成原来某种事象的全体真相（这就是所谓综合）。这种分析和综合的工作，是由上到下，更由下向上的程序，在表面好像与普通分析法相同，其实却是不同的。抽象分析法，是一方采取了普通分析法之同中求异，可知表面现象的区别的好处；同时又采用了抽象法，将内部的关联和矛盾，联络起来，揭露出来，所以可以更进一步，去识事象的内部关联，因此可以识事象的全体。

D：举例的说明　以上都是理论的说明，以下是用经济上的实例作举例的说明；这虽似累赘，但是，这样的确可以使抽象分析法的本质更加显露，并且这种举例的说明还是在经济学上常常用着的。假定现在有一个资本主义的社会，我们要想很详细的说明它，那么，照唯物史观说，当然我们第一非从经济学上认识它不可。在经济学上，对于种种不同的经济现象，可以有种种不同的认识方法。我们第一即用普通抽象法试试罢。我们可以借它在一般异样的现象中识得共同之物，认识某种东西为商品，货币，资本，又某种东西为产业，工业，商业，农业等等；并且还可以在商业之中，更认识成本，盈余等等。固然这样亦可求得经济上的许多概念，但它只是一种片断的概念，而不能靠它去懂得整个的相互关系，更不能靠它去知道全体的分野。所以普通抽象法是不充分的。第二，我们用普通分析法试试罢。显然我们用普通分析法时，就可以从同识异，在一般的经济企业之中，识得产业，工业，交通业……或在工业之中识得重工业与轻工业……或在人口之中识得男人，女人，城市人口，乡村人口……种种不同的东西，并且可以对这种种不同的东西，按照普通统计表上的办法，把它们排列起来，使它们构成一个体系。但是对于种种部分之间，有如何的内部关联，我们却是不知道的。所以普通的分析法也是不充分的：我们靠它只不过仅仅知道外表的大体，即仅能获得一种年鉴的死知识而已。

　　如用经济学上真正的抽象分析法则如何？前面已经说过，它不是一种单纯的抽象法或分析法，而是一面分析一面抽象的方法；所以在目前这个举例上，也得一面分析，一面抽象。例上的这个资本主义社会，当然不会孤立，而必是世界经济的一部分，所以我们必须从世界经济分析起。以世界经济现象说，显然的在世界经济上，是有国家与国家的区别，显然的这个例上的社会的经济是以国家为单位而成为世界经济的一部分。因为我们的研究的对象就是这一个部分，所以我们可以把世界经济暂时舍去，而抽出这一个部分来研究。其次，这个以国家为单位的经济本身，又可分析为国内经济与对外经济。但只因国内经济是根本的，所以可以把对外经济抛开而只说国内经济。国内经济本身，如用唯物辩证论的观点加以分析，又可以分为公经济与私经济。不消说，私经济是基础，因为公经济是靠剥削私经济而存在的；所以可以把前者抽出来而舍去后者。在私经济方面，显然又有无数的企业部门。照唯物史观说，现在一般的企业部门，虽然都操纵于金融资产阶级的掌握中，然而从部门上说，主要的基础部门还是广义的生产部门或产业部门，换句话说，从价值的来源说，站在主要支配地位的，还是生产部门或产业部门，因此且把生产部门留住，把其余部门舍去。在生产部门中，当然有资本主义的生产和非资本主义的生产之别；当然前者是主要的，所以只留它而舍去后者。在后者当中又分为资本与被资本购买的劳动力二者；但照唯物史观说，资本是站着支配的地位的，所以可把劳动力暂时舍去，而只研究资本。而资本的形态却又常常变动不居：有时是货币，有时是原料形态下的商品，或新商品……但因主要的是商品（货币原是商品之一种），故舍去其他形态而留商品。商品本身的分析又如何？显然它一方面有价值（交换价值），他方面又有使用价值；但因我们知道，只有价值才是商品交换的真正因子，所以把使用价值舍掉，而留价值（交换价值）。价值的实体，虽是由劳动构成，但劳动之中，更可分为具体劳动与抽象劳动，只有后者才能构成价值，所以只留它。这个商品，价值和抽象劳动，就是分析到最后时的结果，我们不能更进一步，再加分析了，因为如更进一步，就到了生理学的范围而走出经济学的范围了。在此，所谓向下运动是告终结了，我们就应该转而进行所谓向上运动。

如将以上分析到最后的价值为基础，去进行向上运动，那么，把使用价值和交换价值合起来（从发生原因说，也就是把具体劳动和抽象劳动合起），可以得到商品。如在商品上加上货币，并说明它们的关联，便可得着资本的各种形态。然而不要忘记，与资本相对待的，使资本成为资本的，还有那种特殊商品即劳动力。若把资本和劳动力合起来时，我们对于资本与劳动力的关系，就可明白；更加上非资本主义的生产部门，就可以整个的知道生产部门的真相，可以完全的深刻的知道产业资本家的企业的秘密。再进一步，加上各种企业部门，如农业，商业，银行业等，就可以知道私经济全体及其内部关系。如再进一步的把公经济即经济政策加上，那么，我们对于整个的国内经济情形，就可以明白了。若再加上对外经济，那么，我们对于整个国家经济，就可了然于胸。如更进一步加上其他各国经济，则我们对于全世界经济现象，便可一目了然。我们实行了这样向下运动与向上运动的结果，就可以得着以下六层所构成的整个的彻底的有统系的认识，并知道各层认识的内部关联，例如最初层认识和最后层认识的内部关联，等等：

（一）价值；

（二）商品，货币，资本，雇佣劳动，土地所有权……；

（三）阶级，流通，信用，产业……；

（四）租税的来源是什么？在经济上的作用如何？公债是什么？简言之，财政的公经济是什么？

（五）国际贸易是什么？国际汇兑是什么？国际人口变动又如何？

（六）整个的世界市场如何？世界经济恐慌的关系如何？

照以上的实例的说明看来，可知抽象分析法，和普通抽象法及分析法不同，它对于种种事物，不仅可以研究它的表面，并且还可以知道它的内部关联。由此可证明抽象分析法实较形式论理学上的抽象法与分析法，远胜千百倍。以上仅就概略而言，诸君如欲详加探讨，请参考下列各书：

（一）马克思著：《经济学批判》；

（二）杜科尔等著：《辩证唯物论的经济学研究方法论》；

（三）科恩著：《社会主义经济学方法论》；

（四）河上肇著：《资本论入门》（改造社新版）；

（五）陈豹隐著：《经济学原理十讲》上卷。

第三节　抽象分析法与经济学的叙述

对于前节所述的抽象分析法，也有人不叫它做抽象分析法，而简单的把它叫做经济学的研究方法（或分析方法）和叙述方法。本来抽象分析法本身含着分析与综合两个段落，是把一切现象抽至无可再抽，舍至无可再舍，分析至不可分析之处，再把各现象结合起来时那个全过程的总名称，所以也难怪有人把抽象分析法，分为向下运动与向上运动，并把向下运动叫做研究方法，向上运动叫做叙述方法。这种说法之所以发生，是因为有人看见马克思在《资本论》上的叙述，只是慢慢的把价值论，货币论……加上去的，似乎没有顾到《经济学批判》上所谓分析方法的全体，所以就轻率的把向下运动叫做研究方法，向上运动叫做叙述方法。

但是据我个人的见解，这种分法是谬误而不正确的，因为向下运动或向上运动本身，绝对不能单独成一个方法，必然的要把分析法和综合法结合起来，才能真正的成为一种方法。像这种向上运动与向下运动的二分法，明明是不合科学原则的，因为研究和叙述是不能分立的。我以为，我们绝不能因为那是著名的学者的主张，而即去附会或去盲从。如果只把向下运动叫做研究方法，那种未经综合的概念，有什么用处呢？所以只有把向下运动和向上运动合起来的研究方法，才能分析并认识经济现象；只有向下抽舍之后，更向上的渐渐加上去的方法，才是合乎论理的方法，才是合乎科学原则的方法，才能够不但发现事象的表面体系和事象的内部关联。并且使经济理论的叙述合乎科学的原则，使经济学理与历史的事实相适应。我们知道一切历史的事实，都是循照因果法则，一步一步的发生起来的，经济的历史事实当然不能是例外（这在价值论，货币论上还要详说）；而依前边所述，历史的东西和论理的东西原是统一的，一切概念都不是凭空来的，而是历史的反映，一切理论的东西，都是历史的东西。所以，如果按照历史的进行顺序，作理论的叙述，那是最合乎科学原则的方法，是无疑的能使理论与历史相适应（当然不是一致）的方法。而经济学先从商品的价值叙述起的方法，即是说，适用抽象分析法时的叙述方法，正是与历史相适应的：因为在历史上，社会经济形态的发展，明明是由单纯商品社会到资本商品社会，明明是先有商品，其次才能有货币，其次才能有资本。所以根据抽象分析法而来的叙述法，是最合乎历史顺序的叙述法，这也就是最合乎科学原则的叙述法。总而言之，抽象分析法不但是和经济学研究的本身有莫大的关联，并且和经济学理的叙述也有莫大的关系。

第五章　中国的经济学说

我们在以上各章所述的，只是关于一般的经济学的说话，此外还应当把关于中国的经济学，作为第五章的内容，加以探讨。我们知道无论学什么科学，必然的要拿它和中国关联起来，才合乎目的，所以我们应当以中国人的资格，站在中国人的立场，来研究中国经济学与外国经济学问的区别和关联，并指出现今中国的经济学的发达程度及以后的发展倾向。不过因为时间不许，并且我个人的研究也不充分，所以这里只得从略。

第二篇　价值论

第一章　商品与价格

第一节　商品分析的基始性

为什么我们在价值论的开始，就把商品的问题首先提出来说明呢？这是首先要解决的问题，同时，这个问题的解决，也就是商品本身的说明。我们对于先把商品提出来说明一层，可以列举下面几种理由来答复；这几种理由，并不是因某某著名学者叙述经济学时曾从商品说起，我们也就从商品说起之类的非学理的理由，而是有理论的根据的，必然的得先从商品说起的理由。我们的理由大致分为四个：

（一）和经济学研究方法论关联而来的理由　前面说过，我们如对经济现象实行抽象分析法，分析到最后不能再行分析的时候，所剩下的根本的东西就只有商品（不消解说，劳动和价值也是根本的东西，不过，它们只是商品的成分，不能独存）；所以如果照前面所说，把一切不主要的东西都舍象了去，而仅从基本的东西说起，那种叙述方法是最合乎科学原则的方法，那么，先从资本主义社会之最基本的东西的商品说起，自然就会最能认识资本社会的整个体系及内部关联，并最能使理论和历史相适应。

（二）由资本经济的本身，含有两种成分一层而来的理由　我们在前边论述资本经济的意义时说过，资本经济含有两种成分：一种是单纯商品经济的成分，一种是克服了单纯商品之后的资本商品经济的成分（固然后者占支配的地位）。第二种成分，必然的是从第一种成分转化而来的，就历史上说，也是单纯商品经济发生在前，资本商品经济发生在后，所以我们应当把发生在前的单纯商品经济首先叙述，把发生在后的资本商品经济再加补上去，这才是一个溯本清源的办法，才是从历史发展的构成上来说明的办法。因此我们不能不先从两种成分所共有的单纯商品说起，而决不能从资本经济所特有的东西如资本等说起。至于怎样由单纯商品转化为较高级的资本商品经济，这里姑且不赘，将来可以逐次说明。

（三）由商品的细胞形态性而来的理由　在资本经济社会里面，所有的一切东西都商品化了；不但普通供给人类物质需要的有形的东西，带着商品的性质，就是所谓信用，权利，种种无形的东西，也都商品化了；并且进一步说，甚至于名誉和贞操（如婚姻用金钱去买）种种不能成为商品的东西，也都实行着买卖性质的商品作用。总结一句话，因为一切有形无形的东西，以及仿佛绝对不能带有商品性质的种种关系，例如政治关系及性的关系等，都莫不显示着商品作用，所以商品这东西，在资本主义社会内，遂变成最基本的最日常的最大量的一种东西。换句话说，商品这东西，照《资本论》所述，在资本经济社会，已成为一切组织和关系的细胞形态，正如无数细胞组织成人类的肉体一样——虽然有许许多多的东西，如名誉，贞操，政治等，本不是商品，而是因反射作用即由量到质的转变作用而商品化了的。因此，所以可以说，资本经济的基础就是商品。因而我们如要把握资本经济的根本核心，或认识资本的组织枢纽，我们就不能不首先解剖商品，即不能不先了解其基础东西的细胞。这好像与前边第一理由有点重复，不过我觉得论点不同，还是分开说说，更能明了。

（四）由发展原则而来的理由　我们从社会关系的变动本身来说，即从所谓动的观点来看，也非从商品说起不可。原来，一切宇宙现象都是时刻的因内部矛盾的缘故而在变动着，发展着；社会现象是宇宙现象的一部分，所以也和其他宇宙现象一般无二，也是时刻在变动着，也即是因为内部矛盾的缘故而在发展着。只因社会现象内的最根本的矛盾的东西，应当是组成社会的基础的东西所含的矛盾，所以资本经济社会里面，最基础的最日常的最大量的东西所含的矛盾即商品所含的矛盾，就应该是资本经济发展的主要的基础的原因。因此，所以要了解资本经济的变动，非把商品所包含的矛盾东西，首先知道不可；而且只有从基础东西的细胞形态内入手，才能把握资本经济的真正发展。如果我们不能认识资本经济的基础的矛盾，不能从它去说明资本经济的变动，那么，我们就仍是未能认识重要的矛盾，仍是必然的不能发现它的发展的主要的基础的动因。所以就从这种理由来说，我们也有首先分析商品的必要。上面屡次说商品所含的矛盾，但是商品这东西究竟含有矛盾没有呢？固然，我们是承认一切现象的变动或发展，均由于矛盾的作用的，但是，同时还得从事实上认识其矛盾是否存在。如果商品内真有矛盾存在，第四理由才算充分，否则就是空话。我们从事实上研究商品的结果，的确发现商品含有种种矛盾，如像价值与使用价值的矛盾，具体劳动与抽象劳动的矛盾等。具体劳动与抽象劳动的矛盾之所以发生，只因在商品社会内的生产手段或生产结果是私有性，而生产的劳动是公有的社会性的缘故。我们知道所谓商品是一种生产物，并且不为自己需用，而是为贩卖的缘故，才实行生产出来；所以，如果生产手段归生产者自己所有，并且生产物品为供他自己所用，当然就不会发生商品这个东西。商品这东西，只有在私有财产制确立，分业开始，生产者不能生产其所需的全部用品时，才会发生并成熟。这种生产手段或生产结果的私有性与生产劳动的社会性（指各人的劳动的结果归社会上多数人享用），是商品社会的根本的矛盾。把上边所说的价值与使用价值的矛盾，具体劳动与抽象劳动的矛盾，生产手段的私有性与生产劳动的社会性的矛盾，总结起来，就形成商品这种细胞形态内的基本矛盾（不消说，这三种矛盾在说明上虽然可以分开，其实却是一个矛盾的三方面。这里所谓价值与使用价值等等东西的意义，到后面论到价值和使用价值时再说）。由上面所列举的事实的矛盾，可以证明商品的含有矛盾，而且这些矛盾已经发展出来，成为其他种种矛盾：在今日资本主义社会里面的种种矛盾，即所谓劳动者阶级与资本家阶级间的矛盾，农业与工业之间的矛盾，帝国主义与帝国主义之间的矛盾，资本主义国家与殖民地间的矛盾等等，资本制度本身的矛盾；以及资本主义体制与社会主义体制间的矛盾，全资本社会的生产力与生产关系间的矛盾（世界恐慌）……种种矛盾，都是由商品内的基本矛盾发生出来的。至于它为什么发生这些矛盾的问题的彻底的讲解，这里且不说，因为，除非我们把经济学完全讲完，那才有可能。我们所要说的只是证实商品的含有矛盾以及这种基础矛盾的发展已经成为种种别的矛盾。一般资本主义经济学派，都不知道这一层，就是他们当中最进步的正统派，始终也没有把资本经济的基础矛盾把握住和认清楚；认清而且把握着这种基础矛盾的，只是社会主义经济学。如果我们能把这种基础矛盾把握住，那么，资本经济社会的一切困难的东西，都可迎刃而解。因此曾有人说："商品是资本经济社会所含的核心，种种矛盾都因商品的根本矛盾而存在着，所以经济学上的价值论，是资本经济之最根本的'范畴'（所谓范畴，就是概念之意；换言之，从种种具体东西抽出来，而用作认识多数东西的关联的，比较带有一般性必然性的普遍概念，就是范畴）。资本经济的认识，只有使用价值范畴才有可能。"因而也有人说："商品就是资本经济的网的结子（结节）"，因为无结子就不能成功网罗，所以把范畴视为网的结子，这句话的意思，就是说，没有价值论，即商品论，就无从研究资本经济的一切现象。

总之，因为有以上的各种理由，所以我们可以说，商品的分析是带有基始性的。

第二节　商品的二重性

一　概说　上边所说的商品本身内含着的矛盾，是商品成立和发展的主因，没有这个矛盾，商品就不成其为商品了（理由详后）。因此我们现在分析商品，必先从这个内在的矛盾开始；认识了商品的矛盾，也就是认识了商品的本身。这种矛盾在社会主义经济学上有固定的名词，叫做商品的二重性。商品的二重性就是指商品的价值和使用价值的矛盾而言，但是要明白这样的商品的二重性，我们必须先理解商品究竟是什么东西。按社会主义经济学上关于商品的普通见解说来，商品有三属性：（一）商品在原则上是劳动生产物，是经过人类的劳动的结果而生产出来的东西。（二）商品不只是由劳动生产出来的，而且还带有一种使用性，假如没有这种使用的性质，也是不能成为商品的；当然也有些例外，不过我们此处，是就原则上一般的普通的而言。（三）商品不是为了自己使用，乃是为他人使用的缘故而生产出来的；这也是就一般而言，例如封建式的农业和资本主义制的农业的不同，及单一农业和复杂农业的差异，就只在它们是不是绝对的为他人使用而生产的一层上面，如果我们知道现今封建制农业及复杂农业在数量上始终还占很大的成数，就会明白，我们之所以为是言，是站在大同小异的大数性法则的意义上来说的。总结以上所述，商品的意义可以归纳为：所谓商品，乃是一种含着使用性的，为交换的缘故而用劳力产生出来，以供他人使用的东西。这是社会主义经济学对于商品的一般的普通的解释。

　　二　明白了商品是这样的一种东西之后，我们便要进一步认识什么是使用价值及价值，进一步讨论商品何以会含有二重性，也就是讨论商品是什么含有使用价值和价值两种东西，并更进一层问，何以见得使用价值和价值是矛盾物。我们要答复这些个问题，必须先对于使用价值和价值二者，给与相当的解释。可是要达到这样解释的目的，又必先把价值两个字，改换成另一个名词；否则是无法进行解释的。现在我们姑且以交换价值代替了价值，以交换价值与使用价值相对抗，待把这一层说明以后，再说到价值。当然交换价值并不即完全是价值，这一点，我们先要认清楚（后面还有详细说明）。现在就先从使用价值说起。

使用价值（Use Value）是什么？如简单的说，可以说，它是经济学上的一个用语，相当于 utility 或 usefullness；意思是说使用性即带有有用性的东西，不过因为 utility 和 usefullness 是日常用语，每易混乱，所以正统派的亚当·斯密确定了使用价值为经济学上的用语。我们知道，商品从原则上一般说，原是劳动的生产物，所以商品所含的使用性，必然的是满足人类某种欲望的东西，否则一般人不会去费劳动而行生产。又商品从原则上一般说，当然是一种物质，所以使用价值必然的是人对于物的关系上的一个概念。一切商品如没有使用性，就不成其为商品。但须知道，商品之所以成为商品，却不一定单因其有使用性的缘故，即是说，有使用性的东西，不一定就是商品；因为（一）自从有人类以来，便得使用外界的物质，也就有了人对于物的关系，如果我们说商品之所以成为商品，是只因其有使用性，那么，从古以来，就应该有商品这种东西的存在了，而事实上我们绝不能够说在古代有商品，也不能够说古代社会是商品社会。（二）其次，就拿目前的事实说，如自然界的日光，空气等物，虽然都带有使用性，然而却不能成为商品。（三）再如各人现今为了自己使用而造出来的生产品，或将来社会主义社会里面的劳动的生产品，虽然都有使用价值，也都只可说是一种劳动的生产物，而不能成为商品。

说到这里，我们应该把商品虽有使用性，而有使用性的东西却不一定是商品，那个道理略说一说，也即是应把商品虽是劳动的生产物，而劳动的生产物，却不尽能成为商品，那个道理，即，劳动的生产物怎样可以变为商品那个道理，略说一说（详细见本篇第三章第三节）。关于这个问题，有种种的说法，我们用批判的方法，一一举在下面：

A：说劳动生产物之成为商品是因为它有使用性的缘故。此为种种流俗派欺骗人的一种说法，其谬误依刚才已说过的，可以明白，现在不必赘述。

B：说劳动生产物之所以成为商品，是因为支出了劳动的缘故。这种说法，显然是骗人的：难道劳动生产物没有变为商品以前，就没有劳动的支出吗？但是流俗派的学者还拿这种矛盾的说法去敷衍表面。

C：说劳动生产物之所以变为商品，是因为生产物对于生产者没有使用价值的缘故，如像棺材铺以及药材店等，都是因贩卖才行制造的，所以其生产物对于他们自己就绝对没有使用性。这种说法，表面上倒像是很有相当的理由，其实也是错误：商品固然对于生产者没有使用价值，但是，这仍不足以说明生产物为什么能变成商品，因为它不能说明何以会对于生产者没有使用性；结果就会弄得等于说生产物之所以变为商品，是由于一种不可捉摸的偶然关系。然而我们知道商品的发生是历史上一般现象，它绝不能偶然的由非商品变成商品。所以这种理论，仍然不见得正确。并且，从事实上看，在资本经济下面，许多商品对于它的直接生产人并不是没有使用性，倒只是因私有财产制的缘故，人们不能够使它到他们手里面去供使用罢了。

上面三种说法，在实际上，仅仅是提到商品的几种表面的特色，而没有交代出它的所以然来，所以只是一种表面的敷衍的说法，正足以暗示出流俗经济学派学说的内容的浅薄。正确的说法，应该是下面的第四说。

D：说劳动生产物之所以变为商品，可从两方面来观察：第一，要从历史上观察，即从经济史上研究其根源如何（但在这里，我们只能加以简单的说明，姑从价值形态在历史上的发展说起）。劳动生产物之变为商品，从历史上看来，是因为社会上的生产关系即社会关系有了变动的缘故。原来在没有商品以前的社会里面，一切生产手段是共有的，一切生产是直接共同协力的，所以一切生产结果也是共享的；因此，这时的经济状况是一种自给自足的经济状况。及后依种种原因，发生了私有财产制及分业（后面还有说明），发生了交换现象，于是一切生产虽仍是共同的，但已变为间接的共同生产，即，由有组织有计划的自给自足的直接的共同生产，变成无组织无计划的，用彼此互相交换其生产品的方法，实行着的间接的共同生产。在这种共同的生产的意义上，各个人的任务自和从前不同，结果弄得生产的样式整个的有了变更，结果便把劳动生产物变为商品，换句话说，便是把有计划有组织的生产样式变为无计划无组织的生产样式，更具体的说，便是把自给自足的经济状况变成交换的经济状况。这样的转变自有它的必然的原因：因为人类社会的生产力有了进步，有了剩余的生产物，所以可以用这剩余的生产物，去交换自己所缺少的物品，以增加生活的幸福，这样便形成了交换的基础。人类在有了交换以后，比没有交换时，物质的享受当然变得更丰富了，所以交换现象，不发生则已，一旦发生，必会日趋于繁荣。像这样，生产力的发展形成了交换的基础，打破了自给自足的经济之后，生产样式和生产关系就整个的变更了，结果遂把原来由各生产者自己生产自己消费的劳动生产物，变成了商品。第二，再就论理学上言，既然在社会没有进展到交换经济以前，没有商品，到交换经济成立以后，就有所谓商品，所以，如果逻辑的推论下去时，就知道商品只是交换关系的必然的产物，就知道商品并不是一个单纯的物品，而是一种代表人和人间的某种关系的物品，同时可以知道商品离开了交换及交换能力即交换价值，便不能存在。总以上的两层理由看来，可知劳动生产物之变为商品，盖由于社会关系的变动，发生了交换关系，必然的使生产物间接的带有更大的共同的社会性即带有商品性的缘故，这证之事实，按之理论，都是很切当的。

三　我们进一步讨论什么是交换价值。以一定量的物品和一定量的物品的交换，这件事，从商品交易的历史上看，也有种种变迁，最初是直接交换，是以物易物，是没有货币作媒介物的；有了货币，那便是一种间接的交换了。为便利起见，姑先说物物相交换罢。物是有质和量的分别的，有大小多少的差别，那么，究竟以若干分量之物才可以和另一若干分量之物相交换呢？于是便发生一个规定交换分量的标准的问题。从表面上看，仿佛交换是靠物之性质来规定的，如像一只羊换二斗米，或者三尺布等等之类，但，实则物之性质本身不足以决定交换的分量，因为使用性这东西不是可以从客观上测定大小的；因为如果那样，我们就不能明白上例的交换何以有一二三之比，而不是一与四或五之比。所以，我们可以想到，交换的成立，除了使用性之外，必然的是因为交换物间含有别种意义的缘故；这便是说，因为在两种交换物间，彼此所含有的某种东西相等的缘故。即是说，一定分量的某种物品与另外的一种一定分量的某物品，皆含有相等的交换的能力时，交换便成立了。凡二物相交换时，除去它们本身的使用价值而外，二者所具有的相等的交换的能力，便是我们所说的交换价值。所以使用价值是不能决定交换价值的。我们所指的能力，是交换的能力，不是物理学上说的 Energy。同时，我们所说的能力是实在的，不是抽象的，假定的精神现象上的能力。总之，我们如果承认商品之存在，就得承认商品除使用价值而外尚有交换价值之存在，例如吾人购物，其动机固在使用，但首先必问问价钱，这样讨论价值的贵贱，便是物有交换价值之明证，因为没有交换价值，便无所谓贵贱了。但是，交换价值本身虽然存在，可是不能自己表示或发现出来的，换句话说，交换价值是不能离开使用价值而自己表现出来的。事实上，一切有交换价值的商品，都含有使用价值，而一切含有使用价值的生产物，却不尽有交换价值：劳动生产物虽有使用性，然不见得都有交换性。因为，如前述在商品社会以前的生产物没有交换性，那件事，就是明证。交换价值自身是始终附于使用价值上面的；二者虽然各都是构成整个商品的一个成分，但因为交换价值必定附着于使用价值即使用性上面的缘故，所以普通有一个特殊的话，说使用价值乃是交换价值的物材的担负者。总之，二者行了一种有机的结合而成为商品，彼此是不能截然分立的。

四　把以上各层总结起来，我们对于使用价值与交换价值的意义及双方的关联，就可以得着相当的了解；但是，对于二者何以成为对立的矛盾物，及何以由这种矛盾，就可以引起资本经济种种矛盾的缘由，上面却尚未提及。所以现在可以总结上层所说，指出使用价值和交换价值的异点如下：

A：使用价值是不能量的，交换价值是可量的。例如铅笔，毛笔，铜器，木具等，就其用处究有若干一层说，我们是无法以数目统计的，即，关于这种东西的抽象的用处即其使用价值，我们是无从量计的；但是，若问一支笔价值多少，我们却可以答复，说这支笔值一角钱，或这支笔值五分钱。这种可以用数目量计表示出来的东西，便是交换价值，所以交换价值是可量的。

B：使用价值带有个别性，交换价值带有共同性。使用价值所以带有个别性只因为其用处各有不同，每一使用价值都有它特殊的用途的缘故。交换价值显然是不带个别性，而带共同性的东西，因为假如没有共同性的话，便无法较量而行交换了：就论理学上说，一般的所谓比较，必须同质，必须是站在同等的地位，具有相同的质料，才有可能。衣，食物，书籍三者从使用性说，是不同质的，所以无从比较；而从交换性说，却是实行交换着的，所以它们在交换性上是同质的。所以我们说到交换价值，根本上就是承认交换的能力的性质是相同的，承认交换价值是带有共同性的。

C：使用价值是从有人类以来便有的，它是人对物的关系，带有自然性及永远性。交换价值则是发生于人类历史的某一阶段上，是因人类生产关系到某一时期发生了转化，有了交换，有了商品，而后才附丽于使用价值之上的，并且，将来人类历史发展到某一段落时，它又可化为乌有的；所以它带有社会性和历史性，所以它是人对人的关系。自然，人对人的关系，在现象形态上亦可发生许多幻觉和误解，可以交换价值在表面上倒像是物对物的关系。不过在实质上它的确是人对人的关系，这一点将来在后面的物神崇拜性即拜物教的一节上，还要详说。又因为这种人对人的关系，是随着社会关系而变动的，所以交换价值又含有一种暂时性。

D：使用价值有独立性，交换价值带有附属性。因为使用价值从历史的并目前上的事实看，明明是可以单独存在的，而交换价值却是在有了商品以后才只能依附着于使用价值上面的形态，发生出来的。

根据上面这四点，就可以见到二者间的区别，也可以同时见到二者之间的矛盾。如像使用价值是不可量的，带有个别性和永久性的，而交换价值却是可量的，带有共同性，社会性和暂时性的——这证明在根本上两个是截然对立的。但是，要知道，交换价值是必须附着于使用价值上面的；只管二者是对立的矛盾物，但交换价值却始终离不开使用价值。这样两个绝对相反的东西，容纳在一物里，就是所谓对立物的统一；在这里，就是所谓商品的二重性或二者斗争性。

第三节　商品的交换价值或价格的实体

一　前节对于使用价值和交换价值的矛盾，区别，以及二者的关联，差不多都说到了。在这一节里，我们将先讨论在二者中，究竟哪一个是比较重要的，哪一个是站在领导的地位的。然后再讨论那个站在领导地位的，应归经济学去研究的东西的实体。

我们已经知道商品包含着使用价值和交换价值，使用价值是人对物的关系上的概念，交换价值是人对人的关系上的概念，并且知道使用价值带有永远性，交换价值却带有暂时性，是有了商品以后才有的；所以，我们如就商品本身说，无疑的，交换价值是站在领导的位置的东西，因为交换价值是商品所特有而是其他非商品的生产物所无的。由此，已可知商品的研究就应该主要的是交换价值的研究。况且使用价值是人对物的关系上的概念，显然是自然科学上的范畴，是不应该放在社会科学中的经济学中去研究的；因为我们研究着的经济学，依前面所述，是以生产关系为对象的，那种人对物的关系上的概念的使用价值，当然不在经济学研究范围之内。纵然使用价值和交换价值各都是商品所含的一个成分，可是经济学上的理论，却是只就交换价值而言的。自然，我们在经济学上，对于使用价值也不是绝不理会，因为使用价值是价值的物材的寄托者，所以我们对于使用价值本身，虽不怎样深一步的去研究，但是对于使用价值的概念，至少是应该明了的。结局，我们可以说，商品的二重性偏重在交换价值这一方面。我们便把握住这一点，继续研究讨论下去——其间当然也免不了有涉及使用价值的地方。

二　我们所说的交换价值，虽然在理论上是存在的，在事实上也是有根据的，然而在今日商品经济的社会里，交换价值不是直接的表示出来，而是间接的表示出来，所以在交换上表现出来的，已经不是它固有的形态了。商品社会的交换价值之所谓间接的表现，换句话说，是以货币表示出来的意思，所以我们现在的讨论，为诱致论点出来起见，应该姑且照日常实况，先从交换价值的货币形态来着手。货币是商品的价值表现形态之发展过程上的必然的产物，货币形态可以说是商品的价值表现形态的最高阶段；商品价值表现的货币形态，在学术用语上，叫做价格形态；通俗的说，交换价值用货币表现出来的，就叫做价格或价钱。当然，交换价值并非即是价格，有如价值并非即是交换价值一样。关于价值，交换价值和价格这三种东西的区别和关联，我们在后边还要详细说到。

交换价值用货币形态表现出来的，在通俗语上既然叫做价格或价钱，所以我们就先从价格讨论起——这样似乎较为便利。价格的存在（也就是交换价值的存在），照日常生活的实践看来，是一件确切的事实，毫无疑义的，但是，价格本身到底是什么东西？何以有高低贵贱之分别？其实体如何？由来安在？关于这些问题，不但在日常生活上一般人并没有明确的理解，并且在学术上也有种种的说法。我们现在仍然用批判的方法，先举出几种关于这些问题的谬误的说法，最后再把我们的真意揭出：

A：经久或经用性说　许多流俗派学者和没有经济学常识的人都主张这种说法，以为物品之贵贱，是视该物的用处之大小即久暂而决定的。这一种说法与下面第二种说法颇近似，但这里所谓用处大小是指用得久暂说的，所以其实和第二说不同。这种说法，对于同种类的物品虽似可适用，若是就异种的物品而言，那就露出缺点了：就如掏几分钱买一把铁锤子，简直可以用几辈子，而另一方面，拿几块钱买一瓶所谓巴黎香水精，满身一洒，一会儿工夫便完了。这就可以证明这种说法，根本是一种流俗之言，根本就和社会的现实的事实相违背了。

B：效用说或效用性说　主张这一种说法的人们，如重农派历史派等，以为一切东西之所以有价钱的贵贱，是因为那东西的效用的大小有无的缘故。从表面看，似乎此说比第一种说法较为周到精密，因为效用二字可以包含时间关系上的久暂及空间关系上的种类及分量。但是，如果单就物品本身的用处说，我们无论用主观的看法或客观的看法，都可以证明这说的不真实。就客观方面说，物品的自然性质各自不同，各有各的独特效用，实在无从比较以定效用之孰大孰小，所以如果说物品之贵贱，是由效用之大小而决定，那简直等于空说，那是抽象的，不切于事实的。再就主观方面说，在表面上，好像商品因为买卖交换的缘故而成立，则买主看得重时，商品价格便会高，买主看得轻时，价格便会低似的，但是，请问这种主观的效用的标准又何从而决定呢？若不能决定，是否此说等于空说呢？对这二问，主张这说者当然无从答复。就这两点看来，所谓效用说，根本是一种渺茫的东西。也有人如像心理学派的人们以为，如把各种主观的效用平均起来，就可以求出平均的效用，但是那样就变成第三说了，所以且到下面再去批评。总之，心理学派的限界效用说，虽想把个人的效用说引申为社会的效用说，然而根本上在主观及客观方面，既无从决定效用之大小，所以他们那种说法，仍然无异于掩耳盗铃的欺人自欺的手段：他们根本上便忘记了，效用本身的性质是随着物品的使用价值的性质的不同而不同的，所以决不能被拿去计量它的大小，即不能被拿去作量的比较。

　　C：供求说或相对的稀少性说　　此说为许多经济学派所采用，尤其是流俗派里面的心理学派在拿它去补充他们的效用说一层上说来，是奉它为金科玉律的；折衷派虽没有单纯的整个的采用它，也确是采用其一部分的。此说主张：一切商品价格的贵贱是视需要的多少而定的：如果需要的人多而物品少，则价格提高，反之，如需要的人少而物品充斥，则价格下落。这样认为需要与供求的关系可以使价格变动的说法，便叫做供求说或相对的稀少性说。此说虽为许多流俗派所采用，表面上似乎亦讲得通，似乎比第二说更为精确，似乎供求关系是客观的，可量的，并且还可免除旧日曾为一部分人主张过的所谓绝对的稀少性（商品价格绝对以那商品的存在量的绝对数去决定的说法）的错误。可是，我们如稍稍加以检讨，便可以发现其谬误：（一）此说至多只能说明某种同类的物品的价格的变动，对于异种类的物品却是连价格的变动都不能说明的。譬如在铅笔的供给人和需要铅笔的人，比例是二比三，钻石戒指的供给人和需要的人的比例，也是二比三的时候，难道这铅笔的价格便能和钻石戒指的价格相等吗？再如某地方需要手纸的人很多，而手纸的供给一时很缺乏，难道手纸会卖到一块钱一张吗？在事实上，所谓绝对的稀少性说之误即商品数量的多寡之决不足以决定价格的高低，单拿日常生活上的用品为例（如米或麦之量与高粱之量未必相差甚远，而其价格却大不相同，又如扫帚少而价贱，猪肉多而价贵），就可明白。纵然把绝对稀少性改为相对的稀少性说，也不见得就对，因为，纵然某处自来水笔很多，而需要的人很少，其降价亦很有限，或落价几分钱，顶多几角钱，决没有把十元钱的自来水笔卖成一块钱两块钱的。（二）况且，如照这说，则供给和需要相等时，价格便会等于零，那么，我们随便把这些价格等于零的东西拿回几样，不是也没多大关系吗？但是，事实上我们知道这是绝对没有的事，因为价格虽然随着供求的关系而变动，而一定的价格，却决不会从这样的关系里发生出来。在这里，如果主张于供求关系之外还有一基本东西存在，则这个基本东西是什么呢？如不能明白答复，则适足证明供求说之徒为以问答问而已。（三）况且，就说我们需要铅笔，然而假如没有铅笔的话，或有铅笔少而很贵的话，我们还可以用别的笔来代替铅笔，不一定的非买一支铅笔不可；所以，除非某种物品绝对的没有代替物，那么，这种说法，尚勉可通用；但是绝对的没有代替品，这却是事实上少有的。（四）况且需要本身又是可以变动的，是可以随价格高低，而有减增的，并不是固定的，因此，如说价格的大小高低全由供求的关系来决定，那简直是一句空话；我们倒可以反过来说，供求的关系绝不能决定价格之贵贱，反而是价值的高低决定供求的关系。总上四层看来，可知供求说在实际上并没有说明着商品价格的实体。

D：生产费说　许多英国学派都主张此说，以为一切的商品，除天生者的特例外，原则上都得要经过人为的工作过程，才会产生，而在商品社会内，人为的工作却必须伴着劳费即劳力和费用；换言之，便是在商品社会里面，一切商品都必须要用种种花费，才会成功。就如生产一件衣服，就有材料工资等好些费用，我们详细分析一下，约可分为五种，如：（一）原料费，如做衣的布匹绸缎费用；（二）助成料费，如线边，扣子之类的费用；（三）工具费，包含粗细复杂的等等生产工具的消耗费；（四）设备费，如房租，灯火费，炉火费等；（五）劳动费，如工人的工资及小手工业者的生活维持费。因为一件东西，必须花了这几种费用，才成为商品，所以从这里便生出了价格：这种生产费多的，价格便高，生产费少的，价格便低。这样以生产费的多寡来判断价格的高低的说法，便是生产费说。此说从表面上看，似乎比第三说更有客观体①，更带有可量性，所以似乎更正确；其实，仔细考察起来，依然是谬误的。不消说，生产费还可分为过去的生产费和将来的生产费，及各

---

①　原文如此。——编者

个的生产费和社会的生产费等等（我们此处无深究的必要），因此所谓生产费说也还有种种不同的小区别，不过，只管可以有种种区别，其谬误却是同样的，都是无意义的。姑以衣服为例来说罢，假如衣服的价格是由生产费的多少来决定，那么，做衣服的材料（假设是呢子）的呢子的本身又是商品，也是有价格的，这种价格也需要解释的，于是又牵涉到制造呢的生产费上面。呢是由羊毛织成的，所以不能不求羊毛的价格。由羊毛的价格又会扯到贩羊毛和喂羊子的费用。这样一直的推下去，愈分愈细，愈分愈广，将永远找不出结论来。只拿原料费来说，已经这样，如果加上其他各种费用，当然更不会有结论了。其没有结果是理论上的必然，因为他们所谓费用结局还是价格，所以等于以价格释价格。这种空虚而无意义，是此说的一个根本的致命的缺点。

然而要知道此说本身虽错，但其中有一点，却可供我们采取，就是：从这样的说法里，可以得着一种对于价格的实体的比较近真的说明的示唆（Suggestion）。我们在解剖生产的种种费用时，可以找出一种特殊的生产费即劳动费来。就如做一件衣服罢，有了原料等等之后，必须加以人工的制造即劳动，才能成就，所以必定有一种劳动费。这种劳动费的性质，是和其他种种费用不同的：它是随着衣服的制造的过程而重新增加或决定的，而原料的生产费等等，却是在过去的阶段上决定了的。显然的，这种新加或决定的费用是活的劳动的费用，是活动的，是可以随劳动生产性，劳动力的所有状况，劳动者的勤惰，等等而为变动的，所以可以说明各种费用之根本的由来。显然的，这种新加的生产费的多少，是和劳动的多寡有密切的关联的。从这一点上，我们便可以引出对于价格的实体的比较近真的说明，因为按生产费说，推下去，推到极点，就只剩下不经劳动，也没价钱的自然；如由衣服的价格推到呢子，由呢子推到羊毛，一直推下去，结果推到草和土地——一种如不加以人工的撮合，绝不会长出羊毛，也不会有价格的自然——上面去。这足以反证生产费乃是各阶段的劳动费的总和，即以过去的牧羊等的劳动费形成羊毛的价格；再加上因把羊毛纺成线，织成布，染上色，等等的劳动而来的劳动费，就成为呢子的价格；更加上成衣的劳动费及其他费用，就成为衣服的价格（当然上面的说明是把别的费用姑且舍象，专提毛呢本身方面的话）。所以结局可以说，一切的生产费都可视为劳动的代价。因此就发生了下面第五种的说法。

　　E：劳动支出说　　一般说来，此说是所谓素朴劳动说的主张者及正统派所主张的（马克思主义经济学派在表面上看，似乎亦主张之，其实不尽相同；其他各派亦有主张此说的，但都是兼着一种折衷的态度），但正统派的主张似更精到，所以我们就把正统派所主张的劳动支出说，约略解说于下（后面还有详说）：正统派以为：一切生产费的最后来源，照生产费的内别分析起来①，结局都是劳动费，即因劳动力必然出自劳动者，而劳动者必然需要衣食住的生活费的缘故而生的费用，故结果与其说第四说是生产费说，宁可说是劳动者的费用说；同时因为有了劳动者生活费然后才有劳动，劳动者生活费的目的，原只在能依此而行劳动，所以劳动者劳动费用就等于劳动者的劳动（当然此处是正统派学说的一个漏洞，因为同一的劳动费用不必一定发生同一的劳动量，而是依刚才所述，可以

---

　　①　原文如此。——编者

因劳动的生产性及劳动者的勤惰等等而有变动的，即，因为劳动费用和劳动结果是不相等的。关于这层，后面剩余价值论还有详细指摘），所以，与其谓价格是视劳动者的生活费用如何而规定，毋宁说价格是随着支出劳动量的多寡而决定的，所以劳动费用说结果会变成劳动支出说。所不同的，只在劳动费用说是从一种死的观点来说的，而劳动支出说却是从一种活的观点来立论的；所以可以说，一切价格都是由劳动的分量来决定，以支出劳动的多少和有无，来决定价格的高低和有无，并且加了一种劳动，便加一些价格。总之，劳动量的多寡是和商品的价格有密切的关系的：劳动支出多，价格便增高；劳动支出少，价格便降落。这是正统派的简单的解说，表面上看来是比较进步的，但是，我们如果再加以检讨，便可发现其缺点：

1. 各种劳动的性质各有不同，如像织一点钟布和剪一点钟羊毛，所行的织和剪的劳动是不同的。劳动的种类不同，劳动本身的苦乐自异；所以不同种类不同性质的劳动，根本上不能相比，更何从而决定价格呢？并且，如果复杂而苦恼的劳动，是和简单而快乐的劳动同样可以平等决定价格的，那么，按照人类的目的意识说，谁还肯去做前者呢？而在商品社会的事实上却是各种劳动都有人去做——这种理论和事实上的不合致如何说明呢？所以，从异种商品的异种劳动一层，加以考察，劳动支出说便难以成立。

2. 价格显然是时常转动的：在事实上，今天贱的，明天也许贵了，今天贵的，明天也许贱了；那么，随着时代的不同，而价格有了变动时，那商品的价格是不是仍照劳动支出说决定呢？并且，同种商品的生产时所需劳动，在它们被生产时，也不必是一样的，而是可以因劳动者的工具粗精之不同，兴趣之浓淡，熟练与生疏，热心与否，等等关系而有不同的；那么，到底是用哪一种劳动去决定一般的价格呢？如谓各随它被生产时所花费的劳动来决定，那又和市场上同种商品必有同一的一般价格，那种事实不符了。总之，在这时，我们是以熟练者的劳动支出决定价格吗？还是以生疏者的劳动支出作标准呢？是以过去的劳动来决定价格吗？还是以将来再生产时所需要的平均劳动来决定价格呢？如果以将来的平均劳动作标准，那么，过去的劳动便不足凭了吗？对于同种类的物品价格的说明，亚当·斯密在他的著作上，前后两歧，有时明白的说着商品的价格是以过去的劳动分量来决定的，但有时又说商品的价格是要由将来的再生产同样物品时所需要的劳力来决定的。显然的，这两种说法，是前后矛盾不相符的。李嘉图对于这种矛盾，曾极力的加以解释，以为过去劳动说不足以说明价格，而主张只有将来再生产时的必需劳动才是决定价格的劳动。这虽比亚当·斯密进了一步，然而到底如何决定未来必需劳动，他还是没有完整的说明。这也难怪，因为他对于第一个的关于同质和异质劳动的问题即质的问题，没有真切的认识，所以对于第二的关于劳动量的多寡如何计算的问题即量的问题，当然不会有正确的答案。

这两个没被正统派解决的问题，一直到了马克思的时候，才有正解；因为他是懂得辩证法的，知道一切的学说，都含有对立和矛盾，所以他才能把劳动支出说的两个疑难打破：第一，对于异种的东西被生产时的不同的劳动何以可以相互比较一层，他提出抽象劳动说，依此把异种物间的价值说明，同时也就是把价值的质的问题解决了。第二，对于同种物被生产时的事实上的不同分量的劳动何以能发生同一价格，及价格的不断变动何以不能推翻劳动价值说，两层，他提出社会必需平均劳动说，依此解决了价值的量的问题。

此章总题目是商品与价格，其用意只在引导问题到价值论的本身去。据以上所述，已经达本章的目的了。下章就要依照马克思主义关于价值论的用语和方法，转到价值论本身上，再继续讨论下去。

（以上是马玉璞　杨廷胜合记）

第二章　价值和劳动

第一节　价值的实体

一　价值的实体的问题，也就是价值的质的问题。我们为了解便利起见，分为几层来说。我们在前节里面，把一切商品都有价格的问题即都有价值的问题已经说明白了，但是关于价格到底是拿什么来决定的这个问题却还未说完，我们曾提出各派种种不同的见解，最后，认为还是以英国正统派的劳动支出说较为妥适，不过他们仍不能解决下面这两个问题：（一）异种东西被生产时的异种劳动，何以能互相比较，而形成或多或少可以交换互易的价格？（二）同种东西被生产时的事实上的不同量的劳动何以能发生同一价格及何以同种东西的价格常常有变动？这两个问题既不能解决，正统派的劳动支出说即劳动价值说也就变无价值了。所以，正统派的学说虽然是比较进步的，然而还是不能认为完成。能完成这个学说的，是马克思，只有马克思能把上边这两个问题完全解决了。他的价值的实体论和价值的大小论，恰好相当上面的两个问题，在这两个题目之下，完成了他的关于价值的学说。

我们附带的要注意：在马克思的书中，在这两个问题的说明上，始终是说价值而没有说过"价格"。这是因为马克思的研究方法不同，所以他不像普通资本主义的学者一样，随便把二者混在一起，以致含糊不清。马克思是站在唯物辩证法的原则上去把握二者的关联和区别的，所以决不会把二者相混了，而非马克思主义的经济学者或本来未把二者分清，或为理解通俗起见，往往连在一块儿来说。我们在前一节，为比较各种的学说起见，也曾混用过，在这里，我们却应该照马克思的用语去说他的学说，因此我们在前面叙述时所说的虽是劳动和价格，而在这一章却用价值和劳动这个标题。

在这一节，我们是就马克思本身的理论来说，但是，却不一定要完全照他的顺序——这也是须附带说明的；因为马氏本人说法的次序，在各种小册子里也有不同，所以我们大体虽然照他的方式说，并不是一切的顺序都和他一样。

马克思对于价值的说明的顺序是如何主张呢？这里先有说明的必要。他分为四层来说：第一，是说价值实体的问题。第二，是说明价值的实体是劳动中的哪一种。第三，是价值的大小即量的问题。第四，是总结起来说价值的本质。现在我们照这个顺序说下去。

二　价值的实体是什么东西？在说明这个问题时，马克思有他的特殊的证明的方法，这当然和正统派及一切流俗派都不相同。大致说来，马克思用的方法，主要的是社会关系推论法，次要的是蒸馏法（这本来是化学上的一个名词，马克思借用来说明价值的实体）。最近的马克思主义经济学者（如科夫曼）更进一步，明白的说，马克思的关于价值实体的学说可以用三种方法去证明；这种主张不无理由，所以我们也可以照他的主意，叙述如下：

第一种方法，是从商品本身性质说，即是从社会关系说，证明价值的实体是劳动。商品是什么，这个问题，前面已经解释过：商品是一种社会劳动的生产物；就是说，商品不是为自己使用而生产的，是为供给别人使用而生产的。这样看起来，商品必然是一种有社会性的产物，一种不含孤独的个人性的产物；如果没有社会性，商品就不成为商品，如像在孤岛上一个人用力得来的生产物，很明显的是不能成为商品的。商品是有社会性的生产物，我们已经知道了，现在要看看，为什么大家要拿它们来交换。我们想，或者是因为宗教相同？或者是因为政治上的关系或血统的关联？但实际上我们可以容易的看出它与这些都没有必然的关系和关联。我们如果从实际考察，很易察知，大家交换商品，完全是为交换各个人的劳动。因为人类单靠各个人的劳动就不能得到满足自己欲望的生产物，所以自有人类以来，大家不能不交换劳动；社会本身就是一种协力劳动的集结体。然在私有财产制及职业分工制下面，又因为要大家交换劳动的缘故，所以不得不把劳动得来的东西，大家来交换。由此，可知商品交换关系就是社会的劳动交换关系。用别的话来说，商品之所以交换，就是因为它含有共同劳动性的缘故；所以商品的社会性就是商品的共同劳动性，因为社会本身的存在，就是因为共同劳动的缘故。从上面看来，可知商品的交换能力的实体或实质就是劳动了，即是说，可知价值的实体就是劳动了。

　　第二种方法是所谓蒸馏法。事实上，我们看见商品在交换，如像一斗米换两把斧头，二斗米换一只羊。这种种东西的用处自然各不相同，而事实上当然也是因为它们的使用价值不同，才交换的。可是，如果单单为了使用价值不同而行交换，那么，为什么一斗米恰好换两个斧头，二斗米恰好换一只羊呢？为什么这些东西相等呢？为什么能够比较呢？照道理讲来，一切东西只有站在同一共通点上或是单位相同，才能比较。那么，在这里是不是各种东西拿重量来做标准去比较而定其价值呢？事实上不是这样，因为一斗米比两个斧头的重量大，二斗米也和一只羊的重量不同，而可以行交换，由此可知也不是因为重量上的缘故。此外如密度，温度，硬度等等物理化学上的属性，当然可以按照关于重量的说明类推，因此不赘及。马克思以为既然这些都不对，可以都舍了去。剩下的却只有劳动，因为两种东西的交换，必然它们含有性质同而量不同的东西时，才有可能，而除开重量，密度，硬度等等物理化学的性质外，只有一层是它们所共通的：它们都是人类劳动的结果，都是多多少少吸收了人类劳动在内的。所以可以说，商品的价值的实体如果是一种含有共通性的东西，那么，因为除了劳动以外，没有别的东西具有共通性，所以由此可证明商品的价值的实体就是劳动。

　　第三种方法是从人类劳动的生产性（前面已述过，一个劳动者在一定的时间之内的劳动所能生产的分量，就叫做劳动的生产性）去证明的方法。因为技术和机械如有了进步，在事实上劳动生产性必然会增加，生产出来的商品的每单位的价值必然会因所含的劳动量的减少而减少，如像从前需十二点钟织一丈布，现在用机器，劳动生产性有了增加，只要八点钟的功夫就可以织成一丈布了，因此每丈布的价值也减少了三分之一了，所以在这时，我们可以借此去说明商品价值的实体就是劳动。何以呢？因为既然从社会上过去的事实看起来，劳动生产性小时商品价值就大，劳动生产性大时价值就小，如从前用十二点钟织成的布，比现在八点钟织成的布价值大，那么，照普通论理学的推理法则说来，当然可从这事实中证明商品的价值和劳动必定有大的关联，即证明价值的实体就是劳动了。

三　只照上面那样证明了价值的实体是劳动，我们的问题还不能解决；因为，如果仅是那样说就无问题，那么，有正统派的学说就够了。

现在我们还需要进一步研究，商品的价值实体的劳动是哪一种劳动。在这里，我们先得把劳动的种类的区别说明白。不过，劳动的种类，可以从种种标准而行区别，这里只能把那种和本节有关的四种区别说一说：

第一种是生物学规定上的劳动和历史的规定上的劳动的区别：前者是指人类用一定的目的意识，利用劳动用具，把自己的体力和脑力联结起来，对天然的劳动对象加以工作，以便改变它，培植它，采取它，来供人类自己的生活上需要时的行动说的，这是拿来对动物之无意识的本能的动作说的。后者是指人类在人类生活史上在某种具体形态下如像奴隶制的自给自足生产形态下及资本制的商品生产形态下等的劳动，说的，这是拿来说明人类劳动的具体的形态上的区别的。如果把前者叫做一般劳动，后者就可以叫做特殊形态下的劳动。不消说，在价值论上所指的，只能是后者。

第二种就是异质劳动与同质劳动的区别：我们显然可以看见，

在生产一斗米时与制一把斧头时，其所需的劳动当然是不同性质的劳动；但，只要是一种米的生产，其所需劳动和他一种米的生产时所需劳动，种类都是相同的，性质也是相同的，这是照普通说的同质劳动和异质劳动的区别。马克思所指的异质劳动和同质劳动却是另一种意思。他以为一切劳动，照制造某种使用价值来看，都是异质的劳动，但是，如果照劳动者本身生理的精力的支出看起来，都是同质的劳动。这就是说，所谓同质劳动是依价值看来的劳动，指人类的一般的生理的精力支出而说；所谓异质劳动是依使用价值看来的劳动，指相异的使用价值必须各各具有的相异的劳动而言。

第三种区别是和第二种区别有关联的，是个人劳动和社会劳动的区别，一个人的劳动，在生产商品的时候，从他受私有财产制及分业制的影响，非努力负责生产依此为生不可一层说，都是为他个人而劳动的——这是不消说的自明的事；可是因为商品是为贩卖而生产的东西，所以这样的劳动和鲁滨孙一个人在孤岛上的个人劳动不同，而是一种特殊的个人劳动。这里应该注意，这种个人劳动不是指由个人去做的劳动，那是技术学上的问题，是对于机器人的工作说的，是从有人类以来都是一样并无变迁的；同时，也不是指个别性的劳动，那是劳动技术组织上的问题，是指一个人单独做完某一个商品的劳动说的，是对于协力分工上的社会化的劳动说的。这两种个人劳动虽然也和经济学有关联，但，都不是价值论上的个人劳动。再从这种个人的劳动同时不能离开社会关系一层说，如果他的生产物是当成社会的一个商品而生产的，是为不定的全社会的人（而不是为特别的别人）而生产的，那么，他的劳动就可以说是带有社会性的，所以叫做社会劳动。如此说来，这种劳动，在社会关系上，从劳动的支出上看是个人的，所以可叫做个人的劳动，而从结果上看，却是带有社会的性质，所以又可以叫做社会的劳动。

总结上面所说，就可以说，商品社会时代的特殊形态下的人类的劳动，一方面是个人的，一方面又是社会的，同时一方面是同质的，一方面又是异质的。但是，要知道，这同质与异质，个人与社会的劳动，虽然是互相矛盾着，却又是统一在一个商品里面的。现在我们看看，构成价值实体的是哪一种劳动。先看看是同质的劳动，还是异质的劳动。从表面上看，我们的答案似乎可以构成三种不同的想法：（一）是同质和异质的劳动。（二）是异质的劳动。（三）是同质的劳动。这三种里面，当然只有一种是对的。如果照（一）的想法说来，结果等于说价值就是笼统的劳动，那不但变成无意义，并且还必然会陷入正统派的笼统的劳动价值说的谬误。那么，应照（二）的想法，说它是由异质劳动构成的吗？当然也不是，因为米与斧头所以各有不同的属性，就是因为含有异质劳动的缘故，所以异质劳动只能构成商品的使用价值，而不能构成价值的实体。那么，只有（三）的想法是对的了：只有同质的劳动即人类的生理的精力的支出，才是构成价值实体的东西。才是质同而量异的东西。其次，从个人劳动与社会劳动的区别上，看看二者中的哪一种是构成价值的实体的。照前面的定义说，所谓商品原是为供别人使用而生产的生产物，所以单纯的从个人方面看的劳动，只是个人的劳动，其生产物也只是单纯的生产物，算不得商品；只有把个人的劳动从社会性质方面去看，然后商品本身才能成为商品。所以可以说，构成商品的价值的实体的，只是社会的劳动。

四　这样的同质的劳动和社会的劳动，在马克思主义经济学上有个特殊的名词，叫做"抽象劳动"，是拿与"具体劳动"相对待的。抽象劳动和具体劳动的区别，是劳动的种类的第四区别。"抽象"二字，好像是指用脑力的劳动，而不是实际的劳动似的，如果那样想，那就是大错。而且"抽象"二字，很显然的，与论理学上所说的概念的抽象也不相同；关于这点，我们要认清，不可把它含混了：我们所说的抽象劳动这个用语，是拿来代替同质劳动和社会劳动的。同样，与它对待的具体劳动，也是指异质劳动与个人劳动而言，不是普通所谓具体。关于"抽象"二字的意义，前面在研究方法论上已说过，后面还有说明。

照上面看来，商品的价值的实体，结局就是抽象劳动，至于具体的劳动，那只是构成使用价值的——这在表面上似乎是很明白的了；其实价值是一种抽象劳动这句话，与使用价值是具体劳动那句话，在历史的意义上，重量大不相同，不可等视，因为前一句话表现着暂时性，而后一句话却表现永久性。原来，人类在没有商品之前，就有了同质劳动与特殊的社会劳动（当然这个社会性是指自给经济的团体性，和商品社会的社会性不同），但是因为生产劳动者与生产手段并生产结果的享受者是同一个人，或同一自给经济的团员，所以纵然包含着同质的劳动与特殊的社会劳动，可是也没有单独发现出来的必要，因此，在商品社会之前就没有价值。至于由具体劳动而成的使用价值却不然，在没有商品的以前的社会内，当然依旧是由个人的劳动和异质的劳动即由具体劳动所产生。虽然在非商品社会内的生产者个人，不是私有制财产制及职业的分业制下的生产者个人，而是共产制，奴隶制或封建制下的生产者个人，但其非努力负责生产，依次为生不可则一，其必须实行种种异质劳动则一，所以可以说在那里依然有具体劳动。所以抽象劳动和具体劳动二者的区别，不单是在同质劳动及社会劳动对于异质劳动及个人劳动的对待一层上面，而且是在商品以前存在不存在一层上面。因为在商品社会以后，有了私有财产制和职业的分业制之后，才把构成使用价值的具体劳动与构成价值的抽象劳动的区别表现出来，所以抽象劳动在商品的社会以前虽然就有特殊的萌芽的存在，然而它的一般的成熟的存在的表现却在有了商品以后。就是说，抽象劳动只是靠市场关系去表示生理的同质性，去发挥社会性的个个生产者的劳动。我们因此可以说价值是一个历史的社会的范畴。同时我们知道在商品社会以前虽没有价值，然而创造价值的原因或萌芽却存在的。

劳动在商品社会里面同时含有具体与抽象两方面，这种性质，叫做劳动的二重性或矛盾性。我们前面已说过，商品的二重性就是由劳动的二重性而生的。抽象劳动与具体劳动二者一方面是矛盾的，另一方面又是密切相关联着，不能相离的，所以其实可以说是一件东西的两方面，是矛盾的统一。劳动的这个二重性，是以后的货币论，剩余价值论，恐慌论等的出发点，我们应该彻底的把握它。马克思给恩格斯的信上曾说过：发现价值的实体是劳动，这件事，并不是他的功劳，而把劳动分为抽象劳动与具体劳动这个发现，才是他的学说的特色。这样，他就把正统派那个种类不同之间的劳动如何比较的问题，完全解决了。也只有这样，才能把价值的质的问题彻底解决。

五　单照上面那样说还不够，我们应再就侧面说明特别应加注意之点：（一）所谓抽象劳动的抽象不是论理学上所谓概念抽象，这一层，我们前面已经说过，因为一切劳动确然同时一方面是具体的劳动，一方面是抽象的劳动，所以抽象劳动总得实在的生理的精力支出，所以它是所谓实在的普遍的抽象，而和概念抽象之为空虚的孤立的抽象不同。（二）抽象劳动固然是生理上精力的支出，可是决不单纯这样就行，因为在原始时代，也是一样的有生理的精力上的支出，如果那样，就应该可以说原始时代就有了价值；那自然是不对的，是和事实不符的。所以它必须是在某种社会的生产关系下面，把个人的劳动变成社会的劳动时，才成为抽象的劳动。总之，抽象的劳动不单是生理的精力的支出，而是带有社会性的。（三）抽象劳动是不是有了上述契机即生理的并社会的两个契机，即有了生理上精力支出及任何社会形态的结合，就可以构成？不是的。它必定是在带有特定性的商品生产关系下面，行一种有机的结合，才能构成，这是补充第二点的。（四）为免误解起见，要特别提出来说的，就是抽象劳动与具体劳动是绝对不能分离的，是一个东西的同时存在的两方面一层；它们间的关系，正如使用价值和价值的关系一样：没有使用价值就没有价值，而没有价值不一定就没有使用价值；同样，没有具体劳动就没有抽象劳动，而没有抽象劳动不一定就没有具体劳动。具体劳动是抽象劳动的负担者，所以二者是连在一起而同时又各带独立性的。

六　马克思主义经济学关于价值的实体的学说，略如上述，可是有些马克思主义者经济学派当中的著述，却有许多错误的见解；照普通说，这可分为两大种类：

A：机械的抽象劳动价值说　主张这说的人们把马克思所谓抽象劳动单看成与生理上精力的支出相等，而没有拿它和商品生产关系连在一起。如照他们这样主张，即是说，如单把生理上精力的支出叫做抽象劳动，拿来和具体劳动相对待，而不拿它和商品生产关系连结起来，那么，其结果就要发生种种错误：第一个错误是不能和事实相合，因为在商品社会以前，虽有精力支出而没有价值，这是显然的事。第二个错误是把价值的多寡看成等于生理的精力支出的多寡，结果是使价值的讨论脱出社会科学的范围，而变成物理上或生理上的问题。这也显然是一个大的错误。第三个错误是他们那种主张结果差不多又蹈英国正统派的覆辙，只知价值是劳动，而没有把马克思所指的劳动二重性指示出来。他们的主张之所以被称为机械论的学说，从一般说，只因他们把社会现象，还原为生理现象，而否认了新质的发生；在这里说，只因为他们把商品生产关系还原为一般社会关系，同时更把一般社会关系还原为生理关系，而在事实上把价值这种东西的存在否认了的缘故。

B：观念论的抽象价值说　这发源很早，所谓马克思主义修正派经济学者都这样主张过。最近苏俄的一些学者例如鲁滨（Roobin）的说法，也陷于这种谬说。他们以为抽象劳动是马克思为要说明价值而想出来的名词，即是说，马克思为要打破正统派所遇到的难题而创设了这个名词。这样说法，不消说是错误的，因为抽象劳动不是马克思脑筋中空想出来的，而是他从客观的存在当中发现出来的。他们认为抽象劳动完全是一个论理上的假定，没有一点生理上精力的支出含在里面——这种完全忽视了生理上精力的支出的理论，结果会变成一个很大的笑话，即变成可以有一个没有含着一点劳动的劳动，一个概念上的劳动。这显然是不合理的。其次，纵然我们假定抽象劳动就是观念的劳动，假定后者就是马克思所谓价值的实体，我们还是不能解决价值的量的问题，因为空想的概念不能拿来测量实存的客体；然而事实上，一切商品的价值是有一定的，是可以测量的，由此可知观念论的抽象劳动说是无用而不合事实的。

照上面说来，机械论的流弊，会等于否认价值是社会的范畴，结果就等于否认有历史性的经济学的存在。因为劳动与价值有关系，而价值与商品有关系，商品又与资本有关系，所以，它一方面给与价值以永久性时，在另一方面就等于拥护资本主义经济学，等于拥护资本制度了。观念论者主张的流弊，结果会把经济学变成飘渺无凭的《圣经》，而失掉其科学性，失掉唯物的根据和生产的基础，即等于失掉了实践的武器性，而变为信仰的经济学，所以也等于否认了科学的经济学。

第二节　价值的大小

一　价值的大小这个问题，简单说就是价值的量的问题。原来，一切的东西，都是有质就有量的。我们在前一节的研究，是为研究的便宜计，把量的问题暂且丢开了去说价值的质的；其实一切的东西，有质就有量，质和量二者是不能分开的，所以我们这一节就要跟着说价值大小的问题，即量的问题。

在事实上，很易看见；哪怕是同种类的商品，其价值也有或多或少，或大或小的分别；所谓量的问题，就是指为什么商品价值会有大小，它用什么来决定，如何决定，这些问题而说。我们如回顾到前章所述的，就会知道这是在经济学上一个顶大的问题；具体说，就是和（一）为什么同一种类的商品的价值会有高有低，（二）所含劳动的分量不同的东西，为什么价值可以相等，两个问题相关的问题。对于这两个问题，虽然正统派学者想用过去的劳动价值和未来的劳动价值说解决它，但到底不能彻底的解决；因为他们不知道价值在质方面的抽象劳动与具体劳动的区别，因而就连带的不能彻底解决量的问题。

马克思主义经济学，对于价值在量的方面的大小的问题，也得到了彻底的解决。固然现在也还不能免非马克思主义者经济学者的许多无谓的辩驳（因为一切的学问都是有派别的，尤其是经济学，显然更是一种富有派别的东西，所以当然免不了争辩，我们在后面再说他们的谬误），然而从纯科学的立场看来，的确只有马克思主义经济学的说法才是一个真正彻底的解释。

二　马克思主义经济学，对于价值大小的问题，即对于量的方面的问题，是拿来和质的问题密切相关联着而行解释的，即是说，认为价值的大小的问题是要靠抽象劳动来决定的。那么，抽象劳动本身如何测定呢？这个问题，是一个相当困难的问题，因为抽象劳动不是具体的劳动，而是带有社会性的同质劳动，所以如何去测定它，是很不容易说的。对于这个问题，有两种不同的议论：（一）所谓抽象劳动，既是同质的生理上精力的支出，所以有人主张，那种决定价值大小的抽象劳动，是可以用卡路里（Calorie）去测定的。卡路里这个名词，本来是在化学上测量热力大小的单位，但生理学也用它测量营养价，所以有人主张依生理学的惯例，经济学上对于人类的精力也可用卡路里来测量，靠它来决定价值大小即抽象劳动的多寡。这种说法虽为许多旧日的马克思主义经济学者所主张，可是在今日看来，这种说法显然是错误的，因为卡路里本来是化学上和生理上的作用的单位，只能用于自然科学，不能拿它来测定带有社会性的抽象劳动。拿非社会性的单位，来测量带有社会性的东西，这无疑的是不合理的。（二）因为抽象劳动是一种含有社会性的东西，所以有人主张必然要找一种含有社会性的单位来测量它；但是，只因含有社会性的测量单位，在这里，除了劳动的继续期间即劳动时间以外，没有第二个（因为在商品社会内的劳动是带有共同性和社会性的劳动，所以这种劳动的继续期间当然也是带有共同性和社会性的，并且此外也找不出和抽象劳动有关而又带有这些性质的东西），所以只有拿劳动时间去测量抽象劳动的分量。这说当然是唯一的合理的说法。

总之，价值的大小，是依它的实体即抽象劳动的多寡而定的，而抽象劳动本身却不单是生理上的精力支出，所以不能用卡路里去测量；只有靠带有共同性的劳动时间才能测定它。

三　如上述，用劳动时间决定价值的大小——这是合理的。但这里还有问题：在事实上，许多商品的价值是同一的，然而制造商品的劳动时间，却有多有寡，这不是足以证明商品的价值在事实上不是由劳动时间决定着吗？这是一个值得讨论的问题，因为从事实上看，的确有许多商品，其好坏相同，其价值也是相同，但其制造时所耗费的劳动时间却不是恰好完全一样；拿一个桌子的制造为例罢，因为劳动者在做工的时候，有热心不热心，所用的工具，有新旧，各人手艺有精巧与鲁钝等等的不同，结果他们做成一个桌子以后，所耗费的时间当然也就有不同，然而他们做成的桌子的价值，每张在事实上却相同。因此我们好像就陷入一个不易解决的矛盾状态当中。

不但好像陷入理论和事实间矛盾当中，并且那种合理的测量法，好像必然会发生许多的不合理的结果：因为如果照那样理论，则在劳动者用钝旧的不好的工具时，因其所费的时间自然较长，反而所得的价值大，而用精巧新式的工具去劳动时，因其所费的时间一定较为短少，反而所得的价值小；同样，热心而又勤劳的工人，因所费的时间少，反而所得的价值小，而不热心而懒惰的工人，因所费时间长，反而所得的价值大。这当然是极不合理的（不过，在事实上，并不是这样。从事实上看，他们生产的商品的价值是相等的，即是说，他们所耗费时间多寡虽不同，而生产出来的商品的价值却相等；因为如果不相等，而呈现上边那样的不合理的现象，则大家就都不愿热心努力劳动，不希求改良工具了）。

因为有上述表面上的矛盾和不合理，所以靠单纯的劳动时间还是不能够解决并说明价值大小的问题。要想解决，还得从抽象劳动本身的性质来说。所以前面说，假如我们没有认识价值的质的问题，则量的问题，就不能解决。原来，所谓抽象劳动的分量，本是应该拿社会的劳动时间来决定的，而不是可以按照各个人个别的劳动时间去决定的。为什么？因为抽象劳动本是社会的而不是个人的；如果按照各个人个别的劳动时间去决定价值的大小，那就不免变得站在具体劳动方面，只是看见具体劳动了；那当然要陷于错误的。

现在我们既承认应该用社会的劳动时间来决定价值，则应该进一步看看社会的劳动时间到底是什么。所谓社会的劳动时间，结果就是社会的平均的劳动时间；就是说，从社会上看，工作虽然有勤惰之分，工具虽然有优劣之别，而商品的价值却只是照社会的平均的劳动时间来决定的。单只这样说，也许还不能明白。试举个例来说明：比如同样是生产一顶帽子罢，事实上在生产的时候各个人所花费的劳动时间，因热心程度和工具巧拙之不同，当然有种种的差别，也有用了一百小时以上的，也有用了一百小时以下的；但是，不管它怎样不同，如果我们假定平均是一百小时，并假定这一百小时值五元钱，则热心，努力而工具又好的虽只用了八十小时，在交换的时候，他也决不会很廉洁的主张这顶帽子的价值是八十小时即比五元钱少的价钱，他必然的愿意去主张约莫值一百小时的劳动的价值，则约莫五元钱的价钱。反过来说，不热心，懒惰而工具又钝的劳动者，虽用了一百二十小时，可是他在交换的时候，也不能说因此要超过五元钱的价钱，因为商品社会本是自由竞争的社会，如果他那样才卖，他的生产品就会没人买，所以结果只得减少到约莫与一百小时相同的价值即约莫五元钱的价钱。因此，所以交换的结果，在主观上虽然高的变低，小的变高，而在客观上却在他们中间，保持着这一百小时的平均；所以说商品的价值，不是主观的在各个生产上被决定的，而是客观的要靠交换才能实现而决定的，所以在商品社会里所谓决定价值大小的劳动时间，只是社会的平均的劳动时间。

但是，只说决定价值的大小的劳动是社会的平均的劳动时间，仍还不够，因为平均之中也有种种的区别，这里所谓平均，不是普通的算术平均即以单位数之和除各单位的内容之和时所得的平均，也不是所谓中数平均即把极端的最高最低之数除去之后所得的平均，而只是所谓重量平均即一方面把一切死量舍弃，只留真正发生作用的单位，一方面不管是否极端的数，只要是有作用的，哪怕最极端的数，也依它的作用的大小即其重量如何，使它加入计算时所得的平均。只是这样说，当然不易理解，且举实例来说明罢。如果我们采用算术平均，就会在消费方面发生不合理，因为在那时，势必把极端花费劳动时间的劳动（如在上例中用二百小时去生产一顶帽子的人），也包含在平均计算之内，然而在事实上这种劳动却是死量（因为照他那样用大量的劳力得来的东西虽然存在，但因离社会的平均劳动太远，所以如按照他所花费时间的价值出卖的时候，就一定没有人去买，因此会变为废物，就会变为人们所不需的东西），所以如果勉强加上去，就变得把应有的平均劳动弄小了。因此，所以可以说，参加平均计算的，只限于必需劳动。其次，如果我们采用中数平均，则在生产方面会发生不合理，因为在那时我们必会把极端有利的数（如上例中的用八十小时或以下的人）舍弃，然而在事实上这种极端的数却发生着极大的作用（比一百小时等还大的作用，因为所花时间越小则卖价比应有的价值越大，因此会有利，越易卖出，越会加多生产，所以在平均计算上的重量越大），如果弃了它，就变得把应有的平均弄大了，结果，所得的平均就变成虚伪的平均，不能代表实际的必需的平均了。如果我们采用重量平均，则一方面可以免除无故把死量加入平均计算中之弊，一方面又可免却无故把极有作用的东西不放入平均计算中之弊，换句话说，就是，可以把社会不需的劳动排除，把一切社会必需的劳动，全体加入，使其如量发挥作用。由此看来，可知所谓在商品社会里面决定价值大小的劳动，不是单纯的社会的平均劳动，而是按重量平均而来的社会平均劳动，即所谓社会平均必需劳动了。

　　依上面所述，可知从存在问题上说，所谓社会必需的劳动时间是这样一个意义：它一方面是实在的劳动时间，一方面又不与具体的某一个人某两个人个别的劳动时间相同。这，只因为商品社会的无计划的个人劳动虽然带有巨大的社会性，然而只有当实行商品交换的时候，才能把它显现出来，只有在商品交换的过程当中，把它当成一个重量平均的结果，表示出来的缘故。

　　我们还得附带说明：刚才只说做工的热心不热心与劳动工具的精钝对于价值的关系如何，那是为说明便利计；其实那还不够，因为在生产一件东西时，除了劳动和工具之外，还有劳动对象，所以它对于商品的价值，当然也发生关系。就一般对象方面说来，有多有少，有好有劣，就土地说，也有肥瘠的不同。譬如，现在有一个经营炭矿者，如果他掘出了一个较一般都好的炭矿坑，就是说，一个不杂土泥又易掘出的矿坑，那么，从前在恶劣矿坑花过同样劳动时间所得的炭的价值，和现在这好炭坑所得的炭的价值当然是不同的，因为现在每一定时间的劳动所得的结果较多，所以每一单位的炭的价值就少了。我们再举一个植物的例，也是一样，假如一块肥沃的田地，忽然因缺乏水源而变瘠；或者一块原来瘠的田地，因水利的灌溉而变肥沃；在这时，如果用同样的劳动时间来耕种它们，显然前后收获物的每个单位的价值是不同的，因为在有了变更之后，每一时间的劳动结果或变少或变多了，所以每单位的价值也就或变贵或变贱了（当然，在这两例中，还有土地的独占性，需要的状态是否变动，等等关系，应加考虑，并不这样简单，上述只是举例而已）。所以我们说社会平均的必要的劳动时间时，应该把劳动对象这一个条件也括进去，和平均的工具，平均的热心并平均的巧拙等联合起来才对，因为在这样下面的社会平均必需劳动时间，才是真正决定价值大小的劳动时间。

把上面总起来说，可知所谓商品价值的大小，是拿在平均的热心程度，平均的工具，平均的巧拙，平均的对象，等等平均条件下的社会必要劳动时间来测定，来决定的。

四 测定价值的方法，我们已经知道，可是问题还没有完。所谓平均的社会必要的劳动时间，显然不是固定的永久不变的，而是可以随着社会的劳动条件而变化，即随着劳动生产性的变化而变化的：如劳动对象可因天时如何而变化，工具也可以逐渐改变精巧，而减少劳动的时间；就是劳动热心的程度，也是随着生产关系而变动的，如农民在封建社会的初期与末期，其热心的程度就大不同，又如资本主义社会初期的工人，从一般说，因为生产力的前进而生活在一瞬时较为舒适，所以很少有不热心懒惰的现象，而到了今日世界恐慌，资本主义末日将到的时期，工人们怠工罢工等不热心的事，却数见不鲜了。劳动者的巧拙，也同样可以有变动。既然上面这几个劳动的条件是有变动的，所以平均的社会必需的劳动时间当然也是有变动的。因此就发生下面这个问题：既然平均的必需的时间是有变动的，究竟是拿哪一个时候的平均必需的劳动时间来测定价值呢？这似乎当然可以立刻回答说：今年今月今日做出的东西，是以今年今月今日的热心程度，手艺巧拙，对象优劣与工具精钝等的平均条件下的社会必需劳动，来决定其价值的大小的。可是事实上，有许多商品是过去制造的，而到现在来卖，并且和种种时期制成的，甚至刚制成的同时出卖。如法国的葡萄酒普通在四五年以前制的就没有人喝，农民所出产的米，平常是要存留二三年的，就是明例；由此可知今天用的商品，不一定是今天出产的。那么，所谓社会的平均必要的劳动时间，是指何时的？即是说，是指生产这件商品的时候的过去的社会平均必要劳动呢？还是指它在未来出卖时的社会平均必要劳动即再生产时的劳动呢？这当然成为问题。

关于上面这层，我们应先回顾正统派的纠纷。李嘉图对此问题，是主张以未来的再生产时的平均劳动来决定一切价值的（当然正统派是不知道抽象劳动及社会平均必要抽象劳动的，所以这里所谓劳动只是笼统的劳动）。如果照他的说法，显然可以说所谓劳动价值说，是一种空话，是虚拟的东西了，因为他一方面说劳动决定商品的价值，一方面又说是将来的再生产时的平均劳动来决定，而不是商品本身生产出来时候所费的劳动的时间来决定，那岂不等于白说！但是，这个辩驳是不能加诸马克思的主张的，因为马克思站在抽象劳动时间的平均方法一点上，另有他的理由（详见后面），这是我们应该声明的。亚当·斯密大致是主张以过去制造该商品的时候所投下的劳动来决定价值。关于这过去的投下劳动价值说，只要很简单的几句话，就能证明它的错误：第一，如果过去投下劳动说所指的，完全是过去生产时的劳动，不含过去平均劳动，则变为所谓素朴劳动说，变得不能说明何以同种商品的实际生产时的不同量的劳动在同一市场上有同一的价值。第二，如采用过去投下平均劳动说，则因一切商品的价值，在事实上是因时间的不同而变动的，所以过去费了多量劳动的价值，到了后来因机器的改良或其他的原因而在同样生产上所费的劳动时间减少的时候，哪怕过去花了比后来多几倍的劳动时间，也只得变小，即只得依后来这个新的平均劳动时间去决定，因为如果不这样，这种商品就会没有人去买；

反之，哪怕是过去很贱的米谷，如果因为这种东西的劳动的条件有了变更的缘故，如因天灾水患地震等等原因，而把肥沃的土地变瘠了时，那总得费比从前更大的劳动时间，才能得着等于从前费较少的劳动时间所得的米谷，所以这种过去收得的米谷，必定不会用原有的平均劳动上的贱价卖出去，而必然会照新生产条件下平均劳动上的高价卖出去（这是商品社会内的人类的自利的目的意识使然的必然）；这样，如何能说以那过去的平均劳动来决定现在的价值呢？如果主张过去投下的平均劳动价值说，这个事实上的矛盾就不能解决。当然，这样的反驳，也只是对亚当·斯密的，而不能照样拿来反驳马克思的主张，因为马克思并未主张过去平均劳动说——虽然他不否认过去劳动的作用。

上面是为说明马克思的主张起见，才把正统派的主张拿来对照的。在价值的大小的决定上，马克思所指的，不单是过去的社会平均必要劳动，也不单是未来再生产上面所需的社会平均必要劳动（不消说当然更不是单纯的过去投下劳动）。他主张，价值的大小是照社会的必需的平均劳动时间来决定，同时认为这必需的劳动时间是随着生产力的变化而变化的，并且是照上述重量平均法，把过去劳动也加在平均计算之内的；所以他虽然主张未来必需的劳动价值说，而不会发生李嘉图的毛病。更详细的说，他以为：因为决定价值大小的劳动是带有社会性平均性的，所以不能说对于某一个东西具体的花费了多少劳动时间就一定对于这个东西的价值形成，如量的发挥作用。事实上这种劳动只能经过平均过程，看各单位的重量如何，或多或少的发生作用。这是就空间来说，同时不同地的一切商品的生产劳动时间，要加入社会的平均的劳动里面去，才能决定价值的大小。但是，这道理，也可以同样就时间来说：因为今日存在的商品，还有许多是十年或八年不一定多少时候以前做的，那么，今日生产的商品的价值就不应该单是照生产的那个时候的平均劳动时间去决定，而是应该把与今日的价值有关系的一切商品的过去的社会平均劳动都放进去，参加平均作用。因为过去花过多量劳动时间的东西，在现在同样商品因劳动生产性增加而落价时，就不能不跟着落价（否则变成无人需要），因此，所以可以说，过去做成而未被交换的商品的价值，不是单照过去的社会平均必需劳动时间去决定的，而是参加在现在的社会平均必需劳动时间的平均计算当中，才能决定的；反过来说，现在的商品的价值也不单照现在的社会平均必需劳动时间来决定的，而是把过去一切和现在有关的社会平均必需劳动都放入现在的平均计算之内，使它们发挥其相当应有的作用，而后决定的。由此可知所谓社会平均的必需的劳动时间是把过去的一切有关的社会平均劳动也包含在里面成为一个被平均的单位之后的未来必需的社会平均劳动。如像一副眼镜，在十年以前做的，当然比现在贵（价格的问题，我们暂且丢开），十年前虽是值十元钱，现在却只值五元钱。这个五元的价值，当然不是过去必需的社会平均劳动时间（因为原来是值十元），但又不能与过去的劳动时间无关，而是把过去值十元钱的成分也包含进现在的平均计算之中而后得来的价值。所以所谓未来再生产的社会平均必要劳动，不是凭空的平均，而是把过去的社会平均劳动时间打算在以内的平均。

把这一段总结来说，马克思所谓决定价值大小的劳动时间，不是指过去的，也不是指现在的，而是站在现在过去种种社会平均必需的劳动的平均之上的未来的再生产时的社会必需劳动。

五　这样一来，是不是价值大小决定的问题全部都解决了？不，这里还有一个问题：何以花费了同量的社会平均必需劳动时间的异种类商品的价值，不但不一定相同，并且往往相差甚远？所以，纵然商品的价值是拿上述意义的再生产的时候的社会平均的必要劳动时间来决定，那也似乎只能就同种类的东西而说，若就异种类的东西看来，似乎就不对了。原来，劳动这东西，本有简单劳动与复杂劳动的不同：如拉洋车与造洋车的劳动或开火车的机师与造机器的工人的劳动不同：一种是很简单的，不需要学习的，一种是很复杂的，需要学习的。我们知道造机器的工人是需要学习几年以后才行（复杂劳动，广言之，本是把精神的劳动如教书著作等也包括在内的，我们这里暂且不管它）。如果详细考察劳动时间和生产物的价值的关系，就可以看见下面这种情形：复杂劳动的生产物虽然用的时间少或时间相同，而其价值在事实上显然比简单劳动的生产物价值大，反之用简单劳动所得的生产品，其所费时间虽长或时间虽同，而结果却比复杂劳动生产品的价值小。这是常见的事，如上述造洋车和造机器，就是明例。那么，似乎就复杂劳动与简单劳动之间的关系来说，仿佛不能用社会平均未来必需劳动的时间去决定商品价值的大小了。其实这个问题很容易解决。我们知道，马克思所指的未来的再生产时的必需劳动，如前述，原来是包含有过去的劳动在里面。就是复杂劳动的问题，也可依同样理由去解决，因为复杂劳动除了当时的劳动之外，还有学习时间（简单劳动，如拉洋车杠夫之类，当然不需要学习的）的劳动，也应该被包含在现在的劳动里面，所以如果把那学习的劳动时间加到当时的劳动时间内，来合算分配，其结果就当然比简单的劳动时间较多了。简单劳动只能照生产当时的劳动时间去计算，而复杂劳动却因为是非预先学习就不能做的，所以它就得把过去学习的劳动时间逐年分配的加到现在的劳动时间内才行。这就是在表面上看去，我们觉着复杂劳动生产物用的时间少而价值大或所费时间相同而价值较大的缘故。我们可以把一切复杂劳动归纳为简单的社会的必需的劳动的倍数。所有种种由复杂劳动生产物的价值而发生的问题，可以这样解释出来，也只有这样才能解释。因为，如其不然，则无人肯去做复杂劳动，结束会弄成社会只有最简单的劳动生产物，而大家的需要也就不能满足了。这自然是有背人类的目的意识的，而且也是和目前的事实不符的。总之，简单劳动与复杂劳动生产物的价值的差异，不足以破坏马克思的平均的社会未来必需的劳动时间说。

不但是复杂劳动的生产物的价值问题可以如此解决，并且，一切类似问题，如像不愉快劳动的生产物及不卫生劳动的生产物的价值问题，也可同样解决，因为不愉快和不卫生的劳动，在实行劳动之后需要一种特殊的时间去恢复精力，所以也等于复杂劳动，因此也应该看成简单劳动的倍数。

六　照前述，构成价值的实体的东西，是抽象劳动，而抽象劳动的大小又是以社会的平均的未来必要劳动时间来决定的。现在要说的，就是以这种平均的劳动时间来测定的事实是否存在的问题。必定要事实上一切价值果真是由平均的劳动时间来测定的时候，然后这种学说才是合乎事实的学说。但是，在事实上看看，一切商品的价值是不是由社会的必要的平均劳动时间来决定的呢？征诸事实，确不是这样的。单纯商品社会现在虽没有了，现在的资本主义社会却是商品社会之一种，而在这个资本社会中，当着商品交换的时候，虽然谁也没问这种商品要用或用了多少社会的平均的必要劳动时间，就连卖的方面，也没有提到这一层；而且大家都是说值多少钱，即是说都是以货币来表现商品的价值，如中国的说值几元钱，英国的说值几镑，等等，都是说能值多少单位的货币；谁也没有提到某商品应花或花了多少社会的平均必要劳动时间。由上面这种事实乍看起来，仿佛那种由社会的平均必要的劳动时间去决定价值大小的学说，是和事实不相合的。如果这样，那么，马克思的价值学说，岂不是空虚而无用了吗？到底是不是这样呢？当然不是这样的。像这种见解，只是皮相的错误的见解。为什么呢？要批驳这种错误的见解，可以举出下面两层理由来说明：

A：因为马克思的社会平均必要劳动时间的学说是把价值的大小多少的问题说明了，并且很有理由的，很正确的解决了，而在过去的各种学说中，却没有一种学说能够把这种问题完全解决，就是正统派的劳动价值说，也没有完成这个任务。因为事实上只有马克思的社会的必要劳动时间的学说，才能够把各方面的问题解决，也只有马克思的学说才能担负和完成这个使命，当然也就是只有马克思这种学说才是对的；所以只有这种学说才是唯一合乎科学的学说。如果因表面上和事实不合，就不问此外有无更好的说法，立刻说这种学说不对或不中用的话，这很显然的不单是陷入不可知论，并且还陷于严重的错误：它忘记了"科学的任务只在从表面的现象中去找那种和表面现象不一致的真理，忘记了如果一切现象和它的本体（真理）完全一致，就根本上用不着科学"，那句名言。

B：因为不直接用社会的平均必要劳动时间来测定价值的大小，

这件事，不是偶然的，而是在商品社会之内必然的事实。因为如前面所述，在商品社会里面，大家不是为自己使用而生产，却是为供给别人的使用而生产的；在交换过程当中，大家不是直接交换，而是经过无数次的辗转交换才到达消费者手里，即是说，其中最低限度都要经过某种媒介物的；所以，在这样情形下面，商品社会里面的交换，当然不能够问，某种生产品当用或用了多少的社会的平均必要的劳动时间，因为一则辗转太多，无从盘问，二则这是社会的范畴，要是不附丽到别的物件上面去，即结晶到使用价值上面去，则无从保持自己的存在，当然更无从表示自己的分量。论理，只有在社会的生产是有组织的有计划的，生产与消费两方面是直接适合的时候，才可直接用社会的平均必要劳动时间来表示生产时的劳动量，反之，如果社会的生产是没有组织无计划的，生产与消费是间接适合的时候，那只有把劳动量附丽到别的物件上去，即结晶到使用价值上面去，而绝不能直接用社会的平均必要的劳动时间来表示。而现在所谓商品社会，就是这样无组织无计划的无政府的社会，所以，如果不附丽在别的物件上面，靠它去说明或表示，那么，我们的交换就不能实行了。因此，劳动这种社会关系就物化了，因而就无从直接用必要劳动时间测定商品的价值大小了。总之，根本上只因为在商品社会里面，有种根本矛盾存在着，就是说生产上的劳动是带有社会性的，其结果是归别人享用的，而生产的手段和劳动结果又是归于个人私有的，不能通盘合算的去处置它（绝不像在原始共产社会里面，生产手段和劳动结果是大家直接处置分配，也不像在古代社会里面，奴隶的劳动结果归于主人，更不像在封建社会里面，农奴的劳动结果归于领主，以及在将来的社会主义社会里面的共劳共享；在这些原始共产的，古代的，封建的以及将来的社会主义的诸社会里面，生产的劳动只管带有某种特殊的社会性，而其结果的分配却是有组织的有头绪的，生产品的归宿是直接而且明显的，所以在这些社会里面，用不着把劳动时间附丽于别的物件上面，即用不着使劳动关系物化。当然，上面所说的封建社会，是从大体上说的，并不是指封建社会末期的过渡时期，因为在这个过渡时期中，决定商品价值的大小的东西，就已经附丽于别的物件上去了，其生产的结果，已不是为自己使用而是为供给别人使用的了——这应加以注意），所以绝对的不能够直接知道某种商品带有多少的必要劳动时间；一种商品的社会必要平均劳动时间，只有在交换过程中自然的表现出来。怎样自然的表现呢？就是在能够卖出不能够卖出一层上面表现出来；因为在自由竞争和自由交换的商品社会中，能够卖出的商品所含的平均劳动时间显然是社会所需的劳动时间，而卖不出去的商品所含的劳动时间显然就是社会所不需要的劳动时间；因此实际上行着前一种劳动的人必然继续去劳动，而行着后一种劳动的人只得停止其劳动而自然退出平均计算去；因此，在这种社会里面，卖买商品的人们当然没有问应有的劳动时间的多寡的必要和可能，而只问肯卖不肯，只看商品卖得出和卖不出，这样就把社会的平均必要劳动时间间接表示出来了。在这种社会上，一般的人，不问劳动时间的多寡，而只问值多少钱即可换多少个单位的货币的根本理由，就在这里。所谓货币这个东西，是在交换过程当中，必然发生的东西（这在后面要讲的，现在暂把它当作已明的学说）。因此，在这种社会关系下面，所谓社会的平均必要劳动时间，就物化了；事实上也非物化不可。

　　据上面看来，可知商品生产既然是无计划的无组织的生产，必然的非变成物化的关系不可，即是说，必然的不能直接用社会的平均必要劳动时间来测定价值，而只能间接用货币的多少来表示商品价值的大小。这样说来，马克思的价值学说，依然还是正确的：惟其社会关系是这样，所以当然不能用社会平均必要劳动时间来测定，而必然要用物化了的货币来测量。所以前面述的对于马克思的主张的批判，只是个皮相的错误的说法。因为若单以事实上表面的不相合，即批判其学说是错误的不对的，而想借以推翻其社会平均未来必要劳动时间的说明（像这样说法，在别处也很不少，如关于经济学上的价值说与利润说，他们看见表面上是矛盾冲突的，于是就说马克思的《资本论》第一卷与第三卷是矛盾冲突的；诸如此类的说法，都是皮相的错误的，就学理与事实上说，都是不能够推翻马克思的学说的），那只足以证明其不知科学的根本任务只在暴露现象和本体的不一致，只足证明其只有皮相的了解，只足证明其不是不懂得马克思的学说，就是故意非难并破坏马克思的学说。

　　七　关于价值的大小的问题，应说的都说到了。最后剩下的，只是关于马克思的价值学说中之量的问题的两种偏向的注意：

　　A：机械论的偏向　这是在苏联曾经盛行过的偏向。有这种偏向的人们，常常只把社会的平均必要的劳动分量认为价值的大小，而不管这个必要劳动的性质，即是说，只看见社会的必要的劳动时间拿它去决定价值的大小，而没有把价值的实体是抽象劳动一层认清楚。这样一来，表面上好像是马克思所说的社会的平均必要劳动时间的说法，其实因为他们把质的问题，完全忽视了，所以他们与马克思说法相同的，只是量的部分而已，结果成了个冒牌的马克思价值学说，其错误点与李嘉图所犯的毛病相同，当然不能彻底解决价值论上的难题。这种偏向，不但是谬误的，并且在结果上等于故意掩饰价值的社会性，故意使价值永久化，以便使资本社会也永久化。

B：观念论的偏向　关于价值的量的问题，就在马克思学者中，也是很容易发生观念论的偏向。这种偏向，主要的是在生产力或劳动生产性的发展与价值的变动的关系的问题上表现出来。原来，劳动的生产性愈大，则为生产某种的物品时所必要的劳动时间愈小，因而结晶于其中的劳动分量也愈少，其价值当然因此也愈小了。反过来说，劳动的生产性愈小，则为生产某种的物品时所必要的劳动时间愈多，因而其价值亦愈大。所以一种商品的价值之大小，和这商品的生产上的必要的劳动的分量是成正比例而变动的，和劳动生产性是成反比例而变动的。这个原则，对于工资问题，恐慌问题，以及产业合理化等等问题，都有很大的关系的。而观念论者，不明乎此，就认为劳动生产性的增加与必要劳动是无任何关系的。为什么他们会这样主张呢？这个问题是容易回答的，我们如果回想前面讲的关于价值的质的观念论者（如俄之鲁滨等）的主张，就可以知道他们的错误所在：他们既认为抽象劳动和生理上精力的支出不相关联，认为它是概念的抽象，因此他们把劳动生产性与必要劳动时间的关联，也就离开了。这就叫做观念论的偏向。因为有这种偏向，所以他们对于工资，恐慌，合理化等等问题的解释，也都完全错误了：他们把这些问题看成和商品的价值的低下无关，即看成和劳动的生产性的增加无关，因此也就看成和劳动者的生活无关，所以必然的会成为偏向于资本的利益的解释。

第三节　对于马克思价值论的批判的批判

一　我们在第一节里，把价值的质的问题说明了，在第二节里，又把价值的量的问题，也解决了。但是，像这样仅是直接的叙述，却并没有将量和质的问题全体说明白，即是对于枝节的地方还没有说明。这固因当时不便加入说明，然而这种枝节地方，就是非难马克思价值学说者们所指为漏洞的地方。所以现在均提到这里来，一方面作简单的批判的批判即反批判，另一方面也就是对于前面讲义的补充。

要将马克思价值学说全体彻底了解，那是很困难，就从分量上说，也是很不容易的。因其全部了解的彻底是这样的困难和不容易，所以就产生了种种错误的批判；在这种种错误批判中，最有力量的，要算奥国学派即心理派的经济学者们的批判。他们的观点是纯粹主观的，连正统派的学者所主张的客观，也被他们反对；因此他们批判马克思的价值学说时，一方面是用自己纯粹的主观作基础去批判，另一方面自以为找出马克思价值学说的漏洞和矛盾的地方，痛切的批判为不当或不彻底。原来，要作批判的批判，非把批判者和被批判者两方面全部的学说理论了解不成功。但凡一切批判的批判都应该是这样，所以我们现在所讲的批判的批判，当然也不能例外；即是说，我们不但非把马克思价值学说了解不可；而且还要把心理学派的全部学说也都彻底了解才行。然而事实上诸位现在还是本科一年级，所习的还是经济学原理（纵然在本科三年级听讲了经济学史以后，也不过比较现在深一层了解而已），所以要彻底的行反批判，当然是不可能的；不但我不易讲，就是诸位也不易听。彻底的反批判既然是不可能，所以我们现在只是从大体上来行反批判，也只能站在这个意义上去行反批判。就是这种大体的笼统的反批判，在理论上，也可以更分为三种：（一）是关于马克思价值论上的质的问题的反批判，（二）是关于它的量的问题的反批判，（三）是关于它的方法论的反批判，主要的是关于马克思价值论的蒸馏法的批判的批判（价值实体的说明的方法，本不限于此，不过用此法说明是很普遍的，所以有许多人说，这种说法如何的不对；此外也有人说，马克思价值学说只能说明由劳动生产出来的东西，而不能说明那些不用劳动而有价值的东西；也有人说，马克思价值学说只能说明商品的一部分，不能说明其全体；诸如此类的批判，我们姑且叫做方法论的批判）。关于马克思价值学说的反批判，大致分为上述三种——虽然这三种都是互相关联的。我们现在不依上述顺序，而只把被一般认为比较有力的批判放在前面来讲，比较无力量的，放在后面去，加以反批判。

二　被一般人认为最有力的批判，并且被许多人主张的，是说：马克思价值论上用蒸馏法所得的结果又错误，又不充分的。要明白这种批判，先得述一述所谓马克思的蒸馏法。一切商品是有使用价值的，如果没有使用价值，就不能成为商品。可是两斗米可以和一个任意的其他的特定分量的东西来交换，或某一种特定分量的商品可换他种特定分量的商品——这也是事实；这种所谓特定分量的多寡，当然不是偶然的而是一定的，其间总有一个理由存在。这个理由，当然不是一切东西的使用性方面，如米可以吃，布可以穿，斧可以劈的理由，因为这根本上就不能相比。论理，凡是一切东西互相比较，只有质同而量异的共通性的东西存在时，才有可能。那么，这时的质同而量异的共通性的东西是什么呢？这自然不是使用性；如果是使用性，那就根本与商品的交换的意义相反了，因为交换之所以存在，就是因为使用性相异的缘故，并且使用性是主观的，也不能测定。那么，难道是物理学上的重量吗？或化学上生理学上的卡路里吗？然而事实上，重量或卡路里，前面已经说过，不但不在我们所研究的范围内，而且一点也不和价值相关联。像这些的这些，都不是使两种商品相比而决定其分量的理由，这种关于性质，形状，颜色等等的共通东西，在事实上都和它不相干，所以当然应把它们舍象或蒸馏出去；结果，所剩下的就还只有一种质同而量异的共通物，即人类劳动的结果。如米，布，斧头等东西中，虽然看不见人类劳动和劳动分量，但是，据常人的理解，其中确有劳动的存在。因为没有人类的劳动，就没有这些东西。在商品米，布，斧头之中，除开以上列举者外，剩下的唯一的共通性，只是这种量不同而质相同的人类劳动，所以，如果两把斧头才能换一斗米，一斗米所含的劳动分量就应该比起一把斧头所含的劳动分量要一倍了，反过来说，也是一样，如果一斗米比一把斧头所含的劳动大一倍，就要两把斧头才能换一斗米。倘若除开这种人类生理上精力支出的抽象劳动计，那就再找不出别的有共通性而又和交换相关的东西了。以上这样就是马克思蒸馏法的一个大要。批判者或反驳者对于这个蒸馏法，认为它是不充分不彻底的：他们承认蒸馏法本身是对的，而不承认蒸馏之后所得的东西只是一个抽象劳动；他们以为除了抽象劳动之外，还有个一般使用性。所谓抽象劳动，照马克思的说法，如前述，一方面是实在的东西，他方面却是必须附丽在具体劳动即使用价值上的东西；个别的具体劳动被舍象去了，就得着一个抽象的劳动。但是，批判蒸馏法的人，以为同样的也应该可以把个别的具体使用性舍象去了，而得着人类的一般的使用性，如像把米可以吃，布可以穿，斧头可以劈，这些个别的具体的使用性舍象了去，就会得着人类一般的使用性，即它们都具有可以拿来供一般人类之用的性质，那种一般使用性。他们以为：如果一般的使用性可得着的话，马克思所蒸馏出来的抽象劳动，岂不是失掉了唯一性而变成无用了吗？因为抽象劳动之外，如还有个抽象使用性或一般使用性，这岂不是把马克思的抽象劳动说根本推翻了吗？这样的批判，乍看起来似乎是很对的。所以说在种种批判马克思价值说的学说之中，这是最有力的一个。关于这种批判的批判的书籍很有几种：如布丹（Louis Boudin）的《马克思主义体系》就是其中之一，还有最详细而彻底的，要算最近日本经济学者河上肇氏所著的《资本论入门》（改造社版）一书，关于这种谬论，批驳得体无完肤（但要知道这本《资本论入门》与他从前所著的《资本论入门》大大不相同，在这本书出版的时候，曾被日政府禁止过，后来因为修改了几处，有些地方又加上些"×××"才出了版；此书的作者河上肇氏现已被日政府逮捕去了）。现在我们只能简单的举出几种理由来行反批判：

第一，这种主张者所持的唯一的理由，是说对于种种使用性，也可用蒸馏法去抽象而得着一般的使用性。但是，这个理由的错误却是很容易指摘的。原来，批判一种学说，必须将它全部学说了解清楚后才行，当然是不能断章取义的；而这种主张者恰恰是断章取义。在此我们且将简单的了解清楚，才进而了解复杂的；因为要看他们所持的理由能不能把马克思价值学说推翻，我们只看他们是不是能把马克思价值学说全部弄清楚——这样就可以容易的答复他们。他们所谓使用性，当然是指在交换中的商品说的，但是，在经济学中，不管具体的使用性也好，所谓一般使用性也好，总而言之，在商品交换比例的决定上，是没有它的地位的；如果是以使用性做交换比例的决定的理由，那么，不但因使用性是主观的，决不能当作客观比例的标准，并且根本就不会有交换存在了（因为交换人的生产物对他自己都是没有使用价值的，问题只在个个商品生产者间的交换关系，不在商品之自然科学的一般性质）。所以在马克思价值论中，虽有时说到使用价值，那也只是在它尽了交换价值的负担者（trager）的责任的范围内说说而已。即是说，因为所谓使用性，是人对物的关系，而价值是人对人的关系，所以这种人对物的问题当然不能在经济学研究范围之中，除了在交换过程中作为价值的负担者或物化者之外，是不容许占任何位置的。在人对人的范畴中，绝对没有什么使用性存在的余地，在理论上已很明显，并且事实上在交换过程中，卖者也不是为自己的生产物的使用价值才卖的，也不是靠它去决定交换比例的；所以使用价值这东西，在交换比例的决定上，是不发生任何关系的。个别的具体的使用性既然对价值的决定，不发生任何关系，不消说，那种由具体的使用价值中被蒸馏出来的所谓一般的使用性，当然也是不发生任何关系，而应该被舍象的了。总之，使用价值与价值的决定无关，不是马克思没有注意到的，而是他充分注意到的，只因他认定使用价值是一种物件本身的性质，不能在价值的决定上发生关系，所以把它舍象了去，不多加讨论，而非难马克思者，却没有明了这一层，将漠不相关的使用价值如何可以蒸馏，如何可以抽象为一般使用性，等等作为非难马克思价值论的口实，而斤斤致辩于马克思价值学说的不充分与不彻底——这真是错误到万分。

退一步说，就承认一般的使用性是在交换比例上有作用的，试问如何拿它去决定价值？如何去测量价值的大小呢？如果说是可依米可吃，布可穿的一般作用而行决定，那么为什么米的一单位比布的一单位价值大呢？米一单位和其他生产物相比时，何以价值又小呢？凡此种种问题，如何解答？若以一般使用性的大小来回答这些问题，试问一般使用性的大小，又是以什么为标准来决定呢？如此种种的问题，是必然发生的，而且也是必然无从解答的。其结果必然的成为飘渺不可测定的东西，而价值还是价值；因为使用性这个东西，根本上是商品的质的问题，而价值是量的问题，故所答非所问，而毫无是处。本来就是量质各别，牛头不对马面，所以尽管表面上勉强自圆其说，然其实是不合乎科学原则的解答。总之，因为使用性大小的观察，完全是主观的，如同是一个东西，在你认为使用性大，而我认为使用性小的例子很多，所以如果以完全主观的使用性来解说价值的大小，那不但不合理，而且因无一定的单位去测量的缘故，结果还是虚渺无凭。这样看来，抽象的一般使用性的说法，因为和价值的决定无干，又是虚渺无凭的，所以根本上就成为无意义了。由此还可以反证，关于量的问题，只有以马克思的价值学说来解答，才是正确不错的；同时也可看见，一般人所认为有力的批判，如何理由薄弱，只是一些无意义的赘辩了。

上面所述，只是关于蒸馏法的批判的第一种，现在且看一看第二种批判蒸馏法的人们。他们说，蒸馏法纵然可以成立，但得到的所谓抽象劳动是空的，结局是观念上的东西，犹如论理学上的抽象观念一样。例如对于无数树子，如把颜色大小形体等等都丢开了去，得出的共通的东西，只是人类脑筋里的关于树子的一个概念；这种概念是不实在的，是空的。因此他们说，马克思的抽象劳动，也是和这样抽象概念相同，不是实在存在的，而是空的。抽象劳动既是空的，则马克思的价值论以及与价值论有关的东西，都变成空的了；剩余价值当然也是空的了。我们现在看一看这种说法对不对，我们如把前面第二节里关于抽象劳动的性质的说明看看，就知道这种说法无的放矢了。我们知道，抽象劳动不是普通论理学上的抽象，也不是脑子里造出来的，而是把种种复杂的情形中和价值有关的留着，无关的丢开，即用舍象的手段，得出来的东西，所以这种抽象不是论理学上所说的那种空虚的孤立的抽象，而是实存的普遍的抽象。如像商品虽都是具体劳动创造出来的，但具体劳动除了构成使用价值以外，在价值构成上没有别的关系，而另一方面则交换价值因自己是社会的关系，不能把自己凭空表现出来，而只能寄存在使用价值的上面；因此我们在说明价值的实体的时候，就非把与价值有关系的东西拿出来抽象，无关系的东西丢开不可。这种抽象当然是实在的，因为自从有了商品以后，事实上所谓社会的抽象劳动就非存在不可，如果抽象劳动不存在，就无从交换，就没有商品。既承认商品的存在，就不能不承认价值实体的抽象劳动的存在。所以说抽象劳动是实在的，并不是普通概念的抽象，不是所谓劳动一般即生物学规定上的劳动。最近日本河上肇氏所著的《资本论入门》一书，关于这种批判的驳斥，有一个很好的比喻，我们特别在这里把它提出来。他说，如果抽象劳动是虚伪的，那么也可以说货币所代表的富力也是虚伪的。货币当然具有一种抽象的力量：因为货币是代表一切东西的一种抽象的富力，所以我们才能够只要有货币，就拿它去交换任何的其他的商品。事实上我们拿一定数量的货币和一定单位的米交换，在交换比例的决定上当然是和货币的使用价值，重量，等等不相干的东西无关的，如把这些无关的东西去掉，我们可以得着一个抽象的力量。这种力量也是抽象得来的，我们可不可以说它单是脑筋里的抽象概念？当然这种抽象是实在的，绝不是论理学上的抽象概念。当作商品实体看的抽象劳动的实在的存在，正与货币在交换当中，把一切具体的东西都丢了去，只留着抽象的力量一样。所以一切货币既然可以有抽象的富力，一切商品抽象价值存在，当然也可以说得通了。由以上河上肇的比喻，也足以证明这种批判者的谬误。

三　第二种关于马克思价值学说的批判，是说：价值的构成不仅靠抽象劳动，还有自然力也可以构成它，而马克思的劳动价值说却没有把自然力包含在里面，所以是错的。这种批判大抵是心理派的主张，在表面上看有点力量，并且像这样批评的人也很多。其实完全是错误的，他们还不及正统派，就连正统派的学说也没有认清楚。正统派的劳动价值说虽然不完全，然而李嘉图和亚当·斯密还能认为价值是与自然力无关系的。所以这种批判的人，不但是对马克思，就连正统派也被他们批判了的。我们该如何去反驳这样的批判呢？

第一，这种批判不合事实，因为马克思不但把价值的本身说到，而且也把自然力顾到。他说价值的实体是抽象劳动，但同时没有把自然力丢开。他们说马克思的价值说没有顾到自然力，根本就与事实不合。虽然在《资本论》上没有明确的说明，但他却曾经指明自然力与商品有关联。属于这层，有两个明显的证据，证明马氏对于自然力并未忽视，恰好与批判者的说法相反：（一）他在《资本论》的注释上曾说："劳动是一切物质财货的父亲"［这句话本来是正统派以前英国有名的经济学者柏提（Petty）所说，马克思承认是对的，所以引用它］，下面又说："土地是一切财货的母亲，父亲母亲二者结合起来，构成一个生产的东西。"由此看来，马克思当然没有忘了自然力。关于这层，在布丹的书上面也说过的。（二）还有在德国社会民主党的《哥塔纲领》起草的时候，马克思看见了草案以后，即加以批评。因为"哥塔草案"的第一句话就是"劳动是一切财货一切文化的根源"，所以马克思对于这句话大加反对；他说，一切财货的根源，单靠劳动是不成的，还要靠土地即自然力。由此可以知道，对于财富的生产只靠劳动的话，马克思也是反对的，他的反对，正和批评者一样无二。

第二，这样批判的人，根本上没有把价值和财货的区别和关系弄清楚，所以才发生谬误批判。马克思所说的抽象劳动，是从商品的价值问题上看，说只有抽象劳动才能构成价值的实体，而并说着与价值绝不相同的财货问题，而批判的人，却没有把价值与生产物两个问题分清楚。我们知道，自有人类以来，就有生产物，就有财货；但它们当然要靠劳动与自然力二者结合，才能发生，因为没有自然，人类就无从产生种种东西，而没有劳动，从一般说，自然也不会成为可供人类使用的财货，所以始终要有劳动与自然力二者才行。可是，自生产品变为商品之后，就生出一种新的东西即价值来。当然，有了商品以后才有价值。只因为在商品生产关系下面，有了劳动是社会性的而生产物是私有性的，这种矛盾的存在，所以就不得不实行一种交换，不得不有商品，不能不有所谓历史范畴的价值这样东西发生。所以说，一切财货在没有商品以前就有了的，而商品却不是在任何社会里面都有；它是历史的范畴而不是永久存在的东西。总之，商品是兼有价值的财货，而不是只含有自然力的财货，所以价值之内应该也有自然力存在的说法，显然是还没有把财货和商品的区别认清楚。财货是自有人类就有的，而价值是新的历史的范畴，所以它们绝对不同，但是事实上二者却绝不是不能两立的互相冲突的，而是互相关联结合的；商品还是一种财货，还是要靠自然力的；它一方面是一个商品，在价值方面显作用，一方面是含有自然力的财货，在使用价值方面显作用，两方面也不冲突，也没有关系。这是说，交换的能力与自然的能力是没有关系的，因为自然能力虽始终是参加商品的生产，但也始终只能构成商品在财货方面的使用性质，而与价值绝无关系（因为价值是历史的范畴，是商品社会以前没有的，而自然力却是人对物的关系，是自有人类以来就存在的），如果自然力和价值有必然关系，则商品就早应该从有人类以来就有了。那自然与事实不符。

四　第三种批判不是就价值论的本身来说，而是用一种论理学上的方式来迷惑人。这也是心理派所主张的。他们说：如果价值的实体是抽象劳动，如果可以由抽象劳动来决定商品价值的大小，那么，劳动的价值又是拿什么来决定呢？如果它是拿劳动者的生活资料的价值来决定，那岂不是一个循环论？我们知道在资本主义社会里面，仿佛劳动也是有价值的。就如工人，仿佛就是把劳动卖给资本家的，并且大部分的商品是由这种劳动的卖者的工人造成的。因为如此，所以很容易构成刚才那种疑问，问劳动的价值又是拿什么来决定。当然，现在说的这样的批判，是与剩余价值论有关的。在剩余价值论里面，马克思曾说，劳动力（不是劳动）的价值是拿劳动者本身及其家族的日常生活必需的消费物品的价值来决定，而批判马克思者却把劳动力的价值，硬认为就是劳动的价值，因此，就批判马克思所说为循环论，以为既说商品的价值是由劳动来决定，又说劳动的价值又是由劳动者所消费的商品的价值来决定，那岂不是一种循环论，结果等于没有说明。所以他们不是批判价值论的本身，而是从价值论与剩余价值论的中间的连结来批判，不是从马克思学说的正面来批判，而只能从侧面来批判。这是一种很巧妙的说法，乍看起来似乎是对的，所以是一个日常很动听的说法。其实它却是完全错误的。

何以故呢？关于这个，我们可以用最简单的话去说明：本来，马克思对于工资与劳动的价值，是在《工资与利润》那本小册子上面说过；这是一本讲演的稿子，他在上面虽曾说工资就是劳动的价值，但他又曾声明，因为当时的听者是工人，对于细微理论分不清楚，所以为通俗起见，暂且那样说；即，只因为这是通俗的讲演，所以拿 value of labour（劳动的价值），来代 value of labour-power（劳动力的价值），其实他的意思是说工资是劳动力的价值。关于这一点，恩格斯在他的《反杜林论》上面也曾说过：只要有经济学常识的人，就知道工资是劳动力的价值，而不是劳动的价值，因为劳动是没有明显的一定的内容的，不能作为买卖的对象，所以，如说劳动的价值，这简直是无意义，等于说"价值的价值"。原来，只有劳动力才可以作为买卖的对象，所以工资只能是劳动力的价值。

劳动力与劳动是有区别的：劳动力是一个物质，而劳动是劳动力发生出来的作用，作用不能成为买卖的对象，所以结局是劳动力才能有价值，而劳动是不能够有价值的。如像你雇一个工人，你只是买他的劳动力，而不是买劳动力的作用，因为劳动力作用的大小是可以变动的，是无定准的：如果它好好的发生作用，就可以产生很大的价值，如不好好的发生作用，当然是就会得着相反的结果。因此资本家在买劳动力的时候，也只能买得一般基础的劳动力而不能买得劳动力的作用——虽然他也希望它发生作用的结果，比劳动力的价值即工资多，即是说，他也希望劳动力的作用超出它的买价以外。马克思所说工资由劳动者的生活必需品来决定的话，正是表示资本家的所愿，因为工资太多的时候，资本家不会去买，而工资太少的时候又不能发挥劳动者的力量（因为如果工资太少，比如在一天八角钱的工资才能维持生活时，要是减到四角，劳动者势必饿着，而不能做工了，所以工资也不会太少）。结果就会到达一种与刚好可以维持劳动者生活的必需品费用相当的状况。日常生活必需品的费用多寡，当然是以劳动力的继续维持上所需的分量的多少作标准，去决定的。当然，劳动力的价值和由劳动力所生产的结果（即劳动者得着生活必需资料，而实行劳动之后所生产的生产物）的价值，不一定常常相等，而在原则上是要后者大于前者的；如果二者是常常相等，那不但资本家不肯去买劳动力（因为那是白买），结果人类也就不会有今日的进步，因为老是用同样价值的劳动力去产生同量价值的生产物的时候，人类就没有积蓄；只因劳动力本身与其作用的大小不同，劳动者用了与劳动力的价值相当东西以后，会发生更大作用的缘故，所以人类才能进步；更简单说来，如果劳动力的价值与劳动力的作用的结果的价值相等的话，就不会有今日的世界。这是马克思在剩余价值论上说明了的。

据上面所述，可知批判马克思的劳动价值说为循环论的人们，根本上是误解了工资的本质，根本上没有懂马克思的剩余价值论，不然就是他们怀着恶意，故意那样曲解误评，因为如果照他们上面那样说马克思的学说是循环论，则价值论与剩余价值论都不能存在，则对于他们的政治上的利益，即对于马克思的剩余价值论的打倒，是有帮助的。

因为马克思的剩余价值论不容易明了，所以有许多的中国学生，也有如上述批判者的质问，就是在教员当中，也有许多人存着这样的疑问，所以我们对于这一种批判，要彻底认识其错误，而加以反批判。当然，上面所述还不是充分的说明，要想充分的说明，要讲了剩余价值论以后才行。

五　另一种批判的人说：如果商品的价值是由所含劳动的分量来决定的，那么，商品的价值的分量，就该有一定的，但事实上，商品的价格常常变动不定，就是同时被生产的商品的价格，在同一社会上，也是动摇不定，因此，可以反证商品的价值，不是由所含的劳动来决定。因此，所以他们主张，商品的价值存在商品之外，不是由它本身的客观来决定，而是因外界买者的主观的重要程度的不同的缘故而决定。他们以为这样就可以一方面证明商品的价值在商品的外部，一方面证明劳动价值说的错误。这种说法当然是更薄弱更无力：他们不但不懂马克思的价值学说，就连正统派的价值学说，也因不懂得而一并反对。这种说法，主要的是心理派的经济学者主张着。我们的反驳可以分为两层：

第一，我们已经知道马克思所谓抽象劳动价值说有两部分：一部分是说价值的实体是抽象劳动，第二部分是说价值的大小是照社会平均必需的抽象劳动来决定的。马克思所谓社会平均必需的抽象劳动，原来是可以照社会劳动条件的变动而变动的，所以价值的大小也随着平均劳动的变动而变动；因而生产时候的价值与实现出卖时候的价值不一定相同；例如像现今美国的棉花小麦，因为实现时的价值比生产时候低落太甚的缘故，所以把一部分投到海里边去，想借此提高到与生产时候的价值相近（当然这里还有价格问题在内，上述是姑且舍开价格问题的话）。这就是价值因平均劳动而变动的一个例子。所以马克思根本上并没有承认卖时的价值与生产时候的价值相同而固定不变。马克思不但是认为社会的必需劳动是有变动的，并且说价格与价值的统一是相对的（变态），而它们的分开是绝对的（常态），它们常常不能一致（关于这一层，我们以后还有说明）。总之，马克思认为价格与价值的一致是相对的，而其不一致却是绝对的；即，它们的不一致是原则，而它们的一致却是例外。同时认为，只因有价值的法则存在着，所以价格与价值虽常常不一致，而常常向着一致走；也只是因此，而无组织的商品社会才能在盲目中有个规则。如果价值与价格老是一致，商品社会就不能存在。在事实上却是这样：如果某种商品价格比价值高，则大家都想去制造，结果就会因为供过于求的缘故，而价格比价值就低了；这时，大家就不去继续制造，而价格因求过于供的缘故又会涨上去；因此价格常是这样的上下动摇不定。所以，如果拿这个价值动摇不定为理由，来否认劳动价值的学说，就等于拿马克思的价值说来反驳马克思，所以这种反驳根本不能成立。再说，社会科学的目的是要讨论社会的全体而在其中找出一般的倾向或法则，并不是在列举个个的实例。所以社会科学的理论，只带一般的平均的性质。比如小手工业者本是日趋没落的，但是，其中的少数个人，或因取媚于资本家，或因为某种特殊关系（如发明），也可以一跃而为资本家，我们决不能因此就说小手工业者日趋没落这个倾向不对。关于这一点，马克思在《资本论》的序言上也曾说过：社会科学的理论是一般的平均的性质。所以不能拿几件特殊的事例，认为一般的原则。更次，原来，马克思的价值学说，不限于《资本论》第一卷，即在《资本论》第三卷上面，也还有平均利润的法则（平均利润论的本身，我们在后面说），说一般商品价格在资本主义社会之内，除了价值以外，还要加上平均利润的关系；因为资本家拿出钱来买劳动力去生产，只是为要得到利润，所以商品价格除了价值之外，还要加上平均利润。因此，更足以证明价值与价格在资本主义社会里面，根本就是不能一致的。并且，在资本主义社会里面，除了平均利润以外，还有独占价格的事实（这种关系我们在后面还要说），如农产物因为土地是有限的东西的缘故，耕种的人不能不出地租，所以农产物就不能单按普通价值的理论来解说，还要加上独占的价格即地租在里面才行；又如电车公司因为是独占的，所以他们可以自由的把电车价格提高，因此，关于电车票，也不能用普通价值论来说明。由此更可见价值与价格的不能一致是必然应有的事，我们决不能拿它去非难劳动价值说了。

第二，如果除开批判，照他们的主张，说价值存在商品之外，则结果，商品的价值的客观性就没有了，价值就变成主观的了。但是每个人的主观却是常常有变动的，如果是拿主观的重要程度来决定价值，那就除非在沙漠之内或孤岛上的一个人才能去决定。但事实上却没有那样的情形，所以价值在商品之外的话，结果是一种糊涂的话。总而言之，这第四种批判，也是不合理的。

六　我们在前面已经把比较有力的批判，大略说完了，现在且说比较无力的批判；这种批判，虽说是比较无力量，然而我们却常常碰见，所以也应该拿来说一说；如像法国的基德的批判，就是其中之一。基德也是一方面批判劳动价值说，另一方面努力说明价值不是劳动的生产物，而是主观的东西。他以为商品的价值是一种概念上的观念，完全是唯心的；因此他就认为劳动价值说是唯物的，而且是过于唯物的，甚至于是违背了价值的本性的学说。像这样的批判，乍看起来，似乎不易了解，尤其是所谓"过于唯物"一语的意义，更不易了解。因为我们研究经济学时，普通都以为唯物的观点是很好的，为什么"过于唯物"这句话反是不对呢？基德主张价值是主观的，而我们前面说价值是客观的才好；对于这个疑问，我们又如何答解呢？要答复这个问题不难，我们把它的根源弄清楚了，就可以立刻回答和解决。基德原来是一个中间派的经济学者，还不是别的中间派，而是心理学派与正统学派之间的折衷论者，但是，他在价值论上，则是偏于心理学派的；因此，所以他一方面主张商品的使用性是客观的，另外一方面，又主张与使用价值相对待的价值之大小，是由人类对于某商品的使用性所考虑着的程度的轻重而决定的，换句话说，它是由那种因供给与需要的关系而来的供求法则所决定的。所谓供求法则的意义是：如果人类对于某商品的需要多，供给少，则其价值就增高；反之，对于某商品之供给多，需要少，则其价值就低落。不过，要知道，这个供求法则，在马克思经济学上只是拿来说明价格之变动的，从未拿来说明价值之实体（并且也不能拿来说明）。而中间派的学者基德，则不然，他以为这个供求法则，是说明价值大小的唯一的标准。所谓人类对于某种商品的需要程度的轻重这句话的意义是这样：人类把商品的使用性认为重要的时候，价值就大；反之，认为使用性较轻的时候，价值就小；如果认为不要的时候，价值就没有了。这本是奥国心理学派的学者对于价值本身的主张，而基德的价值学说，大体上是站在这种主张上面的，所以可以说是完全袭其故技，玩此旧戏法。因为他根本把价值这个东西，看成这样主观的唯心的，所以对于劳动价值说即价值存在于商品本身的说法，他以为那是过于唯物了，以为那是当然不对的。但是，我们在平常却说唯物的客观的才是对的，因此，所以我们就发生了上面那种疑惑。这是他的学说的来源和内容的说明第一点。其次，关于基德如何将他所主张的价值变为客观的价值的问题，在此也有解释的必要。基德根本上认定商品的价值，从各个人看来，是主观的；但是，只因商品是自由竞争的，是可以被任何人买卖的东西，所以就产生一种自由的供求关系，更因这种自由的供求关系的存在，自然而然的就会产生一种供求法则（刚才说明过的）。于是在这种供求关系上，就可以看出商品的价值。所以，从各个人对商品所加的轻重程度来看，价值虽是主观的，但是，从随着供求法则的进行而价值有变动这一点看来，价值又是客观的。这就是基德对于主观的价值何以变成客观价值的说明。当然这种主张，并不是他特有的，而是心理派已经主张过的。这是他的学说的来源和内容的说明的第二点。

以上所述的两点，都是关于他的学说的说明和解释的要点（详细见次节）；像这样的说法，乍看起来，仿佛是对的，特别是初学的人更容易被他迷惑。但是，如从我们前面所说的劳动价值说整个的看来，这种说法当然是毫无道理的说法。我们为便于了解起见，且分为三点去反驳它：

第一，当作"素朴劳动价值说"或"过去劳动价值说"的批判看的谬误。所谓"素朴劳动价值说"，就是以每个商品生产时所支出的劳动，来决定价值多寡的说法。这种说法，只有在正统学派以前的经济学说中曾经有人这样主张过，而基德没有弄清楚，误认马克思的社会的平均未来必要劳动说就是素朴劳动的说法，所以他以为这是过于唯物。他那种过于"唯物"的批判，本是可笑的，毫无根据的对于马克思的价值说所加的瞎评瞎话，但是，就退一步说，他纵然能够那样驳倒素朴劳动的说法，然而也不能损伤马克思的价值学说，因为素朴劳动说与马克思的劳动价值说，本来漠不相关；他简直没有弄清马克思劳动价值说是什么意义，就来批判，当然是不对的。所谓素朴劳动价值说，在经济学的派别中，只有经济学未成立以前有人主张过，亚当·斯密也不曾单独这样主张过；到了李嘉图，就是明白的单独主张未来劳动价值说了。不消说，素朴劳动说与马克思的劳动价值说，不啻相隔十万八千里！马克思所主张的，是以社会的平均的必要的未来的抽象劳动时间，来决定和测量商品的价值，基德那种太唯物或过于唯物的批判，不但不能驳倒马克思的价值学说，并且连正统派的劳动价值学说也未驳着。像这样来批判，简直失掉了攻击的目标，当然是不足轻重的。

第二，以供求法则来说明价值的说法的谬误。在基德看来，商品的价值，一方面虽然是主观的，然而在另一方面却因有供求法则的缘故，可以变为客观的，因而价值的客观的大小，也可以说明；换句话说，就是他主张整个的以卖者买者对于商品使用性所抱的程度轻重，决定其价值的大小。但是，从我们想来，若循此例以推，在供给少，需求多的时候，价值就大，需求少，供给多的时候，价值就小，结果，不管价值之大小，倒还算有价值；可是，假定需求与供给两两相等的时候，岂不是价值就等于零了吗？像这样推演的结果，岂不成了大笑话吗？由此，一面可以证明他这种说法的不合理，同时还可以反证社会平均的劳动说法是很不错的：商品的价值虽有客观的存在，只因为供求关系的缘故，所以有的时候可以使价格高过价值，有时可使它低过价值。所以可以说，供求法则这东西只能说明客观上已经存在的东西即价值之变动，而不能够是商品价值的基础，或商品在市场中相互交换的比例的基础。从这一点看来，基德也是错误的。

第三，认为价值是客观的，而不是商品里面固有存在的东西那种说法的谬误。在基德看来，所谓客观的价值，不是唯物的客观，而是由供求法则所促成的，由主观变成的客观，即是说，价值这个东西，绝不是商品本身上固有存在的客观性质。这种说法，从马克思价值学说看来，当然是谬误的，因为所谓供求法则，只能说明价格的变动，并且，就是价格的变动，也还是环绕着抽象劳动的价值而变动，即拿它作为水准的（这点前面已经说过，后面还要说），而基德不明白这点，倒以供求法则来说明价值，这未免把价值看得太无凭，太变动了。但是，他比起素朴劳动价值说，还算是进步的，因为他还说明价值是有变动的，不像素朴劳动说所主张的价值，是固定而不变动的。无如素朴劳动说主张价值固定而不变动，基德又主张价值不固定而太变动——这两种主张立于极端相反的地位，结果都错误得一塌糊涂。原来价值如何决定的问题，只有认定价值的实体是抽象劳动时才能解决，而抽象劳动的测定，又是靠社会的平均的未来必要劳动时间才能完成其任务；可是，因为社会是变动的，所以商品所要的抽象劳动的分量也不得不随之而变动，因此，价值的大小，就不能按照其创造某商品时的过去劳动来决定，而是应把将来再生产时的抽象劳动，以及过去制造时的抽象劳动，全都加入平均计算，然后所得的必要劳动时间，才是真正的决定价值大小的劳动时间。所以价值本身当然是客观的；可是这个客观，不是单纯的客观，而是站在商品竞争原则之下去决定的平均客观。譬如铅笔价值大小，就不是限于被此铅笔本身所含的过去抽象劳动所决定，此外还有过去的平均社会劳动及在将来制造同样铅笔时所需要的平均劳动等等，要把这些都算在内去总平均，才形成一个必需的，可以决定这铅笔的价值的社会平均劳动。所以所谓客观，不是普通的素朴的客观，而是一个社会的平均的客观，即是把许多的抽象劳动都加进去平均计算了之后所得的最大的平均客观。我们由这点看起来，基德对马克思的批判，当然是不对的。他只能批判素朴劳动价值说。马克思的劳动价值说，不但不是素朴劳动价值说，而且与正统派的劳动价值说，也是大不相同。基德的批判，实在就连正统派李嘉图的价值学说，都没有批判着。

七　说马克思的抽象劳动价值说，不能说明一切商品的价值，结果就认为马克思的劳动价值说是不对的人们的批判　以这种说法来批判马克思的人很多，我们统统把它放在这段里面来，以便一举而说明其各个主张的错误所在。因为这种说法虽然是很肤浅的批判，但在表面上却很可以迷惑人，其中有许多也是很有趣味的，所以在此我们不妨详细点说。我们很常习见习闻的，听见人说：马克思劳动价值说，如果真是对的，就应该被适用于一切商品，然而商品之中，事实上也有只有价值而确实没有含着劳动的商品，所以马克思的劳动价值说，纵然是对的，也只是一部分对，并不能说明一切商品，所以并不是完全的，有科学的价值的。这种说法，表面看起来，似乎也不错，但，如果详细检讨，就可以发现其错误。但是在我们指摘和批判之前，为便于说明起见，特特先举出科学上关于原则和例外的几个原则来说：

第一，科学上所谓原则，不能不有例外，而且例外的存在，是不足以破坏其原则的。原来，一切的现象，都是不绝的变化着，并且宇宙间的一切现象，同时也是相关联着的，所以宇宙现象，特别是其中的社会现象，是极其复杂，极不统一的。我们对于这样极复杂极不统一的东西，为社会的利益起见，决不能因其太复杂而不去研究，倒是只因其太过复杂，所以非研究不可。因此，所以在千变万化又复杂而又不统一的现象当中，若能够找出一些支配一般的原则，也就算可以满足了；如果要知道整个宇宙的一切，要把它们的各侧面都要知道，那不但实际上确是不可能的，而且从理论上说，也是不合理的，因为我们所谓的真理，其实只能是接近于真理，绝不能是整个的真理。所以说，我们只能找出支配一般的原则，那种对于一般的原则的例外的存在却是必不可免的；不过，例外的多寡，却又依科学的进步不进步而定，如像今日的自然科学，因为方法比较多，比较好，很容易试验的缘故，其所得的例外较少，而今日的社会科学因为现象过于复杂，研究方法比较尚不完全，故对于所得的原则，例外的地方自然较多。总之，凡是研究任何科学的法则，都是站在一般的普遍的意义上出发，绝对不能触类旁通，尽括毫毛，所以有例外是当然的事实。如果一有例外，就说某种原则不当，那不但是吹毛求疵，而且事实上等于根本否认科学，特别是否认社会科学，甚至于否认社会现象。这样一来，岂不是笑话吗？比如说，现在的社会，谁都知道是资本主义社会，如试问是不是整个的社会都是纯粹的资本主义社会，则明明不是的，因为我们很易看到资本主义的初期，有封建社会的分子存在，到了末期，又有社会主义的萌芽存在（在资本主义社会内主要的是商品生产，然而也有自给自足的生产存在；资本主义社会的生产手段，主要的虽是私有的，但是也有公有的事实，如交通机关国有等就是明例）。如果以纯粹的资本主义社会来吹毛求疵的说，在这种情形下面，岂不是非否认资本主义社会不可？所以说，无论任何原理原则，都是就支配一般的现象而说，或是就站着统制地位的东西来说的，绝不能因有例外而就否认原则的存在。

第二，凡是不能以原则概括的例外，应该说明其例外的缘由。如像拿马克思的劳动价值说来说，它在质的问题上是认抽象劳动为商品价值的实体的，所以那种没有劳动而有价值的商品，当然算是例外，在这时，我们要解决这个例外能否打破原则的问题，只须看他是否对这个例外有方法去说明。如果他没有方法去说明的话，我们或者对他的原则犹可置疑。然而事实上对于没有劳动而有价值的商品的例外，马克思经济学已给了充分的说明，所以我们当然不能够以例外的存在而就主张否认其原则，就说劳动价值说是不科学的。譬如在物理学上，重力法则的原则虽说："凡物体不拘其量之轻重，如从同一高度落下时，其落下之速度相等"，然而这个法则，如在空气中行实验，就会得着相反的结果，即重者速，而轻者慢；但若在真空中行试验，则虽鸡毛与铜钱并落，也都是等速落下，仍与其原则不背；在这里，显然可以看见，这个原则在空气中行实验时所以会有例外，所以会不合原则，只是空气的阻力所致，只要物理学能说明这个例外的理由，则原则的存在依然是真确的。我们由这个例子看来，可知我们只要能说明例外的由来，当然不能以某种现象一时把本质掩饰，就推翻关于本质的原则。马克思的劳动价值说，对于例外已经有了说明，那么，何能仍以例外的存在而说其法则不科学？如果一定要那样主张，那只足以证明其自己之不科学而已。

第三，应该认清科学与常识的区别。本来，科学这个东西，不比常识：常识只能知道日常所见的表面现象，而科学则能发现现象下的本质。所以平常一般的所谓例外往往只是常识上的例外，而不是科学上的例外。科学上所认定的例外，与常识上的例外大不相同，后者是表面的不一致，前者是对于原则而言的，可以解释的例外。如像法国的葡萄酒，普通在五年以后，才有人买，若存放得愈久，它的价值就愈高；若以常识去观察或说明这种情形，就要怀疑，它在被存放的几十年当中，并没有被人增加任何劳动，何以会愈久愈贵；其实这只因为从常识看来，价值与价格是一个东西，而在科学家眼光看起来，价值是必要劳动所决定的东西，价格则是市场上以货币来表现的交换价值，二者本不相同的缘故。因为这个价值虽是比较不变的，而价格却是：（一）常常依供求法则等而变动的，（二）也有因独占的关系而提高的，（三）也有因资本有机构成过高而被提高的（原来，在资本主义社会里面，一切商品的价格，除开某商品应有的价值以外，还要加上一个平均的利润，并且这个平均利润还是通过资本的有机构成的关系而形成的；即是说某一资本的有机构成高的，可以把资本有机构成低的高利润移过来以填补其低利润，因而形成平均利润），所以这样一来时，如以常识观察，则因为层层的关系，越弄越不清楚的缘故，不能认识价格昂贵的所以然，而科学则不然，它本是为研究真象的而存在的，是由现象下面去发现本质的，所以比起常识来当然不同。因此，若以常识来批判科学，就等于以毫没有经济学的知识的人来批判经济学一样，结果必然的错得一塌糊涂。

把以上总结起来说：第一，例外的存在不能破坏原则，第二，例外应有相当正确的说明，第三，常识与科学，本来相异，绝不能以常识批判科学——这三点，就是关于原则和例外的，一般科学的共通原则。我们明白这几个原则之后，可以进一步来逐一的批判各种以马克思价值论的不能普遍适用为理由，举出例外来辩争的谬说，如下：

A：第一种的谬说，首先举出的例子是：（一）如农人在地中忽然掘出一块金子（但，假如这金子并不是某人所埋藏的，根本就是没有加过劳动的天然产物），这个农人仅仅以几锄的劳动，而获得最大的价值；（二）如里面含有很多金量的陨石，完全为意外的获物，其中并无劳动量，而依然有大的价值；（三）如地主耕地上的树木，并不曾特别加过剪伐或其他的任何劳动在里面而亦有价值；（四）如原始林根本就没有含任何劳动，完全是自然生长的东西，而仍有价值；等等。诸如此类的种种例子上的东西，在批判的人说，既然在市场上一样成为商品，和其他商品一样有价值；那么，岂非和马克思的劳动价值说，所谓任何商品的价值，是以劳动来决定的说法，相矛盾？试问像刚才所举的金子，陨石，原始林，等等天然产物，根本就是没有加过任何劳动的东西，其价值从何来呢？拿劳动价值说去如何解释呢？如果无从解释，马克思的劳动价值学说，岂不动摇了吗？这种论理似乎有力，其实如本着我们刚才说的几个科学的原则来说，却是很易答复的。他们所举的窖藏天然金子，自然在市场上也有它的价值，但是，这时所谓价值，并不是真的由劳动而来的，为该商品本身应有的价值，而是由一般的同样的商品所有的价值的反映而形成的价格（因为同样金子在市场上既有价值和价格，则这个幸运的农夫，照人类目的意识说，当然不会不主张所获金子也有同样的价格。从道德上法律上说，那另成一问题）。马克思经济学对于只有价格而无价值的东西既有说明，所以这种事例对于劳动价值学说并无损害。何况事属原则的例外，耕地而得到金子，真是千载难逢的偶然事件，在一般金子的生产中，其渺小也不啻沧海中之一粟，万不足以改变劳动生产品的金子的支配地位。所谓由陨石获得的金子，当然也和窖金的性质一样，用不着赘说。至于地主地面上的树子等，那只是因为于反映的关系之外又加上独占性的缘故而有价格。本来，在资本主义社会里面的私有财产制度下，土地就有它的独占性，因而使在土地上面的一切东西的利用都伴着代价即发生价格，而同时在社会上，从用那树子的人说，哪怕那树内本无劳动的结晶，然而只要它能和其他树木有同样的用处，他当然会仍把它当作有劳动的东西看待，就从卖者方面说，也绝没有因该树子没有含着劳动，就不要价钱而白送人的道理

（譬如说，这个树子在交换社会中和一般树子比照起来，应值十元钱的价格，而买者也仍愿出十元钱，则卖者会因其没有由劳动而来的价值，就不要他这十元钱的价格吗？社会上绝不会有这样的事罢）。譬如把用机器制造袜子和用手工制造袜子的人，两两相比较时，前者的生产品所含的劳动，在分量上当然要少得多，说不定只等于手工业者的一半的劳动，然而其制造的袜子却要以约莫同样的价格出卖；这就是一个明例。在这样的社会下面，如说，我们没有加过劳动的生产物，就不要价钱，那根本就不合乎现实的情形。因为在商品社会里面，一般商品都是用劳动产生的，所以就有很少数没有劳动的产物，也和一般的趋势不相抵触，它们自然会因供求法则或独占性等等关系，被消纳在一般商品之中，被当作由劳动而来的商品，由反映的作用，发生价格，和有劳动的生产物，一样的被拿去卖买交换的。至于所谓原始林，若果是生在荒山或孤岛上的，又还不归任何人所有，它当然是没有价值的；如该原始林所在的土地，是已归特定的地主所有的，那就当然会如前述，因土地具有独占性的缘故，而依反映性，使这原始林发生价格——当然只有价格而无价值。并且该树林，本身就带有独占性质（譬如说，一棵很大的松树，是经过几百年才能长成的，则这松树在时间上自然就有其独占性质了），因此也会因这一层而反映的发生价格。所以，如果我们拿带有独占性的东西，来批判劳动价值说，那当然是不对的。

　　B：第二种谬说举的例子是处女地，由这个例子，结果引出两个问题：（一）如商品的价值是由劳动来决定，则处女地并没有加过任何劳动，为什么也有价值呢？（二）土地的价值为什么可以无限的增高？从一般的土地说，都是耕种过的，所以它的价值或可以拿劳动价值说去说明，但是，土地的价值，比起一般工业上的东西的价值还要涨得快，特别是在人口增加的地方，其高涨更为显著。譬如土地由佃户租去耕种或居住，不几年之后，地租或地价往往飞涨，但是，土地仍是原有的土地，并没有加过多大的劳动，其涨价和所加劳动不相称；又如城市的地方，地价更是涨得很贵很快，最明显的如上海黄浦滩上的土地，在几十年前不过一个堆垃圾的地方，简直是不值一钱的样子，可是到了现在，情形却大不相同，几乎每亩要值二十五万元的左右，因此使那个地方发生"一斗土，一斗金"的谚语，但是，那个地方的地主，对土地并没有多加上什么劳动，纵然加过些少劳动，其分量也决不够这样大。像这些问题，从劳动价值说说来，又当如何回答呢？如果不能拿它去说明这些重大问题，则劳动价值说就应该是不对的。

　　我们看看马克思如何解答这几个问题。依马克思说来，土地如果没有加过劳动，当然是根本就没有价值。但在它有了特种关系和反映作用时，会形成价格，却又的确不可否认。但是，它也只能在私有财产制的社会里面，才有这种价格，尤其是在资本主义下的私有财产制下面，才特别流行。这是什么缘故呢？若简单的答复，就是这样：因为土地这个东西，在商品社会的私有财产制下面，自然的由一种反映作用而获得价格，而不是因土地本身所应有的价值而获得价格。因为人类在社会上从事生产，在在①都需要土地这种劳动手段，如耕种开工厂等等，都非要土地不可（因为土地这个东西为必要的劳动手段中之一，所以非要不可），若是已有土地，自不

---

　　①　意为处处、到处。——编者

成问题，若是没有就非想办法不可；但是，因土地在今日是有所有权的，不能任人们随便去使用，所以如要想办法，如要使用土地时，就非征求地主的同意或允许不可。然而地主却不会白白使人用他的土地，在今日的社会制度下面，他必然会同他的独占性的所有权，而要求一种报酬。这种在耕种或造屋子，作工厂等的时候给与地主的报酬，在经济学叫做地租（Rent）（关于这点，在地租论里面说得很详细，以后还要讲的，此处当作个既明的事实看）。本来土地这东西和资本是有同样作用的：土地可以生地租，资本可以生利息。因为在商品社会里，一切与资本有同样作用的，都可以换算或还原为资本，或行资本同样的作用，所以土地当然也可以发生和资本类似的作用；如像，假设资本有两万元，一年可以得着千元的利息，现在土地每年如有两千元的地租，那么，所有着这块土地的地主，也就等于所有着四万元的资本供他运用。所以如果对这块土地有人要买时，这土地的所有者即地主就非卖四万元不可。像这样的换算或还原，在经济学上就叫做"收入还原作用"（Capitalisation）。只因为这种还原作用的缘故，所以土地才有了价格，也只能有价格而没有价值，因为它不是由劳动价值而来的价格，而是为了独占的缘故而得的价格，处女地之有价格是因为这样，土地价值之所以增高，也是因为这个缘故（上海的土地价格特别高，是因那里独占性特别大的缘故）。反过来说，也可证明同一的原理，如像土地所在地的人口稀少时，价格就低，如果竟是沙漠或孤岛，那就也没有地租也没有土地价格——这就是明证。

这样看来，土地的价格的存在，虽是对于劳动价值说的一个例外，但仍有理由可以说明，而且是合乎科学的原则的说明，所以它对于马克思的价值学说，并不冲突。因此，所以这种批判并不足以撼动马克思的劳动价值说。

C：第三种的谬说所举的是美术品的例子：如各种美术品的价值为什么特别高，特别是名家的美术品的价值，为什么高到无以复加？在美术家画成一张画或生产出某种美术品时，就时间说，固然需要相当的日子；但是，在工人制造普通东西时，虽然费了和美术家相同的时间，然而结果的生产品的价格，比起美术家来，却常常相差天远，如像女工所做毛线衣衫的价格，至多不得过几元钱，而美术家的一张画，却值几百元，这是什么缘故呢？这不是和马克思的劳动价值说相冲突，而足以证明其不对吗？要答复这个质问，可分三点来说明：

1. 单纯劳动与复杂劳动的不同　所谓美术品不是任何人可以不学而能做的，即使去学，也要费许多的成本和不少的精力，才能学到一个美术家，而不是随便学学就会的，所以其产生的美术品，可以算是由许多单纯劳动总和而构成起来的东西，简单一句话说，美术品是复杂劳动的产品。至于女工等的工作，在学习的时候，比起美术家所费的成本和精力，当然要少得多，所以比较起来说，毛绳衣可称为单纯劳动的产物。依前节所述，由复杂劳动产生的结果，比起单纯劳动产生的结果，当然要贵得多。这是美术品的价值比起一般劳动产物的价值要高些的第一理由。

2. 资本有机构成的关系　美术不如一般职业那样有低的资本有机构成，而是含着很少的可变资本的，所以其资本有机构成照例很高；而照平均利润的原则说，凡资本有机构成高的，其生产品的价格也就较价值大，反之，资本有机构成低的，其生产品的价格也就较价值小，所以美术品的价格特别高过价值，从这一层看，也不是无理由的。这是美术品的价格所以很高的第二理由。

3. 可否复制的关系　如制造美术品的美术家病了或疯了，甚至于死了，那么，他的美术品，就势不能再生产了，结果价格就因稀少性而贵了（他的美术品，如果是准许人照相复制，那么其价格就会相当变贱的，所以自照相术普遍应用以来，美术品价格一般都比较跌落了）。严格的说起来，这还是因为它带有独占性的原因（因为独占可以使价格提高）；这个独占性是两方面的：一方面是私有财产制度下的物主有其独占性，另一方面是这个美术品本身就带有的独占性。不过，要知道，关于独占性或稀少性商品的研究，不应该属于一般商品的价值论的范围，所以马克思在一般价值论上不提它，而把它放在别处。这是美术品价格特别高的第三理由。

总结以上三个理由，当然可以凑成一个有力的理由，所以美术品的价格的增高，就会超出常人的意料之外。像这种情形，虽然是马克思价值学说的例外，然而仍是有理由可以去解释和说明的，所以它对马克思的劳动价值学说，不但无损害，并且愈足以证明非此学说就不足以说明商品的价值的全体。

D：第四种说法是说：如果劳动价值学说是对的，那么，同一的劳动，就应该有同一的价值，然而在事实上，的确不是这样的，如像在杀牛者的劳动的结果当中，不但牛毛不值钱，就是牛肋骨的肉与牛腿的肉的价值，也不相同，他如牛角，牛蹄等的价值，更不一样；又如棉花，棉子，棉茎等，都是同一劳动的结果，然而其价格都不相同。这是什么缘故？他们以为由此可证明马克思的劳动价值说的不对。像这种说法，在表面上看来，似乎是很有道理，实则完全是一种强辩的说法。如果这样说，不如说我曾经乱七八糟的雕了一块石头，用了一个多月的工夫，而其结果一文钱不值，所以劳动价值说是不对的学说，倒反简截了当些啊！原来价值论上所谓劳动是要与社会的需要发生关系的：不但没有使用价值的东西，绝对不能成为商品而有价值，并且所做的东西的社会的使用性如果小，则哪怕你用了一个月的劳动，其结果平均的价值还是小的，反过来，要是商品的价值大，则这个商品在社会的使用价值也应该大；因为社会平均必要劳动是含着社会使用性的。但是这并不是像心理学派一样，完全以使用价值，来决定商品价值的大小，也并不是像有些机械论者所想象，以为价值和使用价值是对立的，有了价值就没有具体劳动的使用价值。原来，商品是要有使用价值时才成为商品。如果使用价值小，从社会需要方面说，哪怕你用了同样大的劳动，还是少有人要的，甚至简直没有人要也未可知，因而也就没有价值也未可知了。所以刚才所说的例子，虽是同样劳动的结果，然因其对于社会的需要的满足上的意义各有不同，满足程度方面也各异，所以必然产生不等的价值。所谓社会必要劳动一语，如前面所述，就含有社会的需要程度在里面，所以如果社会性使用价值小，或完全没有，则在社会的重量平均上的作用就会减少或变为零，因此它的价值也就会减少或等于无。加以这些东西的价格的决定，还是要受所谓联合生产费（Joint cost）的法则的支配的，所以是一种特殊的例外，绝不能引来作为攻击一般的商品价值学说之资料。有许多人既不明了社会平均必要劳动所含的社会需要的意义，又不知道联合生产费与价格的关系，所以每看见同一劳动而价值不等的现象，就随便说马克思的劳动价值说是不对的，像这样的说法，表面上虽似巧妙，其实简直可以说完全不懂马克思的价值学说，根本上不值一驳。

E：第五种的说法是说：许多商品虽然经过劳动，然而它的价值与生产它时所费的劳动量相差太远，譬如煤油，海鸟粪，矿物，煤炭……这些东西，要使它们成为商品，固然要费点劳动才行，然所费的劳动普通是很少的，但是，结果其价值却很大，似乎与前面所述必要劳动量的说法不大相合，因此，他们就说价值的分量不一定是以劳动量来决定，并借此去攻击劳动价值说，这个的说法虽似巧妙，其实我们只要明白了前面关于劳动及商品的种种说明，就不难知道它的谬误：第一，因为这些东西是稀少的，是有独占性的，所以虽然是只用了很少的一点儿劳动，但是，决不能单照它的劳动量来决定价值，而须把独占的价格加上才行。第二，因为它们都是出在土地上的东西，所以占有土地的人，可以依前面所说的关于土地的独占的情形，去要求得一种特殊的代价，所以因这种土地的独占性的缘故，也可以使它们价贵。第三，照普通说来，消费的人们不能在这些东西的附近去使用它们一层，也是使它们价贵的一个原因，因为这些东西的价值不单是应把生产的必需劳动包在里面，而且要把搬运的劳动也算上才行，而它们都是很不容易搬运的，所以运输的工作上就费多量的劳动，因此价就贵了。由这三个理由，就可以知道为什么用过少量劳动的商品的价格和它的价值相差太远的原因了，同时也可以证明想拿这个问题来驳倒抽象劳动本身的人们，无疑的是他们自己错了。

F：第六种的谬说的举例是古董与陈酒。一般说，古董和陈酒都是越放久越贵的东西。如像酒，因为存了多年的缘故，就变贵了（照一般说，那是因为水分减少，变得格外好吃了的缘故，也有人说，那是因为在化学上起了什么作用的缘故，这种工艺学上的问题，我们且不管它），搁置年代愈久就愈贵；在另一方面，古董也是越旧越贵，譬如清朝康熙时的瓷器就够贵，明朝的更贵，又如洪宪瓷的酒杯，从前卖三元钱一对，到现在，已贵到十五元钱了，可见是愈往后愈贵。因为有这种情形，所以一部分反对抽象劳动价值说的人就说：如果以抽象劳动来决定价值，为什么陈酒和古董会因搁置年代愈久而价值愈高呢？要知道我们对于它们并没有加什么劳动，虽然在保存酒及古物时也许要费少许的劳动，然而究竟比不上古董和陈酒价钱涨的那么大；这是什么道理？对于这种说法（姑且单拿古董为例），我们的答复是这样：第一，所谓古董，如果当成商品来看（可是如像农人偶然在地中掘出了的古东西，经考古学家审定，断定它是古物之后，才变为商品者，当然是例外，我们指的是当作商品看的，古董店里的古董），在古董店本身说来，当然也是一种企业，因为经营古董的这种企业，从资本有机构成的高低来说，是非常之高的。所谓资本有机构成的高低意义，是这样：一种企业如果不变资本大而可变资本小的时候，这种产业的资本有机构成就高；反之如果不变资本比可变资本小的时候，就是资本有机构成低。凡是资本有机构成高的产业，它的商品的价格比价值一定高；反过来说，资本有机构成低的，它卖出的商品的价格一定比价值低；这是很正确的一个理论。我们知道，古董企业的资本有机构成比一般的企业还要更高，所以它的商品的价格当然就特别高。为什么这种企业的资本有机构成特别高呢？因为古董店所用的劳动者，只是几个看管商店的人而已，所以可变资本的量至小，而开古董店的人，为了保护古董起见对于所用的种种安全设备，如保险箱等等的东西所投的资本却比一般资本家特别多，所以不变资本特别多，因此资本有机构成也就特别高，因此，古董的价格就不能不比它的价值大得多。第二，所有一切商品的价格特别大的理由，大抵都因为带有相当的独占性，而我们说的古董，虽然其数不止一个，然而究竟在性质上是带有独占性的，因此，古董除了由第一理由而来的高价格外，又得加上独占的价格。由这二种理由，就可知古董价格之高是当然的，同时也可知以古董陈酒等例之不足以驳倒劳动价值说了。

G：第七种谬误的举例是名誉贞操等。譬如名誉可以值钱的事，这是日常所见的。我的一个朋友现在是医学院的教授，他从前在上海的时候，上海药房请他签名证明某种药很好，就给他五百元。像在这种事实上，他虽然在拿起笔来签字的时候也用一点很小的劳动，但是单单靠这一点劳动，论理却赚不了那么多；因此，可知并不是他的劳动值得五百元钱，而是他那博士的名誉赚的。这是以名誉赚钱的事实。又如不名誉，也是可以有代价的；如报馆里面探有某大官的一件不名誉的消息时，就可以向这位官敲索一万元的代价而为其包含——这就是不名誉也可以有代价的事实。至于贞操，也是同样的可以有代价，譬如操皮肉生涯的娼妓，就是以贞操出卖获得代价，但是她是不是用过劳动呢？又如未结婚以前向法庭请求贞操保证费，或离婚时请求贞操赔偿金也是贞操有代价的事实，然而这些女人，当然是没有做什么劳动，为什么就可以有代价呢？所以普通有人拿以上种种事实，来驳劳动价值说，以为它们既然没有含着劳动而都有价值，所以可知马克思的劳动价值说的错误。对于这种说法，当然也很容易解释。原来，劳动价值说是对一般的商品而言，至于特殊的东西，如果没有经过劳动而有价值，那自然是因由量到质的变化，因反映（反射）作用而来的；犹如一元钞票本是一张纸，从所含劳动量说，它无论如何不会值得一元钱，然而它确实是代表着一元，这只因为货币制度必然发展为一种信用制度，只因货币制度实行到了某一时期的时候，可以使本身没有充分价值的东西（如纸币）代表货币的价值。这种事实，就是因由量变质的变化而来的反映作用之一例。我们前面说过的土地之有价格，也是因为这个缘故：因为土地有限，世界上的土地只有这么多，土地数量本身并没有多大增加，而对于土地的使用，却日见增加了，所以土地虽然原来是无价值的，却因由量变质的变化，依反射作用，而变为有价格了。由此看来，我们就可以知道名誉本身虽也是没有价值的，而因为反映作用的缘故，就会因签上一个博士的名字而值许多钱：因为一种药品的贩卖发展到某程度时，分量多了难于销售，需要新的招牌才能发挥它本身的交换作用，而医学博士本身的名誉虽原来并没有商品价值，但是，在资本主义社会里面一切东西都商品化了的时候，却能当作招牌，而发挥药品的交换作用，因此，名誉也就反映的变为商品而具有价格了。名誉既是这样，它的反面物的不名誉当然也是一样，譬如做官的如有不名誉的事，可以影响到当作商品看的做官的劳动力，而不能继续下去保持官职，因此就不能不以一种价钱收买这种对于他的不名誉的消息，所以不名誉的东西，也可以由反映作用而有代价。贞操也是一样，它本身虽然并没有含着劳动，只因为在商品社会里面，一切东西都商品化了，所以贞操也可以因反映作用而商品化；因为它是商品化了，所以求性的满足的人，就可以用一种报酬去达目的，因此使贞操本身也变成有代价了。由此看来，可知这种反映作用的存在，当然不能推翻商品社会的价值法则。反过来说，如果名誉贞操等有价格，不拿由量到质的反映作用来说，就不能够说明。假定问那些反驳劳动价值论的人们怎么解释这些问题，他们必定无从答复。所以我们可以说，有价格而无价值的东西的存在，绝对不足以妨碍抽象劳动的价值说。

H：第八种谬说是这样主张：对同一件东西，往往在用过劳动时其价值反少，在不加劳动时其价值反多：譬如一张白纸，不去写的时候，或者可以卖一个铜板，若是被一个不会写字的人写了以后，便连一个钱也不值了；又如新闻纸在未印成字的时候，当然比印成字的旧新闻纸贵些——这都是例子。在中国依这种理由，去反驳劳动价值说的，大有其人，如马寅初（现在是所谓南京一带的大经济学者，其实他只是懂得私经济学，而不懂国民经济学，当然更不懂社会主义经济学），当他在北平讲学的，曾以一个很得意的理由，即用过劳动的价值反小，不用劳动的反而有大价值的理由，反对劳动价值说。他说：譬如拿中央公园的柏树为例，许多人拿十个铜板来买一张票进去逛的，大抵都是为了那里有柏树，这样等到几年以后，把门票钱积起来，数当不少，所以柏树的价值就变得很大了。柏树一点儿也不动，并未加任何劳动，然而可以增加价值，所以他认为价值的发生不是因为用了劳动。同时他又在反面说：假如雇用工人把柏树斫倒当柴卖，结果每棵至多值两元钱而已，比起当作游览物长在那里，每一个人看一次花十个铜板合算下来的价值，一定是差得很远，那么，岂不是用了砍伐的劳动以后，其价值反小吗？他以为由此可证明价值是不能由劳动去决定的。这种理论，是很浅薄的，如果懂了抽象劳动价值说，当然很容易去驳它。原来，劳动价值说上所谓劳动是指产生一种社会所需要的使用价值出来时的劳动，如果产生的东西，不是社会所需要的使用价值，这种劳动当然不是生产的劳动，而是白费的劳动。如纸是个商品，柏树也可以是商品，但是，如果加诸这些商品的劳动是破坏原来有的使用价值的劳动，那当然算不得是生产的劳动，而只是白费的劳动，甚至于是破坏的劳动（纸写了以后，就不能再写，所以是破坏的劳动）。又如柏树生长在那里，它遮阴的使用价值当然很大，如果当作木柴把它砍下来烧的时候，它可以充当的使用价值，却只是个较小的使用价值，所以把它砍下来时虽然也可以产生使用价值，但是同时却把比较大的使用价值破坏了，结果，当然是减少了价值。所以这样以为用了劳动时反而比不用劳动时价值小的说法，简直是胡说。他们不知道，所谓劳动是指生产的劳动，而不是指破坏的劳动。譬如拿破坏机器来说罢，因为机器是较坚固的东西，很不容易破坏，所以要破坏它，就得多费劳动，但是纵然费了很多的劳动把它破坏了，难道还能够因此增加机器的价值吗？很显然的这是不能的。但对于经济学无知的人如马寅初之流，却偏要那样说。像这样无知的说法也是常见的，譬如顾孟馀也曾说："麦子磨成了面以后也算是否定吗？"原来普通在辩证法上常引用一个例子，说麦粒种在土里面，这是肯定；长出苗来以后，麦粒没有了，这是否定；麦苗长大又生出新的麦粒来，这是否定之否定。关于这个例子本身的对不对，我们在别处再说，总之，这明明是就麦粒的发展说的，不是说他的破坏，可是顾孟馀则问："麦粒磨成粉以后也算是否定吗？"这当然是一种对于辩证法无知的说法，如马寅初对于经济学的无知一样。所以这些说法，简直不值一驳——虽然驳起来，很饶兴趣。

总之，以上所说的八种例外的存在，不单是都不足以打破抽象劳动价值说，并且这些例外本身的由来，也只有站在劳动价值说的立场上才可以说明，所以马克思的劳动价值说，仍是最近真的价值说。

（以上胡亚衡　邢润雨合记）

第四节　从抽象劳动价值说看来的种种价值学说

一　我们在上节已经把各种对于抽象劳动价值说即对马克思价值学说的驳论，反驳过了，现在应该更进一步，由抽象劳动价值说的立场，把各种价值学说，批判一下，以收表里互相印证之效。不过，由抽象劳动价值说的立场去批判各种价值学说，这件事，实在比反驳各种对抽象劳动价值说的各种驳论，那件事，还要困难：因为，一则各种价值学说中所谓价值的意义往往和抽象劳动价值说中所谓价值不同，在批判上不免费词，二则各种价值学说为数甚多，并且内容往往非常深奥不易理解，在经济学原理的讲义上，当然无从详细叙述，三则各种价值学说的发生都各有它的历史的原因，如不述它，就不能懂得它们的真正的意义，如果述它，又会侵及经济学史的范围，而使经济学原理的范围扩大。因为有上述种种困难，所以我们在这里，只好在下述三个条件下面，去行批判：

第一，把各种价值学说的历史的来源如何的问题，舍去不问，只就它们的内容本身，加以略解和批判。

第二，这里所谓各种价值说的内容本身，是包含所谓绝对的价值和相对的价值二者说的。在一般价值论上，常常有人把价值论分为二部分：一为价值的本质如何的问题即谓相对价值的问题。并且还有人以为：相对价值的问题是无论如何也无从解决的，所以价值论的内容只能是绝对的价值即价值的本质，但是，这种价值本质的讨论，在实际经济的价格问题的解决上，却没有多大的意义，所以价值论只是一些无益的空论，用不着十分注意它。不消说，这些议论都是错误的：价值的量的问题是否可以解决，这要看价值论的讨论的结果如何，才能决定，岂可以在未决定价值论以前，预存一种先入之见？其次，照抽象劳动价值说看来，价值的量的大小的问题，并不是不能决定的，所以只讨论绝对价值，那种主张，完全没有根据。并且，照前几节所述，价值的量的问题和价值的质的问题，二者还不是可以分开讨论，成两个对立的设定的。为什么？因为，如果想使价值论不落空谈，确有根据，就得像前章第三节及本章第一节所说的方法，先从价格的大小问题而到交换价值的大小问题（量的问题），再由交换价值大小问题到价值实体如何的问题（质的问题），更由价值实体如何的问题回到价值大小如何决定问题（量的问题），其次更由大小如何决定问题到价值作用如何，本质如何问题（质的问题），最后还须由本质如何问题到价值如何表现的问题（量的问题），才行，换句话说，应得在对立的统一的观点上，把绝对价值问题和相对价值问题联合统一起来，才行。

第三，这里所谓各种价值学说，只是就主要的各种价值学说而言的。因此，所以在各种价值学说中，一方面要把所谓素朴的价值说或单纯的价值说除去，另一方面，只拿几个在经济学说史上富有意义，在目前的经济学界还有势力的代表学说，作为批判的对象。详细说，第一，我们要把（1）单纯的效用说（Cairnes，Say），（2）

单纯的稀少性说（如 Senior，Walras），（3）单纯的认识说（如 Roscher，Ely），（4）单纯的生产费说（M'Culloch），（5）单纯的再生产费说（Carey，Ferrara），（6）单纯的价格价值说，即单纯不供求关系说（Seligman），等等，一切舍去不论，因为这些单纯的价值说的根据太过于薄弱，容易看出它们的荒谬，如像（1）说可以用"何以空气和水没有世人所谓价值？"（2）说可以用"何以白金不比黄金更贵，何以陨石不比金刚钻更贵？"（3）说可以用"何以主观上各应不同的认识会发生市场上的，具有特定限度的客观价值？"（4）说可以用"何以市场上的同种类而不同生产费用的商品都有大抵相同的价值？"（5）说可以用"如果一个商品的价值是靠它的再生产费决定的，如果所谓再生产费中是指一种和商品的原价相当的费用说的，那么，所谓再生产费说岂不是以问答问，即以价值答价值？"（6）说可以用"如果价值就是价格，如果价值的大小是单纯的靠供求关系如何而定的，那么，我们何以会有买了便宜或买上了当的判断，并且，在供给和需求恰相一致时何以仍然会有价值？"等等简单的反问，证明它们的错误，就是明白的例子。第二，我们在各种价值学说中，只把（一）正统派的劳动价值说，（二）限界效用说，（三）折衷说，（四）比率说或效用关系说，（五）社会评价说，（六）不要价值论的价值说，六种，作批评的对象。

二　正统派的劳动价值说　正统派的劳动价值说是最初发现价值的本质的一部分的学说，并且号称是社会主义经济学的抽象劳动价值说的来源，所以不但从彻底理解抽象劳动价值说的意义一层说来，有详细知道的必要，而且即为理解并批判其他各种价值学说，如像下述的折衷说，起见，也要详细认识它的内容。

　　不过，所谓正统派或古典派的内容却不容易决定，因为，不但有人把重农学派和亚当·斯密，李嘉图都包含在正统派当中（马克思就有这种主张），并且，就拿重农学派以外的正统派来说，各人之间也有很大的差异，很难拿一个人的学说为正统派全体的代表学说。这也不足异，因为正统派学说也和其他一切正在长成中的学说一样，本不是某一个人在某一时代创造出来的，而是集合先先后后的许多人的大略相同的意见而成的，所以这许多人的意见之间自然不得不有差异。因此，所以我们在说正统派的劳动价值说的时候，不能只拿某一个人的所说为标准，倒得拿几个被一般学者认为有代表资格的几个人的所说为代表。我们现在试以亚当·斯密，李嘉图两个人的所说为代表，去说明并批评正统派的劳动价值说罢。

　　A：亚当·斯密的劳动价值说　　亚当·斯密劳动价值说的说明，可以简单的分为下面几层：（1）商品的价值有使用价值（效用）和交换价值（购买力）的区别，二者的大小的比例不是一致的，所以我们不能拿前者的多寡，去测定后者的大小。（2）那么，商品的交换价值是靠什么决定的呢？这要分开来说，因为在单纯商品社会内和在资本社会内商品的交换价值的决定因子是不相同的。在资本积聚和土地私有制尚未发生以前的古代原始商品交换社会当中，当作商品的交换价值的测定标准的，只是劳动。为什么呢？因为在分业社会里面，各财货是由各人的劳动供给出来的，所以，从各所有者看来，各财货的交换价值，就等于它所能支配或购买的劳动分量。……所以一切财货的价值，从那个所有这财货而不打算自己去使用它或消费它，倒打算拿它去和别的种种商品相换的人看来，只是等于那种能够使他拿它去购买或行支配的劳动的分量。这是《诸国的富》①的第五章的开始处所明言的。所以如果单靠这一句看来，似乎亚当·斯密所谓决定交换价值的劳动，就是支配劳动。但是，在同一页的更下的几行中，亚当·斯密写着："一切物件的真实的价格（亚当·斯密：所谓真实价格就是交换价值），即是说，一切物件对于希望获得这物件的人所花费的真正代价，就是那种为获得这个物件时所费的劳苦和麻烦。"所以又似乎亚当·斯密所采用的，不是支配劳动而是主观的投下劳动。在同章内的中间，亚当·斯密还写着："同量的劳动，在无论什么时候和无论什么地方，从劳动者说来，都具有同一的价值；在通常的健康状况，气力，勤勉程度下面，在通常的技俩和熟练程度下面劳动者总得常常牺牲他的闲暇，自由，安静的同一部分"；又在第六章的开始处，还写着："当然，通常需要两天或两点钟的劳动的劳动生产物的价值，会比通常需要一天或一点钟的劳动的劳动生产物的价值多过一倍。"所以，从这里看来，更好像亚当·斯密所采用的，不是主观的投下劳动，而是客观的社会平均投下劳动。此外，亚当·斯密在第五章还写着："商品含有特定分量的劳动的价值，我们拿这个特定分量的劳动的价值，和那种被我们推想着它含有同一分量的劳动的价值的商品相交换。劳动是最初的价格（货币），是最初的，对于一切物品都被支付了的购买货币……"等语，所以也可以说似乎亚当·斯密所主张的劳动价值说实在是一个价值价值说，即似乎是一种以劳动的价值决定商品的价值的循环论，似乎他结局仍没有把价值的本质弄清楚，因此，所以我们可以断定的说：亚当·斯密所

---

① 指《国富论》，前文又作《诸国民之富》。——编者

主张的，在原始商品社会内决定着商品的交换价值的劳动，到底是一种什么劳动，这是亚当·斯密本人也没有确定的意见的。（3）到了资本社会，因为发生了资本的积聚和土地的私有，所以古代商品社会内部那种劳动价值（price in labour），即专由工资即对于劳动的自然报酬构成的价格，一变而为真实价格（real price），这种真实价格，是由工资，利润，地租三者构成的。在资本社会中，一切商品的交换价值，都可以被分解为这三个要素之一或它们的全部，所以，结局就是一切商品的交换价值都依存于三者而行有机的结合，结局也就是工资，利润，地租三者构成商品交换价值的源泉。为什么？因为在事实上这种社会中的商品的价格内包含着劳动者所受的工资，资本家所得的利润，地主所得的地租在内的缘故。亚当·斯密关于价值说的这种矛盾——一方面主张价值是由劳动决定的，一方面又主张价值是由工资，利润，地租三者决定的，这种矛盾——从亚当·斯密的立场看来，自然是当然的结论，因为，照上面所述，他的劳动价值说结局难免是价值价值说，并且他又未把劳动力的价值和劳动的生产的结果的价值两概念（看上节）分析清楚，所以，在他看见资本主义社会的工资，利润，地租三者都由劳动的结果支付出来那种情形时，当然也就不能不在劳动的价值（即他所谓工资）之外，加上利润，地租，而把商品价值的来源，误认为有三种了。（4）但是，同时还得知道，亚当·斯密所谓 real price 并不就是一个单纯的，由工资，利润，地租等的个个的情形而定的主观的价格，因为他在第七章认为在实际上工资，利润，地租，等等，都各有一个平均的自然的定率，因此它们相互之间也有一种自然的通常平均率；被这种通常平均率所规定的价格，叫做自然价格。通常一般商品的实际价格都是以这种自然价格（natural price）为中心，或上或下，绕着运动的；这种实际价格，叫做市场价格（market price）。由此，我们可以知道，亚当·斯密对于资本社会的商品价值，也和他对于原始商品社会的商品交换价格一样，一方面承认着主观的个个的价值的决定方法，一方面又承认着客观的社会的价值的决定方法：他关于这种方法，没有充分的说明，固然是他的缺点，但是，这种无意识中的方法，正是所谓对立物的统一法的一个适用，正是亚当·斯密的伟大之处。

从抽象劳动价值说的立场看来，对于亚当·斯密的劳动价值说，可以下如下的批判：（1）就全体看来，亚当·斯密的劳动价值说太不彻底，不但对于单纯商品社会的价值法则及资本社会的价值法则不能充分说明，并且对于二者之间的差异，也不能明白的加以统一联合的说明，所以亚当·斯密虽是科学的经济价格学说的最有光荣的先驱者，但是，也只不过是一个先驱者罢了。（2）就部分说来，所谓支配劳动说的根据，显然过于薄弱，因为一则从根本上说，财货的数量的多寡是靠劳动生产性的大小来决定的，财货的价格的大小是靠必要抽象劳动量的多寡来决定的，二者本无必然的关联，所以万不能拿一个财货所能支配或购买的财货数量的多寡——所谓所能支配或购买的劳动量的多寡，结局就是所能支配或购买的财货的数量的多寡——去决定这个财货本身的价格的多寡，二则所谓支配或购买原是一种以交换为前提的说话，所以，如果在研究交换价格的决定原因的时候，先就以交换的结果为前提，那结局不过是以问答问罢了。（3）亚当·斯密所谓投下劳动，如果从主观的投下劳动及个人的劳苦和麻烦出发，就显然是拿个人的评价去决定社会的价格，结局会发生种种不合理，像在技巧和熟练程度各不相同的甲乙两人交换他们所生产的 A B 两商品的时候，如果 A 的生产只需十点钟的劳动而 B 的生产却需要十二点钟，就无从决定所谓投下劳动到底是十点钟或十二点钟；在这时，如果把十点钟和十二点钟平均起来，求一平均投下劳动时间，那又显然不是以个人的投下劳动决定价格，显然是违背主观的投下劳动的意义了。反过来，如果从客观的投下劳动即通常的社会平均的投下劳动出发，那又显然是一种再生产时的必要劳动，而不是投下劳动了。亚当·斯密所以会陷于这种矛盾之中，自然是因为他不明白抽象的劳动和具体的劳动的区别即不明白所谓劳动的二重性——一方面是具体的创造使用价值的劳动，一方面又是抽象的创造价值的人类一般劳动，那种二重性——的缘故。（4）亚当·斯密的投下劳动说，对于异种类的劳动及异质的劳动，何以能够站在同一地平上而行比较相交换一层，不能加以充分的说明；他只说到通常的劳动量之间的比例是商品交换价值的决定因子，而没有更进一步说到社会的平均的必要劳动：这自然是因为他的个人主义的色彩太浓的缘故；但是，因此他却不能不犯一个更大的错误：在他说"当然，通常需要两天或两点钟的劳动的劳动生产物的价值，会比通常需要一天或一点钟的劳动的劳动生产物的价值，多过一倍"的时候，他显然又转到支配劳动说，错把所能支配的劳动生产物的数量，变成所能支配的劳动的数量了，这样一来，又陷入上面所述支配劳动说的误谬当中去了。（5）亚当·斯密所说的资本社会的价值法则即 real price 说，实在就是一个生产费说，这和他主张的劳动价值说显然互相抵触，而他又没有充分的说明二者的关联，所以也可以算是他的价值学说的一个大大缺点；并且，他对资本这种商品的本质并没有加以分析，特别是对于和资本有密切关系的劳动力这种商品，未加分析，所以他不能不因利润和地租两种东西的存在的缘故，而抛弃了他的劳动价值说而突然采用生产费说：这更是他的价值学说的弱点。（6）总之，因为亚当·斯密没有明白认识劳动生产物的数量，劳动生产物的价值，劳动力的价值三种东西的区别，所以他不能彻底解决价值法则如何决定的问题，剩余价值法则的问题及利润法则的问题，因此，所以他不能不在价值论上徘徊于支配劳动说，投下劳动说及生产费说之间。

B：李嘉图的劳动价值说　李嘉图的劳动价值说号称居于正统派经济学价值说的最高峰，能够除去亚当·斯密劳动价值说的矛盾暧昧，而使它成为一个一贯的整个学说，所以我们也就应得稍稍详细的加以解说和批判。李嘉图的劳动价值说的说明大致可以约成下面几点：（1）李嘉图的劳动价值说的最大特色，在他坚决的宣言劳动价值为全部经济学的基础，打破了亚当·斯密的不彻底，而把劳动价值理论同样适用于古代商品社会及资本社会。"最后，李嘉图站了出来，对科学宣言，叫它立正在这一层上。李嘉图以为资本制度的生理学的基础，出发点——它的内部有机的联络及生活进程的理解的基础，出发点——就是价值靠劳动时间决定着，一件事。李嘉图由这里出发，向科学要求，要它抛弃从来的旧习，看看其余各种更发展的，已被说明的诸范畴——生产及流通的诸关系——是和这个基础，这个出发点相对应着，或是否和它相矛盾着……李嘉图对于科学的伟大的意义，实在于此"。这段《剩余价值论》上的话，可以证明李嘉图的劳动价值说在他的经济学上有如何重大的关系。

（2）李嘉图虽把劳动价值适用于古代商品社会及资本社会两方面，但是，他却也未能真正做彻底的一元的解释，他认为劳动价值说仍有一个适用界限：它只能适用于几乎可任意增加数量的财货；至于不可任意增加数量的财货，如像珍贵的美术品及古物等，都只能靠它的比较稀少性，去决定它们的价值。李嘉图以为这些不能任意增加数量的财货虽然不能适用劳动价值说，但因为它们在实际市场上只是极少的一部分，所以在讨论财货交换价值的时候，可以放在考虑之外。（3）李嘉图对于几乎可以任意增加数量的财货所主张的劳动价值说内的劳动，彻底的是投下劳动，在这一层上他打破了亚当·斯密那种游移于支配劳动和投下劳动之间的动摇。他所以弃支配劳动而专采投下劳动，只因为所谓支配劳动的分量是随着市场的需要供给关系而常常变动的，所以难于用它去测定商品的价值，而投下劳动的分量却是几乎没有变动的，所以可以拿去测定商品的价值。不消说李嘉图的这种理由，从抽象劳动价值说看来，完全是不正确的。（4）在李嘉图所谓投下劳动价值当中，更有绝对价值（absolute value）或真实价值（real value）和相对价值（relative value）或交换价值（exchangeable value）的区别，前者是一个商品靠它的生产时所必需的劳动量来决定的，它不但和财富显然不同，并且和商品的交换比率也是毫无关系的；后者是一个商品靠另一个商品的数量表现出来的价值。李嘉图在这一层上面，明白的分析了价值的质的问题和价值的量的问题，可以说是较亚当·斯密进了一步。（5）李嘉图既主张绝对价值，当然对于劳动的质的差异，就不能不发生问题，因为，如果价值是靠商品生产时所必需的劳动量来决定的，那么，那种在事实上因工作种类，工具精粗，热心程度，技俩巧拙而来的劳动的质的差异，就不会在价值当中表现出来，而变成不合理。从抽象劳动价值说看来，这个劳动的质的差异问题，照前数节所述，只有把具体的劳动，归约成为抽象的劳动，把个人的劳动，变形为社会的劳动，才能解决。但是，李嘉图却未能看到这里，所以他只敷衍的说：异质的劳动，在市场上自然会受着异样的待遇，这种待遇，会把各异质的劳动分为各种确定的阶段，这种阶段一旦确定之后，是不易变动的，所以在考察财货的相对价值的时候，用不着去顾虑它。这种说明显然是一种遁词。

（6）李嘉图所谓规定着商品价值的劳动是兼指直接劳动和间接劳动或积蓄劳动说的：直接劳动是商品生产时直接花费了的劳动，间接劳动是那种被包含在当作资本用的财货即工具，机器等等里面的，在商品生产时重新移转到商品去的过去劳动。这一层，也是亚当·斯密所未看见而为李嘉图所发现的，一个劳动价值说上的要点。

（7）一切商品，不管它是工业品也好，矿业品也好，农产品也好，常常会在不同的生产条件之下，被生产出来，在极有利的生产条件下面生产出来的商品所需劳动，当然应比在极不利的生产条件下面生产出来的商品所需劳动为少；在这时，商品的价值到底是靠极有利条件下的劳动量决定呢，这是靠极不利的条件下的劳动量决定呢？他以为这是靠最不利的条件下的劳动量决定的。这个见解虽是李嘉图用以造出的地租论的基础的一个卓见，但是，从抽象劳动价值说的立场看来，却未免偏于一方，因为只有农业品的价值才靠最不利的条件下的劳动量去决定，工业品却是靠平均社会劳动量决定的。（8）在上述的范围内，所说虽不尽当，李嘉图总算能贯彻他的投下劳动价值说，但是一顾到资本社会的利润问题，李嘉图也和亚当·斯密一样，感觉到劳动价值说的贯彻之难，而不能不蹈亚当·斯密的覆辙，把自己的劳动价值说，加以修改。在资本社会内，因为资本家为追求最大利润而自由的对较有利的生产部门投放资本的缘故，发生一种和个别利润有别的平均利润（即同额的资本生出同额的利润，那种现象）；这件事，是深悉实际经济界情形的李嘉图所不能不承认的。既承认平均利润的存在，当然，就不能不承认在投下劳动之外，资本中的固定资本和流动资本的组合比率，固定资本的耐久性，资本的收回期间的长短，等等，也可以决定交换价值的多寡（例如资本相同的甲的资本的资本收回期间比乙短一倍时，甲可以在同一期间如像一年中，用同样的投下劳动，得着比乙加倍的平均利润，所以，如果要使同样的资本发生同一的平均利润，乙的每个商品的交换价值就得比甲贵一倍；但是因为乙的商品的投下劳动却是和甲相同的，所以可以证明在这时不单是投下劳动决定着价值）。反过来说，就是所谓投下劳动说，只有在资本的组合比率，固定资本的耐久性，资本收回期间的长短，等等，都能完全相同的时候，才能有效，但是，这些东西的完全相同是实际上不可能的，所以李嘉图投下劳动说的适用结局是非常有限制的；换句话说，就是他为平均利润的缘故，修改了他的价值说。李嘉图碰着利润问题就不能贯彻他的投下劳动价值说，这是不足怪的，因为建筑在个别价值说上的个别利润和建筑在社会总价值上的平均利润，二者的沟通，须得有剩余价值论作一过渡的桥，而李嘉图根本上就没有认识劳动力的价值和劳动生产物的分量两种东西的区别，因此也就根本上没有想到剩余价值论，所以他对于个别利润和平均利润的关系不能不始终持一个牵强而且回避的态度。

从抽象劳动价值说的立场看来，对于李嘉图的价值学说，可以作如下的批判：（1）李嘉图把亚当·斯密的种种谬误和不彻底，纠正贯彻起来，使劳动价值的原则可以适用于资本社会，成为经济学的中心，一面巩固了资本主义经济学的基础，一面又开了社会主义经济学的先路，在这一层上面，他的劳动价值说是非常值得研究的。（2）上述一层是李嘉图的价值说的大功，但同时却又包含着一个大错：因为他虽把亚当·斯密的劳动价值说，贯彻起来，使它可以适用于资本社会，但是，同时他却未分清单纯原始商品经济和资本经济的区别，他把原始时代拿野鸟和河鱼相交换的山蛮和渔夫，都看成了资本家，换句话说，他不理解资本主义经济的特殊性，他不明白资本社会的历史性，因此，他当然不能不误把资本主义制度看成有永久性的制度。（3）他在说明了亚当·斯密对于支配劳动和投下劳动的混同的错误，证明了商品的支配劳动常常大于投下劳动一层上面，虽然有卓著的进步，但是，因为他自己只知道劳动的买卖，不知道劳动力的买卖，对于劳动的结果和劳动力的价值二者的区别没有明确的观念的缘故，所以不能够按照价值法则去说明较少量的劳动（物化在可变资本内的较少量的劳动）和较多量的劳动（较多量的活着的劳动）何以能够互相交换；换句话说，就是他漏落了剩余价值论。因此，所以照上面所述，他对于个别利润和平均利润的关系及个别价值和总价值的关系，都不能有彻底的说明。（4）他虽然口口声声说他注意研究的只是相对价值，但是，他对于价值形态的发生论，从未加甚深的说明，他对于为什么劳动生产物会变成商品价值，为什么价值更会变成交换价值，商品的劳动何以会有二重性，何以具体的劳动不能不变成抽象的劳动，等等问题，都未能有确切的说明，所以他的相对价值论结局是空漠的，未能得着他所希望得到的结果。（5）从全体说，他的劳动价值说虽比亚当·斯密的劳动价值说较贯彻一点，但是，其中仍然含着许多漏空，限制和不彻底。

现在，试把亚当·斯密和李嘉图的劳动价值学说，总会起来，作为正统派的价值学说的代表，加以批判，我们就可以这样说：（1）正统派的劳动价值说虽然发现价值的质和价值的量即绝对价值和相对价值两种东西的区别，但是，只因在他们的主观上过于偏重相对价值的缘故，所以弄得他们对这两种东西都没有深切的认识；因为照正确的研究方法说来，必定要深切的认识绝对价值，才能真正的知道相对价值。同时也必定要深切的认识相对价值，才能真正的知道绝对价值。（2）他们不能明切的认识劳动的二重性，所以不能够把具体的劳动，化为抽象的劳动。（3）因为他们不知道抽象的劳动，所以他们一方面不知道价值的历史性，一方面也从未研究价值形态的发生关系。（4）因为他们不深切的知道价值的形态的发生关系，也不大知道劳动的抽象性，所以他们不能明确的认识商品价值的客观性，所以他们始终是偏于主观主义，始终是站在财货的个人评价之上的，所以他们不能充分的解释社会现象，所以他们对于劳动的社会性，价值的客观性，个别价值的一般价值化，个别利润的平均利润化，等等，都没有明确的认识，所以他们的劳动价值，结局会充满了漏洞，暧昧，不彻底。（5）他们始终没有把劳动的数量，劳动生产物的分量，及劳动力的价值（即劳动的报酬），几个概念的区别弄清楚，所以结果会发生投下劳动说和支配劳动说之争，结果一碰利润问题，就会发生此路不通的情形，结果就得抛弃或修改他们自己的劳动价值说。（6）正统派的劳动价值说虽然有上述种种缺点，但是，它对于价值论却筑了一个很坚的基础，只有在这种坚固的基础上面，后来的科学的价值论即抽象劳动价值说才有完成的可能，所以正统派劳动价值说在经济学上的功绩是不可磨没的。

三　限界效用说　这说的创始者虽号称是德国学者 Gossen，但是，Gossen 的主张还只算是限界效用说的一个萌芽。直到 1870 年时代，这说因为被奥人 Menger，英人 Jevons，瑞士人 Walras 同时极力主张的缘故，才成为一个有力的学说。到后来，经过奥人 Wieser 的欲望数量化说及 Bohm-Bawerk 的利息时差说的补充之后，这说才算完成了它的体系，同时，又因为 Menger，Wieser，Bohm-Bawerk 等都是奥人，所以这个界限效用说又称为奥国派的价值说。到最后，这说更因美人克拉克的社会效用说及德人 Schumpeter 的平衡说的补充，而达到这学说本身的最高峰。

据上面所述，可知这学说经过了若干年间的无数人的修正补充，当然是一个极其复杂的东西，同时也因为它在几十年间经了无数人的鼓吹，占着经济学界的相当势力，所以又是一个不能忽视，应该加以批判的学说。现在我们在前述三种条件之下，姑且把这学说分为数层，略加叙述和批判：

A：限界效用说所主张的价值的质及价值量的问题　关于这一层，可以分为下述几点：（1）照 Menger 所述，他以为投下劳动价值说只是一种架空的理论，和实际事实不符，因为，在事实上，有许多商品虽然在生产时费了很多的劳动，而有时却不能不以很小的价值出卖；并且，投下劳动价值说对于异种类的劳动，更难说明，更无从拿性质不同的劳动放在平等地位上去相互比较而决定价值的多寡，在事实上，在异种劳动的商品之间，也往往有劳动时间不长而价值反贵的，或劳动时间甚长而价值反贱的；加以，在事实上还有许多并未含着劳动而也有价值，或仅仅含着极少的劳动而具有很高价值的天然产物，都是投下劳动价值说所不能说明的（这种理论的不当，请参看前二节，自能明白）。投下劳动价值说既不能说明事实，所以只好舍弃不要，而从别方面着想。Menger 以为，要想圆满的说明事实，只有从人类的主观的评价方面着想。他以为凡物所具有的那种能够满足人类欲望的能力，叫做效用。如果人类认定物件的效用和人类的欲望满足的因果关系，而在事实上支配着这些物件，以满足他的欲望，那么；这些物件就获得了财货性而变成财货。这种被人类对着物件所承认的财货的意义（重要程度），就是价值；换句话说，价值就是在人类欲望满足上的特定财货的特定量所具有的意义（重要程度）。所以价值不是随便发生的东西，倒是由人类的认识而来的必然的结果；价值是人类构成的，而不是财货所固有的；价值的基础在人类的欲望满足，不在财货本身。不过，因为在事实上满足着人类欲望的财货不尽是经济主体自己生产的，倒大半是别人生产的，反过来说，因为在事实上人类不尽是直接用自己的财货满足自己的欲望，倒大抵是把自己的财货换成别人的财货，用间接的方法，去满足自己的欲望的，所以价值又可以分为使用价值和交换价值两种：前者是经济主体直接满足欲望时的财货的价值，后者是经济主体间接满足欲望时的财货的价值。（2）使用价值（这里所指的，自然是奥国派所谓使用价值）的量，是由主观的要素——即种种具体的欲望的充足那件事，对于经济主体所具有的意义——和客观的要素——即在个别的情形下面，具体的欲望满足因特定量的财货的使用而来的程度——二者如何而定的。从主观的要素看来，欲望满足那件事对于经济主体所生的意义有种种的不同，随着这种意义的不同而财货的价值也会有多有少：为维持生命的缘故的财货，比供其他之用的财货，对于经济主体要重要些，所以它的价值也要比较大些；供维持生命之用的财货以外的种种财货，当然也会随着它们对于经济主体所供给的福利的程度如何即强弱及继续性如何而异其价值。从客观的要素看来，在具体的情况下面，具体的欲望满足，会因所使用的财货的分量如何而异其程度，所以那种财货的价值也会因这种满足程度如何而有不同；举例说，如果在特定量的谷物可以分为五部分，第一部分是拿来供维持生命之用的，第二部分是拿来供维持健康之用的，第三部分是当作种子用的，第四部分是拿来供酿酒等奢侈之用的，第五部分是拿来供饲养禽畜之用的，那么，经济主体对于五部分的各一部分所具有的欲望满足的程度，就会各等于他对第五部分所具有的满足程度。为什么呢？因为从经济主体看来，第五部分对他所生的意义是最小的，所以无论他失去五部分中的哪一部分，他都可以拿第五部分去替代，就是说，他都可以照经济生活的原则，先牺牲禽畜的饲养。同样，如果他共只有四个部分，经济主体对于四部分的各一部分所具有的欲望满足的程度，就会等于他对于第四部分所具有的欲望满足程度。在他只有三部分时，可以依样类推。因此，所以可以说，具体的财物的一部分的价值，等于经济主体所认为只能满足最小的欲望的部分的价值，从时间方面说，就是等于最后满足的部分的价值，从空间方面说——假定可以随着欲望的程度的强弱，以最强的为中心，顺次把它列成无数的圈子——就是等于最外边的即最在限界上的部分的价值。所以我们可以说，从客观的要素看来，纵然主观的要素方面没有变化，一种财货的价值的大小，也可随经济主体所有的这种财货的分量如何而有变动。所谓财货的使用价值，就是这样的随着主观的并客观的要素如何而决定的。（3）交换价值的量的决定，和使用价值的量的决定，道理是一样的，不过在使用关系之间，加上一个交换关系罢了。交换这种现象是为要尽量完成交换人双方的欲望满足的缘故而发生的；从主张限界效用说的人们看来，它只有在经济主体双方都认为一个经济主体所有的财货的价值少过另一个经济主体的财货的价值，并且双方都具有实行交换的力量的时候，才能发生，并且它还不是无限的而是有停止点的，因为一到双方当事人的一方发现了自己的财货的价值不小于对手方的财货的价值的时候，交换的可能性就到了极限，换句话说，人类常常根据最大的欲望满足的法则——即，从特定的财货获得最大的满足的法则——实行经济行为，所以一到了他获得的财货的限界效用等于他给人的财货的限界效用价值的时候，他们就会停止交换。所以交换这种东西，从主张限界效用说的人们看来，只是一种不等价的财货之间的东西，等价的财货的交换，在人类经济上是事实所无。（4）以上所说的使用价值和交换价值都属于所谓主观的价值，这种价值用货币的形式表现出来的时候，就是价格，所以价格这东西结局是在货币经济中以主观的价值为基础，而成立的东西。价格决定的道理，可以分为两途如下：（a）在卖者居于独占的地位，买者方面有多数竞争者的时候，卖者可以利用独占的地位，根据上述限界效用和最大欲望的法则，操纵财货的数量和价格，使财货的价格定于数量和价格的最大乘积之点。举例说，假如卖马者居于独占的地位，买马者为 B^1，B^2，B^3，B^4……多数毫无一马，只有多量谷物的农夫，并假定各农夫所买得的各匹马应该对他发生的价值如下：

农夫马	I	II	III	IV	V	VI	VII	VIII
B^1	80	70	60	50	40	30	20	10
B^2	70	60	50	40	30	20	10	
B^3	60	50	40	30	20	10		
B^4	50	40	30	20	10			
B^5	40	30	20	10				
B^6	30	20	10					
B^7	20	10						
B^8	10							

那么，在卖马者只在市场上出卖一匹马时，B^1 应该用 70～80 元的价格获得这一匹独马；在出卖三匹马时，马的价格应该定于 60～70 元之间，B^1 获得两匹，B^2 获得一匹；在出卖六匹马时，B^1 应该先以最高 80 元一匹的评价，分得一匹，其次 B^1 及 B^2 各以最高 70 元一匹的评价，各分得一匹，其余还有三匹，应得由 B^1 B^2 B^3 各以最高 60 元一匹的评价，各分得一匹，所以，结局马的价格就会定于 50～60 元之间，马的分配为 B^1 三匹，B^2 两匹，B^3 一匹。从卖马的方面，只有用上述 50～60 元的价格出卖，才能卖出最多的马，得到最大的交换价值。（b）反过来，在卖者和买者两方面都有竞争的时候，价格成立的道理，大抵还是和上述卖者独占的时候一样，所异者只不过财货的供给量的关系，由独占的变为竞争的罢了，即在独占的供给的时候，卖者一旦发现供给过大，总利益开始

减少，他就会立刻限制供给；而在竞争的供给的时候，各个竞争的卖者只要他所出卖的各个单位能够有利益，哪怕总利益开始减少，也仍然会继续增加供给量。举例说罢（据 Bohm-Bawerk），假如对于马一匹的卖买，卖者有八个人，买者有十个人互相竞争着，并且假定卖者和买者对于马一匹的主观的评价，有如下列：

买者	A^1	A^2	A^3	A^4	A^5	A^6	A^7	A^8	A^9	A^{10}
马一匹的评价额	300	280	260	240	220	210	200	180	170	150

卖者	B^1	B^2	B^3	B^4	B^5	B^6	B^7	B^8
马一匹的评价额	100	110	150	170	200	215	250	260

那么，马的价格就会定于 210~215 元之间，同时参加马的交易的人数就会是五人。为什么呢？因为，如果价格高于 215 元，就会变成卖者六人而买者五人，使价格失其均衡，同样，如果价格落到 210 元以下，就会变成卖者五人而买者六人，也使价格失其均衡；如果价格不得其均衡，竞争就会依然继续而不能成交，所以卖买的成立只限于卖者买者双方价格得其均衡的时候，换句话说，只有限于 210~215 元之间的时候，即卖者和买者各有五人的时候；在这时，马一匹的价格的最高额不能超出最后的成了交的买者（A^5）的评价及最初的不成交的卖者（B^6）的评价，最低额不能低过最初的不成交的买者（A^6）的评价及最后的成了交的卖者（B^7）的评价。(5) 以上所说的，都是关于所谓主观的价值的说明，除此之外，还有所谓客观的价值，即一种构成主观的价值的基础的东西。什么是客观的价值呢？照 Bohm-Bawerk 所说，如果主观的价值是一个财货对于经济主体的欲望满足上的意义（重要程度），客观的价值就是一个财货所具的那种在我们的判断上被承认的，可以

招致特定的外部的客观效果的能力。如像食物的营养能力就是食物的客观的营养价值，木柴和炭的燃烧能力就是它们的客观的发热价值，肥料的肥沃能力就是肥料的客观的肥沃价值，之类，就是例子。这些客观的价值的概念，都是没有含着什么对于经济主体的苦乐的关系的。在这种客观的价值当中，最重要的是客观的交换价值。客观的交换价值就是在交换上的财货的客观的效力（Objektive Geltung）。换句话说，就是财货所具有的一种交换上可以拿自己换进特定分量的别的财货的能力。在这种意义上的客观的交换价值，和上述的价格是有区别的："客观的交换价值是一个财货在交换上可以换进别的特定分量的财货的能力，价格却是这个财货的价值的分量本身。"由此，可知客观的交换价值这个概念是限界效用派拿来安置主观的价值的基础，使人相信他们所谓主观的价值不是专凭主观的想象成立的，而是依靠在一种客观的基础上的了，换句话说，使人相信他们所谓主观的价值不是纯然由个别的经济主体随意认定的，而是间接的经过了全般的经济主体的认定的即社会的认定的了。

从抽象劳动价值说的立场看来，对于上述限界效用说关于价值的质及价值的量问题的主张，可以下如下的批判：（1）限界效用说在说明人类的主观的经济评价一层上面，虽甚精密，然只能作为消费现象的说明，如果拿主观的限界效用去说明客观的价格现象，那就不对了。因为，第一，那种说明并不合事实，在事实上，在个人的卖买上，并非靠限界效用而定价格，倒是看价格如何而后决定卖买的，例如工业资本家的卖买物品不是为物品的限界效用，只为生产后的利润的取得，商业家的购买和贩卖只为要取得贵卖贱买间的差额，并不为要获得商品的限界效用，一般消费人的购买，更其明显的是要按已经构成了的市场价格的高低，并不是按他自己的限界效用（在市场上同一商品的价格大抵有一定的，决不会有穷人买得特别贵，富人买得特别贱的事，但是，如果照限界效用的理论，穷人对于日常用品的限界效用却应该比富人对于同样物品的限界效用大些）。第二，因为那种说明不合最简单的论理；在论理上，个人的心理状态会随时变动的，并无一个定准，无论怎样也不能拿它去"决定"商品的价值，如果那样的"决定"可以算做决定，我们就不能不说限界效用说所谓决定有一种特别的意义了。（2）因为拿限界效用去决定价值的量，一件事，换句话说，把限界效用和价值间看成有因果关系，一件事，实在说不过去，所以又有当作相关关系说或平衡状态说看的限界效用说发生出来，以为限界效用和价值间并无因果关系，只有相关关系或平衡关系，如像 Schumpeter，就是一例。Schumpeter 以为：（a）经济界当中有许多要素同时并存，一面相互依存着，一面可以同时发生变化，换句话说，许多要素都居于相关关系之中，不能以某种要素为某种要素的原因，或以某种要素为某种要素的结果。（b）处于互相倚存的相关关系中的诸经济要素的量虽是不相等的，其中某种量的变动虽是可以引起其余的量的同时变动的，但是，到了新的不等量间的变动发现之后，在各种要素间就会发生一种新的，不再变化的平衡状态。研究限界效用说的人们的任务，就在认识相关关系中的这种平衡状态。（c）在价值和限界效用两种要素的相关关系中，也有同样的平衡状态，在平衡状态下的价格，叫做平衡价格；平衡价格是一种没有再使价格动摇的倾向的价格，换句话说，就是卖者和买者都以那种价格下的交换量而自相满足，不更增加供给和需要时的价格。价值论的任务，只在求出那种平衡价格，限界效用说恰可以完成这种任务。以上是 Schumpeter 的当作平衡状态说看的限界效用说的大概，在 Schumpeter 方面虽使用许多深奥的语句和烦琐的图式或算式去说明他的学说，因此把他的学说炫饰得好像非常高深，但是，简单说来，实不过上面的那个道理。细察这个道理，在实质上和当作因果关系论看的限界效用说并无多大不同，只不过所用的名词和说明的方法稍有不同罢了；因此，所以它的缺点也还是后者一样：平衡状态及平衡价格还是以价格决定为前提，在价格未决定以前不能决定什么平衡，犹如在价格（交换价值）未决定以前不能决定什么限界效用一样；所以平衡状态说在实质上并不足以补救限界效用说的不合事实及不合论理。（3）其次，限界效用说所谓价值，无论是使用价值也好或是交换价值也好，结局总是个人的价值，所以由价值而来的价格也应该都是个人的价格，但是，在事实上，各个人是行着社会生活的，各个人用以卖买交换的价格，也是带有社会性的，换句话说，不是几个经济主体间的价格，倒是特定社会中的一般经济主体的价格。因此，所以限界效用说在这一层上面也发生一个漏洞，从来就感觉说明的困难。对于这种说明的困难，曾经有两个修正的学说：克拉克的社会效用说和 Wieser 的社会经济说。克拉克以为：第一要认清的，就是价值原是社会的现象一事，认清这一层之后，就可知道商品的价格虽是按它的限界效用而决，但是，这个限界效用并不是个个人的限界效用，倒只是一种社会的限界效用，因为如果就种种财货分别的观察起来，我们可以看出在社会上总有一团特别的购买人，他们在一种财货高过某个限度的时候，就会停止该财货的购买。这一团特别的购买人就是对于该财货的社会的价格决定阶级,这一团人对于该财货的限界效用,就是该财货的社会的限界效用。Wieser 以为:所谓限界效用说只能适用于假定的孤立经济,至于在社会经济里面,价格这东西却不单是靠某一个人的限界效用去决定的;因为在社会经济内,购买力极强的人即货币所得很多的人可以对贩卖商人出比较高的价钱去买财货,所以除了限界效用之外,价格关系又可以靠买者方面的需要力即购买力如何来决定。但是,无论照 Clark 所说或照 Wieser 所说,限界效用说的个人性的缺点还是无从补救,因为 Clark 所谓限界购买者团体(即到了某种高价时就会停止购买的一团购买人)并不是固定的,倒是随着价值的高低而变动的,又,Wieser 所谓社会经济内的购买力也是以价格的成立为前提的,所以结局会陷于以问答问的循环论,仍然落一个空漠,所以结局还是不能补救限界效用说的个人性。(4)限界效用说所以不能说明价值或价格的社会性,只因为它在实质上把使用价值和交换价值混而为一,没有分清楚二者的区别,当然也就没有认明白二者的有机的关联,所以结果把交换认为主观的现象,弄出什么不等价交换的谬说,结果越发把交换的社会性弄得暧昧不明了。(5)依限界效用说看来,价值只是人类对于财货的欲望的强度,所以价值的量是一种心理的量。在这里当然要发生一个问题:心理的分量能够化为可以从客观上去计量的东西吗?照一般常识和现代心理学的知识看来,这个问题的答复,都应该是一个否定的答复,但是,主张限界效用说的人们却独独认为可以得一个肯定的答复:这不能不说是一种怪事,也不能不是限界效用说的一个大漏洞。据 Wieser 所说(关于这个问题,在限界效用派中,只有 Wieser 的说法最详细，并号称最有力），构成经济活动基础的是欲望，欲望这种东西是有等级（如像维持生命的欲望居第一位，享乐的欲望居第二位，奢侈的欲望居第三位之类）和强度的，欲望的强度虽可以由最紧张的程度到最弛缓的程度，分为种种的区别，但是，只因为目前尚未发现可以断定这种强度的共通尺标，所以无法直接去计算它。不过，从实际经济活动说来，人类却有计算欲望强度的必要，所以在不能直接计算欲望强度之时，只好间接的靠效用去计算它，因为所谓效用性本来就是一种使欲望满足的性质，并且因为效用是可以计算的。一切财货都可以分为种种单位去计算它的数量，这种财货数量单位同时就是效用单位，因为数量的增减可以招致效用的增减。数量单位可以计算效用单位，效用单位可以测定欲望强度，欲望强度又可以决定价值，这样一来，心理量的计量化问题就解决了。以上是 Wieser 关于计量化问题的大意，乍看起来，似乎也可以通，但是，详细考虑一下，就可以发现他仍然未把问题解决：第一，效用的多寡是否可以测定欲望的强度，还是一个没有证明的问题；第二，效用单位和数量单位虽然有一种同时变动的关系，但是，这种关系决不是一定的，并不足以因此就断定二者的同一，如像在前述谷物的例中，如果谷物的单位为一石，由第一单位到第五单位的效用递减为 5，4，3，2，1，那么，第六单位即第六石的谷物就应该为零，就是说，应该没有效用，但是，如果谷物的单位加大一倍，为每单位两石，那么，依照效用递减的道理，就应该到第十一石才会没有效用；这是一个明白的，足以证明数量单位和效用单位的不一致的例子。（6）限界效用派所谓客观的交换价值，虽是一个特特拿来使人相信他们的主观价值的客观的基础的东西，但是，那到底是一个自己矛盾：怎样可以在一方面说价值是以主观为基础的，在另一方面又说客观的价值是一种离开主观的关系的物能呢？并且，就把这种矛盾丢开不说，所谓客观的价值，从抽象劳动价值说的立场看来，也只是一种物神崇拜迷，并没有抓住价值的真正的客观性。

B：限界效用价值的适用上的种种问题　限界效用说的根本理论，照上面的批判，已经是一种漏洞极多的东西，不过，只因为那是一种纯理，所以还不容易现出破绽，但是，一旦把这种纯理适用到实际生活上去的时候，就难免有许多不能解释的难问题发露出来，因此，所以晚近的限界效用的学者，例如 Bohm-Bawerk 就不能不更在纯理的适用上想出许多的理论。这些理论，从限界效用说的研究上看来，也是必须知道一个概略的，所以不嫌琐碎，略为叙述并加批判如下：（1）代替效用的理论　照限界效用说说起来，对于人类的生活越重要的财货应该越有价值，数量越多的财货应该越少价值，但是，在事实上，对于人类生命维持上最重要的日常消费品即生活资料，不但价值比较不大，并且数量还比较的多，所以限界效用派的学者为说明这种事实，就不能不造出代替效用的理论，以为日常生活的许多资料在欲望满足的关系上都是有代替性的，如像食物之中有许多可以互相代替的种类，衣物和器具当中，情形也是一样，所以这种可以互相代用的东西的价值，不是靠某一个财货本身的效用去决定的，倒是由可以代替的各种财货当中的，具有最小的价值的财货的效用去决定的。举例说，如果一个人在冬天被人盗去了大衣，他对于大衣的评价，从欲望上说，应该是很大的，因为他没有大衣就感觉寒冷，但是，在实际上，他并不会拿这种很大的评价去评定大衣的价值，倒会拿其他仅有比较顶少的价值的财货的效用去评定大衣的价值；为什么？因为他这时可以卖去若干价值较小的财货，换进特定量的货币如像四十元，去买新的大衣（假定新大衣的市场价格是四十元）。这种代替效用的理论，比较近于现实，但是，同时却远于主张限界效用说的人们的根本理论：如果一个财货的价值是靠凡可以代替它的种种财货当中具有最小效用的财货的价值去决定的，那么，在无数财货都可以互相代替的现实当中，岂不是会变成以全体或大部分财货的限界效用的比较关系决定某一个财货的价值？岂不是越发弄成空洞无凭？并且，岂不是一种已经以交换价值的成立为前提的价值论？（2）一物数用时的价值理论　前面已经说过，照限界效用说看来，一物数用时的财货的效用是按最低的效用决定的（如前述维系生命用的谷物，维持健康用的谷物，当种子用的谷物，酿造用的谷物，饲养禽畜用的谷物同时并存时，谷物价值定于最后的部分的效用即饲养禽畜用的部分的效用，之例），但是，那只是孤立经济中的设例，从社会经济看来，实在的情形却不是那样：在有交换的社会里面，一切财货除开直接使用之外，还可以当作商品，拿去供交换之用，并且在这种交换中，交换人照例只顾财货本身的价格的高低，并不问那财货对于他自己的效用的大小。因此，所以主张限界效用说的人们在这里就不能不有一个另外的说明，以为在一个财货具有几个绝对不能共存的使用方法（如像自用和出卖）的时候，那财货的价值是按照那些使用方法当中所能有的最高效用来决定的。这种说法，在事实上是相当的合乎事实的，如像金银货币的价值在实际交换上就是看最高效用如何，时而当作货币使用，时而当作装饰材料，去决定它的价值的；不过，如果采用了这种一物数用时的理论，限界效用说就明白的陷入一个最大的矛盾：财货的价值何以能够同时一方面为限界效用即最小的效用所决定，另一方面又为最高的效用所决定呢？并且，所谓最高效用还是一个毫无定准的，空漠的，要依据市场价格而定的东西，那岂不是依然是以价格为前提的循环论？（3）数物合用时的价值的理论　在财货当中有一种叫做辅成财货（Complementary Goods），如像针和线，纸和墨之类，这种财货在合用时的效用，比起在分用时的效用，自然要大些，所以，从限界效用说看来，这种事实似乎和限界效用的原理相冲突，因此，所以主张限界效用说的人们不能不创造一种数物合用时的价值理论去说明它，以为这种辅成财货，当作整个的东西看起来时，是可以在限界效用的一般的法则之内，形成一列特殊的法则的：当作整个看的各种辅成财货的价值，在原则上，等于由它们的结合而来的最大的限界效用，但是，在各辅成财货具有代替效用的性质的时候，这种整个的最大效用可以大于各辅成财货的价值的合计。这种理论，从抽象劳动价值说的立场看来，不但是一般的限界效用说的谬误的延长，并且，也足以表示限界效用说的自相抵触和不彻底。（4）生产手段的价值的理论　限界效用说对于消费资料在表面上还算可以勉强说成一个道理，而对于生产手段却不能不感觉说明的困难：因为生产手段的效用明明系于生产物的效用，而生产物的效用却是不得预知的，所以生产手段的价值是万不能单靠生产手段所有人的使用价值去决定的。因此，所以主张限界效用说的人们不能不造出一种所谓生产手段的价值的理论，以为生产手段的价值是一方面靠限界效用，一方面靠经济的盘算上所许可的，在一切生产物当中具有最小的限界效用的生产物的价值，靠这两种东西去决定的。这种理论也显然是一种循环论，因为所谓经济上的盘算根本上就离不开价格，既以价格关系释价值，那当然就是以问答问。（5）所谓时差的理论

这本是关于利润和利息的基础理论，不过，因为这个理论的出发点还是限界效用说，所以也可以先在这里附带的说几句。在资本社会内，一切财货，从财货的所有人看来，不必全都非同时使用不可，其中也有可以积在那里，等到将来再供满足欲望之用的，所以一切财货的效用，还有目前的效用和将来的效用之别。普通所谓限界效用说的理论，明明只是关于目前的效用的理论，当然不足以说明资本社会中的种种事实，因此，所以主张限界效用说的人们（特别是 Bohm-Bawerk）就创设了时差的理论，以为财货这东西，从使用的时期看来，可以分为现在的财货和将来的财货两种，前者是拿来满足现在的欲望的财货，后者是拿来满足将来的欲望的财货。但是，现在的财货的价值却大过将来的财货的价值；为什么呢？因为第一，现在的财货可以使用于现在和将来，而将来的财货却只能使用于将来，所以前者的使用范围大于后者；第二，现在的使用是确实可靠的，将来的使用是比较不确实的，所以现在的使用应该优于将来的使用；第三，拿当作生产手段看的财货说，如果由现在起，继续使用到将来时，所产生的结果，无论如何总要比从将来起，继续使用到将来的结果多些，所以现在的财货的总效用应该比将来的财货的总效用大些。因为有这三层理由，所以现在的财货的价值当然比将来的财货的价值要大些，因此，所以现在的财货的价格也当然要较大些。既然是这样，所以，如果一个人对于他的财货，牺牲他的财货的现在的使用，而留来当作将来的财货使用，他就应该得

一种报偿，否则他就决不肯牺牲现在；反过来说，如果一个人自己没有现在的财货而从别人获得现在的财货以供自己的现在的使用，他就等于无故获得别人所牺牲的利益，所以他应该出一种代价，否则他就得不着现在的财货。这种因时差而来的报偿或代价，在普通物品的借贷上就是租金，在货币的借贷上就是利息，在土地借贷上就是地租，在劳动力的买卖上即工资的预借和预贷（限界效用派认定工资是资本家对于劳动者的一种贷款，这从必要劳动价值说讲来，当然是谬误的，因为在事实上不是资本家预支款项与劳动者，倒是劳动者预支劳动与资本家，请看第三篇）上，就是利润。这种时差的理论，从它补救限界效用说的漏洞一层说来，虽然甚为巧妙，但是，因限界效用说根本就是谬说，所以这种为补充谬说而发生了的理论，当然也是从根本就没行批判的必要了。至于这种时差理论所以在几十年前会一时风行一世，当然是因为它最能替现代资产阶级特别是替坐吃利息的人们辩护他们的存在的缘故，那和那理论的本身价值是无关的。

现在总结起来，从抽象劳动价值说的立场说，可以对于限界效用说，下如下的总批判：（1）限界效用说的价值论，在中心问题的关系上，恰恰和正统派的价值论相反：正统派集中全力于相对价值问题，偏于价值的量的方面，限界效用说集中全力于绝对价值问题，偏于价值的质的方面。照前面所述，价值的质的问题和价值的量的问题，本来有内部的关联，应该是同时并重，不能分离太远的，所以限界效用说在这一层上面，犯了一个大错。（2）限界效用说纯然以个人主义为中心，以孤立经济为出发点，用主观的方法，去研究社会经济的情形，它那种根本理论上的凭空想象，远于事实的地方，可以说，比正统派还要加甚，因此，所以它绝对不能说明价值现象的社会性，绝对不能解释价值的社会关系，绝对不能阐明社会经济上的各个经济主体和全体经济的辩证的统一关系。（3）它一方面无从说明价值现象的社会性，另一方面却又为事实所迫，不能不于种种非个人的，非孤立的，社会的事实，加以解释，因此，所以弄出了许多关于限界效用价值的适用上的理论，如代替效用的理论，等等，但是，因为这些理论都是一些东拉西扯，图一时应付的理论，所以不能不和限界效用说的根本原理冲突，而把限界效用说的全部理论，弄得于许多漏洞之外，更加上许许多多的矛盾和撞着。（4）最妙的是这一层：限界效用说根本上虽是以人类的主观为基础和出发点，而结果却变成一种极端的，不认人而认物的，异样的物神崇拜，如像它的时差的理论，拿现在的财货为基础和出发点，去说明利润，利息，地租，其他租金，等等经济界的重要现象，就是一个明白的证据。不过，仔细考察起来，这也无怪其然，因为从经济现象中发现出来的社会关系，最明显的莫过于协同生产关系即协同劳动关系，而限界效用说偏偏忽视了这种生产和劳动关系，所以照它的理路研究下去，自然就会最初只看见个个孤立的人类，后来只看见物和物的关系，而看不见和物的生产有关的人和人的关系了。（5）从另一方面说，人类消费的心理在过去的历史上是没有经过多大的变化的，而人类关于财货生产上的方法却有过许许多多的变迁，所以，要想发现价值的历史性（即是说，在商品经济未发生以前没有价值的存在，价值是随商品经济的发生而发生的，那种事实），从生产方法方面入手总比从消费心理方面要容易成功些；但是，限界效用说恰恰是从消费心理方面入手去研究价值的理论的，所以它当然不能发现价值的历史性，所以，哪怕它构成了一种很复杂，很精微的理论，那个理论也只不过是一列空洞的，不切合事实的空谈，也不能说明人类经济社会的全历史的变迁性，也不能说明现存的资本社会的全面性或社会性。（6）公平的说，限界效用说的唯一的功绩，只在它详密的规定了人类的消费心理。如果把它的成绩，适用在实际消费政策（如像所谓国民所得政策，食粮政策，等等）上面去，当然也有相当的益处，可惜，在事实上却不是这样；它只助长了吃利息的人们的懒惰心，辩护了现代资产阶级的剥削和收夺！

四　折衷说　这里所谓折衷说，是指一方面采用正统派的劳动价值说的要点，一方面采取了限界效用说的主旨（在表面上虽是号称采用了二派的长处，其实一个学说的长处短处本是不易分开的），集合起来的学说，说的。自然，同是采用，其中却有种种的差别：也有明白的说采用的，也有讳采用之名而采其实的，也有偏于正统派方面的，也有偏于限界效用派的；现在不管它们的这些差别，姑且总称为折衷说。正统派和限界效用说之所以能被折衷，只因为它们虽一个以生产为出发点，一个以消费为出发点，然在方法论上都偏于个人主义的主观的缘故。折衷说的历史的根据，原在它是现代的，社会化了的，战斗的，比较有统制的独占资本经济的反映，所以主张这种价值说的人们大抵是代表这种独占资本的利益的人们，换句话说，大抵是所谓新英美学派。主张折衷说的人们不在少数，现在且略述 Marshall，Gide，Clark，Dietzel 几个人的所说，以见一斑。

A：马霞尔的折衷说　马霞尔的价值学说又称为需要供给说，

它的叙述是极复杂的，不过从大体说来，可以分为下列几点：
（1）马歇尔本人是亲炙过李嘉图和 J. S. Mill 的，所以他很知道正统派的价值论，而同时他又由 Thünen 及 Cournot 两人学过所谓限界思想及图表的方法，所以他的折衷价值论是偏重于正统派的价值论，而想采取限界效用说的长处，以补正统派的短处的：他对于杰文斯的攻打李嘉图的价值说，站在一种替李嘉图辩护的地位，同时也承认杰文斯所说的限界效用的半面真理，和李嘉图未能系统的详论人类对于财货的欲望或财货的效用，那种疏忽的过失。（2）马霞尔以为人类的欲望的种类虽然是无限的，但是从个个的欲望说来，它却是有限的：它受着欲望饱和法则（Law of satiable wants）或效用递减法则（Law of diminishing utility）的支配，在某种财货的贮藏量渐增的时候，对于这种财货的欲望减少，所以那种财货对于所有人的全部效用，虽然在绝对数上会随财货数量的增加而有增加，但是，绝不会随着那财货的数量的增加而有同一程度的增加，而在相对数上倒反有减少。如果用价格的话说出来，就是，一个人所有的某个财货的分量越大，在别的条件不变时，他对于那财货的增加量，所欲支付的价值就越减少，即是说，他对于那财货的限界需要价格会减少起来。在别的条件不变时，一个人对于一种财货的欲望，虽会随那财货的分量的逐渐增加而减少起来，但是，这种欲望减少的程度却各有慢有快，种种不同。如果减少得慢，那么，他对于那财货所给的价格，纵然在那财货的供给量相当增加的时候，也不会大落；反过来说，在价格稍稍跌落的时候，他对于那财货的购买就会相当的增加起来。如果减少得快，那么，纵然价格稍落一点，他也不会大大的增加他的购买。在减少缓慢时，他对于那财货的意欲容易扩张，所以他的欲望的伸缩性大；在减少快速时，他对于那财货所受的诱引力小，所以他的欲望的伸缩性小。一个人的欲望是这样，全市场的需要也是这样：全市场的需要的伸缩性也会看需要量的增加和价格的特定的跌落比照起来是大是小，或看需要量的减少和价格特定的涨高比照起来是大是小，而或大或小起来。这种因需要的伸缩性而来的价格，叫做需要价格（Demand Price）：这是某种财货的分量在特定期间和特定条件下所能够在市场上贩卖出去的诸价格。（3）在另一方面，和需要相对待的供给却是随生产费而变动的。某种财货的生产制造上所花的，直接间接一切努力和牺牲，如像劳动，节欲，在蓄积那财货制造上所用的资本时所必需的期待，等等，合计起来，叫做那财货的真实生产费。为这些努力和牺牲的缘故所不能不花费的货币数，叫做那财货的货币生产费，或简称为生产费。这就是为唤起生产这财货时所必需的努力和牺牲的适当供给的缘故所不能不花费的价格，换句话说，这就是那财货的供给价格（Supply Price）。（4）拿生产中的或正待生产的商品说，如果需要价格供给价格恰恰相等，那么，生产量就会变成也不增加，也不减少，而居于平衡状态。在需要和供给居于平衡状态的时候，每一个单位时间所生产的商品的分量，叫做平衡量，它被贩卖着的价格，叫做平衡价格（Equilibrium Price）。所以照马霞尔看来，价格本是用货币表现出来的价值，当然价值这东西就是由效用和生产费两种东西的相互决定关系支配着的，所以说价值是被效用支配着的，抑或是被生产费支配着的，那种议论，结局都是剪刀剪纸的力量是出于剪刀的上刃抑或出于下刃，之类，都是一种不正确的说法；所以效用价值说和费用学说（投下劳动价值说）并不是互相排挤的，倒只是互相补足的：它们都只是那个具有支配一切的力量的需要供给平衡价格法则的一个构成部分，恰恰和剪刀的上刃和下刃各是剪刀的一个构成部分一样。这种平衡价格不但可以适用于生产中的或正待生产的商品，并且拿既成的商品来说，道理也是一样；因为人们对于这些东西所欲支付的价格是被他们所能支用的货币的分量及他们对于这些东西的欲望支配着的，这些欲望又是要看他们在不买这些商品时能否有用同样的廉价购买同样的别的东西的机会而决定，而这种机会的有无，又是直接的被那些支配着供给的诸原因所决定，间接的被生产费所决定，所以结局，这些商品的价格还是由效用（需要）和生产费两者决定的。不消说，这些商品当中，当然更会依它的性质而有小小的区别，它的价格也有主要的被需要决定着的，也有主要的被生产费决定着的，前者为贮藏量大抵有定数的商品的价格，例如鱼市内的价格，后者为不受报酬递减法则支配的商品的价格，如像普通工业品的价格。（5）从大体说来，我们的观察期间越短，越要注意需要方面对于价格的影响，我们的观察期间越长，越要注意生产费方面对于价格的影响，因为生产的变化的影响，通常和需要的变化的影响比较起来，要想充分的发挥它的作用，总得要较长的时间。在某一个时候的现实价值（Actual Value）或所谓市场价值（Market Value），从短期间说，虽然受一时的原因的影响，还多过持久的原因的影响，但是，在长期间中，却完全受着持久的原因的支配。这种在长期间的原因的支配下的价格，叫做正常价格（Normal Price），是和由市场价值的货币表示而来的市场价格相对照的。不过，同在正常价格当中，也还会因期间的比较长短而有短期正常价格和长期正常价格的区别，前者的价格当中，必然的而且直接的被包含的，只限于所谓直接费（Direct Cost）或特殊费（Special Cost），而后者的价格当中，却包含着全部费用（Total Cost）即直接费和间接费（Supplementary Cost）或一般费（General Cost）二者。（6）以上只是关于所谓消费的财货的说明，在这种说明时，是把所谓生产的财货，即那种构成着消费的财货的生产费项目的东西，如像工资，利息，利润等等的说明，作为自明的道理，暂时除外不论的。马霞尔在说明了消费的财货价格之后，更进一步去说明所谓生产的财货的价格，而构成他的工资论，利息论，利润论，地租论，等等；在这些理论当中，他越更完全的主张他的折衷说，而发挥他的折衷的本色。不过，这些理论不属于我们目前的研究范围之内，所以这里姑略去不说。

从抽象劳动价值说的立场看来，对于马霞尔的折衷的价值说，可以下如下的批评：（1）从全体看来，马霞尔的平衡价格说，在表面上虽然似乎非常巧妙，但是，细按起来，仍然逃不了简单的需要供给关系说（见本节开始处）的空漠，到底说明不了价值的本质；这也是当然的，因为所谓需要本是不定的，而马霞尔却把它看成一个价值决定因子，所以结果就会把价值的大小的决定，也弄成一个不定的东西。（2）马霞尔所谓需要价格，也和限界效用说一样，不能说明个人的效用何以会变成社会的需要价格。（3）他对于供给价格的说明，虽把费用分为真实的生产费和货币生产费，但是，他却没有说明带有抽象性的真实生产费如像努力，节约，期待，种种东西，如何会数量化，如何会变成货币生产费；在他不能说明这个如何数量化问题以前，他的供给价格说，也就免不了空漠的批评。（4）他所谓一时的平衡和长期间的平衡（即他所谓短期的观察要特别注重需要方面对于价格的影响，长期间的观察要特别注重生产费方面对于价格的影响）的区别，以及所谓短期正常价格和长期正常价格的区别，虽经他努力说明，到底还不免暧昧模糊，没有明白的界限。（5）他的生产财货价格论完全是建筑在谬误的或空漠的消费财货价格说之上的，所以当然也不能不是谬误的或空漠的。

B：基德的折衷说　基德的价值说，前已约略说过，这里更详分为数点：（1）基德虽然号称是法国派经济学的代表人，是合作主义经济学的巨子，但是，从全体的倾向看来，他应该属于折衷学派。当然从他的价值论说来，基德所主张的，也是一种折衷说，不过，他的折衷却和马霞尔的折衷说不同：如果说马霞尔的折衷说是偏向于正统派方面的，基德的折衷说就可以说是偏于限界效用派方面的；如果说马霞尔的折衷说是一种调和论（如像他说效用和费用是价格的两个必需的因子，和剪刀的上刃及下刃一样，就是一个例子），基德的折衷说就是一种凑合论，为什么？因为他的折衷说是在价值的质的问题上采用限界效用说，在价值的量的问题上采用正统派的学说的缘故。（2）基德以为：价值就是我们对于财货所承认的适欲性（基德所谓适欲性即 désirablité，和普通所谓效用相等）的强度，所以价值这东西和交换并无不可离的关系，哪怕是绝岛上的鲁滨孙或无交换的共产主义社会的人们，也不能不有价值的观念；不过，价值的表现却得依靠交换，因为，在事实上，我们对于某一个财货价值的多寡，完全靠这个财货和别个财货的比较，去表示出来；因此，我们可以说，价值就是一个比较的相对的观念。（3）价值既然是人类对于财货所承认的适欲性，所以它当然就得具有稀少性。为什么？因为一个物件纵然具有适欲性，如果它的分量太多，它就会没有价值，如像水，人口稀少地方的土地，都市内的劳动者，都是明例；从一般说，财货分量多则每一个人单位并各单位总计的价值小，财货分量少则每一个人单位并各单位总计的价值大，如像香料商人为提高香料的价值计，特特把一部分香料烧毁，一般制造工业家为提高生产品价值的缘故，特特组织卡特尔去限制生产，之类，就是例子。（4）基德把价值看成人类对于财货所承认的适欲性的强度之后，更进一步去研究各财货所具的这种强度的差异的原因，换句话说，他进一步去研究各种财货的价值的差异的原因。他在批评了劳动价值说和限界效用说两种学说的短处之后，认为价值的真理是二元的，不是一元的；价值不是由限界效用或投下劳动决定的，而是由效用和劳动二者决定的，拿基德的用语说，就是由快乐和痛苦二者决定的；为什么，因为照基德说来，在人类的体验上明明可以知道我们所以对于某一个物件认定它有价值，原有两个同时存在的理由：一来因为我们有它的时候就可以享受一种快乐，二来因为在获得它的时候曾忍受了一种苦痛。基德以为这个道理不但在个个人方面为然（如像孤岛上的鲁滨孙），并且在交换社会里面，也是越更显著，因为卖者和买者都常常考虑着各人所得的自由快乐和不自由苦痛。基德以为，财货越能应付强大的欲望，越有价值，而一个财货所能应付的欲望的强度却是和得着这财货时的享乐及失了这财货时的牺牲二者为正比例的，所以价值结局是二元的。（5）基德以为价值既是适欲性的程度，所以要想测定价值的大小，就得测定适欲性的强度；而适欲性的强度是可以由财货的交换比例去测定的，所以价值的大小也可靠交换去测定；所以可以说，某个财货的交换价值是可以用那种和它相交换的财货的数量去测定的，简单说，财货的交换价值是靠它的购买力去测定的。（6）财货的交换价值既然是可以测定的，所以财货的价格也是可以测定的，因为价格原是一个财货的价值和特定量的金银的价值的比例的表现，换句话说，因为价格原是用货币表现出来的价值。

从抽象劳动价值说的立场看来，基德的折衷说至少应该受如下的批评：（1）基德所理解的价值的意义，几乎和限界效用说完全相同，陷于主观偏重的误谬，并且所谓相对观念说，又和下面要述的比率说一样，太过于空漠不定。（2）他所谓价值永存说，即无交换时也会有价值的存在那种说法，不但未能把天然的使用价值，劳动生产物的使用价值，商品的使用价值，商品的价值（这些东西的区别，已详见前面两三节）四种东西分别清楚，并且也蔑视了商品价值的历史性，忽略了商品价值论在经济学上的重要性。（3）基德所谓价值稀少性说，完全是一种由于误解了价值数量论和价值实现论即利润论的区别而来的结论，并且，所谓财货的分量越多则它的价值越减那种说话，也并不和事实符合：因为，如果拿不同的物品，如像草鞋和皮鞋二者比较起来，草鞋的数量未见得会比皮鞋量多，而皮鞋的价值却大过草鞋的价值几十倍，之类，就足以反证它的不确。（4）基德之所谓二元说，完全是一种杂凑：它只说在体验上明明可以知道价值的认定是因为人类从快乐和苦痛两方面行了比较，并没有举出快乐和痛苦的比较如何决定。这和马霞尔的平衡价格说比较起来，就越更空漠了。（5）基德对于个人的欲望的强度如何社会化客观化一层，完全没有科学的说明，只是规避的说财货的交换价值可以靠它的购买力去测定——这当然也是一个大漏洞。

C：克拉克的折衷说　前面已经说过，克拉克对于限界效用说，原有一种修正，所以也有人把他认为限界效用派的祖述者，特别是关于工资和利息的说明，把他认为限界效用说的扩充者，但是，从他的学说全体看来，他并不是一个单纯的祖述者和扩充者，倒是一个折衷论者，因为他所主张的非效用论，实在是一种劳动价值说，不过，只因这种非效用在他的全学说上的地位较轻，所以他的折衷论可以说是偏于限界效用派的折衷论。他的这种折衷论，内容甚为复杂，且不易懂，若最简略的撮要说来，大致可以分为下面几层：（1）克拉克以为消费的财货的最终增加部分所提供的效用，虽然是和那种为那个财货的缘故而支付了的货币额或价格相等的，但是，那个效用的本身却并未因此弄得分明；所以他主张，应该比限界效用说更进一步，用那种和财货的获得相伴而生的牺牲或非效用的大小，去测定效用的大小——这就是他的非效用说。（2）克拉克本来主张价值是一种社会现象，主张把主观的评价转化为客观的评价（见前），主张所谓限界效用是社会的限界效用，所以，拿他的非效用说和社会效用说合起来时，就变成：社会的限界效用量的大小，是由社会的非效用测定的。（3）何以限界效用的大小可以靠非效用去决定呢？克拉克从生产上着想，以为财货的生产，总得靠劳动和资本的结合，无论什么样的财货，都决没有单靠劳动者的劳动而被生产出来的道理。不过，他以为资本这东西，只是禁欲的结果，所以不能还原而为劳动，同时也无须把资本还原为劳动；为什么？因为他采用了所谓限界劳动（Marginal Labor）的概念。他以为：如果把一个设备上的资本的分量按照原状，毫不增加，而加上一点劳动，那么，那种因附加了一点劳动而生产出来的生产物，在实质上就是全靠那点劳动生产出来的。这种在实质上不受资本的帮助的劳动就是可以测定价值的，唯一的劳动。克拉克以为从来这种用劳动去测定价值的办法所以失败，就只因为他们把劳动从资本游离了的缘故。据他的意见，如果认定限界劳动的生产物的价值，可以规制一切生产物的价值，并且认定限界劳动生产物只是在实质上毫不受资本帮助的劳动的生产物，那么，当然就可以正当的主张把劳动当作普遍的价值尺标。但是，在事实上，各种具体的劳动是具有异质性的，如像伐木，拉琴，排版选字，等等的劳动，都是不同的，所以要想拿不同性质的劳动，去测定价值，就非把它们化成同质的东西不可，即非在它们当中找出一个普遍的要素不可。克拉克所找出的共通要素，就是个人的牺牲，所以他所谓非效用结果就是牺牲。从克拉克看来，牺牲和负担，苦痛等都同样是心理的大小，不能作为客观的尺标，所以他最后又把牺牲化为劳动时间，认定劳动时间为价值唯一尺标。（4）以上所说，还没有证明非效用即限界劳动何以会决定限界效用即价值，所以克拉克更得进一步去加以证明。克拉克以为，在孤立劳动者的工作的时候，孤立劳动者在继续的劳动当中做出的生产物的效用，虽然会随着生产物的数量增加而逐渐减少，但是，他在他的劳动支出上所蒙的牺牲或苦痛却会随着时间的进行而逐渐增加。因此，所以在特定的时间之后，由生产物而得的效用和在生产物的生产当中所受的牺牲或苦痛二者的大小就会相等，就会因相等而发现一个平衡点。这个最后劳动时间上的平衡点上的牺牲或苦痛的大小，就是那个财货的价值的尺标。所以，总起来说，克拉克的非效用说，不单是从消费方面去测定财货的限界效用的大小的，并且是从生产方面去测定牺牲的大小的。（5）克拉克的价值论，适用于价格论时，就成为他所谓静态价格说，拿它去说明工资，利息，地租，利润，种种东西。关于这一层，这里不暇说它。

从抽象劳动价值说看来，对于克拉克的折衷说，可以作如下的批判：（1）克拉克用非效用的大小去测定效用的大小，这虽比限界效用说进步，但是，他所谓非效用却依然是主观的东西，所以依然还是一种非客观的，不确定的尺标。（2）他不能充分证明所谓个人的限界效用就是社会的限界效用，说已见前。（3）他的限界劳动说，虽是一种极巧妙的着想，但是，它到底不能说明何以资本和价值毫无关系。（4）所谓因效用和非效用相等而成立的平衡点，到底是什么样的一点，到底有多大的大小，都是空漠的，不定的，所以他所谓最后劳动时间的非效用，也还是一个空话，不能成为客观的价值尺标。

D：迪茨尔的折衷说　迪茨尔在表面上虽然自己标榜他代表正统派去和限界效用派斗争，但是，在实际上，却只是在限界效用派的阵营内，特特抬出正统派的招牌，以炫示他和普通的限界效用派有异，所以迪茨尔的折衷论，是折衷部分最少的折衷论；它几乎全部原理都站在限界效用说的基础上（虽然在言词上他常常批评限界效用说的不当），它所以和一般限界效用说相异的，只不过他在财货的价值的考察上容纳了生产的观点一层罢了。迪茨尔的所说，也很琐碎，如果用最简略的话说来，大致可以分为下面几层：（1）迪茨尔的价值论，是从他对于正统派和限界效用派二者的抗争（二派的抗争在十九世纪的后半纪中，最为激烈）的批评开始的。他以为，二派的抗争的原因有三，都是可以设法解决的，而从来被人们忽略了，所以结果弄成无谓的争论。哪三个原因呢？第一是所谓价值的二律背反论（Wert antinomy）的误认：从正统派说来，使用价值和交换价值完全是两种不同的范畴，所以亚当·斯密主张使用价值大的东西往往会只有很小的交换价值，甚至于没有交换价值，交换价值极大的东西也可以只有很小的使用价值；但是，从来的限界效用派却认这一层为一种矛盾或二律背反，因此，痛彻的攻击正统派，而正统派因为在方法论上远不及限界效用派，所以也没有充分反攻的能力。迪茨尔在这里特特对使用价值及交换价值，创出一种新的界说，想拿它去消灭二者的差别，而对限界效用派实行反攻：他以为财货的使用价值是对财货的支配者的自己的消费上所能致用的能力，财货的交换价值是对财货的支配者在拿它去和别的财货相交换时所能致用的能力，所以使用价值和交换价值在本质上原是有同一性的，并没有什么二律背反之可言。第二是所谓价值由劳动决定的法则和劳动者应该全收劳动结果即生产物的主张，二种东西的误解混淆：据迪茨尔看来，限界效用派对于正统派所加的攻击的主因，在认定劳动价值说偏于社会主义及共产主义的教义，在认定劳动价值说主张只有劳动者有对于劳动生产物的全收权，但是，这完全是一种误解和混淆，完全是由于欧文，普鲁东等误解了李嘉图的所说而来的混淆，因为，在李嘉图的学说上，只说明价值由劳动决定那种事实，并没有主张什么政治的或伦理的主张。第三是限界效用派所谓主观的价值和客观的价值二者并立的无谓（说已见前，这里不赘）。（2）迪茨尔在说明了正统派和限界效用派的抗争的原因之后，提出了一种折衷的办法，以为正统派和限界效用派在价值论的说明上的实际论争问题，只在交换价值的决定上；具体的说，就是，正统派主张交换价值的决定因子是劳动量或费用，限界效用派却主张交换价值的决定因子是主观的效用的评价，所以，从迪茨尔看来，如果能够找出一种东西和两派的交换价值学说调和，两派的价值主张上的抗争就可以消灭；迪茨尔以为他所造出的主观的费用概念（或费用概念的主观的规定）就足以调和两派的交换价值学说。迪茨尔认为价值的问题的研究，应该从个个经济的内部即消费问题开始，得了确定的结果之后，再去研究个个经济的外部问题即交换问题，正统派不顾内部问题的研究，立刻去研究外部问题，固然是错误，限界效用派只研究内部问题而不过渡到外部问题，同样也是不对的；换句话说，正统派把主观的消费置之度外，限界效用派把生产交换置之度外，都是不对的。他以为一切经济主体都是按照他所谓节约原理（sparprinzip），即所谓"以最小的费用获得最大的效用的原则"而行动的，所以他以为，所谓费用，不单是指那种为获得效用的缘故所费的一切的手段说的，倒只是指那种为获得某种效用的缘故所不能不当作手段拿去牺牲的别的种种财货的效用说的，换句话说，就是主观的费用观念，只有在有限的手段不能不为达特定目的的缘故被拿去结合起来的时候，才能发生。所以，照迪茨尔看来，费用就是效用的牺牲（Nutzeinbusse），所以效用可以决定费用，所以，效用决定价值吗？费用或劳动决定价值吗？那种争论都是无聊的，因为从内部说来，效用和费用并不是对立的，倒只是相关的；所以正统派和限界效用派价值论都只有半面的真理，唯独主观的费用概念，才能说明全面的真理。（3）迪茨尔的主观的费用概念，在实际的适用上，却不是一律的；他以为财货价值的决定，应该看财货的性质如何而有异同，所以他把财货分为三类：第一类是难于任意增加生产的财货，如像独占品及古董品之类，就是例子；这种财货不能随人类的欲望的增加而任意增加其存在量，所以它的限界效用也不能够随着存在量的增加而减少或下移，以至于和主观的费用相等，所以这类财货的价值可以说是由它的既存的限界效用去决定的。第二类是可以任意用相当的牺牲去行再生产的财货，如像普通的工业品之类，就是例子；这种财货的限界效用，可以依它的存在量的增加而减少或下移，以至于和主观的费用相等，所以这种财货的价值，在表面上虽然好像是靠它的存在量的限界效用去决定，实则是靠主观的费用去决定的（不消说，效用减少或下移到主观费用以下时，生产自然停止）。第三类是当作资本看的财货，如像普通所谓资本，就是例子，据迪茨尔看来，这种财货的效用，本在收益，所以这种财货的价值，是靠它的生产物的价值而定的。而它的生产物的价值又是依主观的费用去决定的，所以结局第三种财货的价值法则，只是第二种财货的价值法则的一个变相。

从抽象劳动价值说的立场看来，对迪茨尔的折衷说，可以下如下的批判：（1）迪茨尔关于正统派和限界效用派的抗争理由，在大体上虽然说得不差，但是，他所主张的，解决这个抗争的办法，如像所谓使用价值和交换价值的界说，却仍然空洞，不足以解决抗争。（2）他所最置重的主观的费用概念，乍看起来，虽似乎颇为巧妙，但是，详细加以考察时，就可以发现所谓主观的费用，实只是主观的限界效用的一个别名，并无真正的客观的标准，所以他所谓费用，决不能拿来和正统派的费用或劳动的意义相提并论。（3）因为迪茨尔的主观的费用只是一种把限界效用和费用（或劳动）勉强凑合起来的结果，所以他拿主观的费用适用到实际时所谓三种财货的三种价值决定法，结局也是一个杂凑，在学术上并无多大价值。

以上是所谓折衷的价值说的种类的大概,这些价值说虽然各有各的特色,虽然各有各的应受的批判,但是,总结看来时,又可以从抽象劳动价值说的立场行如下的总批判:(1)从大体说来,折衷说能够对于绝对价值和相对价值二者同时并重,这是专重相对价值的正统派和专重绝对价值的限界效用派两派所不能及的,但可惜折衷派的论者所据以折衷的前提,太不正确周到,所以折衷的结果也不圆满,仍然是一些空漠和皮相,不能切实的说明事实的本质。(2)折衷说的无论哪一种,都仍然是一种个人中心主义的学说,所以仍然不能说明这个带有浓厚的社会性的价值问题。不过,从全般看来,因为折衷说都把劳动或费用看成价值的一个决定因子,而劳动这东西却最容易引到生产的协力即生产的社会化上面去,所以折衷说大抵都比较多带社会性。折衷说所以能够成为新近金融资本主义时代的社会化的学说,也就是因为这个缘故。(3)无论哪一种折衷说,都忘记了价值的历史性,这不能不说是一般折衷说的一个大缺点:在这一层上面,因为它结果会把资本主义社会解释成永久化的社会的缘故,它不但远不及科学社会主义派的价值说,并且也比历史派的所谓经济的历史性的见解还更差些。

　　五　比率说(效用关系说)　这是 Bailey,Malthus,Mill,Macleod,Jevons 等等的主张,从大体说来,就是所谓流俗经济学派的人们所具的特色。流俗经济学派照例只图敷衍表面,所以他们对于价值论也大抵只把价值的表现形态(即交换价值),认为价值的本质,所以当然就会发生这种叫做比率说的谬说。用最简单的话叙述起来,这种比率说,虽它的主张者们之间仍有异同,然大致可以分为下述几层:(1)比率说认定所谓价值的真实意义只是一种关系,只是表现着一个物件对于别一个物件，在某种确定的比率上被交换着的情形，简单说，就是两个物件的效用的比率。（2）价值这东西，只能表现着比率，所以一切价值都是交换价值，反过来说，世上没有不是交换价值的价值，世上没有离开交换价值而独立着的，固有的价值。不过，在普通的情形下面，和一般物件行着比率的，都是金银货币，所以往往使人忘记了物件和金银货币的比率，而以为价值自有它的固有的存在，其实从比率说看来，那是一种错觉。（3）因为价值只是一物件和另一物件的比率，所以社会上不会有一般物件的价值全体涨高起来或一齐跌落下去的事；为什么？因为"价值的一般涨高或一齐跌落"这句话，根本上就是一个言语上的矛盾。"A只有在它和B及C的比较的分量相交换的时候，才可以抬高它的价值。在这时候，B及C就非和A的比较少的分量交换不可。决不能够有一切东西全都相对的涨高起来的事。如果在市场上全部货物的一半，都把交换价值抬高了，那么，这件抬高交换价值的事实本身，就含着有下余的一半货物的交换价值都跌落了的意思。同样，一半的跌落也含着有下余一半的涨高的意思。相互被交换着的东西的全部不能够尽都跌落或涨高，这件事，恰恰和一打的赛跑人不能够个个都是占胜利的人，以及一百根树子不能够根根都比别根高，是同一的道理。"

从抽象劳动价值说的立场看来，比率说在认定价值这东西要靠交换才能表现出来一层上面，虽然有半面的真理，但是，在别的方面，却不能不受下列的各种批评：（1）如果说财货的效用的比率就是价值，那么，各个财货的效用的单位怎样去决定呢？比率说对于这一层，毫无充分的说明，当然不能不说是一个理论上的大漏洞。

效用的单位的大小，既不能决定，所以靠效用的单位的比率而定的价值，当然也就无从决定了。（2）如果价值就是效用的比率，那么，那些有效用而无价值的东西（如像现代的空气，日光，及无交换时代的各种劳动生产物）的存在，就无从说明，因为这些东西的确是有效用的，所以当然是可以和别的财货发生效用的比率的，然而它们都没有价值。（3）所谓价值无一般的涨落，那种主张，完全不合事实，因为，在事实上，随着劳动生产性的增加，诸商品的一般的价值，的确一般的减少了。（4）此外，关于价值的本质，价值的社会性，价值的历史性，等等，比率说都有不能充分说明的缺点，这里且不说它。

六　社会评价说　这是一种带着浓厚的哲学色彩的价值说，他的最著名的代表者是日人左右田（Soda），德人 Simmel。这本是变相的心理学派的主张或社会哲学派的主张，从经济学的立场看来，虽然无大价值，但是，在各种主观的价值学说当中，似可以维持它的特有地位，所以似乎也得知道它的一个大概。这说的概略可以分为下列几点：（1）经济学上所谓价值，是经济价值，和普通所谓价值不同：经济价值虽也是一种人类的评价，但是，它并不是一种纯然的，漠然的评价，而是一种数量的评价。换句话说，它不是一种主观的评价，而是一种客观的评价。（2）经济的价值怎样会由普通的主观的评价，变为客观的评价呢？要说明这一层，先得说明一般的存在的客观化问题。照主张社会评价说的人们看来，一般的外界的存在所以会由主观的认识转到客观化，只因为人类会靠知性的作用，把客观的世界，当成普遍的要素的反复发现关系，认识起来的缘故。在这种客观化的过程中，可以分为两段：第一段由评价的主体对于评价客体发生一种抵抗的感觉，使主体知道客体的存在，第二段由评价的主体，对于这个被感觉抵抗的客体，依照人类的节省精力的生活原则，起一种分化，使它和其余别的客体分离，而发生一种特别的评价认识；这样一来，客观化就完成了。（3）经济价值的客观化的进程也和一般存在的客观化一样：先由经济主体对于某种物件感觉抵抗，即感觉它不足以应他们无限的欲望，而知道这个物件的客观的存在，其次，更由经济主体对这个主观评价上的独立存在，特别置重起来，使它和其他的物件分离，特别是和他人的评价分化；这样一来，人类就会一方面依照人类的节省精力的生活原则，一方面根据人类对于他人的立场的理解的同情心，而使客观化了的评价当中，包含着别人的立场上的评价，因此就会使客观化了的价值，在分业的社会内，带有社会的评价性了。（4）但是，这种客观化了的社会的评价怎样能够表现出来呢？照主张社会评价说的人们看来，这种表现是很容易的：因为一切评价本是各财货支配相互间的比较的重要程度，所以，客观化了社会的评价就可以用别的财货的单位，如像一件衣服，十斤茶叶，二翁士金子，之类，表现出来；这样一来时，客观化了的评价就数量化了。（5）有了数量化了的客观评价之后，市场一般的价格问题就不难解释了，市场价格何以会统一起来的问题，也可以了解了：只因为各人都知道他的评价如果比市场评价或高或低时，皆不合经济的利己的打算的原则，过高则卖不出，过低则自己受损失，所以逐渐的在市场上就成了一财货一价格的支配了。

从抽象劳动价值说的立场看来，对于社会评价说，可以下如下的批评：（1）社会评价说虽然用哲学上的术语，很巧妙的说明了主观的评价的客观化及数量化，但是，作为一个经济学说看来时，仍然免不了上述比率说的空漠的毛病：主观的评价根本上就是不确定的，纵然经了所谓客观的社会评价化，也还不是一种不确的东西吗？（2）社会评价说完全没有顾虑到生产方面，也没有顾到价值的历史性，这当然是很显然的短处，只要把上述各种价值说的叙述和批判，对照起来一看，就可以明白的。

七　不要价值论的价值说　这号称是最近的价值学说（?）①，它的最有名的代表者是 Cassel，Amonn 等。照他们看来，价格这东西，虽然有常常向着正常价值走去的倾向，但是，价格变动的原因，有稀少性，劳动量，欲求程度，交换关系，将来预测，等等，所以是极其复杂而不能统一的，所以，统一的叙述说明，在事实上是不可能的。因此，所以他们主张，最好是不要价值论，只要商品和货币的交换比率即价格的研究：在万不得已时，所谓价值论的范围也应该缩小，只研究绝对的价值，不研究相对价值，换句话说，只研究价值的性质，不研究价值的数量关系。

从抽象劳动价值说的立场看来，这种不要价值论的价值论，只不过：（1）表现它的代表者们完全不理解价值论和价格论的内部的关联，（2）证明他们代表着没落时代的资本主义的无能力罢了。

（以上讲授者自写）

---

①　问号为作者自加，后文中同类情况不再另注。——编者

第三章　价值和价格

第一节　价值和劳动，使用价值，交换价值，价格四种东西的区别和关联

一　前面我们虽把商品的价值从种种方面加以很长的说明，但是还不充分。因为那样还不是从价值与价格的关系的全体着眼的说明，即是说，还不是从价值法则上着眼的说明。所以我们要进一步来说价值和价格的关系即价值法则本身。先从价值和劳动，使用价值，交换价值，价格四种东西的区别和关联说起罢。这四种东西，我们在前面都已说过，所以现在用一个结论式的说法，把这种种东西的区别和关联简单指出，就行了。

二　价值与劳动的区别和关联　价值的实体是抽象劳动，所以仿佛也可以说价值就是劳动，其实二者却不是同一物，而是有区别的：因为一切劳动不全都是价值，价值只是劳动的一部分，因为一切抽象劳动只管都是生理上精力的支出，然如果变为不是社会所需要的劳动时，则纵然有了支出，也不成为价值，所以我们说，有价值的虽然都含有劳动，然而一切劳动却不是都有价值。从一般说，劳动只在我们前面说的种种社会条件之下，才能成为构成价值的劳动，至于前面所述的破坏的劳动，那当然不算是产生价值的劳动；其次，即使是一种真正能生产有用的生产物的劳动，但如果它是在自给经济时代的社会关系之内，则因为它不是在商品社会内的缘

故，所以它也只能是生产物，而不能够是商品，它所含的劳动，当然也不是价值。由此看来，可知价值与劳动二者一方面是有区别的，同时又是有关联的。

三　价值与使用价值的区别和关联　因为使用价值在今日的商品社会里面，大抵都是劳动的生产的结果，所以上段里面所述劳动与价值的区别的理由，也可以引用到价值与使用价值的区别上来：有价值的必然有使用价值，有使用价值的却不一定有价值，因为在今日也还有用自己劳动，生产自己用的生产物的人们，所以他们劳动的结果，虽有使用价值，但没有价值。进一步说，自有人类以来，就有许多不经劳动而有使用价值（或使用性）的东西，直到今日，也还有少数这种东西存在，譬如空气日光种种东西，就是例子，所以使用价值对于价值的关系，和劳动对价值的关系也还有点不同，因为使用价值的一部分可以纯粹是自然的，而劳动则必然是人为的。由此可知不但价值和使用价值不同，并且劳动和使用价值也不相同。至于价值和使用价值的关联，前面说商品的二重性时，已详细说过，这里可以不赘，只要记得使用价值是价值的物材的负担者，它们相互的站在对立物的统一的关系上一层，就够了。

四　价值与交换价值的区别和关联　价值和交换价值也是有差别的；虽然我们平常把价值与交换价值放在一起说，其实它们是两件东西：第一，我们可以用没有价值而可以有交换价值的东西的存在来证明，譬如土地就是没有价值而有交换价值的，名誉不名誉也是没有价值而有交换价值的，既有这种东西的存在，可见价值和交换价值二者不完全是一个东西。第二，因为交换价值是种种东西的交换能力的一种比例，即是说，因为它是价值的现象形态或表现形态（因为价值本身是不能自己表明的，只有在交换过程当中借其他东西表现出来，如一斗米要靠二丈布表现出来之类，所以说交换价值是价值的表现形态），而这种比例或表现形态却不是固定的而是可以变动的（一斗米不限定是靠二丈布来表现，因为布这个等价物本身的价值如有变动时，米的交换价值也会变动，譬如原来一斗米的交换价值，虽等于二丈布，如果布的劳动生产性增加了一倍，则结果一斗米的交换价值就会等于四丈布了，因为这时四丈布所含的社会必需劳动，恰与原来二丈布所含的社会必需劳动相等），所以同一的价值可以拿种种表现形态表现出来。由此可知价值和交换价值不是同一的东西，同时又证明二者之间还有不可离的关联（关于这层，下章有详细说明）。交换价值既是价值的表现形态，则它和充当价值的物材的担负者的使用价值并构成着价值实体的抽象劳动，当然也是一方面有区别，一方面有关联的，因为照刚才所述，价值和劳动并使用价值本来就是区别和关联的。

五　价值和价格的区别和关联　前面已经说过，凡是用货币表现出来的价值，就是价格。不过，这样简单的说明，还是不够，因为价值和价格的区别和关联，在经济学上甚为重要，这一层如不弄清楚，则价值法则本身就无从彻底理解，所以我们有更进一步，加以说明的必要。

价值和价格的区别和关联，可以从质的方面和量的方面分开说明：

A：从量的方面说，二者是常常不一致的。为什么价值和价格的量会常常不一致呢？这主要的是因为价格常有变动，而价值则比较固定；价值虽然也有变动，但它是随社会的平均劳动之变动而变动的，而社会平均劳动却是比较固定的东西，所以价值当然也比较固定了。至于价格的变动，却是原则上会以价值为中心，或向心的，或离心的，不断的动摇不定，而和价值不一致。何以在原则上价格会这样常常动摇不定而和价值常常不一致？这有四种主要理由：（一）是由于供求的关系。商品的价格，是在各个商品生产者即出卖者和各个购买者相互竞争的过程当中，自然而然的被规定着的；这个规定者，就是供给与需求的关系。所谓供给与需求关系不是个个主观的供给和需要的关系，而是指存在特定时间和特定地域上的，被一般想用并且可以用特定价钱出卖的某种财货的数量及存在特定时间和特定地域上的，被一般人想用并且可以用特定价钱去买的某种财货的数量，二者的关系说的。由于这个关系，就产生一个供求法则：就是供给多而需求少的时候，则因竞争着卖的缘故，价格就降低，反之，若需求多而供给减少的时候，则因竞争着买的缘故，价格就增大，由这种法则而来的价格，又叫做竞争价格。价格之所以常常变动，第一就是受了这个供求法则的影响。（二）由于独占性的关系。在商品社会里面，私有财产制度已获得普遍性，任何东西都有它的所有人，所以在这种社会里面，如果某种商品，在一方面，当时社会对于它的需求增高，在他一方面，对于它的所有权或使用权，又因法律制度或生产技术的关系，只有某某个人或某某公司单独保有或保持着，那么，这几个人或几个公司，就可以特别提高这商品的市场价格，使它超出普通的竞争价格，而获得一种独占价格。如果是需求特别多，而供给特别少，只有一公司或一个人的时候，则这商品价格更可特别提高。这只由于这种商品在这时变为带有稀少性，而它的所有者或使用者变成获得独占权的缘故。此外还有商品本身就带有独占性的事，如古董，美术品，处女地，原始林，矿泉等等之类，就是它们本身就具有某种特殊独占性的例子。这样，一方面既有人为的独占性，同时又加上商品本身的独占性，所以这种商品的价格就可以特别超出应有的价值，而与价值不一致了。（三）是由于价值本身的变动的关系。商品价值的变动，比起价格的变动虽是较为缓慢固定的，然而价值终是可以变动的：产生价值时的社会的必要劳动虽然有一定的分量，但是，在由商品的产生起，到其出卖时止的期间，难免社会的平均必要劳动分量没有变动，如果有了变动，则价值当然也要随之而变动的（因为商品不是单单按照生产这商品的时候的社会的平均必需劳动分量计算，而必然的，要依照把时间上及空间上的一切有关的社会必要劳动平均都加入计算后所得的将来再生产的社会的平均必要劳动分量，来测定的）。由此可知价值的"生产"与价值的"实现"原是两个问题，因此，价值的量的本身，从实现时看，往往不能不有变动。前面说过商品的价格原是依其价值为中心而变动的，既然价值本身有了变动，所以价格也就不能不随其变动而变动。然而，在事实上，在价格变动和价值变动之间，不免有相当的时间间隔，往往会价值已变，而价格还是依旧有的价值而变动，因此，所以价值和价格也不得不呈不一致的状态。（四）是由于资本有机构成的关系。所谓资本有机构成的意义，我们在前面也曾大略的说过，就是资本中的可变资本与不变资本之间的相互比例。在资本商品社会里面，因技术的进步和机器的改良，必然会把不变资本的比例加多，即必然会提高资本的有机构成。在资本有机构成高的生产部门，因机器改良，劳动生产性增加的缘故，所生产商品的各个的价值必低，但是，这种商品的价格，因为有自由竞争之故，必定会超过其应有的价值（否则无人去生产这种商品），即是说，这种商品必会于生产费用之外再加上平均利润才出卖，于是价格就高过价值了。反之，资本有机构成低的生产部门，所生产商品的各个的价值虽大，但因自由竞争的缘故，它却不能独获超过利润，从一般说，结果也只能以在自己的生产费用之外加上平均利润的价格出卖，所以价格就较价值低了。总之，资本的有机构成的高低与所生产的商品的价值成反比例，而与其价格对于价值的超过成正比的。关于这个理论，我们在后面第四篇还有详细的说明。这里只要注意现在所说价格只是市场竞争价格就行了。这是价格和价值的不一致的第四理由——虽然只是在资本社会的理由。综合上面四点说，供求关系，独占性，价值的变动，以及资本有机构成的关系等等，都可以引起价格和价值的量的不一致，由此可知二者区别之大及关系之深。但不只是这样，还有质的方面的不一致。

B：从质的方面说，价值和价格也是不必一致的。所谓质的不一致，是从价值本身的有无一层出发而言的：商品这个东西，必然是有价格的，然而有价格的商品，不一定就有价值，因为，在商品社会里面，一切都商品化了，所以没有价值的东西，也可以依反映关系而有价格。这样的质的不一致，我们在前面反驳对抽象劳动的种种谬说时已说过，如处女地，原来没有价值，却因为独占性的缘故而有价格，又如名誉，不名誉，良心，爱情等等东西，都是只有由反映而来的价格而无价值的。像这些情形，都是价格和价值的质的不一致的例子。

关于价值与价格在量和质两方面的区别已经明白了之后，则关于它们的关联如何的密切一层，用不着赘说了，因为在上面，我们虽然在表面是说明它两个的区别，实则同时就是说明二者的关联；它们一方面有区别，一方面又是不可分开的，一方面是矛盾的，一方面又是统一的；总之，它们是一种辩证法的关系，我们也要以辩证的观点去认识它们。我们认识了价值和价格的区别和关联，当然同时也就可以认识价格和劳动，使用价值，交换价值等等的区别和关联（因为我们前面已经说明了价值，劳动，使用价值，交换价值等之间的区别和关联的缘故）。

第二节　价值的本质和价值的法则的本质

一　这一节可说是前章的结论，同时也可以说是这一篇价值论主要部分的总结，所以我们还应该努力作一种综合的考察。

"价值的本质如何"，这个命题，似乎与前面说的"价值的实体如何"相类似，其实不然："本质"与"实体"两个东西的内容，根本不相同；所谓"实体"，是就它本身的素材是个什么东西，是由什么东西所构成的方面来说的，即是从静的部分的观点的观察，其范围比较"本质"小；所谓"本质"，却是指某些根本特性或特色而言，即是指种种属性当中最基础的，如果除去了这些属性之外，简直就失掉了它本身存在的东西而言，这种东西的观察当然是从静的和动的发展的全侧面而行的观察，所以其范围比实体较大，所谓实体，只是本质的一部分而已。并且，因为是动的发展的全面的观察，所以也就是一种从作用方面的观察，所以某某东西的本质这句话，也可以改为某某东西的作用。这个道理，在此地应用起来时，所谓价值的本质如何，就是说，下述价值的种种属性或作用是价值所不可少的属性或作用，如果除掉了它们，就会没有价值这个东西；简单说，价值的本质如何，是说价值这个东西是在社会上有些什么作用的东西。因此，这个命题，也可以改做"价值的作用如何"。

当然，价值的本质如何，这个命题，还可以分为两段说明：第一段说价值本身的本质，第二段说价值法则的本质。我们现在就依照这个次序来说。

二　价值的本质或作用　我们在前面已经说明，价值是一个抽象劳动，但是，在自给自足经济时代，也应该有抽象劳动或类似抽象劳动的东西，为什么它不成为价值或发生价值的作用呢？要回答这个问题，只要把前面讲过的总结在一起就够了：只因所谓价值这个东西，是在商品社会里面的生产关系的表现；若把"表现"两个字作为动词说，就只因价值表现着商品社会里面的生产关系的缘故。价值并不是一种像普通所想象的，完全在人类本身以外的外物，也不是一种自然的物质——虽然在哲学上也是一个物质或存在——而是人与人的社会关系的表现。普通人们所以把价值认为是一个外物，只因为价值本身无从表现自己，只有寄存在使用价值上面才能显现出来的缘故，只因被人们所看见的只是它的外表的现象，并不是它的真正的本质的缘故。因此，我们可以说，价值的本质是商品社会的生产的表现，它是一个社会的范畴，它表现着商品社会的生产关系。

我们进一步来看。价值的本质既在它是商品社会里面的生产关系的表现，或表现着商品社会里面生产关系，那么，结果价值就应该是一个历史的范畴，表现着历史上的转变。因为商品经济既不是从有人类以来就有的，而价值只能产生于商品经济下面，不仅在商品经济以前的各经济时代没有，就是在将来的真正的社会主义经济时代也是不会有的，所以它（价值）是一个历史的范畴；拿别的话说，就是：价值是在商品社会里面，随着历史上的商品经济的发生而发生，随着历史上的商品经济的发展而发展，并随着历史上的商品经济的消灭而消灭的东西，而不是有永久性的东西。当然，上面那样的说明，仍然不够，还要再进一步，说明价值之所以在商品经济里面才发生出来的原因。这个原因是：在商品经济的社会里面存在着的一种最大的根本的矛盾。什么矛盾呢？简单说来，就是在这里，人类的生产的劳动是具有社会性的，而其生产手段及结果却为私人据有，那种事实。这个矛盾，是因为职业分业制及私有财产制的缘故，才产生的；因为，如果没有私有财产制度，则不但这个矛盾不产生，而且根本就用不着交换了。因为在职业分业制私有财产制之下，因种种必然的理由（详见后述价值形态的发展处），大部分的生产的劳动，都必然的不会为供生产者自己使用的缘故而行着生产，而是为供给别人的使用而行着生产的，简单的说，各人大抵都暗默中依着社会的分业的原则，自己只做某一样或几样的东西拿它们交换出去，换进别人生产的许多别样的商品，以供自己的使用；因此，所以劳动才是社会性的，而生产手段和生产结果却仍然是私有的，因此，所以就不得不发生上述的那个矛盾。既有这个矛盾，就必然更要有交换，因为如果我们没有交换，那简直自己就不能生存，社会生活也就不能继续存在。因为继续的普遍的交换是这种矛盾的唯一的解决方法，所以这个交换的普遍化和继续化就越发把所有各个人的含有社会性的劳动，在实际弄成了普遍的社会劳动；同时所谓价值也就从此越发普遍化，而不能不在最后变成一个和商品经济不能两离的东西。但是同时要知道，在根本矛盾的解决的过程当中，还发生了许多的矛盾：如具体劳动与抽象劳动的矛盾及价值（交换价值）与使用价值的矛盾，即普通说的商品经济里的劳动的二重性（抽象劳动与具体劳动的矛盾）及商品的二重性（价值或交换价值与使用价值的矛盾）。所以，如果我们要懂得价值的本质，非从根本矛盾及这两种矛盾着手不可，因为只有如此着手，才能够把"价值是历史范畴"这个命题的意义弄明白。如果我们不这样，就会发生和李嘉图同样的错误（李嘉图之所以有错误，就是因为他不懂得价值的本质在它是商品经济下必然的产物一层，因此也不能发现商品的二重性，同时也不能知道劳动的二重性）。

三　价值法则的本质或作用　所谓价值法则的本质或作用如何的命题，和价值的本质或作用如何的命题是另一个问题，这一层，我们首先要分清楚。价值的本质与价值法则的本质，二者所指的，本应该是两件东西，而普通却把它们混为一种东西，所以结果不免错误，如布哈林在价值论之受人攻击，主要的就是因为他没有把这两个东西分开，也就是没把二者弄清楚的缘故。我们先看看二者有何区别及关联。价值是什么东西？这个问题，前面已经说过，现在简单重述一遍：价值这东西，从实体上说，是抽象劳动，从数量上说，是靠社会平均必需的抽象劳动的分量去决定其大小的，从本质上说，是表现着商品经济社会的生产关系的，历史的，社会的范畴，是解决商品社会的根本矛盾的解决方法上的必然的产物。至于价值法则，那却是不仅把价值的实体，价值的大小，价值的本质，等等问题，包含在内，而且把价值的表现问题即交换价值问题，价格变动问题，等等都包在其内的，关于商品交换的全体的，当作整个的彻底的全部价值现象的认识的法则；更具体而简单的说，就是从它们的量的不一致和质的不相同，种种方面得到的一个一般的法则。这个价值法则的存在，于经济现象的解释，甚为有益，如像根本没有价值的东西如名誉，贞操，爱情，等等之有价格，我们只有用价值法则来说明，而不能用价值即社会的必要抽象劳动去解释，就是明例。因此，价值的本质如何，是就个个商品的内部关系说的，而价值法则的本质如何，却是就全体商品（价值）的对外关系即对于生产诸要因，生产关系，生产力，乃至商品社会关系全体等的关联说的；前者是关于个个的商品的问题，后者是关于把同种类商品及异种类商品都包在内的商品全体的问题。不消说，价值法则的本质虽然可以离开价值而另成一个问题，然而它和价值的本质却是有密切的关联的：因为，如果没有价值，就会没有价值法则，如果没有关于价值的本质的认识，就不会有关于价值法则的认识。

那么，价值法则的本质或作用到底是什么呢？关于这问题的说明，可分为下面四点：

A：价值法则的作用，第一在规制商品社会劳动力与社会的生产手段的再分配　在商品社会里面，价值法则在实际上可以客观的使社会的生产手段与社会劳动力实行再分配，并使这个再分配比较有轨道可循。社会上的生产手段和劳动力不能不继续不断的行再生产和再分配，这是很明显的；关于这一点，我们可以从马克思给库格曼的信上所说，"无论在什么社会里面，劳动是始终继续不断的进行着。如果劳动是不继续的时候，莫说一年，就是几星期，也就可以使社会不存在"（译意），一段话看出。这是必然的。不过，这种再生产再分配的方式，却随时代而有不同：如像在自给自足的经济里面，因为劳动的范围狭小，且有相当的组织或计划，所以在那里的再生产上的再分配，多多少少是有意识的去决定的；至于在商品社会里面（此处当然是指纯粹的成熟的商品社会说，而不是指半商品社会说的），因为商品经济本身是盲目的无组织无计划的经济，所以再生产上的劳动力，与生产手段的分配，也就是无有组织无有计划的；所以，如果毫无一种规制存于其间，就恐怕生产的结果常常有过不及的弊病，而因此使生产力不能发挥作用，进而影响到社会的继续存在。事实上，无组织的商品经济所以还能相当长期的继续存在，就是因为在客观上有价值法则在相当的范围内去规制再生产再分配的缘故。这还是从量的方面说，如果我们再从质的方面来看，假定没有价值法则来调节社会的分工和劳动的分配，任其在无意识中产生同一的东西，譬如说，大家都来生产米，而不生产蔬菜，那么，结果不但是米不能吃完，而且人们也要呈病状（从医学上说，蔬菜里面含有一种维他命，最能舒体和血，如果人们三个月不吃蔬菜，就要得败血病而死），所以事实上必然要客观的行着一种规制，使劳动力与生产手段的再分配能够相当的适合需要，不至集中于一种东西的生产而发生上述的弊病，不然，社会进化就会停滞，结局，社会也不会继续存在。事实上我们明明看见价值法则就发生着这种规制的作用（当然是在相当的范围内而不是绝对的能够规制）。

我们再进一步看看，价值法则在实际上如何客观的去节制并规定劳动力和生产手段的再分配。如前篇所述，在商品社会里面，当然是有自由交换的存在的，所以劳动力和生产手段的再分配，就可以依照前述供求法则，在交换过程中，在交换价值即价格的关系上，自然而然的表现出来。照供求法则说，求多供少的时候，价格必涨，反之，供多求少的时候，价格必落；而从一般生产者说，大抵价格涨则有利，所以他会扩大或继续去生产，反之价格落则无利，所以他会缩小或停止同样的生产；因此，所以随需要供给法则而来的价格涨落，结局在客观上行着一种使劳动力和生产手段应着实际情形，去行量的并质的方面的再分配的作用。然而，依前述，供求法则及价格涨落的原则，原是价值法则的一个构成部分，所以我们可以说，价值法则的作用使劳动力和生产手段在再生产的再分配上具有在某种限度内的规制性。关于供求法则及价格涨落和价值的关系，前面已说过，这里不赘述。

B：价值法则表现着商品社会生产力的发展的法则，这一点当然是与第一点相关联的，也可以说是第一点的一个推论。原来，价值的大小虽是以社会的平均的必要的抽象劳动分量来决定的，但是，只因为社会必要平均抽象劳动有种种变动，所以其影响就会使价值也生变动，即是说，劳动的生产性如何的影响会使价值大小也生变动。譬如在劳动的生产性增加时，每一个单位商品所含的社会必要平均劳动的分量就会减少，因而所含的价值也就减少；反过来说，道理也是一样。这里所说劳动生产性的增加，从原因上说，普通是指因生产手段或方法的改良而来的增加，这是常见的，不必详述。其次，劳动生产性减少的事虽比较稀少，然而也往往有之，如黄河的泛滥，就是一例；照普通说，经大水冲洗以后，土地会变为瘦瘠，必定需要多量的劳动，才能生产和从前同量的商品，因此，在同一商品所应含的社会平均必要劳动就会加多，因而价值也就加多。价值既会随劳动的生产性的增减而有反比例的变动，而劳动生产性的增减却又是表示生产力的向前发展或退后停滞的（虽然生产力的前进与否不一定要由劳动生产性的增减来表示），所以可以说价值法则同时就表示着生产力的发展的法则。不但理论上如此，并且在事实上也证明，当商品价值有长期的一般的跌落时，社会生产力往往是向前发展着的，反之，有长期的一般的高涨时，往往发生生产力停滞或退后的现象（过剩恐慌时的价格跌落，当然不在此例，因为这不是长期的跌落，而且只是价格的跌落即价值的不能实现，而并非价值本身的跌落）；从另一方面说，因为商品的价值能否实现，必然的要由价值法则表现出来，所以，如果生产力停滞或后退，则不但价格比价值低落，使生产方面呈现不安，并且社会秩序也会发生混乱，其结果，不但在经济现象的本身会起多大的作用，就是在政治现象当中，也会发生很大的影响（在唯物史观上说，一个社会的生产力和生产关系的关系如何，即二者能否相适应这件事，足以预测这个社会的前途和其政治上的治乱）。由这点看来，价值法则可算是经济学的基础，同时因为经济学是别的社会科学的基础，所以价值法则，又是一切社会科学的基础的基础。

C：价值法则表现着商品社会的生产关系的发展法则　生产力和生产关系，依前篇所述，是站在内容与形式上的关系上面的，若是没有生产力为生产关系的内容，也就没有生产力所依以表现的生产关系。上面既说明价值法则可以表现着生产力的发展的法则，所以价值法则就当然可以表现着生产关系的发展的法则。不但论理是这样，并且在事实上也可以证明这个道理的不错，如像价值的长期的一般的跌落必定伴随着社会的安定即生产关系的安定，及价格和价值的太不一致（如在恐慌时）必定伴随着社会的不安，就是明证。因此，关于此点，用不着赘说了。

D：价值法则形成着商品社会的根本的发展法则　这一点，是当然的，因为我们只要把前面三点合起来，就可得到这一个更高级的普遍性的作用，即价值法则形成着商品社会的根本的发展法则，这种作用。照唯物史观说来，一个社会的发展如何，要看那个社会的生产力和生产关系的关系如何，即二者是在互相适应的关系上或在互相冲突的关系上，才能决定，而生产关系和生产力的关系如何却又要看劳动力和生产手段的再分配状况如何才能决定；现在价值法则既能表现着劳动力和生产手段的再分配，生产力的发展法则及生产关系的发展法则，所以可以说，价值法则就是商品社会里面的一般发展和运动的准则，以及这种经济所特有的诸矛盾的发展法则，简单的说，价值法则就是商品社会的运动法则。同时价值法则也就是资本社会的商品生产的运动法则。诚然，资本社会与商品社会是有不同；在这里，因为资本存在的缘故，有许多例外，如独占价格，平均利润等等，所以在资本社会里面，价值的法则是要受相当的限制的，因此，资本社会内的价值法则，当然和单纯商品社会的价值法则稍不相同；然而要知道，纯粹的商品社会，在历史上是没有的，恰恰和纯粹的资本社会在历史是没有的一样，所以我们所谓价值法则，是假定着纯粹商品社会的存在，姑且把不相干的东西，先行舍了去之后，所研究得的法则，既得着这个法则，当然可以把以前舍去的，重新加上去，去构成一个非纯粹商品社会的价值法则。由此可知价值法则既表现着商品社会的根本运动法则，当然同时就可以是更高级的，不纯粹的商品社会即资本社会的根本运动法则，换句话说，商品社会与资本社会，当然是有些地方不同，因此价值法则也许要在资本社会受到某种的限制，但是，从主要的说，价值法则所表现着的社会的根本运动法则，却仍是同一的。

我们综合上面所指出的四点看来，前三点固然重要，然第四点更是特别重要，并且，要明了第四点，还非把前面三点联合起来不成功，因为它是基础的基础，法则的法则。总之，在经济学的研究上，价值法则确是很重要的一个法则，是全部经济学的基础法则；所以我们开始研究经济学时，非先把价值法则彻底认识清楚，就不能作深刻的研究。

我们最后还有两点应注意的：（一）有很多的人认为价值是一种所谓商品社会的规制者，即一种发生节制作用的东西，譬如拉比托斯的《政治经济学教程》，在第六版以前的价值论内，就有明白的说明，而且在目录中有"价值是商品社会的规制者（regulator）"的标题；不但他是这样说，其他许多经济学书上，也有同样的说法。这种说法，现在已被一般公认为不对了，因为价值本身只是社会关系的表现，是社会的范畴，而不是一个主动的东西，所以没有那种规制的作用。诚然，在商品社会内是以商品为细胞，商品又以价值为中心，即商品的价格是跟随价值而或上或下的，然而如因此就说价值在商品社会之内，可以当一个规制者的话，那却还有毛病；因为商品的价值不能明白的把自己表现出来，其被表现出来的，只是以价值为中心而时时变动的价格，而这个价格在常常变化当中所发生的变动，却始终和价值相差不远，一面是向心力的，而一方又是离心力的，但是要知道，这个价格变动关系却是价值法则的一部分。所以只能说包含着价值和价格二者的价值法则是商品社会的规制者，决不能说价值本身单独的是商品社会的规制者。这一点我们须特别指出，才能了解价值的本质和价值法则的本质的意义。（二）在苏联的经济学界上，在近几年争论甚烈的许多问题当中，有一个是关于劳动支出法则的问题。这个问题的讨论，是以布哈林的见解为中心的。因为他的见解在苏联政治上有很大的影响，所以许多人很厉害的攻击布氏，认为他是错的。经过长期论争之后，现在这个问题似乎已经解决了。因为这个问题与价值论很有关系，所以我们应稍为详细的说一说。布哈林关于此问题的主张是与他的哲学有关的；只要是多读过几本唯物辩证法的人，都知道布氏的唯物史观是机械论的唯物史观，是均衡论的唯物史观，例如辩证的唯物论认为一切东西的变动，都是以在内部的矛盾为原动力，而外在的力量是不重要的附带的原因，而布哈林则以为一切东西的变动都是因为和外来力量不均衡而相冲突的结果，因此，他认为，如果与外界的力量均衡就不会变动了。关于这种理论本身，我们现在且不说它。只说他对于价值论也把这种见解引用上来，形成了所谓劳动支出说。照他的劳动支出说看来，以为在一个社会里面，只要全部社会的消费和生产恰能适当，社会就不变动；生产多即劳动支出多而消费少，社会就向上；若劳动支出少即生产少而消费多，则社会不安定；当然，如果不支出劳动，把生产停止，而只是消费，则社会就会灭亡。布氏的这个说法，当然不是无根据的，但他确是出于一种误解。在马克思给库格曼的信上虽曾说过，"如果人类的劳动停止一星期，则人类的生活发生问题，所以人类的劳动必须继续下去，不能间断的；无论如何，人类要继续的行劳动生产，去满足消费"一类的话，但这话主要的意义，在阐明人类的劳动的重要性，并不在说明消费与劳动支出的均衡。而布哈林断章取义，把人类劳动的支出，和他的均衡唯物论联结起来，就有上面那样主张，以为生产与消费适合的时候，社会就不变动，生产与消费不适合的时候，则社会发生变动。刚才说过，生产的多寡就是劳动支出的多寡，而劳动支出的多寡，照布氏意思，却是决定社会之向上和不稳的，所以劳动支出多的社会是向上的，劳动支出少的是停滞或退后的——这就是布哈林主张的劳动支出法则。他这种主张事实上当然是不对的：现在我们看到，在资本主义的社会里面，在资本家方面，有许多生产品的过剩，放在那里没有用处或者任它毁坏了，而一方面同时却有许多人没有饭吃或吃不饱；由此可见只管支出许多的劳动去生产，而社会仍然是一天比一天恐慌得厉害，并未向上；所以单是拿劳动支出法则说，决不能说明恐慌的现象，只有把生产关系放在里面，才能说明。布哈林的说法，根本违背了马克思的生产力与生产关系的原则，忽略了一切东西的内部的矛盾。

布哈林应用他的理论到价值论上来，在他著的《转型期经济学》里面，以为照马克思经济学的理论说，价值理论是商品社会的基础，而价值的实体结局是劳动，所以结局劳动支出法则就是商品社会的规制者。这样的说法当然把价值法则的本质弄得大大错误：我们已经知道价值法则是社会关系的法则，而劳动支出却是自然的范畴，如果把前者看成劳动支出的法则，而把社会关系忽略了，结果就会把价值法则，弄成生产技术的法则，那当然是根本谬误的，结果就不能说明种种现象；如像资本主义社会的恐慌现象，宁可说是因为劳动支出过多而生，而不是因为劳动支出过少而生，因为恐慌之所以发生，根本是因为支出的劳动没有销售完了的缘故。当然，恐慌现象是资本主义社会的一个大现象，而劳动支出的法则的理论连这个现象都不能说明，这可以证明其荒谬。同样，以劳动支出说去说明苏联的经济现象，当然也会发生大错误。如依他的说法，就会以为，在苏联，如要经济向前发展，只要能够支出多的劳动就行了，而不必管生产关系如何。所以他在这种见解之下，就不能不反对那种对于资产阶级的阶级斗争，特别是反对那种对富农的斗争；他以为只要劳动支出多，苏联经济自然就发展起来，无须注意生产关系，不需要历行对于资产阶级和富农的阶级斗争。但是，如果照他所说，只是图生产的增加，而不管其结果及生产手段到底归谁，不管生产关系的变动不变动，结果就会与资本主义社会一样，一方面只管多着用不了，他方面却有多数人苦于不够用。这当然是不对的，因此，所以有许多人主张必须继续的对资产阶级与富农实行阶级斗争，而激烈反对布哈林的谬说。如果照布氏的说法，就会发生很大的政治方针的错误，因为一则会把苏联的计划经济性变成自然放任性，二则会使人因此疑惑社会主义建设的人力促进的成功性，三则会使人走到所谓和平社会主义即不用阶级斗争，只要产业发展就自然平和的可以达到社会主义的谬说的路上去。后来布哈林所以会主张不必注重对富农的斗争，只要努力于重工业，只要多多的支出劳动，就会使社会主义的经济基础稳定；及他所以会变成所谓右的偏向的代表者，也就是因为他把价值法则的本质弄错了的缘故。

第三节　商品的本质

一　商品的发生　前面我们在本篇的起首就说过，所谓价值是指商品的价值，现在我们把价值的本质既已说明白了，所以论道理，似乎商品的本质也就可以明白了；其实，因为商品是除了价值之外，还有使用价值的，它并不就是价值，所以我们虽已说明白了价值的本质，然而对于商品的本质，也还得要详细来说一说。如此，在方法论上才能成为综合。

要说明这个问题，我们先要转一个弯，说一说本节的来历。这一节，从普通的经济学和《资本论》上说，即是所谓商品的物神崇拜性〔也有人叫做商品的拜物教（Fetischismus）的〕的研究。《资本论》那样说明，只是因为想把价值理论归结到商品身上去的缘故，但因《资本论》原为富有论理的脑筋的德国人写的，没有把次序上的用意特别指出，所以普通读《资本论》的人，总怀疑为什么要有这商品的物神崇拜性一节；我个人，以前也觉得这一节放在别处也可以。最近看到新日译的《资本论注释》上半部（《资本论注释》是俄国的 Rosenberg 著的，现在新由改造社印出新日译版。本书对于《资本论》的注释，很像我国人对唐宋八大家文的批评一样，是站在构造上与前后关联上来注释并说明设置某节的意义的，所以这本书对于研究《资本论》的人很有用处），对于现在说的这一节设置的意义，虽无明确的说明，的确给了很大的暗示，我所以主张把"商品的物神崇拜性"改为"商品的本质"，仍然放在这里的理由，就是根据那种暗示而来的。

我们要说明商品的本质，先要看看商品为什么发生出来，即为什么到了社会发展的某一阶段就变成以商品为主要内容的经济。关于这一层，前面虽已简单说过，这里再补充如下。一般对于这个问题，有四种说法：

A：说是因为商品用处大的缘故，即是因为商品使用性的种类至为繁复巨大，可以任意供人使用的缘故，详细理由是这样：因为生产物的少数的单纯微小的使用性对于人们的本能的要求的满足，远不如多数的复杂巨大的好，而商品的存在却会使个人生产物获得无数的复杂巨大的使用性，因此人类都弃了自己的生产物而乐于用商品，因此商品就决定的发生了。这种使用性的说法，显然是错误的，因为，一则如从商品本身的用处说，在商品社会以前的各种生产物就有各种使用性的，我们决不能说因为它变成商品之后，它本身的使用性就大了；二则如从各人所获得的使用性说，诚然，到了有商品的时代，各个人因交换的缘故，可以获得更多的使用性，然而这种较多的获得只是商品发生的结果，并非商品发生的原因，所以未免倒果为因，依然未能把商品发生的真因说着。

B：说是因为商品里面含有劳动力，即因为商品生产时用了劳动的缘故 这种说法，乍听起来，似乎很可笑，但事实上却有人这样主张。这说以为：在商品社会以前，很多东西都是天然的，就是在现在的社会里面，如空气，水，日光等，也是天然的东西；这些东西之所以不是商品，只因为它们不必加以劳动去改造就可以任意使用的缘故；同样，如像土地，在从前未加劳动时本不是商品，现在加了劳动，就变成商品了；因此，所以说生产物之成为商品，就是因为加了劳动的缘故。他们这种主张和他们的财货的分类是有关系的。资本主义经济学者对于财货的分类的主张是这样：所谓财货有二种，如空气，日光，水，等等是不用劳动就可以得到而供人类的使用的，这叫做自由财货；其次如一般衣食用品虽也是供人类使用的，但是，须出代价或费劳动才能得到，这种的财货叫做经济财货。他们所谓商品，就是指后者说的，所以他们说，商品之发生就是因为其中含有劳动力的缘故。这种说法，显然有许多漏洞的地方：他们说商品的发生是因为人们对它加了劳动的缘故，但是，在没有商品的社会以前，人类用的生产物的大部分明明也是用了劳动才能得到的，难道说那时候就有商品吗？并且，再进一步说，这是在商品社会之内，有许多生产品也是为了供自己的使用或娱乐的缘故，加了不少的劳动的，这也是不可否认的事实，我们能说这些生产物也是商品吗？这说显然是流俗派的敷衍表面的，骗人的说法。

　　C：说是因为商品本身对于生产者没有使用性或对他是剩余物的缘故　详细说，商品之所以成为商品，就因为它在生产者方面是无用的，是没有使用价值的，剩余下的东西，所以生产者才拿出去与别人的东西实行交换，因此，这种被生产者视为剩余下的无用的东西，才变为商品；如果生产者不认它为剩余物，不拿它去行交换，他的生产品就不会变成商品（由此可知这种说法的主张者所谓商品是有一个特殊意义的，他们认为商品只是一种对于生产者本人没有使用价值而被他拿去交换的东西）。这种说法较前两种进步一点，因为最初的生产品的交换确实是剩余物的交换。最初的生产物交换，是部落间的团体交换：当劳动方法或工具有了相当发达的时候，一个团体所造的东西，自然难免超出自己团体所需要的分量而有剩余，假定此时又有一个别的团体，也同样的有了剩余物，而其种类却和前者不同，那么，在这两个团体之间，自然就会行着剩余物的交换（这里应注意，所谓剩余原有二种，一是发生奴隶及私有财产的剩余，一是发生交换现象的剩余，这里所谓剩余，自然是指后者——虽然二者是相互交错的）。剩余物既因团体间的交换而有消纳的方法，所以其后自然就会由团体间的交换变而为个人间的交换，由不定期的偶然的交换变而为定期的常用的交换；即是说，事实上最初是因为剩余而去交换，后来才渐渐发生故意以交换为目的的生产。因为从商品的历史上看，事实是这样的，所以因此就有这种剩余说。不过，这种说法只管合事实，但，仍只是一个表面的说法，未能说出真正的原因，特别是从商品的本质的发现一层看来，这说有很大的漏洞；因为，如照这说，就会把商品认为是一种对于生产者本人没有使用价值的东西，而事实却不然。事实上今日的商品真正都是对生产者本身不是使用价值而是剩余物吗？如像农夫，真不想吃他收获的米吗？又如织布的工人不是织了布反而受冻吗？可见并不是米或布对于他们不是使用价值，而是因为他们没有所有权，不能够拿米或布去使用。

D：马克思说商品之成为商品，只因为生产关系变更了的缘故，即因为有了私有财产制度，社会生产变为分业的生产的缘故　详细说，因有劳动生产性的发展而有剥削，因剥削而发生私有财产制，因有私有财产制而有分业，因有分业而可以更有劳动生产性的增加而大家才更去实行分业，更因分业的发展而有更大的剩余，而发生交换现象：分业越发展，剩余愈多，而剩余生产物的交换也愈盛行，其结果更使分业愈发展。因为这种相互的关系，结局就会使原来为自己使用而行的生产变而为为交换而行的生产。及至大多数的生产者都变成为交换而行生产的时候，就成了商品社会。所以商品之所以发生，就是因为生产关系变动了的缘故，所以商品也是一个属于一个特定的历史发展阶段上的，社会的，历史的产物。只因为分业和私有财产制一旦发生，必然就会形成商品社会的根本形态和商品社会的根本特色或根本的矛盾，即劳动是带有社会性的而结果却归私人所有，那种矛盾，所以如果没有方法解决这个矛盾，则因劳动的结果又不能归大家使用，又不能满足所有人的全部需要，最终必定使社会不能维持。要使劳动的社会性发挥出来，只有实行交换，因为只有经了交换过程，劳动才能变成供社会的使用的劳动，同时又不会把生产结果的私有性加以妨碍。这样一来，交换就渐成为普遍的现象，而生产品也就随着交换的普遍化而变成真正的商品了。

很明显的，在以上四种说法中，只有第四种才是一种正确的说明，而且包含和融化了前三种说明的说明。

二　当作社会关系看的商品的本质　商品的本质是什么？这在我们明白了商品的发生原因之后，是很易答复的。普通因为物与物的关系遮蔽了人类自身的关系，所以人们往往想象商品是一个物件，其实商品的本质，并不是那样：商品是有社会性的，商品只是社会的范畴。何以呢？因为，如前所述，在社会关系有了变动之后，即有了分业和生产的手段和结果归私人所有的现象之后，只因劳动是社会的，所以不得不拿自己生产品去和别人的生产品交换，因此生产品才成为商品；所以如果把私有财产制取消，使生产结果归大家有，则商品也就不会存在了。所以商品不是永久的物的范畴，而是在历史上的某种社会关系下才发生，并在某种社会关系下必会消灭的，社会的范畴。虽是这样，可是，因为商品同时具有价值与使用价值，即是说，因为在商品之内，统一着社会的和自然的两个成分，所以在商品以它的自然的成分负担着社会的成分即某种社会关系而去交换的时候，人们就会被那物与物的关系所蒙蔽，而以为商品就是一个物件——这完全是一种错觉。这样说来，商品的本质恰和价值的本质一样，看去好像是一个物件，其实是表现着一种社会关系，是表现着分业制和私有财产制的社会关系；并且，从论理上推理，我们也可以知道商品是一种社会关系，因为，照前面所述，价值本是历史的产物，是社会的范畴，而一切商品除由反映而来者外，都具有价值，一切价值都是商品的价值，决不能离开商品而独立，所以商品当然也是一种社会关系，是一种实在存在的，并非由脑筋空想出来的社会关系。

三　商品的表现形态与商品的社会关系　商品虽是一种社会关系，但是，在它表现形态上却看不见这个社会关系。恰恰和抽象劳动虽是实在的东西，但它本身却无从表现，非附丽在使用价值上不可一样；商品的社会范畴虽是实在的东西，但自己无从表现，只有附丽在劳动生产物上才行，所以结果它在现象形态上，却变成一种物件；即是说，商品本来是一种人与人的社会关系，而其表现却物化了，变成一种物件，恰如马克思所说"商品在本质上是人与人的社会关系，在现象形态上变成了物与物的交换关系"。在商品变成物与物的交换关系之后，它在事实上，就可以更进一步去支配人和人的关系，因为有商品的人，与没有商品的人，在社会上，的确贫富不同，的确前者可以支配后者。但一般人不明其所以然的道理，不知推求现象下的本质，因而发生一种错觉，以为商品本身有绝大的能力，可以支配人的运命，特别觉得商品中的货币，如像黄金，更具有特大的能力和魔力。其实，如下一章所述，货币和黄金也和其他商品一样，在本质上并没有带着使用价值方面的物的关系，而只是表现着价值方面的人与人的社会关系。关于商品的本质和现象形态的差别这个问题，首先能给与一个彻底说明的，是马克思主义经济学。所以从这一层说，也可知只有马克思主义经济学是科学的经济学（因为科学的任务只在找出现象的本质）。当然，马克思主义经济学不单是对商品能这样揭出其本质，并且对于价值以及其他如资本等，都能暴露它们是人与人的社会关系，是历史的范畴，是一些一旦到了现存的生产关系有了变动，私有财产制不存在，市场无必要的时候，就根本不能存在的东西。马克思主义经济学在这一层上，和其他的经济学派大不相同，因为他们都看不见商品与货币中的社会的生产关系的表现，而单只看见具有特大能力的商品的物化的形态，因而把后者看成一些离开历史的生产关系的变动而独立的东西。

四　商品的物神性（Fetischismus）　商品的社会关系，在表现形态上，不能不变为物对物的关系，结果会使人忘了人与人的关系而倒转崇拜起商品来，以为商品具有一种支配力，可以祸福人类：这就叫做商品的物神崇拜性。物神崇拜性这句话，当然是从宗教上借来的：古代最初的宗教，有拜物教及多神教，种种的不同，其中的拜物教有时对一棵树烧香叩头去崇拜它，有时刻一个木偶，画一张像，就认为可以祸福人而崇拜之；所有一切拜物教，都是这样的把自己做的东西，神格化起来，这就叫做物神崇拜性。在商品社会之下，一般人崇拜商品，恰恰和原始社会的人类崇拜物神一样：商品本来是人类制造的，而人类反视它为有绝大的能力，视它为很神秘的东西，而去崇拜它。因此，所以马克思把商品的这种神格化，叫做商品的物神崇拜性。马克思主义经济学普通在价值论后面，去说物神崇拜性，就是因为要把商品的本质与现象暴露出来的缘故。商品的物神崇拜性的指摘，在经济学上是很重要的一点，因为经济学之所以成为科学，就在它能暴露经济现象的本质，所以从经济学研究上说，有基始性的商品的本质的暴露这一点，如果弄不清楚，在以后种种方面也就不会弄明白。总之，只因为马克思在哲学上认为一切进化是由斗争而来，只因为马克思认为生产关系与生产力的矛盾是社会进化的原动力，所以商品现象形态和商品的本质间的矛盾的认识，就成为很重要的问题，因为如果不认识这一个矛盾，就会不认识商品的其他种种矛盾，因此，就会对于经济现象的解剖不能进行。

第四章　价值的表现形态与货币

第一节　价值的表现和交换价值

一　前面已经说明了价值法则的本质及商品的本质，现在可以更进一步来说明价值的表现形态与货币的本质。关于货币，在非马克思主义经济学书上，大抵都把它看成一个独立的部分，离开价值论来讲的。他们那样主张，自然也有他们的理由，如像（一）说货币是一种和价值无关的交换媒介物，所以应该独立成一个题目，或（二）说价值论只是抽象的空理，所以用不着拿它和货币论相混，之类，就是例子。其实，若正确的说来，货币论的确不应离开价值论而独立：因为货币和商品两种东西，不管它们在表面的现象是怎样的不一致，然而在价值的观点上，也就是说在实质上，却是一个东西，只不过为各自的现象形态所掩饰着罢了。要知道，科学的任务，就在从现象形态里面发现本质，哪怕它们怎样的被现象形态掩饰，也得要从各方面研究，去探求其本质，才对，决不能忘了科学的本务，专从表面敷衍。从上述关于价值的理论说来，商品的价值虽是商品的内在物，是抽象劳动，但是，如本章下面所述，它常常不能直接表现自己，而必然的要以别的商品或货币来表示它，并且，货币也就是商品之一种，是由一般商品必然发生出来的，因此，所以我们必须把货币与商品放在一起来说，才能把货币现象的发生和机能，格外的说得明白。简单说，因为货币是表现价值的东西，所以我们应依照马克思的叙述方法，把货币也放在价值论来说明。

在这章里面包含着许多节目，首先仍从价值的表现说起，次第及于价值的形态和发展，货币的本质和机能等等。现在我们就依这个次序，先说价值的表现和交换价值。

二　价值在交换过程中如何表现自己　价值是社会范畴，它的实体是抽象劳动，价值的大小是靠社会的必要平均劳动分量来测定的等等命题，我们在前面已经再三的说过了，现在应该进一步的研究价值这个东西怎样表现出来。

从质的方面说，价值的实体虽说是抽象劳动，然而价值本身却不能够自己表现出来，这是很明显的事实。因为抽象劳动这个东西原是一个社会的范畴，所以它虽有自己的存在，然而是无形的存在，是不可捉摸的，是耳不闻其声，目不视其色的，因为它是不能靠人类普通的感觉机关知道的，所以，价值本身就绝对不能靠自己把自己表现出来。

其次，从量的方面说，价值的量是否能由自己表现出来呢？这个问题，照前面所述，似乎很可容易答复，似乎价值的大小应该是靠劳动时间的多少去表示和测定。在理论上虽是这样，然而事实上却不然，不但如前面所述，平常人对于一个商品，并没有拿劳动时间去测量，到市场去买东西时，也没有人问它所含的劳动的时间多少，并且，按照抽象劳动的意义说，拿劳动量的多少来测定价值的大小，这件事，在商品社会内，通常是不可能的（这自然不是绝对的不可能）；因为，在理论上说，虽然我们可以从劳动工具的优劣，劳动者本身的热心与否，技术的熟练与不熟练以及一般社会的需要程度如何，等等方面，加以调查，再把各方面总合起来，算出每一种商品的必要的平均劳动分量，去算出那种商品的真正价值，然而在无组织无计划的商品生产社会里面，在实际上，前面列举的种种方面的调查几等于不可能，即使去调查，也不一定能够调查清楚。退一步说，纵然能够把各方面必要的社会劳动调查清楚，计算准确，然而如前所述，又会因商品生产时候的必要劳动与实现时候的情形完全不相同的缘故，使那种调查在实际上没有多大的用处，譬如说第一次算调查清楚了，然而随着生产力的向前发展，平均必要劳动分量时时发生变化，因此不能不时时去行第二次第三次……的调查，一直推下去，将没有止境。所以就是费尽了千辛万苦，把决定价值大小的劳动量算出来了，结果在实际上也是没有用处。所以从量的方面说，价值的量本身也无从直接表示自己的。

价值虽然在质的方面和量的方面都不能直接的把自己表现出来，但，我们决不能因此就说劳动价值说的理论不对，或说价值本身不存在，或说价值的质量不需要表现，因为，如前所述，这种构成着商品社会的细胞的商品的价值，虽然不能直接表现，却可以间接表现出来，并且在商品社会内明明的表现着，明明的需要它继续表现着。那么，一个商品的价值怎样间接表现着呢？它在这个商品和其他的商品相交换的时候，在这交换过程当中，相对的间接的表示出来：不但是价值的质的存在可由这商品和别的商品相交换那件事反映出来，而且它的量的多寡，也可由这商品的若干单位和别的商品的若干单位相交换一件事表现出来。

三　价值与交换价值的关联和区别　一个商品的价值，依上面所述，由别一个商品把量和质两方面表现出来时，那被表现的商品的价值就称为那商品的交换价值；拿别的话说，交换价值就是一个商品用别一个商品表现出来的价值，也可以说，交换价值是价值的表现形态，同时也可以说交换价值是价值的外面的表现，即所谓价值形态。如果一个商品中没有价值这个东西存在着，从一般说，就不会被拿交换，因而这个商品的价值的表现形态即交换价值也就会不存在，反过来说，若是价值的表现形态不存在，则商品无从交换，而价值也就不会存在了。价值和交换价值虽关联甚切，然而却又是大有区别的，绝不能混而为一：（一）不能因为交换价值是价值的表现形态，就可把交换价值还原为价值，（二）不能把价值看成为交换价值，（三）不能把价值与交换价值看成不相容的两个东西。要是把第一个注意忽略了，则价值的历史性就不能看见而陷入永久性的价值观的错误之中，并且还会因此而不能了解后面将要述及的货币的本质。其次，若不照第二的注意，而把价值看成交换价值，也会发生很大的毛病，因为如果那样，就会看落了价值的社会性，而把人和人间的关系上的价值，弄成一个物和物间的交换关系上的东西，结果必然陷于流俗派的比率说（见前）。复次，如不照第三的注意，而把二者看成完全不相关联，把价值看成非历史的范畴，把交换价值看成历史的范畴，那也是错误。价值与交换价值虽有区别，然如果因二者有区别就认为不相关联，那么，交换价值的比率就无从说明，同时价值本身也就不能表现，结果也必然陷于非社会的非历史的价值观的谬误，最后必定在政治上引起重大影响。

价值和交换价值两个东西，正确的来说，一方面是相关联的，一方面又是有区别的；同时又是矛盾的，又是统一的。但是这个统一确是所谓对立物的统一，因为价值虽不是交换价值，而总得通过交换价值才能表现自己，而另一方面交换价值虽异于价值，然而却只有当作价值的发现形态，才能存在，如果没有价值，则交换价值的概念也就没有了。许多经济学者，没有把这两个东西分别清楚，或把它们完全分开，或简直看成一个东西，所以发生许多错误。

总结起来说，价值与交换价值的关联是这样的：价值如没有交换价值的范畴，则无从表现其价值，交换价值如没有价值作它的基础，则交换价值也不能成立。其次，交换价值不但与价值有密切关系，而且与货币的关系，也至为密切：要是没有交换价值，则货币也无从发生而发挥其机能。更次，要说明商品与货币的区别和关联，也是舍交换价值莫由。由此可知交换价值在商品经济及经济学上占着相当重要的地位。

四　价值形态的意义及其特征　所谓交换价值本是一个商品和另一个商品相交换时所表现出来的数量上的比例，所以我们很显明的可以看见，交换价值的成立必然在两种商品相联相对之时，而绝不能在某商品单独存在之时。现在我们且看看，这两个相联相对的商品相互的有什么关系和作用。关于这一层，大家知道，在马克思经济学上有一个定式：

$$xAW = yBW$$

我们就以这个公式来说：用"A"和"B"表示商品的性质或种类，"W"代表商品，"x""y"表示商品的分量时，则 x 分量 AW 的价值，恰等于 y 分量的 BW（此处的等号是表明价值相等，并不是分量相等）。这个式子也如一般方程式，是可以随便以种种商品的数量代入罗马字的。如果以米和布代进去，则这个定式可变为：5 斗米 ＝ 2 丈布。这个式子表现着交换价值的最根本的最原始的形态。我们想要研究货币的起源和机能，非先把这个原始形态了解不成功。

这个公式在表面上虽类似一般方程式，但是，它的作用却不同：第一，要知道，这个式子的"等号"，不是表示重量等的相等，而是表示价值的相等；第二，要知道，其前后两个商品在式子上的作用大大不相同：前面的商品，是由别的商品的使用价值相对的把自己的价值表示出来，后面的商品是拿自己的使用价值去表示前面的商品的价值。换句话说，xAW 的价值是相对的被别的东西表现出来，是站在用别的商品相对的把自己的价值表现出来的地位上的，因此，所以把它叫做相对的价值形态，或站在相对价值形态下的商品。而后者 yBW 却是用自己的使用价值表示前面一个商品的价值，所以它算是站在等价形态上的，它的作用和普通天秤上所用的秤码作用一样，是拿它去表示别个东西的价值的，因此，所以把它叫做等价形态或站在等价形态下的商品。我们从这个式子整个说来，就可以把相对价值形态和等价形态合称为价值形态。但是，要知道，刚才所讲的价值形态却只是价值形态中之一种，是一种最原始的最基本的形态，因此可以叫做单纯的价值形态，其理由，详在下节里面。

其次看看价值形态的构成条件和价值形态的两极的差异。在上述价值形态下面，虽然前者（xAW）等于后者（yBW），但是，这并不能像数学上的方程式一样，可以把它颠倒过来，说后者的价值等于前者；即是说，在这里我们只能知道前者的价值，而后者的价值的大小或多少，却简直不能知道。为什么站在相对价值形态下的商品的价值可以知道，而站在等价形态下的商品的价值本身不能表现出来呢？其理由就是因为二者性质不同，而作用也相异的缘故。

原来两个商品的交换，要根据下面两个必要条件才有可能：第一，在等价形态下的商品和在相对价值形态下的商品，必须是完全不相同的东西，因为我们绝不能以两个相同的东西来行交换，如以五斗米来换五斗米之类，因为拿这样相同的东西去交换，结果是毫无意义的事。在有 A 商品的人方面只因对于 A 商品的使用价值，已经不需用了，所以才拿 A 商品出去和其他另外有用的东西即 B 商品交换进来，因此，这人换进来的对他自己有用的东西，必然是和前一种商品即 A 商品的性质，完全不相同才行，必然要这样才有交换成立的可能。第二，在等价形态下的商品和在相对价值形态下的商品，二者必须是具有不同的作用的东西，因为价值形态的两极（原来相对形态与等价形态，可以叫做交换价值的两极，或叫做价值形态的两极），在上述价值形态下面，在交换关系上发生着不同的作用：前一极上的商品是以价值的资格发生着作用，而后一极的商品却是以使用价值的资格发生着作用。为什么？因为从前一极的商品主看来，这商品对他是没有使用价值（否则他不必换出去）而只有价值（因为他加过劳动）的，而后一极的商品对他却是有使用价值（否则他不会换进来）而无价值（因为他并未加过劳动）的。所以说二极上的商品的作用必须不同，否则交换不能成立。刚才所说有只是说拿 A 商品出来交换 B 商品进去，这是从 A 方面的观点来说的话，如果反过来从 B 商品的方面来说，当然也是一样：在这时，地位倒转过来，上述式子变为 $yBW = xAW$ 了，因此 B 商品变为相对价值形态，而 A 商品变为等价形态了；原来 A 商品是只有价值而没有使用价值的，今从 B 商品看起来，A 商品变成只有使用价值而没有价值了，同时，原来 B 商品只有使用价值而没有价值，今则变为只有价值而没有使用价值了。两个商品的交换，既然必须在上述二个条件下才有可能，所以我们如果单从前述的式子看，当然只能知前一极上的商品的价值，绝不能知道后一极上的商品的价值，因为，很明显的，后一极上的商品本来只有使用价值而无价值，而且前后两极上的商品又不能是同种类的商品。

关于价值形态的两极的性质及作用的差异，上面只说到大体，如更详细说，它们的差异有三：（一）价值形态的两极中的前一极是积极性的，而后一种却是消极性的，即前一种是积极的表现着自己的价值；而后一极则只是消极的被动的由自己的使用价值表示着前一极的价值。（二）前一极积极的表示出 A 商品的价值，而后一极只是表示着 B 商品的使用价值。因为由 A 商品看来，B 商品只是使用价值；即是说，由 A 商品看，交换的目的只在把表示等价的 B 的使用价值换进来，而不是为要获得 B 的价值。这一点外表上似乎与第一点相重复，其实不然，因为这里完全是说作用的不同，值得我们特别注意。（三）在价值形态下面，两极的使用价值虽是相异的，然而价值却是相同的。如果使用价值不相异，就无交换的必要，只因其使用价值不同，所以才交换。如果价值不相同，就不能相比且相等，而表现出前极的价值与后极的等价完全相等——虽然从 A 商品看来，B 商品并不是价值。从价值方面看来相同，即异中有同；从使用价值方面看来相异，即同中有异，以前极看后极恰如人不能看见自己的模样，而拿镜子来照，就把自己的影子反映射出来一样。后极的等价形态的作用，当然更和镜子的作用一样。

我们由上面三点差异，更可以从唯物辩证论的观点，找出几个结论，一方面以作方法论的例证，同时也可借以证明马克思主义经济学是以辩证法的原则说明一切，即证明马克思主义经济学是科学的经济学。这几个结论就是：（一）由价值形态上的两极的关系即价值和使用价值的关系，证明辩证法的对立物的统一的原则能够把相反的东西变成相成的东西。在此处具体的说，就是站在等价形态下的商品能以使用价值来表示其反对物的价值，即，能以等价形态来表示 A 商品相对价值，这种情形就证明对立物的统一的原则的适用，因为使用价值是物质的永久的范畴而价值是社会的历史的范畴，所以拿使用价值来表现价值，就算是以相反的东西表示其相等而且相成。这是对立物的统一的一个示例。至于为什么使用价值可以表示价值，那只要把从前所讲的商品社会里面的根本矛盾回顾一下，就能明白。所谓这个根本矛盾，就是劳动是社会性的，而生产手段及其生产的结果为私有性的，那个矛盾。前面说过，要解决这个根本矛盾，只有交换之一途可走，同时在交换过程中，也必然的会形成矛盾的解决和矛盾的统一即对立物的统一；具体的说来，间接以使用价值来表示价值，就是矛盾的根本解决的一个方法。由此我们也可以明白商品之所以能被交换，绝不是只因为商品本身含有交换能力的缘故，而是因为要解决特定社会的生产关系下面的矛盾的缘故，所以不但价值是社会范畴，而且交换价值也是社会的范畴；换句话说，所谓等价形态，从质的方面说，虽是使用价值，但是从它的作用方面说，确含有社会关系在里面。如果不知道交换价值是社会范畴，而只认为因一个商品本身含有能力的缘故才和其他种类的商品相交换，则价值形态的两极的相等就无从说明（因为价值无从表现自己，如不靠别的商品的使用价值为镜子，就永无办法），对社会也没有什么关系了，同时其研究也出乎经济学的范围了。关于这一层只有马克思主义经济学能够说明。（二）由价值形态上的具体劳动和抽象劳动的关系证明对立物的统一的原则的适用：在价值形态上既然是以使用价值表示价值，当然也就是应该是以具体劳动表现抽象劳动，因为，照前面所述，使用价值是具体劳动构成的，价值是抽象劳动构成的。而具体劳动和抽象劳动却是对立着的，矛盾着的，所以，如果以具体劳动表示抽象劳动，那就可以证明具体劳动和抽象劳动两种矛盾物已经被统一于交换过程当中即价值形态下面。这也是对立物的统一的一个例证。（三）由社会劳动和个人劳动的关系，也证明对立物的统一的原则的适用；因为依前面所述，具体劳动是个人的，抽象劳动是社会的，所以，既然抽象劳动与具体劳动的矛盾可以统一，则社会劳动与个人劳动的矛盾，当然可以统一了——虽说两种矛盾的范围大小不同，是相异的矛盾。在事实上，因为社会劳动是从劳动结果上说的，多少带有观念的性质，不能自己表示，而要附丽于具体劳动上，才能在交换过程当中发生作用，所以个人劳动和社会劳动的矛盾，也是被统一于交换的公式即价值形态下面的。

以上三个结论，都是证明方法论上所谓对立物的统一的原则，不是空的，而是在社会关系上存在着的。要这样才能把马克思主义经济学的内容和方法论的关系，彻底的说明，也要这样或许才能使研究者把经济学与方法论两方面联系起来，获得深刻的印象而便于应用。

五　价值形态的量的问题　刚才所说的，只是从价值形态的质的方面的检讨，只是说明了价值形态所表现的特征与两极的性质。现在我们应进一步讨论价值形态的量的问题。这个问题，从表面看，似乎是很简单的。其实并不简单。在刚才所讲的价值形态的那个公式里面，价值的存在固然已由使用价值表现出来，即由等价形态表现出来，其实那不单单表现商品的价值的存在，而且还表现着一定分量的价值即价值的大小，如像方程式上 5 斗米＝2 丈布，就是以五斗米内所应含的价值分量恰与两丈布里面所应含的价值分量相等为前提，即是说，是以两极的商品的所应含的社会必要平均劳动的分量大小相等为前提的。我们在前面已经说过，商品的价值之大小是由必要劳动时间的多少来测定，而必要劳动时间又是依劳动的生产性的变动而变动的，因此，所以价值形态的两极上的商品不能不受劳动的生产性的变动的影响，不能不因劳动生产性的变动而改变两极上的某一商品的交换比例。这种交换比例的变动是依下面三种情况而定的：

A：在相对价值形态发生了变动，而等价形态仍不变动时　如果方程式 $xAW＝yBW$，或 5 斗米＝2 丈布中的 A 商品或米的生产上所必要的劳动时间，由于天灾人祸而毁损其生产手段，势必要增加必要劳动时间一倍才能产出与前同样的结果，而 B 商品或布的必要劳动时间却仍旧未变，则式子变为 5 斗米＝4 丈布了；因为两丈布里所含的必要劳动时间，只等于五斗米必要劳动的一半，所以要倍加起来才能相等。反过来说，如果 A 商品或米的生产上所必要的劳动时间，因器具的改良，土地的丰肥而减少了一半，因此其价值也比从前米的价值低落一半，而 B 商品或布的价值仍不变动，则式子就要变成 10 斗米＝2 丈布，或 5 斗米＝1 丈布了。由此可以得这个结论：在相对价值形态下的商品的生产上所必要的劳动时间有了变动，而在等价形态下的商品的必要劳动时间不变动的时候，等价形态的交换比率是和相对价值形态的变动作正比例而变动的。

B：在相对价值形态的商品价值不变动，而等价形态的商品的价值有了变动时　这与第一个情况相反，如米的生产上所必要的劳动时间不变动，而布的生产上的必要劳动时间，因机器改良，劳动时间减少，因此，其价值减半，则那个方程式就会变为 5 斗米＝4 丈布。反过来说，如果布的生产的必要劳动时间，因天灾人祸而增加一倍，因此其价值也增一倍，则方程式就变为 5 斗米＝1 丈布了。由此，又可以得出一个结论：在相对价值形态下的商品的价值不变动，而在等价形态下的商品的价值有变动的时候，相对价值形态上的商品的交换比率是和等价形态的商品的价值的变动成反比例而变动的。

C：在相对价值形态的商品的价值与等价形态的商品的价值都有变动时　如果两极都有变动，并且都向着同方向作同程度的变动，那么，交换比率始终相等，仍和原式一样，仍是 5 斗米＝2 丈布。如果两极都有变动，然而不同方向也不同程度，或只同方向，或只同程度，则要详细考察其变动的内容，以定那个方程式的如何变动，而决定交换比率的变动的性质。

总结上面三个情况来说，关于在价值形态下的价值的分量的大小和交换比率的变动的关系，可以说，交换价值的量的表现即交换比率，是和前极的商品价值成正比例的变动，和后极的商品价值成反比例的变动的。由此看来，价值形态的变动，事实上是不可免的，而且变动的种类也是很复杂的。关于价值形态的变动的认识，我们不可忽略，因为我们要把价值和货币说明白，就非把价值的形态变动的原则说明白不可，其理由详见下节。

第二节　价值表现形态的发展和生产关系

　　一　价值形态与生产关系　前面所说的价值形态，只是从价值形态的最简单的初步的形态来说的，在事实上此外还有多种多样很复杂的形态，并且这些多种多样的价值形态，都是为历史限定着的，而不是偶然发生的。本来，从方法论上说起来，历史的东西和论理的东西原是统一的：我们屡次说过，所有一切范畴和概念，全是历史的反映，我们决不能凭空想象或臆造范畴，而只能依照历史去找出它们，并且说明的顺序也应该依照历史的顺序（事实上如依照历史顺序，就会易于说明，易于理解，因为以历史作线索，理论可以联贯，很容易明白它的变迁和变迁的原动力的所在，即很容易找出它的根源来）。马克思的《资本论》关于价值形态的种类和顺序，就是依照历史的限定，分为四种形态，按历史上发生次序，根据历史和理论的统一的观点来说的。普通虽有许多人怀疑这种说法，以为没有这样说明的必要，然其实，这种怀疑只是因为不懂得方法论的缘故而来的，如果完全懂得方法论，就会知道只有照这样说明，才能真正认识价值形态的真相全体。从另一方面说，如要想从表面上的现象去认识内部的各种关系，则不单是应照历史的顺序，由简单的形态说起，而说至复杂的形态，而且应该把为什么变动的原因也加以说明；但是，要说明这一点，却非从生产关系上去说明不可。因此，所以我们在这里述说价值形态的发展时，是把它和生产关系的关联，也加在说明之内的。这样，也就算是补充了第一篇的经济史。

二　价值形态发展的各阶段　从马克思经济学的立场说，价值形态有了四个变化：（1）单纯的偶然的个别的价值形态，（2）合计的扩大的价值形态，（3）普遍的一般的价值形态，（4）货币形态。我们现在依次加以说明。

A：单纯的偶然的个别的价值形态　所谓单纯的偶然的个别的价值形态，拿公式来表示，就是 xAW＝yBW，拿话来说，是 x 量的 A 商品的价值等于 y 量的 B 商品的价值，如以米和布来说，就是：五斗米价值两丈布。在这个公式下的价值形态，恰恰是自给经济开始崩溃，商品经济萌芽时期，即商品经济未成熟时期的商品的价值的表现形态。这个时代所谓商品，只是过渡时代的商品，因为在这个时期是以生产的剩余物当作商品，而不是像在商品社会里面，以专为贩卖而生产出来的东西为商品。从生产者看来，这种剩余的东西，对于自己当然是无用的了，所以不妨拿它和别人生产的有用的东西相交换，而别人生产的有用的东西所以会被生产者拿来和他交换，当然也是因为那个东西从那个生产者看来，也是无用的剩余物的缘故。像这样的剩余当然是偶然的，所以它的交换也是偶然的，因为在那时的生产关系下面，不能预先决定某种东西会有剩余，也不能预先决定和某种东西相交换，譬如石斧有了剩余，不一定就会和某人的剩余的布相交换。因为这种偶然的剩余与偶然的剩余的交换，在性质上必然是个别的交换，而不能够是那种拿一个剩余物和其他的任何商品随便相交换的一般交换，因此便叫做个别的交换。再次，"单纯的"就是 Simple 的意思，即简单的最初的或原始的意思。所谓单纯的偶然的个别的价值形态，就是指某一个商品的价值最初简单的由个别的某一个商品的价值表现出来的价值形态说的。总之，在价值形态的发展上的第一期，商品的交换是极偶然的，例外的事实，因此相对形态与等价形态所表现的方程式，也只是这种偶然的单纯的个别的价值形态。

我们把这个时期的价值形态的意义弄明白了，就可以进一步研究为什么会有这样价值的形态的发生，即研究当时的生产关系是怎样的关系，何以它能招致这种形态的发生。原来，在最初期自给自足的经济时代，完全是自己生产自己消费，其生产的主要部门是狩猎和牧畜，人们完全是团体的生活；其所得的生产品，不但无剩余物，而且有不足之虞。及到了自给自足经济时代的末期，因生产技术有了进步，劳动的生产性向前发展，农业渐渐成为生产的主要部门（狩猎和牲畜虽然仍旧存在，但不占重要地位），而农业的生产物比较是固定可靠的，因此常常发生剩余。在最初还不知交换剩余品，而只是任其腐朽或作为团体或氏族与团体或氏族间的赠送品。后来渐渐知道了团体或氏族之间彼此的剩余物的相互交换可以化无用为有用而丰富各人的生活内容，所以团体间的剩余物的交换越盛，常常以其所有，易其所无。在自给经济最末期的时候，渐由团体间之交换，进而为团体内部小团体间的交换，最后，更进而为个人与个人相交换。在这时候，不消说，生产力是猛勇的向前发展，社会的分业的发生和必然相伴而来的私有财产制度也渐渐形成了，因而构成了商品生产的必要的前提。此时主要的虽然仍以剩余的生产物为交换的对象，虽仍然不是完全的真正的商品交换，但造成商品生产的条件已逐渐成熟，而以交换为目的的生产物，也逐渐加多，从全体说，虽然商品的成分还少，虽然还是自给自足经济站于统治的地位，但是商品生产的萌芽已经发生，的确也是事实。这样的在转变期中的生产关系，就是偶然的单纯的个别的价值形态时代的生产关系。

B：合计的扩大的价值形态　商品交换第二期的价值形态，叫做合计的扩大的价值形态。许多经济书上也有用全体或总体来代合计两个字的，但到底还是合计二字比较的合适。现在我们先说这种商品交换第二期的价值形态是怎样来的，即这种形态在历史的过程上有什么好处或坏处。我们前面已经说过，基本的价值形态能够把价值与使用价值的矛盾解决，即是说，能够用一个等价值的东西的使用价值把立在相对价值形态上的商品的价值表现出来，因此，使两极上的本来没有用处的生产物变而为有用处的生产物；也就是说，第一期的价值形态能把关于剩余物的，生产劳动的社会性与生产结果的私有性的矛盾，抽象劳动与具体劳动的矛盾，生产力与生产关系的矛盾，等等尚在萌芽中的矛盾，加以解决；然而在解决的过程当中却又发生了新的矛盾，并把原来在萌芽中的矛盾更扩大了，更弄成熟了。事情是这样：在前一个形态的时代当中，所谓交换原来是剩余物品的交换，完全是偶然的交换，如果没有交换，也许剩余物中所含的劳动就等于无用的长物，因为既是剩余的东西，当然对于所有者本身是无用的，所以，如果不交换出去，其含的劳动就变为无用了。但是，只因为交换的缘故，所以这种原来对于本人无使用价值的东西就变为别种能供使用的东西；例如五斗米假定是原所有者的剩余时，这五斗米对原所有者本身当然是无用的，如果不拿出去交换别种使用价值进来，这五斗米所花的劳动就会变成无用的劳动，然而现在只因能够拿五斗米去交换五个斧头或两丈布进来的缘故，原来无用的东西就变成有用的东西了，因此，在米的生产时，花去了的劳动就在斧头或布的使用价值身上表现出来，依然变为有用的劳动了。既然这样可以把无用的东西投入交换过程而使它变为有用的东西，自然大家就会尽量的去生产（因为纵然有剩余品，也不会生什么障碍，所以人类不再因害怕有剩余而不去努力生产，倒转因为能交换别的使用价值进来而去尽量的生产），这在人类自然的本性上是如此的。一方面人类生产力有了增进，另一方面人类对于消费范围的欲望也增加了，所以因此而生的矛盾也愈大了。理由是这样：因为在从前即价值形态的第一时期，剩余的生产物如果遇不上交换的对手，其结果至多也不过把这部分剩余物变为无用就算了；而到现在，许多剩余并不是偶然的剩余，而是因为能交换的缘故，大家有意的生产出来的剩余品，所以结果若是找不到交换对手，则有意生产的东西都变为不中用了，这种东西里面所含的生产者的劳动也变成个人的劳动，其影响当然会比从前那种偶然的剩余物遇不到交换对手的时候大得多。一旦这样的情形普遍化了，则结果社会上不能不发生生产的供给过剩的现象，即一部分的生产不能不变成白费劳动的生产的现象。而特定社会内的劳动力的分量却是有限的，所以如果一方面有白费的劳动，当然他方面就不能不感受某种需要上的不满足，因此就必然的产生生产停滞而消费不足的现象，即发生生产和消费的不一致。到了生产和消费不一致的时候，当然生产力和生产关系之间就不能不发生矛盾，这种矛盾，一面是新的矛盾，一面又是由前述的生产劳动的社会性和生产结果私有性的矛盾引申出来的矛盾，也就从抽象劳动和具体劳动间的矛盾及使用价值和价值间的矛盾扩大出来的矛盾。所以这种矛盾是由前时代的矛盾解决方法当中必然发生出来的矛盾，而不是凭空来的矛盾。

一切矛盾的解决方法都存在矛盾本身当中，所以这个新矛盾当中当然也含有它的解决方法，这个方法就是所谓合计的扩大的价值形态，我们可以把它的公式用简式表示如下：

$$xAW = yBW = vCW = uDW = tEW = \cdots\cdots \text{etc}$$

这个合计的扩大的价值形态的公式，也可以改成下面这样写：

$$xAW = \begin{cases} yBW \\ vCW \\ uDW \\ tEW \\ \cdots\text{ect} \end{cases}$$

这个公式的两极的关系，当然和前面第一个形态的简单的公式相同，即，前极是相对的价值形态，而后极是等价形态。如我们把符号用商品表示出来，就是：

5 斗米＝1 只羊或＝2 丈布或＝5 斧头＝其他商品等

$$\text{或 } 5 \text{ 斗米} = \begin{cases} 1 \text{ 只羊} \\ 2 \text{ 丈布} \\ 5 \text{ 斧头} \\ \text{其他商品等} \end{cases}$$

合计即 total 一字之译语，因为在等价形态上的商品为数甚多，是拿无数的东西来合计的，所以叫做合计的形态。其所以又叫做扩大的形态，自然是对前面单纯的形态而言的，因为在这里，等价物的方面变为许多商品，把范围扩大了。把以上二层总合拢来，当然就可以把它叫做合计的扩大的价值形态。如果拿别的话来说，某种商品的价值，不限于用某一种商品来做它的等价形态，而可以用许多商品的使用价值来表示时，这种价值的表现形态，就叫做合计的扩大的价值形态。

这样的形态怎样把由前一期的价值形态而来的矛盾解决了呢（当然，这里所谓解决，只是指暂时的解决说的，因为世上的矛盾原是常态，矛盾的解决倒是变态）？如前所述，由前一期的价值形态而来的新矛盾，只在那些由有意的尽量的为交换而生产的商品无法交换出去，以致生产与消费往往差的很远，以致生产者都存一种恐怕不能拿出去交换的戒心而减少生产，以致生产力停滞，以致发生生产力和生产关系之间的，较从前没有交换时更为扩大，更加深刻的矛盾。所以，在这时，如果一种商品如二斗米不限定和斧头交换，而可以和许多商品交换，那么，刚才说的扩大的矛盾便可以解决。因为，如果有多量米的人不限定和斧头交换，而可以和种种别的东西如布或羊交换，则米的尽量生产的结果，就不患无用处，因为在这时，他虽然遇不到斧头，也可以遇到别的东西，去实行交换，而把米的价值实现出来，即或遇到斧头而有斧头的人用不了他所有的那么多的米，他可以拿剩下的米再去交换别的东西而实现米的价值。总而言之，如果在一种商品可以用许多商品作为等价物即可以和许多商品行交换的时候，就不怕不能把上述的扩大的矛盾暂时解决。但是，要知道，这种解决的方法并不是某一个人想出来的，而是在矛盾的事实当中必然产生出来的，因为照唯物史观上说，有了矛盾，就有解决的方法，大凡一个问题的解决的方法，都含在问题本身当中。现在且让我们在事实上看看那种解决扩大的矛盾的方法怎样含在扩大的矛盾当中。原来扩大的矛盾，如前所述，是由于在剩余的东西能交换以后，大家认为可以尽量去生产，因而招致了生产过剩，价值无从实现的缘故才发生的，在另一方面说，扩大的矛盾的解决是因为可以把一种东西和其他许多种东西去交换以实现其价值的缘故，才解决的。因此，可以说，扩大的矛盾的发生是因生产品太多，这矛盾的解决，是因为人类欲望种类扩张，使用价值的种类加多的缘故。但是，要知道，如果生产品不加多，则人类欲望种类也不会扩张，使用价值的种类也不会加多，因为只有在自己生产加多，拿所生产的东西去交换别人的使用价值的时候，才可以满足人类对于商品的量与质的欲望，只有这样和许多别的东西相交换，才可以间接的把自己的使用价值的种类实行增加；反过来说，如果自己不能尽量去生产，或不愿尽量去生产，则自己的欲望也难满足，自己的全体使用价值的量也就减少了，现在如前所述，既然尽量去生产，既然已使全体使用价值的量随着交换的增加而增加（使用价值的质与量的增加，当然是因为人类必然的本能为了满足他们的欲望的缘故而增加出来的），则其结果虽然在一方面发生了扩大的矛盾。然而在另一方面，却因人类欲望种类，使用价值种类扩大的缘故，倒使一个商品可以和许多商品交换，因而发生了合计的扩大的价值形态，因而暂时解决了扩大的矛盾；所以在这里，当然可以说合计的扩大的价值形态是在事实当中存在着，不是某一个人想出来的了。

现在看看在这时的生产关系怎样。简单说，这时的生产已是一种有意识的为交换而行的生产了，这时商品经济已经成立了，因此，在前述第一形态时期还不能适用的，关于价值的质及量的前述种种原则，在此时已可大体适用了。不过，在第二种形态的时期，商品经济虽然成立，但是却还没有完成，因为这时的商品经济还没有充分成熟，还是和势力很大的非商品经济混在一起的，所以只算是过渡的时代。虽然只是过渡时代，但是这种商品经济的交换是和这时代的需要及人类的本性相适合的，所以商品经济已占支配的势力，大家向着它走，所以说商品经济已经成立，商品的价值已差不多完全用它的社会必要劳动量来决定了。这种情形，和这第一形态时的情形显然不同：在那时，商品的价值往往不能拿社会的必要劳动量来决定，譬如纵然是我花了十分劳动量所得的剩余品，然而如碰上的只是五分劳动量的剩余品，我也得和它交换，因为，如不交换，则不但那花了五分劳动量的使用价值得不到手，当然连我那十分劳动量也变成无用了；所以说在第一种形态时期的交换价值，不一定是按照前述价值法则而决定的。但是，到了价值形态第二期就不然了，因为这时的生产者是为交换而生产的，并且生产者也没有十分害怕自己的生产品无从交换出去，他的地位较强于从前，所以他的商品价值的大小可以用社会必要劳动量来决定，从大体说，是照前述价值法则去行交换的。为什么说"从大体说"？因为一则价格在成熟的商品社会里面，虽是以价值为中心，行着向心而又离心的运动，但是，在这第二种形态的时期，因为商品交换的范围还不广，还是物与物的直接交换，不能够真正按照价值的法则来行间接交换，所以还没有价格的关系；二则因为不能不受直接交换这种时间及地域的限制的缘故，所以不见得每一件商品都能找到所要交换的东西，在这个时候，或者是交换不成，或者是吃点亏，总之，它必定是不能完全依照价值法则去行交换的。

　　C：一般的价值形态　　要明白一般的价值形态，仍然要照刚才的那样分别来说：在第二种价值形态下面，虽然把那时的扩大的矛盾暂时解决了，但在合计的扩大的价值形态的作用和效力过了相当期间的时候，又必然会发生更进展的更扩大的新矛盾。这个新的矛盾的范围和程度虽然比第二形态期更大，然而性质和方向却是相同的；因为它仍是生产力与生产关系间的矛盾，也可以说是生产与消费的矛盾，使用价值与价值的矛盾，抽象劳动与具体劳动的矛盾等等的集合。这个较大的矛盾到底是怎样必然的发生出来的呢？具体说，是这样：在第二种形态发生出来把第一期所生的矛盾解决了之后，因为不愁交换不出去，不愁价值不实现，所以大家更可以尽量的扩大的为交换而行生产，因此，这时的生产不但在量的方面有增加，而且在生产品的种类上也有增加；因一般希望使用的生产品的数量和种类都有增加，所以就有人专门去生产一种商品，原来本是一个人生产好几种的商品，随后却依着分业的道理，不但一人只生产一两种，甚至于把原来的一种生产品，变为好几种生产的部门，去分别生产它，譬如同是布这种商品，就可因粗细花头而变为许多种。因此使用性的种类一天一天的增加了，生产力越发展越增加了。但是，这种生产力的扩张和生产力的增加，如果到了一定的时期，就会和价值形态也就是和生产关系，发生矛盾。何以言之？因为，从质的方面说，在扩大的价值形态时期，一种商品虽然是可以拿多数的等价物表示其价值，但是，商品种类愈多则等价物愈多，同时生产的分业也愈细微，因此每一个生产者对于其生产品的售出的依赖程度也愈大，因此某一种相对价值形态物的所有者，虽然在前面所述合计的扩大的价值形态下面，比起从前，可以较容易的找着等价物，但是，如在等价物过多了以后，他是不是能够容易如所预期的找着它的多种类的等价物却要成问题。其次，从量的方面说，在分业制度之下，生产者差不多都是以交换为目的，大部分生产者的生产品，对于他们是没有使用价值的，如果生产物过多而找不到等价物即交换的对手，则他们生活上的困难，比起生产品微少时必定还要困难。而如上述，在第二种价值形态下面，生产品的种类和数量都必然的要日益增加的，所以，我们就看到第二种形态所暂时解决了的矛盾又复发展起来，因此又可以渐渐使生产力与生产关系不适合，而产生了更大的矛盾。进一步说，交换关系的范围，在扩大形态下面，当然会更加扩张，因此，就会把质和量都增加了的生产品，找不到交换对手的情形，越发加重。何以呢？因为交换关系的范围和生产品的种类很有关系，大抵在同一交换区域之中，生产品的种类差不多都相同，至少有同一化的倾向，所以在交换范围扩张成数十里或几百里的时候，种类相同的使用价值就渐渐增多，因此同一生产品的竞争者也就加多，所以在交换范围愈益扩大的时候，我们很容易想到，专拿一种东西去交换别的对于自己有使用价值一事，便要很感困难，我们因此知道，在交换范围越广的时候，找不出等价形态的事必然就更多。那么，在这种情形之下该怎样办呢？等机会吗？如果过了好多天或几个月几年之后，仍找不到等价物，岂不要受很大的损失吗？据以上各层看来，可知在第二价值形态之下，种类和数量都已增加了的生产品，必然会找不着等价物去交换，去实现价值，于是就发生新的矛盾，比前期的矛盾越更扩大了的矛盾。照唯物辩证法看来，在这时，必然的又会在矛盾的事实当中找出新的方法来，去解决这第二次扩大了的矛盾。其方法就是所谓一般的价值形态，其公式如下：

$$\left.\begin{array}{l} yBW \\ vCW \\ uDW \\ tEW \\ \cdots\cdots\text{etc} \end{array}\right\} = xAW$$

也可以用分写式写为：

$$yBW = xAW，vCW = xAW，uDW = xAW，tEW = xAW$$
$\cdots\cdots$etc

这个公式显然是把第二种公式倒转过来的，这样的公式的意义也和前述各公式一样：在前一极的叫做相对的价值形态，在后一极的叫做等价形态。两极的东西，表面上似乎和前面第二种公式也都相同，不过两极颠倒过来罢了，但，其实，只因为颠倒过来了，所以 A 物变为 B，C，D，E 许多东西的等价物。如拿来和前面第二种公式比较起来说，则只因为 A 是充当着一般商品如 B，C，D 等等的等价物的，所以可以把 A 叫做一般的等价物，同时把这种形态叫做一般的价值形态。

一般的价值形态，如从其形式上看来，如上述，只是把合计的扩大了的价值形态倒转了的东西，因此我们可以很容易知道这种形态的萌芽是存在于合计的扩大的价值形态当中的：在合计的扩大了的价值形态当中，从有 A 商品的人说来，他可以拿种种等价物来表示其价值，但是只因为商品社会的商品是和任何人都可以交换的，所以当 A 商品与其他商品交换的时候，从其他商品如 B，C，D 等方面看来，A 又为其等价物。既然是这样，所以，当所谓合计的扩大的价值形态盛行，所谓 A 商品的等价物当然越会增多，即它们和 A 商品交换的机会越多的时候，只要把有 B，C，D 等商品倒转过来放在前极，把 A 商品放在后一极就可以把合计的扩大了的价值形态变成一般的价值形态。但是，这还只是从可能性上说，现在且看在实际上怎样会把 A 商品转为一般等价形态，而把 B，C，D 等商品转为相对价值形态。刚才说过，只因为生产力越向前发展而交换范围也越大的缘故，才发生上述第三种更加扩大的矛盾，在这时，人类虽因碰着这种矛盾，找不着自己所需的等价形态而发生困难，但，只因人类是有目的意识的，所以遇到了种种困难的时候，就会从困难中想出一种解决的方法。比方说，假定有 E 商品的人所要交换进来的是 N 商品，但事实上他找不着 N，在有这种情形时，若在合计的扩大的价值形态下面，当然最初会感觉没办法，但在这时，如果 A 这种商品常常被人需要它，则有 E 商品的人就会从这一层想办法，而决不至因找不到 N 就不交换了：他可以先和 A 商品交换，然后等有机会再以 A 去交换 N，因为 A 商品是常常被人需要的，所以虽存放较久的时间也可以。并且，从另一方面说，哪怕有 E 商品的人当下找到了 N，如果有 N 的人只要 A 而不要 E，然有 E 商品的人本身却没有 A，则交换也很难成立，所以当然他得先把 E 换成 A，再以 A 来换 N，这时如果 N 要换的是 A 商品，而 E 商人却找不到 A，他只能找到 C，C 商人要换 E 进来，然而却没有 A 只有 C，另外有 D 商品的人要换进 C，但他却只有 D 没有 A，最后有 A 商人虽有 A 却只要换进 D。在这时，就要 E 先换 C，换得 C 又去换进 D，再以 D 换得 A，经过几次转弯的间接交换以后，才能拿 A 和它所要的 N 行交换。总之，或是 E 找不到 N 而先把普通有人要的 A 交换得了以后，存在那里，或是纵然找到 N，而 N

要的不是 E 而是 A，则 E 只得设法先把 A 换进来再去交换 N，总得这样才能把刚才那种困难暂时解决。所以一般的价值形态，也不是某一个人凭空想出来的，而是由多数的困难中发生的，即：在人们经过种种困难之后，得知只要手里把一般人所需要的商品即充当着一般等价的商品得到，别的商品便随时随意可以换得进来，得知即使有 E 商品的人不要 A 而要 N，也只要先拿 E 与 A 去交换，便随时可以用 A 交换得 N 进来的时候，A 就必然的越变成人人都要的东西，从其他诸商品当中区别出来，而和其他商品对立；并且这样一来时，则人们不会因恐怕不能交换就不去生产，反而更加尽量的去生产，因此，交换的需要越大，因此，A 商品本身越通用为一般商品的价值的表现物，而渐渐变为与一般商品不同，和一般商品对立的东西（因为其他一般的商品，如今在外表上都只是成为使用价值而与 A 商品对立，它们都没有充当一般等价的作用），而变成一般等价物了。这样说来，可知刚才说的那几种矛盾，如生产劳动的社会性和结果的私有性间的矛盾，具体劳动与抽象劳动的矛盾，价值与使用价值的矛盾，生产力与生产关系间的矛盾等等都被解决了。

我们对照着前面所讲的看来，则具体劳动与抽象劳动的区别更明白了：因为 B，C，D 等商品都可以用 A 商品来表示其价值，即足以表明价值与使用性没有关系，表明价值是离开使用价值而另外存在的东西，表明从价值看来，方程式的两极完全是质同量同的东西。不消说，那个充当着一般等价物的商品，也与别的商品一样，一面是使用价值一方面又是价值，它在这一点上并没有什么两样，不过其他一般商品，如今在表面上却只成为使用价值而与一般等价物的商品对立，而充当一般等价物的商品自身，则通用为一般商品价值的表现物，即通用为人类劳动的社会表现罢了。因为它是一般通用的东西，所以很明显的它已离开使用价值而具有另一种抽象性质，所以价值是抽象劳动的体现一事，在一般的价值形态下面格外表现得明白了。

　　D：价值的货币形态　刚才说的一般价值形态，比前两种形态都进步，所以在这种形态成立了以后，因为能使人间接交换的缘故，生产力就愈扩大，而交换的范围也愈扩张。但是这种形态行到相当程度的时候，又必然的会发生出一种影响和范围更加扩大，而方向和性质却仍相同的新矛盾。这种矛盾所以必然会发生的理由是这样：在第三的一般的价值形态下面，一些由习惯而来的一般等价物当然会由习惯的变更而变成非一般等价物；在无组织无计划的商品社会内，今天虽是以某种东西扮演着一般等价物的角色，明天也许就不是它，而变为以别的东西代替它；因此，所谓一般等价物的地位并不是十分固定的，因此所谓间接交换就会常常发生障碍，而不能形成买卖（在一般价值形态下面虽然是间接交换，可是还没有买卖，因为有了一般固定的货币作为一般的等价物即交换媒介时，交换才算买卖）。譬如，今天换进 A 种商品来的时候，A 虽是一般的等价物，但过了一月之后，也许它就不为一般的等价物了；又如在 B 地交换的一般等价物是 A，而一到 C 地也许就不是 A 而是 N 了；既然有这时间与空间的两种困难，因此，在第三的一般价值形态下面，就可以发生比前时期更大的矛盾；譬如在商品经济时代，假定米为一般的等价物时，如果一般争着收米的人或生产米的人因为一般的等价物变而为布的缘故，使他们的米交换不出去，那么，他们的生活当然要感到非常的困难，其结果，会使异时的交换发生困难，同时生产力就不能不因此而受障碍，因此就不能不发生生产关系和生产力之间的矛盾，并且，因为这时大家都是为商品而行着生产，而且是尽量的生产着，所以这个矛盾不发生则已，一旦发生，则其范围和程度必然会比从前更大更深。但是，在这个矛盾当中，却又必然的会发生货币形态出来，去解决这个矛盾。

货币形态和第三的一般的价值形态没有多大差异，我们看下面这个公式就可以知道：

$$\left.\begin{array}{l} yBW \\ vCW \\ uDW \\ tEW \\ \cdots\cdots etc \end{array}\right\} = x\,\$\,（元）或£（英镑）$$

这个货币形态的公式，只不过把一般价值形态的公式上面的一般等价物的商品变成货币罢了。货币在这个形态中，当然和 A 商品在第三的一般的价值形态中一样，仍然是当作一般的等价物，发生着作用。站在一般等价物的地位上的货币也是一个商品，它也是有价值的，它也是一般的等价物，但是它和别的在一般的价值形态上的等价物，却是有差别的——而这种差别，只是形式上的，不是本质上的差别：别的一般的等价物是比较有暂时性而无永久性的，而货币却是一种有较永久性的特定的商品。所以，如果一种特定的商品，依它的物理的性质，可以在长期间当作一般等价物使用的时候，它就成为货币了；所以它不是凭空来的，而是从商品交换当中产生出来的。关于这一点，马克思曾说："一般的价值形态，是价值全般的一个形态，所以它可以归于任何商品。在别一方面，一个商品，只有因为它从其他一切商品当中被排除出来，作为它们的等价，而且只有在这个范围内，才采取一般的价值形态即第三种形态。到了这种排除终局的被限定于一个特殊的商品种类时，从那一瞬间起，商品世界的统一的相对价值形态，才获得了一般的固定性和一般社会的通用力。特殊的商品种类——把它的自然形态从社会的观点上与等价形态合一起来的商品种类，现在变成货币商品，或当作货币而发生作用。"总之，最初只不过是暂时由某某种类的商品尽着一般等价的任务，后来由某一种类特定的商品，因社会最终的公认，竟占取了这种任务。到了这个时候，便发生了货币，那特定的商品便变成了货币。这可以说是商品交换的第四期。

什么是货币？什么商品变为货币？在货币史上的无数的货币种类怎样变成了今日的货币？这些问题，我们留在后面说，现在且只说货币怎样解决了上述第四的更扩大的矛盾。这自然很容易明白：因为货币是比较有永远性的，所以有了它以后，无论在什么时候或在任何地方，都可以拿它交换别的使用价值。这样看来，可知货币是最完成的最终局的价值形态，可以把前面所说的矛盾都加以解决（可是，这里所说的解决，也只是较彻底的解决，并不是永远的解决，因为货币到了后来还可以发生种种矛盾，详见后述货币的机能一段中）。拿货币当作一般商品交换的媒介和价值的体现物时，所谓买卖就会成立，因此就发生了一个特殊的名词"价格"：用货币表示的价值叫做价格。价值，价格和交换价值是三种不同的东西，说明已见前。

由我们上面所说，可知货币已变成商品社会里面的唯一的比较带永久性的一般等价物，如果商品经济不变，货币是必然的不会消灭的。货币是商品经济的完成了的价值表现形态，和商品经济是不能分离的。所以有人说，商品价值之所以成为价值，只因为是先变成了货币的缘故；在商品经济成熟了以后，价值非在变为货币形态之后，就不能与别的劳动生产物交换。在另一方面说，从商品经济的原理说起来，商品如不经过货币形态这个段落，就不会变成能够实际上供人们使用的使用价值，因为商品之所以为商品，要在它经过了社会上人们的评价之后，而商品之评价即商品价值之成为价值，却要经过货币的媒介的缘故。这句话表面看来好像是不对的，然而这又是必然的。因此研究商品的经济学，就不能不过渡到货币的研究上面去。只研究商品价值而不研究货币，当然是错误的。现在我们之所以由商品价值的研究过渡到货币的研究上面去，并不是凭空的，而是必然的。

三　这一段可以说是前一段的结论。我们看了前面价值形态的转变，就可以知道，一切形态的发生不是偶然的，而是因为解决某种矛盾的缘故才产生的；但是，在解决了某一个矛盾的时候，却又会照辩证法的发展法则，由量的增加，而产生新的矛盾。这种新的矛盾成立以后，在矛盾的自身中虽然又生出一种解决的方法，但是，在这个矛盾解决了以后，又会同样发生一种更高级的矛盾。这更高级的矛盾本身，和前面同样，也会从本身产生一种方法来解决自己，以至于更发生再高级的矛盾……一直推下去。这种不断的变化，都是照着辩证法去发展的。我们由价值形态每次的变更，很可以得着由量变质，由质变量的法则的事实上的证明；这个道理对于商品经济本身的发展，也可以应用，所以，可以说，我们从商品的发展，可以证明辩证唯物论宇宙观的真实性。

第三节　货币的本质及其必然性

一　在前面两节里面，虽已经把价值如何表示出来，以及价值形态如何转变到货币形态，等等方面，都说明白了，然而关于货币的本质，我们却还没有说到；如果要彻底明了价值形态怎么会转变到货币形态，我们就非把货币的本质弄明白不可，因为由一般的价值形态过渡到货币形态，这件事，如上述，在商品经济的完成上是一重大任务，所以货币必然有它的特性才能负担这个重大任务。因此我们在这一节里主要的是要说明货币的本质，次要的是要说明与货币论有关的学说的批判，我们把它分成几段来说。

二　货币的本质在表面上看来是很简单的，不过，要真正明了它，却不简单。照前面所述，概括的说来，货币当然是某一种历史阶段上的产物，当然是一个社会的范畴，但是，这样简括的说明，当然还不充分。现在为了诸位容易明了起见，再分为六层来说明货币的本质：

（一）货币是一种固定的扮演着一般等价物的角色的商品。这是从它的形式与外表来说的。

（二）货币既是扮演着一般等价物的东西，由此就可知货币表现着一般商品的价值的普遍等价形态，即表现着一切商品的价值，也就是表现着一切商品的社会的劳动和同质的劳动（这个理由在我们说明价值的实体和本质的时候已经说过了，这里不必赘说）。

（三）价值的实体是抽象劳动，而货币却是价值的表现物，所以可以说货币是抽象劳动的物的表现。原来，所谓抽象劳动本是把具体劳动抽象了去之后的东西，它要靠别的东西作为它的等价物才能表现出来，而固定的最成熟的一般的等价物却是货币，所以说货币是抽象劳动的物的表现。这一层不过是把（二）层变更个方向说明罢了，看起来似乎不甚必要，其实我们懂了这一层之后更可以明了（二）层。

（四）货币是生产关系的表现，是历史的产物，是社会的范畴。要说明这一层，只消把（二）与（三）合起来就够了，因为第二层既说货币表现着一般商品价值的普遍等价形态，第三层又说货币是抽象劳动的物的表现，所以结果必然会有这第四层的结论，因为普遍等价形态和抽象劳动等都是社会的范畴和历史的产物，都表现着某种生产关系，都是在社会的生产关系到了某种阶段时才发现出来的。具体说，所谓某种阶段是指社会有了分业及私有财产制度的发达，因而各人的生产不是为自己使用或享受而是为供给别人的使用而生产的时候说的，在这时候才有所谓商品和价值等等东西发生；又为了进一步解决社会的那个根本矛盾，即劳动是带有社会性的而生产的结果都是归私有，那个矛盾的缘故，才产生种种价值形态，直到经了三次的变化后才到了货币形态。在这时，货币就成了比较固定的一般的等价物，而和价值同样成为社会的范畴，历史的产物，人与人的关系的表现。由此可见货币不是一种物的属性（不是金银珠宝等物固有的特性），而是靠物的负担者去表现某种社会的生产关系。

（五）货币是解决抽象劳动与具体劳动的矛盾的东西，同时也是解决使用价值与价值（交换价值）的矛盾的东西。当然这一点是从货币的作用方面说的。我们由第四层知道货币可以解决社会的那个根本矛盾，而商品的二重性与劳动的二重性又是依存于那个根本矛盾的东西，所以，根本矛盾既可以拿货币来解决，当然商品的二重性与劳动的二重性的矛盾也可以连带的拿它来解决了。不消说，所谓解决的意思，当然是指暂时解决，而不是说永久解决，证诸价值形态的几次变动，就可以知道暂时解决的意义。

（六）货币在交换过程当中实行着流通商品的任务。货币这种由商品交换过程当中必然发生的产物，不单是解决了种种矛盾，并且在商品的流通过程中，发生着使商品容易流通的作用（事实上自从有了货币以后，任何商品都能够交换得通，而且还很普及），因为货币既变成一般的等价物之后，就获得一种当作价值看的使用价值，而这种使用价值，和其他商品的使用价值不同，是一种具有特殊的，普遍的使用性的使用价值，所以有了货币的人，不患不能交换出去，而只患没有他所要使用的东西，同时有商品的人只要能得货币，就随时随地都可以把商品换出去，而不患找不着交换品，所以说货币发生以后，商品交换的种类愈多了，范围也愈广了。

把上面所讲的六点总起来说，货币这个东西，从形式上说来，是扮演着一般等价物的角色的商品；从表现上说，表现着同质劳动和社会劳动，即表现着一切商品的价值；从其实体上说，是抽象劳动，或抽象劳动的物化；从它的意义说，是历史的产物，社会的范畴；从它的作用说，是解决商品的矛盾，解决整个商品社会的基本矛盾的东西。因此，它在交换过程当中，大大的尽着流通商品的任务。把刚才所讲的六层综合起来，就得着货币的本质。这种从货币的由来与商品价值形态的转变的关系上去说明的，关于货币本质的理论，就是马克思经济学上的货币论的最基本的部分。

　　二　货币的物材和货币发展的经过　刚才我们虽然已经把货币的本质说过了，但是还没有指出实际充当货币的物材是什么东西；虽然说过货币是商品之一种，但是这种商品是什么样的商品一层，却还没有说明白：这些都在这段里面应该说到的。关于充当货币的物材是什么东西，这个问题，不易有一般的断定，因为这种物材是随历史的演进与地理的影响而变动的。刚才已经说过，货币这个东西原是历史的产物和社会的范畴，所以当然是经过无数的变动和发展的，同时当然还要受地理的环境及物质的便利种种条件的决定的。从货币史来说，最初的货币的物材是以动物来充当的，如牛马羊等家畜动物都曾充过货币，但是动物本身虽自有它的价值，然而需要不断的照料饲养。况且以时间方面说，不能有很长时期的存在而易于死亡，并且在分配方面也不能任意分开作零星的交换，所以动物的货币，既不经久耐用，又不易携带，实有诸多不便。因此，其次就产生植物性的货币（这里所谓植物是指的新鲜的而且可以移动的植物，要是不能移动的，那当然不能充当货币）。新鲜而能移动的植物，虽然比较以动物充当货币要进步些，它比较容易携带，又比较容易分开，然而不能持久的这个缺点，则与动物相同，所以还是不算完备。再次，为了要有持久性的缘故，才找出固形的东西而来充当货币。所谓固形的东西，是指如牛皮，羊皮，石斧，箭头等，甚至天然的珠宝贝壳之类说的，这些东西虽然比较动物或新鲜植物更要便利些（因为这些东西都具有持久性），然而从不能容易分开的缺点说，则仍与动植物性的货币不两样。到最后，各条件比较相当具备的，还算金属如铜铁等，这既可以容易分开，又可以容易总合，其持久性与便利性当然不消说更是充分具备的。至于如何找着金属，怎样以金属充当货币的物材等等问题，是货币史上的问题，且不在此地讲它。但是，很显明的，在这时候，人类的技术必定已有相当进步，才有成功的发现并利用金属的可能。以金属充当货币，确比以其他非金属充当货币进步，但是关于价值与容积的比例，确成相当的问题，所以还是不能算是最好的货币物材。照马克思经济学讲，最后的物材，最完全具备各条件的，还是贵金属即金银，只有金银才能比别的金属更为适合于诸条件，最能负担一切交换的中枢，最能够真正体现货币的本质并完成其任务。为什么呢？因为金和银具备四种特性：

第一个特性：金银的质料比较纯粹，比较富于同质性，所以比较适宜于充当一般等价物：它不至于使人在交换时多费检验质地之劳。

第二个特性：金和银很容易分开成为碎小的零块，并且在分开后依然保持原有价值，不像动植物或珠宝贝类不容易分开，及分开后之损失原价值。

第三个特性：金银都是比较容积小而价值大的东西。这个意思是很容易明了的：加一张牛皮，其体积虽是很大，而因所含社会必要劳动很少的缘故，其价值却较小，反过来，金块或银块虽只是很小的容积，却容有很大价值（因为金子和银子所含的社会必要劳动甚多，所以它有很大的价值）。从当作一般商品的等价物的观点看，当然是容积小而价值大的较好，因为那种东西的携带较方便。从这层说来，金银自较历史上的别种货币好。

第四个特性：因为金银的质料很坚硬，所以具有比较永久的性质（自然，这个永久性只是比较永久性，自然是和刚才所讲的动植物等东西相比较时的说话）。这种比较永久的性质，当然比较适于充当货币。

金和银都具有了上述的四点特色，和其他一切商品相比较时，无疑的站在优胜的地位，所以无论哪一国的货币，发展到最后，都会采取金子和银子来充当，所以马克思有句话说："货币天然的是金银，而金银却不天然的是货币。""货币天然的是金银"，这句话，在别的经济学者看来，也许还成问题，因为对于货币物材的主张，可说是议论纷纷，莫衷一是：有的人主张用白金做货币，也有人以为货币到了成熟的时候，不一定要用某种固形的物体，主张用一张纸去代替，如市面上所通行的钞票一样，并认为少数国的虚金本位就是最明显，最好的例子，诸如此类的说法，表面看来是对的，其实根本就错误，我们到后面再详细说它，这里且置不论。总之，以现在说，"货币天然的是金银"这句话，却比较近于真理，应该深刻认识。本来，货币这个东西，是历史的产物，是社会的范畴，所以只要从现在看，能够证明最适于充当货币的物材是金银，能够证明现在货币的实体是金银，就够了，至于将来如何，是否可用白金或别物代替，那是将来的问题，现在无谈的必要。并且从马克思经济学说来，在将来的社会主义的社会，简直可以说不会更有什么货币（若照资本主义学者来说，将来的社会里面，货币仍然是有的，或许也是金银。当然资本主义学者所肯定的说法是不对的）。不过，要知道，货币虽是历史的范畴，却还要受地理的限制，因为，如从地点说起来，货币在历史上是怎样的发展，却要看某一种社会里面本身的物质条件如何而决定，譬如在山国与海国里，就有很大的差别：在山国里面往往用兽皮等做货币，而在海国里面则不然，倒往往用贝壳之类做货币的物材，所以实际上某社会充当货币的物材是受社会的物质情形的决定的。即是说，货币一方面是历史的产物，要受历史的影响，而另一方面却还要受特殊的地方情形的规制。我们虽然说货币是交换过程当中必然的产物，然而如要保证，促进或扩大商品交换的范围，总得先有充分的适当的货币物材存在，才能使一切商品都交换得通；如果货币物材缺乏，则对于商品交换范围，就会发生很大的影响，就会阻滞商品的交换和流通。譬如同是商品经济，而资本主义经济和单纯的商品经济在交换范围上却迥不相同，资本经济的交换的范围广大，而单纯商品经济的交换的范围狭小，这就是主要的因为货币物材充分不充分的缘故。在普通经济史上说，欧洲因经过重商主义的政策，把各处不少的金银都吸收了去，所以重商主义政策以后的欧洲才可以很充分的拿它去充当货币的物材，才可以很顺利的使它流通商品，借以扩张交换的范围，促进资本主义的社会的更长足的发展——这就是货币物材充实与否对于交换范围的影响的一个实例。在初期资本主义社会里面，要尽量吸收金银，才能行资本积蓄的过程等等理论，都是在后面还要详细讲的，所以现在用不着多说。

三　货币的物神崇拜性　照前面所讲，货币的本质的作用原来就甚为巨大，特别是在以金属物材充当着它的时候，即以金子或银子来充当它的时候，它的作用就愈发扩大，所以货币本身虽是由普通商品中转化而来的，然而因为一方面当作商品看时，货币的本身有其价值，而另一方面当作一般的使用价值看时，确又体化①着一切商品的价值，充当着一般价值的体化物，因此，所以货币在各个商品当中便形成独特的东西；同时，货币的本质也就被现象形态所掩饰或蒙蔽着，而致不可捉摸，不能臆测，仿佛是具有莫明其妙的一种特性，成为形而上学的神秘的东西；因此一般的人就认为货币是可以祸福人们，可以生杀与夺的万能的东西。从表面看来，实际上在商品交换的社会里面，的确是这个样子：如没有货币的人受着无限的痛苦，甚至因此而丧失性命的，真可说比比皆是；而反过来，有货币的人则不然，旨酒佳肴，奇饰华服，住洋房，抖汽车，可就是享尽人类的舒适生活，所以也怪不得人们会这样把货币认为是高深莫测，神圣不可侵犯的东西。结果就引起崇拜货币，即崇拜金子和银子的现象，本末颠倒，恰如对于商品的物神崇拜性一样，对于本来由人造成的货币反而崇拜起来，奉为如神如圣，不敢轻视亵犯——像这种现象，在马克思主义经济学上就叫做货币的物神崇拜性。

这种货币的物神崇拜性是怎样来的呢？当然主要的不外乎现象形态掩饰了本质的缘故，这里所谓现象形态自然是指货币所表现的社会关系的物化说的；前面已说过，商品经济成熟之后，必定会发生商品关系的物件化，但是，要知道，货币这东西，又是随着商品经济的发展，从商品流通的过程当中，必然产生的，是和成熟后的商品不可分离的，更具体说，它原是一种特殊商品，是一种表现着一切商品的价值的货币商品，所以货币这种商品就不能不随着商品

---

① 原文如此。当借用自日语，意为实现。——编者

的物化而物化了。因此，研究经济学的人，如要从货币的现象形态之下把它的本质找出来，如想不为货币的现象形态所掩饰或被货币现象形态所征服，就得先研究商品的本质，把商品的本质知道了，就可以知道货币的本质；实际上非这样不能把货币的本质认清楚，非这样不能说明其现象形态。如果不是这样，而只去研究物体的外表——即货币外表，而不打算从它所表现的社会关系探研，则所研究的不仅不是经济学的范围内的东西，而且不属于社会科学的范围，而侵入自然科学的领域了。许多的经济学者，没有发现货币和商品的本质，因而只拿拜物教的道理去解释它们，那当然不能说明其所以然，结果当然弄得一塌糊涂，以致他们的经济学不能成为完全的科学的经济学，如像资本主义的经济学者，因为根本就没有把价值和货币的本质弄清楚，根本就没有把握着主要的一环，所以不能把经济现象说明白，就是很明显的例子。如果单像那样简直不知道的现象形态和本质的区别的，还算是情有可原，至如那种甘心为资本主义作辩护士的现象派经济学者，明明知道价值与货币的本质和现象形态有区别，然而偏偏的巧妙其辞，故意掩饰，只研究现象形态，而弃置本质的探求，那简直是科学的罪人。

四　对于谬误的货币学说的批判　在前段虽已说明了对于货币的物神崇拜性的暴露的重要性，并说明了许多为货币的物神崇拜性所蔽的经济学者的谬误的必然性，然而还没有具体的说到他们的谬误学说的内容。所以在这段里面，要把一般对于货币的谬误中的主要者提出来，一方面略述其主张的内容，一方面批判他们的谬误，这样，对于货币的本质与作用，从间接的材料或侧面的观察，加以说明，或许能使读者更深刻的彻底的了解。

关于许多经济学者因不能认识货币的本质而引起的错误，要详细说来确是困难，因为我们还没讲述货币的机能，而一些谬说却往往和货币机能有关（如等到讲过机能之后再批判各种谬说，也不大方便，因为关于货币机能的说明又和各种谬误的货币本质论有关）。本来，货币的理论甚为复杂，在今日已成为专门的学科，所以也无法在这里行详细而彻底的说明，因此我们只能述其轮廓或大略。普通所谓货币理论，就整个的方面上说，有三种：

A：第一种是名目论（Nominal theorie）　又叫做契约论，它是主张：货币之所以成为货币，不一定由于它本身的金属价值，倒主要的由于法律上对于货币所给的威信，或由于社会对它的默契。这一种在三种谬误中算是最有势力的一种，并且许多不曾研究过经济学的人从常识上说对于货币的见解也常有这种倾向。名目论的历史来源是很早的，这在希腊时代就有了，远的我们不说，只拿近代的来讲。近代的名目论的发展大致可分为三个阶段：

1. 重商主义时代可说是关于货币的名目论极盛的时代。在这时候主张名目论的人当中，最著名的有孟德斯鸠，其他如贝克莱，休谟诸人都力主此说。我们从经济的发展史上说起来，所谓重商主义的时代，是从十六世纪至十八世纪为止的期间，在这时的重商主义者，如前篇所述，以为一国的财富是由金银构成，并且主张以金银充当货币的物材，换句话说，重商主义是重视金银货币的。他们既重视金银货币，为什么对于货币还有名目论的说法呢！不消说，当时还有金属论和名目论对峙，名目论之所以盛行，当然是因为金属论在资本经济发展过程当中，已因有了由量到质的变化，而不尽适宜于当时的需要的缘故。事实上，在重商主义的发展过程当中，对于商品的流通，货币已尽了很大的责任，而取得稳固的地位；即是说货币在价值形态上充当了一般的等价物，表现了一切商品的价值，形成了一般商品流通当中的媒介物，因此取得了一种带有物神崇拜性的威权。既到了这种程度，何必一定要金属东西来充当货币的物材，就用一张纸来当作货币，也就未始不可了：事实上证明随着商品的交换一天一天的向前发展，商品的交换就不一定要靠金银做媒介；换句话说，货币的本身流转增大，可以使货币的实质上的内容离开其名目上的内容，可以使其金属上的存在离开其作用或机能上的存在，所以在货币流转过程当中，货币实质的金属东西可以由其他用别的材料造成的名目的货币或象征的东西代替。既然有了这种代替的事实，所以就不能不有货币名目论的抬头起来和金属论对抗。此外还有一个原因：在这个时代还有一个特别最显著的现象，即所谓铸币（英文为 Coin）的普及；铸币的由来，本与政治无必然关系，到了商品交换繁盛时，为保证货币的重量与统一的缘故，才不得不凭借政府的力量去统一铸币；经过了这样的演进之后，铸币就成为国家法律所专擅的制定物，变为完全由国家去督造。在事实上如法郎，金镑等的最初的前身，何尝不是称量货币？何尝是铸币？何尝不是随社会的发展与交换范围扩大，才必然的形成为铸币？何尝不是因为划一分量以昭信用的缘故，才借助于人们所公认的国家的力量和信用，才变为法定的铸币？不过，要知道，从法定的铸币本身看来，在形式上，仿佛只是因为国家政府盖上了一个印，就能行使其真正的货币的作用，因此就渐渐把货币的本质忘记了，而以为货币只是法律或社会默认的结果。并且随着商品经济的发达，铸币也有进展，它的形状愈出愈新，事实上变得完全脱离了它们的固有质量，即是说，离开它们的价值而独立了。即当作铸币看的存在，到这时完全与价值的实体脱离了。同时因此就把原先为便利交换而铸的铸币，变成为获利而铸的铸币了。如像准许私人的铸币，使他于请求政府允许时，纳许多铸造费于政府，因此使私人和政府两俱获利；又如在国家铸造时，可以把成色重量故意弄低，使货币的价值特别提高，即是说，随政府的意思，在某种铸币上刻上壹元或五元的数目，就当作那样数目的价值去使用，而实际上其名目与这种货币本身所含的真正的社会必要劳动却相差甚远，则政府可以取得名目价值和实际价值间之差额（譬如中国今日的铜元就可以尽量把铜元的成色重量弄低，去企图多得差额的利益而赚大钱，所以各省的军阀在从前各自为政时候，都争先铸造铜元，渔利甚厚；他如银元也是这样）。既然为便利交换而来的铸币，变成了渔利的工具，所以很容易使人感觉到货币之所以为货币，只因为有国家的权力在上面，只因为经国家保证盖上了印鉴的缘故，只因为国家的法律的规定的缘故，并且在流通过程当中，货币在实际上已离开它们的价值而独立，所以在表面看来，仿佛无多大价值的东西，甚至于如一张纸片等，便能够代替金银而尽铸币所能的任务（在纯粹象征的金属的名目货币中，到底还隐蔽着大部分的实体的价值，可是在随着铸币之后而来的，比铸币更为便利的，可以完全代替铸币的一切作用和机能的纸币当中，更看不出也说不到它本身的实体价值应该有多少，仿佛仅是国家盖上一个印鉴而注明数目，或者在市上商店中盖了一个印，就可以作为货币使用似的），所以更使一般人觉得货币本身的成立是因为国家权力的缘故，觉得只因为国家给了一个名目，所以才有了与那名目相同的价值，换言之，觉得货币之所以为货币，是因为国家给了一个法定的名目的缘故。因此，所以才发生这种名目论。又因一般货币之所获得名目价值，大抵是和法律有关，是被特殊法律所规定的，所以又好像货币的价值是国家与人民所订的契约的结果似的，因此名目论又叫做契约论。

2. 其次是名目论的衰退时期。由上述的名目论的极盛时期的说明，可以看出名目论所以发生的必要条件或背景，主要的是在那时有国家的保护或政府的干涉。所以如果发生和这种情形相反的背景，则名目论当然不会继续保持其势力；从事实上看，在经济史上，资本经济发达到了产业资本成熟的时代，即到了经济上的正统派时代，名目论也就随之而敛迹，而消灭了。其原因有二：第一，因为重商主义时代欧洲商业发达，把各处金银都尽量吸收，尤其把非洲美洲的金属都吸收到欧洲来了，弄得金银充斥市面，价值因而低落，而一方自由铸造的制度又渐次确立，结果使人不感觉铸币的威信，而只感觉到金银本身的魔力，因此，名目论就渐渐失其社会存在理由。第二，因为亚当·斯密的经济学在当时随着时势的需要，对自由竞争可算是给了一个相当的体系，他根本上反对国家干涉，主张完全自由贸易，所以在货币论上当然会反对名目论，而主张金属论或倾向金属论（如前述，正统派本身的内容很复杂，所以很难一概而论）。

3. 其次是名目论的复兴时期。名目论复兴起来的原因，只要明白了第一个阶段的发生和成长的情形就可以知道：因为在这时代新发现的德国历史学派的经济学者，恰恰在经济学上是主张由政府干涉的保护贸易及保护关税等政策的，和名目的货币论兴起的条件适合（当然历史派本身又是因德国当时的经济情形而发生的），所以名目论也就随着历史派的成长而复兴。所以关于货币的名目论，到这时候又抬起头来了。不过，德国的历史派的名目论，到底限于一隅，这算不得真正复兴，真正的复兴是在十九世纪后半期。因为到了十九世纪的后半期即金融资本主义的时期，信用机关特别发达而且有力，不但纸币及银行券（银行券即是可以兑现的钞票）一天一天的加多，并且所谓信用货币（信用货币就是普通所谓支票汇票等，只因为它们是因信用关系，被人写成一张纸，便可以当货币使用，所以叫做信用货币，又如公债票，在广义上说，也是信用货币之一种；总之，本身不是货币，而只是靠信用关系，写了一张纸，就可以代表价值的等价物，都是信用货币），也一天一天的加多，直到今日，我们所看见的，明明只是辅币才用金属充当，其他都用非金属的货币去代替了。在这种情形下面，当然名目论又会盛行了。目前的管理货币（managed money）说，如单从国内货币看，也是名目论的一种。

至于名目论的内容如何，当然也很不一致，因为各时代名目论的主张者有种种不同的派别，所以也有无数内容不同的主张，如果我们丢开其小的不同的地方而从它的相同的大体上说，则如下述：名目论者认为货币这东西是用法律手段创造出来的；关于何以会把现存的货币当作货币一层，固然还有其他的原因，总之，一切货币都是带有法律性质的，都是法律的产物；这就是说，因为制定法律的人要把货币当成支付手段来用的缘故，即拿它当成支付手段使它在交易的当中能使商品交换进行圆满的缘故，才产生货币出来的。所以货币之为货币，不管其材料如何，金属也好，非金属也好；也不管它的形式如何，铸币也好，不铸成的也好，印成的也好，就不印成的（如支票等）写的也好；总之，不管其材料和形式的如何，能依法律的意思，去尽支付能力的，就是货币。所以照这样说来，货币的本质，只在由法律上的力量给了它以名目的通用效力一层上面，所以只要法律给以一个名目的效力，哪怕是一张纸也就变成货币。以上这样的主张，就叫做名目论。当然这只是关于名目论内容的最简单的说明，我们现在不能详细说。

我们对于这种名目论的主张，怎样批判呢？它的谬误在什么地方呢？我们可简略的分为四层来说：

（一）如果名目论的说法是对的，如果货币是法律的产物，那么，离开了法律时当然就没有货币，但是，事实上证明在国际间虽是没有具体的法律，而很显然的在国际的贸易上却依旧是有货币。诚然，国际货币和国内货币是有区别的（如像在国际上不能兑现的如公债票流通券等，就不能在国际上当作货币使用），但总不能说国际间没有货币。由此我们知道不但在国际上是有货币的，而且这种货币还不是名目的货币。可见货币不是一种名目的东西。

（二）名目论说货币是一种支付手段，这虽不充分，但在这一层说，总算道着一部分真理，然而关于支付手段之所以成为支付手段的理由，名目论却未道着。照名目论说来，那只是因为法律规定的缘故，但是，总应该从实际上看看法律给与货币的这种充当支付手段的效力，是不是能永久保存。我们由事实上看到，各国的货币恐慌的产生，就只因不管法律怎样规定着，而人们偏不那样做的缘故：一旦不能兑现，一元的纸币就绝对值不了一元，只能当几扣去用，甚至于打折扣也没人要；又如在中国，也有同样的情形，从前的奉票与晋票，虽当局一再禁止跌价，然而因其不能兑现金，就逐渐由一元落到七角，又由七角落到价值几分：这种可以作为例证的情形在各国都有。并且哪怕是硬币，如果成色不足，或用的时期太久，因摩擦的关系，使本身的价值有了显著的减少，也还是会打折扣的，不能如法律规定的那样去使用。有这两种事实的反证，就可见货币之有支付能力，不是法律规定的缘故，而是因货币本身价值的缘故，如更进一步，看看纸币之所以有支付能力是否只因在它的上面印有某种法定的名目的缘故，更可以看出事实上不是那样，因为纸币或兑换券之所以有支付能力，只因在它的后面有兑换准备金存在那里，人们可安心用它流通的缘故，譬如各国的银行准备金之常常被国家检查，就可以证明纸币不是因法令而就获得支付能力。历史上的纸币，固然也有过不兑现金的，但是总须有一种抵押，如公债等，在它的后面，如果没有抵押，结果一定会落价。即使历史上曾有过无抵押而又不兑现的纸币，那也大抵在非常时期，如打战的时候（这时，大家为了胜利起见，不妨牺牲部分利益）的事。所以这种例外，当然不能当作原则看，当然不能用来作为名目论的护身符。总之，据上面两层理由，可知货币本身的支付能力主要的是因其本身有价值，而决不是靠法律规定而生的；纸币的支付能力，除了例外之外，主要的是因为它的后面有兑换准备金的缘故，也不是靠其名目的法律规定而生的，所以名目论者的主张当然是谬误的。货币的机能当然不只是支付手段，但因名目论只说着支付手段，所以我也只就这一点去反驳。

（三）如果货币是因法定的缘故才成为货币，则为什么世界上的货币的发展，到最后必定变为金属货币，到底为什么在现今只有金属才能充当本位货币，这些问题就无从回答。名目论者既不能说明这些问题，所以他们的学说当然是不可靠的。

（四）一切货币显然的有它自己的价值，并且，货币的价值还是有变动的。货币价值的这个变动虽然不容易知道，但是并不是绝对的不能知道：在普通人的常识上，虽然不易知道货币的价值也有变化，但是，从寻求一切现象的本质，去窥测它们的内部变化的科学说，当然可以知道这种变动。其实关于这种变动的现象，我们平常是常见着的，如像在物价表上面，普通虽表示着一般商品价值的变动，虽然拿货币为一般商品的一般等价物的公式即价值的货币形态的公式说是这样：

$$\left.\begin{array}{l} yBW \\ vCW \\ uDw \\ tEW \end{array}\right\} = x \text{ 货币}$$

但是，如果反过来，把货币立在相对价值形态上面，这个公式就变为：

$$x \text{ 货币} = \left\{\begin{array}{l} yBW \\ vCW \\ uDW \\ tEW \end{array}\right.$$

如果依第二个公式在物价表上面看去，则货币的价值有高有低的情形，就可以看见了。如拿日常用的东西填进上述第一公式里面去，则可以得一个表示一般的物价的物价表，即物价指数表（Index number of prices，不过这是统计学上的问题，我们现在且不说它），把物价指数表反过来看，即从货币那一极看起，把货币放在相对价值形态上，就可以看出货币的价值的变动。物价指数表的变动，既然可以表示货币价值的高低变动，那么，如果照名目论的说法，就不能说明这个变动，因为照它的主张说，货币既是一种法定的名目，当然其本身就没有价值，既没有价值，为什么还有涨落呢？这个问题是他们不能解答的。我们且看看物价指数表的变动原因何在。它是不是因一般物品价格的变动才变动的呢？当然不是。诚然一般的物价相互之间也可以有比例，所以也可有一般的变动，然而在两种东西的价值的比例没有变动的时候，货币的表现也往往会有高有低。譬如说，十元钱可以交换一匹布，又可以交换二斗米，在这时，一匹布与二斗米所含的必要社会劳动相等，其单位上的比为 1：2。但在事实上，有时候我们可以看见布与米的比例不变，其劳动生产性也仍照旧，然而却得花十二元钱才能买到一匹布或二斗米。当然，在这种情形之下，并不是布与米或其他东西的比例有变动，而只是货币的价值有了变动。由此可以证明物价表上的涨落并不是因一般物价涨落的缘故，唯其如此，所以货币的涨落才可以离开一般物价的涨落，而表示出来。货币的价值有变动，这是偶然存在着的事实，如照名目论所谓货币是因法律规定而来的东西的说法，就不说明这个事实。所以从这一层看来，名目论也是错误的。

总之，名目论的谬误，第一在没有明白货币是必然从商品交换当中发展出来的一种本身具有价值的特殊商品，第二在它不懂得货币是社会的范畴，又是历史的产物：名目论只以为货币是偶然的法定的东西，而不知它是历史上为解决某种社会问题而生出来的东西，所以名目论不能不陷于错误。

这种错误的影响如何，也是我们不可不知道的。事实上曾经因为这种错误的观念而生出了许多错误的货币政策的学说：譬如说，在国家贫穷的时候，名目论者往往认为可以用国家的力量制造许多纸币，去变穷为富；这种事例很多，如像不久以前那位梁作友到南京去吹牛，说依照他的计划，发行一种钞票，两年之间，便可以有十万万元的收入，就大概是由于被名目论的观念所迷惑而生出的笑话罢。又如有一位叫做刘勉执的，也曾有动产①动员救国的主张，想以全国的土地及一切动产②为抵押，发行巨量的特殊纸币，以为这样就可以救穷救国。又如黄克强和孙中山先生在民国元二年年间（那时候正当中俄国交紧张），也曾主张：如果对俄国开战，不必忧愁没钱，只要大大的发行不兑换纸币，则不但一方面可借以抗俄，并且一方面还可借以修铁路并振兴工业。这种种错误的主张，大概都是由名目论的错误而生的流弊。

B：第二种是金属论　在金属论（metallism）这个题目之下，事实上还有种种不同的名称，许多分歧的主张。不过在我们看来，它们大体的倾向是相同的，所以我们把它们放在一起来批判。我们的批判，也只能大略将它的错误最显著的地方指出来，至于详细的批评，那是货币论上的事。金属论是和名目论是相对峙的，主张货币之所以成为货币是因为货币的物材的金属含有价值的缘故。在经济史上说起来，金属论发源也很早，也许在没有名目论以前就有人主张过，不过这些是货币史上的问题，我们现在且不管它，我们说

---

①　据上下文意，疑为不动产。——编者
②　同上。——编者

的只是指近代的金属论。

　　近代的金属论是经了许多的变迁的，它的最初的有力的主张者当然就是所谓重商主义者。那时的重商主义者注重商业，其唯一目的就是想要把国外的货币换进国来（重商主义的交换，主要的当然是在国际间），所以对于货币的理论，必然会采用金属论，主张货币材料的金属是货币价值的主要根源。不过，只因他们又是主张利用国家力量去行保护贸易的，所以对于国内货币又不能不采用名目论，主张用国家的力量去铸金属货币，因此，所以这时才同时发生名目论和金属论的对峙（见前）。这种对峙的情形，如前所述，到了重商主义的势力渐减，主张自由竞争的重农学派及正统派的势力渐盛的时候，名目论渐为金属论所压倒，而形成近代金属论的极盛期。正统派的全般的代表虽不能说是都主张金属论，然如李嘉图主张的货币数量说就显然是应归属于金属论的学说。其后到了广义流俗派盛行的时候即金融资本时代的初期，因为当时交换的内容大了，商业的组织也愈复杂，单拿金银去交换，会感觉到太不方便，所以就使原有的信用机关和制度越发发展，不但兑换券制度盛行，并且，只要把金银存放在银行里，开一张支票，就可以支出十万或八万去行交换。因为有这种便利的缘故，所以在日常的买卖上看见现金的时候愈少，金属论的地盘也就愈小。及至到了金融资本成熟的时候，信用制度愈严密，交换的内容愈巨大，市场的组织愈广泛，因此，现金的交换，不但几乎更不多见，并且也几乎不可能，所以金属论就又受一大打击，所谓金银本位也不能不被打倒，而发生所谓虚金本位或纸币本位，甚至于发生废止货币的议论。

　　然而，自欧洲大战时以至今日，金属论却又抬头了。这不是偶然的，而是有下面两个原因：（一）因为在欧战的时候，德国为供军需，曾大发行其纸币，当时德币虽没有十分落价，可是，大战停了以后，钞票价值就大落特落，德国的马克不用说，就是俄国的卢布也几乎慢慢落至千万分之一，以至于真正不值一文。此外大国小国也几乎没有一国的纸币不落价的。那时大国中只有美国的纸币没有落价，因为美国在那一次作战是比较有利的，当然是例外。因此，在大战以后大家就又蔑视纸币而重视现金，几乎变成和重商主义时代一样。不过，虽然大家都想往自己的国内吸收现金，而结果达到这个目的的却只有美国和法国，因为据一九二九年即世界恐慌前的报告，美法两国所储的现金，约占世界总数的百分之八十。这已足以证明新的重金主义的倾向。又如最近美总统罗斯福命令美国的人民把现金拿出来，禁止私人储存现金，这也是新的重金主义的一个表现：因为大家都重视现金，弄得他们都争着把存在中央银行的现金拿回去存在自己家里，以致发生金融风潮，所以美总统才下那样的命令。在这种情形下面，当然会发生只有金银才是真正的货币的思想，所以当然就会重见金属论的抬头。（二）因为当欧战终了时，各国都有巨额的赔款与战债，因此发生一个问题，即到底是以金子赔偿，还是以货物赔偿的问题，而实际上这个问题还是要靠金子才能解决；譬如德国赔款，最初虽规定以货物赔偿的规定，结局还是以金子支付，把金子都赔出以后，又以货物去换金子，并借美国的金子去赔偿。像这种情形当然更可证明没有现金的国家，处处都要受别国的宰制，所以大家对金子越发重视，觉得越发有重金的必要。这还是平时的说话，如果从战争看，那就更当重视了，因为在战争上胜利的把握，当然要靠经济力量，并且不是单靠自己的经济力量就行（因为一个国内出产的数量与种类有限），而还要看其向外的购买力如何，然而对外的购买力却是要靠现金的，因此，所以大家对现金又特别重视起来。在这个情形之下，也当然会发生只有金银才是货币的思想，因此金属论就重新抬头了。当然金属论还必然会影响到政治的事实，例如美日之禁现金出口，就都是站在金属论的立场而行的政治政策。今日所谓商品货币说，就是金属论的一个变种，所谓国际物物交换论的主张，更是这个变种的应用。

现在且略述金属论的内容，以为批判的准据。金属论主张：货币之所以成为货币，是因为它的物材本身含有支付能力的缘故，就是说，因为它是金属，含有物材上的很大的价值的缘故，更简单说，它不是因法律给与名目上的通用效力的缘故，而只是因其本身有价值的缘故。拿别的话更加以解释就是，货币之所以为货币，就是因其有客观的购买力的缘故。如果没有购买力而成为货币，那只是货币的变态，只是例外。以上就是金属论的主要内容，无论金属论者怎样千言万语，说得天花乱坠，其要旨总不外乎此。

现在我们试对金属论加以批判罢。金属论者说明了货币的物材本身必然有购买力才行，如只从这一点说，它比名目论是比较进步的，可以说是抓着一部分的真理，因为事实上充当货币材料的金属本身的价值如果低落，金属货币也会随着在物价表上表示落价，不但在国内是这样，并且在国际上尤其是这样。但是对于其他许多重要问题，金属论都不能说明，如像：何以从历史上看来货币发展的最后结果，必定会以某种特定的东西——金银——充当货币，而其他东西却被排除而不能负担这个重大的使命？金和银怎样由普通商品转为货币商品？为什么很久以前也有金银而它不一定充当货币，而必到了某一个特定时期才成为货币？所谓信用货币如支票，有价证券等，为什么在事实上也等于货币，也能如货币那样有购买能力（事实上在今日金融资本主义的时代，金属的货币少，其他非金属的信用货币倒转多）？这种种问题，都是金属论不能够彻底而有系统的去说明的。它所以不能解答这种种问题，就是因它没有懂得货币的必然发生性的缘故，就是因它只懂得货币本身有价值，而不知道这个价值转变为货币之后变更了质，因此，把货币与别的商品当成同样有价值的东西的缘故。只因为这种缘故，所以金属论不能对国际货币及国内纸币并金属货币，用一贯的理论，加以说明：它只是个一偏的说法，而不能把货币的种种现象全都说明。并且如照金属论的主张，则在政策上只能采取重金属的政策，然而如最近的苏联，一方面孤立在资本主义体制之外，一方面又还没有废止货币，国内金银存在量也不充分，在这时，如果真正非有现金就不能有货币，它如何能从事那个庞大的社会主义的建设，如何能够在事实上成功了价值数百万万卢布的第一五年计划呢？我们要知道货币诚然是以金属为基础的，然而并不限定没有金属的国家就没有办法，这只因为货币不是单单一个金属，而是在变成了货币之后，还有别种机能的东西；在国际贸易方面固非金属不可，然而对内却不是一定非要金属不可。因此，可知以金属为基础的种种政策，当然是陷于偏颇的弊端的。

　　C：第三种是折衷说　这种学说是把金属论和名目论两种学说综合起来，采其所长，折衷而成的。这种学说的名称也很多，最普通的名称是职能货币说（因为他们是从职能上去说明货币的本质的，所以叫做职能说），也有叫做机能说的。关于这种学说的历史，当然没有解说的必要，因为它发生甚迟，还没有历史可说。至于它的内容，则依折衷论的主张看来，货币这个东西大致可以分为两方面说：一方面是说货币的本身有它的价值，有一种与商品相当的价值（由这一点看起来，它是采取了金属论的主张），而另一方面却是说，不限定一切货币本身都有价值，即没有价值的东西也未尝不可以作为货币使用，如像最显而易见的例子，如纸币，银行券等，明明是一张纸，然而可以作为货币，流通无阻。像这种没有价值的东西，为什么可以当作货币使用呢？这只因为纸币，银行券，支票等靠着法律效力或契约，在流通界行着一种特殊的职能，当作支付手段，成为商品交换的媒介物的缘故，所以它们虽是无价值的东西，也就因职能的反映而成为有价值的货币使用了（由这一层看来，它采用了名目论的主张，而稍加以变更）。把这两方面合起来，第一主张货币本身有价值，第二主张只要它有一种特殊的职能，能够当作媒介物与支付手段去供使用，则不必一定本身有价值，就是本身无价值的东西，也可以充当货币；这样把名目论与金属论的主张各取其一部分，就成为折衷论了。其次，折衷论者还有所谓现实的货币和理想的货币的区别，靠它去说明哪一种货币是理想的货币：在他们的学说里面，他们把本身有价值的货币作为现实的货币，而把无价值而当作支付手段用的方面的货币认为是理想的货币。如银行券，支票等无价值而当作支付手段用的东西，从他们看来要算是最理想的货币，即算是最好的媒介物或支付手段。为什么呢？一来因为这种东西（如银行券，支票）是很简便的，如一张纸上面可以发生无数的价值，即是说，在一张纸上任意写上一个数目如一千或一万，就可以当作一千或一万的价值用。其次，因为纸币本身的价值很贱，而印刷也很容易，所以在通用过程不会发生大的损失；这最好是和金银对照看看，金银如果在流通界里经过很久期间，则成分重量就会消磨损失，而纸币等却不然，虽经久之后有了消磨损坏，也无多大损失，只消换一张新的使用，就行了。此外也还有其他种种的好处，如便于携带，存放等等，更不消说。他们由这层观察，就以为：随着资本主义经济的发展，货币的职能愈扩大，因而职能的货币即无价值而当作支付手段用的货币愈变成理想的，最能达成其职能的货币，而变为社会上最需要而不可少的了。我们在此点也可以看见这种理论是脱胎于名目论的，特别是就其成分说，明明是偏于名目论的，纵然说它竟是名目论的变相，也不过当。

我们现在应更进一步，对于折衷说的理论，加以批判。我们的批判，可以分为几层来说：

1. 按照普通说来，大凡所谓折衷主义，都算不得主义，因为它们大抵没有中心的理论根据，不是有机的结合，而是排列式的或杂凑式的混合，当然算不得是主义。现在说着的，被折衷主义者所主张的货币折衷论，既是只把名目论与金属论凑合起来，而没有把所采用的学说溶化或克服，即，既然只是杂凑式的排列式的混合，而对于二者的关联与有机的结合却没有说到，所以当然也不能算是一种主义或且有理论根据的学说。换句话说，折衷论者对于名目与实体二者的关联及其有机的结合，也没有说明，不过是一种把种种不同的东西，调查出来，而把它们无次序的排列杂凑起来的杂碎罢了。当然的，像这样的说法，只能算是常识而已，绝对不配称为科学的东西；因为科学是要使材料体系化，是要找寻因果关系，要进一步去说明因果法则，去说明内部的关联的，而折衷论不明这一点，只行表面的折衷，只把常识视为科学，所以折衷论算不得是科学的东西。这是折衷说的笼统的整个的方面的谬误的第一点。

2. 折衷论既没有理论的根据，因此不能找出一种货币的本质，所以在科学的意义上，当然不能成为一个学说；具体说来，从货币发展的历史看，货币这种东西的发生，不是偶然的，而是在某种社会下面的生产关系的必然的表现，所以在我们认识货币时最要紧的是认识货币的本质，绝对不能仅取其皮毛，仅拿它的现象形态作研究的对象，而敷衍了事。如果忽略它的本质，不从全发展过程去研究，只从现象形态来研究与断定，那就非变成皮相的杂凑不可。而折衷论者就是忽略了货币的本质，不作货币的发展状况的研究，甚至于连当作货币商品的货币和当作价值符号看的货币二者的区别和关联都没有弄清楚，而只从金属和名目两方面的种种现象而为皮相的断定，所以它不能不是一种杂凑：他们的这种东西，简直与流俗派的论调不两样，就说它是与流俗派的把戏相同，也未始不可。这是折衷说的笼统的整个方面的谬误的第二点。

3. 除开上述的笼统的整个方面的缺点之外，从折衷论的各部分看来，也有缺点如下：

（一）所谓职能或机能如何，这个问题的解答，论理，要等到把货币的本质明白了以后才能得到，即是说，要明了本质，才能说明机能，而折衷论者却恰恰是以机能来释本质，站在货币的职能上来说明货币的本质——这简直是本末颠倒，简直是无意义，等于没有说明。（二）关于所谓本身有价值的货币即现实的货币和本身无价值而当作支付手段用的货币即理想的货币两者的评价，折衷论者也弄颠倒了。照他们所主张的所谓理想的货币说看来，显然是认为金属性的货币是不进步的，而非金属性的货币如纸币等，才是理想的货币，才算是进步的，认为应该重后者而轻前者；但是实际上，情形却恰恰相反，如前所述，不但欧战以来各国竞相努力吸收现金，而置所谓理想的货币于不顾，并且，如果我们拿最近世界经济恐慌时的纸币狂跌股票瓦落的现象看一看，则所谓理想的货币（纸币等）的如何不理想，就可彻底了解了。真正说来，金属货币是非金属货币的基础，没有前者为后盾，则后者便是空的，所以决不能不顾本末，而从表面上的便利，去判定后者是进步的理想物。

把上面折衷论的谬误和缺点总结起来看，我们显然可以看见它的理论是杂乱无章，谬误百出的，所以，不用说得，它比前面的两种学说（名目论与金属论）不但不见进步，而且还退步得多。

我们在此还应该特别说明的，是折衷论的学说从表面上看去，仿佛与马克思经济学的货币论相同，而其实大异一层。关于这一层，有许多人误解，所以应该分清楚。在事实上固然马克思经济学也承认名目论和金属论的理论各把握住了一部分的真理，但是，要知道，马克思经济学虽然接受了它们的一部分理论，然而绝不像折衷论者那样杂凑，而是把两种学说溶化了的，克服了的，绝不是囫囵吞枣的接受，而是有机结合式的克服；一般人不明了有机结合的部分，只看见所接受的一小部分，就以为马克思经济学是主张单单的金属论或单单的名目论，甚至也有说它的货币论是折衷论的，像这种种的曲解与误认，都是由于没有把马克思的货币论认清楚的缘故。实在说起来，马克思经济学上的货币论，既不是金属论，也不是名目论，更不是折衷论；它是超出于过去种种理论之上，把它们克服了之后的，集大成的货币论，无以名之，或可以名之为商品转化论罢。总之，如果简单指出其要点，它是按照货币发展的历史来说明货币的本质的，它认为货币是由商品中转化出来的，它认为这种转化是随着历史的演进，社会的发展，为解决社会的矛盾而发生的。同时它认为货币虽然也是一种商品，然而到了成熟为货币之后，却自有其和别的商品不同的本质和发展法则，而形成一个独立的存在的。总之，货币这种商品，是由辩证法的发展，依由量变质的法则而成为固定的一般的等价物，因而变成一般商品流通的媒介物，而有其独立的存在的。既有了独立的存在，当然就可以有其代表者，不过，代表者还只是代表者，决不能本末倒置，因有了代表者就弃其所代表者，所以马克思经济学虽然承认非金属货币的便利性，同时却又不忘记金属货币的基本性，所以它才能够对全体货币现象，给一个统系的一贯的说明。所以它和折衷论，无论从哪一方面说，都不相同。总而言之，货币为什么变成铸币，为什么更变成纸币的道理，都要用辩证唯物论的宇宙观点才能说明，同时也只有依照辩证唯物论，才能说明恐慌时的纸币的落价或无效用，才能说明在国际间何以必要本身有价值的货币的理由。单拿这样种种的问题来说，已可以看见马克思经济学上的货币论是一个集大成的货币论，那些把马克思经济学上的货币学说与折衷论混为一谈的，当然是错到万分。至于马克思经济学上货币论的全貌到底如何的问题，当然目前不必赘说，只要把以上关于货币论的三种学说的批判加在前述的货币本质论及后述的货币机能论之内，就可以知其大概了。

第四节　货币的机能及其种类

一　导言　我们在第三节里虽把货币的本质及其必然性说明白

了，但是如从整个的货币论看来，那只可算是个绪论罢了，因为关于货币的机能及其种类即关于货币论的主要部分，还没有提到。我们所以先说货币的本质及其必然性，后说货币的机能及其种类，当然是便于理解的缘故。货币的机能及其种类，那个题目，所包内容很多，要费许多个钟头才能够讲完，因此，我们且分为几个段落来讲。

关于所谓货币的机能这个东西，在马克思的《资本论》的前面部分说明单纯商品经济的地方，只举出了四五种，其实并不是事实上只有这四五种，而是他把不关于单纯商品经济的货币机能，放在那书的后面去了。在一般的经济学书里面，往往这样，也只把马克思前面所举的几种照例说一说，而不说明其何以如此之少。当然，马克思之所以只先说几种，是有充分的理由的：因为他关于经济现象全体，都是先说和单纯商品有关的东西，所以对于货币的机能，也不得不先就单纯商品社会里面所有的机能来说，而把不关于单纯商品社会的一部分丢在后面。而普通讲经济学的人看不透或忽略了这一点，就以为货币的机能只有四五种，那当然是错误的，当然会使读者惶惑，那当然不能算是完整的货币论（至于非马克思主义经济学者，其错误就更不消说了，因为根本上他们的货币本质论是错误的，当然他们所主张的货币的机能也是错误的。如果一个人单单的看他们的货币论，我敢断言，这个人就绝对不能了解货币机能的真相）。因为上述一点是普通马克思主义经济学者所漠视了的一点，所以我们特特把它指示出来，并且对于那些和他们忽略了的地方相对应的地方，为求容易理解起见，不管《资本论》的顺序如何，通通补充一个说明，这样或者能多少减少普通研究货币论的人的理解的困难。

据我想，从马克思主义的货币论全体看起来，关于所谓货币的机能，首先应该把它分为国内货币的机能与国际货币的机能；因为国内货币的机能与国际货币的机能不同，所以还是分开来讲容易明了。在马克思的《资本论》上讲货币的机能的时候，最后提出了一个世界货币的机能，那就和国际货币的机能相当。他所以这样讲，自有他的道理：因为在国内经济的发展时虽只有国内货币的机能，然而经济的发展由国内以至于国外而成了世界经济时，则货币也随之而变成世界货币，因此必然的就有世界货币的机能。同时，这个世界货币又和当作支付手段看的货币的机能及当作储蓄手段看的货币的机能一样，是不能用纸币代替它的，所以把它们放在一起。马克思所以设世界货币一段的意思就在这里，不过只是给了一个暗示而没有明说，所以使一般读《资本论》的人很感觉奇怪，而不能理解为什么在把货币的价值的尺度，流通手段，支付手段诸机能说完之后，加上一个世界货币而与支付手段等机能平立罢了。不过，要知道，在我们这里的讲述，为了明了起见，虽把国内货币与国外货币分开，然而并不是绝对的分开，而是有关联的：一方面货币在国内所有的机能大抵被包含于国际货币里面，成为它的机能的基础，另一方面国际货币的机能虽然在国内货币是没有的，或虽有而其性质却不相同（例如，价格本位的机能，在国内货币是有的，在国际货币也是有的，然而它们的性质却不同，因为国内以某种法定的单位为单位，而国际则反以最初的自然本位即以重量为其本位），然而国际货币的机能到底是站在国内货币机能的基础上面的，没有国内货币的机能，就不会有更高级更发展的国际货币机能，所以我们在说明上虽应该分开，在理论上却仍是统一的。这种分开，当然是照辩证法的法则，即照对立物的统一和统一物的分裂的原则的分开。当然也只有这样，才容易把货币的全机能知道，才能把种种国际货币的问题如国际币价暴涨或狂跌等问题，彻底的说明，彻底的了解。譬如日本的币价，从前等于中国的银元两块钱，但是现在却依人为的原因，骤然狂跌了一半，可以拿中国的银洋一元换日金一元，像这种现象，只有把国内与国外两种机能分开，才能有实际的认识。如果像普通的人一样，看见某国的币价暴涨或狂跌，就认为它的金融如何有利或不利，那就大错而特错：这样说的人，就是因其不懂货币在国内与国际有两种机能的区别的缘故。

其次，在马克思的《资本论》上，是把单纯商品社会的货币机能（上述国内货币及世界货币的机能，都是就单纯商品社会的货币的机能说的）与资本主义社会的货币机能二者也分开讲的，一部分在第一卷，一部分在第三卷，并且对于二者的关联也有明白的说明。而普通祖述马氏的人们却未十分注意到二者的区别和关联，而只是叙述前者，所以往往令人不能理解资本社会的货币机能全部。我以为对于开始学经济学的人，不必完全照马克思《资本论》的顺序去讲，而应该把资本主义社会里面的货币的机能也同时提出来说明，并说明它与单纯商品社会的货币机能的关联，因为这样才能把二者相互的关系说明，才能把整个的货币理论同时把握。原来，资本主义社会的货币的机能是单纯商品社会的货币所没有的，而单纯商品社会里面的货币的机能，在资本主义社会的货币里面却依然是有的，因为资本主义社会的货币的机能，原是由单纯商品社会货币的机能演进而来的，也可以说，资本主义社会的货币机能原是把单纯商品社会的货币的机能溶化了或克服了的。因此，所以我们要彻底明白，资本主义社会的货币的机能，就非同时说明二者的区别及其关联不可。

因为有如上的理由，所以我们下面所讲的次序是：先说国内货币的机能，次说国际货币的机能，再次说资本主义社会的货币的机能；把这种种机能说完之后，才讲到货币的种类，因为所谓货币的种类，非从货币的机能来说，就不能说明白。最后，对于货币的政策也大略的讲一讲，一以便将来诸位学货币政策的时候有个概念，一以便诸位容易理解现今世界大恐慌中的各国的货币政策的实际的意义。

二　国内货币的机能　关于国内货币的机能的种类的主张，颇不一致：有的主张它有四种，有的主张它有六种。正确的来说，主张有四种的说法是对的，因为如从性质上去区分，六种中有两种与别的机能有密切的关联，没有分开的必要，即是说，它们没有独立的性质，而是附属于其他机能上面的，所以不能认它们为独立的机能。普通之所以分为六种，也只不过图讲解的便利，并没有什么根本的理由。我们还是照正确的说法，分成四种来讲：

A：第一是充当价值的尺度或尺标的机能　这种机能或叫做测标机能也可以，是指那种把货币当成一种测量一切商品价值的尺标看的时候的机能说的。这是货币的第一种机能。这一种机能也可以叫做一般等价物的机能，也还可以叫做根本的机能（只因价值不能直接由劳动时间测量，故须有此根本机能）或第一种的机能；只管有这么许多种种不同的名称，然而其内容却是相同的。关于货币的充当价值尺度的机能，可分成下面几层来说：

1. 货币这种东西，照货币的发生史上看起来，它的前身原是一种偶然用来表现别的商品的价值的商品，后来因为把它弄固定了，拿去固定的表现别的商品价值的缘故，所以才把它变成了所谓货币。但是，在既变成货币之后，它在机能上却成了一切商品价值的必然的表现。为什么说它在机能上是一切商品价值的必然的表现？因为一切商品在有了货币之后，都不能不把自己的价值用货币表现出来，如果不用货币表现其价值，则更没有别的办法可以表现，结果会弄得它的价值的存在无从呈现——这当然是和前述价值形态的必然的发展的理论相抵触的；所以，如果我们可以说，一切商品价值形态的发展是必然的，则用货币表现出来的价格也是必然的；即是说，如果我们可以说商品本身内所含的社会生产关系，必然会表现为价值，价值的表现形态必然会因要解决矛盾而发展，则价格就是商品的内的属性即价值必然表现性的外的表现。既然货币是商品价值的必然的表现，所以货币的机能的第一种，必然是它充当一切商品的内的价值的外的表现即尺标的机能。只要是商品，都非经过这外的表现或尺标就不能表现出自己的价值，所以我们可以说所谓货币的当作价值尺标看的机能，就是货币在商品社会里面诸机能中最重要的机能；因为如果离开了这个机能，货币就不能成其为货币，所以这种机能也可以叫做最根本的机能。

2. 不过，货币充当价值的尺标，这句话还是笼统说的，究竟货币怎样充当价值尺标，把商品的价值表现出来，那还要待研究。原来，商品价值的大小的表现是一个关于分量的问题，所以照一般原则说，必须有一定的单位存在，才能够表示多寡。因此，这个充当商品的一般等价物的货币的本身，当然也要有一种特定的单位，作为计量的标准，然后才可以去测量别的商品。因此，所以为要满足这种充当价值尺标的机能的缘故，我们就非得把货币本身先定一个单位或本位（Standard），再在这个单位上下划分为许多区划不可。因此，所以货币就又生出一种充当价格本位的机能了。这种机能是为满足货币的充当价值的尺度那个机能而发生的，所以只是充当价值尺度的机能的附属品。实际上这种本位的决定是随着各时代各地方的情形而有不同的。现今在英国的价格本位叫做镑，法国叫做佛郎，美国叫做 dollar，日本叫做元，各国各有种种不同的名称，不过大体说来，最初的标准本位，是以社会上已经存在的关于重量的名称作标准的，所以最初的货币，当然是依重量来分的。不消说，价格本位本身只是一个标准，单靠它还是不中用，还要在本位的上下，设定种种附带的单位，如像镑的下面还有比镑小的，如先令（Shilling）为一镑的二十分之一，先令的十二分之一为一边尼①，就是例子。这个充当价格本位的机能，也有人把它看成一种独立的机能，也有人把它附在第一种机能里面。主张后一说者的理由是说：由充当价值的尺标这种机能的本身，必然会发生一种充当价格本位的机能出来，因为不如此则充当价值尺标的机能便会变成空话，所以充当价格本位的机能只能算是第一种机能的一个部分或一个附属品。主张前一说者也没有什么充分根据或理由，只不过是为说明上的方便而已。所以从理论上说，后一说较正确。

3. 货币的充当价值尺标的机能和充当价格本位的机能，二者虽密切的关联着，然而同时又是两件有区别的东西：

---

① 今译便士。下同。——编者

（一）在货币行着充当价值尺标的机能的时候，货币的资格和它行着充当价格本位的机能时绝不相同：在行着前一机能时，货币是以生产关系的表现者的资格被意识着，是从价值本身，去看价值和货币的关系；在行着后一机能时，货币是以货币本身的资格被意识着，是从货币本身，去看价值和价格的关系。

（二）二者的内容不同：在货币被当作价值尺标看的时候，在内容上是说如何把一般商品的价值在金子里面表现出来，如何把相异的商品的价值转化为价格。在货币被当作价格本位看的时候，在内容上是说用什么样的标准去测量货币的价值的大小，去计量货币的第一机能本身。

（三）货币价值的变化对于它们的作用也不同：货币的本身价值的变动，对于前一机能可以发生大大的影响；譬如英国的金镑，如果金子本身的价值变动了，比方说，减少了二分之一，那么，其影响马上就会反映到前一机能上来：假定从前体现着二日的社会必要劳动时间的一镑金币，如今因价值落了只体现着从前的二分之一，即只体现着一日的社会必要劳动时间，那么，货币的前一机能就显然要因这个变动而减少其表现的作用（虽然被货币表现着的各商品的价值的比率依然不变）。反过来，货币本身价值的变动，对于后一机能，却一点也不发生影响；因为，无论金镑的价值怎样变化，其在单位测量上的作用却会依旧不变：一金镑依然是二十先令，一先令依然是十二边尼。所以货币本身的价值的变动，只能影响到价值的尺标，而不能影响到价格的本位。货币价值的变动既不能影响价格的本位，所以本位货币的重量或成色的改变，也不能影响到价格的本位，因为这时只是把测量价值的东西本身的轻重长短，加以变动而已，其单位区划间的比例却是依然不变的。

当作价值尺标看的机能和当作价格本位看的机能虽然有上述三种区别，然而我们却不要忘记它们又是相互关联着的；因为一则当作价格本位看的机能可以说是由当作价值的尺标看的那个机能来的，没有后者就会没有前者，二则前一机能是辅成后一机能的，没有前者则后者也不能完成其任务。

4. 现在我们要看看究竟在历史上什么东西充当着价格的本位。从历史上看来，价格的本位普通是重量的名称，因为在没有货币以前，早就有交换（货币是由长期的交换中发生的），而在商品交换的初期，要交换商品，往往有知道重量的必要，所以重量的计算是早就存在了的。既有重量的计算，当然有需要分割重量的事情发生，然而有种东西如动物等却是事实上不能分割的，因此很感到困难而驯至①以金属为货币。金属货币原来也是一个商品，因为能容易把它的重量切开来比较，所以被人采用来当作一般等价物；因此，所以金属货币，起初都是以重量做单位的。这种以重量做成的单位，后来却慢慢变了，其变化的原因大略有下面几种：（一）价格的本位最初是重量，后来慢慢因经济发展，交换内容扩大，货币变成贵金属的缘故，感觉了重量的不便利：譬如货币不是贵金属的时候，其重量还容易称量计算，到它变成贵金属的时候，可以用很小的重量代表很大的价值，因此就不容易称量它。结果就渐渐使本位离开重量，依时势的需要，而改成了别的名称。（二）因为在对国外的交换频繁以后，外国的货币特别是先进国的货币常常流进国

---

① 同"驯致"，意为逐渐达到。下同。——编者

内来，因此国内原有的重量货币本位就会被压倒，而跟随外国货币，成为不以重量为准的本位。（三）货币最初是为交换而产生出来的，但是，到最后却会为了保证铸币的重量与成色，而把货币的铸造权拿到政治权力者掌握中去，结果，慢慢就可以把为交换便利而生的铸币本身，变成政治权力者的为收夺利益而用的工具。这是资本主义已发生时才有的现象。前面已经说过，在那时候，有货币的铸造权者，常常想借此而收夺利益，除了用纸币之外，时常想把货币的本身改变名字而从中渔利。例如中国的小铜钱，今日虽不常看见，但依诸君的年龄，当能记得，在十数年前市上用的刻有顺治，康熙，雍正，乾隆，嘉庆等朝代名字在上面的方孔钱币的质并不相同，从康熙以下，愈下而愈坏。最初顺治钱康熙钱是大铜钱，后来慢慢变坏，及至到了咸丰，简直是用铁铸了，再以下至光绪时是夹着沙的小铜钱。不但中国是这样，就是各国的历史上，也都是如此，改一次名目，就把重量或成色减低一次。这样的情形，从有铸钱权力的人看来，自然是有利的，因为拿没有多大的价值的东西，把名字加以更改，便可当作名目那样多的价值去使用而赚取其差额。因为利用这种手段可以收夺利益的缘故，所以有权力的人常常想改换本位的名字，因此重量就不能常为货币本位的名称了。

5. 照我们刚才所说，可知货币的充当价值尺标与充当价格本位的两种机能只是一种机能，这一种机能还有一个共通性；它不一定要有货币现在存在这地方才能发挥作用，只要有观念上的货币存在，这种机能也就可以实行发生作用。不消说，这意思的反面并不是说没有现金，只从空想上就可以尽这种充当价值尺标的机能，而只是说，纵然货币没有在面前，只要有观念上的存在，也就能尽它的这种机能。从唯物辩证论的观点说，货币的价值尺标的机能这个观念是由现实的金银反映出来的，如果金银不实在存在而只是一种假想，则结果价值尺标的机能也会不能发生作用。所以在表面上看来，似乎只有这观念不必要金银货币就行了，其实这观念是实在的，由现实的金和银反映出来的观念，而不是假想的，凭空的观念。关于这一点的认识是很重要的；如这一点不明白，而认为价值的这种机能不必有实在东西的反映就行，则结果对于货币的本质必定弄不清楚，必定会陷入名目论的谬误。我们要彻底认清货币实行它的机能时，虽不限定把货币放在面前，但是，如果没有货币存在后面而凭空妄想造出一种尺标来尽这种机能，那当然是不可能的。

6. 从一般说来，一切货币的机能当然都是表现着一种生产关系或生产关系的一方面。何以呢？因为如前述，货币的本身是表现着生产关系的（货币之所以表现生产关系，当然只因为货币本身是一种价值），所以它的机能也应该是表现着一种生产关系或生产关系的一部分。我们前面在价值的表现形态的一段叙述上也曾说过，由单纯商品社会的偶然的价值形态，经过了扩大了的价值形态，而进至一般的价值形态，最后更进至货币形态，那种种变动，都不是凭空而来的，而是为解决生产关系上的矛盾，由生产关系一步一步的变动而变化出来的。货币的机能是构成货币的作用的，是和货币的存在不能离开的，货币既表现着生产关系，所以说货币的机能当然也应该同样不是凭空而来的，而是因生产关系有了变动而生出来的，表现着生产关系的一部分的东西。因此，我们在说货币的机能时，于说明它的作用以后，还要指摘出它所表现的生产关系或生产关系的部分。我们现在看看，这头一种机能是表现一种什么样的生产关系或生产关系的哪一部分。原来，生产关系当中那一个根本的矛盾，即生产的劳动的社会性与其结果的私有性的矛盾，照前面所述，只有用交换的方法才可以解决，然而在这种相互交换关系上面，至少须预先有一种承认，认为交换者双方的物品的内容即质和量方面的抽象劳动相同才行，如果没有这个承认，则我的使用价值的生产品与你的使用价值的生产品二者就不能比较，交换就不能成立。现在说的货币的充当价值尺标的机能，就是表现商品交换关系上的那种相互承认的关系的，就是表现着大家的生产品的内容可以用一个尺度来量，那种相互承认的关系的。不消说，这种承认关系，并不是交换的本身，而只是交换的一个前提，所以单靠它就依然还不能解决前述在一般的价值形态成立以后发生了的种种矛盾。因此，所以货币的这第一种机能，不过是许多机能中的一个，它只能把矛盾解决的前提构成，而不能完成货币的作用；因此，所以货币的机能也不能不更继续的发展。

B：充当流通手段的机能　国内货币的第二种机能，叫做充当流通手段的机能。对于这个题目，我们分为下面几层来说：

1. 当作流通手段看的货币的机能，是一种由上面说的第一种机能必然的转变而来的东西。充当价值尺标的机能的作用，只在用货币去把其他商品的价值测量出来一层上面，所以如果单是那种价值尺标存在，而没有把商品实际拿来交换，那么，那种机能所要解决的矛盾就依然还不会解决，它只是有解决的可能性而已。因为矛盾的解决，只有靠种种有价值的商品的实际交换才行，所以货币在第一种机能以外，还必然的有第二种机能。这第二种机能，用普通的话说来，就是当作交换媒介物看的机能。不过，要知道，当作交换媒介物看的机能这句话，与当作流通手段看的机能一句话的意义不同：流通手段不是指两种商品交换的问题，是指供无限商品交换的媒介说的，而所谓媒介物却是只就两种商品的交换媒介而言的。所谓当作流通手段看的机能的作用，就在用货币从实际上把原来在商品里面含着的个人的劳动转化为社会的劳动，也就是从实际上把个人的生产品转化为社会的商品。在商品交换的时候，哪怕已有上述的关于价值相等的相互承认，然如果没有媒介物，就不能把这一个社会的劳动表现出来；只有在有了媒介物而实行交换时，然后所谓社会的劳动才实际实现为社会的劳动，所以这个当作流通手段看的机能，就是使社会劳动真正变为社会劳动，也就在使价值所含着的社会关系从实际表现出来。总之，当作流通手段看的机能就是一种能使商品内所含的社会的劳动从实际表现出来的作用。

2. 所谓充当流通手段的机能，用简单的方式表示出来，就是：

W_1（米）——G（货币）——W_2（布）

这个方式，实际是两个部分接起来的，因此可以变成下面这样的形式：

（W_1——G）——（G——W_2）

货币当作流通手段用的时候的机能就是把 W_1（假定是代表二斗米）换成货币，再把货币换成 W_2（布）。在这个方式的表面上，虽是同时的，然实际上等于在有米的人实行交换以后，先得了货币，然后再以货币另代有布的人去交换。这与从前没有货币时候的物物交换对照起来，当然不同：在没有货币以前，米可直接换布，交换过程当中的当事人只有两个人，可是在现在这个交换过程中，当事人就变成三个人了：一个有米，一个有布，第三个人有货币；

所以这种交换，又叫做间接交换，因而经济学上给了它们一个特殊的名词，W_1——G 方面叫做贩卖，G——W_2 方面叫做购买。这些名词是在货币当作流通手段看的时候才发生出来的，因此可以说，有了货币为媒介物时，才有商品的卖买；把商品换成货币的叫做卖，把货币换成商品叫做买。

3. 这样的贩卖与购买的形式本身上却含着有一种矛盾。虽然在有了当作流通手段看的机能之后，货币可以把原来在一般的价值形态时的矛盾解决了，但是同时又发生出一种新的矛盾来。为什么说会发生出新的矛盾呢？因为在前面那个公式（W_1——G）——（G——W_2）里面，有商品的人把商品拿来换成货币，这个关系，和有货币的人拿货币去换商品那个关系的意义绝不相同：在前一种情形下，如果不能把商品换成货币，他的商品劳动的社会性就不能表现出来，因而他的生活就感困难而不能继续生产；而在后一种情形下，有了货币的人，却不必即刻拿货币去购买别的商品，因为货币是一般的等价物，有货币的人可以随时购买他所需要的物品。前者是积极的，后者是消极的，所以二者的意义绝不相同。所以贩卖运动与购买运动的次数必不相同，即有商品的人对货币的进行的速度和有货币的人对商品的进行的速度，必然各不相同；而从另一方面说，原来贩卖方面是表现生产劳动的社会性的（因为他的生产的结果如不卖出去就不会表现其价值，同时他就不能继续生产），而购买方面却是表现着生产结果的私有性的（因为有货币的人可以不必即刻购买而把货币蓄为私有，使它不发生社会作用），因此，所以生产关系的根本矛盾，就在这里表现出来了：就随着贩卖运动和购买运动的不等的速度而表现出来。因此，所以可以说，当货币实行着当作流通手段看的机能的时候，是不断的把新矛盾制造出来，固然把在没有货币之前那种矛盾的存在加了一个解决，然而一方面在解决，一方面却又在制造新的矛盾，并且还是制造一种扩大了的矛盾。这种扩大了的新的矛盾是从刚才说过的贩卖与购买进行速度不同的事实当中发生的：只因为一方生产的人非出卖不可，愈出卖得快越好，他方有货币的人不一定立刻就去买，反是越不买越自由，结果生产与消费之间就生出差池来，而发生更大的矛盾（因为在有了当作流通手段看的机能之后，交换当然越频繁，生产当然越增加，所以生产和消费之间的矛盾当然就更大）。举实例说罢，我们前边说过无货币时的矛盾是有布的人常常遇不到有米的人，而有米的人也不一定就会遇着有布的人，所以他们的生产品交换不出去，而生活感到困难，不能继续生产。在有了货币之后，有布的人不需要找米，而只要找着货币就行；另一方面，有米的人也不需要找布，而只要找着货币就行了，因而我们说，货币这东西可以把这前述较简单的矛盾解决了。但是同时要知道，只因换成货币之后，不限定即刻就去购买别的东西（有米者从前换布是因米对他没有使用价值而布对他有使用价值，可是现在换成货币这种具有一般的使用价值的东西之后，他却不必即刻去买布；他方面有布的人，虽也必须把布换成货币，才能维持生活，才能继续生产，然而在他卖了布之后，却也不一定就去买米），因此买者与卖者之间发生差池了。这还是就有米者和有布者两方面说的话，而事实上二者之间还另有一个握着货币的第三者，如果他把他拿的货币，也不一定即刻去买米，也不一定去买布的时候，当然贩卖和购买方面的差池就会更大起来，而使有米者和有布者都不能继续其生产了。所以说货币虽然是解决了前一种矛盾，然而同时又生出新的更大的矛盾来。资本主义社会的恐慌的潜伏的原因也就在这里。

4. 我们再看，有了这一个充当流通手段的机能以后，就是说有了贩卖与购买以后，货币的本身和其他商品发生什么关系。显然的，有了货币的充当流通手段的机能以后，货币和别的商品就大不相同而在它的性能上变成另一个东西了；货币这东西本来也是一个劳动的生产物，但是在它当成流通手段发生作用之后，货币就会永远停留在流通过程当中，一手转到一手的，尽它流通商品的机能，而不会走到消费过程当中被人们消费（自然是就一般说）；别的商品则不然，它们常常会由生产范围去到流通过程，又由流通过程最终的必然的走到消费范围。譬如，买米的人当然是拿米去吃，买布的当然是拿布去穿，而有货币的人却不然，他只把货币当成一个流通手段；所以货币虽然原来也是一种商品，然而在变为流通手段以后，却始终在流通过程当中停留着。如像 W_1 的米换成了货币，拿货币买 W_2 的布，W_2 又拿所换货币向 W_3，去换火柴，W_3 又拿所换货币去换 W_4 的羊，这样的一直推下去……所以始终是一种媒介，始终在流通过程当中，绝不会走到消费的范围里去，绝不像别的商品那样由生产范围而走到流通过程，又由流通过程终于走到消费范围。只因为有上面这种区别，所以货币这东西在此时不是单单媒介两商品的交换的媒介物，而是一切商品流通的一个手段，所以不叫做商品的媒介物而叫做流通手段。也只因这种缘故，所以所谓货币本身拜物教的性质，也就加多了，因而货币的本质，也一天一天的被人看不见了（只因为货币停止在流通过程之中，所以不易使大家看不见它的本质）。

5. 货币本身虽然在充当流通手段以后，就始终出不了流通界，但是它本身的生产却始终是不断的继续着，并未间断，因此，流通界中的货币，便有日益增加的趋势。例如货币物材最后变成了金银时，除非金银的生产停止，否则货币的量就会一天一天的加多。为什么？自然是因为货币能充当流通手段，所以有人争着去生产货币物材的金银，以便拿它去任意购买别的物品。自然，生产金银的人，不见得是把生金银拿来使用，不过，生产金银的人，不管是用何种方式，用称量式也好，用铸币式也好，总可以把金银变成货币。因此在流通界中的货币，不是绝对不动的，而是日有增加的。既然是这样，所以就发生下面这个问题；充当着流通手段的货币是不是可以无限的增加？如果不是可以无限增加的，那么，它的必要的分量是怎样决定的呢？我们先看看问题的前一半：当然，充当流通手段的货币是不会无限的增加的，因为这种货币原来是当作商品的流通手段用的，如果流通中的商品的数量不增，而只是货币增加，结果，就会发生货币有了剩余的现象；在这时，自然会照需要供给的法则，使货币的价格变得比货币的价值还贱，这样一来，则这些货币就不会当成货币去用，而会当成物料如装饰品或器皿的材料去用了。（当然，在有了下述退藏货币时，也会变成退藏货币了）既然在流通界的货币不能无限增加而必然有一定必要分量存在，我们就得进一步研究这个必要分量如何被决定着。关于这个，有所谓通货（通货就是充当着流通手段的货币）存在量的法则，此法则有一个公式如：

$$通货必要存在量 = \frac{商品总价格 - 信用交换 + 旧债支付 - 债务抵消}{货币的平均流通回数}$$

我们对这个公式加以说明。原来货币当作流通手段用时，当然是与商品的总价格相关联的：论道理，商品的总价格有多少就应有多少的货币。假定商品有一百个价格单位，货币在这里当然也应有一百个单位，才可以把这商品交换过来，不如此就不能把这一百个价格单位的商品的交换实现出来。但是，一个货币却不见得在同一期间内只用一次：譬如有米的人在头一点钟把米用货币媒介换成布，而有布的人却不一定在第二点钟才把所得的这个货币去换别的东西，因此刚才说的有多少商品的价格单位就应有多少货币去当作流通手段用的话，就不对了。因为，假定一个货币单位在一日内尽了八次流通手段作用，那么，八个单位的商品的交换的媒介在一日内，实只用了一个单位的货币。因为在同一期间的货币单位，可以尽几次的作用，所以有多少商品的价格，就应有多少的货币单位去当作流通手段用的话，还不能成立，而应加上货币所尽的作用的次数的考虑。货币所尽的作用的次数，叫做流通回数。能有多次流通回数的，当然不只一个货币，所以我们应当把社会上的货币的流通回数，合计起来，去求得一平均回数。因此，刚才所说有多少商品的总价格就应有多少的货币单位的话，似乎就可以改做把商品的价格总额做被除数，以平均了的货币的平均流通回数除之，所得的商数，就是所求的通货存在量；假定有一百个价值单位的商品，货币流通的平均回数为二，则为 $100 \div 2 = 50$，所以似乎只要五十个货币单位就够用了。

但是，在实际上，单单这样说明还不充分，因为事实上必定还有欠账的交易（赊欠的买卖是社会上必然不可避免的事，特别是经济往前发展时这现象更是不能避免的）。赊欠交易从卖者方面说是卖了商品不即刻拿进货币来的交易，依买者方面说，是买了商品而不即刻拿出货币去的交易——这种事实叫做信用的交换。因此，所以如果在一百个价值单位的商品当中，有二十个单位的赊欠买卖，似乎就得把这二十减去，只有减去之后的八十，才是流通着的商品的总价格，然后以平均回数二除之，即 $80 \div 2 = 40$，则所得的四十个货币单位似乎就是所求的流通手段的总量了。

但是，从事实上说，那样也还不充分，因为，既然有赊欠买卖，当然过去的交换之现在的到期的付债也应该是有的，如像某月以前赊欠的买卖正是现在到期而应付钱，则在这时候就应把货币拿出去交与卖者。因此，所以我们就非把旧债的支付加上不可。原来商品的总价格为八十个单位，如果现在旧债支付额假定是十个单位的货币，而把它加上去，就变成九十个单位，以平均回数二除之，即 $90 \div 2 = 45$，就变成四十五个货币单位，似乎这就是所求的流通手段的分量了。

但是实际上，一切交换不见得尽是用货币去媒介，因为现在社会上，每人都应该一方面是一个商品生产者，一方又是一购买者，所以往往有债权债务互相抵消之事；如像有米而想买布的人如果恰恰找到需要米而出卖布的人（这虽是凑巧才能碰到的事情，然而是可以有的），假定他的米值十单位的货币，而有布而想买米的人的布值五单位的货币，则两个人行交换时，当然不必由有布的人以十单位货币交给有米的人，由有米的人拿回五单位货币给卖布的人（这样交换，当然也可以，但多数人会以为可以不必这样麻烦），只要把五和五抵消后，由有布的人找补五单位的货币给有米的人就行了。因此，所以刚才说的四十五个货币单位的话，在这种债务抵消之下，就不能适用，而应当把债务抵消当中的五单位货币，从九十单位的货币中减了去；再把结果所得的八十五，以平均回数二除之，即得 $85 \div 2 = 42.5$，则当作流通手段用的货币总量就成了 42.5。这时才真正得着所求的数——所谓在一定社会内的必须的当作流通手段用的货币的分量，就是照这个公式来决定的。所以当作流通手段用的货币的分量，并不单单是看商品的总价格的多少，而决定的，也不是单单以用流通的平均回数除商品的总价格之后所得的那个数目为准，而是还要看信用交换，旧债支付，债务抵消种种关系如何，要把它们都参加在计算内之后，才能决定的。

6. 我们所以要说明这种当作流通手段用的货币的必要分量，就只因为这种货币在必要的分量之内和超出必要分量之外去充当流通手段的时候，它的物材大不相同的缘故：如果在必要分量之内，则虽无充分的实际价值的货币如纸币（指国家不兑现的），天然磨损了的，或人为磨损了的货币（如像把许多大洋装在一个口袋内用力摇动它，时间久了，可以从上面磨下一些来，这只不过是一个例子，此外还有用其他方法去磨损的，如在硝酸之内洗过了的所谓洗澡的洋钱等等，都可称为人为的磨损），辅币（辅币就是因金和银的价值太大而容积小，对于价值小的东西，不能拿金银货币来做交换的媒介的缘故，生出来的价值较小的货币。辅币大抵是合金铸成的，从它的材料看，决不会有名目那样的价值，然而只因为它是助主币之用的，所以它的名目上的价值和它材料上内容的价值虽不合也不妨事）三种东西也能照名目上的价值，充当流通手段而被行使；因为在这时哪怕是磨损了的货币或纸币也不能不要，如不要则交换不能成功：譬如说，有米的人握着了别人给他的磨损货币去买布，卖布的人也得要，如果不要就因交换不成，损失会更大，因此，所以只要在一定分量之内，则哪怕是上述那三种货币，也依然可以尽那充当流通手段的机能（这也就是国家能发出纸币的缘由）。但是，如果超出了这个范围，纸币等就要落价，如超出了许多，就会使纸币等几于没有价值。总之，在超出了必要量的时候，就只有金银货币中之有实际价值者，才能十足的充当流通手段。因此可以得到一个 Gresham's Law，这在一般经济学上认为是货币论上的一个重要法则，可是在马克思的货币论上并不怎样很重视它。这个法则是说：在几种货币流通着的时候，一定是那名目价值与材料的价值互相合一的货币被名目大而价值小的货币驱逐着。这叫做恶货驱逐良货。所以，如辅币过多的时候则市上就会看不见正币，只看见辅币，因为辅币已把正币驱逐了。又如在一方有纸币（不兑现的）同时又有现金时，如果发行的纸币超出了通货的必要流通量的范围以外，则因为人们都会先花纸币的的缘故，社会上就只见纸币，而不见现金；因现金被纸币驱逐不见了。这样的法则就是资本主义经济学上很重视的货币法则，当然，这个法则不是偶然来的，而是上述通货定量法则的一个必然的推论，因为既然通货有一定的必要存在量，如在超出这个分量的时候，只有完好的正币才能十足的充当流通手段，则平常人当然会常常害怕落价，所以总是先把劣的货币拿出去，而把好的货币留下。普通说这个法则，只是从心理上解释，那自然不是真正彻底而正确的说明，要说明 Gresham's Law，非从当作流通手段用的货币的必要分量的法则出发不可。今日所谓国际资本逃避，也是由这个法则的缘故。

　　C：国内货币的第三种机能是充当退藏货币的机能或叫做充当

蓄藏货币的机能。这也可分为几层来说：

1. 货币实行着上述的充当流通手段的机能的时候，一方面虽可以解决矛盾，同时又可以扩大矛盾。因为，我们已经说过，有了充当流通手段的货币以后，交换虽然可以加多，然而同时在交换出去以后，生产者却不见得会即刻用他所得的货币去买别的东西。因此就难免货币的作用停在那个人的手里，而在事实上把别的交换停止；譬如在我的米卖出去之后，本来要买布的，但因为我所得的是流通手段的货币，所以用不着一定即刻去买布，不但我是这样，就是别的人，也依同样理由，不一定即刻就把他得了的货币去买布，在这时，那卖布的人的布就会卖不出去，而变成不能继续去生产；同样，这种困难也可以加诸卖米或卖其他生产品的人，而使社会上的生产就停滞不进。所以货币有了充当流通手段的机能之后，一方面固可以使交换越往前发展，另一方面又可以使交换停滞；这当然是把前面的矛盾扩大了的。从另一方面看，当作流通手段用的货币，在不超过一定量的时候，虽可以用纸币或辅币来代理，然而，如果没有方法使代理的货币有节制，有组织，则依前面所述，许多拿着充当流通手段的货币的人们，就会争着把名目和实际不符的货币推出去，而把实际价值和名目价值相符的货币留着，而形成所谓恶币驱逐良币的法则，在这时候，充当流通手段用的货币也会发生障碍而产生出新的矛盾。因为有上述两种扩大的新的矛盾，所以为解决它起见，货币就不能不生出一种新的机能，即所谓当作退藏货币看的时候的机能。具体说，虽然货币本来是靠充当价值尺标的机能和充当流通手段的机能而被使用，在原则上始终是存留在流通界的，然而为了解决新的矛盾与免除矛盾扩大起见，它却不能不暂时退出流通界，如果货币本身不暂时退出流通界，大家就要感觉困难。从另一方面看，在名目和实际不符的货币过多时，也必然会发生一种贮藏的机能，使实际货币可以暂时退出流通界，不充当流通手段而充当价值蓄积的工具。货币在这两种时候都会从流通界退出而蓄藏起来，所以这时的货币才叫做退藏货币；从货币价值的保存上看，也可叫做蓄藏货币，因为实际上本身有充分价值的货币，如金银等货币，纵然暂时退藏，只要货币制度存在，它可以随时被拿出去充交换之用，所以可以说它行着蓄藏的作用。不消说，如果货币没有充当退藏货币的这种机能，则一般的生产就会感到困难，因为一般的生产人，总得把自己的生产品即刻卖出，才能继续生活，继续生产，而是否可以立刻卖出，却是问题，所以为免除生活和生产的间断起见，就有存贮货币的必要。从另一方面看，在名实不符的货币过多的时候，如果不能把实际有价值的货币退藏起来，则许多货币就会在无形中失却本来价值，而使生产停滞（自然是就一般说的，如有意使货币落价时的情形，当然是例外，说见后）。由此看来，可知充当蓄藏货币的机能的发生是必然的而且必要的，如果没有这种机能，单纯商品社会就不能够发展。

2. 当作蓄藏手段看的货币，不是一切货币都可以充当的，而只有硬币即本身有价值的货币才能充当，简单说，只有贵金属才能充当蓄藏货币。因为别的名实不符的货币如像纸币及辅币如果蓄藏起来，就恐怕有时情形一异，变成一文不值，如像纸币等名目的代理货币的数量在超过了货币的必要的流通数量的时候，其价值必然低落，就是明显的例证。所以代理的货币是不能充当蓄藏货币的，充当蓄藏货币的必须是本身有充分价值的货币才行。关于这一层，当作蓄藏货币看的机能和当作支付手段看的机能，完全是相同的。

3. 我们进一步看看，这种当作蓄藏手段看的货币机能在生产关系上面究竟表现着哪一种作用或生产关系上的哪一方面。前面说过，一切货币都是表现着生产者之间的相互关系的，一切货币机能也是表现着生产者之间的某一方面的关系的。那么，这里所谓当作蓄藏货币看的机能所表现的是什么呢？如果我们说，当作流通手段看的机能是表现着商品社会的卖者和买者间的现实的交换关系的，那么，当作蓄藏手段看的机能就当然是表现着商品社会的商品的可能的购买者和可能的贩卖者的关系的，因为这种当作退藏货币的东西随时可以由潜伏的地位，一变而占着现实的地位，去充当卖买的媒介物即流通的手段。所谓可能，当然是指现在虽没有卖买，然而它将来有卖买的可能说的。

4. 当作蓄藏手段看的货币的机能，既然也是表现着可能的卖者买者之间的生产关系的，所以这种机能不发生则已，一旦发生，必然要非常发达起来，因为所谓蓄藏货币是无论在什么时候都可以与任何商品交换的东西，所以自从货币有这种机能以后，人们就都重视它。这和货币在当作价值的尺标或流通手段的时候大不相同，在那时，人们并不注意它，人们在交换的时候，只为的是，得到他的目的物，如买布的人是为得布，而不为货币的获得，所以有了货币以后，就往往会即刻去买布而不打算存留它，人们觉着没有保存它的必要。而现在却不然了，在已经发生了当作蓄藏货币的机能以后，有蓄藏货币的人所感到的，可以随时拿去交换别的商品的便利，的确比他有商品还要便利：譬如把商品（假定是米）存在那里，过了几年之后，也许米价落了，也许米就坏了，而退藏货币却不然，它是表现一种可能的购买手段的金属，不怕价落质毁，所以只管储蓄很多也不妨事。只因为是如此，所以退藏手段的货币机能一旦发生，货币本身的物神崇拜性也就越厉害，大家对于货币所抱的崇信之念，也就特别浓厚了。然而货币的数量却是有限的，在另一方面，刚才说过，货币的储藏又是越多越好的。因此，所以退藏货币的数量愈增，则当作流通手段用的货币就一天比一天的减少，因此大家就必然的为寻求退藏货币而起一种斗争，也因此而货币才和前面所说当作价值的尺标及流通手段看的机能离开而发生另一种作用，仿佛货币具有一种权力，仿佛有货币就等于在社会上有权势，所以一切人都想积蓄货币：有权势的人也想积蓄货币，使他的地位更加稳固，没有权势的人，为夺取地位计，更不用说。因此货币就变为一般人经济上政治上争夺的对象了。中国人有句谚语说："有钱能使鬼推磨"，西洋人也有句俗话说："有钱的人能把丑的容貌变为美的容貌"，这都是由这种货币的物神崇拜性而来的。

5. 当作退藏货币看的机能当然是在历史上存在过的，但是在现在，它却并不是单独存在的，而是与后面所说当作支付手段看的机能及当作资本货币看的机能并存的。我们的说法，是照历史的顺序的，并且是把当作资本货币看的机能暂时丢开说的。事实上，在有了资本的今日，当作退藏手段看的机能还依然是有的，但只在异常的时候才有；譬如美国在罗斯福大总统未就任以前的金融恐慌时期，大家都把金币退藏起来，就是货币在今日也可当作退藏手段用的一个例子。然而从一般说来，今日的退藏货币的机能，已不单是当作有可能的购买力及支付力的货币的蓄积，它还可以当作资本的蓄积，发生资本的一种作用，所以它的这几种机能往往混在一起，甚至资本货币的作用，超过退藏货币的作用，因此，会使我们只看见资本货币的作用，而看不清退藏货币的作用。这一点我们要认清楚，如果不认清楚，就会在货币机能的认识和货币政策上发生顶大的谬误。退藏货币的作用和资本货币的作用绝不相同：退藏货币只是为供将来的可能的购买而退藏的，既无损于人，也不会在退藏中增加价值（固然也有例外），而资本货币却不然，它本是拿去剥削别人的，只要拿去买别人的劳动力或间接使别人拿去买劳动力，就可以把别人的劳动结果归自己有，而增大其价值。由此，可知当作退藏货币看的货币的蓄积与资本的蓄积是绝对不相同的。有人以为资本家的蓄积也是自己克勤克俭的结果，而无损于别人的；这样的错误，就是因为没有把退藏货币的蓄积与资本的蓄积二者分清楚的缘故。这样的把资本的剥削的方面埋没了去，当然是不对，然而反过来说，如果把退藏货币的蓄积，也认为是靠剥削的别人而来的蓄积，那也是不对：我们当然不能一见别人有点蓄积，就说他是资本家，如果那样说，就失掉了资本的本义了。

D：当作支付手段看的机能　货币的机能除了上述三种机能之外，还有第四种即充当支付手段的机能。关于第四种机能，我们也分为几层来说：

1. 充当支付手段的机能的意义是什么呢？充当支付手段的机能是指当作债务清偿的一种手段看的货币的一种机能说的。普通所谓债务当然是对债权说的。按法律上说，所谓债务当然不限定是金钱上的债务，就是行为上的债务，也应算在当中，如在亲属法上面，规定着家长可以有他家长的权利与义务，不当家长的人，非服从家长不可时，在家长一方面看来，可以说是有债权，而在不是家长的人一方面看来，可以说是对家长有债务；反过来说，假定法律规定家长有抚养其他的家中人的义务，则家中其他的人就是债权人而家长却变为债务人了。像这种不限定由金钱上的关系而发生的债权债务，还有很多，可见所谓债权债务的发生，不限定是金钱上的东西。虽然如此说，但主要的还是金钱上的债权债务。我们现在所说的支付手段，论理，当然是指金钱的债权债务上的支付手段，即指货币与财货的支付手段，并不是限定货币的支付手段，譬如你如果应一年送五斗米给我，当然五斗米也是一种支付手段，是财物的支付手段。不过，在商品社会之内，一切关于财物的支付手段，都可以换算为货币额，所以结果事实上是指货币的支付手段。这种由财物的支付换算而为货币额的变迁，我们在法制史上可以看见。因此，从大体说，一切债权，不管是物财也好，不管是别种性质的东西也好，最后必然会变为拿货币来支付，所以所谓以物财支付为中心的债权债务，结果会变成以货币支付为中心的债权与债务。其次，从原因上说，所谓债权与债务的发生的原因很多，不限定是由赊欠卖买而来，如像我卖米给你，你在五月以后再给我的钱，这种赊欠方式固然是债务发生的一个主要的原因，然而此外也还有其他许多的原因，如像借贷与赠送的关系（在法律上说，借贷或赠送与人的东西，已过手的是不能拿回去的，未过手的也得交付过去），并其他也不是买卖，也不是赠送与借贷的等等原因（如因以威吓的行动加诸别人，而自愿对别人负担的赔偿损失，官吏受贿等等原因），也都可以成立一种债权债务的关系。既然有这样多的原因可以成立债权与债务的关系，我们现在应看看当作支付手段看的机能上所指的债权债务关系是不是指这些原因。当然不是的，现在我们讲的当作支付手段看的货币的机能，是把其他一切原因都丢开了，只就那种由于赊欠买卖一个原因而发生的债权与债务说的。这一则为易于说明起见，二则因为从发生史上及重要程度说，真正的支付手段原本就是由赊欠卖买而来的缘故。所以货币论上所谓支付手段，最初就是指有了债权债务之后，为了清偿的缘故而来的支付手段说的，譬如说，我买了农人的米，因为我现在没有钱，说好三月以后，以两元钱偿还卖米的人时，货币的支付手段就因此发生，三月后的两元货币，也就有了当作支付手段看的机能。

2. 这种因赊欠而来的，当作支付手段看的货币的机能，为什么会发生呢？当然是必然的而且必要的为了解决某种矛盾而发生的。我们试回顾前面货币的三种机能，我们应该记得，它们都是因为解决一种矛盾而产生的，所以这种新的机能当然也不能是例外。原来，因为有了蓄藏货币，就不再怕他所生产的东西不能立刻卖出去，因此也就不怕不能继续生产，所以一般生产的人，可以继续而且尽量的生产，这样一来时，当然生产就会一般的发达起来，生产力也迅速的增加，交换范围也会增大。但是结果却又会同时又把原有的矛盾扩大起来。这种扩大的矛盾，就是：生产一天一天的发展增进，生产品的种类也一天一天的加多，而生产者对生产品本身的自由也就会一天一天的失掉。为什么呢？譬如拿农业林业工业的生产来说罢。农人的生产比工人的生产根本就不同：因为农人生产必定有气候和时间的关系，如像生产米的农人，必须在定时下种，在他种下种之后，又得费好几个月的功夫才能收获；再拿林业来说，时间就更久了，那不是几个月就行，至少要三五年才可以得到植树的收获；而工业品却比较简单，只要很短的生产期间，就可以成功。只因这种生产过程上所花的时间的长短不同，生产期间过长的生产者所需的生活费较多，短者所需生活费较少，所以在这种情形下面，如果一切商品的买卖，尽要现金，则许多种类生产品需要较长的生产期间的生产者就会因没有现金，而停止其生产，而使生产品种类减少，因此就使交换方法和生产力之间发生矛盾。换句话说，生产品种类越多，则生产条件越复杂，因此生产者被自己的生产品束缚的程度越强，即他靠他的生产品的出售为生的程度越深，因此就发生一方不能专靠现金去购买，一方又得生活的矛盾。譬如种棉花的人，如果非对卖给他肥料的人给现金不行，他就会因不能给付现金而就无肥料可使用，以致停止生产。要使这样的事不至于发生，要使生产品的种类增多而更加满足人类的欲望，同时解放生产力的束缚，就得生出一种新的方法来，以免除不能购买东西以供生产的弊病。这是第一个理由。从另一方面说，诚然，在支付的时候，也可以用退藏货币去免除困难而仍然继续生产，但是自从有了退藏货币以后，生产就愈发达，退藏货币不见得就够用，而且不见得大家都有退藏货币。如果是这样，则人们又不能继续生产下去了。而这种情形，是与人类有意识有目的有智慧等等条件相违背的，所以人类决不会任其生产停滞，自然会找出一种方法来，一方面可以使自己的欲望满足，一方面可以使对方的商品交换出去。这是第二个理由。

由上面这两个理由产生出来的新的方法——拿来去解决刚才说的那个生产发展，生产品种类加多，而生产者倒失去生产自由的矛盾的新的方法，就是赊欠的买卖。所以这种方法的发生，也不是偶然的，而是必然的而且必要的。

3. 现在且说这赊欠买卖的性质，和它与普通现金的买卖的不同的地方。赊欠买卖与普通现金买卖不同的地方，可由公式的比较，表示出来。前面说过，间接交换的过程可分为贩卖和购买两极：

$$W_1—G—W_2 \text{ 或 } (W_1—G)—(G—W_2)$$

在现金卖买时，商品和货币在卖买过程的两极上是同时呈现的；如拿第一极说，应如下式：

$$\overset{(A)}{W} （米）\leftrightarrows \overset{(B)}{G} （货币）$$

即 A 如将米卖给 B，B 就同时将货币交给 A，这样就把 AB 二人间的关系终结。但是在赊欠卖买时却不然，商品和货币是异时呈现的，如同样拿第一极为例，则应如下式：

$$\overset{(A)}{W} （米）\rightarrow \quad \overset{(B)}{}$$

$$\vdots$$

时间的间隔

$$\vdots$$

$$\leftarrow G （货币）$$

在这时，A 把商品（假定是米）卖与 B，论道理说，B 应该即刻把货币交与 A，但 B 现在却未交货币出来（因为他是个种果树的，现在没有钱：虽然没有钱，但 A 相信 B 在三个月之后就可以给他，况且 A 的米如不这样卖与 B，就不能卖出去，所以 A 把米交与 B），他的货币在三个月后才能交给 A。在这时，货币尽着三种机能：第一，在观念上当作价值的尺标，测量着米的价值，这虽然只是观念上的一种存在，然而如果不有货币当作价值尺标在观念上存在着，他们的买卖就不能成立。第二，货币的价值尺标的机能，如前述，又非有当作流通手段的机能不能完成，所以在目前这个赊欠卖买上货币也还有当作流通手段看的机能发生着作用——虽然这时的流通手段的机能也只是观念的，只是在观念上尽了作用，并没有现实的货币存在着。第三，到了三月之后，B 以钱给 A 时，这时的货币机能，也不是当作价值的尺标，也不是当作流通手段（因为米早已交出去，B 买的商品也早已拿过来了，所以这种货币不能说是当作交换的媒介），而只是当作交换的完成手段，即支付手段，发生着作用。在尽这个作用时，只靠观念上的货币却不行了，它一定得是现实的货币才行：因为当 B 将货币交与 A 的时候，从 A 方面说，他一方面是靠这个货币的交付去现实的终结债权，一方面又是靠这个货币去继续生产或维持生活的，所以他必须接得一种现实的货币；其次，从 B 方面说，他只是为完成过去赊欠契约，才交付货币，而契约却自然是受着法律的保护的，因此，如果到了应完成的时期，而 B 不以现实有效的货币去履行完成，则 B 的其他东西会被法律没收来强行出卖，由此可见这时 B 的货币是当作支付手段用的，并且应该是有现实的价值的。进一步说，当作支付手段的货币，不但是要现实的货币，并且要名目价值和实际价值相符的货币即现金才行，而决不能是纸币辅币等货币的代理品，何以呢？原来被支付者的 A 所接收的货币，从 A 看来，和充当退藏货币而被蓄积的货币一样，而我们在退藏货币上曾说过，退藏货币必须是现金才行，所以现在从被支付者 A 方面说来，他所接收的货币必须是现金。所以如 B 给付他以货币的代理品，当然他不会收。关于这一层，马克思在《资本论》上还指出，这当作支付手段看的货币的机能必须是现金一事，可以在金融恐慌发生的时候看见。他说，一到商品卖不得的时候，情形就和平常不同：在平常以为有商品就算富，现在就以为有了现金才算富，因此，所有一切过去的支付手段必须是现金。他的很美的笔调说："当作支付手段看的货币机能，含着一个缺乏中项的矛盾。在只限于诸种支付互相抵消的范围以内，这种货币，只是尽观念上的计算货币或价值尺度之机能罢了。而在限于必须实行现实支付的范围而言，则货币不能当作流通手段而出现，也不是仅仅当作物质代谢暂时的或媒介的形态而出现，而是当作社会之劳动的特殊体化物，当作交换价值之独立的存在，当作绝对的商品而出现，这矛盾是爆发于所谓生产上和商业上的恐慌中，金融恐慌中。这种恐慌，只有在前后相续的诸种支付之连锁和支付清算上之人为的组织充分发达的场合，才会发生。当这机构遭受一般的搅乱时，不论这搅乱起于何项原因，货币则无须中间媒介而突然就从计算货币之单单观念的姿态，变为硬币的形态。它不能再为平凡的商品所替代了。商品的使用价值变成无价值；商品的价值也在它自身的价值形态面前消灭了。到恐慌袭来之前夜，为好景气所陶醉而不可一世的市民们，便叫着：货币不过是空的幻影罢了。他们曾宣称：只有商品才是货币，然到现在，只有货币才是商品！这是在世界市场上到处可以听到的叫声，好像鹿子喘叫着追求新鲜的水似的，市场的灵魂啼叫着追求唯一的财富的货币。在恐慌期间，商品与其价值姿态（货币）之间的对立，被抬举以至于变成绝对的矛盾。"从这段话可以看见支付手段从原则上说是有价值的金银才行。平常的时候似乎可以用纸币充当，到了恐慌的时候，就可以看出非现金不行来了。

4. 上一段是说当作支付手段看的货币机能要用现金才行，我们现在且考察这种机能上的货币所表现的是一种什么样的生产关系。当作支付手段用的货币，当然也是一种货币，货币都是表现着生产关系的，所以当作支付手段用的货币也是表现着一种生产关系；照前面所述，这里所表现的生产关系，只是生产者的债权债务的关系，结局就是生产者之间的相互的信用关系。既说当作支付手段看的货币是表现着一种生产者之间的信用关系，所以这里当然应把信用关系说一个明白：

信用是在经济上的种种商品的交换上，相信对手方将来能够对相反的对手方面支付所当支付的债务时，不要对手方的对价就交付物材过去那种相信，说的。譬如我把我的东西或商品交换出去，论道理说，在交换当中你应该给我以一种对价，但是如现在我卖给你这东西，不必你目下就给我对价，而相信你在两月或若干时期以后，可以给我对价时，则这种情形，在我这一方面，叫做"授信"，在你的一方面，叫做"受信"。信用就是这样一个东西。信用关系就是授信者与受信者之间的关系。授信者与受信者各有一个专门的名词：授信人叫做债权者，承受信用的叫做债务者。信用关系的意义不外乎这样。

信用关系的意义虽大略是这样，现在如要彻底明白，就还要究其种类。信用关系虽有许多种类，普通说起来，从信用的来源上说，却可以分为五大类，这五大类的信用我们在这里没有详细叙述的必要，只就它们的名称大略的说一说，就很可以帮助我们明了货币的充当支付手段的机能了：

（一）第一种信用叫做消费信用。这种信用的意义，单纯的只是：我把这东西借给你，相信你在后来一定时期当中，可以把它原样的退还我，或是以具有原来的同样价值的同种类的东西偿还我。这种事情，我们常见得很多，毋须赘说。简单说，就是借贷信用。

（二）第二是所谓流通信用。所谓流通信用就是因商品流通而生的一种支付关系，如我们在前面所说的公式那样：

$$(A) \qquad (B)$$
$$W（米）\rightarrow$$
$$\vdots$$
$$时间的间隔$$
$$\vdots$$
$$\leftarrow G（货币）$$

在 A 卖米给 B，B 虽有羊而无货币，而羊子一时间又卖不出去，要经过一定时间才能卖了他的羊子，才能把所得货币给 A 的时候，只因 A 要把他的米交换出去，拿进货币而不要羊，B 只要把羊子交换出去，换进米来，而苦于没有货币，所以，如果不想办法，交换当然就不能成立；在这种情形之下，如果 A 不一定目前即刻要拿货币进来，而只想把他的米早换出去，并且能相信 B 在卖了羊之后，可以给他货币，则两个人的交换便依上述公式而成功了。可见这里并不是 B 连任何东西都没有，而 A 单因友情或其他的关系，就给米与 B，而是因两方的各一种商品的交换关系而生的信用关系。反过来说，更容易明白：如果假定 A 为有羊子的人而想卖给 B，然而 B 的米还没有成熟也没有货币，在这种情形下面，也只是在 A 方面为把他的羊子早日交换出去，而在 B 却一方面为得羊子，他方面为预先把他将来收获的米交换出去的缘故，才想出赊欠卖买的办法，否则他们两人的交换就难成功，所以所谓流通信用，就是为要使本来因无交换媒介而不能成立的商品交换成立起来的缘故而生的，在流通上的信用。

（三）第三是生产信用。即有货币资本的人借货币给没有货币的人，使之从事生产时的信用。譬如我是有货币的人，同时又有某人是没有资本的而打算拿点资本去做一种事业；在这样的情形下面，我如把钱借给他，叫他从事生产并且我相信得过他能还钱，则这里也成立一种信用关系。这样的货币，既不是为消费而用的，也不是为商品的交换而用的，而是为生产事业而用的，所以这样的货币，从借出者说，普通叫做生利资本（这样的货币，当然是一种资本，"资本"这东西我们虽然还没有充分说过，但也大略的知道一点，简单说，拿来剥削别人的劳动力的货币就叫做资本）。这样成立的信用关系，即借资本与别人而使其从事于生产的信用关系，就叫做生利资本的信用，又叫做高利资本的信用。因为贷者即有货币的人，是用他的资本来剥削别人的，通例又要很高的利息，所以叫做生利资本信用或高利资本信用（虽然高利资本不一定就是生利资本）。这种信用关系，对借入者的人方面说，因为他借入货币是为生产的，所以也可以叫做生产信用。

（四）第四种叫做资本信用。这与第三种信用又不同，虽然都有资本两字，可是其发生原因和其内容都不同：第四种信用是指透支存款上的信用说的，而第三种则否。普通把款项存在银行里面，就平常说可以得一种利息，但是在特殊的存款条件下面，却不单是发生利息，并且可以发生一种信用关系即透支关系，在这种特殊条件下的存款，就叫做透支存款。举例来说，譬如我存一万元钱在银行里，说定，等到我一时急需用钱的时候，可以取比存款还多的钱，假定说可以取一万五千元的时候，这种存款便是透支存款。为什么要说定这样透支呢？因为这样的存款，从存款的人方面说，原来是时时要取来用，时时又要存而不用的（因为存款的人做着一种事业，一方面随时要用资本，一方面却时时可以有剩余的钱），如果用刚才说的透支的方法，订立条件，譬如存一万块钱做根底，到紧急要用的时候最高可以提取一万五千元，则当然这个经营事业的人，因此有许多便利：需不多的钱时不必特别借款，而不需钱时依旧可以存着生利（虽然从利息方面说，其利息却很低）；而从银行方面说，也可以得一种便利，因为像这样的存款的人数如果多了的时候，银行可以接收许多的游离资本（这种存款的多数人，并不是同时取或同时存，说不定今日你取明日他存），所以于银行也是有利的，并且这种存款的使用只是限于经营生产者的一时的使用，如临时添购原料费等的使用，照例不久把制造品卖了之后，款子又可以回到银行里的，所以银行并不怕因这种存款的存在而有资金缺乏的危险。因为这样的存款于两方面都有利益，所以就发生了透支存款这种东西。由透支存款而来的信用，叫做资本信用，因为这种信用原是因资本家对于资本的需要或资本家所有的资本一时发生剩余的缘故，即，因资本家的经营资本的周转的缘故而来的信用。

（五）第五种信用是金融资本时代才盛行的，叫做证券发行信用。这本应当在研究金融资本时才说的，所以我们现在只简单的说一说。在金融资本时代，金融资本家或一般产业家往往需要发行一种股票或债票，去维持或扩大或开始自己的事业，但是，这种股票或债票却不限定一时就可以卖出去。然而，要知道，他们发行股票，就是为一时用一笔款子的缘故，所以如果在事实上，他们的股票或债票不能一时都卖出去而收回款子来，则资本家就会感到非常的不便。因此，所以到了金融资本的发达时代，银行界中就有专门做这种承受股票或债票的事的银行，而一方资本家也觉着与其是拿自己的股票或债票很苦的去零卖，倒不如把这股票或债票索性都交给银行，落得省许多事；所以在这种一方愿承销，一方愿整个托销的状况下面，就发生了证券发行信用关系。在银行方面，只不过是发行的承销而已，而并不是存在那里自己做股东或债权者（那样把它所承销的股票或债票存起来自己做股东或债权者的事也有，但除了银行看见有利时以外是少有的），所以它一方面不害怕事业失败而受损失，一方面又可以在转瞬间的手续中赚得利益，所以它敢于并乐于承销。它怎样从中赚利呢？关于这点，详细的留到后面再说，简单说，总不外乎它卖时卖的价钱较买时为大的缘故；即，它不但在卖的时候可以乘机卖大价钱，而且在买的时候，还可以打七折八扣，所以从中得利甚厚。这种实例很多，如像南京中央政府从前发行的公债票（虽然公债票和私债尚微有区别），实际上一百元的公债，政府只能得到四十元，而承销的方面，以约莫四十几元的代价，按年获得债价名义百元的利息，那已经是很有利的放债把戏，况且那种公债票是每年抽一次签还本，如公债票上的号码中了签，就可以照价目支取原本百元（其实有六十元是空本），所以一张百元的公债票，假定是今年初发行的，以四十元的代价而被承销，第二年如果这张公债票抽中了签，那么，承售者的四十元钱，在二年间，就变成一百元有余了；这当然于承售者是有很大利益的。又，如所承售的是工业公司的股票，在银行承销股票的时候，事实上至多只是七折或八折，然而过了些时候，这个工业如赚了钱，则每张股票的价格，当然也要涨起来，甚至涨到两倍三倍也未可定，那么，银行就可以得到莫大的差益，所以只要工业有希望，银行家是乐于承销其股票的。所以它给工业承销时的款，并不是代价，而是垫款，它不是购买，而是给你一种信用，如承销实价一千万元的股票，就等于是给你一千万元的信用，不要你的反对给付。这样的叫做证券发行信用。

以上总起来，共有五种信用，在货币当作支付手段用时所发生的信用是指其中的第二种。第一种信用是在商品社会以前就有的，第二种是商品社会才有的，而第三第四第五这三种却是有了资本以后的一种信用，所以我们在现在不去说它们，留在后面研究资本周转及金融资本的时候再说。从一般说来，所谓信用关系，主要的却是第三，四，五三种，第二种比较不重要，不过，要明白主要的信用，却必须把第二种流通信用先研究明白，反过来说，如要明白第二种信用，也必得同时明白其他各种信用，因此，所以这里我们特别都加以说明。

既然当作支付手段看的货币，是表现着由流通信用而来的债权债务的社会关系，则这种当作支付手段看的货币机能的成立在商品及货币的发展史上的意义，就会很大，因为这种关系的成立可以发生两种很大的结果：

（a）在商品社会的买卖关系，原来都是一种平等的关系，并不是有某一方较强，某一方较弱的关系在里面，但是，在这债权与债务的关系成立了以后，慢慢的就发生不平等的现象了，纵然表面上看去似乎平等，其内容却是不平等的（因为债权者在事实上可以压迫债务者，也因此所以可以说，这种不平等的内容是从这种信用关系发生的）。这种不平等演化的结果，可以成为今日种种不平等契约的萌芽，譬如今日最不平等的现象，总要算劳动力买卖的契约了，试拿它来说罢。在这种契约关系上的两方的地位，迥不相同：在劳动者方面是非卖他自己的劳动力不可的，一旦不卖他的劳动力，他就不能维持他的生活；而在资本家方面，情形却大不相同，资本家纵然不买劳动力也是可以维持自己生活的，他之所以买劳动力，只是为要剥削劳动者而赚利的。由此，可见契约两对手方的不平等了，然而在表面上，他们却好像是两相情愿的。这种现象就是一种表面上看去，好像是平等，而事实上它的内容却是不平等得很，这件事的一个例证。不但资本家与劳动者间的契约是这样，并且地主与佃户间的关系也是一样的不平等，因为地主纵然不用佃户的佃租也可以维持生活，而佃户如果一旦不佃入地主的土地，其生活来源就要断绝了。所以地主与佃户间也是表面上看去似平等而事实上是不平等的。关于这个，在经济学原理上没有详细说明的机会，将来在经济政策的研究上是非把这样表面上平等而内容不平等的现象剖解不可的。如果不把这种现象彻底了解，反而认为这样现象是平等的，那就不能把劳工问题解决，因此这种表面平等而内容不平等的现象，在政策上的意义很大。这种事实上的不平等的最初的萌芽，就是从赊欠买卖上债权与债务的关系而来，因为从普通说来，接受信用的人比较授信用的人的地位低，而在表面看去却似平等，所以恶例一开，从来便有假借平等以行压迫的行为接踵而至，驯至使契约化为人吃人的工具。

（b）债权债务的关系的发生，可以把非商品的东西，变而为和商品有相同的作用的东西，拿别的话来说，就是这种债权与债务的关系可以使契约的内容商品化，货币化，进一步说，这债权与债务关系的成立可以使货币成为一切契约的目的物。为什么呢？前面说过，债权债务原不限于物品的交换，不一定是因商品交换而成立债权债务的关系，譬如在没有商品以前，也曾成立契约，其内容当然不能是商品的交换，因此，当然不能把契约的目的物改为商品，或改为以货币来表示，所以在那个时代的由非商品而来的债权债务，只是一种行为，没有货币的目的。但是自从有了货币以后，有了这种因债权与债务的关系的契约而生的充当支付手段的货币机能之后，契约的目的物就变成货币了。既然商品的契约可以拿货币来表示，当然不以商品交换为目的的契约也可以由反映作用而用货币来表示，并且不但是契约的内容可以这样货币化，而且这样缔结的契约在表面上还更方便，因此，所以这种当作支付手段用的货币机能不发生则已，一发生则其他一切债务都可以自然反映的用货币支付了。譬如现今在财政上的租税，就是用货币代替的，而古代却不然，即如在我们中国，从前是租，庸，调三种租税，租是征收谷物，庸是征收劳力，调是征收布匹，可见中国从前所征收的租税，并不是以货币的征收为目的，而是以实物或劳动力为征收的对象。不但中国是这样，世界各国的统治者最初所征收的租税，都是用实物来纳付的。但是，无论在哪一个国家，在货币有了充当支付手段的机能以后，就可以用货币来代替了实物的征收。譬如我们中国日常的"钱粮"二字，就是表示以钱来代替的粮，粮本是应该把自己收获的谷物来直接纳付的，而现今的"钱粮"，却是以货币来代替粮的支付。这样以货币为实物的代替，就是因货币有了充当支付手段的机能的缘故。又如地租，无论在哪一个国家，最初计算地租，都是以实物计算，如像地主要得六成或七成的收获，而佃户只占四成或三成之类，可是最后却都变成拿货币来计算，地主索性不要粮食了。今日在中国的佃户与地主之间，大部分似乎也都拿货币来计算，但有一部分仍以实物去计算，也有以实物为标准去计算而拿货币来折合的。这也是因为货币有了充当支付手段的机能的缘故。

上面这是说以物质为内容的债权债务的关系，可变为以货币为其支付的目的。实则债权债务的关系的货币化还不单是如此，即一般的契约，本来不以物质为内容的契约，也都变为以货币来计算了，譬如法律上的损害赔偿，就是一例：从刑法上说起来，在古代没有损害赔偿的货币化以前，遇有损害，只好听其复仇，然而到今日就可拿金钱来赔偿他的责任，这自然是因为货币有了充当支付手段的机能的缘故。又如我们在价值论上所说的名誉，不名誉，贞操等本身没有价值而可以有价格的现象，我们在从前说明的时候，因为还没有说到货币论，所以不能详解说，只说名誉不名誉与贞操等之所以为价格，是因为一种反映作用。譬如有某人做了一件不名誉的事情，报馆对他索五百元之代价，约定不替他暴露某种消息时，这种替人隐瞒的事情，在报馆说来，并不是一种劳动，原本无价值可言，而竟能变为货币，这固然是由于反映关系，然依我们现在的解释，则这个反映的发生，却只因二者（即报馆与某人）的契约关系，虽不是由商品交换而来的买卖关系，然而总算是一种债务契约关系，这时货币是当成一种契约的目的物而发生作用的，因此，就使不名誉也有了价格。又如前几年哄动一世的交通部部长王伯群的爱情保证金事件，也是同样的道理，也完全因为有了充当支付手段的货币机能以后，货币可以作为一切契约的目的物，而把种种只要能成立契约的事情，不管是关于物质的也好，关于名誉不名誉贞操爱情等的事情也好，都货币化了的缘故。总之，自从充当支付手段的货币的机能发生了以后，它对于社会上的一切契约，社会上的一切行动，都给了一个大大的变化，使其货币化了。这种使非商品交换的契约的目的货币化的货币机能，明明是一种特殊的货币机能，是一种使货币充当着价值移转的手段的机能，所以不妨自成一个独立的机能。不过从另一方面说，它原是以充当支付手段的机能为基础的，是由货币的充当支付手段的机能来的，所以我们仍把它附属在当作支付手段看的货币机能之后（正如充当价格本位的机能是由充当价值尺标的机能附带而来的，所以我们把它附属于充当价值尺标的货币机能之内一样）。我们在前面起头的时候，说过有六种机能或四种机能的话，那就是因为如果定为四种机能，则可把充当价格本位的机能附于充当价值尺度的机能以内，并且把充当契约目标的机能附属于充当支付手段的机能以内；如果定为六种机能，则把二者分开来说就行了的缘故。

　　5. 现在我们要看看，当作支付手段看的货币机能的量如何决定。关于这一点，我们在前面说当作流通手段看的货币机能时已说过（那里所说的到期的当作支付手段用的货币，就是我们这里所说的这种东西），不过还没有详细解释。当作支付手段看的货币的必要数量的计算，第一，要看现在实际到了定期而应支付的支付总额有多少。但是，要知道，这总额因在一定期间中，不见得某一种货币，只当作支付手段去用一次，说不定要当几次支付手段去用也未可知，所以当作支付手段看的货币必要的数量，单单依一定时间当中的到期的债权债务的多寡总数额，就不能决定，还得用每一个货币平均的流通速度来除那总数才行。这样除了就行吗？当然还不行，还要进一步从总数额当中把相互抵偿的数额减了去。譬如在甲乙丙丁四人相互支付或多或少的债务时，如果在一定的关联下面，假定甲欠乙的钱，乙欠丙的钱，丙欠丁的钱，而丁又欠甲的钱，并且假定各人又是在同一时期交付，则在这种情形下面，则甲乙丙丁四人不必支付金额全部，只须先行互相抵消，然后把剩下来的差额支付就够了。因此，我们要在总额中把这抵消的数额减了，才能得到一定期间的支付的货币的数额。不过，要知道，因赊欠买卖而生的支付手段的数额，论道理虽然可以算得出，而由别的种种契约而来的支付手段数额，却不易算出，纵然可以算得出，也不是在经济学的范围以内应该算的问题，所以我们所讨论的当作支付手段看的货币的必要数量，是只就商品的交换过程说的，非商品的当然不在讨论的范围以内。

6. 充当支付手段的货币机能的作用如何呢？这种机能的作用很大，从国内货币的眼光来说，当作支付手段看的货币是把货币的作用在国内尽量发挥出来的东西，因为（一）自有了充当支付手段的货币机能以后，商品社会的生产力更能够发展了。比方说，我是没有货币的，如果在还没有充当支付手段的货币机能以前，我当然是不能买任何的东西去做买卖或事业的。现在情形却不同了，因为有了这种货币机能，所以，哪怕我没有钱，也可以用信用的方法买东西，因此，买的人因可以买而去行生产了；而卖的人方面，也因为买的方面既可以买他的东西，他的东西就不愁卖不出去，因此他的生产就可以越发向前发展；买的人和卖的人的生产既是都可以向前发展的，所以社会越会发生分业的现象，使生产事业越分越细，而社会生产当然就会更发展更增加了。（二）充当支付手段的货币机能会使生产品越发变为商品，就是说，越发使生产品不为自己所用而变成供交换用的生产品，结果使商品生产越发成熟起来。依前面所述，商品交换的发展原是慢慢的来的：最初是偶然的把一部分的剩余东西当作商品去交换，后来虽慢慢的变成有意识的为商品而行生产，但还不是完全为商品而行生产；但是，一旦有了充当支付手段的货币机能以后，情形却大不同了。譬如有米的人欲拿米和有羊的人交换时，如果没有充当支付手段的货币机能存在，则因为有米的人一时没有钱，而有羊的人又不要他的米，弄得不能实行交换，有米的人买不到羊，有羊的人也卖不了他的羊了。如果在有了充当支付手段的货币机能以后，则米与羊可以间接的实行赊欠交换，他们就为着债权债务而生产了，所以有了充当支付手段的机能以后，则国内的生产会变成为货币而行生产，结果就形成一种非常充足完成的商品生产，使国内为自己使用而行的生产减少，并使国内为商品而行的生产越发加多。总括上面两个理由看来，就可见充当支付手段的货币机能之大了。

7. 这样当作支付手段用的货币的机能，对于货币本身的性质上，也可以发生新的现象如下：我们在前面已经说过，能尽充当支付手段的机能的，只有实际价值和名目价值大抵相符的货币才行。可是，当作支付手段用的货币机能的出现却可以发生一种信用货币，这种信用货币名称很多，如期票，汇票，股票，公债票等都是所谓信用货币。这些东西都是有价证券，只要信用它们，它们都可以当作支付手段使用。譬如我开办一学校，只要有五千或六千元的有价证券或公债票或股票都行，我就可以拿上这有价证券，当作支付手段，去支付关于这个学校的一切开销；又譬如在国际上定购美国的货，只要得到一张美国的有价证券交给银行，银行打一电报给卖者就行了，可见有一张有价证券也可以购买；再如假若我赚到的薪金只是些别人开的支票，其中有一张薪金的支票是八十元钱，现在，如果我欠别人八十元的债，我就可以给他这张支票作为还债，等等之类，这些东西并不是货币，但是，从经济上说，它却可依信用上的关系，去代替货币，只要对方相信它，便可以支付任何款项，购买任何东西，偿还任何债务，几乎与货币完全一样，所以叫它做信用货币。信用货币的发生，就是因为货币有了充当支付手段的机能的缘故；因为货币有了这种机能去表现信用关系，而使生产力发展，商品生产完成，所以后来依反映作用，凡是依信用而充支付手段的，都变成信用货币了。但是，要知道，信用这东西，我们刚才在前面说过，原有五种，所以信用货币不单是可由流通信用而来，而是可由那种种信用而来的。不过，还要知道，信用货币最初的发生，却是由流通信用而来的，也就是说，是由充当支付手段的机能而来的，所以最初的信用货币，只限于期票，当然是极简单的期票。这样的期票，因为只是私人间一个证据，不经国家的权力的保证的，所以和纸币公债票等信用货币不同。期票是只要 A 发给 B，而 B 相信 A，它就发生效力。如 B 与 C 或 D 认识，同时 C 和 D 又知道 A 君是有钱有信用的，则这张期票可以在 CD 中间使用，如像 B 欠 C 若干钱，就可以用 A 发出的这张期票来支付。并且 A 君把期票给了 B 以后，B 君还不一定存放在那里，也不一定要支给与第三人 C 或 D，B 还可以到银行里，给以若干的贴水，而当下就拿上钱用（因为银行收这期票时，当然要比放钱的利息大的贴水他才干，所以也乐于接收），就是银行本身，在它拿了这张期票时，也可以更拿它当作货币来用。由此，可见期票完全是一种不假借国家权力的信用货币，同时也可知这样的由赊欠卖买而来的信用货币，是一切信用货币最初的形态。

三　世界货币的机能　国内货币的四种机能已经说完，现在来讲世界货币的机能。关于世界货币的机能的说明，有许多地方应和关于国内货币的机能的说明相重复，因为如下所述，世界货币原是由国内货币转化而成的，所以一部分理论不能不是一样的。因此，现在我们关于原理原则，即凡是和前述国内货币的机能所同具的东西，可以略而不述，只述世界货币和国内货币的相关联的要点及世界货币在机能上固有的特色。也分为几个段落说：

A：我们在未说明世界货币的机能之先，应该把世界货币的意义解释一下。世界货币这个术语或名词，不是随便的命名而是有它的涵义和来历：最初确定的使用这个名词的例，不消说，是在马克思的《资本论》（即在《资本论》上在说明了当作支付手段看的货币的机能之后，曾加上世界货币一段，和当作支付手段看的货币并列），即在今日也只是马克思主义经济学的特有的用语，在别的经济学上简直没有这个名词：在资本主义经济学上虽然也有"对外货币"一个名词和世界货币的意义约略相当，但是，"对外货币"的含义和理论还不及马克思的世界货币的意义和理论的完全而彻底，所以我们现在仍依照马克思的"世界货币"这个名词，来说明国际货币的存在这种现象。在马克思主义经济学上，关于所谓世界货币到底是什么意义，这一层，也还有纷论，照普通说，似有两种不同的解释：

第一种是把世界货币，看成一种普通货币的机能，如像前面所说的当作支付手段看的机能一样，像这样解释也自有其特殊的理由：因为从世界货币的发生上说，世界货币原是由国内货币产生出来的，即是说，在国内货币发展到某种程度时，必然会使交换的范围日益扩大，以至于超出或冲破国家的界线，而使商品行销于国际间，到那时则国内货币就会在实际上依由量到质的发展的原则，转变为世界货币。在这样意义之下，明明可以说世界货币就是国内货币的一种最高的机能，并且，如果这样解释时，也可以很容易把《资本论》上马克思所以拿世界货币和当作退藏货币并支付手段看的两种货币机能并立的理由说明白。

第二种是按照《资本论》上解释世界货币的第一节所说："货币超出国内的流通领域，就脱离了原来所生的法定的价格标准，如铸币，辅币，以及一切价值的征符等地方的特殊形态，而回归于原来的贵金属条块的重量的形态"，以及说明它的机能时所说："世界货币，尽着充当一般支付手段及购买要具的机能，构成着一般财富的绝对的社会的体现物而作用着，其最重要的是在国际货币贸易差额清算上，尽着充当支付要具的任务"，以为世界货币既是尽着种种特殊的，和国内货币不同的机能，而形成一种特殊的存在，即形成着现实财富的绝对的社会体现物，它就应该是一种独立的特殊的东西。

关于世界货币的上述两种解释，我们有再进而检讨一下，看看究竟哪一种较对的必要。如果单照第一种解释，则世界货币只是一种机能，只是国内货币机能之一种，其结果就会变成货币机能的机能，那简直是无意义的话。若单照第二种解释，认为世界货币是一种完全独立的东西，完全可以和普通国内货币相对峙而有其特殊的机能，那也还是隔袜搔痒，并没有指出或说明世界货币的来源，和它与国内货币间的区别和关联。不过这两种解释也各有一部分的相当的理由，所以若把这两种解释综合而溶化起来，就可以得着完全而彻底的说法：世界货币的确是由国内货币转化而来的，即，从其来源看是由国内货币的机能转化而来的，可以算是国内货币的机能的一种，然而，从它转化之后的存在本身看，则自从经过了由量到质的变化，已经成了一种特殊的东西，而具某种的存在价值和作用，去尽它的独特的任务，所以在这时候不能与国内的货币相提并论了。若用唯物辩证法的否定之否定的法则来解释说明，则世界货币就是经过了否定之否定的一种东西，虽与国内货币有些相类似，虽也可以说它的成分大部分都是国内货币包含和贮藏着的，然而经过否定之否定后，它就成为另外一种特殊的东西了，所以说前面两种解释都各有一部分相当理由，而都不完全，要想真正了解世界货币的意义，当然先要明白唯物辩证法，要从唯物辩说法的见地来说明货币的发展，才能够彻底知道国内货币和国际货币的区别和关联。照唯物论辩证法看来，世界货币既可以说是国内货币机能之一种，即是被包含于国内货币之内的东西，又可以说是国际间商品流通上的特殊的存在物，是一般现实的货币商品的体现物，是财富的一般的绝对的社会体现物——这也可以算是世界货币的两面性。

单单照刚才这样说还是不够，因为还没有把握着世界货币的心核，还不能靠它去简单的了解世界货币的真意。世界货币的最简单而又最正确的定义，是：世界货币是在世界贸易或国际贸易场中，当作货币使用的，具有国际市场或世界市场所独特固有的种种机能的，一种特殊货币；其与国内货币不同的地方，就在它把国际间所有种种国民的制服或外衣完全脱了去，而以其本身固有的价值来尽它的机能一层上面；站在这样地位，具有这样特性时的货币，就叫做世界货币。所谓脱去了各国国民的制服的货币，是指那种把一切法律上的保证，如像把日本的元，美国的金元，英国的镑，德之马克，俄之卢布，墨西哥的银元等等货币的强制通用性都丢了去，完全以它本身金条银块的资格，即以当作货币商品看的金银资格，去尽一切国际流通上的机能的东西说的。但是，在此地要注意：上面所述，并不是说铸币，纸币等信用货币在国际上就绝对的不发生作用了，不是说种种银行券如法之纸佛郎，英之金票等就没有人要了。事实上国内的货币，不论是硬币是纸币，在国际上仍有相当的作用，但是决不能和它在国内一样，有和名目价值相等的作用，例如中国的一元钱拿到日本去，虽然也生作用，但不能照一元钱的法定价值，只能当作银的分量而生作用；又如日本的金元，虽然可以拿到美英各国去生作用，但只有作为金块而生作用，绝不能照日本的金元的价值。如果拿的是金票，更要打很大的折扣（因为它不能当作金银块而生作用，它只有在事实上能有代表金银块的被信用力的时候才生相当作用）。像这种种事实，可以证明所谓国际贸易场中，对于国内货币只是当作材料使用，或当作它本来的实体价值，发生作用，所以刚才所说的脱去了一切国民的制服或外衣的话，就是说，事实上不能按照国内法定的名目货币来生作用，而是当作金条银块来生作用。这一层是非常值得我们特别注意的，如不明白这一层，我们就会发生许多的误解，特别是对于后述的种种货币政策，会发生大大的误解，其结果对于世界货币的意义与其本质也就会弄得一塌糊涂。

其次，我们看看世界货币的发展情形。在前面，已经说过，世界货币是经过否定之否定的发展与转变而来的东西，如更具体说来，就是这样：在最初的货币本是拿本身含有实际价值的商品来充当的（在说明国内货币的种种机能时已经说过），这在辩证法的发展过程当中算是肯定。到后来因为矛盾深刻化，而交换的范围愈广，于是本身没有充分的价值，或简直本身没有价值的东西，如辅币，钞票，银行券之类，也变成充当货币，也当作货币一样的使用，这算是把原来以本身具有实际价值的东西充当货币那种现象否定了。最后，到了社会的根本矛盾更形深刻化，尖锐化，而交换范围更形扩大，由国内突破国界，而到了国际市场时，流通于全世界的世界货币，又非拿那种本身具有实际价值的金银来充当不可，又非以重量为准则，把金银作为一般支付手段与购买要具的媒介物不可，这与原来国内法定的货币，乃至于信用货币等等的质与量两方面都完全不相同了，这可以算是把那无价值而充当货币的东西即原来的否定，又否定了。这种否定，如和原来发展，连贯的看来，就可以称作否定之否定。总而言之，世界货币是一种经过螺旋式的唯物辩证法的发展过程而形成的较高的形态的货币。现在要看看，为什么会发生这样经过否定之否定的世界货币。这个问题是很易明白的：只要把前面所讲过的国内货币的第四种机能即当作支付手段看的机能拿来看看，就明白了。我们在前面说过，货币的每一种机能的产生，决不是偶然的突如其来的，而是在社会的根本矛盾变得加深扩大，以至于不可解决的时候，必然的从矛盾本身中产出来，以解决这个矛盾的。所谓世界货币这种东西的产生，当然也逃不出这个原则和范围。当世界货币未成立之前，国内货币已发展到它最大的机能即当作支付手段看的机能时，总算把以前存在的矛盾暂时解决了，因此社会生产力就尽量的发展起来，生产品的量越发加大了，生产品的种类也更加复杂了，长期间的生产物也因赊欠卖买而能继续生产了。这种发展到一定的饱和度时当然就会有生产物不能卖出的顾虑。原来，商品这个东西，是为供给别人使用而生产的，如果生产品不能卖出，则生产这种商品时所花费的劳动就会变为真的不中用的劳动，生产力也就不能不因之而停滞，结果生产力与生产关系间必定发生冲突，而社会上也就发生紊乱与变革。因此，所以可以说，当作支付手段看的货币，虽然在开初能促进国内生产品尽量发展，解决了当前的矛盾，然而到后来发展到一定的阶段时，反而变为生产力的阻碍与桎梏，以至于使生产力停滞不进，并使社会的根本矛盾扩大。在这种情形之下，当然不能不有方法解决矛盾，而在理论上，这种解决矛盾之法，如前述，决不是某个或某几个聪明才智的人去想出来的，而必定是由那矛盾本身当中必然产生的，所以我们只能在矛盾当中去找这种方法。在事实上当时找出的方法，就是把国内商品的交换范围更加扩大，冲破了国家界线而跳跃于世界市场。但这个话并不是说商品从前毫不到国际市场，现在突然走国际市场，而是说多量的商品和大宗的产物，这时才活跃于国外市场。既然多量的商品和大宗的产物，活跃到外国市场去了，所以就会是把在当作支付手段看的货币机能发生以后的扩大的社会根本矛盾又暂时解决了。但是，要知道，商品的交换范围既然扩大而冲破国界，那么，交换上所必需的货币当然也就发生一种新的机能了；这个新的机能就是世界货币。这样看来，世界货币这东西，是由矛盾本身当中，为解决矛盾的缘故必然发生的，也就是由货币的当作支付手段看的机能下面，必然发生出来的。

最后，还须得在此处说明的，就是在历史上世界货币成立的时期。原来，某种东西的发生，发展，扬弃三个阶段，往往互相衔合，要想截然划定它的时期，简直可以说是不可能的，所以，为知其概要起见，只可在大体上划分一个较为合理的阶段。现在要想划分世界货币的成立时间，当然，也不外乎这个原理，只能从大体上说。世界货币的产生，大体在资本主义经济成立以前，可以说它是资本主义成立的一个前提，也可以说它是单纯商品经济的一个结果。前面已经说过，资本主义经济是开始于十六世纪之末十七世纪之初的，世界货币既是资本经济的一个前提，所以其时期当然应在十五至十六世纪之间了。

B：我们既说明了世界货币的意义及其成立的时期，就应该更进一步的说明它所表现的生产关系的部分如何。前面说过，货币这个东西原是必然的要表现生产关系或生产关系的一部分的。世界货币既然是货币，所以就应该表现生产关系或其一部分，这是无疑问的。我们要知道哪一种生产关系或生产关系的哪一部分是以世界货币来表现的，只要从上述世界货币的根本意义上着眼，就可以考查出来。具体的说来，它所表现的，不是个个的孤立的生产者与生产者之间的关系，而是以国境为界的国际间的生产者的生产关系；这就是说，是当作全国民之间的生产者与生产者的相互关系看的生产关系。这自然是因为国内的法律的关系只能对于本国人民强制行使，而不能及于国外，所以国内货币所表现的个个孤立的生产者间的生产关系，到了不能靠国内法定货币去流通，而必然以硬币的贵金属的本质去博得交换者的信仰的对外贸易场中，只能当成一个整个的统一的以国境为界的生产关系，即当作整个的国民全体看的生产者与生产者之间的生产关系，表现出来的缘故。理由是很明显的：只因为有了国家的存在，同时就有国境国界的存在与限制，所以法定货币的效力也有限制，即是说，它所表现的生产关系也就因国境而有限制，而在事实上形成一个整个的国别的生产关系，如中国与日本以及其他各国，都是各有各的法定的货币，所以各国法定货币所表现的国别的生产关系就各自形成另一种东西，因此，如果不欲使商品及货币流通于世界则已，如要使其流通于世界——其实也是不能阻止的，它们非流通于世界不可——则它们所表现的生产关系就不得不采取一种集合式的形态，而和别国的商品及货币，结成一全世界的总和的生产关系。所以国与国间的交换关系就是一国各生产者全体对于其他各国家的生产者全体之间的相互交换的关系。所以在这种交换上使用的国际货币所表现的生产关系，就是全国民和全国民间的生产关系。由此也可以反证在国际交换上所使用的货币何以必然是一种脱去了国民的制服而以贵金属本身的重量为准则的世界货币了。

世界货币既然是表示着当作全体国民看的生产者与生产者之间的相互关系，所以我们说，世界货币与国内货币的区别，不在它的本身，而只是在乎国境国界的存在。由国内货币转变为世界货币，这句话，就是指冲破国界，把一切国民的制服都脱了去，而变成一种相当于《资本论》上所说的"金光灿烂，辉耀夺目的金银本质的世界货币"那件事说的。世界货币非脱了国民的制服不可，而国内货币，不但无脱去国民制服的必要，而且非穿着国民的制服，就不能容易的被国人所公认而流通于全国。

　　总而言之，世界货币之所以成为世界货币，决不是物与物的关系使然，而是国境国界的社会关系所形成，这就是世界货币之所以发生于国内货币的社会的作用及其所表现的生产关系，而同时却又另具一些社会作用，另外表现着一种生产关系的理由。只有这样解释，才能明白世界货币的真意。要是不照这样的解释，那就不能把世界货币与国内货币的相互关联处弄明白。事实上也非这样，就不能够把国际贸易与国际汇兑上的纠纷，如某一国的金融涨跌对于国际与国内的各种影响，及现在流行的经济恐慌诸现象，彻底说明白。

　　我们根据上述的各点，更可以对前面所讲的关于货币本质的各种谬误学说，充分证实其错误和偏颇。我们单拿世界货币的本质必然是把一切国民的制服脱去了的东西一层来说，已可证明谬误的名目论及金属论诸学说如何不能自圆其说，并证明商品转化说如何圆满；其余的理由，更不必赘列了。关于这一点，有许多人到现在都还不能了解，如美国的总统罗斯福这次所召集的世界经济会议，在所讨论的问题当中，有一个专门对于货币的问题，要想讨论如何把世界货币的金和银的比率固定起来，并想设定一个人为的不具有实际价值的世界通货，甚至于想把各国间的已经因停止金货兑换而来的纸币的对外价值，用人为的协商，固定起来，就是例子。这些办法，从科学的经济学说起来，未免犯了空想的毛病，肯定的说，那决定是办不到的，简直可以说是毫不懂货币的机能的人们的说话，退一步说，纵然能够在表面上勉强办到，也不过只是表面的有名无实的办到，一定得不着好的结果；其主要的原因，就在它根本上违背原理。其次，上述的各点，也可以证明反马克思主义者对于马克思经济学上的货币理论的反驳如何无力。马克思主义经济学上的货币理论，如前述，本是一种可以叫做商品转化论的东西，本是一方面依据国内货币可以不一定是现货，那种事实，去证明金属论的谬误，另一方面依据国际货币必须是现货，那种事实，去证明名目论的巨谬的东西，而一般不懂得马克思经济学的货币理论的人，甚至与它相反的人，却曲解马克思主义经济学的货币学说，说它也是名目论或金属论，甚至于说它也是折衷论。其实由世界货币这一层对照的看来，马克思主义经济学的货币理论，也不是金属论，也不是名目论，更不是杂乱无章，抄袭混凑的折衷论，而是根据唯物辩证法的方法，证明货币是由商品本身，因生产关系的变化，必然转变而来的东西，并且是证明在有了货币之后，更可随着生产关系的变化而转变，或变为本身虽无充分的价值或虽完全无价值而可以有反映的价值的纸币或信用货币，或变为脱离国民的一切制服的世界货币的东西的理论。如不照商品转化论解释，则不但货币的发展历程和其变革不能说明，而且对于货币的恐慌，国际汇兑的起伏涨跌，世界经济上的货币战争，等等，也简直无从解释。所以说，只有马克思主义经济学上的货币论，于事实上理论上，都是正确而合乎科学原则的。

　　C：关于世界货币的机能，在一般的所谓马克思主义经济学的书上，也有种种不同的说法，有的说有四种机能，有的说有六种机能。这样差别当然因为在《资本论》上的明文上，只说着四种，而实际从货币一般的原则说实当然应有六种，其中两种是虽不明言也可知道的，因此，使不深思的盲从者认为只有四种，而深思者却看出有六种的缘故。不消说，在事实上，正确的说来，六种说是对的。但是，还要知道，六种机能中的前三种不是世界货币的活动机能，只算是世界货币的潜在机能或准备机能，后面三种才算世界货币的实际的活动机能，才算是世界货币的真正机能。

1. 当作价值尺标或尺度看的机能　关于这个机能的一般意义和作用，即关于"价值尺标"的解释，我们在说国内货币的机能时，已经说过了，所以在这里无重述的必要，现在我们只说它在这里的异点，即只说国内货币和世界货币在这种机能上的差异的地方，更换句话说，就是，只说世界货币在尽它的当作价值尺标看的机能时的特色。它在这时的特色，只在它把国民制服脱去了，而回复到理论上真以本身价值为价值尺标，在实际上，只以重量为测量单位一层上面。依前述，在拿货币当作一般等价物去行交换时，在实际上必须有一定的单位才行，这种单位，在国内交换上和在国际交换上完全不同：在国内交换上的单位，是由法律规定的，穿上了国民制服的，由种种原因而来的单位，如英之价格本位的镑（辅币则为仙零①，边尼等）就是例子；而国际交换上的单位却不然，在它作为实际测量一般价值的尺标一层上面虽然性质相同，然而这个本位的决定，却决不能按照国内法定单位的决定一样，由人为方法去任意选择决定（因为实际上在国际上不能有整个的机关用法规来决定世界货币的本位），而只能自然的以货币本身的重量来充当，如英镑，美元等单位在国际交换上都不能适用，而只能在实际上以金块的重量来做单位，就是例子（虽然国内的货币，在最初也是以重量来做单位的，但，如前述，后来为了种种不便利，又必要穿上

---

　　①　前文中又译作先令。——编者

国民制服）。固然在国际上也有类似铸币的形态，如金条银块等，但是，这只为重量测定起见的事实上的一定分量的金条银块，而不是法定性质的东西，所以形式上虽类似铸币，而实际上却完全不相同：在国内是法定的单位上的东西，在国际却只是自然的重量上的东西。因此，所以国内货币的充当价值尺标或价格单位的机能，是带有观念性的，是不必要有现货币存在目前，只在观念上就可以充分的发挥其机能（见前），而世界货币的这种充当价值尺标或价格单位的机能，却不能在观念上发挥其作用，而必须有现货存在，有时在表面上似乎也不必定有现货，其实那只是幻象，因为实则还有现货作为后台老板；试看无现货的国的货币必然跌价甚大，就是明例。再如世界金融市场中心的问题，也是好例：世界金融市场中心在战前以英京伦敦为决定的中心，去决定金利及金银比价如何，但是，在战后，原来在英国的世界金融市场中心，却移到美国的纽约去，时至今日，又有一部分转移到英国伦敦和法国巴黎，与纽约鼎立的倾向，其所以会有这样的移动，不消说，主要的只是因为金融市场的中心所在，实际上保有大量的金或银缘故：因为国际货币的充当价值尺标的机能，必须有现金块才能发挥，所以没保有大量的现货的国家，哪怕是多年老招牌，也无从决定国际金融问题。决定这个问题的，必须是保有多量的金银，即保有决定的实力的国家。因此，所以说世界货币本身的价格，是由世界金融市场中心国的现金银所决定所操纵的，因此，所以可以把这件事作为世界货币的充当价值尺标的机能必用现金块才能充分发挥，那件事的一个例子。不消说，必须用现金块才能充分发挥作用这句话的反面，并没有含着一切铸币及纸币毫不发生效力之意在内；事实上这些东西在能代表金块或反映着金块的范围内，依然是相当有效的。上面说的必须金块一段，只不过是从本质上看来的说话而已。

2. 当作流通手段看的机能　当作流通手段看的机能，是世界货币的第二种机能。这种机能，是指在国际市场中当作一般的贩卖购买的媒介物看的作用说的。前面说过，所谓当作一般卖买的流通手段的机能，原是指作为整个交换的工具，去尽商品流通的任务说的，而世界货币在国际贸易的市场中，在事实上是尽着交换上的流通的任务的，所以当然也具备有这个机能。但是这种机能与国内货币的充当流通手段的机能却大不相同：在国内的充当流通手段的机能，可以拿货币的符标来代替，即是说，本身无充分的价值或完全无价值的东西，都可以充当着货币的当作流通手段看的机能，照名目价值，去尽其商品交换和流通上的任务——虽然有时候也是有相当的限制，如纸币，银行券，公债的落价等，就是明例，但是，当作流通手段看的作用却始终存在，能够在大体上去替代本身有价值的实际货币；而在国际贸易场中，情形却大不然了，因为，在这里，世界市场的范围既广，商品的种类又繁，各不相关毫无保障的国界也很复杂，所以国内的法定的货币或无实际价值的货币的符标，当然会因此变成简直不能使用了，因此，所以不得不以贵金属的现金银块，或和现金银块本身的价值完全相符合的东西，来充当货币，实际上也真非如此就不能使商品流通不致陷于停滞诸病症。在这里，穿着国民制服的货币，如日本的元，英国的镑等等，严格的说起来，简直是不能行使的，如果在表面上显着它们能够在国际上尽着流通媒介的责任，那只不过是表面的习惯，其实是把它们当作金条银块来用的。至于金票之类，纵然也能够直接行使，那更是要以它的国内及国外兑换的准备金的多少为转移而大打其折扣的，如果是准备金过少的时候，就可以变成一文钱不值。这种变成毫无价值的事，在国内只是非常时的例外，而在国际间，却是常事，如战前的卢布，马克等货币在战后的废物化，就是明例。所以国际上的钞票，虽然也可以当作流通手段发生作用，然而实际上是折算成现金去发生作用的，即是说，是用它所能代表的金块为价值的标准，并拿重量去做价格单位的。有许多号称经济学者的人们，因为不明白这一点，结果不但对于世界货币不能有一个合理的解说，而且自己也因此糊糊涂涂的吃了不少的亏。如我国的所谓经济学大家马寅初，当欧战时，拿数年当大学教授的血汗金钱，收买了不少的马克，企图从中获利，大发其财，然而其结果则不但不能获厚利，而且折本得不堪回顾，把几年当大教授的薪金，完全丢了，这就是很显明的例子，可以充分的证明不懂世界贸易与世界货币的本质的人们之必吃大亏。总之，在本质上世界货币之能够尽其充当流通手段的机能，是以金块的重量为单位的，不过，在现象形态上，有了世界货币就会有世界金融市场去操纵把持它，所以往往不易看出它的本质而只看见现象，特别是离世界金融市场中心地甚远的地方，因为在实际不易知道操纵情形的缘故，更不易知道它的本质。

3. 当作退藏货币看的机能 当作退藏货币看的机能是世界货币的第三种机能。前面说过，这个机能在国内货币上也是必需的，要是没有这个机能，商品的交换就不能圆满进行；在国际上，情形也是一样的，在尽其退藏作用，而使商品交换圆满进行一层上说，完全是相同的。不过，在能尽这种机能的货币本身的构成物材的属性上，国内货币和世界货币之间却有不同；在国内货币要行退藏机能的时候，只要它是国内法定的铸币就可以了，反之，从世界货币说，却不能以法定的铸币的现金去充当这个机能，而是以贵金属的重量上的块条的资格来实行这个机能；即是说，要脱去了一切国民的制服或外衣的东西，才能去充当退藏的作用，否则就不但不能尽退藏的责任，并且交换与流通也就因之而不能圆满进行了。

以上所讲的世界货币三种机能和国内货币的机能虽不相同，但是其间的差别还没有多远，而其间的关联的地方也很密切而重要，所以可以说这三种机能是国内货币发展到世界货币的过程上的过渡产物，也可以说是国内货币机能的结果，世界货币成立的先导或前提，所以我们上面说这三种机能只是世界货币的潜在的或预备的机能，以下将要说的三种，才是世界货币的活动的真正的机能。

4. 当作一般支付手段看的机能　当作一般支付手段看的机能是世界货币的第四种机能。这个当作支付手段看的机能的意思，在说国内货币的时候，已经说过，但是这里冠上的"一般"两个字却有解释的必要。所谓"一般"就是绝对的意思，所以也有人称这个机能为"当作绝对的支付手段看的机能"的。这个机能的作用，在国际贸易上也是必要的，因为在国际贸易场中，既有说定了价格，先取货物然后给钱的赊欠的买卖，则当然就非有当作支付手段看的货币机能不成功。同时，在国际上，像这样赊欠买卖，不但是当然有的，而且是常常有的，因为国际交换上的地理上的远隔，同时也就是时间上的隔离，必然会使这种买卖成为常态。既是常有这种现象，所以就不得不扩大国内的支付手段而成为一般的支付手段。详细说，这也不是偶然的，而是必然的，必要的，只因为有国境的关系和距离远近的缘故而发生的形成，因为除开国与国之间相距非常之近的地方，尚可以用现金输送的方法去支付外，其余一般的国境的距离往往相隔很远，如中国与美国相隔一个大洋，如果彼此购买东西一定要用现金支付，那就够麻烦了，结果必弄得彼此都感觉不便利，而不肯去实行交换。因此，所以只得利用先做赊欠买卖，最后以入口出口相抵的办法，而这个办法，就有赖于当作一般支付手段看的货币机能；譬如中美两国的贸易额，先看是谁入多出少或出多入少，如果我们出口的多了而入口的少了，就是出超，反是，出口的少了而入口的多了，就是入超，在出超入超决定了以后，出超的国可以先将入口出口抵消，单把超过的部分拿回来，而不必一方输出现金银块，一方又输入同额的金银块，譬如我们一年间在美国买了许多东西，其价值为二百万元时，我们不必一定要把价值二百万元现金块完全送到美国去，在这时候，只需看看美国购买中国的种种东西，如丝，茶和其他的原料品之类，共值多少万元，拿它来和中国向美国购买的总数二百万元相比，两两相消之后计算其为出超或入超，结果只按出超或入超的差额用现金输送出去或进来就行。像这样做去，的确便利得多了，的确省去了不少的麻烦，而可以使商品尽量的交换，尽量的流通。不消说，这种入超或出超的计算，在资本经济下面，并不是真有一个机关去计算，而只是经过金融机关，在汇票期票等的需求关系即卖买价格上，自动的显现出来的。这种利用金融机关的汇兑或贴现的操作，把出超与入超两两相抵消，而得到差额的净收净支的数目，结果用现金输送方法，去实行支付时，这时所用的现金块行着的作用和机能，就叫做当作一般的支付手段看的机能，或叫做当作绝对的支付手段看的机能。这种机能，在世界货币的各机能的当中，算是最重要而且站在主要地位的机能，如像今日国际汇兑等，都是根据此机能而来的。如果能够把它很深刻的了解，则对于国际贸易上及金融关系上的诸现象，就会容易明了，否则，必难正确的理解国际市场上的所有种种现象。这种机能，当然只有现金银块才能发挥。

5. 当作一般购买手段看的机能　世界货币的第五种机能，是当作一般购买手段看的货币的机能。这个机能和第二种机能并第四种机能在表面上看，仿佛是相同的，其实它们之间大有差别：第二种机能是指事实上在世界市场的流通界上流通着的种种货币（例如欧战以来的美金，旧俄金卢布等）的机能说的，这种货币的量，比起行着第四种或第五种机能的货币的量，也许为数较少，然而总不能抹煞它的存在，所以那种否认第二种机能的主张，我以为是错误的。第四种机能是指在入口出口总价额互相抵消之后，专拿去支付超的差额时的货币的机能说的，第五种机能却是专指片面的，和普通的商品出口入口无关的，一时的异常的大量购买时所必须支出的现金银块货币的机能说的。从一般说来，凡是国际贸易，大抵都有出有入，并且出入总额必不会相差甚远，因为，若只有输入而没有输出，结果国家不久就会破产，所以，只要是有理智的国民，宁愿穷饿，也不会并且不能那样；因此，所以普通的国际贸易上都是第四种机能站着主导的地位。但是，同时要知道，异常的片面的大量购买也是可能的事，因此所谓当作一般购买手段看的机能，也就变成不可免的了。这种异常的片面的大量购买的例，实在不少；如前年①因为中部的水灾奇重，中国在美国购买二千万金元的麦子，这

---

① 指 1931 年。——编者

种购买就是临时的特殊的片面的购买，而与普通的一般的购买完全不相同，此其例一。其次如在迫不得已必须开战的时候，没有军火的国家就不能不向着那有军械的国家去购买，这种购买也是一方的片面的而且特殊的购买，此其例二。再次，如出产金银的国家，像南非的各地方，虽然也有农业和工业，然而农工业都不很发达，只能够仅仅供给自己的食用，有时候就连给供给自己的食用，都往往有不足之虞，所以当然不能不从外国输入日常用品以补自己生产品之不足，而在他们那些产业落后地方，唯一的可以输出的东西就是所产的金银，所以只好用金银来换取日用物品，他们这种金银输出也是片面的特殊的购买。诸如此类的例子很多，总而言之，像这样片面的购买时所用的货币，就是行着一般的购买手段的机能的货币，所以这和行着一般的支付手段的机能的货币是不相同的。像这种购买当然只能支出现金银块，要是一国没有现金银块支出，同时又需要片面购买时的支付手段即一般的购买手段，那么，这个国家不但当然要负债，并且甚而至于破产都是有充分的可能性的。不过，在世界市场已经形成的今日，在必要时，又非采取这个手段不可（因为事出非常，迫不及待，不得已而行此），所以各国常常有未雨绸缪的经济政策及货币政策等，来专门准备货币，去尽这种片面购买时的一般购买手段的任务（因此，所以有对外准备金的设置的必要）。这种机能和经济政策，尤其是和货币政策有很密切关系，如禁止现金出口，集中与搜括现金等等政策，主要的都是为准备着充分的货币，以便在必要而非常的时候，拿去作为一般购买手段用的缘故而发生的。

6. 当作财富的一般的绝对的体化物看的机能　世界货币的第六个机能，是当作财富的一般的绝对的体化物看的机能，因为货币在国际上，除开在前面所讲的各种机能之外，只有在国际间有财富价值的特殊移转，即特殊的，不因卖买关系而来的支付时，当作财富的一般的绝对的体化物看的机能。这种特殊的财富价值移转的种类甚多，如像战败国的赔款偿付，就是一个显著的例，又如帝国主义对于殖民地或半殖民地的投资借款等行为，表面上仿佛与当作一般的购买手段看的货币机能相同，但是，实际上却是一种特殊贷借性质的移转，又如中国常常举行的对外借款（在中国购买美麦时，因为没有拿现金出去，所以实际上所用的货币行着两种机能，从中国方面的购买说，行着第五种机能，从美国方面的借款说，行着第六种机能，因此，美麦借款也是应该被包含在此例中），都是国际贷借性质的财富移转。像这样的移转，在原则上都是非用现金银块不可的，所以在这时所用的现金银块货币所行的机能，就叫做当作财富的一般的绝对的体化物看的机能。为什么叫做财富的一般的绝对的体化物？这只因为有了货币，就等于有了一切的财富，因为货币这个东西，具有它的特殊的能力。它能够行支付，购买，储藏等等的机能，能够尽那种便利商品的交换，容易金融的流通种种责任，所以能够变成一切的财富，即是说，有了货币就能够把非我所有的东西，转变为我自己所有的东西，并且因为在国际上是以现金银块做货币，去尽各种机能，所以也能够绝对的转化一般财富，因此，所以叫做财富的一般的绝对的体化物。但是在此处诸位要注意的，就是还有一种外貌相似而性质各异的东西，如国际上割地，这虽然也是一种富力的让与，然而不能算是普通的富力的让与，而是领土的丧失问题，是异常的特例，所以不能与赔款等相提并论。不消说，当作财富的一般的绝对的体化物看的机能，只是世界货币特有的，因为国内的法货既不能是绝对的具有和名目价值相一致的实际价值，所以当然就不能是财富的一般的绝对的体化物。

在以上世界货币的六种机能中，后面三种比前三种更加重要，因为世界货币这个东西的存在理由，主要的就是在尽着（一）当作一般支付手段看的机能，（二）当作一般购买手段看的机能，以及（三）当作财富的一般的绝对的体化物看的机能。尤其是在国际贸易场中，从贸易继续发展上看，最主要的货币机能，要算第四种当作一般支付手段看的机能，因为在国民之间，如果这种机能能圆满进行，则贸易可以发展，否则国际贸易会因无法救济出口入口的差额而停顿起来。

但是，还要知道，固然后面三种是站在较重要的地位，然而没有前面三种机能，则世界货币这个东西就不能成立，就几乎不能尽量发挥其作用，所以前面三种机能如不存立，则后面的三种机能也就会几乎不能存立，所以只有前面三种机能，固不能成为完全的世界货币，只有后面三种机能，也同样不能成为完全的世界货币；完全的，能够尽量发挥其所有的机能的世界货币，必须是把前后六种机能合起来的。

D：世界货币只能是生金银或金银块，在前面已经以很多的理由，加以说明了。现在要看看这生金与生银两种东西，是不是能够同样的完全担负一切机能的责任。关于这个问题，用不着多说，只要把货币的发展史一翻，就可以知道；因为货币的发展是矛盾的发展，即是从交换分量加大而一般等价物或货币容积不减小的矛盾中，为解决矛盾而发生的，所以生产关系的变化及交换范围的扩大，货币的物材也一天一天的发展改变：由活鲜物而干固物，由干固物而金属，由金属而到今日的贵金属。单就今日主要货币物材的金银的情形来说，在初期的金银的比例，只是十同一之比，这自然是因为当时的金子很少的缘故。后来因为技术的发达，金子的价值虽减低，金子的产量虽然一天比一天的多，而社会对于它的需要，却也因商品交换内容的加大而加多，并且银的价值也逐渐低减，银量也日增，所以金银的比价虽一天一天的变更，金和银虽然都可以担负货币的各种机能，但是，事实上在二者中，金子似乎一天天的占优势，尤其是在充当货币，流通于国际领域内时，金子更为侧重了。这自然是因为在价值之大小和轻重的比例上，金子实较胜于银，较富于充当货币的优先而必要条件的缘故。但是，只因各国有产金者与不产金者的区别，并且纵然产生金子，也不见得所有的产量都是一样，所以不能截然划一，纯以金作本位，或纯以银作本位。有金子的国家，当然主张以金子为本位，而只有银子而没有金子的国家，当然会不主张以金子为本位，而以银子为本位；在主张金本位的国家，想把各国的对外贸易，都改用金计算，在主张银本位的国家，不但不愿意改，而且也同样想把各国对外贸易都改用银计算。本来，金银的比价不同，的确可以使国际贸易上发生种种的障碍与纠纷，所以大家都想设法铲除这个比价变化的障碍，改为一致，以昭划一，使贸易上得着较多的便利，并且从纯理上说，与其用纯银本位，在便利上又不若用纯金本位较为适宜。但是，在实际上，不但产银国会感受不利，并且现在的金子的产量有限，的确还不够用。所以无法改用纯金计算。因此，所以这个金与银比价的问题，到现在都没有解决，所以在此次美国总统罗斯福所召集的世界经济会议的议题中，有一项就是讨论世界货币的问题，也想在金子与银子之间，寻出一个一定的比率。当然，从学理上说，这种人为的比率的决定，在事实上是不能办到的，纵能够在表面办到，也不见得会在实际上实行起来，还是等于没有解决，因为这种办法，根本就违背原理。

E：世界货币是由国内货币转化而来的较高级的货币，不但能够当作一般支付手段和一般购买手段，去发生特殊的机能，而且还能够当作财富的一般的社会的绝对的体化物去行使，所以它一方面把货币本身的资格提高了，同时又把商品的交换范围扩大了；自有了世界货币以后，交换的范围愈广，现金也一天①的积蓄起来，以至于成为今日的巨大的富的聚积的基础，由此可见世界货币的意义的如何重大。关于这一层的详细说明，且留到后面再说。总之，世界货币的成立，在一方面完成了货币在未成为资本时的一切机能，满足了国际商品流通的需要，而在另一方面，却决定的使货币和商品一般成为对立物，因而发生更大的矛盾，因而在新的矛盾的当中，就不能不发生"资本"这种东西。

最后，关于世界货币的运动全体，还须得稍加说明，因为如果我们只知道世界货币所具备的上述种种机能，而不知道它的运动，就还只是静的部分的认识。货币既有国内货币与国外货币的区别，很显明的，流通领域当然也就会有国内市场与国际或世界市场两个方面的区别。因此，世界货币的运动就有两个方向：一方面是从原来出产金银的国家，流到世界市场上去的运动方向，即是说，会从出产金银的国家，把金银当作一般购买手段，输出到不产生金银的国家或其他的国家，去尽其本身所有的机能；换句话说，这一个方

---

① 原文如此，疑为"一天一天"。——编者

向的运动，是把刚生产出来的货币商品即金银块分配到种种国内及国际流通领域去的运动。而另一方面却是在金银从其原产地流到不产生金银的国家去之后，依着当作一般支付手段看的机能，不断的往复于各种国民之间，随着国际贸易上的入超出超的差额的变动而时时流动，这种流动在表面上是或起或伏的波状式的运动，而实际上其起伏的中心，却有一定，它是以国际汇兑的行情的涨跌或国际贸易的决算状态为标准的：换句话说，这一方向的运动是把已经存于流通领域中的货币，重新再分配起来的运动。总合起这两方面的运动来说，可以说世界货币的运动是带有二重性倾向的运动。世界货币的这种复杂的运动，如下所述，也就是资本主义社会的出发点，所以应该切实研究，彻底认识，然而只管应该研究，应该认识，在事实上却很难研究，很难认识，因为国际现象本来太复杂了，又加以毫无组织，无统制，所以弄得几于无从把握，因此，所以外国各大学里面，往往特设讲座，专门去研究国际货币的种种运动。

　　四　资本货币的机能　我们在前面两大段里面，虽把国内货币和世界货币的各种机能，都分条析解的讲清楚了，但是，这样还是不够，还是没有把货币的机能说完，实际上也不能把它充分的说完：因为货币这个东西，是历史的范畴，是社会的生产关系的表示，所以它的机能也是随着社会的变革及生产关系的变化而变化或增加的，即是说，是从社会的根本矛盾中并为解决矛盾而产生的东西，所以如果要货币的机能不变化，除非货币本身消灭，但是，在商品社会里面，货币的消灭是不可能的（如果要消灭货币，除非到了把这种社会扬弃而成为非商品社会的时候不可，那时货币这个东西，自然会无用了），所以在商品社会未扬弃以前，货币及其机能是随着社会的发展而发展的。要找这个道理的例证，只消看前面讲的顺序就行。依前面所述，我们可以知道，由普通商品发展而成货币，更由国内货币突出国境国界而成为世界货币，因此，所以从机能上说，就是由商品价值的单纯的表现作用，变而为国内货币的各种机能，更由国内货币的机能，变化增加起来，而成为世界货币的各种机能——总之，我们可以知道货币及其机能是随时发展的。那么，到了世界货币及其机能的时候，就登峰造极，不更形发展了吗？不，决不会，仍然会必然的随着商品社会的扩大，而转化为更高级的东西。这个东西，简单的说，就是资本。关于货币如何会转变为资本的理由，及资本货币如何会转变为资本的理由，及资本货币表现着什么样的生产关系，它具有何种特殊的机能与作用，等等，不消说，在这里都是应该比较详细说明的。现在我们且分成几个段落来说：

A：前面已经说过，这节所谓当作资本货币看的机能，在普通的马克思主义经济学的书上是没有的，同时就在马克思的《资本论》上说明货币机能的地方也是没有讲到的（在其他地方当然说到），这并不是马克思把它忽略了，而是马克思所用的方法使然。我们看看他用的方法原是抽象分析法，是一方面根据理论的顺序去演述，而另一方面却根据论理的和历史的统一性去说明的方法，因此，所以他不能同时一面说明没带有资本性的货币机能，一面又说明具有资本性的货币的机能，而只好把后者放在第二篇以后去说。由此可知《资本论》上的顺次，自有它的道理，而这个道理却不能拿到我们的讲义上来用，因为我们的讲义是以我们中国人的理解为主要目的的，所以不必一定依照《资本论》上的顺序来说（前面已详细说过）；并且，在实际上，我们讲义上和《资本论》的顺序比起来，不相同的地方，也不过是在世界货币之后，提前添上资本货币一节罢了。对于他的方法，自然没有根本的不同，所以是没有多大关系的。而在另一方面，如在此地就讲资本货币的机能，拿来和普通的货币的机能相对照的讲，的确在我讲的方面容易讲些，对于诸位的了解上，也更容易明了而彻底些。有这种种理由，所以我们才把资本货币放在此地讲。

我们在这里最主要的目的，虽是要说明当作资本货币看的货币机能，但是，在未说明资本货币的机能之先，应把货币如何会变成资本的理由先说一说，到说清楚后，再讲资本货币的机能，这样才会比较无什么大的疑问。要是这一层不详加解释，就恐怕不能真正理解资本货币的机能；并且，关于普通货币变成资本货币的理由，普通教科书上又往往语焉不详，而这个理由本来又是很麻烦的（恐怕在诸位当中，有的已经在读经济学时看到这一层，已经很感觉困难了罢？这并不奇怪，因为关于这一点，不但在诸位会感觉这种理解的困难，其实在许多学者中也都不很了解），所以我觉得在此处有加以说明的必要。并且，更进一步说，关于这一层在旁的经济学书籍上，往往简直没有说到，在《资本论》的第二编里面，虽有简单的说明，但是，说明过简，仍然是不易明白了解；既然缺少适宜的参考书，所以更非把它详细的说明不可，而且说明的方法，也更非通俗化大众化不可。

B：我们现在就来解答普通的货币何以会变成资本这个问题。要说明它，先得把前面所讲的关于货币的发生及其发展诸节重读一遍，那样就比较可以容易明白些。普通所谓货币必然的变成资本，这句话，最简单的说，就是指那种在世界货币成立之后，当时社会的根本矛盾虽然暂时的被解决了，然而新的更加扩大的矛盾，却随着商品的增多，交换的范围的扩大，及货币的聚积的更加变成巨大，等等的缘故而呈现出来，因此，为解决新的矛盾而发生单靠货币的购买机能，去行剩余价值的剥削，并去行雇佣劳动关系上的剥削，一联的现象说的。换句话说，资本之所以发生，是因为商业发展到世界商业，货币发达到世界货币时，普通的货币必然会经过资本的两个萌芽形态，即初期商人资本及高利贷资本的形态，而变成真正的剥削劳动者的劳动力的资本。现在我们先说头一个萌芽形态罢。依前述，国内的新生的矛盾扩大，必然要使货币冲破国界，脱去了一切国民的制服，而变为一般的支付手段和一般的购买手段。在这时候，不消说，各国的商品，可以畅通的销售于全世界，同时在国内又除去了生产力的桎梏，于是一旦被解放了的生产力，就很猛烈的向前发展，商品的种类与数量，也就随着无限的增加，任何商品都可以到任何国度里去销售，简单说，既是商品增多，而商品交换的范围加广，所以在一方面必然有人尽量的生产商品，在另一方面，就必须尽量的去销售并交换商品，即愈发需要商人，因此生产者就愈发受商人的支配：在从前商品还没有冲破国界的时候，普通国内的生产者大抵可以直接实行交换和销售；但是，到了商品冲破国界之后，要想使商品活跃于世界市场上，就非借助并依赖于商人不成功了。因此就发生两种现象：（一）商品生产者愈发有依赖性，即生产者依赖于商人的地方越发加多了，（二）商品的生产加多了，所以其交换上所需要的货币也必然加多。货币资本之所以变为萌芽形态即初态的资本的理由就含在这两种现象里面，因为商人在购买与贩卖当中，无形的自然的就把初态的资本给造成了。我们单是这样说，还是不很明白，应该再进一步看看什么是那时的商人，他有什么特殊的地方。原来，那时的商人，就是自己不直接从事生产，而只是贩卖别人的生产物，即处于生产者与消费者之间，表面上以转买转卖为职业，而实际上则利用种种手段去欺骗剥削他们，甚至于劫掠他们的人。像这样的在一方面虽担任流通商品的任务，一方面又用种种欺骗方法去从中获得多大的利益的商人，就形成了最初形态的或萌芽形态的资本家，这样的资本家，就是现在资本家的前身，即是今日资本家的最初形态。真正的资本家是必须购买劳动力和生产手段，去从事生产，而在劳动力购买及商品生产过程中去剥削劳动者的剩余价值的。而最初的商业资本家则不然，他是先把别人的生产物购买进来，然后再把它卖出去，在这个一买一卖的过程当中，乘着生产者及消费者的无知或无力，用贱买贵卖的方法，使他所有的货币的数量增加的，而且其贱买贵卖的方法，无疑的是以欺骗式的或垄断式的或掠劫式诸法，去实行着的，因此，所以最初的商业资本家，才叫做以不等价交换为目的的商业资本家，而与现在普通毫不必欺骗劫掠（当然不是说毫没有这样的事），只照商品价格去买卖，就可以获利的所谓商业资本家，大不相同。因为那时候的生产者，非依赖于商人不可，即是说其商品非靠商人去转运销售不可，所以商人能够从中操纵垄断，去行欺骗式的不等价的交换，如像本来是价值八角钱的商品，而商人却只肯出五角钱买入，在这时，生产者自然是不很愿意这样贱价出卖，然而交换范围已宽，生产数量已多的当时，如果不卖则会变成一文钱不值，所以不得已而出卖，而商人方面则在以贱价把商品买来之后，重新出卖时，对于买主即消费者，更可以居奇操纵，非得高价钱不肯出卖，而消费者在一旦依赖商品为生之后，也不得不以重价购买以应急需，因此，上述例中商人用五角钱买得的东西的出卖的价值，最低限度总会要八角钱（这本是原价格），要是对于这个东西的社会需要很大，即是购买的人很多，而供给者很少的话，那么，他就乘机涨价到九角或一元，甚至于超过对本的一元二角，也是意料中的事。所以说最初形态的资本（商业资本），是以不等价的交换为内容的资本，拿别话说，就是带有欺诈性的资本。可是诸位要注意，这不是说，所谓带有欺诈性的资本到现在就没有了，而只是说那时占在主导地位的资本是这种资本，而现今占在主导地位的资本却不是这种资本而已；因为资本有成熟与不成熟的不同，所以其中所含的欺诈性的成分，也就有轻有重，因而它在社会上的地位也有占着主导地位与非主导地位的区别；在最初形态的商业资本之时，是这种带有欺诈性的以不等价交换为目的的资本，占在社会的主导的地位，而资本经济成熟后的商业资本中虽仍有多少带着欺诈性的东西，但是这种东西（成分）却只占着非主导的地位，而占在主导地位的，已经是以等价交换为目的的成分了。事实上现今的资本经济成熟后的商业资本家，也用不着欺诈性的手段，因为在这时交换范围愈广，商品的产量与种类愈多，同时商品生产者的依赖性即商品生产者的工业资本家依靠商人的成分也愈大，所以专任转运职务的商业资本家，从工业资本家手里为转卖而行购买时的商品的原价，也用不着隐讳，很可以公开的告诉人。在商业资本家购买的时候，其价格必定比价值低，因为在这时，工业资本家必须在减价上面让出所得的剩余价值的一部分然后商业资本家才肯买去替他销售。同时在商业资本家出卖他所购买的商品的时候，自然要比买时的原来价格要高一点，才能实现他所承让的部分的剩余价值，才能填补他在转买转卖的过程中所生的费用（也只能高一点，不能十分抬高，因为一则有贩卖竞争，二则过高时消费人可以直接向生产者购买，甚至于不买）。并且，在实际上也能够高一点，因为如果消费者即购买的主顾，不在商人手里购买而设法到原生产者手里去买时，其价格也是和商人手里的是一样，或者还要比较高些也是说不定，如像你到商务印书馆去买书，在它本馆是照原定价格不折不扣的出卖，如果你到它的批发商人手里去买，那就会比较便宜，甚至于可以照原价打九扣或九五扣，这就是很显明的例子。这到底是为什么呢？这就是因为从一般说，工业资本家的主要的利益不在自己零售，而在大量的批发上面，所以为达批发出去的目的起见，他必须变相的把剥削劳动者而得的剩余价值，在卖价当中，部分的让与商业资本家（在事实上工业资本家非此就不能畅销其生产物），而在零售的自己门市上倒要高卖一点，以便承批的商人的缘故。因此，在商业资本家方面，对于原价就无隐瞒的必要，很可以公开告诉人，只要在购买与转卖的过程当中，把工业资本家所让出的部分的剩余价值实现出来，就可以获得利润，所以说现在资本经济成熟期的商业资本家不是带有欺骗与诳诈性的，而是以等价的交换为目的的商业资本。这种商业资本不是突然从天降下的，而是从初态的商业资本转化而来的，所以说，货币之变成资本货币必然要经过初态的商业资本（详见后）。

其次，再说高利贷资本。在前段里说明了最初形态的商业资本和成熟的商业资本的区别，并说明初态的商业资本可以逐渐发达而成为完全成熟的资本；其逐渐发达的原因是这样：商品生产愈多，所需要的货币数目也愈发增加，同时货币这个东西，如前述，就会在交换流通上发生一种特殊而极大的魔力，使当作退藏手段，支付手段看的诸机能愈更扩大，而尽量发挥其作用，越发使货币的重要性加强，使其特殊的魔力在社会上形成有加无已的情势，结果使赊买赊卖的现象增多，从而使债权债务的关系也随之而发达。在这种情形下面，为通缓急，换有无，以流转商品起见，自然会随时代的要求，而必然发生高利贷的资本这种现象。这里所谓高利贷资本，不是指那种因产业或因生产而去借贷，因而发生的债权债务的关系时的资本说的（那只是生利资本），而完全是指那种在不为生产，专为消费而发生贷借关系时的货币资本说的，如中世纪的武士们，或封建诸侯，都往往不为从事任何生产，而只为浪费去行借贷，这时的贷借关系，绝不是像我们前面说的，生产者为要开大的工厂，从事商品生产而发生的债权债务的关系，而的确是为了某种急迫需要的缘故而发生的不得已的行为。除开上述的诸侯武士等为浪费而行的借贷之外，如像生产者因生产品尚没有成熟，或相距需要时期很远，而迫于生活上的某种需要时，就得出高利去借入货币，先把所需要或消费的生产品购买进来，直待所生产的某种生产物成熟时或某种东西到了需要时候，才应时的把它出卖，而退还本钱与借款者（例如生产者能做暑天的扇子，或冬季的炉子，要是没有到出卖的时候，而自己又迫于生活的资料，则不得不去行高利的借款，因此就必然的发生高利贷的借贷关系）；像这样的现象逐渐增加，则借贷关系也愈发增加，越发繁复。在这种时候，出借的主人到底是谁呢？这无疑的是手里蓄积了货币的人，即大体是最初形态的商业资本家。他把所有的因欺骗劫掠而来的货币积蓄，尽量的借与别人，而需索很高的利息为其报酬，因此他的货币就成了高利贷的资本。像刚才所说的这样资本，当然也不是像现在资本经济成熟期的资本家，用资本去购买劳动者的劳动力与原料，因而获得劳动者所造的剩余劳动以增加其资本时的资本那样，要行一种生产上的行动才能达到增加所有货币的数量的目的，而是在坐收高利的过程中就可以达其目的的。不过高利的资本虽然与现在资本家在剥削方法与手段上各有不同，然而在增加货币的数量上即在资本增殖的原则上，却是不两样的。所以说从一方面看，不但最初形态的商业资本和现在的资本性质不同，就是高利贷的资本也和现在的资本不是一样，而从另一方面看，即从整个的发展的过程上观察起来，初态的商业资本及高利贷资本和现今的资本在原则原理上又是相同的；也可以说是同中有异，即其本身虽是一个东西，而在发展的阶段上却有不成熟的资本和成熟的资本的区别。在今日现在所谓资本，就是从上面所说的最初形态的商业资本和高利贷资本转化而来的，已经成为可以直接剥削剩余劳动而益聚积的东西的资本；同时，现在的资本家，也就是从最初形态的商业资本家和高利贷的资本家转化而来的，即是已经过辩证法的发展，成为用购买劳动力与生产手段的方法，去剥削别人的人的资本家。

我们只是明白了资本与资本家的发展历程还是不够，更要进一步的去看看有了最初形态的商业资本与高利贷资本以后的情形又是如何。关于这一层，前面在说资本经济的发展时已说过，现在可以很简单的这样说：在最初形态的商业资本和高利贷资本有了发展以后，商业资本家当然仍依然以惯技的欺诈掠夺去企图增加货币的数量，而高利贷资本家，也当然不会因何种缘故而停止其掠夺式的乘人之急的高利借贷行为：这两种东西，不但不改常态，而且还变本加厉的想方设法去增加他们手中的货币的数量。既然他们手中的货币的数量有加无已，于是就必然的开始或形成资本的原始聚积。所谓原始聚积的意义是什么？就是指把分散在各处的货币集中在一起，即把分存在多数人手里的货币集中在少数人手里，反过来说，就是把原来有货币的人弄成没有货币者，把原来有生产手段的生产者，弄得失掉他的生产手段（转移到别人手里去），而变成赤条条的没有生产手段的劳动者。即，把原有简单的或不甚完备的小规模的生产手段的小资产者，弄成因被剥削尽净，下坠而为赤手空拳专靠出卖劳动力为生的无产阶级，等等的现象的全过程说的。在这时，既然有某一部分人增加，当然就有某一部分人减少，既然有一种人升高，当然就有另一种人必然的下降；其增加与下降的多数人，如上述，就成为无产阶级，而增加和高升的少数人则成为现在的资本家，即资产阶级。其所以成为这样利害相反而坚壁对垒的两大阶级的原因，只在：一方面由于最初形态商业资本家，渐渐增加货币，集中货币，垒成现在的资本家；而在另一方面，一般小生产的劳动者在卖出自己的生产品方面经不住高利贷资本家与商业资本家的无餍的价格上的榨取和剥芭蕉皮似的层层剥削，哪怕你小生产的劳动者拼命的终日劳动，不用说得不着仰事父母俯育妻孥的费用，连自己的生活费确实不能够维持，结果就只有完全破产而成为无产者；并且，从购买方面说，这些小生产者的劳动者还受着那种原始的初态的，以不等价交换为目的的，专以欺诈性的低价去购买，以强迫式的高价去行卖出的商业资本家的压迫，所以越发破产，流离，死亡下去。有了这两个原因，并且，在那种随时随地都是有加无已的榨取与剥削的商品生产成熟的时期，真正有逃无可逃，避无可避的情况，就是说，小生产者必然的下坠而为无产阶级了。像这样把货币集中在少数人手里，并把小规模的生产手段也渐渐收夺了去，渐渐集中起来，而扩充成为大规模的生产，尽量在贩卖和购买上去剥削一般小生产者的全过程，就叫做资本的原始聚积。由这种原始聚积而得的大量资本及和生产手段脱离了的劳动力，便是真正的资本的基础，而原始聚积却又必然的靠着初态的商业资本及高利贷资本的存在，所以说世界货币必然的会变为资本货币。

　　C：其次我们看看资本这个东西，在社会上尽了怎样的任务。我们由前面所讲的货币形态的发生及其逐步发展的历程，就可以知道资本的作用在解决社会的矛盾，因为如上述，资本是货币的必然转化的结果，所以，如果货币最初的发生原因是在解决社会的根本的矛盾，并且，以法定货币为主要内容的国内货币及以金块银块为主要内容的世界货币，两种东西的发生原因也在解决当时社会的矛盾，那么，资本这个东西，当然也就是解决社会的矛盾的东西了。现在要问，究竟资本所解决的矛盾是什么样的矛盾呢？这不是别的，就是存于生产手段和劳动力之间的矛盾，也就是存于集中了货币的初态的商业资本家及高利贷资本家和失掉了生产手段的小生产者间的矛盾。这是因为在货币发展到了世界货币的时候，必然发生商业资本（以不等价交换为目的的）与高利贷资本，换句话说，必然开始前述的"原始聚积"，因而形成无数的失了生产手段的无产阶级，致使在社会上发生一部分人拥有巨量生产手段，富裕有余，可以饱食暖衣，而另一部分人则破产失业，饥寒交迫，奄奄待毙的根本矛盾现象。为解决这个矛盾计，就不能不发生"资本"，一方面使集中了的巨量的生产手段，用购买劳动力去行生产的方法，免除了停顿死存的不利，一方面又使脱离了生产手段的没落的小生产者，用出卖劳动力的方法，免却了即时饿死的危险。这样一来时，资本这东西在客观上就尽了解决世界货币开展后所生的社会矛盾：一方面使没落的小生产者即无产阶级不至饿死，一方面又使他们的劳动力，及有产者的生产手段都变为有用的东西。在这时，有货币的人们为增加利益计，当然用货币来购买劳动力，这在表面上似乎是救济无产者的痛苦，其实只是想从中获得剩余劳动的价值，来增高他们的货币数量即资本数量，同时从商品的销场上说，也就是想以廉价精致的商品作为冲锋杀敌的炮弹，到国际贸易场中，去击破各国所筑的深沟高垒铜墙铁壁；结果在对外方面哪怕坚固如"中国的万里长城"，只要那地方还不是资本化了的地方，也得被这种商品炮弹摧毁，如中国之贫弱不振，农村破产，民族资产阶级的不发达，工商业之幼稚，种种病态，都是各资本主义国的廉价精致的商品的赐与和恩惠；在对内方面，越发靠剩余价值的剥削，集聚了巨大财富，如像现在美国向各国的投资，以及国内的庞大的被少数财阀大王所有的财富，何莫非无产阶级的剩余劳动的结果的总和。像这样用来购买劳动力而剥削别人的剩余劳动的结果的货币，就是资本；换句话说，资本是能够生产剩余价值的货币。

复次，我们再看看资本所表现的，到底是哪一种生产关系或生产关系的哪一部分。在前一段里面，既然说明了资本所解决的社会的根本矛盾，所以在这里就可以知道，它是表现着拥有生产手段去购买劳动力的资本家和只有劳动力出卖的无产者间的雇佣劳动关系的。不过，要知道，这只是从资本的本来的任务即解决社会的矛盾的任务看来的，关于它所表现的生产关系的说话；其实资本的本来任务，从最初起，就有变化，一直到现在，可以说完全变了，不但不能像以前那样去解决社会的根本矛盾，而且还反变为生产力的桎梏，成为社会混乱的总因，造成新的更大的矛盾，而待非资本的社会体制来解决，其详细理由在后面有专章说明，并且前面述资本经济发展史时也说过，这里不必赘说，总之，从它阻碍生产力的发展，造成新的矛盾一层看来，它所表现的生产关系又是剥削者和被剥削者间的生产关系。

还有一点须在此处附带的声明的，就是：上面这几层只是很简略的说明，如果只是单独看这几层，恐怕还不很了解，必须拿来和从前所讲的价值形态及货币机能的发展各节连贯的看，才能知道它的梗概。否则一方面因为讲得很简单，另一方面又因为商品愈多，交换的范围愈更广大，生产关系也愈形庞大而且复杂，所以就恐怕不易充分明白了。总之，在由货币必然的转变为资本的途程中，是转了好几个弯的，即是经过了无数的变化的，因此很不容易明白说明和彻底理解，而关于这几层，在普通的经济学书上却没有说到，所以我以为那是一种缺点，有把这几层概略的提说的必要；这样一来关于由货币演进到资本去的程序和情形，或许可以在诸位脑子里给一个简单的映像，作为以后讲义的线索罢。

以上还只是理论上的说明，我们再从事实上，看看货币必然变成资本这个原理在各国的实际化的情形如何。在由十五世纪之末叶到十六世纪初半之间，欧洲各国虽然都成立了近代的商业资本，然而商业的历史却不始于此时：在欧亚两洲，商业发达最早的要算腓尼基，埃及，希腊诸国，还在纪元前四五世纪，就有了初态的商业资本，但是不很发达；一直到了十五世纪末叶，因为有美洲的发现与好望角的回航，同时因为金银产地也逐渐发现，既存金银块也逐渐集中，使充当货币的金银的数量增加，所以国内货币才决定的冲出国界，脱去了国民的制服而决定的变成世界货币；这样一来，交换范围愈广泛，商品愈可以尽量生产，因此，在生产者和商品两方面需要商人，依赖商人的成分愈大，弄成非靠商人就不能流通商品的情形，于是社会上的大商人就出现了，所谓资本的原始聚积也更猛烈的进行了，因此，在过去因经济不发达而在萌芽状态中的商业资本，就应时代的需要而勃兴起来，由最初形态的商业资本转变为普通的商业资本（即以等价交换为目的的商业资本）和工业资本了；如当时的葡萄牙，西班牙等国，就是商业资本发达最显著的国家，至如英国由商业资本更发展到产业资本直到现在最高形态的金融资本，更其显著，其他各国也都是经过这个必由之道的。就在我们中国商业资本比起各国虽然不算很发达，然而在发展的程途中，却是发达最早，可以说是也不亚于腓尼基诸国：的确在周朝末年就有最初形态的以不等价的交换为目的的商业资本的相当发展了，如《左传》所载的弦高犒师，《史记》所载陶朱，倚顿，管仲诸人的货殖事实，都是原始形态商业资本家已经相当发展的证据（高利贷资本更不待言）。中国的商业资本既是发生这样早，为什么不如欧洲各国那样发达得很快，而至还沉滞于商业资本经济的状况中呢？关于这个问题，我从前在莫斯科的时候，曾同李季子等数次讨论过这个问题，当时没有把它彻底弄清楚，虽有数次的讨论，而因主张不一，有的说是地多人少等环境关系，有的说是因为生产工具不发达，诸如此类不正确的说法甚多，结果当然是没有结论；到后来检讨起来，觉得正确的说法还是这样：因为中国的小生产者对于商人依赖性不很强，即是因为商品的生产不多，因之交换也不很发达，所以商业虽然发生得如何的早，然而商人的势力却未变得十分过大，商人所聚积的货币财产也不多，因此所谓原始聚积的进行速度也很慢，因此，社会生产力也不能很猛烈的大量的向前发展，因此商业资本还是不能很快的有长足的发展而转化为近代商业资本。如在巴比伦，腓尼基诸国，确也早有了商业资本与高利贷资本，结果终于没有发达起来，其原因也和在中国的原因全同。要是使它发展，必然先要商品的生产力加强，先使交换范围扩大，先使货币数量增加并集中起来，先使原始聚积猛烈进行。由此可以知道，资本这个东西，纵然有了原始的萌芽形态的产生，如果不经过辩证法的由量到质的发展和变化，还是会停滞着的。这是资本发展的历史，从理论上和事实上两方面相互对照看起来的，最简单的说明。至于详细说明，以后有再说的机会，现在只说到这个程度就够了。

D：在我们在前几段里面把货币如何会变成资本及其相互关系的诸重要性都说过了之后，就可以进一步挨次去说当作上述的资本看的货币的四种机能：

1. 当作单纯资本看的机能　这个机能是只把货币当作纯粹的资本来看时的机能。当然在这个机能里面，还可以依资本本身的分类，更分为几种：（一）当作商业资本看的机能，（二）当作产业资本看的机能，（三）当作金融资本看的机能等等。除了上述三种资本以外，还有"生利资本"（即"贷付资本"），"银行资本"，及从表面上看起来不是资本，而实际上发生和资本同样作用的地租（这也算是资本，这在地主固有土地时虽不大明白，如在资本家拿货币去购买土地，再行转佃与人耕种，或建筑房屋而租与人居住，因而发生的地租或房租时，在表面上看起来这种租金仿佛也是租地租房者所给与的合理的报酬，实则很显然的，这种报酬是不合理的，由土地的独占而来的付与，而地主和资本家就是在这不合理的情形下获得厚利以增加货币资本的数量的，像这样虽然表面上和资本的剥削的方法不相同，而实际上在借博厚利，增加资本的原则上，却和资本完全是相同的，所以也算做资本），等等，论道理，也应有它们的机能，但是因为不但在社会上占统治地位的还是前面的三种，而其余的各种资本只是居于附属地位，并且，就是在前三种当中，从资本的本来的意义说，也只有产业资本才是站在主导地位的，基础的资本，因为只有这种资本才直接被拿去购买劳动力而产生剩余价值，其余二种却只能分配既生产的剩余价值的缘故，所以用不着说它们，而只说产业资本的机能，说它所具的，当作资本看的最完成的机能。具体的说来，这种最完成的当作资本看的机能，就是充当劳动力的购买手段，一方面去剥削劳动者的剩余价值，一方面去增殖资本即去图货币的数量增加的机能。在产业资本尽这种机能时，必然要先采取货币的形态去行劳动力的购买的机能。就是说，只有在货币形态下的资本，才能够单独去负担这个任务，所以这种剥削剩余价值，使货币增加，资本膨胀的机能，才称为当作资本货币看的机能。

除了上面所列举的各种真正的资本之外，还有两种东西，算是资本未成长前的前身，一般的把它们叫做"准资本"，这就是最初形态的商业资本和高利贷资本。这两种东西，在前面两大段里面已经说过，原是世界货币成立之后就发生了的，虽然初态的商业资本的萌芽，考查中外各国历史，其发生都是很早的，不过都是在世界货币成立之后，才愈形活跃，而向前促进了一步；于是随之而生的高利贷资本也应时起来了。它们同时占据了相当的地位，即行着"原始的聚积"，逐渐促成了近代的商业资本及工业资本。因此，所以可以说，今日一切一切的资本都是由初态的商业资本与高利贷资本的转化而来的，在这个意义上，可以称为"准资本"：它们在剥削的对象和方式上虽不能算是真正的资本，然而却和真正的资本有很密切的关系，并且在增殖货币的数量的目的上也是完全相同的；因此，所以"准资本"的机能也应该被包含于当作单纯资本看的机能当中。其次，顺便的还有一点须得附带说明的，就是一般人关于初态的商业资本家的性质的误解及一般人对于初态的商业资本家及近代普通的商业资本家二者的概念的混乱不清。如前述，原来最初形态的商业资本所取的增殖货币的方法，是欺诈的成分最多的，也可以说简直是海盗式的劫掠方法，这本是初态的商业资本的本质，不如此就不足以成为初态的商业资本，而近代的普通的商业资本却不然，如前述，其增殖货币资本的方法，已经用不着海盗的劫掠式的欺诈性的方法，已不必一定以不等价的交换为主，已不必隐讳其原价，而可以公开明白的对任何人，说明他购买时的原来价值是多少，已可以只靠产业资本家分让给他的，由剥削劳动者而得的剩余价值全部中分来的部分利益，就能使货币资本增加，简单说，已可以只靠等价的转买转卖了。因此可以说，近代商业家的公开性，是他本质使然的，而一般人不知道这个道理，却以为欧美各资本主义国家的一般商人，在价格上诚实无欺，而中国的商人，则在价格上往往欺骗诳诈，诡谲莫测；其实这种故意欺诈，绝不是民族性的不同使然（绝不能说在价格上某国人欺诈，某国人诚实），而是各国社会情形所使然的，即是说，这是以商品经济发达到资本经济与否为转移，绝不是以民族性之所好恶为依皈；我们单拿中国来与各国相比较看看，就可以不言而喻了。这一点须得注意把握！至如一般人主张振兴商业的论调，简直可以说是没有把握着问题的中心：实际上，商业之能够振兴与否并不在商业自身之办法如何，而在社会一般生产力发展如何，如果社会的生产力向前发展，生产品加多，交换的范围扩充，则商业不待如何振兴，就必然的会发达起来，否则虽努力设法振兴亦必无效；所以只是喊如何振兴商业的口号，哪怕你喊彻云霄，其结果还是会等于零，因为既没有把握着中心问题，当然不会有好结果。

其次我们看看当作单纯资本看的机能所表现的是生产关系哪一部分。这不消说是表现着劳动力的卖买关系及剥削者与被剥削者的榨取关系，即是说，表现着资本家剥削劳动者的生产关系。至于最初形态的商业资本与高利贷资本，虽然不是真正的资本，然而是真正资本的前身，所以它虽然不是表现着资本家剥削劳动者的生产关系，然而总算是表现着不生产者剥削小生产者的关系。从结果上说，这个经济关系的决定，就是形成着资产阶级与无产阶级的大矛盾，使它转变成为政治上的斗争的东西。这虽是属于政治学的范围，不过在此地说明资本货币所表现的生产关系时也要提到，以便明白政治与经济的密切关系。

总起来说，所谓当作单纯资本看的机能的意思，是具有两面性的：一方面是当作资本看的，而另一方面是当作货币看的。由这一层也可以把货币转变为资本的理由，从客观的证明出来。

2. 当作公的收夺手段看的机能　当作公的收夺手段的机能是

资本货币的第二个机能。在说明资本货币如何当作公的收夺手段之前，对于资本货币的意义，还有重复解释的必要：所谓资本货币，和普通货币的意义不同，它是具有两方面性的，一方面仍然是货币，而另一方面又是当作资本看的货币，同时把两方面溶冶而为整个的资本货币，即是说，把货币的性质克服在资本之内，而形成一种较高级的东西（我们知道，在非资本主义以前的单纯商品社会里面有货币，在资本主义的商品社会里面，也同样有货币，不过这里的货币，是把单纯商品社会里的货币克服了之后的，一种已经变成较高级的东西的货币罢了）。我们所讲的资本货币的第二个机能，当作公的收夺手段看的资本货币的机能，无疑的是从资本货币的这种特性发生的，并且也是非从这种特性出发就不能说明的。这个机能的意思，具体说来，就是指那种把货币这个东西和政治权力联合在一起，拿来剥削一般被压迫者和被统治者的机能说的。举实例来说，如像当着世界经济恐慌日益深刻的今日，各国实行着的货币膨胀或通货膨胀（Inflation）政策，就是这种公的剥削手段的最明显的例子。

所谓货币膨胀政策或通货膨胀政策，在今日世界经济恐慌后日益深刻化普遍化的时候，特别被人重视，几乎被人视为解决恐慌的唯一的新方法，其实这并非新方法，而是从来惯用的方法，不过此次恐慌规模较大，程度较深，时期较久，所以一部分为移转世人耳目计，特特故意宣传这种政策而已。本来，在今日的资本主义国的恐慌之下，一方面有货币的价格积极腾上和全部的压迫，而另一方面又有物价特别惨落，结果形成各种事业的收支的不平衡，生产力和生产关系的失调，债权和债务的关系的不履行以及几千万人的失业和困苦，等等，致使社会不安，阶级斗争尖锐化，其势将成为资本主义的营垒整个的被摧毁，因此资本主义的国家，急激的起来用尽方法企图整理自己的营阵，保存资本主义行将倾颓的壁垒，各各克服其巨浪狂流的经济恐慌，因此，所以在所谓克服恐慌当中，当然少不了货币膨胀政策这个方法。其实在大革命时的法国，大战后的德，波，俄，奥诸国，早已风起云涌的用过这个方法，不过从前行这个方法时大抵都只靠增发纸币之一法，而今日则除此之外还用减低对外汇兑价格，扩张信用，货币平价减低等等方法，稍有不同而已。因此，我们有研究今日的货币膨胀政策的形态的必要。今日的货币膨胀政策主要形态有四：（一）扩张信用，（二）减低对外汇兑价格，（三）增发纸币，（四）减低货币平价。这四种形态也有适用于金本位制下的，也有适用于银本位制下的，然而其大体意义却是一样。现在且分述于下：

（一）扩张信用　这种方法在事实上是和公债的增发有关的，所以也有人把它叫做增发公债的方法。本来，公债这东西（当然指广义的实质的公债，把国库券等都包含在内），从表面上看，是对政府的一种授信，因此是缩小民间通货的东西，所以似乎不能是膨胀货币的一种方法，不过，从实际上看来，一则在这时政府所以用比例的高利去发行公债，只为的是在收得现金之后，再用低利大量的放款出去，使货币膨胀起来，二则买得公债的人们也可以拿公债作抵押品到中央银行去借款兴业，所以事实上在这时的公债的发行必然招致货币膨胀的结果。

由信用扩张而来的货币膨胀，当然也和一般货币膨胀一样，必然招致物价的高涨，结果，一方面使产业资本家因销售滞货或扩大生产规模而获厚利，另一方面却会使一般消费人因物价过高而吃亏，特别是拿工资及薪水过日子的人们及靠银行存款利息为生的人们更要吃大亏。所以这种形态的货币膨胀是利用公的权力去收夺一般消费人及无产者并小资产阶级的可怜的些少财产或必要生活资料的工具。在这时，金融资本家，虽无大利，却也不受损失，因为他们一方面可以由公债的收买获利，一方面他们又可以参加产业资本家的利益。

（二）减低对外汇兑价格　这种方法，当然是要和国内停止自由兑现及禁止现金出国两件事相伴的。从一般理论说，如果一国的外汇价格低落，当然是表示着国际贸易上的入超，所以是一种不利的事，结果难免输送现金出口。但是，如果有意的使汇价下落，即是说，有意的一面减低外汇价格，一面用政治权力停止兑现，禁止现金出口，则在国际贸易上可以招致一种比较有利益的情形：在外汇价落时，外国货必定难于进口（因事实价格变贵了），本国货必定格外易于出口（因为从外国人方面看，等于买便宜货），因此，就等于增加关税，阻碍外货进口，结果必然使国内物价高涨，最后必等于膨胀通货（因为物价一涨，则产业必然活泼起来，中央银行必定大放其款，结果会使货币膨胀）。

由低减外汇价格而来的货币膨胀，和上述由信用扩张而来的货币膨胀，完全有同样的效果：使产业资本家获大利，使一般消费人及小生产者并无产者受公的收夺。所不同的，只不过由信用扩张而来的货币膨胀的形态的收夺，比较不大显著（因普通一般无从知道这种信用扩张），而由外汇落价而来的货币膨胀的形态的收夺，比较更加显著些罢了（因为禁止现金出口的事是不能不公开的）。

（三）增发纸币　　这种方法是货币膨胀的各种形态中的最主要的形态，是兼前二种形态之长而有之的形态（因为在这种形态下面必然要增发公债，并且必然会使对外汇兑价格低落），也是一种最露骨的，不能掩饰其公的收夺作用的形态（因为纸币的增发必然和停止兑现相伴，无论如何是不能秘密的，而且，依前述，纸币的必要的流通量是有一定的，一旦过了定限，纸币就即刻会落价），因此，此种形态的货币膨胀，在事实上，往往非到万不获已时不会采用。这种形态的货币膨胀，普通是由政府的公债政策或纸币政策中表现出来，或由政府直接发行纸币，或由中央银行收受国家的公债，而把银行券的发行额增大起来，结果所有的银行券及公债等都逐渐成为不换纸币。所以这种形态从政府的立场说来是足以损失信用的，除非万不得已，不会采用它。然而现今世界各国，从英日美三大强国起，却都行着这个形态的货币膨胀，这自然是因为它们已走到万不得已的时候，所以明知其伴着大弊，也不能不利用它去图暂时解消经济恐慌的一部分的缘故；因为这种货币膨胀政策可以促进经济的活动，救济物价的惨落：照一般的说来，如果货币发行多了，物价必然的会腾贵起来，如在某一种经济社会里面，假设商品有一千个，通货只有三千元，每个商品的价格应为三元（当然是把流通回数置诸度外的说话）；现在假如商品的数量不增加，而货币的数量增加一倍即六千元，那么，每个商品的价格就增加了一倍，就变成六元了。但是，要知道，这个货币因多发而落价，结果使物价高涨的反面，必然会苦了一般的消费人，特别是中产阶级及无产阶级，如德国的中产阶级，在一九二三年时，往往有在先有百万马克的家资者，转瞬间就变成一文莫名的穷光蛋的惨事。这种纸币的惨落自然不是突如其来，而是渐变的：始而由一马克变为四分之一，六分之一——最后就变为百万分之一，即是百万的富翁，一夜变成了穷人。在这时候，究竟是谁得了利益呢？不消说是有货币发行权的人们（因为国内货币不一定是金银，而可以拿其他的信用货币如钞票，银行券，纸币等来代替，所以只要加上权力关系，就可以使它们有充当流通手段的机能；我们所讲的资本货币的第二个机能，原就是指凭借政治权力发生出来的机能说的）。有政治权力的人，可以把纸币钞票的发行权拿在手里，而利用其金融机关，营博厚利，哪怕钞票怎样落价，除非落到不值几文，否则从发行者方面看来，仍然有利，因为发行钞票纸币，虽然也要少许的印刷费，但是，在一张的票上可以注定十元或五十元，甚至百元也未可知，而在一方面因为有了政治上的权力，可以任意发行，而同时在其他方面又利用权力去禁止现金出口，和禁止别人发行，所以他们发行的钞票只管落价，却只管仍可以在社会上行使，因为商品社会是必须有流通手段存在才行。从其结果上说，无疑的是钞票落价，然而在未落价之先，有发行权的人，可依多多的发行的方法而获得全国的金融上的利益，至于自己所损失的，除开信用之外，至多只不过几许印刷费和纸张费而已。到最后结果，必然会因消费人无购买力而使物价依然低落下去，以至于发生更严重的金融恐慌，而仍然是没有好结果。虽然在经济上没有好结果，然而从发行纸币的政府看来，它已达到其预定的，收夺一般消费人及无产阶级并小资产阶级的目的了。不消说，站在政府后面的产业资本家及银行资本家，从一般说，是享实际的利益的。特别是大金融资本家，从一般说，决不会受纸币落价的影响，因为一则他可以经营产业，将纸币换为物品以免受落价的损失，二则他神通广大，可以设法退藏他的资本，或使他的资本逃至外国（当然是说价值逃到外国，而不是说代表价值的实际上的种种物品）。总之，在资本主义社会内，各国政府之所以要行这种增发纸币的形态的货币膨胀政策，以行惨酷的收夺，总不外乎三种主要的理由：第一是想借此把全国从世界经济恐慌上所受的损失，转嫁到消费人及无产者并小资产者的肩上去，因为，自从世界恐慌以来，货币的价格急激增高，物价惨落，因此多种事业上的资本家，不但无利可图，而且亏本，甚而至于停止其事业，结果使整个的经济界不但呈现停滞的现象，而且还要陷于大紊乱和大破产的危机当中，所以在这种险象环生的经济现象当中，资本主义国家，为想图谋自救，为想恢复昔日的繁荣，才毅然决然的施行这种提高物价的政策以行收夺而图转嫁。第二是想借此去暂时解消恐慌时必然发生的财政上的赤字问题，因为，如果利用这种增发纸币的货币膨胀形态，去行大规模的收夺，就可以暂时救济财政上的困穷，一时的减轻预算的收支不相适合的程度。如今日之美国所采用的纸币膨胀政策的理由，算属于第一种，因为其主要的目的是在振兴那行将倾颓的各种事业，并且想回复到昔日的繁荣。至如现在的日本所采用的纸币膨胀政策的理由却属于第二种，因为其主要目的只在救济财政上的赤字恐慌。第三，是想借此减低汇兑价格，以便拿商品的低廉的对外价值（前已述过，外汇价低就等于本国商品成本低，便于输出），冲出贸易的路径，开拓海外的市场，而图打开国内产业的局面，总之，是想借此把本国货物尽量的输出而拒绝外货进来，以达发展本国产业之实；更简单的说，就是想借此牺牲国内的一般消费人并无产者及小资产阶级的利益，去替大资本家向国际上竞争。不过要注意,所谓"拒绝外货的输入"的话,虽然可以从纸币膨胀政策上,去设法收效,但是绝不是这样简单的,此外还有被我们舍弃了的其他的种种原因在。

还有一层应该注意:除上述资本主义国内的纸币膨胀政策外,还有社会主义国内的纸币膨胀政策,其意义完全和上述不同,如苏联在 1921 到 1925 年之间,所行的货币膨胀政策就是一例:那只是有意识的压迫苏联内新兴的资产阶级(Nepman)的政策。因为苏联那时是刚才革命之后,财政经济还没有完全恢复建立起来,全国上下大闹饥饿恐慌,所以不能不采用所谓新经济政策,仍实行国内自由贸易,以资过渡。但是,由国内自由贸易或交换中,依经济学理说,必然的很容易发生小资本家。因此苏联政策为要防止这种新兴的小资本家的长大的缘故,才利用政治的力量来行纸币膨胀政策,按一定计划,按月增发纸币,使货币的价值逐日降低;这样一来时,这个政策对于自己的日用品的大多数都是由自己生产的农民及日日领受工资,即刻花去毫无余存的一般的劳苦大众,并无所损伤,而对于一些新兴资产阶级却可以给以大的打击,譬如新兴的资产者有许多的钱营业,每月本可赚一万五千元时,如果政府实行纸币膨胀政策,大大的发行纸币,使其价值能一月低落四成,则一万五千元就只有九千元了。当然这只是举例,实际上并不如此厉害,然而日日发行纸币,这种办法,准可以使新兴的资本家不能变大,这却是不成问题的。

(四)货币平价减低 这是货币膨胀的最露骨的形态,同时也是最完成的形态,因此,当然也就是最不易见诸实行的形态(因为实行货币膨胀政策的政府及其后面的大资产阶级往往因在政治上不欲太引起被收夺者的反感的缘故，不肯出此），不过，在事实上却未尝没有采用这种形态的事，如像欧战后的法国，虽然号称恢复了金本位制，其实是一种低减了原平价的约五分之四以后的金本位制，就是实例。恐慌后的今日的美国已实行低减平价至原平价的约六成，英国也常常有低减平价的议论，依法国成功的先例说，也许将来会成为事实。这个货币平价减低法，又叫做平价切下法。这个方法，在大体上，是指在货币落价之后，索性改变币制，把货币本身的分量改轻的方法说的（平价是指币制上所定的本位货币的纯金的重量所值的价值说的）。假定日本金本位货币的重量原来是二分，现在事实上因为日本钞票过多，而现金很少，以至钞票的价值和现金的价值不符，则为要想使钞票与现金一致起见，其办法只有两种：其一是找许多现金来兑现；其二在找不到许多的现金时，只有减少原有本位货币的金的分量，使它的价值和钞票适合。如果事实上现金没有增加，而又要使钞现价格一致，则显明的采第一种办法是不可能的，所以不得已只好行第二种办法，只有把原有本位货币的现金的分量改轻，如系金二分一元的，可以把它改为金一分二厘为一元，因此，从本位货币说来，现金的数目就增加多了六七成，就会和钞票的数目大致相符，因此，就可兑现了。像这样的方法就叫做平价切下政策。平价这东西和所谓市价不同：平价是指一国本位货币的纯金的重量的价值，用别国的本位货币的纯金的重量价值表现出来的时候的价格，说的，例如英国的一镑用外国的本位货币表现出来，就等于法国的 25.22 法郎，德国 20.24 马克，美国 4.865 金元等；像这样的比率，就叫做平价。而市价却不然，它和平价貌相同而其实两样：它是各国货币在市场上行交换的现实价格，它叫做比价，它当然和平价不一致，在纸币跌价时固不消说，即是现币，也会因汇兑关系即供求关系而和平价相差池。

减低货币平价法或平价切下法，当然可以发生公的收夺的作用，因为，一则在平价减低之后，当然可以用同样的现金准备，发行更多的兑换券，结果必然发生物价腾贵的现象，在国内方面可以照上述关于第一种形态的收夺理由，去实行收夺；二则在平价改变而货币名称不改时，政府显然可用同样的现金作加倍的使用，其结果等于滥发纸币，如像政府拿法律来规定新平价后，一元钱便可当作两倍来用，原来一万元的，一变而为两万元了，原来一百万元的在平价切下之后，就变为两百万元了（当然限于政府的支出）。像这样现象，本来是资本主义社会里面所通行的，毫不足怪，但是在资本主义社会以前，同样事实早就有了。如资本经济未成熟的中国，关于制造铜元一事，在北方，可说是少有各自为政的，自己去设厂铸造的，但是在四川，云南，贵州各省，自己设厂铸造的，可说是所在皆是：各个军阀可以任意买铜元来改铸轻质或劣质铜元，多半都是把小的十枚的铜元，改铸成当一百枚或当两百枚用，其分量与原来相同，或者比原来少些也未可知，然而其价值却加大了。还有如前清时的铜钱，在顺治，康熙，乾隆各朝都是很大的铜钱，但是到了道光咸丰年间，曾一度改为铁钱了，这也可算是一种平价切下政策。所以平价切下政策，不一定在资本主义社会里面才有，就在封建社会里面也可以实行的，不过要知道，在封建社会里，虽然可以实行，然而所行的范围却不甚广；其不广的主要原因在两种社会的性质不同，因在资本主义社会里面，有两种为封建社会所无的特性：第一是交换的范围扩大，交易的商品价值也特别加大，事实上不能不用贵金属，又不能尽以现金交易而不能不广行钞票，所以平价切下的利益也就特别大。第二是货币统一，而资本也集中，所以在效力上说平价切下的利益较大。然而这两个条件，在封建社会里面，却是没有的，所以在那里虽行之而不广。

以上关于货币膨胀政策的四种形态，已经说得相当的详细，可以不再赘了。现在我们且总合起来看看，作为这一段的结论。在资本主义体制下的各个资本主义国家里面，因为货币已经统一，资本也已集中，所以货币当然会和政治权力融合起来，而使货币所带的法律力量加大，即是说权力保障的影响特别扩大，因而在封建社会里面只能够在小范围内行使的货币，到资本主义社会里面，就成为必然的普遍的东西；而另一方面又因为贸易十分发达，交换的内容价值过大，弄得现金银都不便使用，所以必然的会把现金银存在银行里面，而用支票或银行券钞票等去代替（这自然一方面是因为法律有效力的缘故，所以拿着银行券或钞票到银行去就可以兑现，而银行也不敢不兑现），所以说，随着资本主义社会的发展，钞票等信用货币必然的变成特殊的货币或货币的代理人。于是有发行这种信用货币的权的人们，就利用钞票通行的原理，大施其剥削手段，照上述种种形态去行公的收夺。而依上述，货币膨胀政策的各种形态的公的收夺，都是和资本货币的特色，也就是和资本社会的特色有关的，所以说可以说货币要在资本社会里面，才能当作公的收夺手段，充分的去发挥它的机能。这就是说，只有资本货币才有这个作用；反过来说，这个资本货币的第二个机能，非在资本主义社会不能真正存在。像这样说，当然还是很不充分的，可是这样不充分的说法，在本讲义的顺序上也就嫌其够累赘了，所以只好请诸位自己去参考和研究。

3. 当作信用收夺手段看的机能　这是资本货币的第三个机能，是由信用而发生的。所谓信用收夺是什么意思？提到这点，我们就不能不回忆到前面所讲的以信用授受的作用为标准的分类，共有五种：即（一）消费信用，（二）流通信用，（三）生产信用，（四）资本信用，（五）证券发行信用那件事；我们在此处所讲的信用收夺的信用就是指的那后面的三种，即所谓生产信用，资本信用与发行信用说的。因为这三种信用都是资本主义社会里面所特有的，也只有在资本主义社会里面才能发生作用，所以当作信用收夺手段看的资本货币的机能，就是通过生产信用，资本信用与发行信用三种信用而构成的。我们且看看这三种信用怎样尽其收夺的机能。在未说明其机能以前，当然先得把生产信用，资本信用和发行信用的大体的意义说说——虽然这是在前面已经说过了的。

先说生产信用的意义罢。生产信用就是授信给别人去作生产事业之用时的信用。这种信用通常在资本社会里面是由银行授与的，所以又叫做银行信用。这种信用会随着银行的发展而发展，到今日已成为生产上的必然的伴随物了。次说资本信用的意义。所谓资本信用，如前述，就是指在生产过程当中，一部分已经停滞的资本在生产上不发生任何作用，而陷于睡眠状态的时候，把这一部分的资本存入银行里面，以特殊条件，约定在自己必要时可以支取比存款还多的款项时所发生的信用授受，说的。这种资本信用的作用在现在资本社会里是很大的，具有支配力量的。举例来说，譬如我存款十五万元于某银行里，当时与银行约定的利息是很轻的，至多不过日利几厘或甚至等于无利，但是在我用款的时候，如果自己的需要相当巨大时，就可以在那个银行透支到二十万，甚或透支到二十五万都是可能的。或许诸位在此很怀疑，银行为什么肯这样的透支，但是前面已经说过，这是很简单的：因为我原来存入时候的利息很轻，而同时银行必然向我约好，要我把我的一切汇兑，都由这个银行办理，并且要我把我的一切零碎收入都随时存入这个银行，这种种已经于银行很有利益，加以银行业者又可以利用这个款子向其他的企业投资，像这样互相有利益的信用关系，又何乐而不为呢？当然，如果这种透支契约只限于我一个人，则银行所得利益不会很大，但是，这种信用在资本经济时代，却决不会限于一人两人，而必然会成为普遍的现象（因这种透支于生产者是有利的而且必要的），所以银行业者在积少成多，挹彼注兹的意义上，可以在无形中获得莫大利益。其次再说发行信用的意义。这个信用的意义，如前述，是很简单的：凡是在发行公债或某种股票时，由银行的承销关系而生的信用授受，叫做发行信用。例如在政府要发行一种公债，请托某银行预先垫款，代为承销时，在政府和这银行间，就成立了一种发行信用。这在政府当然乐于受信，而银行所负的责任，只是承销的责任，如果销行顺利的时候，不消说银行会得许多的回扣等的利益。如果销行不开？那于银行方面也无大损伤，因为它还可以把公债退回去，并且也不害怕政府不还垫款。在发行股票的公司及承销银行间的发行信用关系，大体和发行公债的政府及银行间的发行信用关系一样，可以类推。

以上三种信用都可以使信用上的货币发生一种充当信用收夺手段的机能，试分开来说说罢。第一种生产信用或银行信用，很明显的是有收夺的作用的：从银行方面说，它之所以能或肯授信，只因为它出了低利，受了存款人的信用的缘故，即它在存款和放款之间获得一种差额的利息的缘故。因为它获得这种利益，所以可以说，它一方面利用授信作用，收夺了生产资本家的利润，也就是间接收夺了生产的劳动者的剩余价值，另一方面靠受信作用，又收夺了存款人应有的利益（当作所有权者看的利益）。这种收夺显然和单纯资本的剥削不同。第二种资本信用的作用，几乎和前面讲的当作公的收夺手段看的机能完全相同，所差异的地方，只在那里的授信者是政府，而这里的授信者是银行一层而已。举例说罢，譬如假设我存款于银行里面，其数目只有十万元，因为原来订有特殊条件，可以透支二十万元，即是由十万元的存款，一变而为二十万元的款子取用，如果我透支的数目很大，如果不但我透支，而且有多数人用同样方法来透支（必然有多数人愿意透支，因为这可不出利息，即出亦极轻微），则银行可借此增发银行券（通常授这种信用的是中央银行），掌握实际金融，从其结果上来说，其足招致物价高涨，活泼生产事业，似乎有过于上述的货币膨胀政策，这样一来时，产业资本家必定因事业有望而更大借其款，即更加利用生产信用去扩张事业，结果必定受银行业者收夺，甚至于完全受其金力的支配，同时，因为产业资本家的利润是从劳动者剥削来的，所以收夺产业资本家就是收夺劳动者（当然在使物价腾贵一层上，也就是收夺一般消费人）。这种收夺情形，显然和普通资本的剥削作用不同，而极类似货币膨胀政策的公的收夺作用，所以应该称为信用收夺（也有人称此种收夺为银行 inflation 的收夺的）。以上还是从银行授信方面看的说话，再从银行受信方面看，也同样行着收夺作用，因为，如上述，多数人都愿意利用这种信用，所以银行业者可以出极微的利息，吸收多量的存款，拿去放比存款利息更高的高利的放款，所以结果就是因这种信用的受信而获得大量的利益，即收夺得存款人应得的利益，并收夺了其他向银行借款的产业资本家的利润。这种收夺作用也完全和普通的资本剥削关系不同，所以也应该称为信用收夺。我们从银行授信受信两方面，都可以看见这种信用具有特殊的收夺作用，其效果等于 Inflation 政策，所以政府对于银行往往设有相当的限制，并设法监督，借以一面防止其滥授信用，另一方面防止物价的突然变化。不过，在资本主义社会里面，事实上已经进到资本主义的没落期的寡头的金融资本经济时代，因此，所谓政府，事实上就是几个巨头金融资本家的集团的工具，换句话说，政府这个东西，根本上就是和银行资本家相契合的，所以所谓对于银行的限制和监督，往往只是有名无实。第三的证券发行信用之具有收夺的作用，是更其明显无比的。从一般说，在银行承销某公司的股票或政府的公债时，其承销价格必然是低于票面价格的（不如此则银行不肯承销），如以每百元之股票或公债，在银行承受时，可以打对折甚至打四折垫款，也是可能的；在这时候，如果银行方面认为公司营业方面有利或公债看涨的话，它可以把股票或公债存起来，等到将来有利时再抛出去。拿股票说，到了两三年之后，如果因事业发展每张票面价百元的股票每年可以分得二十几元的红利，则依资本还原的作用，每张股票就可以卖到三百元或四百元一张，因此，原来以对折或四折承销的股票，转瞬之间就会十倍于昔，纵然没有赚到三四百元一张，要是宣传得力，至少总可以卖到百余元一张，其赚钱之多而快，真可惊异（关于公债情形也约莫相同）。在这时候，银行所赚的钱，不消说，是从买股票者手里得来的，如果我们彻底的追究这种获利的来源，当然不外是由劳动者的剩余劳动的榨取而来的，所以银行之能靠证券发行信用为收夺别人的财产或剩余价值的手段，这件事，是显然无疑的。关于这种收夺，后面在利润论上，还有说明。不但这样，并且在某银行看见市场上某种事业的行情很好，打算自己单独去或集股去经营时，它还可自己以某某公司的名义发行股票，实则由这银行本身承受发行；在这里，如果宣传得力，则在两三年之后，也可以依上述理由获得很厚的利益，其所得利益，不消说，也是收夺别人的；所以所谓信用授受事实上还是只有形式就可以的。公债方面也是这样，如最近几年，南京中央国民政府所发行的公债，不下几万万之多，而事实上都是好了江苏浙江的几个财阀，替他们收夺了许多人的财产。

总之，利用生产信用，资本信用及发行信用三种东西去尽收夺手段的任务，这就是资本货币的第三个机能，不过，还要知道，这种当作信用收夺手段看的机能，只能行于资本主义社会；尤其是在较高级的资本社会里面，这种机能更能特别发挥，因为信用授受的必要和大规模的实现的可能原只限于最完成的商品社会，所以靠信用而来的收夺，当然也只有在最完成的商品社会内即在最高级的资本社会内，才能尽量发挥其作用。至于在资本主义以前的单纯商品社会里面，则虽然生产信用，资本信用与发行信用三种信用已经有了萌芽，然而萌芽到底是萌芽，还不能用做信用收夺的手段，纵然偶有当作收夺手段的事，也还不普遍，也还未占主导地位，所以说，资本货币的当作信用收夺手段看的机能，只有在资本主义社会里面才有。

4. 当作支付准备金及支付公积金看的机能　资本货币的第四个机能，是当作支付准备金及支付公积金看的机能。要明白这个机能，首先要知道支付准备金及支付公积金是什么东西。所谓支付准备金，就是作为银行发行钞票或银行券的后台，即银行发券的基本金，钞票或银行券的十足保证者的意思，所以不消说它是和银行钞票有密切关系的：钞票之所以能够当作现金行使，绝不是单单依着法律规定的缘故，而是因后面有充足的支付准备金以备其万一的兑换的缘故。法律对于钞票，仅仅是有一种辅助或限制作用而已。如果发行钞票时，只有法律的规定，而无支付准备金存在，则不管法律上规定得如何严密，也不能有效行使的，不但这样，并且在有了支付准备金，而不甚十分充足时，也必然要打折扣才能行使。这样因只有法律的规定，没有支付准备金的缘故而不能有效行使的钞票，在中国及外国，例子都很多，如像德国在欧战后货币膨胀时代的钞票，虽然在法律上是法货，然而因没有支付准备金的缘故，如前述，结果落价到票面价的百万分之一，就是著例。又如湖南督军张敬尧，用湖南银行的名义，发行的钞票，也是因为没有支付准备金，而只有法律的效力的缘故，结果弄得不能使一般人信用，弄得钞票不能有效行使，以至成为一文钱不值的废纸。其次因支付准备金不十分充足，而打折扣或不能行使的例子也很多，如像从前山西银行的钞票，奉天官银钱号的钞票等，就是因为支付准备金的不充足，而只能四五折的行使，最后，甚至一元的晋钞，只值一角钱。过去种种银行的倒闭由于钞票不能兑现者甚多，这里不必列举。总之，由这些例子，就可以证明钞票的后台和发钞银行的基础，必然的是支付准备金，而且要有充足的准备金，准备兑现，然后才能使一般人信用，而在市面上流通；市面上钞票之能否通行，就是以它的支付准备金的多寡为转移，即是说，钞票能在市场上行使的潜在力，也就不外乎是支付准备金的作用。我们要知道，钞票本身的好处，只是在于携带便利而已，它本身并无大的价值，其能够在市场上流通而发生一种信用，并不是因为钞票本身有何价值，能博得一般人的信心，而只因人们相信那种在银行里面表面上行着暂时退藏作用的准备金是钞票的事实上的后台，即只因它是这种准备金的反映，这种准备金的代理者的缘故。因为所谓现金这个东西，到了商品经济发达商品的种类愈多，市场交换愈广，交换内容愈巨的时候，事实上不便携带，所以才用钞票尽其代理人的职务；因此可以说，在资本主义社会里面，必然发生钞票，同时依前述：现货币资本也必然集中，这种集中的作用，一面可以拿它作钞票的支付准备金以备其兑现之用，同时更可以借此扩大其活动与流通，例如有货币资本两百万元，如用现货则只有两百万元，然若以这两百万元作为支付准备金，而发行钞票约三百万元的钞票（普通是七成准备，见后），则总计在市场上流通的货币数目，已由两百万元扩充到约三百万元了。不消说这是于发行人有大便利的；而从另一方面看，货币资本的集中又有必然的倾向，所以说发钞和资本集中，都是资本主义社会里面必然会发生的现象。不过要知道，支付准备金这东西，在实际上并不需要十足的准备（所谓充分准备当然不是十足准备之意）：据理论上说起来，虽然似乎是要与所发行钞票的数目完全相符才好，然而事实上却不一定要十足相符，大抵只要有钞票数目的三分之二也就够了。因为钞票的生命只在使一般人信用，所以在兑现的时候，不一定全数都兑出去，只要有三分之二能够兑现，就能够使兑现的人相信这个钞票能够使用，并且还会使他们将已经兑出的款子，即时又存入银行里面来，所以往往挤兑之后，银行的信用倒反格外巩固，如上海及北平的美国花旗银行，去年曾经挤兑几天，后来因它能不断应兑现人的请求，结果不但把挤兑的风潮，很快的就打消了，而且其后花旗票的信用倒反胜过它的竞争银行的钞票——这就是明白的实例。同时还要知道，所谓支付准备金，也不一定限于现金银，就是其他可以作抵押品的财产，如公债，股票，有价证券等，也都可以充当准备来发生作用，这种东西和现硬货的比例如何，在各国银行法上各有特定的规定，这和银行发行银行券或钞票时究竟需要多少数目的准备金一层，当然在银行发行法上有相当定额的规定一样。总而言之，从一般说，钞票的通行是在资本经济成熟以后的必然的产物，而因既有了钞票，必然而且必要有支付准备金，所以可以说，这种当作支付准备金看的货币的机能，也只有在成熟的资本社会内才能尽量发挥作用。这种作为发行钞票的支付准备金用的货币，从表面看来，似乎是行着退藏货币的机能，其实因为它在另一方面还行着充当支付准备金的作用，所以和单单的看做价值积蓄的退藏货币是不相同的。

其次，所谓公积金，在狭义说，是指在一般企业上为拿来供添补设备赔偿损耗之用起见，由收入中特特提了出来，积在那里，不作别用的部分说的。这里所谓支付公积金却不是这种狭义的公积金，而是指为供一般的支付之用的缘故，为维持一般的信用的缘故，特特由一般收入中提了出来，积存在那里的部分说的；换句话说，就是和发券银行的对于钞票的兑现的支付准备金，约莫有同样性质的公积金，不过发券银行的支付准备金是对于钞票的兑现说的，而支付公积金是一般企业对于一般的支付说的，在其主体和目的上有各不相同之点而已。因此，关于支付准备金的说明，在原则上，可以移为支付公积金的说明。支付公积金可以包含狭义的公积金，它的作用和狭义的公积金的目的在于必要时拿去添补设备或赔偿损耗（如工厂的机器，年经月久之后，必然因消磨而损毁，于是就要把公积金拿来购买新的机器才能继续生产；其次如遇天灾的水火，人祸的兵匪，以及地震山崩等等特殊的事变，因而受了损失时，也得要拿一种公积金来填补；再次，如遇着特殊的事故，或要谋营业的发展，种种事业，在在都有公积金的必要）一样，在于必要时供应一般的支付，以维持企业的信用即生命。总之，支付公积金在资本经济下面，也有准备金那样的性质和重要，所以它也算是资本货币所充当的机能的一部分。

支付准备金与支付公积金远在资本经济成熟以前就有了，如像意大利在十五十六世纪里面就发生了这种东西。不过支付准备金和支付公积金的有效的和长足的发展和它们的真正的作用的发挥，还是在资本经济成熟以后才有可能，因为在资本经济成熟以前，既用不着多量的钞票和大规模的支付。

上述资本货币所具有的四个机能，都是随着社会的演进，依着历史的必然而形成的，所以各表现着各个的社会关系，如果从理论上详细分析起来，当然还可以行细微的区别，不过，在我们这种讲义上，实无进一步去区分的必要，姑且从略。总之，从理论上说，所有资本货币的四种机能，都是依资本的资格而发生的，都是在资本经济时代才尽量发挥其作用的，所以它们所表现的生产关系，从一般说，都是剥削者对于被剥削者及收夺者对于被收夺者的关系。

并且就从事实上看来也是这样：自从单纯的货币转变成为资本货币之后，一般货币便尽量发挥其生产剩余价值的机能，成为榨取剩余劳动或收夺别人财产的最好工具，以至于原有的各种机能反落于第二次的地位，而形成今日这种一切关系商品化，一切商品货币化，一切货币资本化的社会。在今日，资本货币的机能既已存在，所以要解决货币问题，非先解决资本问题即资本货币的机能不可；如果离开资本问题去谈货币问题的合理的解决，那简直是梦想（理由很简单：因为在今日，货币已把当作资本货币看的机能，作为它的首位的机能了）。由此我们可以知道世上许多货币理论如何的谬误，同时也可以知道我们所以把关于资本货币的说明，放在这里和国内货币及世界货币并论的理由了。

　　五　货币的种类　我们在前面各段里，说明了货币的机能的种类及其历史的发展，说明了货币这种社会的范畴，必然由国内货币的形成，而变为世界货币，说明了货币的机能必然由国内货币的第一机能起，进而发生国内货币的其他三种机能，更必然的由国内货币的机能，进而发生世界货币的六种机能，更进而由世界货币的机能，必然的发生资本货币的四个机能，总计起来，必然发生十四个机能。明白了这十四个机能之后，就可以进一步说明和货币的机能相关联的货币的种类了；这自然是因为货币种类如何，这个问题，非常繁复，不但在一国之中因机能之不同而有种种形态的货币，并且在各国内，又因历史和环境而形成种种不同的货币种类，所以非先把货币的种种机能弄明白，就无从作合理的有系统的解释的缘故。因此，所以在世上虽然已经有许多不能彻底明白货币机能的经济学者，发表许多关于货币种类的主张，然而始终是迄无定论的状况。现在据我个人根据上述机能的种类研究所得的结果，似可把货币的种类列为下表：

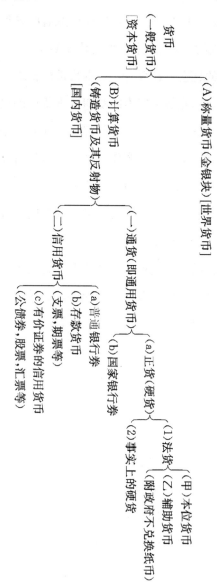

说明：

（一）在整个的货币世界当中，可分为（A）称量货币，（B）计算货币两大类。所谓称量货币，是指它的分量和形状，大都没有什么一定，而是到了使用的时候，才去称定的货币说的，如金叶，银锭，碎银等都是例子。但是现在有许多所谓学者，对于金叶，银锭，碎银等，却认为不是货币；只承认它们是当作货币材料用的商品（金银块 Bullion）；这是一种谬说，因为货币这个东西，不消说，原是一种商品，在固定的以某种商品的物材去充当一般等价物时，这个商品就算是货币了，所以拿某种东西是商品的理由去否认那东西的货币性，那是极无道理的事。像刚才所说的金银块，既是固定的以金银为物材，去充当一般等价物，它就当然也算是货币了。在事实上，如像在中国，在没有银元以前，所使用的各种金叶银锭，就和银元同样固定的充当了一般等价物，同样尽了货币的机能，我们不能否认它，说它不是货币；就在中国有了银元以后，如海关上规定的货币本位，就仍然是称定分量的银两，难道能说这种银两也不是货币吗？还有在国际市场上被当作支付手段的，如前述，也是称量式的金银块，而被称为世界货币，难道能说国际市场上无货币吗？由此看来，可知否认金银块的称量货币，这种说法，当然是偏见和谬说。至多我们只能说，从发展史上看，国内的称量货币只是没有发展完全的货币，在货币成熟期，国内货币只能是计算货币，而决不能否认，说它（金银块）不是一般货币之一种。

（二）计算货币是具有特定的形状和分量的货币，在使用时不需称量，只计算个数目就够了，所以叫做计算货币。其中包含铸造货币及其反射物即代理品。最初的计算货币只是金属的铸造货币；

后来因为经济发达，交换的范围和交换的内容都加大了，因而弄得贵金属的铸造货币，反不便于运输和携带，同时，社会上的信用机关也因法律的有效而发达起来，因此就发生了金属铸币的各种反射物即代理品，即纸币，银行券，钞票等；但是，这种反射物的代理品，在表面看起来，似乎与铸币不相关联，似乎在货币当中添上了另外一种东西，而和铸币并列，其实，若从本质来说，如前述，它们只是铸币的反射物，决没有独立的存在，决不能和铸币并列。

（三）通货（Currency）就是通用货币的意思，事实上都是指那在社会里面往复流通，处处有效的流通手段说的。其中分（a）正货（Specie）或称硬币（Coins），（b）国家银行券两种，后者由纯粹的国立银行，或公私合办的中央银行（如日本的日本银行）等所发行的银行兑换券。前者是由政府的造币厂铸造的，或不由政府自铸而由政府监造的。当然这里所谓国家银行券，只是它能够是正货的代理品的范围内说的，如果这种东西的发行的数量，超过它所代理的实际正货的数量甚多，则如前述，它就会失去充当货币的资格。不过，从一般说，因为这种银行券的发行，照例都受这一种特别法律的规定或限制，所以它的发行数量在平时却始终会在大体上和所代理的正货，保持平衡，因此，这种银行券在这个范围内，也可以算是一种和正货相等的东西。

（四）在正货当中又分为法货（Legal tender）与事实上的硬货两种。前者是由国家的法律所规定，被认为有效的支付手段的货币；而后者则与前者恰相反，没有法律去规定其通用效力，仅仅是在事实上具有通行的力量，不过有时候它有被人拒绝不用的可能，例如币制改革后，已经过了法律有效期的旧币或外国货币等就是。

（五）在法货当中，又分为本位货币（Standard Money）与辅助货币（Subsidiary Money）两种。所谓本位货币，是那种在通用数量上具有无限的效力的法货；而辅助货币，则是那种只在特定数量范围内具有通用效力，要是超出特定的数量范围，就要失其效力的法货，它的本来的作用，也只是在帮助本位货币之所不及的地方，如本位货币为银币之一元，而在元以下的角，分等，如只是银元，则当然无从分割计算，所以用比银元小的辅币，以济其穷，因此，所以叫做辅助货币。关于本位货币与辅助货币所应使用的种种材料，成色，分量，名称，及本位货币和辅助货币的关系，并两种货币的铸造手续等等，在各国里通例都有货币法令详细规定着。只因为各国国情与各国法令各不相同，所以才形成种种不同的本位制度，关于这种种本位制度的问题，是应该在货币论里面专门研究的，在此只好从略，其中一部分详见下节货币政策处。

（六）从普通说来，法货虽然只能是本位货币及辅助货币两种，但是在特殊的时期，如像战争时期，往往以特别法律规定，停止国家银行券的兑换现金，而成为事实上的不换纸币，甚至于由政府直接发行纸币，如欧战时的纸币；又如现在经济恐慌中的货币膨胀政策下的停止兑现也是例子。当着这种特别时期中，所发行的纸币虽已成为不换纸币，然而从其形式上看去，不能不承认是十足的法货，所以应该把它附属于普通的法货之后。

（七）在计算货币当中，除了通货之外，就是信用货币（Credit Money）。所谓信用货币，前已述过，是由各种信用关系而生的，事实上具有和通货同等的作用和效力的东西。其中更可分为三种：（a）普通银行兑换券或钱庄所发行的钞票，（b）存款货币

(Deposit Money)，（c）其他有价证券的信用货币。普通银行兑换券是一种信用货币，不待多言。所谓存款货币，事实上是指支票或期票说的；从表面看来，支票和期票，似乎不是货币，然而从发行者方面看来，支票或期票实和钞票有同等的性质；例如支票，假设某银行存入无数存款人的存款有十万元，并且银行方面知道其存款人不会将所有存款同时完全提出时，这个银行就可以采取特别存款式的放款办法，在放款于别人时，附带一条件，把所有借出去的款子通通作为借款人的特别存款，不交现金，只给与支票，叫他于必要时用支票来取款子，或不给支票，而叫他以存款为担保，发出期票去行支付，这样一来时，银行方面就可以行数倍于十万元的放款，并无兑现乏款的顾虑，像这样增加货币作用的支票和期票，事实上与普通银行券并不两样，这岂不是支票和期票也变成一种存款货币，的确是行着货币的作用？其次，其他有价证券如公债券，股票，汇票等，虽非可以兑换的银行券，也非背后有银行存款作后盾的存款货币，然而，如前述，它们在市场上却有价值，可以代替货币（如像拿去作担保而借款或拿汇票去贴现换成现货），发生和货币相同的机能，所以也应该和银行兑换券及存款货币同样是信用货币之一种。

（八）方括弧〔　〕内的字是表示国内货币，世界货币及资本货币的主要的原则的构成内容的，即表示：世界货币主要的只能是称量货币，国内货币在原则上只能是计算货币，而资本货币在原则上却可以兼是称量货币和计算货币。

由以上看来，可知货币的种类是很复杂的。此外，还可以依种种标准，去行分类，如像只拿货币在社会上的通用力和它实际价值的比较看，也有许多的种别，如像本位货币的价格是和特定的金银量的价值保持一定等价关系的，所以形成所谓实价货币（Money with Intrinsic Value）或天然货币（Natural Money），而辅币的实际价值则和它的名目价值相较，实在差得太远（如二角银的辅币，把它当作银块看时，其价格比之同样分量的银子再加上铸造费的合计，还要大得多），所以就形成所谓名目货币（Token Money）；至如人造货币（Artificial Money），如纸币，银行券，信用货币等等，更不消说，它们的质料的价值和其名目价格，相差得更多了。不过，要知道，就是本位货币也有实际价值与名目价格不相符合的现象（因为铸造的技术与经久磨损的关系使然），所以从社会上通用力的差异即通用的难易说，就发生良币和劣币的区别，因此更必然的发生前面述过的所谓格列霞姆法则（Gresham's Law），即"在流通界里良币常为劣币所驱逐；反之良币欲驱逐劣币却不可能"，那个法则。

总之货币的种类是很复杂的，其对于市场的影响也是很大的，因此，各国采取种种货币政策，如像下节就要述的"货币本位政策"，"货币发行政策"，等等，一以防止恶影响，一以达到特殊的目的，如收夺的目的。不消说，这种种政策都是与货币的种类及其机能有很密切的关系的，所以在我们已把货币的种类及货币的机能弄清楚之后，我们就应该进而叙述货币政策的大要。

第五节　货币政策

一　导言　货币政策的存在，可以说是货币的各种机能的必然的结果，如像：有了充当价值尺标的机能，就不能不有关于货币本位的政策；有了世界货币的各种机能，就不能不有现币集中的政策及禁止现金出口等政策；有了当作信用收夺手段及当作公的收夺手段的机能，就不能不有货币膨胀政策及货币发行政策等等，就是例子。因为货币政策和货币的机能有必然的关联，所以，如不懂得货币政策，结果就会等于不懂得货币的理论的全体；因此我们有在这里说一说货币政策的必要。不过，所谓货币政策，内容很复杂，并且也不是属于经济原理的应讲范围，而是应该在货币论里面去说明的，所以在我们讲了货币的机能及其种类之后，虽然应该把货币政策提到，然而却只能择重要而且很普通流行的五种，分别来说说。

二　货币本位政策　所谓货币本位政策，是由货币的第一个机能——当作价值的尺标及价格本位看的机能——发生出来的政策。在前面也曾说过，要想充当价值的尺标能够实行发生作用，就要定出一定的本位才有可能，而怎样定出这个本位，这件事，却因社会的需要和环境的不同而有区别，所以应该有一种政策的研究去决定它。所谓本位问题，从广义方面说来，可以说是内容很多，如像以什么为本位的问题，本位大小如何的问题，本位下面的区分如何的问题，以及本位的成色如何的问题等，都是应被包括在里面的，而狭义的本位问题却只是指第一个问题，即拿什么来做本位，用金做本位吗，还是拿银做本位，抑或是用纸币做本位的问题说的。在这里所讲的本位政策，当然是指关于狭义方面的本位问题的政策说的。所谓狭义的本位问题，结局是研究本位制度，而本位制度却有种种的不同：

（a）单本位制（Monometallism）　在单以金币或银币之一种

为本位货币，而用允许自由铸造的办法，去维持特定量的金或银和一货币单位间的等价关系时，如日本的金一元等于金二分的那种关系时，那样的制度就叫做"单本位制度"（或金单本位制或银单本位制）。

（b）复本位制（Bimetallism）　在兼以金币和银币两种为本位货币而用允许两种货币的自由铸造的办法，去维持特定量的金及银和一货币单位的等价关系时，那样的制度就叫做"复本位制"。

（c）跛行本位制（Limping Standard）　在虽以金银两种货币为本位货币，但在事实上却因为银价跌落的缘故，特别禁止银币的自由铸造，以限制其流通量而维持其特定量和货币单位间之等价关系时，那样的制度就叫做"跛行本位制"。

（d）金汇兑本位制（Gold Exchang Standard）　在虽规定以金币为本位货币，但在国内并不铸造金币，而仍使用银币，且不但不允许自由铸造的办法，并且用限制银币的流通量以提高其比率的办法，并用买卖对外的金汇票，以清算国际间的贷借关系的办法，去维持本位货币和金的特定分量的等价关系时，那样制度就叫做金汇兑本位制，或虚金本位制，或金计算本位制。

（e）金块本位制（Gold Bullion Standard）　在虽规定以金币为本位货币，但不用允许自由铸造的办法，而用买卖金块的办法，去维持一货币单位和特定分量的金子两者之间的等价关系时，那样的制度就叫做金块本位制。

从一般说，以上五种本位制度（此外，在发行不兑换纸币时或在因行货币膨胀政策而使钞票落价时，事实上变成以纸币为本位，所以也有人称为纸币本位，那当然是错的，因为那是非常时的例外），当然均为的是要各自适合于各自的国情及经济上的利益的获得而才被决定的，但是，在事实上，在某一国采取了某种制度时，它对于其他国家往往会发生很大的影响，而引起不少的纠纷，如中国的银本位制和金本位制的问题在事实上引起了列强间不少的争端，又如美国因放弃金本位，而对于其他各金本位国家就引起不安，以至迫使它们起来反对，都是明显的例子。因此，所以货币本位政策的研究，就成为国内经济上和国际政治上的一个意义极大的问题。例如，从国内经济上说，在某国生活程度较低时，当然用金本位是不适宜的，只合用银本位，但是在本国可算适当的银本位制，在国际上却又有问题，因为如果采用银本位制，则因金和银两种的比率常常变动的缘故，可以使金本位国的先进国在输出入上感觉不安，但是如果采用金本位，又于己国不适宜，且还要受产银的先进国的反对，所以经济落后的生活程度很低的国家的本位问题，是不能自主的，是完全要受制于多数国家的支配的，如像中国，就是著例。所以中国这种事实上用银本位而对于外国所负债务却是依照金价来计算的国家，当然免不了要吃不少的亏而无办法。由此可知货币的本位问题，在一般货币政策问题里面是很重要的问题，中国从前清末年，就闹本位制度问题，还屡次请外国人来中国帮忙调查决定，直到现在，始终还是没有结果，最近的改两为元，表面上似乎有一进步，而实际上仍然是乱七八糟的一塌糊涂，而且在国际上还被各帝国主义者反对，真可算得是无本位政策。

　　三　货币发行政策　所谓货币发行政策，在前面讲货币的种类时曾略提到，是由当作流通手段看的机能发生出来的。普通的货币发行是指银行券或钞票即所谓代理现币的东西的发行说的；虽然代理现币的东西不一定限于银行券，而还有其他的信用货币都能代理现币的作用，但是，一般提到发行政策，却都是指银行券的发行说的。银行券的发行虽然不限于国家的中央银行，但，无论是国家银行发行或其他的银行发行，在发行时总得有一定的政策，如果没有一定的政策，随便滥发，而使其数目超过了应有的流通量时，就会使纸币的价格低落；而据前面所述，事实告诉我们，纸币价格一落，则依恶币驱逐良币的原则，大多数的现金银都会行其退藏货币的机能，而使纸币和银行券逐渐成为不兑换纸币，所以在银行券或钞票的发行时，非有一定的政策不可。

所谓发行政策，在事实上，是指在发行银行券的时候，对于下面的各种问题的顾虑说的：第一是要什么银行才有发行权的问题，即是只有中央银行才可以发行钞票吗，还是其他的银行也可以发行，或是像美国那样，在原则上要联邦准备银行才可以发行，抑或是像中国从前一样，任何银行都可以自由去发行的问题。第二是在发行的时候，应由财政部去监督吗，或应由中央银行去监督的问题。第三是支付准备金的数目，到底应有多少支付准备金，到底应该要真正的现金，还是可以兼要现金以外不动产如房屋，土地，机械等的问题。关于这三方面的问题，在发行兑换券的时候，都要一一的顾到，并且同时还要看各国的情形如何，整个世界的金融界又如何。总之，把各方面都顾到了，然后才能够确切的决定下去。其所决定的就是货币发行政策。这种政策的内容当然要依各国情形而异，决无一成不变的规定；其要总在看当时国内及国际情形为转移，如果你忽视了国内外的情形，不顾虑到周围的环境，而去发行钞票或银行券，结果，钞票就会被人拒绝，甚至于会落价到一文钱不值，不但有悖发行兑换券的本意，并且还会引起金融界的大紊乱，甚至于全社会的不安，由此看来，可知发行政策在金融界里面实占着极重要的地位。

在理论上说来，所谓发行政策，实不应仅限于银行券的发行政策，而应依广义，把各种信用货币如公债票或私人发行的支票期票等，凡是其作用和银行券或钞票的性质完全相同的，都包括在发行政策里面才对，因为关于这些东西的发行，如果没有一定的政策，也同样可以引起金融界的紊乱和社会的不安。不过，事实上，在资本主义的国度里，要想如何精密的完全顾到或节制这些东西，那的确是不可能的，因此，所以各国只能做到狭义的发行政策即银行券或钞票的发行政策。

四　物价安定政策　我们现在是说货币政策，为什么要把物价问题放在这里来讨论呢？这个物价问题，从外表上乍看起来，似乎和货币政策无关，所以在这里讨论物价问题，似乎有点奇怪；其实一点也不奇怪，我们只要把前面讲的商品的价值问题，略为一回忆，就可以知道物价和货币政策之间的关系。据前面所述，我们早已知道，货币是表现着商品的价值的东西，商品的价格就是由货币表现出来的商品价值，并且货币本身也是个商品，所以物价和货币二者决不是无关系的东西；因此，我们可以说，所谓一切货币政策，也就是整个的关于物价的政策，因此，所以所谓物价安定政策，或物价搅乱政策才不能不为货币政策之一。前面已经详细说过，原来货币之所以能够表示商品的价格，就是因为货币本身有价值，并用货币本身的价值作为等价物去表现其他商品的价值的缘故，其表现形态为：

$$\left.\begin{array}{l} yBW \\ vCW \\ uDW \\ \cdots\cdots \end{array}\right\} = xG（货币）$$

而货币本身的价值却可以拿一般商品的价格即物价表现出来，其表现形态为货币形态之逆，即

$$xG（货币）= \left\{\begin{array}{l} yBW \\ vCW \\ uDW \\ \cdots\cdots \end{array}\right.$$

由这种货币形态和物价形态看来，更可以知道所谓物价问题就是货币问题，所谓物价高低问题就是货币价值高低问题了。

所谓物价的高低是可以从物价指数上逆着看出来的。所谓物价指数，简单的解释起来，就是这样：在一国内，拿种类不同的重要的日常用的商品，少则十余种，多至六七十种都可以，调查它们各种商品的一月或任何一定期内的价格，把各种价格合计起来，以商品种类之数除之，就可求得一个总的平均数目，作为那个期间的物价，并以它为基点拿来和第二月或第二个同样的一定期间内的，用同样方法求得的物价相比较，而算出其百分比，就可以知道一般物价的高低（当然除开一般物价的变化之外，还可以知道各个商品价格的变化，譬如米在前一个月为多少价格，而在第二个月以后又为多少价格，把几个月间价格，用百分比例算出来，就得到一个百分比率出来，去表示米价的变化）。像这样用特定种类的商品的异时的价格相比较而求得其百分比例，以知一般物价的高低变化时，其

所比得的数目，就叫做物价指数（Index Number of Prices）。不消说，这只是一个举例，实则各国物价指数的算出方法，还有种种的不同，那是属于统计学的范围的问题，所以这里不赘说。

物价指数既可以表示一般物价的高低变化，所以就可以更由这个物价指数，逆着从左边读到右边，去得出货币价值的高低变化，当然也就是得出一定量的货币的购买力的大小的变化。并且，如果我们记得本篇第四章第一节关于价值形态的量的问题所述的话，则商品的价值和货币的价值表现量的变化，显然恰恰是成反比例的变化，譬如说商品价值增高了，则货币的价值表现量必然的会降低，商品价值增高到什么程度，则货币的价值的表现量也同样降低到什么程度；反是，若商品价值降低了，则货币的价值表现量又必然会增高，其降低与增高的方向相反的，而其程度却是相等的。因此，所以我们如果要使物价安定（何以要使物价安定，那是另一个问题，详见后述），就可以从货币的价值的表现量方面，去想办法——虽然这不是唯一的办法；结果，物价安定政策，就是货币政策之一。这样我们就明白了物价安定政策和货币政策的关联，明白了物价安定政策在货币政策里面的地位了。

当然，在这里，我们要十分注意，从货币方面去谋物价的安定，这种办法，只是物价安定办法之一种。因为和物价的变动相关联的，还有生产技术的变化，即是说，因为物价的变动，还可以拿生产技术为其因子，譬如一般的生产技术增高时，则物价就会低落，生产技术后退时，则物价就会随着增高，所以在决定物价安定政策时，也可以从这个方面去想办法，因此，哪怕是从货币价值表现量方面去谋物价的安定，也要顾到生产技术的变化方面。如果把一般商品的价值因技术方面而来的高低的问题，置诸顾虑之外，那就会发生很大的错误，如李嘉图所主张的所谓天经地义的学说的货币数量说，就是犯了这个毛病：本来商品的价格的变动，和生产技术是有很大很大的关系的，依照马克思的正确的学说看来，它一方面要以商品本身的价值的大小来决定，而另一方面又要以货币数量的多寡来表现；要把两方面合起来才是对的，如果只看到一方面，而忽略了另一方面，当然就会发生错误。而李嘉图却以为物价只是靠货币数量的多寡来决定，而主张所谓货币数量说，把商品的价值本身认为和商品价格不相关联，那就怪不得他不能得着正确的结果了。总之，商品的价值与货币数量两方面，因各有其相互关联，所以必然的要双方都顾到，而且要有机的联系起来，才能真正安定物价。

以上把物价和货币政策的关联说明白了，现在应进一步来讨论为什么有物价安定政策的必要。不消说，若从消费方面看，一般物价的变动无常，会使一般人大大感觉生活的不安；即从生产方面说，如果一般物价变动不定，则生产者就不但会因不容易订立生产上的整个计划，而不易使生产事业有长足的进展，并且还会因此而至于有亏本，停滞，破产的危险。其次更从消费和生产两方面的关联说，也有实行物价安定政策的必要，因为如果物价不安定，则消费方面会因慄慄危惧而减少其消费数量，其结果会影响到生产的进行，使生产者的资本运转不便，而发生生产者方面的损失，此种损失的结果更会反映到消费者身上，最后的结果必然是生产者与消费者两方面都受了很大的损失，更因此引起金融的紊乱和社会的不安。因此，所以如果要谋生产者与消费者两方面的安全，就要先谋物价安定，物价一安定，则社会上一般的生产与消费都很安定，因而金融畅适流通，而整个的社会也就很安全。既然这样从社会安全，金融流通，生产与消费的关联，等等方面看来，都非谋物价安定不可，所以有物价安定政策的必要。不过，还要知道，这个政策的施行虽然从各方面说来都有必要，但是事实上纵然实行起来，也决不能够使物价绝对的安定，充其量也不过是获得一部分的物价安定罢了。为什么？因为资本主义社会原是无组织的无政府的错综混杂的社会，生产方面也是无组织的无政府的生产，消费方面更是逐新喜异，变动无常的消费，所以纵然努力去安定物价，在事实上万不能各方面都顾到。所以至多只不过是获得一部分的安定罢了。

至于物价安定政策的实际的方法，那是经济政策的研究上的问题，这里只要说明这种方法大致不外乎（一）伸缩货币数量，（二）限制或奖励生产，（三）规定最高最低价格，（四）由政府收买或出卖商品，等等，而其中只有（一）才是由货币方面去安定物价的办法一层就够了。事实上，（一）的实际的办法，又有（a）直接用所谓 Inflation 或 Deflation 的方法去伸缩货币数量，（b）提高或减低中央银行的存放利率，间接去伸缩货币数量，（c）发行或偿还大宗公债，间接去伸缩货币数量，（d）用紧缩政府预算或扩大政府预算的方法，去伸缩货币数量，等等；兹不赘说。

五　物价搅乱政策　与物价安定政策相反的就是物价搅乱政策。所谓物价搅乱政策这个名词，乍听起来，很可以使人奇怪，其实并不稀奇，只要我们看了前面资本货币的第一个机能——当作公的收夺手段看的机能——就可以明白。前面说过，在实行所谓公的收夺手段时的机能时所采用的政策，就是货币膨胀（Inflation）政策，这个政策能使物价提高起来，使生产方面能够因在事实上减少了工资而在成本计算上更加有利，能够因此把所有生产的商品畅销于国际市场，同时还能因本国货币的落价而在事实上面拒绝外国商品的进口，一面在国际上畅销本国的商品等，总之，它有种种的作用，但是，从它对物价关系看来，明明是一种物价搅乱政策。因为在这时，物价虽然提高了，然而并没有一直安定下去，从它的最后结果来说，倒是更要使物价变高，或更使物价惨落（因为 Inflation 这东西在本性上是越膨胀越更需要膨胀，结果直到中产阶级完全破产，发生生产过剩时为止，其时，物价又惨落了），所以说它是物价搅乱政策，既然货币膨胀政策就是物价搅乱政策，为什么在此处不直接用货币膨胀政策的名词来代替，而仍用物价搅乱政策的名词呢？这其中自然有道理，简单的说来，就是因为内包与外延的不同的缘故，就是说，因为货币膨胀政策虽是物价搅乱政策，而物价搅乱政策却不一定就是货币膨胀政策的缘故。因为货币膨胀政策，只能算是物价搅乱政策的一部分或一方面而已，还有与 Inflation 政策相反的通货紧缩（Deflation）政策也应该被包括在物价搅乱政策之下，要把二者合起来，才能算是真正的物价搅乱政策，这里所以不用 Inflation 那个名词而用物价搅乱政策这名词的理由，就在这一点。那么，所谓 Deflation 政策到底是什么意思呢？它既是与 Inflation 相反的东西，当然我们可以推知它的意思就是使货币的数量减少以便使物价低落；因此，所以有人称它为货币紧缩政策。现在要看看，为什么行货币紧缩政策，在行了货币紧缩政策之后，得利益的又是谁人。刚才说过，在货币膨胀之后，必然会产生许多怪的现象，就是货币的价值愈更低落，而物价更形特别高涨，直到发生恐慌为止，结果会使金融紊乱，会使社会不安，所以在这种异常现象的时候，从某一部分的人看来，就非减缩货币不可，具体的说来，货币膨胀政策，可以牺牲无产阶级及小资产阶级的利益，使本国的工商业特别发展起来，而货币紧缩政策，却可以牺牲工商业的利益，使金融资本家的资本价值增加。如像在生产事业大大扩张至有发生生产过剩的危险时，如实行 Deflation 政策，使货币减少，则不但会因物价低落，而且会因利率加高的缘故，而不能不停止其生产的一部分；而金融资本家则躲在防止生产过剩的美名之下，在事实上因货币价值高涨而增加其利益——这就是明例。这还只是对于国内的影响的说明，在国际上，当然也有特殊影响。像这样的国内货币的价值提高而物价降低，就很容易诱导外国货物输入本国，因为在这时，本国人可以用同一货币买得较多的外国商品。这从一般的说来，是不应该的，所以在这时为免除诱入外货的弊病，就得加高关税。不过，纵然是在对外方面，也不能说 Deflation 政策对于某一部分人绝对没有利益，如像在特殊情形下面，如本国缺乏一般的日用物品如米麦等，希望从外国输入时，又如战时本国没有充分的军用品，想从外国购买时，又如美对英法德等国恐其不能还赔款和战债时，都可以利用 Deflation 政策，使一部分人收获特种利益。既然 Deflation 政策在对内对外方面，都可以发生大的影响而使某一部分人获得特殊利益，所以这种搅乱政策，也和货币膨胀政策一样，有它的固有的存在理由。总之，要物价增高就可以利用 Inflation 政策，反之，要物价降低，又可以凭借 Deflation 政策，所以物价之搅乱，要靠种种政策才能负担，因此，所以我们说，Inflation 政策固然是物价搅乱政策之一部分，而 Deflation 政策却也是其一种，要二者结合起来，才可以尽量发挥资本货币的剥削和收夺的机能。

物价搅乱政策的实际的方法，比较物价安定政策的方法简单，大抵与上述物价安定政策的方法中之从货币数量方面看的方法相同，兹不赘说。

六　现币集中及禁止出国政策　前面所讲的四种货币政策，都是按其重要的顺序，依次来说的，现在这个第五的现币集中及禁止出国的政策，当然没有前面几个那样重要，然而因为在事实上，主要各国在目前政治上都在实用着它，所以在此地也有说明其大略的必要。我们首先要明了这个政策的意义。这是很显明的：在国内，把所有的现金集合在一个地方即中央银行，对外，把国外的现金尽可能的力量吸收进来，一面不让本国的现金出口——就是这个政策的内容。所以现金集中与禁止出国是相互为用的，是一而二，二而一的东西，也可以说是一种东西的两方面。

这个政策，按照帝国主义的意义与作用说来，似乎很不合理，似乎与帝国主义的理论大相径庭。从理论上说来，帝国主义必须投资到外国去，既然要投资，必然要把现金输出，由这点说来，岂不是与现金集中及禁止出国政策的理论相矛盾吗？并且前面在说世界货币时曾说过，按照世界货币的理论说，出国去生作用的货币，都非是把一切国民的制服脱去的金银块不可，那么，帝国主义既然必须向外投资，当然就非用脱去了一切国民制服的现金不可，怎么现在的帝国主义各国会禁止出国呢？这已很奇怪。其次，现金集中政策必以金属论为前提才能存在，就是说，必然的要站在金属论的立场才可以主张，然而依前述，金属论本身的理论是根本错误的，并且，从它的发生源流上说，金属论的学说原是初期的重商主义时代的经济的反映，它对于现在行将走入坟墓的资本主义末期的帝国主义时代，也似乎不大适应，怎么可以拿现金集中政策，去图谋帝国主义的对外的成功呢？这在理论上，似乎也不可解。但是，现金集中和禁止出国的政策，事实上却被现在世界上差不多全数的强国都采用着，那是什么道理？据我们看来，这只因为目前是所谓金融资本主义没落时代的第三期，是恐慌时期，是转变期，所以一般的原则在今日的适用上就不能不受相当的限制和变更；更具体说，目前资本主义国家所以都采取现金集中与禁止出国的政策的理由，其在经济上政治上所根据的理由有两点：

A：经济上的理由——我们在说资本货币的机能时曾说过，经济上的最后的支付手段的作用，非现金不能充当，用所谓现金的反映品（纸币，汇票等）去代理现金，这件事，只有在经济情形向前顺利和平的发展着的时候才有可能；就是说这种反映品只能作用于平常，如果在非常时候，如在战争或恐慌时期，则纸币等等都会失其作用与效力；更拿别的话说，就是：如果在生产力和生产关系相适的时候，则一切现币的代理品在不超过应有分量的范围内，都可以流通有效力，反是，如果在生产关系对于生产力变为失调，而成为生产力的桎梏的时候，即到了经济情况不仅是不发展，而且停滞或后退的时候，则一切现币的代理品在流通界都会渐渐失其流通效力而终局成了废纸；在那时，就非本身有价值的东西（现金），不能生流通的效力。由此，可知现金是在经济不安定的时候必要的东西。但是要知道这种不安定的现象，在今日，却是随时随地都有的，即以现在流行着的普遍的世界经济恐慌来说，就是任何经济学派的学者都不能否认的循环式的经济恐慌，而且这种有周期性的恐慌，在事实上，已因普遍化和深刻化而反映成为政治上的危机了。所以如果当着这种恐慌进行时期，而不早为预备现金，则到了一切信用机关都破产了，只有现金才能负担货币的责任的时候，便无办法；因为在恐慌时候，不用说没有一点现金，就是现金准备的数量不充分，也都无从设法缩小和暂时解决恐慌（当然这不是说有了现金就可以解消恐慌，而只是说无现金时更无办法），因此，各国为了预防这种非常时候的作用的缘故，才集中现币；同时各派的经济学者在今日也不能盲目的否认循环式或周期性的经济恐慌，而只认为在不合理的矛盾冲突的今日的资本社会里面，要防止恐慌虽是绝对的不可能，然而救济的方法却未尝没有，只要预先多多吸收现金，并禁止出国，把它集中并储蓄在中央银行，就能应付非常时期（即恐慌期）中的流通和支付上的需要。当然只有保有实际价值的现金才能应付这种需要，因为在那时候，哪怕信用机关如何发达，如何平日能昭信用，也总是会依"只有货币才是商品"的理由，而变成没有一点儿效力。到那时，只有集中着现金才能维持信用，所以目前的资本主义国家所集中的现金，并不是为拿来当现金使用，而仅仅是作为信用的准备；这一层是和初期的重商主义的重金银的性质完全不同的，切不可混为一谈。

B：政治上的理由——我们知道经济与政治是相互密切关联着的，即经济的一切虽可以决定着政治，而政治上的一切又可以依政治优位的原理，反作用到经济上来；所以政治上所以必须集中现金的理由和经济上所以必须集中现金的理由，一方面是相关联的，同时又是自有其独立性的。政治上的具有独立性的理由，就在现金集中多的国家，在政治上必然享有很大的威权一层上面。譬如在现金多的国家里，如遇着开战的时期，它的信用机关就会依然有效，因此，它在政治上的地位就会特别巩固；而现金少的国家，却必然的会适得其反，而弄得政治地位非常脆弱。这只因为战争原是政治的继续，所以在表面虽不能与经济上发生任何影响，然而在实际上却往往会依政治可以反作用到经济去的原理，进入严重的恐慌，如像战胜国的相当损失和疲惫，及战败国的总破产，都是比之单纯经济恐慌有过之无不及的，所以战争和经济也有不可离的关系。举实例说，如像欧战后的德奥两国的总破产，英法的濒危，就是战争可以影响到经济去，一事的有力的证明。在另一方面，我们又看见1924到1929年间的美法两国，因为集中现金甚多的缘故，在政治上能够发挥很大的作用，尤其是美国，因为集中了很多的现金，所以能在国际政治上操纵一切〔如1924年的道威斯（Dawes）计划和1929年扬格（Young）计划之由美国主持，固然也是因债权债务的关系使然，然而美国现金集中上的威权确也是一个主要的原因〕，这都可以证明现金集中对于国家的地位及政治的势力，的确发生着很大的作用。总之，在今日，现金集中这件事，的确表现着经济上及政治上的力量的总和。

现在我们且说现金集中与禁止出国的办法。所谓现金集中与禁止出国政策的实施的方法，主要的是凭借经济的方法，其中常用的有三：第一是利用短期资金的方法，这是极力奖励短期对外投资，一则这种投资的利率较高，二则容易收回，不易有冻结的危险，所以在短期对外投资额加大时，国际收支计算必然有利，结果必然会吸收外国现金，譬如美法的短期投资的资金，曾经收获很大的利益，集中了许多现金，就是明证。不过在短期投资的时期，如果被别的国家认清楚了这种投资的吸收现金的目的，则别的国家可以起来设法阻止现金出国。第二是倾销政策（Dumping），这种政策表面上的目的是在倾销过剩的生产，去图谋争胜与独霸市场，其实骨子里就是现金集中的一种方法。这种方法在实际上常常用减低对外汇兑价格去实行，不易被人觉察，所以往往行之有效，可以吸收相当的国外现金，如像战后的法国及近两年的日本，都曾获得相当的成功；不过，在被别国觉察时，这种倾销政策也不一定就能成功。第三是用高价收买现金，把金块价格提高到货币法则所定的本位货币的平价以上，这主要是以国内的现金集中为目的的。以上是利用经济的方法。其次是政治的方法：（一）用政治上的力量，禁止现金出国的方法，这在禁止时期，当然本国会因汇兑的不利而受相当的损失，同时还有相当的困难，但是在事实上出于不得已时，也非禁止不可，并且，如前述，汇兑上的不利是可以由输出商品的必然增加的利益来填补的，所以这种方法亦为现今多数国所使用。不过，这方法是要政治能够独立的国家才能行使，如果政治上不独立，则会因受别国的干涉而不能实行（如像今日的德国）。（二）是名义上不禁止出国，而实际有禁止的作用的方法，如像以国家的力量来管理汇兑，就是例子。此外（三）用政治力量禁止人民蓄藏现金（如像美国），也是在国内集中现金之一法。以上都是利用政治力量的方法。

除了上面说的利用政治经济的力量的主要方法之外，还有用种种其他方法以达吸收现金的目的的，其中最显著的，是法国在欧战以后极端欢迎外国人到法国去游览的方法。在那时，在法国的戏院看戏的人，有百分之九十五是外国人，坐飞机游览的本国人事实上不过百分之五，其余都是外国人；像这样欢迎外国人来享乐，也是一种吸收现金的方法，并且是瑞士国早已实行着的方法。诸如此类的各种各样的的方法尚多，这里不必絮说。总之，由这样无微不至的方法看来，也可以看见这个政策的重要。

第六节 总结

关于货币的机能与其种类以及政策等各方面，以上总算说了一个大概。我们在这节试来做个总结，作为本章的收束。这个简单的总结，可分为几点：

（一）货币是必然会从商品生产中发生出来的社会的范畴。所谓名目论和所谓金属论都是谬说。这是应注意的第一点。

（二）货币的各种机能，是表现着商品生产的各种关系的：有的表现着一般生产关系，有的表现着借贷关系，有的表现着剥削关系，有的表现着公的收夺关系。因此，所以说，货币的各种机能不是凭空而来的，而是必然的以生产关系为其发生及发展的源泉的。这是我们应注意的第二点。

（三）名种货币的机能，是随着商品经济的发展而发展的：如国内货币的当作退藏货币看的机能，是在第一二两种机能发生以后才发生的，同样，第四机能又是随着第三机能的发生而后发生的；又如世界货币的各种机能，是在国内货币的各个机能发生后才发生的，等等，都是明例。总之，因为各个机能和各种货币，都是次第的，一步一步的，发生出来并发展下去的，所以可以说货币的种类和机能都是随资本经济的扩张而扩张，随资本经济的发展而发展的；它们绝不是被某人或某几个人凭空想象出来的，而是以经济的发展为前提而产生出来的。这是应注意的第三点。

（四）各种货币的各个机能，虽是如第三点所述，会必然的次第的发生出来的，但是，这绝不是说有了后者就没有前者，有了新的机能就没有旧的机能，有了世界货币的各个机能就没有国内货币的各个机能。而是：在发展的各阶段上，后发生者决不能取消先发生者，即是说，旧的机能在新机能发生后依然存在，而且仍然能够发挥其作用。这是应注意的第四点。

（五）货币的各种机能，是照着辩证法的法则而发展的：货币的各种机能虽是为解决当时社会的根本的矛盾而产生的，但是，在每一种矛盾解决之后，不久又发生新的矛盾，又需要新的机能去解决，照这样一步一步的递次演进，行着螺旋式的发展，恰等于辩证法的否定之否定的发展。因此，我们可以把货币的各个机能的发展，当作辩证法的例证来看。由这点就可以证明马克思主义经济学，是按照辩证法来说明的。这是应注意的第五点。

（六）货币种类的说明，只有在货币的机能已经明白之后，并且只有拿来和货币的机能关联起来说，才能是彻底的合理的说明。这是应注意的第六点。

（七）货币政策的研究，是货币论的一部分，不明货币政策，就还算不得懂得货币的理论。这是应注意的第七点。

（八）一般资本主义经济学者大抵只限于所谓金属论和名目论的讨论及货币种类的分类研究，至对于货币的机能，则虽也有详细讨论的，但是，他们所讨论的充其量只不过机械的把货币的各个机能胪列出来，而于各个机能相互关系，却根本上就没有理解明白，所以当然不能有充分的说明。因此，所以他们对于货币的政策，也不能有彻底的认识。这是应注意的第八点。

（九）在所谓马克思主义经济学者当中，也有根本就不懂得马克思的经济学的方法的人们，所以他们对于货币的各种机能及其发生的必然性不能明了，因此他们不能把货币的发生，发展和生产关系联系起来，不知道货币的各种机能就是各种生产关系的表现，结果成了一个概念的游戏，所以在表面上看来，仿佛比较资本主义经济学者更进一步，其实是一样的错误。这是值得注意的第九点。

第五章　价值论与中国及过渡期经济

第一节　导言

凡是关于一种学说或学理的讨论，总得拿它和本国的情形相对照，更进一步总得应用到本国的实际状况上去，才算是彻底明了而有实益；否则只能算是初步的了解，只算是囫囵吞枣而不能溶化，充其量也不过是一些口头的空谈，名词的贩卖而已，决不能有更大的实际作用。因此，现在我们所讲的价值论的学理，是否可以适用于中国，如何适用于中国，等等，将是应该在我们讨论了原理之后，必须继续讨论的问题，如果不讨论，则我们学经济学的目的，就不可理解，就变成没有意识了。因此，所以我们现在仍然依照第一篇的顺序，把价值问题拿来和与中国相关联起来，逐步讨论。

不过，依前述，价值论的理论是很庞大而且很抽象的东西，如果要全部对照起来讲，当然不是我们讲经济原理的范围所能做到的；如果就全部对照起来讲，不但讲者感觉困难，不能说明关于应用上的许多实际问题，就是刚习原理的诸位听起来，也不一定很能了解。因此，所以事实上不能很庞杂的大规模的来对照讨论，而只能提出几个重要的问题来说明，并且这种说明，也只是简单的择要的说明某问题之如何重要，及讨论其症结所在，决不能说是解决问题。一切解决问题的责任，都有待于诸位自己去深刻的研究的，讲者只不过略述梗概，以提醒诸位之注意而已。

价值论与货币论两者，在一般的经济学书上，是截然分开的，仿佛价值论里面的价值法则，只适用于价值范围，而货币论里面的货币法则，只适用于货币范围似的。其实这是不对的：依照马克思主义经济学的理论讲起来，二者只能是一个东西，因为货币论原是价值论的一个部分，或一个继续，并且因为货币在本质上原是商品之一种，所以不从商品的价值入手，就无从理解货币的价值，所以货币论依然是价值论的范围，必然的也要绳之以价值法则才行。固然，在货币成立以后，关于货币的种种机能，类别，政策等，也有它们的固有的理论，但是，这些理论都是由货币这种商品因社会的进化及生产关系的演变而有了发展的缘故才发生出来的，所以可以说它们仍然逃不出价值论的范围，从广义说，仍然是受着价值法则的支配。所以价值论和货币论在纯理上是不能分开的；价值论应该包含货币论，货币论只是价值论的一部分，或可以说是整个价值论的完成。不过，为说明方便起见，我们把它分为价值法则与货币法则，倒未尝不可；因为那样的说明并不害于纯理论上它们的整个的连贯。

以上关于价值论和中国的关系的话，当然也可以适用于价值论和过渡期经济即苏联经济的关系上。在苏联经济已成根深蒂固的今日，资本经济的价值法则是否可以适用及如何适用的问题，当然是一般研究经济学的人们应该关心的事，因为这种问题的解答不但有裨于资本经济法则的根本理解，并且也是在各种现实的经济问题的讨论上必须预先知道一个概略的先决条件。

第二节　价值法则与中国

所谓价值法则，前面说过，不是单单指价值而言，是把所有的和价值相关的东西如价格等都包含在内的。依前述，价值法则本是一般商品社会的具有支配力的法则或某种意义上的规制者，不管它是资本主义的商品社会，或是单纯的商品社会，它总得整个受这个法则所支配所规制。而回顾我们中国当然也总是一种商品社会（中国到底是什么样的社会，这个问题的答解，极其不一：有的说是资本主义社会，也有的说是半封建半资本主义的社会，还有说是纯粹的封建社会；种种说法，各有各个所根据的理由，但因为它不是属于现在此地我们所讨论的范围，所以恕不多辩，不过据我个人看来，中国大抵是由封建社会过渡到资本主义社会的社会），当然总逃不出商品社会的范围，所以它必然的受着价值法则的支配是无疑问的；对它可以适用价值法则，也是不生问题的，因此，关于这点，我们似无讨论的必要。目前值得我们注意的，是如何适用这个法则的问题，因为如果单单把它搬到中国来作为机械式的应用，则会把两个和价值论相关联的，而且在事实上为一般人所重视的大问题看差，而引起很大的误解。下面且把这两大问题，比较详细的作一个讨论。

一　提倡国货的问题　所谓提倡国货即国产工业品这件事，在一般人似乎已认为天经地义，众口交加的，有"如果提倡工业，推广国货，就可以振兴中国，哪怕中国没有救药"等等论调。其实这件事真正说起来，绝不是这样简单的：从整个的来说，它是一个价值法则的适用的问题。在前面已经一再说过，所谓商品的价值的高低，是由社会的平均的未来必要劳动来决定，并且这种社会的平均的未来必要劳动，这是以一国的界线为限定的（因为各国的国情不同，各国社会的劳动的生产性当然也有各种各样，尤其是中国比较其他任何国家都特殊），因此各国的社会的平均的未来必要劳动也就完全不同，更因此而各国商品的价值也就高低不一样了。譬如在先进国，因为产业发达，劳动的生产性增高，所以社会的平均的未来必要劳动量，当然比较各后进国的劳动量少得多，所以同质同种类的商品价值也就低得多，就是例子。反转来，看看中国如何呢？在中国，产业落后，劳动的生产性不发达，所以社会的平均的未来必要劳动量比其他国的社会劳动量就多得多。因此，其所形成的同质同种类的商品的价值就特别贵，与任何先进国家相比较，实不啻天渊之别。只要我们稍稍考察实际情形，就可以知道，在事实上，中国的所有生产工具，可以说完全是产业革命前期的东西。所谓产业革命，在绪论上已经说过，就是生产方法上的革命的意思，即是指由工场手工业进到机器工业，由部分的商品生产进到压倒的商品生产，由少数的雇佣劳动进到压倒的雇佣劳动等等的急激转变说的；在产业革命后，所有一切家内手工业及工场手工业，都被机器工业压倒了，在产业革命后，机器工业上的劳动的生产性是猛勇向前发展的，使旧来一切家庭手工业及工场手工业的劳动生产性，望尘莫及。因此，所以从一般说来，在一切家内手工业及工场手工业内，无论劳动者怎样努力卖劲，也绝对没有产业革命后的各先进国的劳动生产性那样发展和增高，譬如以织布来说，如果中国以手挽足踏的旧式的机头生产，而先进国以完成的机器来生产，则其结果就会当然不同；哪怕是同样的布，用旧式机头生产的，价值必贵，用机器生产的，价值必贱，这很显明的就是因为社会的平均劳动量多寡不同，中国布的劳动量多而外国布的劳动量少的缘故。关于这一点，用不着多说，因为只要不忘记前述价值论的理论，这几乎是自明的道理。

在这样的情形下面，拿中国的工业品与外国的工业品在国内相竞争，不消说是中国的工业品失败。就拿商品卖出的难易来说，先进国的商品必然很容易出售，而中国的商品则否；这自然是因为用机器生产的生产品所需的劳动的生产性强，所需要的社会必要劳动量少，因而生产品的价值就低，而用手工工具生产的生产品所需的劳动的生产性弱，所要的社会平均的必要劳动量很多，因而生产品的价值就高了的缘故。但是，从人类自卫的本能上说，一般人谁不愿去买那价格较贱的外国货？这样就难怪外国货能够卖出去，而中国货则否了。

至于国际市场上，情形就更不同了，不但是被压倒与否及能售出与否的问题，简直是能否有中国商品存在余地的问题；纵然也有很少数的中国商品出现于国际市场，那只不过是原料品或市场上的点缀品罢了。这是什么原因呢？自然是因为一则中国的生产品所需的劳动的生产性太弱，因而价值就很高，所以在国际市场上必然的站不住脚，二则品质太坏，又不整齐，不及外国制品之质料很精密丽致，而又整齐划一，所以能够令人安心购买的缘故。总之，中国的商品（工业品）根本是价贵而物劣的，所以相形之下，当然是价廉物美的外国货得着最后的胜利。

从国内市场看来是如彼，从国际市场看来又如此，所以中国的商品始终得不着胜利，连在国内的一席之地，都渐渐被排挤得几乎不能保存，不用说国际市场上越发没有中国的地位了（如像丝茶）。根本一句话，在国际市场上在今日几乎没有中国的商品，即有之也不过是一种原料或半原料的东西，算不得是完成的商品，并且，外国还拿中国的原料或半原料的东西，稍微的加以改形而润泽之，依然运到中国来出卖，这样把中国由所有的国际市场上唯一的原料品的地位而来的利益，也抵消了去。

从上面的情形看来，从价值论的价值法则来说，单单的所谓提倡国货，奖励国货等论调，哪怕你喊得整天价响，甚至于声嘶力竭，于事实也是毫无补益的。并且，就纵令国人肯牺牲私利，去买国货，而当着鹰眈虎视的各资本主义国家，把本国的廉价商品大批运输来华，充斥于各市场，以便在各资本主义国家之间竞争胜利，以便企业垄断和独占市场，以便施行倾销（Dumping）政策的时候，若眼看着中国的工商业行将因提倡国货的使用而振兴起来，它们为替自己的商品找市场计，为求帝国主义本身的繁荣与生存计，它们能不乘着中国的不独立的半殖民地地位，从政治上设法钳制我们吗？这是它们的必然的应付方法，并且是可以拿过去的事实来证明的。如像中国资产阶级趁欧战时期各国无暇东顾的时候，曾一时把新式产业弄得勃兴起来，如纺织业，化学工业等，都曾经蓬蓬勃勃的成立并发展起来，但是，欧战一告结束，各资本主义国家的货物又大批的来华，并同时施行其从政治上来钳制压迫的手段，使中国的国民革命运动夭折，结果中国的新式工业也相继破产倒闭，一直到现在，还是在外国产业的压迫下面，苟延残喘，而旧有手工业却加速度的破产，因此弄得非靠外国的工业品就不能供给一般人的需要——这就是明白的例子。像在这种为中国所独有的特殊情形下面，如果只是说提倡国货奖励工业，而不顾实际情况，不从政治上经济上切实想根本的法子，就当然免不了会等于痴人说梦。但是犯这样错误的，实不在少数，所谓中国的学者，尤其是中国的经济学者，以及在政治上负责任的政治家，大抵都有这种浅陋之病。

以上一段话当然并不是根本否认国货的提倡，也不是根本认定振兴工业使中国货和外国的生产品相抗衡的事为绝对的不可能，而只是说除提倡国货以外，还有主要的，必须使用的，凭借政治上经济上的力量的方法——虽然中国的政治的实际情形及经济情形距离在振兴产业上所必需的政治经济情形还很远。我们现在且看看主要的，必须使用的，从政治上经济上两方面来的理想的方法到底如何：

A：从政治上的方法来说，主要的可分为两方面：（一）用自主的政治力量，去筑高关税壁垒，在必要时禁止外货输入。这里所谓筑高关税壁垒，自然指广义，把狭义的自动的保护关税，输入分配制度，外汇管理，对外贸易国营，国内产品特免消费税等等，都包含在内的广义的保护关税制说的，因为这些方法都有同一的效果：在事实上增加了外国商品的价格，因此使它和中国商品的价格相等或较贵而不易卖出。不过，在外国施行倾销政策时，单靠关税提高的普通方法就仍不中用，所以还得用禁止外货输入的方法。这里所谓禁止外货输入的方法，当然也是指广义的，在事实上可以禁止输入的一切方法说的，这种广义的方法足以抵制外货而促进国货的发展，是很明显的，用不着更加说明。（二）积极的施行以民族大众的利益为前提的政治。上述第一种政治的方法，只是对外的方法，还不完全，所以必须这种对内的政治方法，以便积极的促进生产力，消极的使人民不受兵匪蹂躏，不受毒品贼害，不受暴租压迫，而能安居乐业，尽力从事工业上的生产力的增加。这样一来时，不消说，在生产上总算排除了由外来的和内面固有的种种妨碍物，而造成一种可以使国内生产向前发展的可能性，只要能适用下述的经济上的方法，便可把这个可能性转为现实性。

不过，要知道，上述的政治上的方法只是理论上的说话，至于事实上那种方法能不能实行，那却是另一问题。如照中国的实际情形看来，无论对外和对内的方面，政治的办法在目前似乎都没有办到的可能。例如对外要想以政治力量抬高关税或禁止外货输入，其主要条件就是要关税权自主，必定在先有这个自主权时才有施行的可能，而回顾我们中国的关税权，则不消说得，在前是完全丧失了的，现今在名义上是收回来了，而按诸实际，还是有名无实，和从前相比较似乎并不两样，依然不能自主，像这样而欲求增高关税壁垒或禁止外货输入的消极抵制，岂不等于幻想？如果谈到对内的政治的方法，更是令人悲观，因为政治现状太坏，已达到危机的程度，要想施行以民族大众的利益为前提的政治，更是幻想。试看国内连年不断的兵乱和横征暴敛的提捐抽税，事实上等于把本国的工业品的价格，额外增加，使它在本国市场上就不能出卖，像这样的不但扶助之不足，反而无所不用其极的摧毁之而有余，真是言之痛心！所以利用政治上的力量的方法，在最近的将来，简直没有希望。

　　B：从经济上的方法一方面说，也有二法：（一）增加劳动的生产性，使生产品的每个单位的价值减少。所谓劳动的生产性的增加，却不是容易的事，因为其最主要的条件有两个，都是不易满足的。第一条件是劳动者本身的能力的增加。要达到这个条件，又更有两个先决条件：（a）要使劳动者受相当的教育；（b）要使劳动者得到较现在更好的待遇。这是很明显的：如果劳动者受过相当的教育，有了相当的知识，则他的工作效率自然会加高，否则虽十分努力也是不会有工作效率的增加的。其次，如果对于一般劳动者，给以比较现在更好一些的待遇，使劳动者一己之生活费与其子女的教育费均能够勉强维持，则劳动者自然能安心从事生产，去尽量发挥其能率，否则会像现在的陷于半饥饿状况中的劳动者一样，连自己的生活费都不能够维持，当然说不上求劳动者增加本身的劳动能力。第二条件是技术的获得。这不消说是只有在长期间的安稳工作的时候才有可能，所以比第一条件更难。这两个先决条件显然在最近将来的中国是没有实现的希望的，所以劳动的生产性的增加的这句话，在今日，完全是一句空话。（二）把主要的生产手段，从获得利润的目的，解放出来的方法，简单说，就是主要生产手段收归公有的方法，也就是所谓计划经济的实际上的最主要的方法。这种方法可以发展生产力,是不待言的。不过,同时,这种方法之难实现于最近将来的中国,也是不待言的,所以这种方法也成了空话。此外,还有人这样说:中国的劳动者的工资很贱,可以多多的剥削工人,使工人的工资减少到最低限度,结果,商品的成本既低,价格就可减少,而一般人自然就肯来买本国货,这样一来,就不愁本国货没有销路。我们在此可以说,说这种话的人,不但不懂得经济学,不懂得劳动价值说,而且简直是无常识。要知道,不管你怎样想设法把工资减低,最后却总得拿劳动者的最低必要生活费为工资的最低限度,否则劳动力便不能继续维持;所以在资本主义社会内,一方面只管资本家阶级势力日大,一方面却不能不容劳动者阶级的生存和团结,因此形成了不能相容的两个阶级的对峙。如果想一味的减少工资,使工作时间,任意的延长,并使工人们在半饥饿的状况中去努力工作,而一方面却求生产力的增加,那不是做梦?如果那样的事是可能的,今日各国工人的团结就不应该有了。况且,因为任何地方的工人,在今日都是与国际工人有同样反抗性的,所以这条路不但走不通,而且很不合理。

总结起来说,从政治及经济的两方面的纯理论看来,提倡国货这件事,只要政治经济情形许可,原是可能的,但是从中国的经济政治的现状看来,却绝对不可能,所以正确的说,我们要提倡国货,必然要先从先决条件的政治及经济方面入手,才有办法;如果只是成天的高唱"提倡国货","振兴工业"的口号,单靠良心的努力,去用国货,那是绝对不行的。像这样提倡的人,其心固可嘉,然而可惜其太不懂经济学,太不知道国货问题结果是一个和价值法则有关的问题!

二　中国农产品的问题　中国的农产品，到现在，的确成为很大的问题了：现在农村经济整个的破产，把号称"以农立国"的基础都根本动摇了，什么谷贱伤农的悲声，闹得天翻地覆，几至不可收拾了。但如果我们回忆到欧战以前的时期，却会知道那时情形尚不如此之坏。在那时，中国的农业，的确还是尚可以自豪的：农产品既不缺乏，农业上的劳动的生产性，又差不多可与外国并驾齐驱〔其主要的原因是：（一）中国农民的劳动对象比较各国都好得多，因为受着天然的惠赐，地大物博，土地肥沃，物产丰富；（二）中国农业生产方法并不十分落后；（三）中国农民非常勤勉〕。因此在欧战以前的中国的农产品和外国的农产品，两者的价值如相比较，可以说是相等（此地应注意，在这里所谓相等的意思，是把地租等特殊问题抛开了来说的，单指其价值而言。至如在欧战以前，有几种大量的农产品，如砂糖，棉花等，因为已用资本主义的生产方法去生产，所以每一单位的这种农产物所含的价值要少得多，因此在那时就已压倒中国的同种商品，那只算是特殊情形，不在我们刚才说的比较的范围内）。但是，到欧战结束以后，情形就大变了：在欧美先进国方面有了农业生产技术的新发展，而在中国方面却依然老守成法，以致比较起来彼此相隔距离突然变远，因此中国农业在不知不觉之间受了大的打击。原来，在欧战时，汽油机关特别发达，如汽车，飞机等业，都有惊人的发展（因为战时运输很需要汽车等物），但是，在停战以后，汽车业者的汽车，却立刻因为需要减少的缘故，而销路不得不特别锐减了。于是营汽车业者为求其汽车工业品等的销路起见，不得不另辟途径，另谋办法，去别开生面，其中一种办法就是把他们汽车工厂的一部分，改为制造农业上的汽油机关的用具，如牵引车（Tractor），联合车（Combine）等，以供农业上之用。在最初，从汽车生产业说来，虽只不过是谋补救他们汽车的销路，然而结果却在农业上发生很大的效力，使生产方法改良，使农业大资本化变成可能，如阿根廷和美国等国家，就因用这种农业汽车而在事实上的确节省五分之三的劳动力，譬如从前要五礼拜的工夫才可以做完的农场工作，现在则用两礼拜就够了。像这样的劳动的减少，当然就是成本的减少，而可以对于不用这种汽油机关之小生产者居于优位，因此，凡在可能的地方，一般人都争先恐后的采用这种方法而行耕种。既然大规模的农业劳动的生产性有了增加，而小生产者又不能即刻停止生产，于是各国的农业品的年产额乃数倍于昔日，所以在 1925 年左右，一些没有采用农业机器生产的国家，已因价格竞争失败，生产品无法售出而发生恐慌，后来到了 1929 年以后，则连采用农业机械的国家，也因生产过剩的缘故，而发生了恐慌（如像美国把麦子，棉花等投在海里，就是恐慌的例证）。在这种空前的农业生产革命和必然相随而至的农业恐慌当中，我们中国当然无从处于超然地位，因此，从这时起，中国的农业产品，无论如何，都不能像从前那样和外国抗衡了。在从前，外国运输进来的，从大体说，只是工业品，而现在则外国除工业品依然运进来之外，还有大批农业品也陆续的运输进来了（如安南米），因此，中国的农民也变得直接的被资本主义的农产品所打击了。这样一来，当然会招致中国农村经济整个的破产，而一方面又加上最近几年来，水旱天灾，兵燹匪祸等等原因，更使农村负担加重，结果遂造成普遍的深入的农村经济破产。而在这种情形之下的中国政府，却又因关税权的事实上的不能自主，而无从设法禁止和抵抗国外农产品入口，不但不设法，反而像前年一样，公然的大批的借入美国棉麦，到今年又用恢复农村经济的名义，向美国借入大批棉花和麦子；关于借美棉麦的目的是否真在恢复农村经济，姑置不论，但是，单由这点已经可以证明外国农业品的大批输入来侵蚀中国是如何的如入无人之境了。总之，中国农村破产的最近的主要原因，总不外乎（一）外国的廉价农产品的压迫，（二）由政治上的原因而来的摧残，（三）由农业制度及土地制度而来的剥削三者。

其次，我们要看看应该怎样去解决这个中国农村总破产的问题。要解决这个问题，先要把握着成为这个问题的症结的所在，即这种总破产的主要的原因的所在。依前述，既然第一主要原因在外国的廉价农产品，则首先就应该从农业劳动的生产性的增加上着手；要想促进农业劳动的生产性的发展，其必要条件，就是农民能力的增大，农业上的生产方法的改良及劳动器具的发达等等，然而这种改良又必然的涉及农村及土地制度上的剥削并涉及政治的范围，必然的要利用政治上的力量，一面去禁止外国农产品输入，一面必须改革土地制度，必须改良国内政治，使军阀豪绅地主资产阶级，欲榨取和剥削而不可能，才行。要这样才能真正解决农业问题，如果只是空谈与喊口号，那就会绝对没有结果。但是，在今日实际的政治经济情形上，上述的解决方法却显然没有实现的可能，所以不能不令人悲观。试看目前现在一般人们大喊其恢复农村经济，聘请无数的学者（？）组织什么恢复农村经济委员会，而事实上不用说没有把握着问题的核心和其症结，所以到头只显出所谓"会而不议，议而不决，决而不行"的惯技。由此，也可以知中国农村问题的前途的暗澹了。

总而言之，这问题的答解应从促进农业劳动的生产性及改革土地制度着手，这是问题的症结所在和核心所在，而且是一般趋势使然，如果不把问题认清楚仍回归到"以农立国"的话，则复兴中国农村经济，不但根本就是幻想，而且还要因这种断残的口号，使农民更要江河日下的继续破产，而到最后的绝路。

第三节　货币法则与中国

在我们前面讲的货币论里面，所谓国内货币，世界货币与资本货币三种，除了资本货币的各个机能以外，其余各种各样的机能，差不多都通通可完全适用于中国：因为这些都是可适用于商品社会的一般的机能，所以只要中国是一种商品社会，它们就可适用于中国。这是不成问题的，其成为问题的，以我看来，只有下面这几个问题：

A：中国的钞票问题　第一是国内货币的第二个机能即流通手段的机能的问题。从这个机能说，如前述，可以拿代理品来代替现金，就是说，只要能够尽其流通的机能，不一定完全要现金。现在我们看看这个机能，在中国如何，是否可以完全适用。因为中国产业落后，信用机关不甚发达，同时货币本位又不统一，虽名义上有一种固定的本位银币，而事实上大抵各省有各省的铸币，它们的成色和分量各不相同，所以也不能通用于全国。至于辅币，更是乱七八糟，越发不统一。所以那种代理品的纸币可以完全代理现币的机能，就不通行于中国。原来，代理品之完全代理现币，只有在经济非常发达，而政治也特别进步的国家，才有可能，而目前的中国却是产业落后，经济不发达，政治不上轨道，所以代理品完全代理现币这种作用，在中国就失其效力了。事实上北平票到上海就要贴水，就是这个主张的一大证明。这个值得我们注意的第一点。自民国二十五年实行法币制度以来，这个问题算解决一大部分了。

B：退藏货币的问题　第二问题就是退藏货币的机能的问题。这个机能在中国却特别盛行，因为这原是这个机能的本性使然。从一般说来，随着资本主义的经济的发展，一方面政治会有进步，另一方面蓄藏现币的人渐渐就会减少，因为，在这时银行业必然发达，如果大家把现金存入银行里面去，则不但可以保险，而且可以得利。所以退藏货币的机能，只有在资本主义未发达以前的经济内，才特别盛行。而中国的经济，就是资本主义未发达以前的经济，所以退藏货币的机能很能在中国流行。在别的国家，货币行着退藏机能的，在事实上也是存入于银行，而在中国货币行这个机能时，则仍是私人埋藏。据外国人的调查，在世界上充当着退藏手段的货币最多的国家，要以中国和印度为最，尤其是中国要首屈一指，如袁大头银元，据说有百分之十都不见了，当然一方面有少数是用作装饰品去了，可是为数很少，另一方面最多的却是埋藏于地下去了。在旁的国家，并不是没有埋藏的事，如果为了预防经济恐慌时期的需要，人们也有行埋藏的必要，不过，从一般说来，还是以在资本经济未发达的地方为埋藏得最多。这是第二点。

C：中国的金银产额问题　中国的生金银的出产额很少，事实上的确不够满足全国的需要。据一般说来，中国的矿产是丰富的，或许还有旺盛的出产金银的地方没有被发掘着也未可知，但是就已发现的说，却只有云南产银，黑龙江产金等少数事实，并且开采又不得其法，所以产额甚少，万不足应全国需用，因此，中国所需用的现金大部分是外国的。中国固然原本有些金银，但因最近六十年来依海关的统计看，始终都是入超，所以中国的生金银只有一天少似一天，如果要使它不减少，就非依赖外人的投资不可。事实上中国现在所存的现金大都是由外国资本家的投资而来的。由这点看来，就怪不得中国的金融，在事实上是在外人手中掌握着了。外人既然在事实上掌握中国金融，当然利用这点，就很可以任意操纵，致使中国金融在事实上不能独立。像这样的情形，是我们讲中国的货币问题时值得特别注意的。从货币的理论说来，如果不把金融权夺回来，则结果政治经济也是不容易进步发达的。

D：资本货币的问题　前面所讲的资本货币的各个机能，在中国当然还没有完全适用的可能，如像当作公的收夺手段看的机能，当作支付准备金及支付公积金等看的机能等，都因为中国的经济尚不充分发达，而信用机关也还没有完全建立起来的缘故，而没有完全适用着。但是要知道，它们也有了萌芽，如拿当作公的收夺手段看的机能来说，在北京政府时代所发行的交通票及奉票就是一个例子。这种机能虽然已经实行过，但只是昙花一现就完了，并没有真正发达起来。至于当作信用收夺手段看的机能，则因为信用机关没有完全建立起来，具体的说来，因为经济不曾完全发达，一般人们对于资本货币的好处，还不知道，因此资本货币在中国还没有起很大的作用的缘故，当然还未成熟。总之，在现在中国这样的国际地位和国内政治经济紊乱的情形之下，资本货币的各种机能是很难尽量发挥的。这可算是很庆幸的事：假若处于现在这样的地位，而资本货币已经发达，已经尽量发挥其各个机能，我相信一般人民所受的痛苦，比较现在还要悲惨得多，说不定也要像俄国或德国那样（战后的德国与革命时的俄国），使手里拿着几百万马克的人，转瞬间就变为一文莫名的穷光蛋。这是值得我们注意的第四个问题。

E：货币政策问题　在中国，因为经济不发达，国家陷于半殖民地的地位，而政治组织离完成的时期也还很远，所以所谓以经济发达为基础的货币政策，也没有充分实行的可能性，在事实上，如最近由两改元的政策，还被外国的资本家还积极反对着，就是明例。总之，根本上因为中国经济不发达，而政治又不独立，一切都受人干涉和牵制，所以整个的货币政策还不能实行。这是第五个问题。

（以上系胡亚衡　邢润雨合记）

第四节　价值法则与过渡期经济

一　本编所述的价值法则及货币法则是否可适用于过渡期经济如像苏联的经济当中？关于这个问题，在苏联曾有长期间的论争，直到第一五年计划告了相当成功的时候，才算因事实上的证明而有了解决。现在且将这个问题的论争的轮廓，简单的分述于下。

不过，在未分述以前，应该把这个问题的解决上所必须的一个先决问题，给一个简单的答复。这个先决问题，就是苏联过渡期经济的主要成分如何及各成分的相互关系如何的问题。关于这个先决问题，曾有两种谬误的解释：一则布哈林所代表的社会主义经济成分和小生产经济成分和平共存说，一则托洛茨基所代表的国家经济（社会主义的）成分和私经济（资本主义的）成分对峙斗争说。前者抹杀了资本主义经济的成分，结果会使苏联内的资本主义经济成分（如富农及新商人）潜滋暗长；后者忽视了小生产者的中农，结果会破坏劳动者和农民的同盟，并减少了由农民方面来的社会主义建设上的力量。二者都是错误的，所以在前几年常常成为批判和理论斗争的对象。不过，在今日，二者都已不成问题了，因为现今已经公认为：苏联过渡期经济的主要成分是社会主义经济成分（公营的部分），小生产经济成分（农业及手工业的小商品生产）及资本主义经济成分（富农及新商人的事业）三者，它们同时存在，而具有支配势力的却是第一的社会主义经济成分，后二者始终只是在前者的领导或控制之下，去助成社会主义成分的长育的。

二　先决问题既有了答复，我们就可以讨论价值法则在过渡期经济上能否适用的问题了。关于这个问题，在苏联曾有下述三种谬论：

A：完全适用说　这是那种极端的主张苏联经济只是国家资本主义经济，并非社会主义经济的人们的说法。他们既主张苏联经济整个的是资本主义经济的一个变形，所以当然同时会主张资本经济的基础法则——价值法则——完全可适用于苏联。不消说，这种说法是错误的：苏联内虽仍有资本主义经济的成分，但居于支配地位的却是社会主义经济的成分，如果把苏联的社会主义经济的成分作为资本主义经济成分，那显然是一种皮相的误解；因为在苏联，从表面上看，虽然仿佛用钱来购买劳动力的国家就是等于资本家，然而在实际上因国家的权力是代表劳动阶级的，世上断无劳动者自己剥削自己的道理，所以国家并不是资本家；并且，从另一方面说，资本经济的另一主要特色的无计划性，在苏联已几乎全然除去，所以更不能说苏联经济就是国家资本主义经济。苏联经济既非国家资本主义经济，所以这种主张价值法则可以完全适用于苏联的说法，当然是毫无根据的。

B：适用形态进步说　这是布哈林等的主张，他们以为价值法则就是劳动支出法则（这种主张的谬误，前已说过），而劳动支出法则是永久的，所以他们以为价值法则也是可以永久存在而适用于一切社会的，不过，随着社会的进化而其适用形态也有变化而已；如像，在资本社会内这个法则的适用是盲目的，而在过渡期经济的苏联内，这个法则的适用却变为可以预见的，可以计划的了。显然的，布哈林他们的这种说法有三个谬误：（一）在认价值法则是永久存在的东西一层上面，根本上忽视了价值只是商品的价值，而商品却是历史的范畴，那个原理；（二）在认过渡期可以有计划的有预见的适用价值法则一层上面，根本就误做了苏联经济的主要成分的分析（见前），误把苏联经济看成一个已经整个的上了社会主义的道路，而忽视了小生产者经济在无领导时随时可以产生资本主义的成分，那个原理；（三）在把计划看成了法则的预见一层上面，根本就表现着他们的机械的唯物论的观点，而忽略了积极的实践的作用。

C：两个法则并行说　这是托洛茨基派的主张。他们本来认定过渡期经济的主要成分只是国家经济成分和私经济成分（见前），所以当然就会认为在苏联内有两个法则并行：一方面所谓价值法则适用于私经济的领域，在另一方面所谓原始的社会主义聚积的法则

（他们用这句话时，是拿来指苏联的国营工业农业上为社会主义的建设而行着的剥削说的）却适用于国家经济的领域内，二者各行其是，不相关联。这种说法当然是非常错误的：一则原始的社会主义的聚积法则这句话根本就不通（因为劳动者自己不能剥削自己，见前），二则两个法则并行的话完全不合理，因为社会一切现象上如果没有一种支配的法则，社会现象就会变得无轨道可寻，然而事实上却不是那样，而是有统一的轨道的。

D：以上三说都是谬说，真正的切合事实的说法是这样：因为过渡期经济的成分是社会主义成分，小生产经济成分和资本主义经济成分三者在社会主义成分领导之下的有机的结合，并因为过渡期经济的根本法则是用社会主义的部分之扩张再生产，小商品经济之社会主义的改造，及资本主义要素之限制和绝灭三种方法去实现的，社会主义的社会化的法则，所以价值法则虽是可以适用的，然而只是在社会主义的计划之下，在被社会主义成分所领导所克服之后，而被适用着的；简单说，价值法则虽然还可以适用，然而已不是独立的，站在主动地位去适用了。

三　从另一方面看，过渡期的商品的价值和价格在原则上都是日趋于低减的方向的，因为一则在过渡期经济下面，因劳动者生活日益改善的缘故，劳动的生产性必然日益增加，因此使每个单位的价值日益减少，二则在过渡期经济下面，因为在原则上，商品的价格不是以生产人的利润去决定，而是以消费人的利益去决定的，所以商品的价格在原则上常常是低于它的价值的。

关于苏联商品价格之日趋低减，有一种非常错误的谬说，我们应该注意。这谬说是说：在过渡期经济的苏联当中，实行着强迫劳动，大部分劳动是无代价的，等于奴隶劳动的劳动，所以苏联的商品价值非常低廉，所以苏联的商品可以任意打破各国的高度关税壁垒而实行倾销政策。这种说法含着三个错误：第一，不管苏联有不有一般的强迫劳动（在事实上是不会有的，因为苏联的统治阶级本身就是农工阶级），总之，强制劳动和价值并无必然的关系，只要是在有商品的地方，就有价值的存在，并且价值的多寡是专靠社会平均必要劳动的分量去决定的，所以在苏联实行商品交换的时候，就得只以商品的再生产上的必要劳动，去决定价值，不能更有什么关于那个劳动的强迫性和非强迫性的问题。第二，劳动代价有无的问题，至多只能影响到价格，断不能影响到价值的决定，所以上述的议论显然陷入于那种把价格和价值混淆不清的根本错误之中了。第三，倾销政策完全是一种市场的竞争上的牺牲的行动，大抵是不计较商品的原价和价值如何的，所以它和商品的价值本身毫无必然的关系。

第五节　货币法则与过渡期经济

一　现在再看一看前述货币法则是否可以适用于过渡经济。这个问题，比价值法则可否适用于苏联的问题，较易答复，因为一则，如前述，货币法则原是价值论的一部分，前节既说明了价值法则可否适用于苏联的问题，则目前这个问题当然可以迎刃而解；二则这个问题也是和已经说明过的苏联经济成分如何的问题有密切的关联的，所以在目前可以不须多费言语就能答解。关于这个问题，也有三种谬说：

A：完全适用说　这当然是那种把苏联经济认为国家资本主义经济的人们所主张的。这些人们既然把苏联的生产关系认差，所以他们关于事实上表现着生产关系的货币机能的见解也不能不差，上述货币法则如果可以完全适用于过渡期经济，除非过渡期经济还是资本经济的一种才行。但是，依前述，过渡期不是资本经济的一个什么种类，这件事，却是很明显的，所以完全适用说也明明是错的。

B：完全不能适用说　这是把过渡期经济认为已经是完成的社会主义经济的人们所主张的。他们以为在真正完成的社会主义经济内，当然没有货币，只有劳动券，而现在的苏联的社会主义的计划经济已经在事实上占着支配的势力，不过形式上还有商品的存在而已；所以商品社会的货币的法则完全不能适用于苏联，如像苏联内的现行钞票不靠现金准备而在国内具有十分的通用力，在国际也不是绝无信用，就是明证。这种说法显然只看见真相的一面，而没有看到全体，其理论上和事实上的错误，不用多说。

C：一部分适用说　这是托洛茨基派所主张的。他们根本上就把苏联经济成分认为是国家经济和私经济两个对立斗争，不相统属的成分，所以他们当然会主张，所谓货币法则只适用于私经济而不适用于国家经济。这种不相统属的两个成分观，根本上就不符事实，所以根据这种成分观而来的一部分适用说当然也只能是一种皮相的见解。

正确的说法是这样：在过渡期经济里面，因为还未废止商品交换，所以货币还是不能不存在。不过，只因过渡期经济的生产成分间的关系大异于资本经济时期，是社会主义的经济成分占在支配地位，不是资本主义的经济成分占着优位，而货币的机能又是必然的表现着生产关系的，所以过渡期的货币虽表面上仍是货币，然而在本质上，已非资本社会内的货币，而是过渡期的货币了，因此，所谓货币法则当然也不能不是一种经过克服之后的货币法则了。结果，所谓货币法则虽然在表面上仍可适用，实则已经是在别一种意义上的适用：不是为维持商品经济及资本经济而被适用，而是为打破商品经济及资本经济，去建设社会主义的经济而被适用着。

二　前述的货币法则既然是在另一种意义上被适用着，所以在过渡期经济内的货币政策，当然也和资本经济内的货币政策不同：如像本位政策不必谋十分的固定，发行政策不必需多数准备金，物价政策不必用间接的办法，等等，都是明例。总之，在这里种种货币政策，都是为达废止货币的目的而实施的，所以它们当然会和资本主义社会内的种种为崇拜货币而行的货币政策异趣。

第三篇 剩余价值论

第一章 货币的资本化

第一节 导言

一 经济学的基础是价值论，但是，它的主要核心却是剩余价值论。前面说过，在资本主义社会里，商品与货币都可以变为资本而产生剩余价值，所以若单单靠前面的价值论，就只是了解了基础，还不能了解资本主义社会的核心，因此，必须进一步研究到剩余价值论，才行。剩余价值离不开资本，所以研究剩余价值也就是研究资本。

前面所说的，无论关于商品或货币，除资本货币一段外，大抵都是当作简单的商品或货币来说，尚未说其带有资本性，所以不能应用到资本社会来。今日的资本社会，和前面的商品社会不同：在资本社会时代，商品和货币，除当作商品和货币外，还是可以作资本来用的，所以前面只算说了它们的一半的性质。所以那样说一半，只因为合着一起来说不易明白的缘故（说见第二篇）。为明白起见，应先从单纯的商品社会说起，随着历史的发展，再加上一种理论，这样才能把整个的资本主义的商品社会说明白。前面未说的部分，是当作资本看商品与货币的部分即剩余价值的部分。剩余价值的理论是以价值理论作基础的：如前述，资本主义商品社会是以单纯商品社会作基础的，是建筑在单纯的商品社会上的，所以剩余价值论也是建筑在价值论上的。剩余价值的基础还是价值，不过因为多一形容词，而成了剩下来的价值，所以它是价值之一种，而不是与价值论相违背的。

二　怎样由价值论过渡到剩余价值论上去呢？要明乎此，就要看单纯商品社会如何过渡到资本商品社会去的。关于这层，我们由前面已经说过的地方看看，就可以知道它是带有必然性的：因为，依前述，商品生产的发生，必然会转化某种特殊商品为货币，有了货币之后，交换范围就愈宽，生产作用就越大，货币的作用也越多，于是必然的有人拿货币去叫人生产，等别人生产出来了再去收买，这就形成收买商行。后来必然更进一步用货币把人雇来生产。因为是买别人的劳动，所以生产结果就必然的会依卖买的原则，为雇主所有，因此货币就变为资本。在另一方面，在有货币以后，交换愈广，分业愈细，生产者大抵不是为自己使用，而是为要把生产的结果卖出去。所以一旦如若卖不出，就得向商人借贷或变卖自己的生产手段，这就渐渐变为贩卖劳动的人，因为在商品社会里，小生产者生产后因卖不出去而亏本时，只有出卖劳动力。此外还有因政治上强制收买土地而人民失产，只有出卖劳动力的事。又在从前还有公有的共同物和共同组织可以利用，而有了货币以后，因兼并的结果，把公共物也销毁了，独营又失败了，结局亦只有出卖劳动力。这样一方面有买进劳动力的必要，一方面有出卖劳动力的必要，因此，遂由买卖劳动力的普及而形成资本主义的社会。由此可知由价值论过渡到剩余价值论，中间还有一个货币论。因为由单纯商品社会，过渡到资本主义社会去的过程上，货币是一个过渡，是一个关联，所以货币论就是价值论与剩余价值论中间的一环。所以要明白价值论怎样过渡到剩余价值论，就非知道货币论不可。有许多经济学者因为不知道货币论，和它与价值法则的关系，所以不明白这一个过渡的道理，因此也就不懂得单纯商品社会与资本主义社会的连结。只有马克思主义经济学根本上把货币论看成价值论的延长，看成价值论的一个部分，所以也只有它才连结得起来，这算是马克思主义经济学的一特色。批评马克思主义经济学的，往往认为马克思主义经济学的价值论还有价值，但否认马克思主义经济学的剩余价值论；有的承认剩余价值论，但否认马克思主义经济学的货币论；有的承认货币论，但否认剩余价值论：这些都是不能了解真正经济学的全体，而是把经济学割裂。要知道学理是要与事实相关联，与事件相符合的，而由单纯商品社会过渡到资本主义社会去，确实是靠货币过渡，这是事实，不能否认的。从另一方面说，马克思的剩余价值论，只是把价值论扬弃，并不是否拒它，犹如资本主义商品社会，只是把单纯商品社会扬弃，而并不是否拒它一样，所以马克思主义经济学的剩余价值论只是价值论的更高级的转化物。有人想把价值论的法则留着，而把剩余价值论的法则除去不要，这是不对并且不可能的：价值论与剩余价值论有密切关系，取一弃一是不合理的。有人想把资本主义的弊病调和，仍返到商品社会去，这当然是同样不可能，因为单纯的商品社会一定会走到资本主义商品社会去的；假若竟能把资本主义商品社会去了，而留单纯商品社会，那个单纯商品社会最后还是会必然的转化为资本主义社会的，因为这种转化在理论上是无可避免的。

第二节 剩余价值的来源

一 剩余价值是和资本对照说的。资本是什么？前面已说过了，这是用自己的生产手段去取得别人的劳动剩余生产物时的生产手段的名称。资本有种种不同的用途，这里所说的资本，是指用在产业上的产业资本说的，而产业是指农业，工业，交通业，矿业，等等，主要的是指工业说的。应用产业资本去雇劳动力，以取得剩余生产物时，叫做资本家。资本家的意义在此处有点限制：因为在一般资本家当中，大规模的买劳动力的只有产业资本家才行，所以特特拿产业资本家作研究的对象。其他一般资本家，在资本社会内，如后述，是因有产业资本家的缘故而后成为资本家的，所以可暂置不论。非资本家的买卖即资本社会以前的买卖，从一般说，是照下面的公式行着的：W（商品）——G（货币）——W（商品）。这是单纯商品交换的公式，是为买而卖，为得使用价值而交换。到了资本主义社会时代就不然了，虽然内中也还有些从前的样式，但非主要的了，主要的资本家的买卖即资本主义社会内的一般买卖却是照以下的公式：G——W——G＋g。这是为卖而买。这在原来的货币以外，还有新的货币，用字母以代表之，则可在大 G 之后加上小 g，表示它是增加的新货币。资本家之买商品，不是为要用商品，而是为要使它变为新商品而卖之，以便增加新货币。这个新货币——小 g，就是剩余价值，俗话叫做利润。资本社会里的一般产业资本家都是行着这个为赚钱而买的公式。这是产业资本的一般原则。

二　现在要问：这个小 g 剩余价值是从哪里来的呢？如把十万元钱放在家里，它是不会加多的，所以从表面上看起来好像是因为交换而可以加多，好像是把十万元钱流通一遍，就会加为十万多元。但是为什么流通一遍就会增加呢？（一）有人说，只因为买贱卖贵，如像用十万元买的货卖得很贵，于是加上二成，变为十二万元之类。这或者有一两个人能如此，但经济学却不是研究一个人，而是研究一般的。从一般说来，一切产业资本都有买有卖，资本家与资本家都有交换，如有人买机器，那机器还是另一资本家卖出来的。如果大家都买贱卖贵，结果损失和利润就抵消了，所以在资本主义社会里，拿这个买贱卖贵来说货币的增加，是说不明的。资本家剩余价值中只有一部分是由买贱而向小生产者取来的；小生产者的生产物，被资本家阶级买贱而收取，这是有的，但不是大部分，所以这个对于大量的剩余价值还是说不明白，况且小生产者虽然被迫而出售得贱，但是，如太过于损失，他也不会卖的。所以以买贱卖贵为剩余价值的来源之说是不对的。（二）有人说，资本家常常以诈欺手段去骗人，或用政治的力量去夺人所有，以增加资本，这种骗夺就是剩余价值的来源。商业资本家在原始聚积时代，虽用不正当的掠夺手段以夺人之财，但现说的产业资本家却不再抢人。至于用欺骗的方法一层，如在竞争中，用不正当的手段，把敌打倒，这是有的，然而从一般说起来，却是买卖公开，手段正当，并未有特别欺骗人的方法，所以用欺骗来说明剩余价值也不成。（三）有的又说，产业资本家不是因买贱卖贵，也不是因为欺骗，而是因为过了一道手，经营了一番，操了心，费了力，所以应该有报酬，货币的增加是报酬，剩余价值就是这个东西。但是如果这说是对的，则由甲而乙而丙而丁等等，过一道手要加一道报酬，越加越多，价格越高，价格太高，那商品就无人买了，这岂不滑稽？这与第一个说相似，主张剩余价值是由流通而生的。但是，这说对一个人则可，若是对一般人，便说不通，说不明白全体产业资本的剩余价值的来路。

三　在马克思以前，未有人说过剩余价值，只有马克思才找出剩余价值。马克思以为，在资本主义社会里，有一种特殊商品；这商品本身是普通具有使用价值与价值的商品，但是，其特色就在它的使用价值在能造价值。这商品就是劳动力。劳动力在有价值一层上，是与普通商品一样的。但是，劳动力是在劳动者的身上的，如劳动者不能维持新陈代谢，他就不能维持劳动力，所以这种活的商品，要有衣食住的资料以维持其生命：不但是本人需要维持费，还有家族也需要维持费，所以要维持劳动力，固应维持其本人，同时还得维持其家族，因为这样才能持久。这种维持费是有变动的，是随社会一般的生活水准而定的，水准高，则维持费也高，水准低则维持费也低。因此，劳动力的价值是要靠维持劳动者的生命的生活费的分量而定，与一般商品的价值要靠所费社会必需劳动力的多寡而决定，是一样的。劳动力的价值虽是如此决定，但是它的使用价值发挥出来时，其结果的生产品的价值却和原来的劳动力的价值不等，就是说，劳动力的使用价值是劳动，劳动能把机器，煤炭，棉花，劳动力都结合起来，使它们活动起来，由棉花产生棉纱，在这一方面产生使用价值（具体劳动），另一方面又产生价值（抽象劳动），其结果如果把原料的棉花及机器煤炭等等的价值中的原价除开不计，则所剩下的价值中还有比原来劳动力的价值更多的价值。这种新的价值就是剩余价值，就是劳动力的使用价值产生出来的东西的价值。所以剩余价值的产生，是由于有一种特殊商品即劳动力，它的使用价值可以产生价值，可以生产比劳动力的原价值更大的价值的缘故。所以剩余价值不是在流通之中产生的，也不是在流通之外产生的。这话从表面看来是矛盾的，其实不是，因为若单买劳动力而不使它行生产的劳动，则不发生作用，若是不买劳动力，没有流通方式，则更无剩余价值之可言，然而买的时候却是流通作用，使它行生产的劳动的时候，却又是生产的作用，故说剩余价值的产生又在流通之内，又不在流通之内。简单说，就是，在买劳动力之后，而使其活动时，就产生剩余价值，因为买来的活的商品，自己能有作用，所以能产生剩余价值。所以照马克思主义经济学的剩余价值说讲来，不必要买贵卖贱，不必要行欺诈骗，剩余价值就自然能从劳动力的买卖和使用中产生。所以要说明资本，不能不从产业资本说起。

第三节　剩余价值的产生的过程

一　剩余价值这东西，如上面所说，是因为资本家所买得的种种商品当中有一特殊商品即劳动力的缘故，而产生出来的。现在且说它如何产生的过程。产业资本家买种种商品，如原料，机器，煤炭，劳动力等的时候，他看各种商品是平等的，是一样的；在他那方面，最要紧的是不要浪费，尽量的，很快的，把新的使用价值产生出来，就是说，把劳动力，劳动工具与劳动对象结合而成新的使用价值。他看劳动力是与牛马的力一样；如人用牛犁地，没有牛时，人就用人犁地，以人代牛，资本家对于劳动力也是如此看法。从资本家说，只要能使劳动者发挥劳动力，就算达到目的。所以马克思说，资本家买进劳动力等，使它们各种东西发挥使用价值，犹如把酒锅，麦子，酒曲放在一起，使之起发酵作用而成酒一样。这只是从劳动过程上看来的说话。如果知道在商品社会里，一切具体劳动之外还有抽象劳动，可以形成价值，则资本家当然还要特别注意劳动的价值形成过程。原来一切劳动一方面是具体劳动，另一方面，在劳动过程中，在一切劳动的反面，还有抽象劳动，还有价值的形成的过程，所以资本家要两面顾到。例如纺纱厂的目的是纺纱，买来劳动力是为使它纺纱，它不去纺纱而去锤铁，当然是不行，因此资本家第一要注意劳动者是不是照具体劳动计划去作，这是注意质，看使用价值形成未形成；同时在另一方面也注意劳动的量的增加即注意价值的增加；他两方面都注意到，因为一方面是产生新的使用价值，另一方面是增加新的价值，必定要两方面都注意，才能到达产生新的使用价值与新的价值的目的。

二　举例来说，如资本家买了十斤棉花，花了十个先令，工具的费用花了两个先令，买劳动力，花了三个先令，假设劳动每日为十二个小时，并假设工具一次用完，资本家叫劳动者做的工，每一小时可以把一斤零三分之二棉花，变为一斤零三分之二棉纱，一点浪费没有，劳动者在工作时，在劳动过程中，未把劳动力用到别处，则结果价值十二个先令的东西，经了价值三个先令的劳动力的使用半日的工夫，都变成棉纱了，棉花的价值和工具的价值，结合起来，都转到棉纱里来了，而劳动力的本身价值因为与劳动对象及工具结合的缘故，也转到棉纱里来了；结果十斤棉纱的价值，是把买原料，买工具，买劳动力的种种价值，依旧产生出来，而集中在棉纱上了；从前的零星东西，如棉花，机器，劳动力，等等的使用价值，经过转化都集中到棉纱里来，集中在新的使用价值上来了。这就是说，资本家一方面，用劳动力去产生新的使用价值，另一方面把分散的价值，集合起来了。在这时，资本家有没有利益呢？是没有的，因为上面的例所假定的一切消耗是十五个先令，现在的棉纱，也是十五个先令，无钱可赚。从表面看，诚然棉纱是比原先的原料的价值贵了五先令，然而资本家却为买工具及劳动力花了五先令，所以一点也没有赚钱。他可不可以把给劳动者的三先令减少一点呢？当然不能，因为从一般说，这三个先令是劳动者的生命维持费，需要这样多，不能再减。这样一来，资本家的货币，并未变成资本了。资本家既没有利益，当然不这样向下做。他怎么办呢？如果资本家再去买十斤棉花，叫劳动者再去做那半日的工，于是又可以造出十斤棉纱，又生出十个先令，而他所花去的只是十个先令的棉花，两个先令的工具消耗费，而对于工人却不必再给下半日的工钱，因为雇的是一天的工，而且工人也有精力去做工。上半日下半日合起来算，消耗的是二十七个先令，产生的棉纱共总要卖三十个先令，由三十个先令减去消耗的二十七个先令，30S－27S＝3S，还剩下三个先令。这三个先令，就是剩余价值。若在单有上半日劳动的时候，那生产过程一方面是劳动过程，一方面是价值形成的过程。如把上下半天合算，则因为产生了剩余价值的缘故，这生产过程就变成一方面是劳动过程，一方面是价值增殖过程了。这叫做资本主义生产的二重性，是商品社会的劳动的二重性在资本主义社会的一个新的表现。照这样看来，剩余价值不能说是由欺骗而来，也不能说是贱买贵卖，而是公平得来的，是由对等买卖得来的，是由买卖平等的原则得来的，因为是买卖，所以照理买者有支配权，卖者只有被支配，因此，所以剩余价值不为劳动者所有而归于资本家。剩余价值取得的关系，只能说是榨取剥削的关系，不能说是欺骗的关系。因为劳动力本身的使用价值和劳动力的价值不同的缘故，所以可以发生剩余价值，资本家就是利用此点去剥削剩余价值。剩余价值是由卖劳动力者造出来的价值，是超过劳动力本身的价值以上的部分，具体的说，就是超过劳动者的工资的部分，因此，所以有人说剩余价值是未付价的劳动。但这个话是错误的，因为劳动只是作用，它本身并无价值，只有劳动力才有价值。若叫工资是付价的劳动，而叫剩余价值为未付价的劳动，那是有语病的。

第四节　剩余价值的本质与价值法则

一　由以上几节所述，可知剩余价值的本质就在以下几点：（一）它是历史的范畴，是在资本的剥削榨取关系下面的剩余生产物，所以在没资本的剥削以前，虽有剩余生产物而无剩余价值。把单纯商品社会里的剩余叫做剩余价值，那是最错不过的。（二）剩余价值是社会的范畴，是用来表现劳动者及资本家间之劳动力的卖买关系并劳动结果的剥削榨取关系的。它不是单纯的物的概念，而是表现着人的关系的社会的概念。（三）剩余价值是必然发生的，是为暂时解决初态的商业资本的发达情况下面的生产力的发展和旧来的非资本主义的生产关系间的矛盾的缘故而必然发生的；换句话说，是为解决原始聚积下的生产手段的独占的私有和劳动力之对于生产手段的离开两件事间的矛盾而必然发生的。当然只是暂时解决，因为从此又发生资本家阶级和无产阶级间的更深的矛盾。

二　现在我们看看剩余价值的本质是不是有违背价值的法则的地方。依上述，剩余价值虽是一种榨取关系，然而在表面上还是由平等的卖买而来（不平等劳动力的卖买固然也有，但只算是例外），并且在有了剩余价值之后，一切商品价格还是照它的价值法则而定的，由此，可见剩余价值不但不违背价值法则，而且是站在价值法则之上的。

三　剩余价值不但是建筑在价值法则之上，并且是价值法则在资本主义社会的适用的一种完成，因为如没有剩余价值，则价值法则在资本主义经济下，就无从适用。所以从关于资本社会的经济学研究上说，劳动力的卖买可以产生剩余价值，这个理论是一个核心，价值论是基础，利润和地租等只是现象形态，若无剩余价值论的核心，则资本主义社会的了解就不可能，因为如果那样，则榨取关系及阶级关系，不会明白。总之，从理论研究上看，剩余价值论是价值论的延长，没有剩余价值论，则价值论是空的。其次，因为剩余价值是资本主义社会的核心，并且是建筑在价值法则之上的，是必然由价值论发展出来的，所以要想把资本主义社会种种毛病除去，就非废除价值法则不可。如果一面想要价值法则，一面又想废止剩余价值，那就是幻想，因为资本主义的种种剥削收夺的毛病，都原因于商品社会的根本矛盾，即社会的劳动和结果的私有间的矛盾，所以要想废除资本社会的剥削收夺的毛病，就要废除私有财产制下的必然存在的价值法则，否则必然还会发生剩余价值。

第二章　关于劳动的价值及劳动力的价值的论争

第一节　论争的历史

一　剩余价值论虽照上述是经济学上极重要的一个部分，然而剩余价值的说法，却只为马克思主义经济学所独有，别的经济学上是没有的，是不承认而且反对的，他们反对的理由，多半是所谓劳动的价值几个字的理论上的理由。在价值论上已说过，商品价值是靠平均社会必要劳动来决定其大小的，是靠劳动力的作用决定其大小的，而劳动力的价值的决定，却是决定于劳动者之生活费的，但是，资本主义经济学却往往说，如果价值是由劳动决定，劳动者所卖的又是劳动，而工资（他们认为这是劳动的价值的别名）又是由劳动者的必要生活资料的价值决定，则不但陷于循环论，并且也足以证明剩余价值之无稽。其实这完全是曲解剩余价值论，应该从根本上由劳动的价值和劳动力的价值的争论问题入手，加以彻底的批判。

劳动的价值与劳动力的价值的论争是自有经济学就有的，至今仍未止。起初提出的是亚当·斯密，他发明劳动价值说，是他的功。但是，因为他主张过去劳动价值说，所以在他的理论内含有矛盾：他一方面说商品的价值是由过去的具体劳动来决定，一方面自己又设问，问劳动的价值是由什么决定的，并且，他答说这是由劳动者所需要的生活资料即工资，来决定的，因此就变成两个答复，也就是变成一个循环论：一面说一切商品价值是由劳动决定，一面又说劳动的价值是由工资决定，而工资本身却是由生活资料决定，但是，生活资料岂不又是商品？因此便成了两歧的循环论。事实上，商品价值决于劳动还可说，劳动的价值决于工资便不可。他根本不该提出劳动的价值如何决定的问题，因为劳动本身原无价值：它是作用，不能为卖买的目的物。社会上买卖的只是劳动力，不是劳动。这一层只有马克思知道，所以他能够把劳动是劳动力的使用价值，是运转了的劳动力，是可以和劳动力分开的种种道理，把握住。在亚当·斯密之后，李嘉图知道亚当·斯密的循环论，所以否认工资价值说，但可惜他本身没有发现劳动的二重性，没有发现完全的价值论，因而也没有发现剩余价值论，所以未能将这个问题解决。马尔萨斯对于这个问题的主张，完全和李嘉图相反，他是教会中人，所以他替统治阶级说话。他在《人口论》上，认工资价值说是真的。他不但在学理本身上这样主张，而且在政治关系上认为如果照李嘉图那样主张，则会变成一切社会收入的来源都是由劳动而来，他以为这是很危险的。因为这样的说法到将来会变成一切都要属于劳动者的说法，可以给劳动者以武器，来攻击资产阶级，破坏社会的组织。他说，原来资本家买的就是劳动全部，劳动者已得工资，则关于生产剩余物，就不应过问，因为买的是劳动，在付工资时，已把劳动价值付过了（工资是劳动的价值），劳动者对其余别的不能过问。他对于剩余价值，说是资本家经营的报酬，是资本家的劳动的价值，是高级的工资。由此可以看出他的要点，只在拥护资产阶级。工资价值说这东西，在后来的流俗派中始终还保存着，他们不单是把经济学的别的内容都流俗化了，并且还极口说是劳动有价值，而不是劳动者卖出的劳动力有价值。在流俗派的当时，马克思的劳动力的价值说已出来了，所以他们对之，极力加以攻击，到现在，这论争还未告终。其中也有对于马克思的劳动价值说还赞成，而对剩余价值说，便极力反对，不承认劳动者所卖的是劳动力，而说卖的是劳动的。

第二节　劳动的价值的理论之谬误

一　资本主义经济学所说的被买卖的是劳动，不是劳动力之谬误，含有许多谬误：

A：第一，劳动者的劳动的结果，会随着它的生产性的变动而有变动的，生产性大，劳动结果也大，生产性小，劳动结果也小。所以劳动者用心做工与不用心做工，结果是两样的；譬如劳动者平常做出一元钱的工，若用心，若努力，就往往可以做出二元，而事实上的工资却不是二元，如果说二元是工资，就不合理了。所以说，劳动者在一天的工作时间的劳动结果的多少，与他每日所需的生活维持费的多寡是不同的，这恰如一台机器每一生涯能做多少的动作和它的原来价值无关一样。如劳动者卖出的是劳动，则结果会变成背理的，例如工资是八角，而劳动结果产出二元，若照工资价值说所谓劳动的价值的理论，则会有 8 角＝2 元的矛盾。这当然不是合理的。总之，由劳动者所用的与所产生的之不相等，就可以证明被卖买的不是劳动，同时证明工资价值说的谬误。

B：工资价值说含着人类劳动无剩余的意思在内，实则社会进步全靠人类劳动有剩余。在最初人类终日劳动，仅够自用，后来劳动生产性进步，用不完，有剩余的，留下来，一则供别人用，二则用为工具，作生产手段。因为所需的比劳动力产生的为小，故有剩余，所以可以积下，这样，人类才有进步，社会才有进化。这种剩余在今日虽不为劳动者所有，但道理还是一样的。如说劳动者所卖的是劳动，说工资等于生产物，则是劳动无剩余，不能积下，被劳动者全部拿去了。那直是否认人类进化史，而于人类的劳动剩余，及积下来的东西，便无法说明。

C：若主张工资价值说，则对于资本家今日之利润，便无从说明。如说这些利润是资本家于工资之外任意加上去的，则不但把价格弄成无客观标准的东西，显然与事实不符，而且各个资本家都加上利润时，则一般物价就会涨起来，就会抬高工资，就会仍然不能说明利润的来源。

D：从目前的事实上看，各资本家显然一天一天的把他的资本增殖起来，并且增殖程度非常之速，决不是靠省衣节食可以那样的（并且资本家并未节省），所以除了说这些聚积是因为资本给与劳动者的东西比劳动者给与资本家的东西少之外，别无办法，这也可以证明工资价值说之妄。

E：劳动的本身，绝对没有价值。劳动本身是人类发挥的，是人的劳动力所出的，是劳动力的作用，是产生价值的根源。因为一切价值的实体是劳动，所以若问劳动的价值如何决定，那是无意义的，是等于问价值的价值是什么东西；正如一切东西有重量，若再问重量的重量是什么，就变成不合理一样。他们所以那样说，主要是因为政治关系的缘故，因为如说卖买的是劳动力，则一定会证明剩余价值的存在，而给劳动者以反对的武器，所以他们故意说被卖买的是劳动。反过来，如说买的是劳动而主张工资价值说，则劳动者拿去了工资便是把全部结果拿去，而没有剩余价值的问题了。至于利润的来源，他们却用所谓生产三要素的理论去说明。

总之，劳动的价值说即工资价值说是毫无理由的学说。最可笑的，是他们在平常，在别处，往往反对马克思主义经济学的价值论，而在剩余价值论上，却貌为称赞价值论而极口反对剩余价值论一层——这真可谓无原则的反对。

二　土地，资本，劳力，这三个要素，是资本经济学照例开始就说的东西。这种种要素说，很有潜势力。如果不懂马克思主义经济学的剩余价值论与价值论，则一看见生产三要素说时，很容易使人觉得一切东西的生产，都是由这三要素合成的，因此便会用三要素的观念，去错误的解释，说劳动者之有工资，是因其出了劳动力的缘故，地主之有地租，是因其出了土地的缘故，资本家之有利润，是因其出了资本的缘故。这当然是因为不晓得发现三者内面的关联，所以才有此错误的见解。而人们所以不知内面的关联，又是因为不知马克思主义经济学的价值论与剩余价值论，不知价值是抽象劳动，及抽象劳动与具体劳动的区别，不知商品的本质是什么，不知资本社会生产的特色的缘故。生产三要素说，在马克思以前的资本主义经济学上就有的，那还有存在理由可说，到了马克思主义经济学的价值论与剩余价值论出来以后，关于利润的来源的道理已经明白，似乎没有存在的余地了，而实际上却依然存在，那只因为剩余价值论于资本家不利，所以故意的仍把生产三要素提出来，说地租利润是应该有的东西。这没有别的，只是拥护资产阶级而已。

在历史上极力的主张生产三要素的，是流俗派。以前李嘉图想把利润，地租，工资三者统一起来，去找来源，惜乎虽经过努力而未成功，因为他不知道劳动的二重性的缘故。流俗派的萨伊，法国人，才极力主张生产三要素的理论。其余如折衷派即教科书派的经济学者也是主张三要素的。还有自命为马克思主义的经济学者也往往附和生产三要素的学说，欧战以后尤甚。到今日，生产三要素说还占相当的地位，不但在理论上，而且在实际上占势力，如产业合理化的运动，就是从生产三要素说而来的运动，主张资本家，地主，劳动者三者合起来，一致行产业合理化的运动。

这样到今日犹存的三要素的理论到底对不对呢？明白马克思主义经济学的价值论与剩余价值论以后，这是不成问题的。第一，Say 把使用价值与价值认为是一个东西，所以他说，所有一切价值的来源都是由劳动，资本，天然力三者协力而生的，所以收入也分而为三，以工资给劳动，以利润归资本家，以地租归地主。如果照这样说，则资本主义社会与别的社会是一样了，没有特色了，因为这三者在古代社会已有了，因为三者是一切生产过程所必需的。现在要问，为什么从前无资本形态，而在资本社会有资本形态呢？为什么从前无资本主义地租，无利润，而在资本社会，则劳动的代价取工资形态，土地的代价取资本主义地租形态，生产剩余品取利润形态？若照萨伊的主张，则对于资本主义的社会就不能说明。萨伊是讲关于资本社会的经济学的，而结果未把资本经济说明。其次，固然三要素要联起来方能产生东西，但这联合所产生的只是使用价值，而我们讨论的却第一是价值的来源，第二是剩余价值。照三要素的主张说，却不能说明价值和剩余价值的来源，因为在萨伊的理论上并没有说明三要素的相互关系，对于价值如何决定，也未有说明，对于新的价值即剩余价值，更不能说明，他只是说表面上的收入分配而已。所以只是一种普通常识。第三，他把劳动者与资本家的榨取关系，变为互助关系，把资本家，地主及劳动者的关系看成是平等的，是统一的，而不是对立的，结果，就等于把土地，地主，犁，牛，人都看成是一条线的，而不是对立的，把劳资看成是调和的，而不是冲突的。但这完全与事实不合，因为在事实上劳资是对立的，矛盾的，常常在彼此争斗的状况中的，所以结果只足证明他故意掩饰事实。

第三节　劳动全收权说的谬误

一　这是从前许多社会主义者特别是空想社会主义者，现在是社会民主党的社会主义者所主张的。他们说，一切价值都是由劳动而来的，所以要归功于劳动者，然而在劳动者出卖劳动时，卖的劳动多而得的报酬少，未有照他所卖的那样多的劳动的结果拿回，资本家只是给与他一部分的结果的价值，所以主张由劳动者收获全部结果；他们以为社会种种不安是由于劳动者不能取全部结果，因此就主张，只要他们把全部拿着，社会就好了。这从表面上看是与马克思主义经济学相似，实则相差很大，因为它未有承认剩余价值，它还是认劳动者所卖的是劳动，而不是劳动力。这与资本家的主张是一样的，所不同的，只是说劳动者未能取得全部的劳动价值而已；当然这不是科学的，因为劳动者的生活费，并不是由生产的东西来决定，同时劳动者也不是出卖劳动，所见不能据此为正认全收权的理由。再说，所谓把全部劳动价值由劳动者收回，便可改好社会，这也是不对的，因为劳动者如收回全部劳动的结果，社会就会因没有蓄积而不能进步了；因为社会的进化是要靠剩余生产品的蓄积的，如剩余生产品分散，社会就不能进步。所以这种主张只是分产主义，其目的在退回到大家都是小生产者的社会，所以它是开倒车的。因为所谓社会主义社会，必定是比资本社会更加进步的，大规模的生产，大家共同努力，各尽所能，各取所需的社会。

二　劳动全收权的主张，是小资产阶级的意识的结晶，是代表着小生产者的世界观的东西。小资产阶级常受大资本家压迫，所以会反抗大资本家，同时却又因为他们是资产所有者，所以会反对生产手段公有，而赞成自己仍维持自己的私有财产。他们以为买卖的是劳动，而不是劳动力，而生产的东西，却是劳动的结果，所以不应归资本家，而应全由劳动者拿去私有，拿去消费。显然的他们这种主张并不是代表无产阶级的劳动者，而只代表用自己的生产手段去生产的小生产者的劳动者，所以他们全未顾到社会的进化，事实上是个人主义的见解，与社会主义差得甚远，如果照他们所说行去，社会就会不能前进。其次，他们以为现在的买卖劳动是不公平的，所以主张如果劳动结果全归劳动者，就公平了。这个主张，其实就是资本主义社会现行着的平等交换法则。如上述，资本主义社会的交换，原是平等的，资本家并未在形式上压迫劳动者，然而事实上却是可以发生剩余价值的，所以他们虽自命为社会主义者，其实是赞助了资本主义，不但不能废止资本主义的社会，而且是促进资本主义的法则的实行。总之，他们所谓劳动全收权，只有从小生产者的劳动者说来，是有利益的（因为他们并未卖劳动力，而只是卖商品），而对于真无产的劳动阶级，却只是一种替资本家张目的回说。

在以上把所谓三要素说及劳动全收权说的谬误揭明之后，更可以看出马克思主义经济学的正确，更可以证明这个经济学的长处，就在劳动二重性和剩余价值上面。李嘉图如果找着劳动二重性，也许就会发现劳动者卖的是劳动力而不是劳动，就可以发现剩余价值（因为，如果不把价值的实体看成笼统的劳动而看成抽象劳动，则劳动力和劳动的关系就更易明白，也许那时他就知道劳动力的原价值和它的作用的结果的价值的差异），也许他就早完成了经济学，由此可见劳动二重性及剩余价值在经济学上是如何的重要，如不明此，则资本经济全体如何会不能被我们了解。

第三章　资本的种类和本质

第一节　各种形态下的资本和剩余价值

一　照上面说，只有劳动力的作用的劳动才可以发生价值，但是，从资本看来，买劳动力的固是资本，而买其他工具原料的也是资本，现在要问，是不是各种形态下的资本，都发生剩余价值呢？它们是不是都有同样的作用呢？从实际看来，资本的各种形态，确是可以互相转换为种种别的形态的，所以它们是不一定的，是可以相通的，因此，我们很容易想到一切形态下的资本，都可以发生剩余价值，如像资本主义的经济学者，对劳动力，生产手段与原料，就以为三者关于新的价值的产生，都有关系。其实这是错的，照马克思主义经济学的价值论与剩余价值论看来，则三者之中，只有买劳动力的资本才可以产生新的价值，至于其他在原料，机器等形态下的资本，则只能把它旧来原有的价值移转到新商品内去保存着，并且不是它本身可以移转，而是因劳动的缘故，才由旧的商品被转到新的商品去。能在旧的价值上添上新的价值的，只有劳动力所发生的劳动作用，因为一切价值的实体是抽象劳动，所以只有劳动力才能产生新的价值。在前面所举的例上，我们说资本家把棉花转到棉纱时，在第一个阶段上并不赚钱，到了第二个阶段即下半天，才由所发生的三十个先令中，除去二十七个先令而余下三个先令的新的价值。在这时，何以证明新的价值是由劳动而来的呢？这是已经明白了的问题，因为如承认马克思主义经济学的价值论，则只有劳动力，才可以产生新的价值这件事，是不成问题的。试再说说罢，我们知道，一切生产手段和原料的本身都是不能自己转变的：若没有纺纱的劳动，棉花就变不成棉纱，若要它变成棉纱，就非要具体劳动的纺纱劳动不可。所以旧的价值转到新的商品上去，不但必要靠劳动，而且不是因为抽象劳动的缘故，而是因为具体的劳动的缘故。若不做具体的使棉花变棉纱的纺纱劳动，而做别的劳动，则棉花不会变为棉纱。只有照制棉纱的机器，照制棉纱的法则做去，才可以把旧的棉花价值转到棉纱内去，所以说旧的价值转到新的商品上去是因为具体劳动的缘故。至于新的价值，却是由抽象劳动决定，不管是织布也好，纺纱也好，总之，在抽象劳动的观点上都是同质的劳动，所以其产生价值则一，只要有抽象劳动，结果就生出新的价值。既然造成价值的劳动，都是抽象劳动，由此，可知使新的价值的产生者只是抽象劳动而不是具体劳动了。依前述，抽象劳动与具体劳动，原来是两个在实际上不能分离的东西，是一个东西的两方面的作用：一方面的作用是产生使用价值，另一方面的作用是产生价值。由这两种作用，才能一方面产生新的价值，一方面转移旧的价值。

二　现在以实例来说明劳动手段与原料的旧价值的移转要靠具体劳动，而新的价值的产生要靠抽象劳动的理由及买劳动手段与原料的资本不能产生新的价值，只有买劳动力的资本才能产生新的价值的理由。假如在劳动生产性未发展以前，要三十六点钟才可以纺完的棉花，到现在因劳动的生产性增加，只要六点钟就可以纺完，在这时，显然就是劳动生产性增加了六倍，就是劳动结果的生产物增加了六倍，由六斤棉纱变为三十六斤棉纱了，因此，在同一时间当中，所吸收的棉花也是不同，也由六斤而变为三十六斤了，因此，在同一的一点钟的时候，移转旧价值于新的商品当中的价值分量也就增加了，例如从前一点钟可移转一斤棉花，现在可以移转六斤棉花，所以当然在棉纱当中从前只是一个单位价值的棉花被移转，现在却是六个单位价值的棉花被移转了，即是说加六倍了，而从新的价值方面看，则因只有一点钟劳动的缘故，新的价值仍是一点钟的价值，不能因为生产手段与对象的价值增加而有增加，结果，对于三十六斤棉花的纺织应有的新价值，却只有原来应有的新价值的六分之一了。这足以在一方面证明在同一不可分的过程中移转价值的劳动和创生新价值的劳动如何相异，在纺织工作进行中对于同一量的棉花所加的必要劳动时间越大则新价值越多，反之，在同一劳动时间中所纺的棉花斤数越多，则被移转的旧价值越大，在另一方面又足以证明只有买劳动力的资本才能产生新的价值。其次，若劳动的生产性不增加，无变动，一点钟还只是吸收一斤棉花，而棉花的价值有变动，例如说棉花贵了六倍，在这时，新的商品内被移转的价值虽然由棉花价贵而加了六倍，然而新的价值却依然只有一点钟的价值，则更足以反证价值移转和价值产生的劳动之不同，同时反证只有买劳动力的资本才能产生新的价值（在劳动手段的价值单有变化时，道理相同）。更次，如果在原料及生产手段的价值及劳动生产性都没有变化时，则被移转在新商品内的价值和新产生的价值成正比例的变化，前者加二倍则后者亦加二倍，前者减半则后者亦减半，这也足以合证上述两个理由。

由此看来，可知资本主义经济学者所谓各种形态下的资本都可参加新的价值的产生说之不合理。

第二节　可变资本与不变资本

一　根据以上的理论，就可以说，在劳动力形态下的资本，是可变资本，是始终由特定量转化到可变量去的部分的资本。其变化的程度要看买劳动力者的资本家如何使用劳动力。如前面的例，若资本家增加劳动者的下半天的工作时间为六小时，他就可以获得三先令的价值，如更增加到十八小时，则剩余价值就更多。这种资本既然是在生产过程内常常变化其获的价值的，所以是可变的，所以可以说，站在价值增殖的过程上，从资本家看来的在劳动形态下的资本，叫做可变资本。反过来说，如在棉花，机器，煤这等等原料与手段形态下的资本，是不会产生新的价值的，它只能依劳动作用把旧的价值转到新的商品上去，而不能在生产过程中变更其价值的大小，所以叫做不变资本。这个分类是重要的分类，由这个分类就可以把资本的本质把握着，可以泄漏资本主义的剥削的秘密；若资本家加多可变资本的分量，资本家就可以多得新的剩余价值，所以可变资本的多少是可以决定资本家的发展的。因此要了解资本主义的本身，这一个分类是很要紧的。但在事实上，只有马克思主义经济学才有这样的分类，别的经济学是没有的，这当然是因为它们根本不承认劳动的二重性和商品的二重性的缘故。这个分类与商品二重性和劳动二重性有密切关联的，不了解商品二重性和劳动二重性，就不能了解可变资本与不变资本。

二 现在为增加理解的明了性起见，试举实例说明不变资本及可变资本的大小的变化对于生产品的价值及剩余价值之影响。假定资本家在生产棉纱时，将不变资本增加二倍，由七五元加到一五〇元（自然是因为原料等价贵的缘故），而买劳动力的可变资本却依然如故，依然是以每人每天五元的工资，叫五个工人每人每天各做十点钟的工，使他们产生五〇元的新价值。则在这时，生产物的价值就是二〇〇元，剩余价值就是二五元。和原先不变资本未增加时完全一样（不变资本七五元，新价值五〇元，合计为一二五元，除去二五元工资及七五元不变资本，仍为二五元）。反过来，如生产手段的价值减半为三七元半，则生产物的价值就变为八七元半，除去工资二五元及生产手段价值的三七元半，共六二元半，剩余价值仍为二五元。由此可知不变资本的大小的变化只能对于生产物的价值发生影响，而于剩余价值却是无关系的。其次，假定不变资本的价值无变化而买劳动力的可变资本有了变化，如资本家只雇一个工人，把可变资本减为五元，则那个工人在一天中只能产出等于十元的价值（如果工作时间同前例），剩余价值只有五元了（不变资本只能转移到新商品，所以可以不管它）。如可变资本不因人数减少而变化，而因劳动力的价值的涨落而变化，如劳动力的价值由每天每人五元减为四元，则总工资为二〇元，而因新价值仍为五〇元，则剩余价值由二五元增加为三〇元；反过来，如劳动力的价值涨为每天六元，则剩余价值当然减少为二〇元。由此可知可变资本的变化常常可以影响到剩余价值，而不能影响到生产物的价值。

第三节　资本的本质

资本是产生剩余价值的生产手段，换一句话说，产生剩余价值的就是资本。这话是不错的，但不充分，因为它还未把资本的本质完全明白显露出来，若真能已经了解剩余价值或者这样说还可以，但许多不分解的人却会随便把剩余价值当作剩余生产物，结果就会成为流俗派的主张，而把一切过去剩余物看成资本。要知社会进化是依赖过去的剩余生产物的：自有人类，就有生产，因此自有生产就有剩余生产物，就有积蓄；不但人，就是蜂，蜂窝也是它们的剩余劳动。不过，人类的剩余生产物的归属，却依时代的变动而有不同：从前在奴隶时代，剩余生产物归主人，在封建时代，农奴的剩余生产物归大小封建诸侯，一般独立生产者的剩余生产物归自己，作生活需要的东西。因此，可知单把剩余价值当作剩余生产物是不妥的，是不能说明资本的本质的。若照流俗派说，过去剩下来的就是资本，那么，就变成什么时代都有资本，如原始共产时代，奴隶时代，都有资本，连蜜蜂也有资本；这是和把一切黑种人看成奴隶，一样错误：黑种人虽然当奴隶，但黑种人本身并不是奴隶，不过因社会关系，而变成了奴隶而已。一切东西离不开社会关系，资本之所以为资本，不是因为它是过去剩余生产物，而是因为某种社会关系的缘故。资本之所以为资本，也不在它的形态如何，不管它是货币形态也好，商品形态也好，任在哪个形态下，资本的本质的要点只在它含着一种社会关系一层上面。因此，所以资本虽也是为供将来生产之用的过去的剩余生产物即过去劳动的积蓄，但资本这东西，只有第一在买劳动力者和卖劳动力者两方对立的关系与相互依存的关系上，第二在过去的劳动可以支配现在活着的劳动（即生产手段可以支配劳动力）的关系上，第三在过去的劳动结果的所有人为增加他自己的生产手段，为增加或维持它本身所有的交换价值，而支配活着劳动的所有人的关系上，只有在社会的这三个关系上，才是资本，才可以把过去的劳动积蓄，变成资本。所以资本的本质是在这样的社会关系，而不是在乎单纯的劳动过程的观察（过去劳动的积蓄）。资本是人拿过去剩余物来用作生产手段去剥削别人的劳动力时，才成立的。资本的本质既是在它的特定社会关系，所以资本不是永远存在的，而是在社会发展到某阶段时，才存在的：它虽是社会的规定，但是在某社会时代以前未曾有，以后也不会有，而只是历史的，某一个过渡时代上才有，因此，所以说资本是历史的范畴。古代虽曾经有过剩余生产物，但未有由剥削卖劳动力的人而来的剩余价值，所以没有资本；将来在社会发展过程的某一个段落中，也可以没有资本，苏联已在开始向这个段落前进。在资本经济学上普通都把资本看成永久的范畴，看成一种不带社会性的规定：有的是有意把资本变成神圣化（例如流俗派），以便拥护资产阶级，反对社会革命；有的是无意识的把资本永久化（如像正统派），是因为不了解价值论与剩余价值论，是因为只看见物神崇拜性，不看见内面的关系，所以对于资本的来历和作用都不明白。有的是有意识的把资本生产手段化或过去剩余劳动物化（如像心理派），以便隐蔽资本的本质。在自称为社会主义经济学者的人们当中，也有一方面把资本看成不是永久的，而另一方面不能把资本的社会范畴把握清楚，所以弄得进退维谷，往往不能自圆其说，结果变成一种折衷论。

第四章　剩余价值的种类

第一节　剩余价值率和利润率

资本家与剩余价值是不可离的，资本的本质就在获得剩余价值，这就是说，一切的资本是为获得剩余价值而存在的。不过，各个资本所剥削得的剩余价值的多寡，却不一定是相同的；各个资本家都想多得剩余价值，但不能都照理想那样得着。一则因为价值增殖的过程上的各种条件不同，二则因为剩余价值的产生者的劳动阶级随时代而觉悟，会常常反抗资本家，所以资本家不能照所想得的剩余价值率而取得剩余价值。为测定资本家所剥削得的剩余价值的多少，须把剩余价值率说一说，最好是拿利润率和剩余价值率比较来说。利润率是资本家从自己全体资本的立场看来的，在某一个特定时间中总资本对于他所增加的总剩余价值的比率，例如十万元的资本，在一年中增加二万，以总资本来除利润（总剩余价值）则利润/总资本＝利润率，即 $2/10＝20\%$，得百分之二十，这就是利润率。剩余价值率不是从全资本立场上来看剩余价值，而是从可变资本立场上来看总剩余价值时，在某一特定期间中的比率，例如十万元中，可变资本有四万，则 $2/4＝50\%$，即剩余价值/可变资本＝剩余价值率，所得的百分之五十，就是剩余价值率或剥削率，这是与利润率不同的，是比利润率大的。在主观上也许有许多资本家只注意利润率而不看见剥削率，但是，在客观上一般资本家所应重视的，却只是剥削率（或榨取率，或剩余价值率）的大小，因为，如上述，只有可变资本的变化才能影响到剩余价值即利润的多寡，所以他要多赚钱，就得使剩余价值率加大；至于含着不变资本在内的利润率，却因不变资本的变化，如前述，只能影响到生产物的价值移转的缘故，可以比较不必十分关心，即须关心，也不过只是在全体事业的利益的计算上及价格竞争上的关心而已，并非根本要义。

剩余价值率是表示剥削关系的，利润率是表示损益关系的，两者之中哪一个有优位性的问题，也是应该研究的重要问题。依我看，应该承认两者是有有机的关系的，但剩余价值率却是基础，犹如经济是政治的基础一样。所以过于重视剩余价值率的和偏重利润率的都不对。

第二节　绝对的剩余价值

如果为便于说明起见，以 M 代表剩余价值，以 V 代表可变资本，则上述剥削率公式就是 M/V，这一方面是表示剩余价值率，一方面就是表示榨取的程度，因为 M 越大，则剥削得越多，即是说，或是增加 M，或是减少 V，都可以增加剩余价值。但是，从另一方面看，这比率却是一个可以表示资本怎样增加剩余价值的公式，即是说，由此可以看出有两种剩余价值，即绝对的剩余价值和相对的剩余价值。前面说过，剩余价值就是超出劳动力的价值的部分的价值，而这种超过部分的价值就是在已经恢复（或再生产）了劳动力的价值之后，继续去劳动的时间中所产生的价值，换句话说，就是在必要劳动时间以外的剩余劳动时间（如以前述的例说，就是下半天的第二个六时间）中产生出来的价值。因此，所以假如把剩余劳动时间延长，则剩余价值便会增加，越长剩余价值越加得多。由劳动时间的延长而得的剩余价值，叫做绝对的剩余价值。为什么叫做绝对的呢？绝对的剩余价值虽是马克思首先用过的话，但马克思未有明白说明其绝对的理由，所以后来有许多不同的解释，据我看，这有三个意思：（一）是说只要延长时间到必要劳动时间以外，不必另有牺牲或代价，就绝对可以产生剩余价值的意思。（二）是只要在可能的地方，资本家就绝对的要用延长劳动时间的方法去增加剩余价值的意思。（三）是此外虽还有别的方法，但绝对的以延长劳动时间为基本的，绝对的方法，其他都是附属的方法的意思。这种延长劳动时间的方法，是与资本主义发展不可两离的，是资本主义的剥削的基本，虽然在有的时候，有把劳动时间减少的事，但是，那不是偶然的减少，就是表面上的减少（其实是增加，如增加强度之类）。不过劳动日的长短本身有一定的限度，资本家尽管要想无限的把时间加长，但，在事实上人类精力有限，所以总有限制，况且也会因劳动者反对而不能增加。在资本家方面，固然以为买下了劳动，若劳动者不多做工，则是等于偷了他所买的东西，因为从他想来，买了以后，买者就有支配权；然而劳动者方面也有充分理由反对增加劳动时间：第一，以为卖的只是劳动力，只是一定限度的劳动力，不能任意作过分的精力支出，以增殖别人的资本，而害及自己明天的劳动力的存在或完整，即是说，劳动者以为还要留着余力，以为明天同样出卖的余地，如多做，则等于侵害了他明天的权限。第二，以为如果目前延长时间去劳动，纵然可以暂时支持，但几个月后，过劳的效果一旦显现，就可以减少寿命，所以等于资本家侵害自己将来的生命，等于偷窃生命，所以不能不反对延长。第三，以为如果延长时间，就应增加工资，如不增加工资，则缩短时间，才是应该的，所以反对延长时间，只是主张公道，并非希求资本家的恩惠。有这三个理由，所以劳动者反对时间延长甚力。两方面以为各有理由，各执一辞①，争之不绝，屡起冲突，从十八世纪争起，争到现在，结果弄得越发用强力相斗，用武力相争，一方面罢工抵抗，一方面用武力压迫，至今不断。所以时间的延长，不是随时可能的。除延长劳动时间以外，还有增加劳动强度的方法，同样的可以剥削劳动力：资本家只愿增加劳动的强度，使一日的

---

① 原文如此，同"各执一词"。——编者

工等于两日或三日的工，因为努力做工，剩余价值更多，然而因强度的劳动，必须支出较多的劳动力，因此，在劳动者方面就必须要求较多的生活资料费即工资，以便营养。这自然是资本家不肯给的。资本家只要求劳动者强度的工作，而又不肯把工资提高，因此劳资的斗争更加复杂了。这里还要注意：在近几年，有所谓减少劳动时间运动，是资本家阶级主持的。这似乎和上述理论相反，其实这是另一回事。因为这种时间减少只是每周的总时间的减少，它的目的在添雇失业分子，而对于依时间制做工的每个工人，却并未真正减少时间。

在这里我们更应注意的：这种增加劳动强度的方法在表面上虽与下节所述增加劳动生产性的方法相类似，其实却大不相同；二者虽同样能在特定时间中产出较多的生产物，然而在用增加劳动强度方法时每一单位的生产品所含的劳动量未变（因为劳动强度增加时的劳动等于复杂劳动，只把精力的支出复杂倍加了，并未真正把每个生产品的劳动量减少），只增加了全生产品的总价值，而在用增加劳动生产性的方法时，则总生产品的价值未变，只把每单位生产品所含的劳动量减少了，即使每单位的价值减少了，即把同一总价值代表在较多的使用价值上去了，所以前者不能使工资减低，后者却必然使工资减低（如下节所述）。当然，从资本家方面说，是愿意使用前一法去得绝对剩余价值，而不愿使用后一法去得相对剩余价值的，因为一则前一法可以增加总价值，而后一法则否，二则前一法不须增加设备上的不变资本，而后一法则必然要增加甚多的不变资本。当然，同时还要知道，二者是可以并行的，即是说，在用了增加劳动生产性的方法之后，如后述，更可以利用所谓传送带制等，去增加劳动强度。

第三节　相对的剩余价值

上面说的在绝对剩余价值的剥削关系上的劳资斗争，可以给资本家一个顿挫，所以资本家不能不想别的方法，以求剩余价值的增加。在这时，减少工资至劳动力的价值以下，虽是资本家想到的一个办法，并且时常行着的，不过这办法违背工资决定的原理（工资由劳动者的最低生活费决定的原理），所以不能常用，并且也是我们这里不应该讨论的，因为我们始终是以通常的等价的劳动力的卖买为研究对象的。资本家在这时想到的另一办法，就是相对的剩余价值。这是一种使劳动者为恢复劳动力的价值的部分的必要劳动时间减少，以便在反面使劳动者在实际上把为资本家生产剩余价值的部分的劳动时间加多，因以增加其剩余价值的方法。因为用这种方法得来的剩余价值是由必要劳动时间和剩余劳动时间的大小的相对的变化而来的，并且不是资本家绝对的非从此法去求得不可的（因为用这法时多少要加添费用），所以叫做相对的剩余价值。用这个缩小必要劳动时间的方法时，就可以不必延长劳动时间或加强劳动强度，也不减少工资，而能增加剩余价值。怎么办呢？原来工资是决定于工人的必要生活费的，所以如果设法使工人所用的必需品的价格减低，则工人全体必要生活费就会低落，工资也随之减少，因此，剩余价值的部分便增加了。实际上，在资本家使用这个法子时，或是直接把工人必需品之生产技术改良，或间接把与工人必需品有关的东西的生产方法改善，甚至于从个个资本家看来，把无论哪一种商品的生产技术改进，都可把相对的剩余价值发生出来。从全体看，劳动生产性增加时，则工人工资减少，所以就可以获得相对的剩余价值。但是，要知道并不是各个资本家都明乎此，而照此去做，而大半是在客观方面因各资本家为要扩张销路，努力去增加劳动的生产性，以便使成本变廉后，好去用低价出卖生产品的缘故，而在客观上增加了剩余价值。即是说，在起首资本家是盲目的适用此法，后来便有意识的以此法去增加剩余价值。表面看起来，这法似乎于工人不但无损，而且有利，因为从表面上看，似乎工人生活仍旧，并且可以购买较廉价的必需品，所以工人对于相对的剩余价值似乎没有反对的理由。实则不然，因为技术改良本身虽是好事，但是，在资本主义制下的技术增高，不是为人类全体的利益，乃是变为隶属资本势力下的技术增高，为资本家的利益而增高，所以从结果上说，这样生产性的增加，会使工人的生活愈苦，因而用此方法去增加利润，就并不会增进人类的幸福和工人的利益：对各个少数工人虽不见得不利，但对于全体工人是有害的。具体的说，如机器改良，从前用三个人，现在只用两个人，则失业者加多。其次，如机器改良，速度加快，费人力不大，则工人变成机器的附属物，结果会发生妇女进工厂，童子进工厂的现象，因为技术简单，所需气力不大，所以妇女与儿童都能做工。例如，Ford 汽车工厂中 43％的工作只学一天，就会了；36％的工作，只学一个星期就会了；学一年才会的工作，只 14％；学一年以上而会的工作，只 1％，就是明例，在这种情形下面，当然会驱使妇女及不成年者并残废人都入工厂做工，致使有技能的壮年工人多多失业（因为妇女童工及残废者工资低，有技能的壮年，竞争不过），所以说一般工人愈苦。再说，机器新式，虽不费气力与技能，但要多费注意力和神经，因为在增加劳动强度时，尤其是在利用传送带时，工作稍不注意，便会妨碍其次的工作部分，所以注意力要非常用得强；要努力于规定时间中把规定的部分做完，生怕未做出来而传送带已走，因此，所以要聚精会神才行。愈是新机器，愈复杂。偶不留神，便生障碍，自己还要受伤，这就是说，危险性愈大。由此可知，机器的进步这件事，从资本家方面说，虽使必要劳动减少，然从工人方面说，却会使精神受损失，所以工人对于相对的剩余价值的增加，也要斗争，而且剧烈的斗争。其相争之点是要求工厂设备必须怎样不损害工人的神经，不伤工人的体力，要求限制妇工和童工；要求在用妇工与童工时，须减少时间，但工资却要与成年人一样。所以虽有人说劳资的斗争，在有了相对的剩余价值时就可以停止了，其实并不停止，还是斗争。这只因为技术的发展在实际上只加重了工人阶级的痛苦的缘故。本来，拿现在美国工厂的生产的速度去生产，则全世界的人，每人每天只做两小时的工，就可以供全世界的人类之用，然而事实上却仍是工人劳苦终日而不能得一饱者，就只因为技术的进步在资本主义制度下面，只是被拿去供资本家剥夺剩余价值之用，而未能供社会之用的缘故。而这种道理也只有在明白相对剩余价值的真意义时才可以了解，所以相对剩余价值这东西，在暴露资本家改良技术不是为人类谋幸福，而为增加利润一层上，是有非常重大的意义的。相对剩余价值的实行生产方法，大致不外乎分工，工场手工业，机器工业几种形态，兹不赘说。

第五章　工资理论

第一节　工资的本质

在普通马克思主义经济学书上，都说，工资就是劳动力的价格，这话虽不错，但不充分，还不能说明工资的本质。因为这话只是价值论上的表示，还没有从剩余价值论的见地，把榨取关系表现出来，和资本家与学者之只看工资为劳动的价格，那种看法，相差不远，所以上面那样说去，使人不能了解工资的真意。因为资本家一般不消说，甚至于劳动者的一部分也把工资看作劳动的价格，所以更有研究工资的本质的必要。工资是一种特殊商品的代价，是劳动力的代价，而劳动力却有特殊性质与别的商品不同：第一，前已说过，它能产生新价值；第二，它不能从卖劳动力的人身上分出来，不能离开劳动者的身体，这和别的商品可以离开卖的人本身而卖，是不同的；第三，别的商品当时买当时可以用，而劳动力则买时不能即刻就用，是买时先订契约，然后才用；第四，别的物品是先付价后用，劳动力是先用后给钱；第五，别的商品可以当面量，劳动力的多寡则不能即刻量，只能于使用时用时间来测量。劳动力是把这种种性质合起来，成为特殊商品的，所以人不容易看见它的本质，而只看见它的现象形态，尤其是因有第五种特质的缘故，会令人只看见被买卖的是劳动，而看不见被买卖的是劳动力，因此就把劳动力的代价，也看为是劳动的代价。此外，又加上政治上的理由：若认工资是劳动力的价值，则资本家剥削工人的剩余价值的事，可以明显看见，这是对于资本家不利的，所以故意把工资看作是劳动的价值，以为被买卖的是劳动，工资是劳动的代价，整个劳动既给了钱，则剩余价值与劳动者就不相干，资本家所得的剩余价值也就是合理的了。如此说来，单说工资是劳动力的价格，还不能明白榨取的事实，应该说工资是劳动力的价格，当作劳动的价格表现出来的东西，即，工资是劳动力的价格被资本家为达隐蔽剩余劳动时间的目的之故，用一种转化手段，转形为劳动的价格的东西。简单说，工资就是劳动力的价格的假想的表现形态。这是工资的本质。明了此，始可了解工资这种名称的命名的巧妙。

第二节　工资的种类

工资的形态虽有种种，然主要的大致可以分为两种：一是时间制（Time System）工资，二是件数制（Piece System）工资。时间制工资是以时间计算，是根据劳动者生活所必需的费用算出的，如像，假定一天平均生活费为＄2.40，并一天做八小时的工，则以八小时除二元四角得三角，这三角就是每小时的工钱，按此计算工资。件数制工资是按过去的事实，看看一天之中在平常状况下，一个工人能做出多少件数，以平均件数作根据，而计算每件应与劳动者生活费若干相当，然后论件数给工资；这等于时间制上加上件数去计算。从资本家的立场看来，时间制工资是按时间计算的，究竟工作是否努力，是否热心，是无从考察的。件数制工资却可以限制工人偷懒，考察工人的不努力和不热心，因为不努力，则做的件数少，所挣工资也少，所以逼得工人不能不努力去工作。关于工资，此外虽尚有其他制度，但原则上总逃不出这两种制度的配合，都是替资本家增加剩余价值的。时间制在先，件数制在后，件数制是比较更能剥削工人的利器，所以工人阶级往往反对件数制。关于劳动者的必需生活费的客观的决定，还有应考虑的地方，兹不赘。

第三节　从单纯再生产过程上看来的工资

当作个个的劳动者及资本家的一回的交易来看时，我们就得到上面的关于工资及剩余价值的理论，但，这只是在静止上面的理论，而实际上却不能单是这样，因为一则生产过程必然是不断的运动的连续，二则工人阶级是非出卖劳动力不可，即非替资本家阶级继续生产不可的，所以除了一回的个个的劳动者和资本家的交易之外，还得要从劳动者阶级和资本家阶级的立场，去观察再生产的运动上的关系，才能明白工资的意义的全体。事实上，我们若从动的再生产关系上去观察生产关系，的确可以得到一些在静止的一回的观察时得不到的，根本的，更深的本质的特征。原来，人类根本上不能不行再生产，因为人类所得的种种劳动结果，不能拿去都消费了，而是一方面消费，一方面再生产，并一方面积蓄的；自有人类以来，就是如此不断的生产，不断的消费，不断的积蓄，把一次生产下来的剩余，积到第二次，愈积愈扩大其所积。不过，为说明便利计，我们姑且把这种再生产，分为单纯的再生产和扩大的再生产两种来说（事实上单纯的再生产是不会有的，即有也只是极少的例外）。单纯再生产，是指每次的再生产都不扩大规模，只照同样规模去生产说的。从单纯再生产看时，劳动者阶级与资本家阶级的关系会变得愈明显，会把工人阶级站在被剥削地位，资本家阶级站在剥削地位的事实，更加明显的暴露出来。假如资本家以十万元开工厂，用四万元雇工人，六万元买原料机器，并假定资本一个月周转一次，则到第二月在头一次做出来以后，他把商品卖出去，收回资本，第二次还是用四万元去雇工人时，这四万元的当中，已有一部分是工人做出来的，不完全是资本家的钱了。因为资本家也不能不有生活费，而在单纯再生产时，他的生活费就是剩余价值的部分（因为，如果他不开工厂，或开工厂而不能获得剩余价值，他就得消耗十万元的部分去生活，但现在他却依旧能以十万元去行再生产，所以可以推知这种生活费就是剩余价值），然剩余价值这东西，依上述，却是由剥削关系而来的，算不得是应该归资本家所有的东西。如果资本家更照样按月继续再生产下去，则他的资本当中所含的剩余价值部分就越多，不但买劳动力的部分，就是买机器原料的部分，也都在事实上渐渐为剩余价值所代换；到了相当的时期以后，就会变得全部资本都是由工人产生出来的剩余价值构成的，因此全部资本都不应该归资本家所有了，因此资本家所给的工资，全部都是工人做出的，等于用自己们大家的钱给自己们大家，哪里是资本家的钱呢？这样的说法，也许有人怀疑不信，但是，要知道资本家也要消费，他的消费品是从何而来的呢？当然是由生产过程得来的剩余价值，因为他如不开工厂，他就非用老本不可，所以照理推，他的资本早已用出去了，现在的资本是由剩余价值填补得来的。表面上仿佛所有的资本是在周转中保存着的，实则在几年以后因为他不断消费的缘故，资本全光，所以弄成他所有的资本，全是剩余价值所构成，不但工资是工人造出来的钱，并且全部资本财产都是工人生产出来的了。但也许有人说，资本家最初开工厂时的十万元，不是他自己的吗？这一部分总不能说是由剩余价值构成的罢。其实这也不能是认资本的正当性，因为这个问题的讨论，必然会追究到最初的资本去，而最初的资本，依前述的原始聚积的理论，却是由掠夺而来的，所以也不是资本家所应有的。况且所有资本，如刚才所述，早全消费完了，现在的资本，都是资本化了的剩余价值，及小生产者的剩余生产物（见第四篇），都是多数农工的劳动力的变形物。真正说起来，资本的意义是如此的。因此，可知资本得了新意义。所以若说资本是资本家所有的，这话只是表面的敷衍话，没有道着真相，其实从再生产过程看来，资本乃是全社会从事直接生产的人的所有物，社会主义者就是如此主张，资本公有的学说就是由此而来的。因此，所以工资并不算是资本家的钱，更说不上恩惠，从再生产过程看来，工资乃是劳动者自己做出来的东西。这是工资的新意义。由这一个观点看来，可知眼前的事实是颠倒的，是把主人变为奴隶，榨取者变成主人了。这当然是资本主义制下的再生产上的生产关系使然，所以有人说，在资本制的再生产关系下面，劳动者阶级对资本家阶级的关系，事实上由对等的卖买关系变为工资奴隶关系了。

从另一方面看，可以说在再生产过程当中，还把劳动者的本身对资本家的关系，也再生产出来。因为在上述资本主义的再生产关系下，单个劳动者靠工资而来的种种个人的消费，在主观上虽然是维持自己的生命和体力而消费，其实在客观上从阶级全体的关系看来，只是为替资本家阶级产生剥削的对象的劳动力而消费（这自然是因为一切剩余价值都被资本家剥削了去，劳动者阶级至多只能维持其劳动力，仍然不能不长久出卖这个劳动力的缘故），所以在再生产的过程当中，就会把劳动者阶级对资本家的生产关系继续再生产出来。这关系在最初还只是在平等交易的卖买关系的形态下的剥削关系，而因为再生产下来的缘故，就如刚才所述，弄成隶属关系，一再产生的隶属生活关系。所以可以说，在资本主义的再生产关系下面，表面上买卖劳动力，是自由买卖关系，其实是不自由的，完全的工资的奴隶关系，是这种关系的再生产并永久化。所以在资本主义制度未推翻以前，工人想把生活改良，想把自己生活提高，那是不可能的。因为在资本主义的私有财产社会里面，劳动者所生产出来的东西，都归资本家所有，工人只能过刚能糊口的生活，并且，在这种关系的再生产连续下去时，工人就必然长为工资的奴隶。所以这工资只是一条锁链，即使把工资加多，也不过是一条金锁链而已，其为锁链而束缚身体则一。

第四节　从扩大再生产过程上看来的工资

扩大再生产是指那种把由生产手段得来的剩余价值，不全消费，留出一部分，积蓄下去，加入资本，使它变为新加的资本，以扩大其规模的再生产，说的。扩大再生产只是单纯再生产之扩大，所以上面解释单纯再生产时的工资的话，当然可以适用于从扩大再生产过程看来的工资的解释上面。不过，扩大再生产时的工资，除上述工资奴隶关系的再生产和永久化之外，还会产生出一种使劳动者阶级更加恶化的条件来，所以应该进一层加以解释。扩大再生产时，当然要使资本扩大，如第一次为十万，则第二次为十二万，之类，要愈扩愈大，因此就有人以为，扩大再生产时既有新的资本的增加，同时当然也就会有劳动力和总工资的增加，所以劳动者生活内容因此可以改良。其实这不过是工人虽然永久是工资奴隶，但是这个铁锁链却可变为金锁链，虽是锁链，但比以前总好些，之类的说法而已。那种说法自然是不对的，以下试加以解释。原来，扩大再生产有两种：一是资本构成无变化时的扩大再生产，一是资本构成有变化时的扩大再生产，其对于工资的作用各不相同。

A：在资本的构成未有变化时（所谓资本构成高的产业，在实际上，是指机器使用发达的产业，所以就等于说劳动生产性高的产业，低的当然就是劳动生产性低的产业），如果资本加大，劳动力加大，而劳动者人数不加，则个个劳动者的工资必增，即使劳动者人数增加，然当作阶级看的全劳动者的总工资必有增加，所以都是于劳动者有利的；不过，要知道，这只是工资多寡的范围内的利益，并且只是一时的现象，决不会久的，长久的工资高涨和增加，是不可能的。总之，在理论上和历史上，这都只是按需求而来的一时变动，绝不是可以无限增加的，也不是可以使工资奴隶关系有所变动的。所以从劳动阶级看来这并不是真正的利益。

B：在资本构成本身变得构成愈高时（这是资本家想要增加相对的剩余价值，或减轻成本时的现象），则增加资本一事，对于劳动阶级是最严重的不利。因为资本构成越高，则结果越使资本家所需要的劳动人数减少（固然在最初因工资在实际上减轻之故，个个资本家也许有多雇工人的事），并机器甚新，则因妇女童子皆能做工的缘故，越发会使失业的人数过多，越发会因自己互相竞争的缘故，而把有完全劳动能力人斥退，而代以妇工童工（因为妇工童工的工资照例要贱些），其结果更会越发使工资低落；同时因机器越新式则速度越强，会使劳动者的注意力与精神损耗得更加厉害。所以在表面虽似乎资本增加就可以加多劳动者，但是事实上却只是增加劳动者的竞争与精神的损害。这是直接的不利。再从间接方面来看，其不利更厉害：资本集中和聚中在资本构成增高的扩大再生产时，当然特别厉害，因此，资本家对工人的剥削，也一天一天的集中在一起，因此资本家的地位愈巩固，所以在劳动力的买卖上，资本家可以不照平等买卖的原则进行，而使工资低落即使劳动力的价格落在价值以下，因此使劳动者的生活更苦。此外大资本家因机器占便宜的缘故，可以压倒小资本家而吞并之，结果使大资本家越发变为更少数，因此，其地位就越优越，因此对于卖劳动力的人，也就剥削更甚，因此工人更苦。

由此看来，可知无论哪一种扩大再生产都是于工资无利，于工人无益的了。

第五节　资本主义的生产及积蓄对于劳动阶级的恶影响——资本主义生产一般的法则

从以上两种资本主义的再生产的理论看来，不消说，资本家阶级所有的资本在资本主义生产制下，会日益增殖，日益蓄积起来的（前面说过，单纯再生产只是一种为说明方便起见的分类，在实际上几乎是没有的事），同时，在另一方面，和资本家阶级相对立的无产阶级当然是随着资本的蓄积而日益陷入不利地位的。现在我们要看看资本主义的生产和蓄积对于劳动阶级到底发生了一些什么具体的恶影响。这有两种影响：

A：产业劳动预备军的形成　如上面所述，在资本主义的生产下，资本构成会变高，劳动力的需要会减少，就是说，可变资本会一天一天的减少，不变资本会一天一天的加多。但因生产扩张是不均等的，所以某一方面有扩张时，在另一方面却有不扩张。在扩张的时候，劳动力的需要会暂时增加，在不扩张的时候，却不但不需要劳动力的增加，而且从前暂时扩张所需的劳动力，因为变成了不需要的缘故，还须退出来，因此劳动力会变成有余。本来，资本的构成是不均等的，同时各企业的发展又不均等，即资本构成的变化又不均等，所以所需要的劳动力，有时增加，有时又驱逐工人，而使许多工人失业。但，资本家又不愿解决这失业问题，因为在他把资本扩张的时候，如无产业劳动预备军，资本家就要出高工资来雇用工人，所以当然这是资本家所不愿的。从资本扩张上看，资本家虽然需要产业劳动预备军，然而资本构成一旦提高时（当然是必然要提高），又得驱退工人，所以另一方面就是制造着产业劳动预备军。产业劳动预备军是随着资本的发展而发展的，资本积蓄愈大，需要劳动力愈多，则产业劳动预备军愈多。这种现象，经济学上叫做相对的人口过剩。这是说，卖劳动力的人比产业所需要的人口，是常常较多的。但这是不是绝对的过剩呢？不是的。因为资本家只顾利润，所以他才时而需要工人，时而辞退工人；若是他不顾利润，他就可以把失业工人完全安置，可以安置而不安置者，当然是制度的关系；资本家对于失业问题所以总不肯彻底解决，而只是用救贫方法，来暂时维持体面者，只因为他这样才能于有扩张生产的必要时，随时雇用大量的廉价的劳动者，以便更加积蓄资本，永久的把生产手段霸占在手中的缘故。

资本主义学者马尔萨斯的《人口论》，认为人口增加是几何级数的增加，为1，2，4，8，16，32……而食物的增加，却是数学级数的增加，为1，2，3，4，5，6……所以人多而食物少，人口总是过剩。至于为什么在事实上各国人口不一定过剩，据他说，却是因为天灾，战争，瘟疫等所致死的人数很多，同时又有一种道德的节制生育，以及没落民族的溺婴等等的缘故。这样的说法是不对的：第一，人口并不是这样的增加的，事实上，我们可以看见，社会愈文明，生育愈减少，恰如高等动物之繁殖，比下等动物少一样。文明人生殖少，野蛮人生殖多，这是显明的事实，例如拉丁民族的法国人，从一般说，文明程度最高，生育亦少，德国人及意大利人则较野蛮，同时生育亦较多；中国民族文明落后，故生育亦多。所以事实决不是像马尔萨斯所说的那样，人类生育照几何级数增加。第二，食物也不是马尔萨斯说的那样增加：现代农业技术发展，最近又有合成化学的食物出现，在食物数量上有很大的增加，所以马尔萨斯所说的是不对的。但他的学说却有历史的来源：他代表着当时的资产阶级的利益，他所以认为人口过剩是绝对的，是应该的，只不过想借此在客观上证明产业劳动预备军也是应该的现象，以拥护资本阶级的必然的需要罢了。实则人口过剩，所以食物不足这话，是不对的：食物不足的总原因是在制度不良：许多人没有吃的，这是事实，但，并不是没食物，乃是因为所有权的关系，因为社会制度的关系，虽有食物，而不能买，从卖者方面说，是虽有食物而不拿出来卖，价钱不好，宁肯烧去不肯送人的缘故。由此可见并非食物不够。苏俄行了第一五年计划之后，人口增加一千五百万，但仍感觉劳动力不够，外国工人到俄国的人不少，苏联也欢迎人去做工，这就足以证明人口绝对过剩是没有的事。所谓产业劳动预备军只是相对的人口过剩，又叫做失业人口。现今全世界上的资本主义的产业劳动人口约七千万，其中失业人口不在少数。失业分为三种：

1. 流动的失业人口　这是指因资本构成变高，减少工人，或因恐慌发生，工厂倒闭，或一部停业，致工人失业等等缘故而来的失业人口说的。这不是永久的，因为在资本缩小或构成加高时虽然要解雇，但到资本扩张时，却又必须加雇工人，所以说这是流动的失业人口。

2. 潜在的失业人口　这是指在工厂内的童工，与因做工而衰弱的工人们说的。因为不易从表面上看见的，所以叫做潜在的失业人口。何以说童工是潜在的失业人口呢？因为童工之被雇用，在资本家看来，只是因为工资少的缘故，所以童工到了成年，要求和各成年工人同等的待遇的时候，资本家便不愿意，就必然的不要他们，而另外换新童工，于是旧童工便变为失业者了。再说，成年工人初入工厂时都很强壮，后来因机器关系及劳动强度关系，做工做衰弱了，资本家便会不要他们，而另换新的工人，于是他们也都很快的变为失业者。这都是潜伏的失业人口，因为在上述那两种情形之下，个个分子必然的急速的变为资本家所不欲雇用之人，所以劳动阶级中的失业人口必会因急速的交代而潜滋暗涨，虽然没有明白的一时发露出来，然而始终是潜在着。

3. 停滞的失业人口　这是指社会上残废人，农民的没落者，小手工业的没落者，无希望生产部门的工人，孤儿寡妇，被救恤的穷民等等说的。这些虽然不是固有的意义的失业者，然而都是随着资本主义进行而日益扩大，并且他们的工作能力照例是非常之坏的，所以纵然有时可以找着工作，大抵都在转瞬间就被淘汰，只不过常常停滞在那里，加重真正有能力的劳动者对于资本家的契约关系上的不利而已。这种失业人口，在资本主义未倒以前，绝对的是不能彻底解决的，仅仅的所谓救贫是无能为的。

B. 劳动阶级绝对贫困化　从事劳动的人，随着资本主义的再生产的进行，生活日苦，纵然在工资未减或竟加了一点时，也因劳动强度增加的缘故，弄得工人要恢复精力就需要营养，需要食物的增加，因此，在吃不起的时候，就只好把别的方面费用减少，如衣和住，则节而又节，或是把家口的用度减少，以为添食物作营养之用。况且实际工资未见得不减（名目工资也许不减），因为失业人口日多，产业劳动预备军日大，他们不得不与就业的工人竞争，以为有业总比无业好一点，所以往往减价而求入工厂，例如在生活必需费须每日八角时，他们只要有六角钱，也肯进工厂做工，因此挤得把工厂的就业工人换掉，使工资落在劳动力的价值以下。工人得不到生活必需品，则生活越发穷困。本来，所谓工资是以货币表示出来的劳动力的价值，因此，就不能不发生实质工资和名目工资的区别：实质工资是指工资的实际的购买力，是从工资在实际上所能买得的生活必需品的数量说的，名目工资是指名目上或名义上的货币的数量说的。而依前述，货币有当作公的收夺手段看的机能，人们可以依增加货币数量的方法，去提高物价，即比较的减低每个单位的货币的价值，所以随着货币发行权因资本主义的生产的进行而归国家手里，及国家政权因资本主义的发展而归到资本家阶级手里，为资本家所操纵的国家就可以利用发行货币权去提高物价，比较的减低货币的购买力，结果资本家可以拿名目工资在实际上去剥削工人。所以从全体工人看，工资是渐渐随着资本主义往前发展而成反比例的下落，虽然从一部分看，或许也有实质工资也加多的，但是那只是极少数。再说，随着机器的进步，工人必然变为机器的附属物，只是做一种极少的一部分的工作，常常做这一种，弄得把工人变为机械，令他感觉干燥①无味，以劳动为苦。本来劳动与游戏不同的主要原因，就在兴趣的有无，二者从表面看起来，动作好像是相同的，实则一是为义务而做，一是为兴趣而做。从前劳动不像现在这样机械的，还有一点兴趣，因为至少劳动者总可以感到他的工作的成绩的完整，现在只做一部分工作，所以连这种最低的兴趣，也没有了，所以越是机器进步，劳动越无味。还有一层，近代劳动者的寿命必短，这在劳动者本身或不觉得，而结果工场劳动确能减寿，据美国德国的统计，工人的寿命是比较短的。又如日本纺纱厂的妇工几乎都有肺结核，所以都短命。此外如各国矿工，因矿中有毒，所以大抵都是短命。所以劳动者比别的人寿命短，这是事实。总之，劳动者的寿命短和贫困化乃是资本主义社会的惨剧。此种法则在最初是或迟或速的进行，最后却会变成加速度的进行，再与政治状况联结起来，就可以构成资本社会末期的无产阶级社会革命的必然性。

①　原文如此，意为枯燥。——编者

第六节 关于工资理论的斗争

前面所述的关于工资的理论是马克思主义经济学的理论，虽然接近真理，然而因为对于资产阶级无利有害，所以马克思主义修正派及资本主义学者对于这种理论，常常攻击，并且随着时代的发展，攻击越加厉害；如 Bernstein 就是攻击者的一人，在欧战以前，攻击未有间断，在欧战后的没落帝国主义的第二期（1924—1928），对于马克思的经济学工资理论，攻击者更多。这不是因为这种工资理论本身有错误，乃是从事实上反映出来的，因为当 1924—1928 年之间，欧美正行着产业合理化，增加劳动强度，在事实上非有一种理论去攻击马克思主义经济学的工资理论不可的缘故。然而代表工人方面的人们，当然不能任人攻击，必然也得实行理论斗争，因此斗争很厉害，其内容可分几层：

A：对于工资本质的斗争 马克思主义经济学以为工资是劳动力的代价，而反对者则以为工资是劳动的代价，而非劳动力的代价。

B：对于资本主义积蓄的法则的斗争 马克思主义经济学以为资本构成日高，工人生活一天一天的坏，反对者则以为这不是事实，以为如十九世纪后半叶的德国奥国的工人生活一天一天的好，并且失业工人减少，并没有像马克思主义经济学上所说的工人生活愈坏，失业人愈多的情形。他们同时又反对马克思主义经济学说所说的资本主义愈发展，则资本构成愈高，那个理论：他们以为资本构成变高的现象只限于某几个部门，而非能出现于一切部门，如像农业部门就不是那样，因为农业不能有马克思主义经济学所说的资本愈集中，生活愈苦的现象，并且，他们还说，农业既不是那样，而农人却占全国人口的多数，所以马克思主义经济学所说的是不对的。

C：对于一般工资倾向的斗争　马克思主义经济学说以为工资愈近现代愈低，反对者却说工资在事实上是愈近现代愈加高的，这当然是指名目工资来说的。在理论上他们主张工资生产力说，以为工资的高低，是靠生产力的多寡来决定的，生产力愈发展，资本主义的生产规模愈可扩张，则劳动的需要愈多，因此劳动者在供求法则上就占重要的地位，求过于供，工资必高，决不会向下落的，所以工人只要好好的做工，便可多得工资。这是认为生产愈扩大，愈与工人有好处，正与马克思主义经济学所说的相反。

D：对于工资斗争的目标的斗争　马克思主义经济学认为私有财产制度是工资奴隶的根源，这东西不废，工资奴隶就永无办法，所以主张工资斗争的最后目标是私有财产制的废止，而反对者却认为劳动时间的长短和强度的强弱都是原因于权力的关系，所以发生工资权力说，以为工资是政治的工资，以为劳资的经济斗争是平等的，要得胜利，就要靠政治的权力；并且他们不赞成马克思主义的国家观，他们认为政治是超阶级的，主张只要工人在国里面占势力，便可用政治力量，把工资等等问题解决。马克思主义经济学主张，要用革命力量把私有财产废止，才能解决工资斗争问题，但他们却不赞成，以为夺取政治权力，不在乎用革命手段。

E：对于资本家利于低工资的斗争　马克思主义经济学，如前述，认为资本家是利于工资的低减的，而反对者却主张所谓高度工资的理论，以为资本家的利益，不在减少工资，而在提高工资，如产业合理化论者美国福特汽车工厂主人福特的 Fordism，就是例子。福特汽车工厂工资比别的汽车工厂的工资高。他的自圆其说式的理由是：第一，工资高，则工作强度也高，结果，内容丰富，出品愈好，容易卖出；第二，是工资越多，则工人消费力越大，可以多买，从汽车工厂说来，就是可以多卖。当然这话是虚伪的：第一，工资不过比较多一点，不见得是如何的多，如是真多，资本家如何能赚钱呢？第二，工资高，工作强度固高，然而精力损失也大，所以在福特汽车厂内，事实上工人未有能做过两年以上的工者，大抵都少试即逃去，不再继续工作了；况且 Ford 的生产品是汽车，在当时是一种新的廉价商品，所以工人肯去消费它，这是特殊的例，不是一般工人都是这样能够多买其自己生产的物品。再说，所谓消费力增加，在事实上是用所谓按月付款法去支付的，结果徒使工人负担加大，并非工人之幸。由此可见 Ford 高度工资理论，也不对。

以上反对者所主张的各层，从科学的眼光看来，当然都是无根据而不合理的，这是只要把前述关于工资的理论真正理会得，就可以明白的，所以这里不赘说。

第六章　剩余价值论和中国及过渡期经济

第一节　剩余价值论的适用范围

以上所述剩余价值论，是就资本主义社会而说的，从个人方面看是就卖劳动力者及买劳动力者而说的。现在要看看，这种剩余价值理论的适用，是否只限于资本主义的社会？它在封建社会如何？在殖民地与半殖民地如何？对于小布尔乔亚治如何？对于小生产者如何？在中国及过渡期经济又如何？且依次略说说：

A：在封建社会内，剩余价值的理论，对于卖劳动力的人，当然适用，对于一半是小资产阶级，一半是卖劳动力者的人，也可以适用。但是，在封建社会内最占主要的主导地位的生产关系，即诸侯领主对于农奴的剥削关系，却不是可以适用剩余价值的理论的，不但那种剥削不是由劳动力的卖买而来的，不能适用，并且，那种剥削是公然的，也不必用工资理论去掩饰，因此也不必用剩余价值的理论，去暴露它们的秘密。

B：对于殖民地与半殖民地，剩余价值的理论是不是可以适用呢？殖民地和半殖民地，从一般说，是落后的，是封建经济很盛的，所以似乎从一般说并没有适用剩余价值论的余地，但是，在今日，情形却有点不同了：第一，从前的农业的殖民地已经有化为工业的殖民地的倾向，如印度就是明例，在这里，当然渐渐要适用剩余价值论了。除了从前那样的殖民地外，今日还有所谓欧洲殖民地，如德国及奥国等，在这些高度的殖民地内，不消说，是资本主义的生产占着支配地位的，所以当然得适用剩余价值的理论。第三，半殖民地当中有以所谓单一农业（如单种咖啡，蔗糖，橡胶树，棉花等）为主的地方，如像南美洲的古巴，巴西等所谓拉丁殖民地，就是例子。在这里，所谓单一农业大抵都是资本主义的农业或变相的资本主义农业，所以也当然可以适用剩余价值论。由此，可知剩余价值论在今日，在不少的殖民地半殖民地内，都是占着主要的适用地位的（绝对不能适用剩余价值论的地方，当然没有），因为在事实上今日没有纯粹的非资本主义经济；我们当然是就支配的方面说的。

C：对于小布尔乔亚治，剩余价值理论是不是可以适用？这里所谓小布尔乔亚治自然是指独立的小生产者以外的人们，如自由职业者的律师，医生，文士及拿薪水过日子的官吏，教员，事务员，技师，技士等说的。他们在不直接从事生产事业一层上说，和下述小生产者有别，在不以卖筋肉的力量为生一层上面，又和无产的劳动阶级有别，当然，在不是买劳动力者一层或在竟是卖脑力者一层上说，他们更和资本家阶级有别。所以所谓剩余价值论对他们是否适用，一个问题，似乎很难决定。其实从根本上，从长期间，从客观的地位看来，他们事实上在资本主义制度下面，大部分也和无产阶级一样是受着他们的脑力的买主即资本家阶级或其代理人的剥削的，所以剩余价值论对他们的大部是可以适用的，只有对于他们当中的小部分如独立的律师，医生或文士，不能适用。此一小部分人们的经济地位是和次述小生产者的经济地位相似的。

D：对于独立的小生产者如农民等，是不是可以适用剩余价值的理论呢？当然是不能适用的，因为他们自己是生产手段的所有人，同时自己又是劳动者，所以这里无所谓剩余价值。但是，剩余价值的理论却可以影响到独立小生产的小资产阶级，因为在资本的发展过程中，必然使资本集中，使独立小生产者没落。小生产者如能离开资本家所在地，也许可以逃脱此难，但是，事实上在资本主义社会时代是离不开的，是无处可逃的，故结局亦必然与无产阶级同其运命。换句话说，剩余价值理论本身虽是对他们不适用，但是，其作用却可以影响小生产者，使他们生活贫困化及失业破产，所以剩余价值的理论与独立生产的小资产阶级不是无关系的。当然这里是从大体说的。在事实上，也有一方面自己独立生产，一方面雇用工人生产的小生产者，也有一方面独立生产，一方面还出卖劳动力的小生产者；前者不消说是接近于资本家的地位的，当然可以适用剩余价值论，后者明明是一种半无产阶级，所以往往也得适用剩余价值的理论。

第二节　剩余价值论和中国

剩余价值论是否可以适用于中国的问题，在以上说明了剩余价值论和封建经济，和殖民地半殖民地，和小资产阶级，和独立的小生产者，等等关系之后，当然用不着多说，因为，如前述，中国的经济总不能不是封建成分还十分浓厚，资本主义的原始聚积正在猛烈进行的经济。简单说，剩余价值的理论，仍然可以相当的适用，并且是对于多数独立的小生产者，间接的发生着很大的影响的。

剩余价值论可不可以适用于中国，这个问题的答解，当然也就是在中国有不有阶级，有不有阶级斗争，应不应承认阶级斗争，宜不宜主张阶级斗争，等等问题的答解的基础，其意义颇为重大，我们不宜忽略。

在中国农民中占最大多数的勤苦佃农，在实际上到底是一种独立的小生产者，抑是一种封建式的农奴，抑是一种变相的无产阶级，这个问题，虽然是不易解决的，但是，照前节所述的关于独立的小生产者和剩余价值论的理论看来，无疑的应该采用上述第三的答案。如果是那样，则剩余价值的理论与中国农民问题及农村问题当然更有必然的不可离的关系，所以，如果离开剩余价值论去谈中国农民及农村问题，去谋解决这种问题，结果必会抓不住扼要之点，而陷于空谈之弊。

第三节　剩余价值论和过渡期经济

剩余价值的理论是否可以适用于过渡期经济，这个问题，在苏联经济学界，也和价值法则是否可以适用于过渡期经济，那个问题一样，曾经有种种主张：

A：完全适用说　这是认苏联过渡期经济为国家资本主义经济的人们的主张，这些人们对于苏联国营的事业，尚且认为国家资本主义的经营，对于其他非国营的经济当然更不消说了，所以他们主张剩余价值论在过渡期经济可以完全适用，这是当然不足怪的。不过，这种主张的大谬却又是显然的：如果站在支配地位的国营事业是国家资本主义的经营，则如前述，就要发生谁是实际的资本家的问题，结果就要发生无产阶级自己充当资本家（虽然是通过国家的机构），自己剥削自己的不合理。

B：完全不适用说　这是误认过渡期经济为完全的社会主义的经济的人们所主张的。这种主张显然蔑视了富农及新商人支配下的资本主义的小农工业，显然忘记了由政府租借与外国资本家经营着的事业（即真正的国家资本主义的经营）的存在，所以不消说是谬误的。

C：分别适用说　这是把苏联内的国营事业部分的经济看成和

其他部分经济截然两离的人们的主张。他们以为国营事业部分是社会主义的经济，所以应该适用社会的蓄积的法则（这是指用国营事业上的工产品去和农民交换，去剥削小生产者的农民的剩余生产物，那件事说的；因为他们这种情形恰恰和资本主义的原始聚积时代的商人剥削小生产者手工业者及农民一样，所以叫做社会主义的聚积。这种聚积说蔑视了农民在社会主义建设上的积极性，结果会动摇过渡期的政治的基础，当然是不对的，这里姑不具论），而其他部分经济则是私经济部分，仍然应该适用剩余价值法则。这种说法显然是谬误的：第一，把社会主义部分经济认为是一种榨取农民的工具，这明明和"社会主义"的意义相背。第二，在认为剩余价值法则可以完全适用于非国营的经济部分一层，也显然蔑视了过渡期经济政策的那种抑制私人资本扩大的特性，显然未了解新经济政策的意义。第三，对于两个法则的关联和统一，没有说明，这也显然是方法论上的一个大漏点。

D：有意识的限制适用说　这是真正认清过渡期经济的特性的人们所主张的。他们以为在过渡期经济内虽然有各种成分，然而最主要的，支配的，领导的成分，却是有计划的社会主义的成分即国营事业部分，因此，所以主张，剩余价值论虽然可以适用于资本主义的经营部分如租借与外国资本家经营的部分及资本主义的小农业小手工业部分，然而其适用却是受着限制的，因为一则受了政治上的租税及征用的压迫，二则受了经济上的计划的价格统制及公的并信用的收夺，所以这时的剩余价值在作用上和在资本主义制下的剩余价值不同，不能无限的蓄积资本，也就是不能无限的把剥削关系再生产出来，而只能在特定范围内帮助社会主义的建设。此外，对于真正独立的小生产者的中农贫农，当然不适用剩余价值的理论。至于国营事业的部分，不消说，决无剩余价值之可言，在这里的剩余生产物，不但非剩余价值，并且也非资本主义经济以前的剩余生产物，它只能说是全劳动阶级的积蓄基金或协同的社会的消费基金。

在以上四种说法中，当然只有第四说是正确的。

第四篇　平均利润论

第一章　平均利润及生产价格

第一节　各种资本收入形态的物神崇拜性

价值论与剩余价值论是经济学的基础，价值论尤其是基础，现在应由这个基础说到基础上面的各种构造，即说到平均利润及其各种变形物的理论。在剩余价值论中所说的资本是产业资本，其实资本并不限于产业资本，尚有生利资本，商业资本，土地资本，金融资本等等。因此，这些资本的剩余价值有种种的变形与不同的名称，有所谓地租，利息，商业利润等等。这些东西虽然表面上各不相同，似乎与所谓剩余价值无关，然而在事实上它们都是剩余价值，都是同出于一个来源。何以见得它们都是同出于一个来源，这当然是要在平均利润论上来解释说明的。总之，在未知道它们的来源以前，一般人总以为地租是由土地而来，利息是出贷货币而来，商业利润是由商业资本剥削雇员而来的。这样把剩余价值的各种变形看作是从各本身而来的各不相关的东西，一件事，便是物神崇拜的一种。要打破这个物神崇拜，就得用平均利润论来解释。这种物神崇拜性的打破，不但从科学的眼光看来，是经济学的任务；并且，如果不能在打破的途中，把这些表面不同而事实相关的东西，加以一贯的解释，那么，我们对于资本经济的认识，就会是一种片面的，零碎的认识了。

关于这种物神崇拜性的打破，可以分为三个段落来说：第一段落说剩余价值为什么会变成利润，第二段落说种种不等的利润为什么会变为平均利润，第三段落说平均利润为什么会转变成企业利润以外的种种变形的东西，总之，平均利润论的说明和上述剩余价值论不同，是站在全资本家阶级和全劳动阶级的关系上（虽然在前面说再生产关系时已经就是从全阶级的关系上说话），去看全被剥削阶级怎样分门别类的被剥削，也就是去看全剥削阶级怎样分门别类的去剥削或怎样去分配各个资本家所剥削的结果的。这是平均利润论的要点，首先要认明白。

第二节　剩余价值怎样转化为利润

这个问题是在说剩余价值率与利润率的时候，已经提到了的。要研究这个问题，首先要知道产业资本家对于资本的看法与经济学者对于资本的看法不同：经济学者是站在客观上来分析，从资本的价值的增殖上，分为可变资本和不变资本；而在一般资本家眼中，却不一定是会这样分的，他对于资本的主要分类，是固定资本与流动资本的区分。照前述的例，如房子和机器等在比较长时间才能消失的形态下的资本，谓之固定资本。反过来，如棉花，劳动力，煤炭等等，在短期间就消失，就得重新再买（不必拿新货币资本去买，而是拿出贩卖生产物所收回的货币资本去买，换一句话说，就是把棉花，煤，劳动力变成棉纱，卖出去又成货币资本，用这个货币资本去买）的东西的形态下的资本，谓之流动资本。这两种资本和可变资本与不变资本的区别，断然不同，一是从价值的变化增殖上着眼，一是从资本的周转上着眼，二者的内容是相异的：在一方面，不变资本包含劳动手段和劳动对象，可变资本只是劳动力，而在另一方面，流动资本包含原料（劳动对象）和劳动力，固定资本只是机器等劳动手段。总之，从资本家看，最要紧的是多赚钱，是使资本周转快，因为从表面看来，周转快的得利多，周转慢的得利少。从一般说，资本家所关心的，不是以多少可变资本去剥削多少剩余价值，不是单在这一部分，而是在全部资本的利润多寡，即是从全资本看看能赚多少钱，而不是看哪一部的资本能赚钱，哪一部分不能赚钱。资本家不但对于资本的观察，与经济学家不同，并且他对于新生产商品（如棉纱）的价值之观察，也与经济学者不同：他对于这种新商品，主要的要看它的总价值与原来总资本的比例如何，如这个总价值比总资本高，在他就是赚钱，如这个总价值比总资本低就是不赚钱，总价值高出总资本的时候，这个高出部分，就是资本家的总利润。把总利润分到各商品方面，就可以知道每个商品的利润，因此，他对于每个商品的利润，认为不是由买劳动力的部分资本而来的剩余价值，而是由总资本而来的利润的一部分。如在每个商品成本是 $10，卖价是 $15，利润是 $5 时，他不是像经济学者一样，把剩余价值看成由买劳动力的部分资本而来的，不是看它为一部分资本的产物，而是看剩余价值是超过原来总资本价值以上的，由全资本而来的东西。他是从外看，从费用价格看，不是从内看，从价值形成看，如赚钱五元时，他认为这五元钱是从全资本的外部流通上得来的，不是从一部分的资本的内部生产上得来的。总之，产业资本家所谓利润，是从资本全体看来的，超出原来总资本价值以外的，由流通而来的东西。这是从资本家的立场看来的必然的结果。这样看来，就可知剩余价值这东西，何以在资本家的立场上会表现为总资本的生产物，同时并可知剩余价值的理论，在表面上对于资本家是如何无关紧要了。因此，所以他把剩余价值，无论是全部的，或是每个的，都看做利润，于是剩余价值就转变成为利润。这种情形正如工资本是劳动力的代价，而被资本家认为是劳动的代价一样。总之，在事实上只从可变资本发生出来的剩余价值被资本家认为是从总资本出来时，所谓剩余价值就变为利润了。

由此可知利润这东西，并不是真正另外在剩余价值以外独立存在的东西，而是剩余价值因受资本主义生产样式的影响的缘故，不得不采用的一种转化了的形态，换一句话说，利润与剩余价值原是一个东西，不过前者是后者的一个神秘化了的形态而已。这是利润的本质。既然它们是一个东西，为什么不叫做剩余价值，而叫做利润呢？上面已说过，这主要的是因为资本家的观点和科学上应有的观点不同的缘故，这或可以叫做必然的理由，和商品与货币必然是抽象劳动的转化形态时的必然的理由一样，因为如果没有这个转化形态，则社会上的根本矛盾，即社会的劳动和生产手段及结果的私有间的矛盾（这个矛盾在这时即资本主义制的时候不但还是存在，并且还深化了，扩大了，成熟了），不能暂时解决。但此外尚有一种理由，一种正如工资所以会是劳动力的价格的转化形态时的理由一样的政治的理由。因为如果把利润叫做剩余价值，就可以暴露资本家阶级与劳动阶级间的剥削关系，那于资本家阶级是不利的。不管理由如何，总之，这样一转化，就使研究经济学的人，看不见研究上的障碍，往往会因此不能明白真相，而只看见表面，会只看见转化形态，而不懂得内部关联，换句话说，会因此不能把剩余价值和一般的利润，利息等等东西联结起来，因此也就会发生种种错误的见解。要懂得这些东西的一切关联和区别，就非把剩余价值转化为利润的内部揭穿不可。

第三节　各种不等的利润怎样转化为平均利润

利润虽是剩余价值的转化形态，但是，剩余价值的本身的多少，在各种产业上，各有不同，即个个的产业资本家所得的剩余价值是不相等的：有的剥削得多，有的剥削得少。其原因也各有不同：有的因资本构成高而剩余价值比较微少，有的因资本构成低而剩余价值比较的甚多；有的因资本周转速度快而所得剩余价值较多，有的因资本周转慢而剩余价值较少。现在要问问，各种产业上的不相等的剩余价值即利润，是不是各自独立，各不相关呢？即，各产业资本家是否能保持各人所得的剩余价值呢？这在表面上仿佛应有肯定的答复，其实不然；各个产业资本家所剥削得的剩余价值，决不能在事实上长久保持或在事实上实现出来，因为一则资本主义社会是以自由竞争为原则的社会，如果某一种产业能剥削得较多的剩余价值，别人便会争着来做这种产业，结果会因竞争而使价格下落或使价值不能实现，二则产业资本家在事实上断不能绝对不靠别人如商业家，地主，银行等，而真正独立的去经营，因为还要靠别人，所以还得把所剥削的剩余价值分一部分给别人。因此，各个产业资本家所获的利润在事实上决不能和他所剥削的剩余价值相等：他们只能得一种平均利润，只能得一种把分给别种资本家的部分如商业利润，利息，地租等等除去之后的平均利润。现在姑且把他应该分给各种资本家的部分，放在考虑之外，只说平均利润的意义和由来。这是平均利润这个题目的极要部分，所以不妨详细说说。

各产业资本家所剥削的剩余价值的数既有多寡的不同，所以其转化形态的利润，当然也有多寡之分，因此各个产业资本家的全资本的利润率也不一律：例如在有一万元的资本，以八千元为不变资本，以二千元为可变资本时，则第一，剩余价值率的变化可以使利润率变化，若剩余价值率是 100%，则 $2000 可变资本可得 $2000 剩余价值，所以利润率对一万元是 20%。若剩余价值率为 150%，则 $2000 可变资本可以得 $3000 剩余价值，拿来与一万元的总资本对照，则利润率为 30%；就是说利润的大小，是由剩余价值率的大小来决定，后者大则前者亦大。其次资本周转的速度，也是一样可以使利润率变化，如上述一万元的资本，依上述的资本构成，一年周转一次，剩余价值率是 100%，剩余价值是 $2000，则利润率是 20%，若一年周转二次，每次剩余价值是二千元，二次是四千元，则每年总资本的利润率便得百分之四十，所以周转愈速，利润愈大。第三，资本构成的高低也可以影响到利润率，构成愈高，利润率愈低，例如上述一万元的资本，若改为以七千元为不变资本，三千元为可变资本，剩余价值率仍为 100％，则上述的例中的剩余价值是＄2000，利润率是 20％，而这个新构成下的剩余价值却是＄3000，利润率是 30％（在以上的例中，当然是把商业利润，利息，地租等放在考虑外的说话）。这就可以看出各产业资本家的利润所以必有种种的不同。不过，要知道一切产业资本的利润，虽有高低，而就长期间的一般的倾向说，其实际的结果却也相差不远。在短时间的观察时，虽各人的经营有好有坏，利润也随之相差，但从一年两年的长期间看，各人的利润就变得大家差不多，即是说就全体产业资本来说，赚几分利，差不多是有一定的，即所谓社会的利润是有大体标准的。这个标准在实际上是可以从以银行放款利息查出来的：若放款利息比平均产业利润高，则无人去借，所以放款利息，总是比产业利润低一点；同时当然不能太低，因为银行资本家也要赚钱，太低就赚不到手了。所以说可以由银行利率知道产业资本的利润。总之，各资本家尽管剥削的率不同，周转的快慢不同，资本构成高低也不同，但是，如从长期间通盘计算，则各资本家的利润是差不多的，因此，所以在同一社会之内就发生平均利润的现象。这个现象的原因是由于自由竞争，所以可以拿自由竞争的道理来说明（社会上除自由竞争外虽尚有独占，但现在且不说它）。在资本主义社会里，各人可以自由移转资本，如纺纱工业有利，谁人也不能禁止别人不移转资本到纺纱工业来，如到纺纱工业太多而变为无利时，则又会自由移转资本到别的部门去，例如汽车公司此时有利，则又有人移转资本到汽车工业的部门去；凡是有赚钱的部门，则大家争着把资本移转进去，凡是不赚钱的部门，则大家争着把资本退出去。因为到赚钱部门来的资本多，到不赚钱的部门来的资本少，所以结果，就会照供求的法则，来决定各部门的生产品的价格：赚钱的部门因竞争者渐多，故价格渐变低，因此就会变得不赚钱而使资本退出；反之，不赚钱的部门因竞争者渐少，故价格渐变高，因此就会变得能够赚钱，而使新的资本流入。结果就是：各产业部门所剥削的剩余价值在各时间上虽然各不相同，而总计的，长期的看来，各部门所获的利润的比率却会约莫相等的，因此，所以说，各产业部门的利润率不是照个个的个别的利润率计算的，而是照社会的平均的利润率计算的。为更具体的明白这个道理起见，试设下例。假如有三个产业部门（三个之数完全是计算便利上的假定，没有多大意义），其资本及剩余价值率相同，而资本的有机构成的高低不同（依上述，利润的多寡本是可以依剩余价值率的大小，资本周转的速度及资本的有机构成的高低三者来决定的，但，这里为方便起见，姑且假定剩余价值率和周转速度是相同的，姑且置诸不问之列），则可变资本多者因剥削多，故多赚钱，可变资本少者因剥削少，故少赚钱，假定一二三各部门的可变资本之比为二○，三○，四○，则论理一二三各部门所获之利润应为二○，三○，四○；然而在事实上，第三部门利润率虽高，而因资本流入多，竞争太烈，不能不减价在商品价值以下求售的缘故，竟不能完全实现其价值，反之，第一部门利润率虽低，而因竞争者少，商品往往求过于供的缘故，竟能把价格提到其价值以上，而第二部门则因利润率不高不低的缘故，仅能实现其价值。像这样，利润率高者变低，低者变高，结果，从长期间看来，就会等于把各种利润率平均起来，而获得一种近似的平均利润率，如下表所示：

生产部门	1.	2.	3.	三部门总计
资本之构成（100 单位）	c. 80 v. 20	c. 70 v. 30	c. 60 v. 40	c. 210 }300 v. 90
剩余价值量(率100%)	m. 20	m. 30	m. 40	m. 90
商品价值	120	130	140	390
商品价格	130	130	130	390
利润率	30%	30%	30%	30%
价格对价值之差	+10	——	—10	

　　即是说，在事实上，各部门的利润率都是30%，若欲知各生产部门之平均利润率，只消求出总资本对于总剩余价值量的百分比例就行，如像上例（90/300－x/100－30%）[①]。这是证明各产业部门利润虽各不相同，但全体趋向却是向平均利润率的法则上走的：凡在平均利润率下的部门，商品出卖时的价格比价值高，若实际利润率比平均利润率高，则商品价格比价值低，即是说在资本构成低的部门，商品的价值不能完全实现，而在资本构成高的部门商品的价值却比价格低，即可以依流通的过程，把别的构成低的生产部门不能实现的价值，实现出来，分配而获得之。如此则利润才会平均。所以各资本家尽管剥削劳动者，但他却不能把剥削得的剩余价值拿在手中，他只不过是一时的暂获着，到最后，所有的剩余价值都还要被分配到各地去。世上有些物件的价值低而价格高，就是这个缘故，例如金珠店劳动不多，而价格贵，陈酒劳动不多而价格亦大，就都是因为资本构成太高，不变资本太多的缘故。由此看来，可知资本家对于劳动者，不是个人的关系，而是全体的整个的关系；他

_____

　　① 　原文为"300：90：：100：x＝30%"。——编者

们虽是各个剥削，而结果却是平均分配于全体资产阶级的。

知道了利润的平均化和平均利润率之后，就可以在商品价格上得到一种新的东西：生产价格。生产价格在马克思经济学上是指在各商品的费用价格（Cost Price）以外，加上平均利润的价格说的。一切商品卖买的价格，在事实上都是照生产价格决定的。一切商品虽然各有价值，虽然这价值是由生产上所需的必要劳动量所决定的，但是，在卖的时候，却是照生产价格。所以劳动价值论只是价格的一个基础，商品在资本社会内，并不是照价值买卖的：到了资本主义社会内，单纯商品社会的价值法则已不能适用，一切商品已不是照那种由价值而来的价格出卖，乃是照生产价格出售了。但是，要知道，生产价格并不是凭空而来的怪物，乃是由价值转化而来的东西，乃是价值的被转化了的形态，因为那种使各个利润转化为平均利润的过程，同时又把价值转化为生产价格了。所以生产价格之总额并不是毫无凭准的，而是等于总商品的价值总额的。所以，由此可知前面所谓种种反映的价格，并不是蹈空的，而是依平均利润的法则，从种种生产部门的未实现部分的价值实现出来的。不消说，这个生产价格即费用价格加上平均利润的价格本身，还会依实际市场供求关系而有变动，因此就更会形成所谓市场价格。前面说过，在单纯商品社会内，价格始终是绕着价值之线而为离心的并向心的运动的，但是，到了资本主义社会里，情形却变了，变成市场价格绕着生产价格而为离心的并向心的运动了。这当然是价值转化为生产价格那件事的必然的结果。这样一来，也许有人怀疑，以为价值论就用不着了；实则不然，因为生产价格含着有平均利润，平均利润是剩余价值论的一部分，而剩余价值又是站在价值论的基础上的，所以生产价格论是建筑在价值论及剩余价值论之上的。只因从前是为获得所交换的使用价值而生产，所以只需价值论就够了，而在资本主义的社会里却是为剩余价值即为利润而生产，所以必须用生产价格的理论，才能说明商品的价格。当然，对于资本主义社会内的小生产者所生产的商品，不能直接适用生产价格的理论。

第四节　平均利润率逐渐下降的倾向的法则

平均利润率这东西，照上面所说，是显然有变动的。因它本是总资本对于总剩余价值的百分比例，而总剩余价值或总利润量却可以依种种原因，如剥削率的增加，资本周转的速度及资本有机构成的高低而有变动的，所以平均利润率也有变动。不但有变动，并且照倾向说来，还是向着低的方向变动，因为照前述，资本家阶级为增加剩余价值起见，必然要采用增加相对的剩余价值的方法，即改良生产方式，采用机器，提高资本的有机构成，使不变资本日益加多，可变资本日益减少，因此剩余价值率也就不能不减低，也因此而平均利润率亦不能不有减低的倾向，这种减低的倾向，亦称为平均利润逐渐下降的法则。不过，这里要注意：平均利润率的减低不就是资本家阶级所获的利润的绝对的减少，因为剩余价值量（也就是社会的利润量）是依被榨取者的人数及榨取的程度而决的，只要被榨取的人数多，程度深，则剩余价值量当然会绝对增加，所以和利润率的减低，并不相矛盾。例如现有一万元资本，其构成为六比四，即 $6000c + 4000v$，如剩余价值率为百分之百，则剩余价值量为

4000，利润率为百分之四十。现如把构成改为八比二，并且把资本总数增为 18000c＋4500v，假定剥削率如前，则剩余价值量明明变大了，而利润率却明明变为百分之二十了。这就是明例。一方面，又应知道这个倾向不常常是这样，也可以用种种方法去行反作用，把利润率暂时提高，至少把它的低下倾向暂时阻止：（一）在平均利润率减低时，增加劳动强度，如产业合理化一类的办法，使剩余价值增加，而把平均利润率维持着不使下降，而且往往可以使它往上走；但这只是一时的办法，不能长久继续，因为劳动强度加大，在事实上只可在一时试办有效，久后，其结果必定是改良生产方法和机器进步，把劳动者驱逐出门；一方面改良生产方法必使生产过剩而发生经济恐慌，另一方面驱逐劳动者，必致阶级斗争日烈，使社会不安，结果平均利润率又非向下降不可。（二）用独占办法，把产业垄断，如像把棉花麦子独占，就可以发生独占价格一样，可以用人为的力量把种种价格提高，这从资本家看来当然也是增加剩余价值的方法，而可以阻止平均利润率下落。但是，这也是一时的，因为加倍剥削消费人的办法也只是短时间可行，也不能持久，久则一般人买不起，还是卖不出，因此平均利润率仍然下降。（三）用向殖民地与半殖民地去投资的方法去阻止平均利润率的低减的办法。从一般说，殖民地半殖民地的资本构成较低，而且工价（工资）又往往因生活程度太低的缘故，非常低廉，因此可得较高的平均利润率，不但可以获厚利，还可以消极的救济本国内的竞争弊病，维持本国的平均利润率；但是，这也不能持久，因为在这些地方起首固尚无竞争，然而到后来也会照样有竞争，使资本构成不能不提高，结果平均利润又会落下去。（四）除上述三种人为的方法之外，还有一些在资本主义的再生产过程当中必然发生的，在它们的性质上可以抑止平均利润率低下的现象，如像（a）随着产业劳动军的扩大而来的劳动市场的猛烈竞争，必然的会使劳动力的价格低于劳动力的价值，因此使资本家阶级所获的剩余价值量必然增加，因此就可以使平均利润率减低的倾向暂时缓和。（b）在生产不变资本的诸生产部门的劳动的生产性如有进步，则这种不变的价值，如前述，当然减低，因此，不变资本对可变资本的比例当然减少，即是说，资本构成的程度减低，因此，平均利润率减少的倾向就可以暂时中止。（c）随着资本主义生产品的向外发展而来的外国低廉的原料品或消费资料的输入，也可以对平均利润率的低减倾向，发生反作用，因为这种低廉品一方面可以节约不变资本，一方面可以低减实际工资，结果都可以使平均利润率暂时停止其下降的倾向。（d）对于小生产者的利益的侵蚀（见本篇第三章），如有增加，也同样可以增加利润，即遏止利润率之减低。以上各种方法或现象虽然都可以阻止平均利润率的低减倾向的进行，然而到底不过阻止而已，决不能彻底的把这个倾向废除，因此，这个倾向的法则，是始终行着的。在资本主义社会内，社会的劳动的生产性的增大，如前述，是资本主义生产的性质上必然不可免的，然而其结果必然发生资本构成的提高的现象，因此就必然发生平均利润率低减的倾向。资本家阶级为维持其为利润而行的生产的缘故，除了上述暂时有效的方法外，只有应用新技术，更加扩大劳动的生产性，去求利润量的增加，然而愈求劳动的生产性的增加，就愈使平均利润率减少；在这种互为因果的情形之下，必然会达到一个界限，使生产的无限扩大和大家对于生产物的消费的参加的无限缩小（因失业，恐慌等而来的），相互冲突，使生产力和生产关系必然冲突。所以平均利润低下的倾向的法则，是表现着资本主义生产样式的本身的发展界限的。

第五节　关于利润本质论，生产价格论及平均利润低下法则论的辩争

一　以上关于平均利润论的三个问题即关于利润本质论，生产价格论，平均利润低下法则论的叙述，都是根据马克思主义经济学的原理来说的，在各派经济学说中，在大体上，算是最能揭露事物的本质，最能接近科学的真理，几乎可以说，除此之外，更无一种比较合乎科学原则的理论。但是，在事实上，各派经济学者却因种种理由，常常攻击这个比较正确的关于利润的学说，当然，马克思主义经济学者为拥护其所信的学说，也不能不反驳，因此就形成关于利润论的种种论争。现在为从反面证明前述的理论的正确起见，姑且把这些论争的主要论旨，摘举于下：

二　先从利润本质论的论争说罢。照马克思主义经济学看来，利润只不过是剩余价值的转化了的形态，只不过是资本主义生产制下的特殊的历史的范畴。而其他各派学者却不然，他们既不承认剩余价值论，所以当然不承认由剩余价值转化而来的利润，而不得不另主张种种和所谓生产三要素说相照应的利润本质说。他们在原则上虽极力反对利润的剩余价值转化说，但是，在理由上，除了否认劳动力的卖买即否认剩余价值本身的存在以外，并无别的可举的理由，所以他们的反对论，与其说是注重反驳剩余价值转化说，毋宁

说他们是注重他们自己的见解的积极的铺陈，因此，我们在叙述这个论争的要旨时，也只能从对他们的见解的批判的观点上来说。原来，关于利润本质的学说是自有近代经济学以来就有的，所以在马克思主义经济学以后的各派经济学，仍往往在大体上脱不了从前的范围，因此，我们有把它们拿来和马克思主义经济学以前的各种利润本质论对照观察的必要。

在马克思以前，近代关于利润本质的解释，大致有四种：第一是重商主义者的主张，以为利润是流通过程当中发生的；这种说法的谬误，前已说过，在它不能说明所谓商业上的利润的由来，在不能说明全社会的利润的来源，因为全社会的人在商品社会内都一面是卖者一面又是买者，所以流通过程上的利润结果会相抵消，变成无着落的东西。第二是重农派的主张，以为利润只是农业生产上所产生的纯生产物，以为，因为只有农业才能产生新的物材出来，所以只有农业才能产生并增加新的利润，这种把社会范畴误为自然范畴的解释，自然是根本错误的（因为照他们所说，则利润就会等于使用价值，就会在任何时代都有），不过，拿来和重商主义的说法比较，却算进步，因为已经把利润看成客观的，有着落的东西了。第三是正统派的主张，以为利润是靠劳动在价值创造过程当中产生出来的。这比重农学派算是更进了一步，因为他们已经发现了利润的社会范畴性及利润的产生不限于农业，两个道理。不过，只因他们为资本主义的局限的视野所限，不能更进一步找出剩余价值，不能找出由劳动力的卖买而来的剥削关系，所以还不能发现资本主义生产制下的利润的剥削性。第四是所谓狭义流俗派的主张，这派的历史的任务，如前述，完全只在拥护资本家的利益，所以也就是完全只在辩护利润，因此，所以他们意想把利润认为是由资本家的节欲而来的东西。这不消说，是经济学上的一种逆转，可谓毫无是处。

在马克思主义经济学以后，单靠上述几种说法，当然不能和科学的利润本质论抗衡，因此又发生许多关于利润本质的新说。这些新说在简单的否认剩余价值论一层上面，虽然相同，但在铺陈他们自己的主张上面，却有差异，大致说来，可以分为四大派别：（一）自然主义学派，（二）心理学派，（三）社会学派，（四）三要素理论新派。

A：自然主义派的利润本质说　这主要的是美国的学者所主张的，可举克拉克为此说的代表者。克拉克的利润论是从利息论出发的。他以据经验的事实看来，一切资本，在它的自然的属性上，就可以产生特定的利息。这个利息等于资本本身的价值和由资本造出来的价值二者的差额。在通常状况下，这个利息的率虽是有一定的，但是，因为个个资本的用途上的生产性不能不有差异，各个资本家的能力复各不相同，因此，从这各个资本看来，就可以得着一种追加的利益，一种比通常利息还高的利益，这种特别利益就是企业利得，把通常利息和企业利得合起来，就是利润。换句话说，在凡是一切比限界资本（指只能产生通常利息的资本）的生产性还更有利的，还有更大的生产性的资本里面，都可以发生一种在自然发生的通常利息之外的投机的利益，资本家的利润就是由通常利息和投机利益构成的。很显然的，这种理论是从克拉克的折衷的价值学说来的（见前），他的价值学说已无价值，所以他这种利润本质论当然也是错误的；他只观察事物的表面，不肯研究资本主义生产的内部关联；他的通常利息论没有证明，显然带有重农学派的天然物利润论的色彩，显然把社会的范畴弄成自然的范畴了。

B：心理学派的利润本质论　心理学派的重要的代表者是贲巴卫，所以关于心理学派的利润论，也可以拿他为代表者。贲巴卫的利润本质论，是以他的价值学上的时差说为基础的，而他的价值论已详见于第二篇第二章第四节，所以此处不必赘说，只说他在原则上是认定现在财货的价值大于未来财货的价值的，而从他看来，劳动却正是一种未来财货（因为劳动的效果要在拿它去做实际生产时才能发生），所以劳动的价值要比将来由劳动产生出来的商品的价值小些，例如将来生产的商品的价值如为八元，即现在劳动的实际的价值只能是六元。这八元和六元之差就是利润。所以利润恰恰等于一般利息的一种变相；因为劳动是将来财货，所以资本家之雇用劳动者恰恰等于垫款与劳动者，直到由劳动产生出来的商品卖出去时，才算收回原本和利息。这种说法的荒谬，已见前述的价值论对于时差说的批判上，兹不赘。总之，心理学派的利润本质说完全建筑在流通的概念上，可谓与重商主义者同其荒谬，而在认定价值（也就是利润）是人对物的范畴，使利润永久化一层上面，又和上述自然主义学派同其错误，并且，在时差说的利息及利润论上，又和前述流俗派的节欲说同其皮相，所以心理学派的利润本质论可以说是毫无价值的。

C：社会学派的利润本质说　这种学说的代表者是德国的舒托次曼。他以为从社会学上看来，无论在何时何地，在所谓社会劳动当中，总缺不了组织的劳动和实际的劳动的区别或对立，资本家是组织的劳动的负担者，劳动者是实际的劳动的负担者，所以利润是对于组织的劳动的报酬，完全和工资是对于实际的劳动的报酬一样。实际的劳动者固然对社会行着一种重要的机能，而组织的劳动者的企业家却也行着一种社会的机能，一种比实际的劳动者所行的还大些的机能，即行一种组织并运转全国民的巨大经济装置的机能，所以资本家必须获得一种所得即利润，恰如劳动者必须获得工资一样，所以社会主义者不应该反对资本家。他以为，实际上的利润的大小，是由限界资本家即在特定条件下除了生产费用外，还剩着最低生活费的资本家的所得，来决定的，其情形恰和工资是由劳动者的最低必要生活费一样。这种说法，在表面上，似乎很合乎科学的原则，其实完全是一种极端的谬说，因为第一它在表面上似乎说明了利润的来源在组织的劳动，其实所谓组织的劳动并非直接的生产劳动，万无发生价值之理，并且组织的劳动这话也和劳动的本意相反。第二，它在表面上似乎主张利润和工资是各不相干的，平等的东西，其实忘记了利润和工资都完全是由资本家处理的，资本家和劳动者的关系完全是剥削者和被剥削者的关系，那件事实。第三，它在表面上似乎是沿着从前正统派那条线上走，似乎是以劳动价值说为中心，其实是劳动价值说的恶用，是一种最露骨最虚伪的资本家阶级利益辩护论。

D：三要素理论新派　这是所谓社会法西主义者所主张的说法，是一种直接继承旧流俗派的路线的谬说。这种说法，在表面上，似乎和社会学派相同，因为这也主张利润和工资一样是所得的一种，是企业的劳动（？）的报酬，但是，所不同的，却在他们所用的话完全是社会主义经济学的话（只管内容并不相同），在表面上始终还是以为是从社会主义经济学出发一层而已。他们虽承认剩余价值的名词，但所指的却不是由剥削而来的剩余生产物，而是指资本家依独占的购买地位得来的贱买贵卖的剩余；他们虽承认资本，但所指的不是发生剩余价值的剥削的生产手段，而是指一切可以减轻人类劳动的手段；他们虽有所谓利润，但，所指的并不是剩余价值的转化了的形态，而是他们所谓资本的结果。这种说法，不消说，只是一种三要素理论的一个新派，其远于科学的真理，不待多说。

三　关于生产价格论的论争，比较前述关于利润本质论更为繁复细微，现在似无详细列举说明的必要，所以姑且就一般反对马克思主义经济学的生产价格论的人们的主要论点说说。一般反对者因为马克思主义经济学的生产价格论是建筑在剩余价值论和利润论上的，而他们对于剩余价值论和利润论，除以所卖买者是劳动一层理由来否认外，又无充分的理由，所以他们对生产价格论的主要驳论，不是注重指摘马克思主义经济学的生产价格论的本身的不对，而是注重指摘马克思主义经济学的生产价格论和马克思主义经济学上的价值论之间的不一致，即《资本论》第一卷和第三卷的不一致。关于这一层，以贲巴卫的驳击为最详，亦为最无理。

照马克思主义经济学看来，一切东西可以转化，在转化之后，虽有其独立的存在，然并非和原来的东西不能两立。所以所谓生产价格是价值的转化形态，这句话，恰和价值是抽象劳动的转化形态，工资是劳动力的价格的转化形态，利润是剩余价值的转化形态，等等一样，所谓转化，是与其原来的本身无碍的。但反对者不懂此理，却以此为攻击马克思主义经济学之机。自1894年马克思的《资本论》的第三卷出版以后，发生许多论争，都以为马克思的生产价格论与价值论不符，到现在还是争着，其中有的是因不懂马克思的方法论而攻击，有的是懂马克思的真意，而因政治的理由，故意要打倒生产价格论，俾马克思经济学全部可以推翻。故意的攻击，可置不论，对于因不懂马克思的方法而攻击者，可以行如下的说明。原来，马克思的研究方法是由单纯到复杂的，《资本论》的第一卷是以单纯商品社会为出发点，自然无利润的研究，到第三卷时，加上了资本主义社会的商品研究，即当作资本看的商品的研究，所以自然会有利润，并且对于有了利润的商品价格，还自然不能不有别的理论来说明，因此而有生产价格说。在这时，若不如此，而仍是同于以前，那才是自陷于说不通的毛病。所以价值论和生产价格论只是一个叙述的两个段落。所以第一卷与第三卷的不同，只是由于由前到后，由简到繁的关系，而非体系上的矛盾，更非主张的不同。生产价格论不是否认价值法则，不是扬弃剩余价值论，而是建筑在价值论和剩余价值论的上面的。为什么？先从不否认价值法则一层来说罢，第一，因为照前述，生产价格含着平均利润，而平均利润的基础，却是价值规定；若不以价值规定为基础，则平均利润和生产价格都会成为一种漫无标准的空想的东西。只因为平均利润不能是"无"的平均，而只能是某种东西的平均，即各种根据劳动价值的法则而来的价值并剩余价值总量的平均，所以，如前述，价格总额才必然等于价值总额。第二，因为商品的价值的变化必然招致生产价格的变化（在劳动的生产性增加，每一单位商品所含的社会的劳动量少时，费用价格就低，反过来，劳动的生产性减少时，费用价格就高）。其次，如从价值和剩余价值两方面说，就是因为诸商品的总价值规定着总剩余价值（因为剩余价值是商品价值的一部分），而总剩余价值又规制着平均利润并一般利润率，

因此，所以可以说价值法则规制着生产价格；反过来说，就是因为
生产价格论包含平均利润，平均利润是由剩余价值而来，而剩余价
值论又是以价值论为基础的，所以生产价格论必然要建筑在价值论
上面，否则平均利润的来源，就不能说明，因此市场价格也不能说
明，因此便会如资本主义学者流俗派的解释，用供求说或生产费
说，去说明价格。然而这些说法，依前述，是说不通的：如一切商
品价格是依需要供给而决定的，如供过于求则价低，求过于供则价
高，那么，在供求一样时，岂不是价格等于零吗？当然无此理，所
以供求法则只能说明价格的变动，而不能说明价格的本质即价值。
况且供求说对于异类的物品的价格，也说不明，如在一顶帽子卖钱
五毛，一支笔也卖钱五毛时，两物使用不同，供求不同，但价格却
是一样——这就是明例。再如生产费说，更是不妥。所谓生产费价
格说，是以费用价格解释一般商品的价格，以为费用价格高则商品
价格高，费用价格低则商品价格低，但是，这样一来，当然会陷于
无限的循环，始终是以几个商品的价格决定另一商品的价格，结果
不成为商品价格的说明。并且，事实上，产业资本家是必须在获得
平均利润时才去生产的，必须把他的利润加在价格当中去的，如果
生产费价格说者明白的忽视了这种事实，则他的价格论就不合事
实，如承认了这种事实，则等于承认了剩余价值论和价值论，又和
他的生产费价格说不通，由此可知生产费价格说之不妥。

四　关于平均利润率逐渐下降的倾向的法则，也有种种争论，
从大体说，可分为两类：

A：承认平均利润率下降的倾向的事实，而否认马克思主义经
济学所指出的原因，以为这种现象不是价值法则及资本主义制下的

诸种矛盾所必然的发展的结果，而是工资的增加，过剩的蓄积，资本家相互间之竞争的结果。不消说，这种说法是一种的皮相的说明，其客观的任务，结局不外乎掩饰资本主义生产制的必然的矛盾性及消灭性。这种主张的有名的代表者是俄国的斯托鲁威。

B：不但否认马克思主义经济学关于平均利润率下降的倾向的理论，并且否认这种下降倾向的必然性的存在。主张此说的最有名的人是俄国的屠干巴拉罗夫斯基。关于他的主张的说明和批判，且留到第五篇去说，此处从略；此处要说的，是这种说法的客观的任务，也和上述第一类的说法一样，只在掩饰资本主义制度的必然的矛盾性及没落性。

第二章　剩余价值的各种变形

第一节　商业利润

一　上面已经把整个产业资本家阶级怎样平均他们所获的剩余价值的问题，即他们怎样在他们之间，把整个的由劳动阶级全体剥削得来的剩余价值总量，分配了去的问题，说明白了。现在应更进一步把前面搁下了的第二问题即整个产业资本家阶级怎样把他们所剥削得的剩余价值，分配与产业资本家以外的阶级层去的问题，说一说。前面说过，因为产业资本家在事实不能不有靠于商业资本家，银行资本家，地主等等，所以他不能不分一部分的剩余价值给与他们，因此，就发生二个现象：（一）产业资本家所分得的平均利润，在事实上，还不就是用上章所述的计算方法得来的平均利润，而是一种把种种给与别的阶级层的部分除开之后剩下来的平均利润；（二）给与别的阶级层的剩余价值部分，随着阶级层的不同而有不同的形态和不同的名称。现在关于第一种现象，用不着说，且说第二种现象。这种关于利润的分配给与，可以叫做剩余价值的各种变形；其中又可分为二种：一为直接的第一次的变形，二为间接的第二次的变形。

二　普通在产业以外而与产业最相关的，是商业，拿资本经营商业而得的利润，叫做商业利润。所谓商业，大概可分两种或两个段落：（一）在资本主义初期的商业，是行着原始聚积的商业，是和产业资本无关的，独立卖买的商业，是把小生产者的东西，买贱卖贵，因以从中剥削的商业，是往往自己先垫钱出去给小生产者，随后再收买其生产品的商业，是由收买商行传下来的，以欺骗剥削小生产者为目的的商业。这里说的不是指这种的商业。（二）这里所说的，是指产业资本时代的商业，是替产业资本家购原料，为产业资本家销售生产品，和产业资本互相依赖的商业。这种商业可以得很大的商业利润，和产业资本的利润相等。这种商业利润从何而来的呢？是由剥削商店学徒的剩余价值而来的吗？这要分别来说。原来，商业资本家有两种行为：一是从别处贩货，运货，包装，等等须伴着转运货物的劳动的行为，这是要雇用许多的工人去做的。二是关于货物的卖买本身的种种行为，如像货物的保存陈列，簿记的登载，货物的价格的变动的调查，顾客的挽揽，等等，虽然普通也要费相当劳动，然而这是不必雇用许多工人，就可以做的行为。因此，可以说商业资本有两种作用：第一种是转运作用，是属于生产过程的作用，虽然运输看着也是流通，但是在实际上，它也和产业资本家雇用工人一样，在搬运上，须用大量工人的劳动，所以算是生产过程上的作用。第二种是售卖作用，是属于流通过程的作用，这与商品生产无关，也无须多量劳动力。所以商业资本是有两个资格的，在第一种作用上是产业资本的资格，在第二种作用上是纯粹商业资本的资格。由第一种资格来的利润完全可以适用产业资本的利润的法则。由第二种资格来的利润是商业资本的利润，这与产业资本的利润的法则不同。我们这里说的，是把第一种资格上的利润舍象了去之后的说话，因为就商业资本家说，本是后者为主，前者为附。并且在事实上，一般商业往往只用十个八个店员，而可赚钱成千成万，若说那是由剥削店员而来的剩余价值，则未免人数太少，而剩余价值太多了。这种巨大的利润，从资本主义的学者看来，有的说是因为商人非常努力，故应得这种报酬；但从我们看来，报酬未免太大，而且报酬的来源也不明白。有的说这是因为买贱卖贵；有的说这是因为特别节欲，但买贱卖贵的说法，如前述，是不能说全体的商业利润的来源的，至于特别节欲之说，更不成话，因为一则商业资本家不但不一定节欲，且往往非常奢侈，二则他的节约程度显然远不及无产阶级和小生产者，何以他能得那样多的商业利润？三则纵然节欲是事实，也还没有说明商业利润的来源。资本主义经济学者所持的种种说法，在事实上都是说不通的。若从社会主义经济学看来，则所谓商业流通资本或商业交易资本（日译商取引资本）只是那种始终在市场上，始终在流通过程里面运转着的流通资本的一部分的转化了的形态，所谓商业资本的利润也只是产业资本家所剥削的剩余价值的一部分，由产业资本家分给商业资本家的部分。为什么产业资本家要分给呢？理由是这样：产业资本家虽然剥削了剩余价值，然而若产业资本家不把产生的商品卖出去，则商品的剩余价值仍未能实现。要是想实现他所剥削的剩余价值，就须得再加资本。例如在他资本是十万元时，若是想把所得的剩余价值实现，非再加十万元的资本，设法把商品卖出去不可。要卖商品，就要转运，就要设贩卖机关；贩卖机关愈多，则所得的剩余价值越发的快而且多的实现出来；然这都需要资本，所以非加资本不可。否则虽有剩余价值，而不能达到实现的目的，也是空的剩余价值。产业资本家感觉自己设立贩卖机关太麻烦，乃委托现成的商人去贩卖，商人当然不能白白的受委托，所以产业资本家，只好把所剥削的剩余价值分出一部分给商业资本家。假如原来十万元资本所产生的商品的价值，连同新生出的二万元的剩余价值，共为十二万元的总价值：则产业资本家出售商品时，只能以价值以下的价格的十一万元，出售与商业资本家，即是说，留下一万元的剩余价值，在出卖的过程中，分给商业资本家，由他去实现。所以产业资本家出售商品时，是没有照商品价值全部的量而出售的，若是照全量出售，商业资本家就不能买。所以，前章所说的总资本，是应该把商业资本，在事实上，也加进去，才能算是总资本，而算出平均利润，例如上面说的十万元的资本，可得二万元的剩余价值，如不加算商业资本，则利润率为百分之二十，如要加上商业资本十万元，共为二十万元，才算是总资本，而剩余价值仍为二万元，则利润率当然变为百分之十了。从个个资本看来如是，从整个的全体资本看来当然也是一样，所以前述的平均利润的算法还只是假定的。总之，因为商业资本加入了剩余价值的分配的缘故，所以剩余价值便为产业资本家和商业资本家各分一半，不多不少：若是谁多谁少，便会变成只有人做此业，而不做彼业了。所以商业资本的利润是产业资本所产生的剩余价值之转化形态，它的本质是和产业资本的利润一样的，不过现象形态不同罢了。

　　三　同是商业或商业资本，又可以依其运用方法或方面之不同而分为许多种类：如（一）以零卖与否为标准的小卖商业和发行（批发）商业的分类，（二）以所买卖的商品的种类多寡为标准的部分商业和百货商业的分类，（三）以所买卖的商品的现存与否为标准的普通商业和交易所商业的分类，等等，就是比较重要的分类。现在且略述这种商业的意义和由来。小卖商业和发行商业的区别是资本主义经济发达以后才有的现象，这是当然的，因为发行商业原是所谓大商业，是要大量生产的商品已经站在支配地位的时候才能发生的东西，并且还是必须在交换范围非常广大，生产品运到远地方去消费时才能发生的东西。在今日说，大致小卖商业对于发行商业之比，在各先进国大抵为四与一之比，并且还有小卖商业日益减少的倾向（除发行商业本身的优越是这种倾向的主要理由外，还有百货商业的发展及协作社商业的发达种种理由）。不过，因为小卖商业的资本的周转速度比较迅速，并且能够在事实上给消费人以较大的购买上的便利，所以始终还能挣扎着生存下去。部分商业在今日，不管是在小卖商业上和发行商业上都受着百货商业的压迫（普通所谓百货商业虽是指小卖的百货商业如永安公司，先施公司之类说的，其实，从广义说来，那种在金融资本控制下的巨大的商行如日本的三井物产公司之类，几乎在事实上把所有有利的商品发行事业都揽在手里，实在不能不算是一种发行的百货商业；所以我主张从广义），有渐渐支不住的趋势；这也是当然的，因为百货商业在巨大的金融资本的援助之下，事实上可以得许多经营上的优点，并且，从购买人方面看来，的确有欢迎百货商业的心理上的偏向。普通商业从一般说，主要的是实物的卖买，样本或货样卖买已经是例外，至于定期卖买（即成交而不交货，约定于相当期间才交货，并且不一定到期要交货，只要把成交时的货价和交货时的货价的差额算清就行了的卖买），那更是稀有的。而交易所商业却不然，在交易所内的卖买，不管是物品交易所也好，证券交易所也好，却主要的是定期的卖买，其次是货样式的现物卖买，至于真正的实物的现物卖买，那就绝无仅有了。交易所商业虽似乎是踏空的不切实的商业，并且在事实上也曾因买空卖空而发生许多迹近赌博的弊病，然而它却是资本经济发展过程上的进步的产物，因为它能够使商业交易集中，能够相当的统制多数的商品的价格，能够使生产者预先测定市场关系的动向。因此，所以不消说，在交易所商业发达的时候，普通商业是要受交易所商业的支配的（其实是受金融资本的支配，因为，在各国，交易所的实权照例是握在金融资本家的手中的）。

以上各种商业在它们本身虽然各有不同，但是，其对于产业资本家及一般消费者的关系则一：对产业资本家是站在替他销售商品的地位，并因销售的缘故，而取得产业资本家所剥削的剩余价值的一部分；对于一般消费人，在表面上因为替他们运货，并且如前述，可以公开原价的缘故，似乎是有利的，但是，在事实上却因各种类商业间的竞争及压迫被压迫的关系（例如小卖商业受发行商业的压迫，部分商业受百货商业的压迫，一般商业受交易所商业的压

639

迫之类）的缘故，往往会牺牲消费人的利益，利用消费人对于市况的无知，随便抬高物价，或赝造商品，去填补自己的因竞争失败而来的损失的事（此弊在小卖商业上尤甚）。所以，从这种意义说来，今日的商业资本家，除了当作剩余价值的分配者去参加产业资本家所获的剩余价值之外，还当作资本的原始聚积时代的商业资本家，剥削着一般的消费人，所以他在剥削者的资格上可以说是比产业资本家更加厉害。

四　照上述的商业的二重剥削的意义说来，一般商业上的劳动可以算得是不生产的劳动，所以论理应该在被缩小范围之列，但是，在事实上，商业上的不生产的劳动却随着资本主义的大量生产和广大范围内的交换而日益增加（这是当然的，因为资本主义经济原不是自给经济而是商品经济，所以它的发展必然伴随着商业的发展）。因此，商业的灭绝或范围的缩小，从社会主义者看来，也和资本主义的为利润而行的生产的灭绝或缩小一样，是社会主义运动的目标之一。不过，同时还要知道，商业本身在历史上的任务却不是完全没有的：初期的资本主义的商业，在替产业资本分担销售商品，实现剩余价值一层，的确尽了一种进步的历史的任务，因为，如上述，商业资本这种任务的分担，可以比没有这种分担以前，从全体说，多使市场有联络，多使流通发展，可使流通用的资本减少（因为商人可以为无数产业资本家销货），从产业资本方面说，可以因此集中力量去从事生产，结果就等于增大了它自己的资本。因此，所以可以说，商业资本把产业资本时代所有的生产品虽日益增加（因为，如前述，产业资本的蓄积必定日益增加，再生产的范围必定日益扩大，因此资本主义的生产品就必定日益加多），而流通界的担负者却相对的减少，那种矛盾，加以解决了。不过，这种解决，也和其他经济上矛盾的解决一样，只是一个暂时的解决；它在不久的期间，就会一方面使生产因商业的一时的发达而越发扩大生产规模，另一方面使生产过程和流通过程越发分离，使二者之间的矛盾越发扩大化和深刻化，结果必然的会弄得非用暴力的方法即所谓恐慌的放血作用来解决这个深大的矛盾不可。因此，所以在这时，商业又由进步的任务，变为负担反动的任务了。金融资本时代的商业的反动性，也是由于这种矛盾的关系。

五　除开普通营利的各种商业之外，还有在表面上不必以营利为目的的协作社的商业。协作社（或合作社）组织虽有种种名称，如生产协作社，消费协作社，信用协作社，等等的名称，其本质却是一样的：都是一种替代营利的商业的组织，就是说，都是以免除营利的商人在卖买上的剥削为目的的组织。协作社商业或协作社运动是一种随着资本主义的生产的发展，而在各国必然发生出来的，消费人方面的自救的组织运动，所以从科学上看来，不是无经济的基础的，空想的东西。不过同时要知道，它只是资本主义的生产制下的产物，它的根本仍受着资本经济的各种法则的支配，它的些少的长处，只不过把各种商业资本家所剥削得的商业利润（不管它是由产业资本家分来的也好，是由小生产者的剩余生产物分来的也好，或是由一般消费人骗来的也好），收归协作社的社员享受而已。因此，所以不但资本主义经济内的资本集中，小生产者没落，无产阶级增大和贫困化，等等必然的倾向，在协作社运动之后，依然不能停止进行，并且，随着各种资本联合，如加特尔，三地加，托拉斯，空策伦，等等东西的日益发展（前已述过，这些东西，都是必然要日益发展的），所谓商业日益移行到巨大的金融资本势力之下，因此，协作社就连免除商人的各种剥削的目的，也都达不到了。在最近数年间，先进各国的协作社运动所以日渐消沉，就是因为这个缘故。由此可知协作社的经济学者（如法国的基德）所主张的，以协作社的运动及组织，完成资本主义生产制的机构的说法，完全是一种幻想。在生产手段归私人所有，一般生产尚以利润的追求为目的的时候，协作社运动只不过等于垂死的病人所饮的兴奋剂，并且在客观上，只不过替资本主义制度，也就是替资本家阶级，树一个欺人的招牌，以便多少减免被剥削的民众的反抗而已。当然，协作社运动这种本质，是随资本主义生产制度而来的。如果能把充当着资本主义制度的最大础石的生产手段的私有取消，改为公有，则协作社的组织和运动当然就会变更其本质，因为到那时，协作社所代表的生产关系，已非剥削关系内的一部分的协作关系，而是整个的真正的协同生产的关系内的协作关系了。这不但纯理论上如是，并且从苏联的事实看来，也可以得着证明。这个问题在中国甚为重要，因为现今各方面都注重协作社，而似乎忘记它的本质和它的作用之时代性。

六　除上述各种商业以外，尚有对外商业或国际商业（在事实上对外商业不一定和国际商业的意义完全一致，如像加拿大虽属于英国，而在对外商业上看来，英国对加拿大的商业还算对外商业，至少在沃大瓦会议以前是那样）。这种商业，从资本家阶级看来，至少从前期（商业资本时代）的资本家阶级及末期（帝国主义时代）的资本家阶级看来，似乎和国内商业迥异，因为这种商业全体收支上的顺逆（即出超和入超）可以影响到全国国民经济的发展，产业一般的发达，及一般物价的涨落（通过货币的机构），因此，所以从资本经济初期以来，始终就有关于这种商业的政策的论争即所谓对外自由贸易政策和对内保护贸易政策的论争。不过，从它本质看来，这种商业对于产业的关系，和国内商业对产业的关系并无差异：它的作用仍然一样在替产业资本销售商品并实现价值，它的利润仍然一样是产业资本所剥削的剩余价值的一部分，它在买卖关系上仍然一样往往会以欺骗的方式剥削小生产者及一般消费人，特别是剥削落后民族的消费人（因它的商品的每单位的价值较少，所以很易以高于价值之价格出卖，见前）；所不同的，只不过国内商业的对手方只在经济的意义上的国内，而对外商业的对手方却一半在经济的意义上的国内，一半在同意义上的国外而已。因此，所以我们不能认它为一个特别的范畴，也不能特别置重它。

第二节　货币交易业利润

货币交易业利润和商业利润两者，几乎是流通过程上的双生子，性质非常类似：在它们的基础，它们的发生原因，它们的作用，它们的决定方法，等等上面，都极相似，所以在商业利润已经说明了之后，这种货币交易业利润的说明是非常容易的。从它的发生基础上说，货币交易业利润是以货币交易资本为基础的，恰恰和商业利润是以商品交易资本即商业资本为基础一样。从它的发生原因上说，如果商业利润的发生是因为产业资本家一方面不能不使它所生产的商品实行流通，一方面又惮于流通事务的劳费的增大，因此才委托商业资本家去销售商品，虽然因此不能不给出自己所获的剩余价值的一部分与商业资本家，然同时却可以相对的增加自己的生产资本，并扩大自己的产业的缘故；那么，我们就同样可以说，货币交易业利润的发生是因为产业资本家在他的产业经营上一方面始终离不开货币的交易（因为在商品生产运动的过程上始终要采用 G——W——P——W'——G' 的形态，即时而弃了货币形态，时而采取货币形态。当然，这在商业资本及其他资本上也是一样，不过为简单化起见，姑且把这些其他方面舍象），一方面又惮于货币交易事务（如货币的保存，选择，计算，效力的检查，等等）的劳费加大，因此才委托货币交易资本家去替他保存货币，选择货币，计算货币，检验货币，虽然因此不能不把自己所有的剩余价值分一部分给货币交易资本家，然同时却可以相对的增加自己的生产资本，以扩大其生产事业的缘故。因此，所以可以说，如果商业利润的决定方法是依产业资本的利润而决定的，是和产业利润相等的，则货币交易业利润也应该随产业利润的大小而为转移，是和产业利润相等的。由此可知，前述的产业利润率在事实上还不能不于商业利润之外，更加上货币交易业利润，去行计算。

货币交易业的资本，在事实上，和商业资本一样，一方面尽着解决矛盾的历史的任务，一方面又扩大了矛盾，其理由和商业资本的那种任务的说明相同，兹不赘。

货币交易业在最初是独立的钱庄，兑换所及专营货币卖买的银行业等，所以货币交易业的利润尚易认识，而在今日则这些营业者都兼营着放款存款的及其他信用的业务，所以不容易认识了。但是，在理论上，为明白剩余价值的各种变形起见，却应该使这种利润独成一个范畴。

第三节　利息

把货币资本借出去，因而得来的收入，叫做利息。资本好比是树，利息好比是果实，所以在法律上，又叫做果实。关于这种收入的发生理由，照资本主义的经济学者看来，有种种的说法：有的说是因为我牺牲了我的所有权，我不享乐而借给你，所以应有报酬。这是牺牲的报酬说。还有的说，我的货币资本在我自己手里可以有生产能力，你拿去了，我就不能生产，而你拿去也不是随便使用，而是供生产之用，所以你产生的东西，应该分给我。这是生产力说或效用说。有的说，资本原是劳动的结果，而从一般说，劳动者应享受其结果，并且，在事实上，今日的活的劳动明明是有代价的（如工资），所以利用别人的死的劳动即资本时，也得给一种报酬。这是劳动报酬说。有的说，我自己的钱拿在手里要稳妥些，拿在别人手里却不放心，所以借钱给别人时要取保险费，利息就是保险费。这是保险说。前述的心理派主张的时差说，以为一切商品的现在的价值比将来的价值大，货币亦然，现在的价值大，将来的价值小，所以如果现在把价值大的借给人，将来收还的却是价值小的，那就不公平了，所以借钱进来的人，应该把将来价值减小的这一部分补上，还给借出人，所谓利息就是这个东西。又有的说，我现在的钱分量虽多，但一直用下去到几个月以后分量就少了，所以，依限界效用说讲来，如现在借给人的钱，虽因为钱多而价值少，然而将来我自己的钱花费出去多了的时候，我借给你的那份钱，就会因为钱少而价值变大了，因此，所以你得给利息与我。这是限界效用说。这些说法，都是皮相的说法，都不能说明利息的来源。这只因为他们不懂剩余价值的学说，所以对于利息的说法，只有牵强附会。从社会主义的经济学者看来，则利息的发生理由，决不能在所借货币的本身（因为如果那样，则货币资本家就自己取而用之了），而只在借进者承让了货币资本家（或生利资本家或贷付资本家）的资本商品（四字作一名词读）的使用价值，因此不能不照私有财产制的原则，付与报酬一层上面。利息的来源直接的只在产业资本家的利润，间接的只在产业资本家所剥削的剩余价值。要彻底明白利息的来源，先要明白放款出来的是什么人。放款的人可以有二种：（一）是放高利的高利贷资本家，（二）是资本主义的贷付资本家。第一种是在封建社会时代就有的放高利的人，是乘人之危，而以高额利息来剥削人的人；同时借进高利借款的人，从一般说，也不是拿来生产，而是拿来供消费之用，如诸侯们因打仗要钱用时出高利向商家借，就是例子。资本主义的贷付资本家却不是这样，他不是乘人之危，而借进款项的人也是拿来当作资本去用（普通是当作产业资本，但也有当作商业资本的），所以利息不高，照例是比平均利润率还低一点，因为不如此则无人肯借进款项。社会主义经济学者所说的利息，只是指这种资本主义的放款时的利息，所以利息的来源才能是产业资本的利润，才能是由剩余价值而来的一种变形。至于高利贷利息，却不在研究之列，不适用上述理论，因为它的作用直接的与产业资本无关。

这种资本主义的货币贷借，通例虽然要通过银行，或当作银行存款，或当作银行放款，然也不一定就靠银行，例如商业资本家间的贷借或政府对于工业或商业的低利放款以及公债社债的购买，等等，就是例子。这种资本主义的利息的率，通例小于利润率，当然也就是小于商业利润。这当然只因为贷付资本不是产业或商业上的必要不可缺的东西，而只是一种辅助的东西，所以它不能参加利润率的平均化，而只能是利润的一部分。因此，从一般说，利息率是随着利润率的下降而有下降倾向的。

虽是一种辅佐的东西，然而它在资本经济的发展上却依然有社会的历史的任务：这种贷付资本的发生，当然扩大了生产的规模，解决了生产上或流通上资本缺乏与生产力扩大间的矛盾。不过，在另一方面，它却造出了更深刻的矛盾：因为自从这种资本出现之后，当作所有物看的资本和当作机能看的资本便开始分裂，而扩大生产手段的所有者与实际生产者间的矛盾。

所谓物神崇拜性，到了贷付资本及利息盛行之时，越发完成了。单看产业资本的公式：

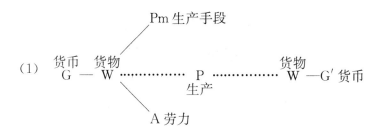

还容易看出资本的作用。到了商业资本的循环公式：

（2）G——W——G′

就不明新货币到底从何而来，至于货币资本的公式：

（3）G——G′

就更不明白了，我们只看见，货币放款生息，而中间的东西却看不见了。所以在第一公式上物神崇拜性还小，在第二式已加大，到第三式则只见货币资本能钱上生钱，真是神乎其神了。当然，要想打破这种完成的物神崇拜性，只有依靠科学的经济学之一法。

第四节　银行利润

由银行业的资本而来的利润，叫做银行利润。银行这东西，从表面上看来，一方面很和货币交易业相似，一方面又和单纯的货币贷付业类似，所以银行利润也仿佛和货币交易业利润及利息类似。其实三者之间不过稍有关联，在本质上都是各不相同的东西：货币交易业只做货币的交易，其利润是因积极的替产业资本家省了货币事务上的麻烦的缘故，由产业资本家所获的剩余价值分来的，货币贷付业只做货币的贷付，其利润是因它消极的助长了产业资本家的资本数量的缘故，由产业资本家的利润中分来的；而银行业的本来的任务却在实行所谓银行信用即资本信用（见前：固然银行有时也营货币卖买业，也对产业资本家行单纯的货币资本贷付，甚至于如在金融资本时代那样，也积极的经营工商业，但是，银行本来的固有的业务，却只在从事银行信用事业）之组织化，其利润是因为行了组织资本信用的任务之故，由产业资本家所获的剩余价值分来的。所谓资本信用或银行信用，如前述，含着银行受信即存款及银行授信即银行放款（广义的放款，包含一切有担保无担保的放款及贴现等）两种信用，所以它和单纯的流通信用（或商业信用，这普通是拿来指资本社会内的流通信用，以示和单纯商品社会有区别的）及单纯的生产信用即贷付信用都不相同，它是一种积极的组织活动，它能积极的搜集资本，使自由的货币资金动员起来，集合起来，而发生资本的机能。所以在这种意义上的银行资本，是在资本社会内的，和产业资本并商业资本鼎足而三的独立的范畴，它在客观上尽着很大的历史的社会的任务，因为一则它能积极的一方面把所有的潜伏的自由资金，动员起来，一方面能够把小而无用的资金结合起来，使它发生机能，二则它能消极的把产业资本及商业资本在生产上及流通上因资本缺乏而来的停滞，免除了去，因此，从全体看来，（一）它能用缩短扩大再生产的货币形态的段落的方法，以增大机能资本的连续性，（二）它使那种在没有银行资本时不能存在的，需用多量流动资本的产业存在。不过，同时要知道，它虽然这样能把机能资本的不连续性免除，并能把流动资本缺乏和生产扩张间的矛盾除去而使生产规模日益扩大起来，然而同时却又使所有物资本和机能资本之间的矛盾越发深刻化了，因此剥削关系便越发强化，生产和消费间的关系便越发隔绝，总之，资本主义社会的根本矛盾便越发扩大了。

银行利润的大小，在表面上是依银行的受信业务上的支出及授信业务上的收入的差额来决定的（当然存款利率和放款利率不相等，否则银行不必替人存款了），其实是依平均利润率来决定的：从全体说，银行利润应和产业平均利润率及商业利润率相等，不能低于它们，因为低则银行资本就会自己来经营产业商业而不必做银行业了；也不能高于它们，因为过高则大家都来干银行业，而不干工商业了（当然，第一，这是指一般说的，不是指个个银行业说的，如从个个银行业说，也许有人不是这样。第二，这是就单纯的银行业说的，至于现今金融资本家的银行业，当然情形不同：它可以利用金融的势力去获得许多创业者利得和独占利润，所以如从表面看来，它的利润就较高，因此，所以我们才说金融资本支配着其他资本）。因此，所以说，银行利润也是从产业资本家所得的剩余价值分来的（不是从平均利润分来的），因此，所以我们可以知道，前述的平均利润的计算法，还不充分，除开商业资本及货币交易业资本以外，还得加上银行资本去行平均。

第五节　地租

一　这里所谓地租是指资本主义的地租。在资本主义社会内，开工厂要用土地，办大农场要用土地，经营林矿等等，产生工业原料的事业也要用土地，甚至于经营商业，银行业，都要用土地，而土地不是自由可以使用的，所以要出租钱向地主租用，这种由资本家向地主给的租钱，就是资本主义的地租。除此之外尚有别种地租，如小生产者的独立佃农因自己的土地不够用，出地租租用别人土地来耕种时的地租，以及封建时的诸侯贵族，把土地给与农奴耕种而把所生出来的产物，有时全部取去，有时留一小部分给农奴而收去大部分时的地租等等，就是例子。现在我们照一般社会主义经济学的例，在这里，主要的只是研究资本主义的地租，并且，为说明便利起见，还是专说农业资本家所给的地租，其他如工业资本家等所给的地租，则暂时舍象了去，置诸考虑之外（因为一则置诸考虑外也无障碍，二则关于农业资本家所给的地租的理论，本来可以适用于一切资本家所给的地租上面）。关于地租的种类，意义，任务，发展等，在经济学上有种种不同的学说，即在社会主义的经济学上，也有很多的论争。先从种类说罢。地租可以分二种，一种叫做等差地租，一种叫做绝对地租。绝对地租是马克思所发现的，在资本主义经济学上虽然尚有不承认这个范畴的，但是，在今日，大体上已被一般采用了。等差地租是因土地本身的各种差异关系而来的地租。从农业上说，土地有肥瘦的不同，有地点好坏即离城市远近和运输便利与不便利的不同；有土地肥瘦和位置两者的结合的不同，如土地纵然肥，而运输太远，纵然瘦而运输便利，因此肥而远的等于瘦，瘦而近的等于肥之类。此外因对于土地的投资的多寡不同的缘故，也可以有等差的区别：如在头一次每一亩地投二元资本得二成的利润，第二次加投二元共四元资本，也得二成的利润，第三次再加二元共六元资本，而因土地受收获递减法则的限制的缘故，却得不到二成利润，只得一成半，第四次再加二元共八元资本，却只得一成利润时，则头一二次投资等于对肥而近的投资，而后来几次投资则等于对瘦而远的土地的投资，因而生出差等。总之，可以说土地的生产结果，是因种种原因而不同的：生产结果多者，一亩可以产生一石多麦，次者七八斗，更次者三四斗。而从另一方面说，人类的生活需要原料，而原料皆出于土地，所以在人口日益加多，土地始终有限的状况之下，必然弄得就是最劣等土地都非耕种不可。因此，农业生产品的价格在商品社会内，就不能不以最劣等土地的出产品的价格为标准来行决定，而不是以优等的出产品的价格为标准来决定（所谓最劣的土地的出产品是指劳动的生产性少的出产品，所谓优等土地的出产品是指劳动的生产性大的出产品）。这是与工业品的价格以平均的价格为标准来决定者不同。这只因为农产品是有限的，是不能任意增加数量，而必须依靠土地的，所以哪怕是最劣等土地，在有需要时，也得去耕种，既因必要而耕种，则出品不怕卖不出，故照它因劳动的生产性小的缘故而必然发生的较高的价值也卖得出，最劣等地的生产品既可用较高的价格卖出，则优等地的生产品的价格，当然不必照价值出卖，而可以按照劣等地出产品的价格出卖以赚钱了；例如最劣地的产品每件卖三元，则优地的产品每件当然也卖三元之类，所以说一切农产品的价格是由最劣地的出产品决定价格。因此，所以从地租关系说，地主如果有上中下三等土地，固然对于最劣等土地也不会因它少收而不取地租（这时的地租是绝对地租），然而对中等土地的多收，却不能任租地人拿去，对于上等土地更多的收获，更不能放弃而必须收归自己，才肯出租。这种在一般的为各种土地所共同必有的地租（绝对地租）之外，因种种土地比最劣等土地收获较多的缘故而来的，为最劣土地所不能有的地租，谓之等差地租。与此对待的是绝对地租，是一切土地的使用都伴随着的地租。为什么会一切土地都有？自然是因为土地是有限的而且是属于私人所有，因此地主可以利用其独占地位，来收地租的缘故。

二　现在看看以上两种地租的来源如何，等差地租这东西，从表面上看来，似乎是由土地的优越的生产力来的，是由自然力来的，其实那只是皮相的见解，因为现在讨论的是价值问题，照前述，根本就和自然力无关。如果我们相信一切价值物都是劳动的生产物，那么，等差地租这种价值物当然也应该是一种劳动生产物。它这种价值物当然是因劳动对象的条件的优越所招致的劳动生产性的增大的结果，所以我们可以说它是在农业资本家所获的普通的剩余价值（最劣等地的生产上的剩余价值）的超过部分。绝对地租的源泉就是这种普通的剩余价值中除开和资本家的平均利润相当部分之后的剩余价值。更具体说，农业的资本主义的一般生产物当中，含着有三部分：一部分是农业资本家的平均利润，一部分是等差地租（当然最劣等地农产品不在此例），一部分是绝对地租。为什么呢？因为如果没有第一部分，则农业资本家就不会经营农业；如果没有第三部分，则地主就不会让人经营农业，资本家也不会出地租去利用地主的地土；如果没有第二部分，则不能说明资本家肯出等差地租给地主。农业生产物所以能够包含这三个部分，只因农业生产的资本的有机的构成一般比工业资本的有机构成低的缘故。从一般说，农业生产上主要的是靠劳动力，它的可变资本特别多，所以拿资本经营农业时，所得农业上的剩余价值应该比工业上所得的剩余价值高得多。在一般产业部门内，依前述，剩余价值率高的，必然会和剩余价值率低的相填补，而得出平均利润，但在农业上却不然，这自然是因为土地有限和土地私有的缘故。原来，地主不是产业资本家，也不是劳动者，而是第三者即一种土地资本家。既然农业上的剩余价值可以发生超过的剩余价值，可以伴随着特别剩余价值，所以地主便以所有权者的资格，把超过剩余价值或特别剩余价值，收归己有，而形成了地租。按理，这种超过剩余价值是要归到平均利润内去计算的，但事实上未能那样，因为它被地主在半途上截留了。劣等土地从等差地租看时虽是没有地租，而从绝对地租看时，则同样也有地租，因为地主不肯把超过的剩余价值拿出来平分于农业资本家这件事，对于最劣等地也是一样的。总之，地租归根也是由劳动者的剩余价值而来的。

三　现在且看看地租的大小的变动倾向，和它对于地价及农产品价格的影响。上面说的两种地租中的无论哪一种，都有日益增加的趋向。主要的原因，自然在因资本主义的发展而来的原料品需要及工人生活资料需要都增加了一层上面。因为农产品需要增加，所以其价格飞涨，超过它的价值，因此大家都向农业投资，因而从前所不耕的地耕了，远地的农产品也运来了，耕地上的追加投资也增进了。这种种情形，都足以使差等地租涨价。因为这样一来就把其差越弄大了。例如俄国的小麦，在交通不便时，不能到欧洲，而在交通便利后可以到欧洲各处，南美洲的小麦，在交通发展后，也运到欧洲来，因此欧洲本地的地租就高涨起来，结果欧洲土地的价格也大增加，就是明白的实例。至于绝对地租，依上述，原是因工业资本构成和农业资本的构成的不同而来的，而工业资本的构成却一般的日益比较的高起来，所以绝对地租倒因农业资本构成的相对减低，而增大了。虽然在欧战后曾经减少（因为农业上有了拖拉机的发明，在美国，加拿大，南美各国均使用着，因为有了这种大机器的耕种后，农业资本构成变高了，所以绝对地租不能不一时减低），然而从大体说起来，总是一天一天的增加的。其次，绝对地租的增加的影响，可使农产物增价，这是很显然的。等差地租虽直接不影响农产品的价格（因为最劣等地无等差地租而农产物价格却是从最劣等土地的农产品计算的），但间接是有影响的。更次，无论绝对地租与等差地租，只要它涨价，就会使地价增加而反作用到农产物价格上，并使地主在无形中剥削得许多小生产者的剩余生产物，在经济上减少了种种活动的机能资本，在政治上巩固了资本家和地主的结合。这里所谓土地价格增加，并不是因土地价值增加而价格也加了的意思；而是一种由地租增加的反映而来的价格增加。原来，土地本身并无价格，实因地租而后有价格，实系用地租还原法而有价格。什么叫做地租还原法，前面已说过，兹不赘述。总之，地价的高涨与地主无关，地主全是不劳而获。这比产业资本的剥削还无道理，如上海黄浦滩，一丈土地值万金就是著例。从一般说，土地在资本主义制度下，会随时代的演进而增高其价格。这只因为如前述，土地的价格原是看当时社会上的利息率如何，用利息率去除地租而得的反映的价格（如像一片土地每年收地租两千元，而当时一般利息率为年四厘时，则其价格就为五万元之类），而一般资本主义的利息率（高利贷利息自然是例外）却必然的随着一般产业平均利润率日益低减而日益减少，所以还原出来的土地价格就不能不加高的缘故。

四　上面所述的资本主义的地租理论，虽然是只就农业资本家的经营的例说的，其实可以完全适于一切被资本家阶级拿来供资本主义的经营的土地上面；例如建筑工场的土地，开矿用的土地，建设铁路的土地，等等，都可适用上述理论。现在我们可以进一步看一看，这种资本主义的地租在历史上的社会的任务如何。资本主义的地租在历史上的任务，当然应该和资本主义制度全体在历史上的任务相照应。从全体看，我们已经知道，资本主义制度比起其前行的末期封建制度是进步的（如前述，因为资本主义制度在初期可以发展生产力），所以我们当然应该可以推知资本主义地租在最初比起封建地租（见后）是进步些。在事实上我们也可以看见，资本主义的农业生产的确解放了封建末期的生产力上的束缚，在农业技术上及生产品种类上都有了进步（如像农法的合理化及农产品在国际市场的出现，就是实例），因此我们可以说，资本主义的地租，暂时解决了农业上的矛盾。但是，它一方面解决了矛盾，同时却又产生了扩大的新矛盾；因为，如上述，地租及其所反映地价，随着资本主义的进展，逐渐涨高起来，把社会的剩余价值的相当大的部分，归入地主手里，结果使资本主义的经营上的社会基金减少，因此，限制了生产力的发展（虽然生产力发展的限制原因不限于此），并且，因为地主所分得的剩余价值部分日益加多，则农业资本家便日感觉无利，而不想长久从事于资本主义的农业经营，因此，农业生产力就有不能日益发展之虑（事实上我们也看见农业劳动的生产性比工业劳动的生产性少得多）；最后，还因地租及其反映物的地价，可以提高农业品的价格到它们本来不应该有的高价格的缘故，使社会一般特别是穷苦者受生活上的苦难，而招致社会上的种种不幸。不但理论上如此，并且在事实上我们也可以看见，地主不但与农业资本家及农业劳动者冲突，并且与工业劳动者及一般工业商业资本家的利害也冲突，地租的存在和增高，可以影响农业资本家及一般劳动者，是很明显的，用不着多说。工业商业资本家要用土地也得出地租，所以也是受地主的剥削。收种种利润利息过生活的人，表面上似与地主无关，实则亦受影响，因为，如照上述，无地主，则地主所得的剩余价值，本可以平分到平均利润里去，而只因被地主截留了，不能平分，所以他们的利润利息也减了。所以一般资产阶级与地主利害是冲突的。因此，关于土地问题，可以说，除地主外，都愿意解决，都愿主张土地收归国有。不过，到了资本主义发展到金融资本时代的时候，资本家对于土地的态度却有些变动了，因为在这时金融资本家势力加大，自己也可以有土地，他一方面把产业商业银行资本都包括起来，一方面连地主也当起来，所以他也愿意有地租，而反对解决土地问题了。一般说来，只有代表无产阶级和小农民的社会主义者是始终以解决地租及土地问题为其基础理论的一部分，为其实际运动目标之一的。从今日现状说，一般资产阶级，论理，还是应该愿意解决土地问题，还是应该赞成土地国有，但是，在实际上只因怕因土地公有而牵连到一般生产手段的公有，所以连土地公有也反对起来了，于是土地国有及土地社会化政策便为一般资产阶级和地主全体所反对，而只有工人运动与农民运动联结起来去做这种运动了。

　　五　上面所述，只是关于资本主义的地租的理论，实则在今日资本主义社会内，还有两种不适用资本主义的经营原则的土地使用法，因此还有两种非资本主义的地租：第一是封建式的地租，第二是自用地或自耕地地租（这两种东西也不限于农业，不过到底是以农业为主，所以姑就农业上来说）。现在要问：资本主义的地租与这两种地租的关系如何？为明白这个问题，且先说明这两种非资本主义的地租的意义。所谓封建式的地租，自然是指形式上不是封建的即农奴的地租，而实质上等于封建地租的地租，说的。原来，封建地租的特征有三：（一）纳地租者不是奴隶，也不是雇佣劳动者，而是半自由的农奴，（二）领受地租者不是纯粹的经济的意义上的地主，而是兼带有政治权力的领主的地主，（三）地租不只是剩余劳动物的一部分，而是其全部（自然因为这里没有平均利润存在的缘故）。也有人拿劳役地租及现物地租为封建地租的特征，拿货币地租为资本主义地租的特征者，那当然不对，我们不必采用。总之，若拿上述三特征的形式来说，则资本社会内当然没有封建地租

了，然而如果拿实际上的地租的内容来看，则资本主义社会内所谓
自食其力的小佃农（虽租用地主的土地而只是自耕，并不雇用别人
的佃农），显然是把他所生产的剩余生产物全部，当作地租，交给
地主的（佃户和地主间的争议之多，就是因为这个缘故），所以这
种小佃农所交的地租，就算得是封建式的地租。这种地租又称为饥
饿地租。其次，在资本主义社会内，还有许多自有土地，自食其力
的所谓自耕小农，这种小农在没有租用别人土地（固然也有因自己
土地不够而兼租用别人土地者，也有因自己土地有余而分租一部分
与别人而兼地主，或直接雇用劳动者去耕种而兼充资本家者，但，
为说明简便起见，姑置不论，因为只要懂得纯粹的自耕小农，就可
以懂得不纯粹的自耕农）一层上面，和农业资本家及佃农都不相
同，在虽有土地而不出租与人并不雇用劳动者耕种一层上面，又和
地主及农业资本家不同。本来，从表面看来，他是没有地租的，但
是，在实际上，为要在资本主义的商品经济内谋生存起见，他却不
能不在概念上用类推方法把自己分为劳动者，地主及资本家三个人
格，并把自己的剩余生产物分为工资，地租及利润三部分去计算，
因为他生产的农产物还一样是商品，还一样要当成商品世界的一个
分子，去参加平均必要劳动和平均利润，也就是去参加生产价格，
所以他不能像在自给经济时代的自耕小农那样能够在大体上超然独
立的生产。这种自耕小农在概念上的地租，姑且叫它叫自用地地
租罢。

　　现在要看看，资本主义的地租和这两种地租有什么关系。所谓
封建式地租，既然因地主剥削了佃农的剩余劳动物全部，则佃农的
生产方法当然不改良，其生产品当然也应受资本主义的农业生产品

的压迫，而不易以有利的价格出售，结果，必定因受地主和农业资本家两方面的剥削而终归于没落；所以可以说，资本主义式的地租必然压迫封建式的地租。其次，保有自用地地租的自耕农，如上述，在他的生产品也参加生产价格一层上面，他当然可以取得等差地租，并且，因为土地是他自己的，似乎更可以得放心投资耕作的便利，其实，这种自耕小农因规模狭小的缘故，在经营上往往不大合算，在新式技术的采用上往往不可能，在购买上往往受逼迫，在资金的融通上，往往受高利贷资本家的剥削，在商品的售出上往往受资本主义的农产品的压迫，所以这种自耕小农在实际上往往只是一个变相的劳动者，辛苦终年，仅能糊口。因此，从大体说，资本主义的地租必然会压坏自耕小农的地租，使自耕小农日益没落。

不但在理论上是这样，并且从各国的历史上看，小佃农和自耕小农的日益没落及农业之日益资本主义化，也是显著真确的事实。纵然各国也有努力用协作社的办法或用国家补助自耕小农的金钱，使他去购土地买工具的办法，去谋小农式的农村复兴的，但是，其预期的效果，却未发现：这是当然的，因为在理论上本来用这些方法去谋自耕小农的发展没有可能性。

六　据上述，资本主义的地租既有种种阻碍生产力发展的弊病，而封建式的地租及自用地地租又势不能暂代它，所以结果要想解决土地问题及农业农村问题，在理论上，只有一个法子：废止土地的私有，废止各种地租，废止资本主义式的农业生产！

七　据上面所述，可知产业资本家的平均利润的计算，除了要加进以前所述商业利润，货币交易业利润，银行利润来计算之外，还要除开农业资本所产生的剩余价值当中的，收归地主手内去的，和等差地租及绝对地租的合计相当的部分来计算才对。

第六节 企业利得和金融资本利润

在前面第三节里面，我们已经说过，产业资本家是不必一定要用自己的货币资本去行生产的，只要他能出利息向贷付资本家借得货币资本，他完全同样可以实行生产。在这样的时候，如前述，他当然得把他所获的利润的一部分，当作利息，分给贷付资本家，而实际获得所余的一部分。这个所余的一部分利润，就叫做企业利得。企业利得既是利润的一部分，所以当然小于利润。它和利息的大小却应该随各种情形而定。企业利得虽然本是借入货币资本来行生产时的一个概念，但是，在既有了这个概念之后，在观念上，一切产业利润就都会分为利息和企业利得两部分去计算，因此，在剩余价值的转变形态上又多一个范畴（虽然商业资本家及银行资本家等在事实上也有出利息营业之事，但是，从一般说来，企业利得的概念却不适用于他们）。

由此看来，我们就可以知道，产业资本家的利润，虽是应该照刚才第五节末所述的方法去计算的，而事实上它自己却又是利息（不管这利息是归自己或是归别人）和企业利得两部分合成的了。

在另一方面，我们还应该注意：产业资本家所剥削得的剩余价值，虽然可以变形为以上种种形态，分入于各种资本家之手，但是，一旦到了独占金融资本时代，这种种形态却又可以合一起来，成为金融资本的利润，整个的归入于金融资本家之手（这自然因为金融资本家的资本是无方面不使用，只向有利方面去经营的缘故）。因此，所以我们可以说，产业资本家所剥削得的剩余价值的直接的第一次的变形，共有八种：产业资本利润（或单称利润），商业利润，货币交易业利润，利息，银行利润，地租，企业利得，金融资本家利润。

第七节　剩余价值的第二次的间接的转化形态

上面各节所述的，只不过是以直接从事于剩余价值的剥削的产业资本为中心，去研究产业资本如何为达生产及剥削的目的，去和种种资本家发生关系，因而把所获的剩余价值转化为八种特殊形态而已，所以只可以说是研究了剩余价值的第一次的直接的变形，至于由这八种形态出发的，更进一步的第二次的变形，却还未说到。因此，我们要在这一节，简单的把第二次的间接的变形，略说一说，因为这种变形虽不及第一次的各种变形重要，然而，为明剩余价值的整个的去路起见，也是应该有明白的认识的。

不过，因为这种变形是第二次的，是间接的，所以不能专以剩余价值为中心去说，因此这些变形也就不是纯粹由剩余价值转化来的，而是有一部分是由小生产者的剩余劳动转化来的。这应该特别注意。

这种第二次的间接的变形，主要的共有八种：

A：红利　这是指股份公司的股票每股每期所分的利益说的。普通对于合资公司和合名公司等的股东所得的利益虽然也有称为红利的，实则是一种误称，因为那种股东所分得的利益，直接就是上述产业利润或商业利润等，不能叫做红利，红利只是上述第一次的各种变形经过股份公司的组织而来的一种再度转化了的形态。从表面上看，红利很像利息和各种利润，其实红利是另一种第二次的范畴。利息的年率是有一定的，贷款的人在法律上是不负事业上的损失的责任的（事实上固然有因事业失败破产而利息无着的事），红利则不然，其本身的多寡要看事业的成绩如何而定，事业赚钱时红利多，事业停滞时红利少，事业蚀本时不但没有红利可分，并且在法律上还要以股票的范围内的资本去负损失的责任。从另一方面看，仿佛红利就是各种利润的部分的名称，仿佛把红利全体合起来就是利润似的，实则这也是幻觉，因为一般利润还包含着公积金，利息，等等部分在内，而红利却只是除开了这种种东西以后剩下部分的按股分配的单位的名称。股份公司这东西，在资本主义未发生以前，已经有了，不过当时只是限于海外的营业，后来它随产业发达而发展，到了金融资本时代，股份公司就成熟而为事业组织上的支配的形态了，因此红利也就日多了。股份公司与合资公司不同的地方：（一）在合资后不能随便抽出股本，而股份公司的股票从一般说，却可以随时卖出。（二）股份公司的股票面额较小，容易集收股本，集少成多，不但中产阶级可以买股票，就是工人也可以买股票，如美国钢铁公司的股东有 60％ 是工人阶级，就是明例；当然，股东多半是工人这句话并没有含着股份大半属于工人的意思在内。（三）信用较著；从一般说，别的公司不及股份公司有信用，因为股份公司是公开的，有政府特别监督，所以信用昭著。因为有这三个特色，所以股份公司随着资本经济的发展而日益进展。其发展的唯一条件，是要国家的法律严明而有效，所以在资本主义最盛，股份公司最发达的国家，往往法治亦到极轨，如像在法律修明的前德国，股份公司的组织占全国总事业组织中的百分之八十，就是明例。股份公司既有这样大的势力，当然靠股票吃红利的人就非常之多：美国在 1929 年，因交易所恐慌，一天之中，由中产阶级变为穷人的，有三百万之多，其未变穷的还不在内，由此可知吃红利的人之多了。红利是从哪里来的呢？红利的来源，当然也在剩余价值，不过间接一点罢了：股份公司如开银行，则红利是银行利润的一部分，如开工厂，则红利是利润的一部分，如买地皮，则红利是地租的一部分，如营商业，则红利是商业利润的一部分。红利和股份公司的发生，在历史上，的确尽了很大的社会的任务：它集中了零碎资本，做出了个人资本无论如何都做不到的巨大的事业（一因资本不足，二因不能得社会一般的拥护），简单说，就是解决了生产力发展和资本缺乏间的矛盾。但是，要知道，它这个任务只是一时的，因为到了金融资本成熟时代，不但不能解决矛盾，倒反扩大了新的矛盾：只因为股份公司十分发达的缘故，所以金融资本家才可以操纵别人的巨大资本，去行独占独裁，而使生产力停滞，也只因为股份公司十分发达的缘故，所以坐食的有闲的寄生阶级人数才日益加多，致形成朽腐的资本主义。

B：创业者利得　创业者利得（或发起人利润）是与股份公司相关联的。原来，开办股份公司，在事实上不能由在事业界素无名望的人去办就行，而是照例要由资本贵族发起创办的；资本家的贵族，在美国如 Morgan，在中国如虞洽卿王晓籁等，在社会上，有名气，有信用，要由他们发起，人家才肯买股票。他们在事实上开办股份公司是很容易的：假设是一千万的股本，他们并不要等收齐，才开办公司，只要由资本贵族们分认了股，便可成立公司，把股票拿去分头托银行销售。因为有资本贵族主办，所以大家想着一定是可以赚钱，而且资本贵族又用种种方法鼓吹煽动，故意的收买股票，使股票价贵，使股东于半载一年后，就分得一点红利，到第二年更用收买的方法，把股票买贵，大家以为将来更有希望，都争着买，于是一百元的股票就可以卖到一百五十元，或一百七八十元。这种比股票面额上的资本高出头的部分，叫做虚拟资本。这也是如地价一样，是用还原法得来的：如百元存款一年只有利息五元，而股票初买时为一百元，而红利为每年六元，则依还原法，股票价格在买到手后就会涨为一百二十元；如红利为每年七元半，则股票价格就成了一百五十元。在这时，一千万元的股本，已变成为一千五百万元了。这五百万元就是虚拟资本。以上还是从股票额面上资本起算的话，如从他们实际支垫的资本起算，虚拟资本就更大了。创办公司的资本贵族，如用种种的方法，或是用优先股的办法，或在承受股票时，用收买的方法，使股票价涨，则十万八万元，马上就可以变成几十万元。这种被收去的虚拟资本，从资本贵族说，就是创业者利得。现在金融界热心创办企业，就是为收得创业者利得。这是他们的特别的收入，并且是很大的收入。创业者利得是从哪里来的呢？在表面上仿佛是由这企业新产生的，其实第一次是由买股票的人的收入而来的，第二次是由剩余价值及小生产者的剩余劳动物而来的，因为一般买股票者的收入虽然大部是由剥削劳动者而来的利润（这在劳动者当股东时也是一样，因为，如前述，劳动者的工资原是利润的转化物），但有一部不是从利润来的，因为社会上有许多小生产者，他们也买股票，所以在资本贵族拿创业者利得时，小生产者一部分的钱也归到资本贵族手里去了。这是小生产者的剩余劳动物直接变为创业者利得的例，此外还有间接的，如像有些高利贷者或地主剥削小生产者的剩余劳动而拿去买股票，就是小生产者的剩余劳动，经了高利贷或地主的手，间接的送给企业创办者，做创业者利得。

上述创业者利得是单就股份公司的股票说的，其实上述这种虚拟资本，在资本贵族承售政府公债或公司社债票时，也一样可以发生虚拟资本（如以廉价承售的公债，在利用抽签或其他鼓吹方法时，马上可以由四五成价格涨到六七成，因此形成了虚拟资本之类，就是明例），所以创业者利得又叫做有价证券发行者利得。关于这个，前已说过，兹不赘。创业者利得这东西，从全体看来，是资本主义将近腐朽时的一种没落的现象，在历史上并无若何进步的任务，它不过增加资本主义的矛盾，速其没落而已。

C：独占利润　独占事业，从一般说，是从金融资本时代起才有的，所以独占利润也只在这时代才有。独占的来源是这样：资本主义愈发展，则生产规模愈大，运转资金愈感困难，因此产业资本家向银行借钱时，就必然的被银行挟制而受银行支配。后来再往前发展时，则产业资本，商业资本及银行资本三者便会融合为一，而成为金融资本。这种资本，在它的营业部门的扩大上已有独占性质，后来更因金融资本间彼此竞争不合算，乃用势力范围分割法，各占一方，形成托拉斯（Trust），三地加（Syndicat），康策伦（Konzern），卡特尔（Kartell）等等东西。这都是金融资本家的对国内及对国外的联合。联合的反面，就是独占；是一方面对内团结，一方面对联合外的企业行独占：是这一个集团与那一个集团的独占的对立。这种集团会由国内集团变成国际集团（如英国与荷兰的煤油业的国际集团），集团规模越大，独占也更大；因此独占势力与独占势力的竞争当然也更烈。并不是有了独占就没有竞争，实际上乃是为竞争而独占，越是有独占，越是这一个联合与那一个联合要竞争。独占的竞争当然可以是时发时止的，如像英美煤油大联合，就是时而竞争，时而妥协讲和，唯利是视。所谓独占利润就是指独占团体因为在独占范围以内，对于商品价格，可以任意抬高，并且对于别的独占团体，可以任意减价，以行竞争，以便于打倒敌人之后，抬高价格的缘故而得的利润说的。独占集团的利润，从一般说，当然比不加入独占团体的事业所得的利润较多，这种较多的超过利润就形成独占利润。这样说，或者就有人怀疑这会和平均利润法则冲突，但是，在事实上独占利润还是脱不了平均利润的法则：利润是由竞争而平均的，独占既免不了竞争，所以仍然得适用平均利润法则。它不过是在一时间多得利润，把平均利润打破了一点而已，它决不能长久继续下去。从长期看来，还是要受平均利润论的法则的支配的。若是全国变成独占，长久的打破平均利润的法则，那就已不是资本主义的社会了。这个独占利润的来源，和创业者利得一样，第一次是由各竞争失败的种种利润而来的，第二次是由剩余价值及小生产者的剩余生产物而来的。因为独占者在用低廉价格去打倒竞争者一层，虽似乎只是夺取竞争失败者的利润，然而种种利润不是由劳动者的剩余价值构成的，就是小生产者剩余劳动物的变形，所以可以说独占者是把劳动者的剩余价值和小生产者的剩余劳动物间接收来了。

上述的独占利润，虽然在说明的形式上是就金融资本家所得的独占利润说的，实则独占有种种形态，并不限于金融上的独占，因此，独占利润也不限于金融资本；就是工业资本，商业资本等等也是可以发生独占利润的，甚至于土地资本也可以发生独占地租——虽然地租本来就带有独占性。这种种资本上的独占利润，在事实上都可以适用上述的关于独占利润的理论，所以兹不赘说了。独占及独占利润也和创业者利得一样，从全体看来，是朽腐中的资本主义所发生的一种没落的现象，并未负担着什么进步的历史的任务，它只有促进资本主义的崩溃而已。

D：资本家的资产　资产两个字，和资本的意义不同，它是包含着资本和财产说的。固然，依前述，一切财产都可以当作资本使用，可以移作资本，但是，财产和资本的作用明明是不同的：前者的作用是在购买消费资料或充当简单的储藏手段，后者的作用是在直接的剥削剩余价值，间接的增加种种利润。因此，所以在说明第二次的剩余价值的变形时，应把二者合起来，称为资产。产业资本家的资产，在前面第三篇内已经说过，从再生产过程上看，从产业资本家一方面并未产生任何生产物，一方面又不得不继续的消费的关系上看来，在一定期间内必然全部变成剩余价值的结晶；而照本章所述，一般资本家的资产除了一部分是由小生产者的剩余劳动物欺骗剥削得来的之外，又都是由产业资本家手里分来的剩余价值，所以合起来说，就是：一般资本家的资产的一大部分是剩余价值的第二次的变形，其一小部分是小生产者的剩余劳动物的变形。这是一般资本家的资产的本质。一般资本家的资产在历史上的任务是很明显的，用不着多说了。

E：工资　这从表面看起来，虽然似乎不是剩余价值的变形，而是资本家所预垫的垫款，但是，如明白了第三篇的理论并刚才说的关于一般资本家的资产的说明，则工资为工人阶级自己创造出来的剩余价值的一部分，这件事，是不待多言的——固然其中有一小部分是资本家从小生产者的剩余劳动物中剥削来的。工资的历史的任务也是不待说的。

F：各种租税收入　这虽然也包含着一部分由小生产者的剩余劳动物而来的转化物，但是，在资本主义社会内，租税的大部分却都是剩余价值的第二次的转化物；这自然是因为租税这东西，表面上虽是由一般人民的资产负担，其实却是由一般人民的收入负担，而依本章所述，一般人民的收入的大部分都直接间接的是剩余价值的转化物的缘故。这里所谓租税是广义的租税，是把（一）名义上的租税，如关税，烟酒税，田赋，杂捐，手续费，等等，及（二）事实上的租税，如前述带有充当公的收夺手段的机能的纸币的发行，带有充当信用收夺手段的机能的公债及库券等的发行，政府独占事业的经营，平时及战时的依法令而来的土地或物品或人畜的征用或强制收买，等等，都包含在内的。因为租税的本质只在它是依公的权力的利用而生的收夺或所有权的强制移转一层上面，所以在我们述说剩余价值的转变形态，不宜照财政学上的分类，只把名义上的租税叫做租税，而宜采用广义的租税。广义的租税收入的来源，不消说，都是直接间接由劳动者的剩余价值及小生产者的剩余生产物来的，如像所谓直接税当中的人头税就是从两种东西直接征取的例子，所谓间接税当中的关税，就是从这两种东西间接征取的例子。广义的租税的历史的任务是和国家的历史的任务一样的，这里用不着多说。

G：薪俸　这是广义的薪俸，是把（一）官吏及准官吏的薪俸，（二）民间公益团体雇员之薪金，（三）产业以外的营利团体内的雇员的薪金等包含在内的。这种种薪俸，从领受薪俸的各人的主观上看来，往往不免自以为所领薪俸是自己的劳动的结果，其实那是幻想，因为不直接从事生产的劳动的人的劳动，是决不会产生价值的——虽然那种劳动有时是有益而不可缺的。这种种薪俸的实际上的来源，仍不外乎出于劳动者的剩余价值和小生产者的剩余劳动物两途。譬如拿官吏的薪俸说，它的来源当然不外乎广义的租税，而广义的租税的来源，依刚才所述，却不外乎剩余价值和小生产者的剩余劳动物，所以问题的答解是很明白的。至于民间公益团体如教会或学校等，其收入总不外乎地租，利息，红利，大富豪的赠款，国家的补助，信徒的寄赠和学生的学费，等等，而这些东西，如上述，却不外乎由剩余价值和小生产者的剩余劳动物而来，所以在这种团体里面领来的薪金也不外乎是由剩余价值和剩余劳动物的变形物。至于产业以外的营利团体内的雇员的薪金，不消说，那是由这些营利团体所得的种种利润当中支出的，所以它的来源更其明白，不用多说。这种种薪俸的历史上的任务，要随支出这种种薪俸的团体在历史上的任务如何而定，这里不必一一详细研究。

H：自由职业者的收入　这里所谓自由职业者是指独立营业的医生，律师，教员，文士，艺术家，等等说的。这种自由职业者在表面上似乎和在大医院的被雇用的医生，在大律师下面拿薪水做事的小律师，被学校当局雇用的教员，被大书店雇用的文人及艺术家是处于同一地位的，其实大不相同；后者全是领薪金过日子的雇员，其薪金的范畴应该如上面所述薪俸一样，而前者却不是被人雇用的雇员，倒是自食其力（其脑力和知识）的人，或一面自食其力，一面还雇用别人的人，所以他们的收入应该是另一个范畴。他们既然自食其力，是不是他们的地位就等于次章所说的小生产者的地位呢？当然不是的，因为他们的劳动不是生产的劳动，所以当然不能产生价值物。然而他们的收入却又明明是货币即价值物，因此，我们可以知道这种收入必是别种东西的再三的转化形态；或是剩余价值及小生产者的剩余生产物的第二次的转化形态，或是第二次以上的转化形态。自由职业者在自己雇用着别人时，虽然可以剥削着所雇人的剩余劳动，然而因为这种劳动原本不是生产的劳动，所以并没有剥削着剩余价值，这和雇用工人去行生产的劳动，是大不相同的，应该注意分别清楚。自由职业者的收入的社会的任务，比较是很小的，所以不必说它。

第三章　资本主义社会内的小生产者和平均利润论

第一节　小生产者的剩余生产物的被收夺

一　我们上面所说的剩余价值论及平均利润论，事实上还只说着资本主义社会的生产关系的一部分。虽然这一部分在资本主义社会内是具有支配力的部分，因此，也是应该以它为中心来解剖资本主义社会的生产关系，但是，一部分到底还是一部分，如果我们只说这一部分，则我们便不能看清资本主义的全景，因此，也就一面不能知道关于资本主义经济的全体法则，一面也就有背我们前面说的一切经济都没有纯粹的存在而只是混合的存在那种道理。因为是这样，所以我们在这里还得将前面未说的比较不重要的另外一部分生产关系说一说。这一部分就是所谓小生产者对一般资本家阶级的关系，小生产者对无产的劳动阶级的关系。

二 这里所谓小生产者是指广义的一切从事生产的劳动的小生产者，如自耕小农，自耕佃农，小自力劳动手工业者等等，说的。他们不是雇用别人的劳动力，而是用自己的劳动力，去行生产，所以他们所产出的剩余生产物不是剩余价值，而是剩余劳动物。他们的生产的劳动会结晶到商品里去，而成为价值，这一层是与单纯商品社会相同的，不过，因为这里没有劳动力的卖买，所以不适用剩余价值论，而只适用价值论。由此可见马克思把剩余价值论与价值论分开，是有道理的：不单是从研究方法说应该如此，而且从事实上也该这样才能说明一切。小生产者的劳动的生产性虽然较小，然而仍可以发生剩余劳动物，不过在资本主义社会里，这种剩余劳动物却不会落在小生产者的手内。这和在资本主义经济未成立以前不同，在那时，除农奴外，小生产者可以把剩余劳动物收归己有，只要他或是留在自己手里自用，或是以相当价格卖出去，剩余劳动物就会落在手中（固然也常常受政治上的收夺）。在资本主义经济发生以后，各种资本家对小生产者都常常图谋收夺，或在出售上，使小生产者不能不卖，而卖又不能照价值卖出，或是在购买上，使小生产者不能不买东西，而买则资本家用欺骗与高价以剥削之，或在金融上使小生产者不能不借贷，而借贷则高利以剥削之，或是在政治上用政治权力去行剥削，如所谓信用收夺及公的收夺等等，总之，用种种方法，都可把小生产者的剩余劳动物收夺而去。小生产者在生产上虽仍然适用价值论法则，但是在流通上却是被人把剩余劳动物拿去了，和卖劳动力者的劳动结果被人剥削了去一样。劳动者的剩余价值，是生产物未出以前，就因劳动力的卖买而决定的归别人所有了，它是在生产过程前被拿去的；小生产者剩余劳动物在生产后还未被人拿去，直到流通过程上才被拿去；二者被拿去的时间前后不同，而在被人拿了去，自己落不着一层上则是一样。在资本主义经济内，小生产者也是被剥削者。

第二节　小生产者的剩余劳动物的去处

一　上面只说小生产者的剩余劳动物会被各种资本家拿去，还未说明到底被哪几种资本家拿去，到底具体的是怎样被拿去，现在且把小生产者的剩余劳动物被拿去的去处说一说：

A：走到商业资本家手里　商业资本家既可以替产业资本家贩卖商品而得利润，同样就可以替小生产者贩卖商品而获利润，但是其间也还有不同之点：产业资本家势力大，自己也可以售卖，并不是非依靠商业资本家不可，只不过是为便利计让与商业资本家去办售卖事务而已，所以商业资本家对于产业资本家并不占优势，毋宁说还要依赖产业资本家；至于商业资本家之对于小生产者，那就等于收买商行之对于小手工业者，因为小生产者势力本小，知识又陋，势必常被商业资本家挟制的压迫而受其支配，所以其生产物的出卖与商业资本家，是不照应有的价值的，不但不照价值，而且差得很远，因此，小生产者常受非法的剥削，而招无限度的损失。总之，商业资本家对于小生产者所用的，不是资本主义的法则，而是资本主义以前的办法，是又强压又欺骗的不等价卖买。自然，这时的大商业资本家是不做此事的，他们原则上是做等价的买卖，只有小商业资本家在原则上是以小生产者为对手，而实行欺骗式的不等价的卖买，因此小生产者的剩余劳动物就到小商业资本家手里去了。

B：走到高利贷资本家手里　放高利的资本家，依前述，是资本主义经济以前就有了的，他主要的方法是乘人之危而借钱与人以便多得利息，在这时借款人的目的只在维持自己的生活或生产，更不计及利益如何，这和前述产业资本家的借入资本大不相同，所以利息特别高，因此，所以这种高利贷不算是资本主义的资本家，不是一般经济学的研究对象。但是，在说明小生产者的剩余生产物时，却得引用它。小生产者把所产生的剩余劳动物积蓄起来的事是例外，在原则上，他所得的剩余劳动物只有天天减少（因为受各方面的剥削），因此，到第二年要行生产的时候，往往只有借钱以补生产手段的不足。他借钱却不能到银行里去借，因为银行放款要抵押品，并且不放小额的款（其有农业银行和协作社者乃是例外），他只有向放高利的人去借。这些放高利的人，有的是小商业资本家，有的是地主，有的是土豪劣绅的卸任官吏，他们原具有政治上的势力，所以借款条件甚苛，利息甚高。小生产者借钱以后，往往是不能还，于是利又变为本，过一年，又一年，愈累愈多，结果小生产者就会弄得把所有的剩余劳动物都得交出去。这是小生产者的剩余劳动物的很大的去路。

　　C：走到产业资本家手里　从表面上看，小生产者好像与产业资本家无关，但是，要知道产业资本家既能以大资本家的资格压倒小资本家，则在同一社会里面，当然同样的道理可以适用于小生产者。大资本家所以要把小资本家压倒，为的是牺牲小资本家而增加自己的利益，其压倒小生产者当然也是出于同一目的。例如在加拿大和美国，资本家以资本经营农业，利用新式机器，产生大量的廉价小麦时，因为价格较低，所以容易卖出，还赚了钱，而不用新式机器耕出来的小麦，则价贵难卖而只能蚀本卖出，结果就依平均利润的法则，被大资本家把自己的剩余劳动物拿走了。又如一般产业资本家要原料时，如对于小生产者一面收买一面垫钱，则变得商业资本家与放高利者的两种资格，产业资本家都兼而有之（如在小生产者需要借钱想去找高利贷者时，产业资本家叫他不必找，而由自己以低利垫钱给他，但约定小生产者将来出品勿卖给别人，只卖给自己，并预先把价钱讲好定妥，则当然是产业资本家占大便宜，因为这种乘人之危的，预先购定的价格，必定比将来的货价低得多，往往等于放高利），小生产者剩余劳动物遂走到他手里。

　　D：走到地主手里　小生产者除少数外，当然也受地主的压迫，在租土地时，往往得受苛刻的条件，所交的地租不比资本主义的地租，不是在平均利润以外的地租，而是那种和平均利润相等的一部分也被包含在内的地租，这种地租不是前述的资本主义的地租，而是更苛的封建式的地租，又名为饥饿地租。所谓饥饿地租者，是与饥饿为邻的地租之意。这种地租通常不是大地主的土地上的地租，而是小地主的土地上的地租，因为小地主收入较少，往往专靠地租为生，所以特别剥削得厉害。小生产者的剩余劳动物流到这种地租方面的非常之多，并且除开饥饿地租外还有别的剥削即上面所讲的各种剥削，所以小生产者的生活，从一般说，都非常之苦。有人说中国没有大地主，所以农民问题不要紧，这是只知其一，不知其二的话，中国小地主和小生产者都极多，所以饥饿地租也极多，因此小生产者所受的苦也就更大。

E：走到独占金融资本家手里　独占利润的作用，不单是对大资本家可以发生，并且对于小生产者也可以发生，因为独占金融资本家既是包括产业商业银行种种资本为一的，而如刚才所述，产业资本家与商业资本家又是可以剥削小生产的，所以独占金融资本家当然也可以剥削小生产者的剩余劳动物。

F：走到官吏，自由职业者及社会的寄生虫的手里　官吏的收入靠薪俸，薪俸的来源靠租税，租税的来源又靠剩余价值与剩余劳动物，所以小生产者的剩余劳动物会走到官吏手里（这还是就法律范围内说，如果加上各国在事实上都不能免的种种非法的由官权而来的榨取，则小生产者的剩余劳动物走到官吏手中的部分就更多了）。官吏直接对劳动者的剥削较少，对资本家阶级的剥削，在资本主义国中，当然更少。自由职业者的收入，如前述，一部分也是小生产者的剩余劳动物构成的。小生产者的剩余劳动物变为自由职业者的收入的方式，当然有种种的不同：或依高价的律师诉讼费，或依高价的医药费，或依榨取式的学费。其他社会的寄生虫如教会的牧师，算命的，和尚道士尼姑，讼棍，赌痞，等等，名为自由职业者而实系流氓即寄生虫的人们，不消说，也可以乘着小生产的由生活艰苦而来的迷信或幻想和他们的无知识，用种种方式，剥削小生产者的剩余劳动物的一部分。

二　据上述各种去路看来，可知小生产者在购买，出卖，借贷，土地的利用，政权的关系，社会的生活，等等方面，都站在一种被别人挟制，欺骗，剥削的地位上面，因此，所以他自己产生的剩余劳动物从一般说就不能由他自己保存享用，而不能不主要的走到种种资本家的手里去了。也因此，我们就可以知道，平均利润的法则虽不直接适用于小生产者，然而小生产者间接的却大大的受平均利润法则的支配，因为他的生产品既然和资本主义的经营上的生产品同处于同一市场，则资本的有机构成较高的资本主义的商品自然可以用高出于价值的价格的方法，去夺取资本（这虽然不是真正的资本，但在概念上可以算成资本）的有机构成较低的小生产者的剩余劳动物。小生产者一方面既然受平均利润法则的间接的支配，另一方面又不能享受一般资本家应得的便利（例如向银行借款上的），所以不能不受双重的格外的剥削；因此，小生产者的生活艰苦，实等于无产的劳动者，甚或过之（因为从享受的内容上说，小生产者的生活程度较低），所不同者，只不过小生产者有"自由的及独立的有产者"的空名而已。

第三节　小生产者和无产的劳动阶级

一　现在我们进一步看看小生产者和无产的劳动阶级的关系。先说他们间的差别罢。从表面看来，二者很相类似，因为一则生活同样艰苦，二则同是与各种资本家及地主相对立，然而实际上二者却有差别，因为一则小生产者至少有名义上的小小生产手段（事实上这些生产手段往往在拿来和所负债务抵消之后，全等于无），而无产者却没有；二则小生产有名义上的独立的经营权（实际上往往受地主或产业资本家并商业资本家的支使），而无产者却要完全受资本家的指挥；三则如上节所述，小生产的生活程度较低，其享受的物质的内容较坏。所以二者虽相近似，却不可同一视。

二　我们再看看他们间的关联罢。这可以分为客观的及主观的两方面来说：从客观上看，有四层可以注意：（一）因为小生产者在事实上是资本主义的生产品（主要的是工业品）的主要的消费人，所以从结果上看，就等于帮助资本主义的资本的蓄积，因此更等于帮助资本家来剥削无产者。（二）因为小生产者，依后述，必然的会因受不住双重的（上已述）的剥削而没落成为无产者，所以也就必然的会变成无产者在劳动力的出卖市场上的竞争者，结果必然的会减低一般无产者的工资，所以等于帮助资本家剥削无产者。（三）从无产者方面说，他们虽是出于不得已，但是，在事实上却替资本家制造了廉价的资本主义的商品，令资本家有拿这种商品去收取小生产者的剩余劳动物的可能，因此，所以就等于帮助了资本家去压迫小生产者。（四）据以上三层看，虽然两方面都有在客观上压迫对方的事实，然而如推究两方面受压迫的根本原因，却可以发现共同的原因就是资本家阶级的存在及资本主义的生产制度的存在，所以，从这一层说，两者的利害，在客观上完全是一致的。然而从他们的主观上看，则小生产者往往拿他的名义上的小小生产手段和名义上的独立自由的经营自夸，而看不起无产的劳动者，甚至于把劳动者看成和资本家一样是他们的敌人，在另一方面，无产的劳动者也往往因自己的物质生活的内容有时较高度较丰富，并因自己的技术和知识较进步较新式而看不起小生产者，甚至于因小生产者常常没落到无产者的方面来的缘故而认小生产者为竞争者，为敌人。

三 不过，从最近几十年的事实看来，随着两方面的知识的进步和觉悟程度的增加，无产者方面渐渐有起而领导小生产者，实行所谓勤劳者的工农的结合的倾向，而小生产者方面也渐渐有容纳这种领导，进而促成这种结合的倾向了。

第四节 小生产者的历史的任务和历史的运命

以上已经把小生产者对于各种资本家及地主的关系，并小生产者对于无产的劳动者的关系说过了，此外似乎还应说（一）小生产者对于又是小生产者又是小资本家的人们的关系，（二）小生产者对于又是小生产者又是无产者的人们的关系，（三）小生产者对于知识的小资产阶级的关系三方面，不过，在这里，我们且略去不说，因为一则这三方面都可以依已述的部分类推，二则在实际上这种关系的成分太少，也不重要。我们且说说小生产者在历史上的客观的任务。

小生产者的发生虽然可以远溯到奴隶社会时代去，不过，在事实上，从人数和重要程度说，他在奴隶社会和封建社会内，都无足称道，所以我们只说资本主义社会的小生产者的历史上的客观的任务。小生产者在资本主义社会内，显然达成了四种客观的历史任务：（一）助成了资本的原始聚积，因为如前述，所谓原始聚积，不但在货币资本方面收夺并集中了小生产者的生产手段的价值，并且，在劳动力方面，也由小生产者的没落，造成了无产的出卖劳力的阶级。（二）在资本主义的发展过程上，供给了无限的新鲜劳动力，因为如上述，资本主义的发展必然需要劳动力的出卖分量的增加，而依前述并后述，小生产者却又必然会没落为无产阶级，去出卖劳动力，所以小生产者是资本家所需的无限劳动力的源泉。（三）供给了资本家所需的无限的增加的原料，小生产者大半是农业的小生产者，所以能达成这个任务。资本主义的生产越发展，越需要原料，这是前面说过的。（四）小生产者在充当了资本主义的生产品的消费人一层上面，可以说是帮助了资本主义的发展。资本主义生产越发展，则所需的商品销场越变大，而小生产者在各国内都占人口成分的大多数，所以可以达成这种任务。小生产者虽然自己也生产，但是，他受不了资本主义的生产品的压迫，必然在他自己的消费方面，越发大量商品化。

　　显然的，上述四种历史的任务决不是无意义的，无进步性的任务，因为这些任务的真意义都在帮助资本主义的成立和发展，而照前面所述，资本主义制度在初期原是有进步性的，所以小生产者的任务当然也是有进步性的。因此小生产者本身的存在，在某一时期上，也是有进步性的。不过，要知道，一切东西都是不断的转变着的，资本主义制度本身已依照由量到质的变化的原则，变换它的任务，已由加增生产力的制度，变而为束缚生产力发展的制度，所以小生产者的任务便渐渐变化，也渐失掉它的存在理由，因此，小生产也就不得不陷于日益没落的运命当中，特别是在最近农业技术上有了大的进步，因此使资本主义的生产在农业领域中越发变为可能的时候，小生产者更没有生存的余地，试看世界大恐慌当中各国农村的非常凋敝，便是明证。在另一方面，各国协作社运动的消沉，左翼的运动的旺盛及法西斯运动的勃兴，也足以证明小生产者连最后的和平的挣扎方法也都放弃不顾，而趋于用武力斗争的方法，去和资本主义决算了。

第四章　平均利润论与中国及过渡期经济

第一节　平均利润论与中国

一　平均利润论，依前述，原是剩余价值论的延长，而关于剩余价值论能否适用于中国的问题，前篇末已经详论，并且关于平均利润论者小生产者的关系在前章又已说过，所以目前关于本节的题目，在大体上已无重复赘说的必要，就是说，关于平均利润论能否适用于中国的问题，已无辩说的必要。现在要注意说明的，是（一）中国的资本主义的生产的特性问题，（二）中国小生产业特别是小生产的农业的特性问题。

A：中国的资本主义的生产的特性问题　中国的资本主义的生产有无特性？这个问题是和资本主义的本质论有关的，如详细解说，就要费词，好在我们在第一篇上已说过这个问题，现在且略去关于资本主义的本质方面的说话，只从结论上说。我以为在现今中国的特殊半殖民地的国际地位的状况下，从平均利润论的理论看来，中国的资本主义的生产业，虽有地理上的便利，也是绝对的不能和先进国的商品的价值竞争的。为什么？因为中国与外国的关系和其他各国相互间的关系不同，中国在事实上绝对无自主的拒绝外国商品入口的可能，所以中国的资本主义的生产，从经济上看来，几乎等于和外国的资本主义的生产同居于同一的竞争领域当中，而事实上外国的资本主义的生产资本的有机的构成，从一般说，都高于中国（固然也要顾到外国工人生活程度较高一层，不过，从全体看来，这一层的重量是不足以推翻外国生产资本的有机的构成较高的事实的），因此，外国资本主义的生产品的价格，照平均利润的理论说来，当然应该高于它的价值，因此，也就是外国资本主义的生产品的价格当中当然含着有中国资本主义的生产品的价值在自己的价格上未能实现的部分，因此，当然也就是，外国资本家必然的一方面剥削着中国的资本主义的生产资本家及各种资本家（在外国的工业的资本主义的生产品的范围内说，当然应该除开中国的地主），一方面也就是剥削着中国的无产者。如单从中国的资本主义的各种资本家看来，他们的地位根本就比较弱过外国资本家，所以，如果没有国际的经济上的后援或中国国际政治地位的进一步的独立自主，他们根本上就说不上和外国资本家竞争；然而中国的国际政治地位的进一步的独立自主在目前显然是不可期的，所以中国的资本主义的生产资本家及其他资本家等，为求生存起见，当然也不能不依赖外国资本家，希望仗某一外国资本家的威力去压倒本国的同业或和另一外国资本家对抗；简单说，就是当然不能不放弃他们的独立的存在的一部分，而委屈求全以冀吸取外国资本家的遗沥；更简单说，就是中国的各种资本家在中国国际地位没有进一步独立自主以前，必然的是洋奴式的，买办式的资本家。不当洋奴式或买办式的资本家的人们必然无生存的余地——不但理论上是这样，并且过去数十年的事实也证明着道理是这样（当然我这种说法并没有含着劝诱大家去当洋奴买办式的资本家的意思，也没有含着轻视中国的资本家们的意思，我只不过说，从学理上和事实上分析起来，不管中国资本家的主观的意志如何，只要中国的国际政治地位没有进一步的独立自主，他们必然的被生产关系那样决定着而已）。这就是中国的资本主义的生产的特性。

中国的资本主义的生产既然受着外国的帝国主义的剥削，所以在中国的资本主义的生产上从事生产的劳动者们，便是受双层的剥削；因此，所以他们的生活就不能不比外国帝国主义的剥削下的劳动者的生活更加艰苦。

B：中国的小生产业特别是小生产的农业的特性问题　明白了上面第一问题之后，这个问题便容易解释了。原来，资本主义制下的小生产业，依前节所述，一方面必然要间接的受平均利润法则的支配，必然的要受资本主义的生产的剥削，另一方面，必然的要受地主的剥削（特别是农业的小生产者更要受地主的剥削），所以中国的小生产业当然也免不了要受同一理论的适用；而从刚才所述的关于中国的资本家和外国的帝国主义的资本家的关系上看来，中国的资本家又必然是受外国的帝国主义的资本家的剥削的，既然如是，则中国的小生产业当然也必然的还要受外国的帝国主义的资本家的剥削了。这样一来，中国的小生产业所受的剥削，便变为三层的剥削了。在这种三层的剥削下面，中国的小生产业的加速度的没落，当然也就是必然的了。从中国农村破产问题说，则中国农村的破产，在中国的国际政治地位没有进一步的独立自主以前，当然是没有幸免的希望的了，当然是随着中国的资本主义制的表面的发展而日益深化锐化的了。所以，中国的农村破产问题，绝不是什么单纯的经营方法的问题或单一的排斥苛捐杂税的问题，而是一个更深奥的问题。

但是，我们还要注意，农村问题，不单是小佃农和自耕小农等小生产者的问题，而还是地主的问题，所以我们还得把问题的这一方面看一看。中国地主对外国的帝国主义者的关系，应从两个观点看：第一，如从外国资本家输进资本主义的廉价农产品一层看，则大抵中国地主的利益是和外国资本家的利益相反的，因为，这种商品继续大量输入，中国农村的衰落必愈快，结果，中国地主的地租必有收不到手的忧虑（但，如果真因中国资本主义的生产迅速发展，需要原料及食料品加多而供给不足的缘故，而有外国资本主义的农业品的输入，则中国地主必定不会反对这种输入，因为，照前面所述，如远地的农产品因实际需要增加而输进来，则近地的土地的等差地租必然会随着加多）。第二，如果从外国资本家只输进廉价的工业品一层看，则中国地主的利益不但不和外国资本家冲突，并且还会变成一致。为什么？因为这种工业品输入必然越发使中国的小生产的工业破产，也就是使中国的工业生产越发资本主义生产化（哪怕在事实上只是在外国势力的支配下的洋奴式的或买办式的资本主义生产化），其结果，依前面所述，必会使资本的有机构成加高，因此，必然的就会使中国地主的地租及其反映物的地价高涨——这当然是于中国地主有利的。而从外国资本家看，中国农村小生产因中国地主的剥削而来的破产，正是外国资本家的商品发展的好机会，所以特别和中国地主要好。因此他们间的利害便一致了。由此，更可知中国地主和中国资本家间的关系也和在外国的地主和资本家间的关系不同：在外国，地主在经济上虽不必反对资本家，而资本家却往往反对地主（见前），在中国地主对中国资本家的关系虽无特殊之处，而中国资本家却必然不敢反对中国地主，这只因为在今日中国资本家只是在帝国主义的资本家的势力之下讨生活，必然要唯帝国主义资本家之命是听，而如上述，中国地主大抵是和帝国主义的资本家一致的，所以中国的资本家，从一般说（当然从个个人或个个事件看是有例外的），也就不敢反对中国地主了。因此，可知中国的地主阶级从客观上说必然是不反对帝国主义的（主观的爱国的一时的感情，是另一问题），也必然是和中国的资本家阶级取一致行动的。

二　我们在上面所说仿佛过于悲观，仿佛近于宿命论，其实不然，我们在那里不过只从科学的经济学的理论，认识客观的真相而已，并未含着一丝一毫的"没有法子了"的意思在内。世上无不能解决的问题，一切问题的解决法都含在问题本身中。也只因为是这样，所以我们才要努力去认识事实的真相。现在事实既已认识明白了，我们且略述解决的途径：（一）我们据上面所述，已经知道中国的资本主义的生产及中国的小生产业都因中国的国际政治地位的不完全独立自主的缘故而各具有特性，所以我们如果要解除这种特殊性，就必须从使中国的国际政治地位有进一步的独立自主的事实起，而这个初步当然不是可以用妥协或乞怜的方法得来，而必须用民族的革命手段去争取的（因为从政治学理说，一切权力的取得都非用实力斗争不可），所以第一步的方法还是被许多无知的人，说臭了的革命。（二）已经做到第一步之后，第二步的办法就是使全国土地国有。这也是上述各种理论和事实的必然的结论：因为一则如果不这样，则中国一般产业的发展所招致的资本的有机构成的加高，就会徒徒增加地主的利益而无益于农村的大众及全国消费人，二则地租问题（也就是土地问题）这个关于农业的振兴的根本问题如若不能有根本的解决，则关于农业振兴上种种所谓良法美意，如什么协作社组织，什么技术改良，什么地租减轻，什么耕者有其田，什么集团农业，什么粮食统制，等等，都必然的会变成空话（因为这都是舍本齐末①啊！）。（三）和全国土地国有同时要办的，就是除土地以外一切产业上的重要生产手段都收归国有国营。这也是以上的理论的必然的归结：在我们已经做到了第一种办法之后，如果只有第二种办法而无第三种办法，则不但从内的方面说，在中国的资本主义制下面，占中国人口最大多数的小生产者必然仍只一天一天没落而为无产者，因此使中国的小生产者及无产的劳动者的生存问题仍不能解决（因为中国的小生产者和无产的劳动者的生活艰苦本来已经到极限了），并且从外的方面说，即单是要想消极的在政治上及经济上不受没落帝国主义第三期的侵略，也非用政治的力量，集中全力，使一般基础生产事业，有计划的迅速的发达起来不可；然而这种用政治的力量来行的集中的有计划的迅速的经济上的建设，从经济的观点看来（如从政治上的观点看来，当然和上述的对外的民族革命的进行一样，还有许多必要的先决条件），决不是单靠普通的政府奖励或提倡的方法可以达到的，而必须把一切主要的生产手段（土地是另一问题，前已说过）收为国有，并由国家经营才行。如果这一层办不到，而只主要的靠自然生长的资本主义

---

① 原文如此，今多作"舍本逐末"。——编者

的私人经营去发展经济，去建设经济，那就恐怕时不我待，恐怕在中国的经济建设的础石尚未放好的时候，而国外的巨大的政治力量已重新自由的高压在中国境内，国外的经济的支配的经济体制也已经不是资本主义的体制了。如果那样，则结果还是一句话：什么建设都是空话。

第二节　平均利润论与过渡期经济

一　前面已经说过，平均利润论原是剩余价值论的延长，所以平均利润论和过渡期经济这个问题，结局就是剩余价值论和过渡期经济那个问题的变相，而那个问题在第三篇已经讨论过了，所以，在这里，我们用不着再讨论平均利润论是不是可以适用于过渡期经济，一类的根本问题，而只略说说平均利润论上各部分的问题在过渡期的经济当中如何显现。

A：利润　这在社会主义产业即国营事业中，当然无这个概念存在的余地（既无剩余价值，当然就无利润）。在这里，和资本主义的生产中的费用价格相当的部分，叫做原价，和利润相当的部分，虽然仍沿用利润这个字的名称，在实际上却是指一种别的概念，一种超过原价部分的劳动结果即收益。所以能够有这样的新概念，就只因为原价当中给与劳动者的部分的价值算不得资本主义的工资的缘故（关于这一层，前已说过）。在小生产经济及资本经济当中，虽然仍有费用价格及利润的概念，但因受着社会主义部分的支配的缘故，已失掉了资本主义制下的原来的意义的一部分：它不能像原来那样占优越的地位了。

B：平均利润率和生产价格法则　这在国营事业上当然也是不能存在的，在这里，只有预定的收益率和有计划的规定的价格。在小生产的经济及资本主义的经济部分，虽然在他们主观上仍有利润，但平均利润率及生产价格法则却不是原则，因为这时他们在事实上一方面已不能彻底的实行自由竞争，另一方面又已经不是受盲目的价值法则的支配，即不受由竞争中自动的被决定着的价格的支配了。

C：利润率下降的法则　这当然不能适用于社会主义的经济部门，因为在这里不但因没有利润，根本上就没有利润率，更说不上什么下降，并且，就以收益率的意义的，也不会下降，因为在这里既然没有利润的追求，则机器已经不是一种榨取剩余价值的工具，而是一种减轻人类劳动的手段，所以劳动者便可以利用它去极端发挥他的劳动的作用，而使收益加多，不像在资本主义时代的机器那样会因增加不变资本成分对可变资本成分的比例，而把利润率减少了。至于小生产者经济部分及资本主义生产部分，当然也无什么利润率下降之可言，因为他们的利润已受着社会主义部分的统制了。

D：商业利润　这在国营商业中当然是不存在的。所谓国营商业在表面上虽然仍称为商业，其实已非资本主义的性质的东西，因为第一，它不是受和人类意志独立的价值运动的法则的支配的，而是在一种有意识的计划之下，担任国营生产业的工作的一部分即通运事务的；第二，它所卖买的商品不是含有剩余价值在内，而只是含劳动者的共同基金在内的（见前）。因此，这种商业上当然也只有手续费用的计算，而没有利润，又因此，所以这种商业不是带有剥削性的东西，而是助成社会主义建设，构成将来更高的阶段上的直接分配的萌芽机构的东西。至于小生产业及资本主义的生产业间的商业，则虽仍然含有剥削性，然而在社会主义部分的有意识的统制和收夺（对这些商业而行的收夺）之下，其所剥削的东西大部分可以经过国营部分事业及财政过程而仍实际上归于劳动者及小生产者本身的共同社会基金内，所以这种商业的利润，也失掉了资本主义制度下的商业利润的性质。关于小生产者的农民的生产品的卖买的性质，在苏联曾发生过很大的论争，有的说这种卖买完全和社会主义部分的卖买一样，完全是社会主义的性质，有的说这种卖买完全是资本主义的卖买的性质，因此，关于这种卖买的收益，有的说那完全是手续费，有的说那完全是利润，不过这利润是被工人阶级的国家剥削了去而已。这种种说法，在今日已不成问题了。过渡期的对外商业，不消说，更是没有带着资本主义的商业的性质的：这种对外商业的主要目的是在达成社会主义建设上的资料的取得的目的，丝毫不在追求利润，积蓄资本，因此，所以这种商业主要的，只计需要，并不注重计算利润，因此，所以一方面这种商业上的出口商品可以非常廉价出售，使帝国主义者的竞争者同声叫苦，也因此，在另一方面，这种商业的进口商品才可以用比较高价买来，使帝国主义者的商业相互间无法不卖（因为它们只追求利润）。这种商业的性质既然是注重政治方面的成分的，所以它必须由国家专营。

E：地租　不消说，在过渡期经济内，绝对是没有地租的存在的，因为在这里土地已经收为国有了。虽然因土地有限，并且不是平均授田的缘故，而使事实上尚有佃农的存在（当然是只把土地的使用权让佃与人）及农业劳动者的存在，然而其比重不大，并且还在国营农业及协作社的集团农业的支配势力之下，所以并不发生很大的剥削，加以政府还可以用谷物强制收买的方法，收夺富农（即事实上的地主及农业资本家）所剥削的结果，所以，从全体说，这种变形的地租已经完全不是和资本主义社会内的地租相同的东西了。只因为在过渡期经济上已经在事实上没有地租发挥作用的余地，所以过渡期的农业才能尽量的适用最新的技术，更因此才能造成集团农业的物质的基础，而造成广大的集团的社会化了的大农业，结果，就是因此才能尽量的发展农业上的生产诸力，使它们和工业方面的生产诸力的发展相应。

F：信用及银行利润　在过渡期经济的社会主义部分内，当然没有实质的利息的存在，因为在这里，资金是公共的，事业是有计划的全体的一部分，所以没有利息概念的存在的必要，有时纵然在资金的拨付上会加添若干的附加款，那只不过是一种手续费而已，决非真正的利息。至于小生产者经济及资本主义的经济中虽常常不免有借入资金或资本的必要，然而其贷出的对手方大抵是国营事业方面（如国立银行及国立保险公司），所以这种利息也和普通利息不同：它不是对于所贷资本的剥削作用的报酬，而是一种收夺小生产者的剩余劳动物（小生产的剩余劳动物如存在小生产者手里，则必然转化为资本，所以有收夺它，使它社会化的必要）及资本家所剥削的剩余价值的工具。既然无资本主义的利息，所以资本的企业利得也不存在。从另一方面说，既然没有资本主义的利息，所以过渡期的银行及银行信用也就变了性质；在这里，银行不是营利的机关，而是计划的经济的实施的主要工具，银行信用不是为取得存款利率和放款利率的差额利益（即所谓银行利润），而是或是为实行社会主义的计划（指对社会主义部分的放款说），或是为达成公的收夺的目的（指对资本主义的部分及小生产者的部分的放款说），或是为集中游资使它们实行社会的机能（指各种存款说）。因此，所以资本主义的银行利润的概念也不存在了。

过渡期经济的最重要的信用手段的公债，当然也可以依同样理由去说明：它虽有公债之名，然而因为借贷的关系根本上就和资本主义社会内不同，所以公债只是集中游资，使它加入社会共同基金而发生社会的机能的手段。

G：其他剩余价值的第二次的转化形态　以上是关于剩余价值的第一次的转化形态的讨论；其结果已经是：这种第一次的形态在过渡期内，或只存其名而无其实，或虽有其实而已失掉支配的作用，比重甚轻，对社会上无原来那样的影响。因此，所以关于第二次的转化形态，我们更无详细说明的必要，因为第二次的转化形态原是建筑在第一次转化形态之上的，现在既完全或部分的失掉其基础，当然它本身也就不能存在或只有变相的，变更了本质的意义的存在了。如列举来看，则：

1. 红利　这当然从一般说在社会主义部分内是没有了。固然在形式上尚有类似的东西，如协作社的股份之类，但是其本质的意义已大不相同：它没有带着分取剩余价值的目的。在资本主义经济部分虽然也有名义上相同的股票，但是，其作用却非常轻微，并且也不能像在资本社会内那样，能够在市场上自由卖买，去作投机的目标。

2. 创业者利得　真正的股票既然不存在，则创业者利得当然也没有了。

3. 独占利润　在这里当然没有独占的金融资本家（因为独占资本和计划经济是相反的概念，不能并存），所以当然也就没有独占利润。

4. 资本家的资产　虽然还有，但比重和作用都变轻微了。

5. 工资　在社会主义经济部分只有名义上的存在。在其他经济部分，虽有事实上的存在，但作用及比重都变轻微了。

6. 各种租税收入　在社会主义经济部分当然无实质的存在。在其他经济部分，也失掉了它的旧来的社会的意义：在这里，租税不是促成私有财产制的扩大的东西，而是一种使一般在私人手里的资产发挥社会化的机能的手段。

7. 薪俸　当然还有，但其性质变化了：它不是由剩余价值及剩余劳动物而来的剥削品的分肥，而大部分是社会共同基金的支取。

8. 自由职业者收入　当然还有，但它在大体上同于薪俸的性质。

二　过渡期经济内的资本家阶级，不消说，是日趋于消灭的，因为他们不但在经济上，如上述，受着社会主义部分的控制剥削，决不能长久维持自己的资本（增殖资本当然更是不成问题的），并且，在政治上，他们还受着有计划的收夺和压抑，所以绝对无幸存的道理。

过渡期经济的小生产者必然一方面会因在无产的支配的劳动阶级的政治的领导之下的缘故，一方面会因国家的经济政策的促成的缘故，日趋于社会化，日益改善其生活，日益转换其意识，结果，就必然会挽回其在资本主义制度下日益在生活上没落，在政治上及社会上日益无作用的运命，而实行勤劳者的总联合，变为相对的增加生活程度，积极的参加社会主义的建设的分子。

第五篇　资本蓄积论

第一章　资本主义的生产和资本的蓄积

第一节　资本蓄积论的重要

以上所述，从剩余价值论到平均利润论，虽然都是以资本主义生产的整个的全体为观察的对象，然而都是从平面观察，还未把时间关系放进去做纵的观察。这样当然是不充分的，因为从科学观点上说，一则一切东西没有不变的，资本经济本来是由商品经济变来，资本经济本身也是有变动的，所以在研究资本主义的生产时，就须把各种变动加以研究；二则资本经济依着它本身内部所含的矛盾，必然会按由质到量，由量到质的变化的原则发生许多许多新的东西，如从前提过的资本集中，循环恐慌，失业，劳动者生活恶化，帝国主义战争等等现象，都是非从时间上看就不能了解的，所以应该研究资本的蓄积。资本产生剩余价值，剩余价值的一部分变成资本，又堆积到资本里去。这种现象，叫做资本蓄积。关于这种资本蓄积本身的研究及关于这种资本蓄积的过程中必然发生的现象并必然倾向的方向的研究，叫做资本蓄积论。整个的一贯的资本蓄积论，只有马克思主义经济学才有，这又是马克思主义经济学的一个特色。资本主义的经济学者在研究经济发达史时，也偶尔提到资本蓄积，但是，他们决不从学理上研究资本蓄积的全体，倒只是以反驳马克思所主张的，资本主义的生产必然产生恐慌，必然有产业劳动预备军的增大，必然有随着时间而进行的矛盾的扩大，必然终于使资本主义社会本身不能存在，而转变到社会主义社会去，总之，资本主义经济本身必然要灭亡，那种资本蓄积的理论为目的的。资本主义的经济学者对于资本主义经济本身要灭亡的话，十分关心，所以虽不研究资本蓄积，而对于马克思所说的资本蓄积论，却加以批驳。他们自己对此问题实无贡献。虽然资本集中及产业劳动预备军的增大的事实摆在面前，虽然循环恐慌已经有百年间的明白的历史，然而他们还是不肯相信，不愿理解马克思主义经济学上所说的资本蓄积论；他们对于资本蓄积的事实，不是以为那是出于偶然，便是以为那是由自然的原因而来的。但是，到了二十世纪，各资本主义国的重新掠夺殖民地，已证明马克思的主张是对了，到1914年，帝国主义大战又证明马克思主义经济学所说的掠夺殖民地必以武力相争的理论，到了欧战以后，德俄奥三个帝国主义国家的崩溃更证明马克思主义经济学所说的帝国主义必然崩溃。最后1917年俄国革命的成功及苏联政权的确立并过渡期经济的第一五年计划的成绩，更具体证明马克思主义经济学所说的由资本主义经济的灭亡到社会主义经济建设去的话不错了。由此可知马克思主义经济学的资本蓄积论是有事实来证明的，不是空谈。而最能证明的，却是这一次的世界大恐慌。在世界恐慌发生以前，马克思主义经济学者的意见，以为空前的世界的恐慌，即所谓危机恐慌，会随所谓产业合理化的结果而爆发，而资本主义经济学者前几年看见德国美国因产业合理化而繁荣，却以为不会再有恐慌，以为无组织的资本主义已变为组织化了的资本主义，以为资本主义可以永久繁荣（因此，所谓社会主义者当中也有人盲从，以为资本主义经济这样就可以变为计划经济，即变为社会主义经济了。这当然含有两重错误，见前）。但是，事实上证明了马克思主义经济学的预见的正确：不但发生了恐慌，并且还发生了所谓危机的恐慌。

依上述，可知资本蓄积论在经济学上如何重要了：如果科学的最后目的在预见将来的发展，去供种种实际的应用，则忽视资本蓄积论的资本主义经济学当然算不得是真正的科学，要想使经济学真正成为科学，就必须照马克思主义经济学一样，把资本蓄积论列为经济学的一个重要部分。

第二节　资本蓄积的种类

马克思所研究的资本的蓄积，显然可分为四部分，分散在《资本论》第一，第二，第三各卷当中，所以可以说资本蓄积可以分为如下四种：

A：第一阶段的蓄积是原始聚积　本来，商品和货币在资本主义社会以前就已经有了，它们直到了资本主义社会时代，才变为资本。前已说过，它们变为资本的必要条件有二：（一）出卖劳动力的人的存在，这种人就是一种自由人，一种不像奴隶和农奴事事依靠主人和诸侯，有灾难疾病时也依靠他们去维持那样，而是自己独立自由的生活，离开了任何人的维持，同时并因离开了生产手段，不能不自由出卖劳动力的人。一方面有自由卖劳动力的人，另一方面当然就有自由买劳动力的人。为什么说自由买？因为这种买劳动力的人的目的，只在剥削剩余价值，他和卖者的关系只是一种卖买关系，因此，他对卖买关系以外的事是自由的，又从前的奴隶主人和诸侯领主对于生产的劳动者即奴隶和农奴，一切要维持，有疾病要为之医治，而在劳动力的卖买关系下，劳动者有病时，买劳动力者可以不管，一点系累没有，所以可以说买者也是自由买的。依前述，资本原是离不开劳动力的卖买的，所以自由买卖劳动力的人的存在是商品与货币变为资本的第一个必要条件，普通简单说，就说出卖劳动力的自由人的存在是资本主义生产的发生上的必要条件之一。（二）大量的货币资本的存在。因为所谓资本主义的生产原是大量的商品生产，所以必须有较大的资本，特别是较多的货币资本，然后才能拿来买大量的劳动力与原料，去行大规模的生产运动即资本周转。所以货币资本的大量的存在，是资本主义生产的必要条件之二。所谓原始聚积，如前述，就是做成这两个条件的聚积。原始聚积一方面把以储藏货币的形态散在各地的剩余劳动物，吸收而聚积起来，一方面使小生产者变为无产者，即变为不能不出卖劳动力的自由人。原始聚积不仅在国内是如此，而且到国外去剥削，如像欧洲各国的原始聚积到美洲和非洲，去掠夺别国的在货币形态下的聚积物（美洲和非洲的古国中都有多年的剩余劳动的聚积，并且这种古国内的聚积因为是很久了的，所以大抵多变成了货币形态的金银财宝），就是例子，并且，在经济上的比较先进的国家相互之间，彼此也为货币的聚积而行抢夺，如英国荷兰当初的海盗式的掠夺钱财就是明例。总之，在国内和国外，用掠夺方式收夺土地及小手工业者的生产物并落后民族或弱国的聚积物货币时，都是原始聚积。这种聚积，主要的是靠欺骗强压的手段而实行的，并且是从根本上去创始资本主义的生产的必要条件的蓄积，所以和下述各种蓄积不同，是一种原始的特殊的蓄积。

　　B：第二阶段的蓄积是由资本聚中而来的蓄积　资本聚中与下述的资本集中，都是把资本弄大，但聚中与集中两者的来源不同；前者是从劳动者身上剥削，后者是从小生产者及小资本家手里收夺，所以应分为两种。原始聚积既创造了劳动者并积聚了资本，就用分业的方法；把生产聚中起来，使原来分散在各家庭内的工作，聚中在同一工厂之内，因此也就把原来由独立的手工业者获得剩余劳动物，那种情形，改变为由买劳动力的资本家获得卖劳动力的劳动者所创造的剩余价值。详细说，原来在各手工业者分散在家庭内工作时，分业很少，到了现在，因为聚在一起工作，所以分业加多（在亚当·斯密时一个针分二十几部分做成，现在分六十多部分做成），因此，劳动的生产性就有增加（依从前的分业计算起来，每人每日只能出几百个针，依现在分业法计算起来，每人每日可出几百万个针），因此买劳动力的资本家就获利甚厚，也因此就发生资本聚中的现象。所以说，资本主义的生产方法是把剩余价值堆积于少数的资本家手里，和从前的封建社会时代把剩余劳动物分在各人生产者手里，那种情形大不相同。在资本聚中和生产聚中的过程中，依前述的资本主义的生产和蓄积的影响说，劳动者的生活当然甚苦，而资本家方面却因资本家相互间的竞争，而改良生产方法，把分业变得更细，把散在各地的部分更集在一地，结果就会有机器的发明。在有了机器的一般应用时，当然会一方面因资本的有机构成加高的缘故，而成很多的产业劳动预备军，使劳动者生活恶化，贫困化，另一方面因机器生产者即资本有机构成高者可以压倒不用机器生产的小生产者及小资本家的缘故，而发生第三种的蓄积。

　　C：第三阶段的蓄积是由资本集中而来的蓄积　　资本聚中和资本集中不同：资本聚中，如上述，是依生产聚中的理由，把卖劳动力的劳动者所产生的剩余价值攫到资本家手里，主要的是在生产过程中把资本扩大。资本集中却是依生产集中的理由，即以大资本作理由，把已生产了的已被攫在小资本家手里了的剩余价值及散在小生产者手里的剩余劳动物，集中到手，主要的是在流通过程中，把资本扩大。所谓生产集中也和生产聚中不同，它不是指那种把分散在各家庭内的手工业聚中在工厂内说的，而是指那种用机器生产的方法，把不用机器的小生产者及小资本家的生产事业挤倒，使自己的生产规模越发扩大，在事实上等于把同种类的商品的生产集中在一处的现象，说的。这种生产集中，当然可以伴随着上述的资本集中。资本集中的实行在实际上是靠竞争的方法。大资本家因使用机器的缘故而成本低，又因集中生产的缘故而设备省钱如电灯等等，因工厂大，装置多，多中可以省费，即在用人方面，也是管事的人少而比较所管的事多；而小资本家的工厂，则设备用人上比较起来都不合算，所以大资本单靠生产集中及资本之大，已可胜过小资本。再说到竞争的时候就更占便宜了：大资本家可以尽量把货物减价，蚀一万两万本，也不要紧，而在小资本，则蚀一万两万的本，便不能支持了。我们知道，在资本主义生产的进行上，一定有恐慌，大抵十年八年有一次，这和这种蓄积有大关系：在大资本家遇着恐慌时，总可以设法维持，小资本家大抵必然会先倒。在一年半载恐慌过去了的时候，大资本家可以利用其大资本，首先图谋进展，小资本家则往往不能复起。所以恐慌这东西结局是促进大资本的资本集中，使大资本吞并小资本，小资本被集中在大资本家手里的。并且，从另一方面说，在资本集中之时，资本聚中也未停止，因此变成在资本聚中之外，加上资本集中，因此就是：资本愈集中，劳动者生活愈苦，小生产者愈不能支持，只有一天一天的没落而增加到产业劳动预备军中去。所以可以说，这样的蓄积，并不是半稳的资本扩大，而是在蓄积过程中剥削了多少人，牺牲了多少人而后集成的资本扩大。

D：第四阶段的蓄积在独占金融资本的蓄积　这和资本聚中及资本集中都不相同（虽然和它们都有关联），是指那依生产的结合即种类不同的生产部门或经营部门的结合而来的金融独占资本的巨大的蓄积说的。因资本聚中与资本集中在一起，所以每个资本家的财产逐渐增大，结局弄得有大资本的人占少数，而每个人的资本却是非常之大（如 Morgan 光私产是五万万美金）。因资本家少了，彼此好说话，容易磋商，所以就形成几个 Group（如以美国之大只有十多个资本家 Group，就是例子）。这是资本家与资本家自由联合，因为到了资本这样巨大的时候，势力都大，要是尽力竞争，必然两败俱伤，太不合算，所以不能不因某种利害的相同而相联合，而联合的反面，当然便是独占。这是独占资本发生的第一途径。其次，如前述，随着资本主义的生产的进展，银行必然随之发达，两者的关系，因存款和借款的缘故，越变越密切，由贷借关系变为由银行监视账目关系，后来，遇着恐慌的时候，产业资本家更得向银行低头，银行便可进一步支配产业资本家。如果产业资本家真破产，则银行便能以债权关系直接去清理并经营那个产业，因此，银行业便和产业合而为一。一个产业资本家和银行的关系如是，多数产业资本家和银行的关系也可以如是，产业资本家和银行既可以有这种结合，则与产业资本家有不可离的关系的商业资本家和银行当然也同样可以有这种关系。既然银行与许多产业资本家及许多商业资本家都有关系，所以银行便可抓着两方面，打通两方面，由银行作中心，去领导各业，去把各个产业和商业改良，增加利润（产业和商业等在单独的时候，尚有些顾全人情，不便作彻底的整理，这时改由银行做主，就可以不顾一切，只求产业合理化，这样一来，当然赚钱）。这样便形成了金融资本，以银行作中心，去联合产业和商业，又因联合的反面是独占，所以就成为独占金融资本。这是独占资本发生的第二途径。独占金融资本的利润很大，称为独占利润。这种利润虽然仍是以价值论与剩余价值论作基础的，但是，如前述，却把平均利润的法则打破了一些，形成了所谓独占价格。独占价格当然在一定范围内可以压倒竞争价格，因为独占资本在事实上是所谓百货产业和百货商业（如日本的三井作七十多种产业，连袜子汗衫等都作），对于其他未加入独占的企业，如前述，当然可以打倒，至于一切小资产阶级与劳动者，不消说，统统是要受独占资本的剥削的。独占资本又可以和国家资本联合。如兵工厂及许多交通事业，铁路电报等等，在各国，往往都是国家产业，然而它们却离不开资本主义生产发展的法则；虽然资本主义生产愈发达，国家资本规模愈大，然而总逃不出资本蓄积的法则的支配：国家资本到某时代也必然要受独占金融资本的支配。虽然国家也有国家银行，但是，它的主要目的却在实行发行政策及财政政策并调剂一般金融，而对于商工业的放款则不大办，而财政却始终是要以经济为转移的，并且，国家银行的股本往往还有一部分是金融资本家的，因此，所以国家银行的实权，后来也落于金融资本家的手中，弄得金融资本家可以操纵国家财政，可以操纵国家银行。加以国家资本事实上必在政党内阁之手，而政党内阁事实上在这时代又常常被金融资本家左右，所以国家资本势必和金融资本结合。更加上社会上的许多社会事业均系金融资本家操纵着的事业，如像津贴报馆去操纵舆论，捐款学校去收买教育机关之类，因此，所以所谓社会上的实权，也被金融资本家抓住。这样把全国的经济和社会势力都能支配时，当然会形成金融资本家独裁的政治。金融资本家在政治上既有优势，又可利用政治力量以牟利：实行高关税政策，使外货不能进口，结果一面可使自己在国内卖货物时可卖高价，可得高利润；一面可使运出口的货物，在外国用倾销政策减价出售，两下计算仍然合算，因为高关税政策在国内既能增加金融及产业资本家的生产品的价格和利润，则因倾销政策上的减价而来的损失往往可以补偿而有余，纵然偶有益不偿失之事，也不足虑，因为倾销原是短时间的，只要在国际市场上把敌人打倒后，马上就可提高价格。不过高关税政策和倾销政策的办法却不能持久，因为这一国这样做，别一国也会这样做，大家都做，利润便不高了。因此，金融资本家就得另想方法。这方法就是夺取殖民地。起初在可当殖民地用的地方尚多时，是用政治的力量去夺取，后来因殖民地有限，不够分配，各国的金融资本家乃以武力相争，重新瓜分殖民地。这时各国的金融独占资本家就变成帝国主义者了。帝国主义者有了殖民地半殖民地以后，蓄积更多了一个来源，使殖民地的农民大众变得和本国的劳动者和农民一样，成为剥削的对象。像以上所述，金融资本家起首是设法取得独占利润，后来用经济力量夺取政权，更后又用政权来扩大经济利润，即是说在财政上操纵公债，操纵关税政策，操纵国家资本，去剥削政府；在经济上操纵交易所，操纵价格，以剥削一般人民；在国际上用武力操纵进口原料和出口工业品，操纵国际资本，以剥削弱小民族；种种情形，好像又回到重商时代的样子，用政治力量帮助私人的营利了。其实这只是形式上的类似，因为在那时候，资本家未直接拿到政权，而这时他们却已抓到政权并且他们本身的内容也不同了，所以这是螺旋式的循环，是高一级的回复，是否定之否定的发展。总之，这种蓄积不是平安的蓄积，而是伴随着许多国内小生产者，劳动者，小资本家及殖民地半殖民地的大众等等的被剥削，被牺牲，比任何时代都大的被牺牲的蓄积。这是资本主义的蓄积的最高的，最后的形态。

第三节　资本蓄积的发展方式及其由来

一　前节所述各种资本蓄积显然是带有发展性的：它们的规模一个大过一个，它们所带的剥削性一个深过一个。现在要看看它们的发展到底经过什么样的方式：（一）是平稳的慢慢的一步一步的发展，还是伴着很大灾难的，时而缓慢，时而突飞的发展；（二）是在各个资本家，各生产部门，各经营部门，各地方，各国等之间，都同时同速度的发展吗，还是在各个资本家间，各生产部门间，各经营部门间，各地方间，各国间，都不同时不同速度的发展。我们从事实上看看，对于前一问题的答复是产业循环式的发展，对于后一问题的答复是不均等的发展。这就是说，蓄积的发展的方式有二：

A：产业循环（Konjunkture，Conjuncture 或 Cycle of Business）的方式　这就是说，资本的蓄积是要经过右图所示的那个循环的形式的，是要由萧条而市况活泼，由市况活泼而繁荣，由繁荣而恐慌，由恐慌而更到萧条，约莫八年到十年间为一周

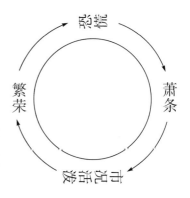

期，周而复始的循环运动着的。当然这不是纯理论上的主张，而是百年以来的普遍的事实，除非是睁着眼不看见东西的人，谁也不能否认的。资本的蓄积的这种特殊的发展方式，是资本社会以前的社会所未有的——这也是事实，因为在资本社会以前虽然经济的状况也有衰有荣，然而决不是有一定周期的，并且根本上就无资本社会内所谓生产过剩恐慌（经济学上所谓恐慌，都是指这种过剩恐慌，而不是指生产不足恐慌），所以根本上就不能有这种循环。

B：不均等发展的方式　不均等发展这句话，在这里，不是像许多人所主张的那样，拿去指生产手段的生产部门和消费资料的生产部门二者的发展的不均等说的，而是指广义的个个资本家间，各生产部间，各经营部门间，各地方间，各国间的一切不均等的资本蓄积的发展（当然也就是生产本身的发展，因为，如上述，资本的聚中和集中必然同时就是生产的聚中和集中），说的。这种方式

当然也不是纯理论上的主张，而是客观的明白的事实：试看工业生产部门的资本蓄积，一般比农业生产部门的资本蓄积发展得格外快，又，试看德国和英国在过去几百年间的资本蓄积的速度的差异，就可以知道这种方式的确存在。

二　资本的蓄积所以会采取这两种方式，当然必有它的必然的原因，并且两种方式所以能共存于一种现象上，当然也应该有它的必然的由来，因为世上决无没有被内容决定着的形式，也决无无原因的现象。那么，这两种方式的原因或内容到底是什么呢？从科学的经济学看来，这两种方式的共通原因，就是生产的劳动的社会性和生产手段及其结果的资本主义的占有性间的矛盾（注意！这是单纯商品社会内的，生产的劳动的社会性和生产手段及结果的私人的占有性间的矛盾在资本社会内的发展形态）。关于这层的详细说明，且留在以下各节，现在用最简单的话说，就是这样：（一）从产业循环方面说，原来，在资本主义的生产制下，一则所谓生产的劳动的社会性，已经不单是各人的生产品系拿来供别人之用的东西的意思，而且兼是劳动已经进一步变成分工的劳动，变成专门化了，社会化了的劳动的意思，因此，就是增加了生产的盲目性；二则这时的生产的目的，因为有劳动力的买卖的缘故，已经不在获得自己的有限的剩余劳动物，而在获得他人所产生的无限的大量的剩余价值，就是说，已经可以只顾量，不顾质，所以生产量必然的会无限增大（在生产者方面，当然主观上不会以为自己的廉价的生产品会销售不出），因此，就是扩大了生产量和消费量的距离；三则在消费人方面，又因为资本的有机构成的必然增高而使小生产者及无产的劳动者生活日益艰苦（见前），因此，就是一般的有购买力的消费量日益减小，也就是使生产量和消费量的距离更加扩大。在这三层理由之下，当然会发生所谓生产过剩的恐慌即产业循环上的一种现象的恐慌的结果，必定会使一部分生产者破产而不能继续生产，或使他们有戒心而不敢继续生产，因此，便变为萧条状况。再经过相当时期之后，存货已渐减少，消费人也渐迫于所用物品之消耗而不能不重新购买，因此物价渐涨，生产渐盛，而呈市况活泼的现象。市况一旦活泼起来时，则小生产者因能出卖原料而增加了购买力，劳动者因一时找着工作或渐加工资而加大其购买力，结果就会显出工业商业等等都繁荣起来的现象。但是，只因资本主义的根本矛盾还是依然存在的，所以又会依刚才所述三层理由而走到生产过剩的恐慌当中去，一直依次循环下去。（二）从不均等的发展方面说，问题甚为简单：因为在资本主义的生产制的根本矛盾下面，一则都行着盲目的生产竞争，二则这种目的还是在追求无限的剩余价值即利润，三则这时的达到目的的手段总不外乎新技术的发明和新原料的发现，因为这三种原因凑合在一起，所以各资本家，各部门，各地方，各国之间，当然会各不相谋的各因其天时地利而各自努力追求各自的利益，因此，当然均等的成功即资本蓄积应该是例外，而不均等的蓄积的发展倒应该是常则了。由此可知这也是根本矛盾的表现。（三）从产业循环和不均等的发展两方面说，二者既然都是资本主义生产制的根本矛盾的表现形态，所以二者当然不能不发生相互关联：一方面因为资本的蓄积的发展是不均等的，所以更难碰着生产量和消费量的约莫适合，因此就是更容易使恐慌发生出来，从另一方面说，因为恐慌之后必定有破产的产业和因改良生产技术而幸免的产业的并存，因此，所以各部门之间的发展就更不均等；各部门间的道理是这样，当然其他各种主体间如各地方间，各国间的道理当然也是这样。所以产业循环和不均等发展两个方式虽然有别，然而同时又是互相影响的。

三　因为产业循环的方式和不均等发展的方式都是资本社会的根本矛盾的表现形态，并且是互相影响的，所以我们在讨论资本的蓄积问题时，不能不从两种方式的各一方面去详细研究：因为，如果他们只从产业循环的方面去说，则我们便会把恐慌看成带有机械性和自然主义性的东西，而不能彻底了解恐慌的不规则性（事实上许多谈恐慌理论者都陷于此弊）；反过来如果他们只从不均等发展方面去说，则我们便会误认恐慌是无规则的偶然现象，而不能彻底了解其客观的合法则性（事实上也常有陷于这种偏向的人）。最正确的办法，是从产业循环和不均等发展方式两方面，统一的，关联的去说，因为这样才能一方面把恐慌的循环性和不规则性同时抓住，一方面才能了解资本主义制下的恐慌的变质性即所谓资本主义没落期的危机恐慌。我们现在就照这个最正确的办法，说下去。

第二章　资本蓄积和恐慌的必然性

第一节　单纯商品生产制下的恐慌的萌芽

一　据上节最末所述办法，先从产业循环的方面看看资本的蓄积的过程，则我们可以看见，恐慌这种现象，是随着商品的发生，萌芽于单纯商品经济之内，更随着资本经济的发生，由萌芽状况的可能性长成起来，最后必然的爆发出来。在恐慌一旦发生之后，就必然的一直循环下去，直到资本经济被扬弃之时为止。现在且依次说一说。

原来商品这东西，如前述，虽只是一种不为自己使用，而为供别人的使用而生产出来的生产品，然而却并不是只要是为供别人的使用而生产出来的东西，就算是商品。为什么？因为商品的生产和商品的实现（即商品售出或交换）虽然是两件事，然而却是不可分离的两件事，必定要把这两件事合在一起时，才能在客观上成为商品，才能完成商品的使命。如若只有商品的生产而无商品的实现（售出），则只是生产者的主观的商品而已，其实在社会的意义上只算是没有商品价值的东西，不能参加前述的社会必要劳动的平均计算，和一个笨拙的人花了几个月的功夫洗得比较干净了的煤块一样。然而，从另一方面说，生产了商品而不能实现其价值即不能售出的事，不但是事实上常有的，并且是理论上应该常有的。为什么说是理论上应该常有的事呢？因为，第一如前在价值的货币形态一节上所述，在直接交换时，虽然不易找着交换的对手，但是，同时只因为难找交换对手之故，一般生产者也不敢或不会尽量去生产，所以不会有许多商品卖不出去的忧虑，然而一到有了货币这种固定的一般等价物的时候，即到了间接交换的时候，生产者只要换进货币就行，所以不患找不着交换对手，因此就会尽量去生产，但是，有商品者虽然大抵都愿意早日出卖，使商品变为货币，而有货币者却大抵愿意长期拿着货币，以便将来随便购买，因此，所以二者之间就不免常有差池，所以在有货币者常常迟于购买时，有商品者便常常无从卖出了。这种矛盾叫做卖出和购买间的矛盾。第二，如前在当作支付手段看的货币的机能一段所述，在有了赊欠卖买时，如果债务人到期完全不能支付或只能支付一部分，则他的债权人同时便会不能支付他自己对别人所负的债务或不能在实际上拿应该因收账而来的货币去购买别人的商品，但是，这种赊欠卖买到期不能支付的事，却是常有的，因此商品不能实现其价值的事，也就变为常有的了。这种矛盾叫做赊欠卖买即信用卖买上的矛盾。

二　商品常常不实现其价值的事，当然是会随着商品生产的发展而日益变成普遍的，常见的事（因为两种矛盾会随经济的发展而发展）。到了一时间许多商品都不能实现其价值时，即许多商品都变成事实上的过剩而卖不出去时，则生产过剩恐慌便会发生了。所以说，在单纯的商品社会里，恐慌的萌芽便在商品的间接交换本身当中常常存在着的，换句话说，生产过剩恐慌的发生，在单纯商品社会内，就是常常有可能性的。不过，可能性到底只是可能性，萌芽到底只是萌芽，所以我们决不能拿这种常常有的可能性和萌芽，去说明在特定期间中必然循环似的到来的过剩恐慌的必然性。因此，所以我们还应该进一步研究这种常有的萌芽何以会长成为必然的爆发，这种常有的可能性何以会发展为循环而有规则的必然性。

第二节　恐慌萌芽在资本主义生产制下的必然长成和生产及消费的均衡的困难的必然加大

一　要说明恐慌的可能性何以会发展为恐慌的必然性，我们先得说明：（一）恐慌的萌芽的必然长成，（二）商品社会的盲目性的必然增加及（三）生产和消费的均衡的困难的必然加大。

先说第一层罢。上节所述购买和卖出间的矛盾，必然会随着资本主义的生产的发生和进展而日益扩大，理由是很明显的：因为购买和卖出间的矛盾，如前述，本是因商品生产的分业（指各人不为自己消费而生产，同时自己所消费的大多数都是别人生产的，那种现象说），依生产能力的尽量发挥而来的生产量的增加，货币经济的长成，等等的现象的缘故而产生出来的，而在资本经济制下，这些现象不但不减少，并且还加多，如像分业的更专门化，依劳动力的卖买及机器生产而来的生产力的增加，货币资本的蓄积的扩大，等等，就是明证，因此，所以购买和卖出间的矛盾就不能不越发加大了。其次，从信用卖买上的矛盾说，情形也是一样：这个矛盾既只是依信用卖买的到期不能支付而来的，当然信用卖买的件数愈多，则不支付的可能比例愈大，而资本主义生产制下的信用卖买，依前述，却是不能不随着生产规模的扩大而日益加多其成分的（今日的发行的大商业资本家的交易大抵是信用交易），因此，所以由信用卖买而来的矛盾当然也就不能不随着资本主义的进展而日益扩大了。

由此看来，可知上述的单纯商品经济内的恐慌的萌芽，不但会在资本主义生产制下重新被再生产出来，并且必然会更进一步的长大发育了。

二　现在我们应该从另一方面，考察这种萌芽的日益发育，在资本主义生产制下，是否会被全体生产运行的机构制止着，因为，假如资本主义的生产运行的机构能够制止恐慌的萌芽，使它被抑止于特定范围内，则上述恐慌的萌芽的必然长大也许会失掉它的重大意义。我们从事实上看一看，我们可以发现，资本主义的生产运行的机构，如前在价值法则论上所述，不是一种在事前预先计划生产量和消费量的多寡而行有组织的生产的机构，而是一种在事后才能考察出生产量和消费量的多寡的，无计划无组织的，盲目的自动机构。具体的说，生产和消费的量的适合与否，是从价格上看，依照供求法的原则而考察出来的：若某商品价格高，就是求过于供，则大家移彼而作此，因此使生产量赶到消费量；若某物价低，就是供过于求，则大家停作此部门，而作别的部门，因此使生产量落到和消费量相等。即是说，若价格高，就可知消费量比生产量大，若价格低，就可知生产量大于消费量，依此去行测定。这是自动的决定法，是资本经济社会上使生产量和消费量适合的唯一方法。这样的方法当然是带有牺牲的，因为适合与否既在事后才知道，则在未知道以前，当然不免有牺牲者，即不能实现商品的价值的人。在当初产业规模小时，牺牲是少数人，尚可勉强行之，而在后来规模大，范围广，交换宽的时候就会有大大的牺牲了。这种机构本是一般商品经济所共具的机构，但是，在资本主义经济制下，这种机构的特色更要尽量发挥，理由是很显明的：如前述，这种机构本是由商品经济的本质，由商品本身的本质发生出来的，只要商品存在一天，这种机构也就会存在一天，而资本主义经济，则不但没有废止商品，并且还依分业，机器生产及劳动力的卖买，等等原因，把商品的数量和种类都扩大起来，所以这种自动的盲目的机构，当然就越更发挥其作用了。固然，有时我们也可以看见资本经济的主人翁如金融资本家等也在设法实行所谓统制或限制，以期减除这种盲目的自动性，然而到底只是暂时的，部分的统制或限制，绝不能成为一般的普遍的东西；只看资本主义制度下的利润竞争，无论在国内或国际上，始终存在，并且越来越厉害，就是明证。既然这种自动的无计划的盲目的机构是与资本经济不可两离的，所以上述那种恐慌的萌芽在资本经济制下的发育长大，就必然无从制止了。

三　既然在资本主义生产制下，一方面有恐慌的萌芽的长成，一方面又有盲目的自动的生产运行的机构的扩大强化，所以商品的生产和商品的实现之间即生产量和消费量（自然是指伴随着购买力的消费量，不是指主观的一般的需要上的消费量）间的距离，当然就越走越远，难于适合，最后就会走到一种非用强暴的压力即恐慌的作用去使二者重新接近不可。要明白这一层，我们应该从另一方面把生产和消费的均衡的必要条件研究研究。

原来，在资本经济制度下面，因为各商品的生产虽是各不相谋的各自去生产，但是，各商品间的依存关系却依然是非常密切的东西的缘故，所以每个生产部门都是对于别的生产部门的一个销场，相互联络，如一连锁，因此每一部门的生产的扩大或缩小，都会影响别的部门，例如某一铁路扩张建筑，则金属工场就因轨条，火车头，货车等的订货而活泼起来，木材工场也因枕木和建筑材料的出卖而生产旺盛，因此这两种工厂的劳动者的人数或工资便要增加，因此而一般消费资料也会随着增加，更因此而其他各种消费资料的生产部门也就活泼起来；结果便会因一般生产工具的消耗而使一般机器生产部门发达起来。反过来说，每一个生产部门例如铁路的建设有停顿，缩小了范围，则其结果也同样可以使各种的部门发生缩小事业的现象。由此可知，在我们研究再生产上的生产与消费间的关系时，不应该从个个资本家的生产和消费出发，而应该从全体资本家的生产和消费出发，并从全体资本家的生产部门的二分法出发。所谓二分法，是指把全体生产部门分为产生生产手段的部门和产生消费资料的部门说的。假定称前者为第一部门，称后者为第二部门，则全社会生产量和消费量的适合与否的研究，便可以拿第一部门和第二部门的生产品能否都实现它的价值出来，那件事，为标准去行判断。现在为便于理解起见，我们且把再生产分为前述过的单纯再生产和扩大再生产两种，去看看这各种再生产时，第一部门和第二部门的生产品在如何的条件之下，才能完全实现其价值。

A：两部门在单纯再生产时的必要的均衡条件　所谓单纯再生产就是每年的生产一点不扩大，依旧原规模生产，如第一年为一百万，第二年仍为一百万，第三年还是一百万之类。若第一年为一百万，第二年为一百二十万，那就是扩大再生产了。单纯再生产事实上是不会有的，它只是虚拟的，假设的。缩小的再生产在事实上却是有的，如因兵灾水旱等等而减少了资本时，则可以发生缩小再生产的现象。单纯再生产只是为说明起见而假设的，是为帮助明了下述的扩大再生产的说明而假设的。现在看一看资本经济下的单纯再生产的必需条件如何。假设一国全社会在第一部门总资本为五十亿单位，其中的有机构成，是四与一之比，即不变资本为 40 万万，可变资本为 10 万万；第二部门总资本为 25 万万，其中不变资本为 20 万万，可变资本为 5 万万，并假定剥削率为百分之百。资本都是每年周转一次，并且固定资本在每一个周转期间便把其价值移转到新商品上，即一次耗磨完，如下表：

Ⅰ. 总资本＝5 000 百万

不变资本 C_1＝4 000 百万

可变资本 V_1＝1 000 百万

剩余价值 M_1＝1 000 百万

Ⅱ. 总资本＝2 500 百万

C_2＝2 000 百万

V_2＝500 百万

M_2＝500 百万

则两部门的总构成应如下述：

Ⅰ. $4\,000C_1+1\,000V_1+1\,000M_1＝6\,000$ 百万商品价值

（劳动者消费）（资本家消费）

Ⅱ. $2\,000C_2+500V_2+500M_2＝3\,000$ 百万商品价值

（劳动者消费）（资本家消费）

现在看看上面两部门的商品生产后是否可以实现。照假定，第一部门6 000百万全体是生产工具，第二部门3 000百万全体是消费品。若固定资本（不变资本）一年消灭完，则在第二年的单纯再生产时，第一部门还是要 $4\,000C_1$ 与 $1\,000V_1$。现在的问题，是除去 $4\,000C_1$ 去填补本部门的消耗去的工具以外，尚存2 000百万的生产手段如何交换的问题。因第一部门的资本家和工人也需要消费，所以可以拿这部分去供给第二部门之 $2\,000C_2$ 和第二部门的 $2\,000C_2$ 交换，所以在第一部门的 $1\,000V_1$ 为工人消费，$1\,000M_1$ 为资本家的消费，在第二部门 $500V_2$ 为工人消费，$500M_2$ 为资本家消费，这样一来，则照表式可以两下适合，交换之下，各得其所了。

惟最要的条件是 $V_1 + M_1 = C_2$，只有这样，单纯再生产，才有可能；若它们不相等，那便不行。就是说，$V_1 + M_1$ 与 C_2 相等，乃是单纯再生产的必要条件。

B：两部门在扩大再生产的必要的均衡条件　上面说的是单纯的再生产，现在要说扩大的再生产。上面是剩余价值全部消费，这里是说剩余价值要被拿一部分出来，加到资本里去，为第二年的再生产的资本之用。如何把剩余价值加入原来资本以扩大再生产呢？这是要有两个条件的：（一）要有生产手段，在上面的表式中，生产手段全部是一年消完了的，这里要有剩下的生产手段去供追加之用才行。（二）要有劳动的人，要若没有追加的卖劳动力的人，生产也不能扩张。要两个条件具备才成。卖劳动力的人是不成问题的，是有的，因为劳动者的人数是随着资本主义的发展而发展，且如上述，产业劳动预备军是必然存在着的，所以扩大再生产上所需要的新的劳动者，就可以用产业预备军去充当，因此不成问题。所成为问题的，是追加的生产手段。若照单纯的表式看，到第二年就没有可供追加之用的生产手段了，因为 6 000 生产手段中，一部分是填补了第二年的 $4\,000C_1$，而另外的 2 000 是供给了第二部门的第二年的 $2\,000C_2$，所以想扩张也无从扩张，想买手段和资料也不能买，纵然能买得新的劳动力而无生产手段和资料可供劳动之用。所以要把第一表式改变才行，要有一个条件即 $V_1 + M_1$ 要大于 C_2 才行，应改如下面的构成：

Ⅰ. $4\,000C_1 + 1\,000V_1 + 1\,000M_1 = 6\,000$ 百万

Ⅱ. $1\,500C_2 + 750V_2 + 750M_2 = 3\,000$ 百万

必要条件为 $V_1 + M_1 > C_2$

如在第一部门的第二年，2 000 的生产手段，不是全部用来与第二部门交换，那么，就有剩余的生产手段为扩大再生产之用了，假定从 $1 000V_1$ 拿出一半，就是 500 百万加入原有资本以扩大生产，则其结果如下：

Ⅰ 第一部门：

1. 第一年末：$4 000C_1 + 1 000V_1 + 1 000M_1 = 6 000$ 百万

2. 第二年初旧有资本的投下：$4 000C_1 + 1 000V_1 = 5 000$ 百万

3. 第二年初的新扩张：$400C_1 + 100V_1 = 500$ 百万（C_1 与 V_1 是 4 与 1 之比）

4. 扩张后状况：$4 400C_1 + 1 100V_1 + 500M_1 = 6 000$ 百万

Ⅱ 第二部门：

1. $1 500C_2 + 750V_2 + 750M_2 = 3 000$ 百万

2. $1 500C_2 + 750V_2 = 2 250$ 百万

3. $100C_2 + 50V_2 = 150$ 百万

4. $1 600C_2 + 800V_2 + 600M_2 = 3 000$ 百万

如果商品总价值不变，则只有照上面的配合，方可以行扩大的再生产。由此，就可以看出在扩大再生产时，要使生产手段部门与消费资料部门之量两相适合，该有多困难了：第一，第一部门有无数资本家和几十万人做工，第二部门也有无数资本家和几十万人做工，而且是各不相为谋的，往往这个扩充，那个不扩充。第一部门扩充，第二部门不扩充，所以上述公式的适合极其困难。其次，各部门的资本的有机构成，是常常变动的，各部门内的各产业的有机构成也是常常有变动的，所以所需要的 C 与 V 常常不同，刚才表式上是假定它们常同，而事实上是常常不同的，因此那个公式的适合更困难。第三，刚才表式上拿生产手段与消费资料交换，是假定为物与物交换的，但事实上却是货币交换，而货币本身的价格又是常有变动的，是不一定的，因此不能和物与物交换那样恰恰相合，因此，所以更困难。因此可以证明在扩大再生产时，要生产手段与消费资料两下绝对相合是如何不可能，就是使它们变到相差不远，也不容易。事实上资本主义愈向前进，则两下的相适合，愈发难能。然而，照前述，这两部门的能否适合却是可以拿来证明生产和消费能否均衡的，所以这两部门之随着资本主义的发展而越发难于适合，越发互相差池，就是表明在资本主义生产制下的生产量和消费量之间均衡的困难如何必然的扩大了。

第三节　恐慌的可能性如何变为必然性

如上面两节所述，在资本主义生产制下面，一方面有商品社会传下来的恐慌的萌芽的必然长成，二方面又有盲目的生产机构的盲目程度的必然深化，第三方面更有生产量和消费量的均衡的困难的必然扩大，所以这种可以使恐慌发生出来的可能性，积之既久，必然的要依由量到质的变化的原则，把资本社会内已经扩大了的根本矛盾即生产的劳动之深化了的社会性和生产手段及结果的资本主义的占有性（说见本篇第一章），明白的暴露出来，而形成恐慌，使生产量超过消费量的巨大的部分，只有用生产停滞，信用丧失，各种事业破产，解雇工人，等等暴力的方法，方可解消。为什么说必然的把根本矛盾暴露出来而发生恐慌呢？因为到了这种由量到质的变化的时候，从生产手段部门方面及消费资料部门方面看，都有必然的使生产手段的供给量日增，使消费资料方面的需要量日益减少的倾向的缘故。（一）试从生产手段方面的供给量说罢。第一，在资本主义生产制下，一般资本家无论如何要扩张他的生产，因为资本在这时是可以赚钱的，所以除非无剩余，如有剩余，就会拿出来当资本用，以追求利润（追求利润是一般资本家的欲望，并且只要肯去追求利润，就事实上可以去追求，不像封建时代那样受种种限制，所以变成了必然的），而扩张生产追求利润这句话的反面，就是不把剩余价值随便消费（购买消费资料），而拿去购买生产手段，所以，结局生产手段必然因需要多而越发尽量生产起来，使消费资料的生产赶不上它。资本主义越发展，这种倾向越变为必然的。其次，在资本主义社会里，一般产业是自由竞争的，要占胜利，只有两个办法：一是薄利多卖，但多卖自然要多量生产，所以生产自然会扩张；一是改良生产方法，使用最新的技术，但是，在这时，大抵旧的还是存而不废，因此就是等于扩张生产；再说，这一家改良，那一家要竞争，也要改良，如果旧的不弃，而新的这样添加不已，则扩张就变成必然性了。然而要知道，生产的扩张虽是在生产手段部门及消费资料部门都同样要扩张的，但二部门的速度不是一样，生产部门照例比消费部门快（不变资本有日益加高的趋势，因此，生产资本构成也日高，这是前面说过的。但是，不变资本的大部分是生产手段，所以这趋势可以把生产部门扩张得比消费部门多。其次生产手段部门的生产的加高，等于消费部门的生产减低，就照刚才的表式看，已足证明生产手段部门扩张必定是消费资料部门减少。总之，资本越向前扩张，消费资料的生产就比较的越减少），所以可以说，扩张生产就等于扩张生产手段。第三，从平均利润率来看，资本家所得的剩余价值，不是依所剥削的多寡而分配的，乃是照资本的多寡来计算，照比例分配的；而如上述，第一部门因资本较多，故多得剩余价值，因此就能以较多的剩余价值即资本来扩张，第二部门资本较少，故少得剩余价值，因此就只能以这个少的剩余价值即资本来扩张。这也足以证明消费资料部门的繁荣，要比生产手段部门的繁荣慢，所以所谓繁荣是只靠生产手段部门的，因此，所以生产手段部门就不能不生产得非常之多了。

（二）再从消费资料部门上看，既然生产越扩张，就是生产手段越扩张，所以就是消费资料的生产越减少，这样已经足以使生产和消费之间失其均衡（如前述，生产手段部门及消费资料部门间的均衡可以表现生产和消费间的均衡），而且因两部门的资本的有机构成日高的缘故，小生产者及工人生活越苦，失业者越多，因此必然使消费资料部门的较少的生产量也不能售出，明白的表示第二部门的生产过剩，结果更使生产量和消费量的全般的均衡，越发丧失，最后就会合起上述生产手段方面的原因，而决定的使一般生产过剩。当资本家在货物卖得出时，他常到银行存款，在货物卖不出去时，也常到银行借款，因此银行对于生产过剩最先感觉得到。银行因见借款的多，就加利，一方面又努力收回放款。银行一有这种举动，大家就又提款，又挤兑，结果变成信用停滞，支付不速，因此首先发生银行金融恐慌。结果必然影响到工厂而使工厂倒闭和破产。工厂又影响到商业，一个影响一个，于是波及全体，而成为一般的大恐慌，使破产失业的人数增加，产业全般凋敝。但是，要知道，这种恐慌的过程，照一般说，是不影响到农业上去的。

第四节　从恐慌的作用及结果看来的恐慌的必然循环性

上述的恐慌发生后，固然会使许多人破产失业，流离失所，但是，站得住的产业，在恐慌过程中，却更加蓄积，在经过恐慌以后，却会更加巩固，更加在别人的牺牲当中获利益。并且恐慌这东西，从全体看，的确行着放血作用，好似害了一场大病，好了以后，身体更健康了一样。恐慌原来是因生产过剩而来，现在因为倒闭工厂的结果，生产减少，渐渐变成不过剩，生产量与消费量又差不多了。物价也就又由贱而贵了，大家又为追求利润，投资去经营产业了。于是市况又渐渐的好起来了。所以有些产业因恐慌牺牲了的，结局是等于割疮去医全身的病。恐慌虽然这样解决了旧来的矛盾，结束了旧的不均衡，然而同时又会产生新的矛盾和新的不均衡：因为恐慌后因过剩品渐少，物价渐渐变高，投资有利，同时，在恐慌过程中荒废了的固定资本即机器房屋也得填补，因此生产手段的需要便自然增加，而首先使生产手段部门活泼起来。生产手段部门一活泼，当然消费资料部门也会随着活泼，因为这时工厂必要增加工人，失业者减少，因此有购买力的消费力也增加了，货也卖得出了，物价好了，市况好了，资本家又争着去增加生产，扩张生产了。后来生产越加越大，结局又依前节的理由而使生产过剩，于是恐慌就成了循环，就成了必然的循环。在这种循环的枢纽上，常常都是生产手段中的固定资本（最初开始揭破生产和消费间的矛盾的是这种固定资本的过剩，最初从恐慌后的萧条走入市况活泼的，也是这种固定资本）发生作用，所以可以说，这种固定资本就是资本主义生产之循环性进行的物质的基础。

总结起来说，由生产过剩而来的恐慌，在资本主义生产样式下，是有必然性的，因为资本主义样式下的生产一方面是无计划的，一方面又是互相依赖的，因此，所以生产量与消费量常常不能均衡，并且资本主义制下的根本矛盾（劳动的社会性和资本主义的占有性间的矛盾）又必然表现为资本家的无限的扩张生产的欲望和资本主义社会内的被限制着的消费力间的矛盾，因此，生产量和消费量的相冲突是必然的，因此恐慌也是必然的。恐慌并不妨害一部分的蓄积，因为恐慌有放血作用。因此恐慌就成循环性的进行；恐慌后又渐渐的有好状况，大家又去扩张生产，又使固定资本扩大，结局又成为生产过剩，又变成恐慌，成为循环周期。这循环是螺旋式的：每恐慌一次，牺牲比头一次恐慌更大一次，同时因恐慌而蓄积的资本也越大。因此，所以后来的恐慌比从前的恐慌范围大，程度深，期间长，周期短，一次一次的不同：从前是十年八年一次恐慌，后来是三年四年一次恐慌；从前的恐慌容易恢复，愈到后来，恢复愈迟，成为慢性；从前的恐慌范围小，后来的恐慌范围大，如这一次世界大恐慌，比以前的恐慌范围就大得多，期间比以前长。因此，所以我们不能因为恐慌是循环的，是有放血作用和蓄积作用的，而说资本主义可以久存，因为恐慌本身虽然是循环的，同时又是有发展性的，当然也就是有消灭性的（所以有人说，现在的恐慌是世界最后一次的恐慌，以后资本主义崩溃之后，就不会再有恐慌了）。因此，所以我们在研究了恐慌的规则性即循环性之后，还得研究恐慌的不规则进行性即发展性。

第三章　蓄积的不均等的发展法则和恐慌的不规则的进行的必然性

第一节　蓄积的不均等发展法则的意义及其由来

恐慌本身虽然照上节所述，是带有必然的循环性的，但是，同时要知道，恐慌的必然的循环性，并不妨害它的不规则的进行。事实上我们看见恐慌只管在循环一层上是有反复发生的规则性的，同时只管在它的发生的地方，发生的周期的长短，继续期间的长短及发展的范围的大小，等等方面，是没有规则性的。恐慌的这种不规则性的进行，当然是有原因的：这种不规则性是前述蓄积的发展的不均等的方式的必然的结果。

资本主义的蓄积的发展，在各方面都是不均等的，这是事实：最前是商业资本特别发展，后来是产业资本特别发展，再后是金融资本特别发展。在产业部门中的发展也不齐一，如现时是化学工业，人造肥料，电机，自动车，等等，占的资本最多，发展得很快，而在十九世纪则是煤铁发展得快，占的资本多。此外，同是一个自动车产业中，也有不同的发展，如自动车工厂中，有的和银行关系密切，有的自动车工厂自己种植橡胶，等等，各不相同，所以发展也就不均等。其次，整个的各国经济间也是发展不均等的：最初是英国最发展，后来德国赶上，遂成英德对抗，欧战以后，美国突然而起，成为经济的第一等国，这都是不均等的表现。各国不均等的发展，自然是因为各国国内不均等发展的存在的缘故。以上是说不均等发展的事实，至于蓄积的不均等的方式的意义及其来历并本质（它是资本主义生产制下的根本矛盾的另一种表现形态），则前已在本篇第一章说过，不必再述，现在只要简单的附加的说，蓄积的这种不均等性是必然的，因此才被称为不均等发展的法则，和循环恐慌的法则同为资本主义的一个重要法则一层，就够了。

蓄积的不均等发展法则和循环恐慌法则二者，在作用上同时又是相反的，又有相成的，它们是对立物的统一。何以说相反呢？因为如下节所述，蓄积内不均等可以缓和恐慌的到来，同时，如上节所述，恐慌的爆发又可以使一大部分资本家停止其蓄积即缓和不均等的发展。何以又说相成呢？因为一则恐慌的爆发可以使小部分资本家增加其蓄积即增进不均等的发展，二则不均等的发展本身蓄积到特定量的时候，必依由量到质的发展法则，招致更大更深的恐慌。

第二节　蓄积的不均等发展的扩大和恐慌

资本蓄积的不均等的发展，事实上是随着资本主义的发展，依种种原因而日益扩大的，因此，所以和蓄积的不均等发展站在又相反又相成的地位上的恐慌，当然也不能不受其影响，时而缓和其循环的进行，时而爆发为更大更深的恐慌。现在为易于理解起见，把过去一切可以使不均等的发展增进，同时可以影响恐慌的循环及深化扩化的因子列述于下：

　　A：天然资源的被发现或被使用和不均等发展　天惠的天然资源与资本主义的发展有莫大的关系，是用不着说的。因此，所以在天然资源突被发现时，或天然资源在本来存在而因不知利用方法毫不发生作用的地方，一旦技术上有了进步，突然被利用时，往往那地方会有飞跃的不均等的发展。如英国在产业革命以前是比较穷国，但后来技术进步，所藏煤铁被利用起来，遂变为一时产业最发展的国家。又如美国在欧战以前，农工业都不及欧洲，但在欧战以后，一方面利用水电于工业，一方面利用煤油牵引机于农业。遂在短时间中，连同欧战后的资本的增加，形成美国现代的飞跃的发展。又如意大利产业是始于水电发明以后，更是周知的事实。不消说，这种不均等的飞跃发展，可以把恐慌的作用停止一下，可以使恐慌缓来，使恐慌之期间与速度不一，如像美国因飞跃的发展而在一九二〇年恐慌迟生两年，就是例子。但这种不均等发展的法则，虽可以使恐慌的现象稍停一下，但是，决不能把恐慌完全停止，倒只会招致更大的恐慌，如一九二九年的美国大恐慌，就是明例。这只因为这种天然资源的发现，不能是常常有的东西的缘故。

B：独占资本主义与不均等发展　独占资本的必然发生，是前面屡次说过的。在没有独占资本主义以前，虽已有不均等的发展，然而在有独占资本主义以后不均等发展却更明显：在从前的恐慌中，应牺牲的牺牲，应蓄积的蓄积，比较是自然的，所以因恐慌而来的不均等还小，而在有了独占以后，一方面，金融资本家看见恐慌要来时可以加以阻止，加以变动（在他的范围以内，可以用生产限制和自己联合的方法，去达到这个目的），另一方面于必要时，可以在自己的范围中任意阻止价格的降落，或先故意大大的使价格下落，等到小生产者已破产之后，再提高价格，即是说，可以牺牲小生产以维持价格，因此可使生产过剩不至立刻爆发，所以有独占资本以后，恐慌的进行就不规则了。但是，独占资本仍不能脱离资本的特色，所以它只能在独占范围中制止竞争，而范围以外，还是竞争：要与未形成独占者竞争，要与另外的独占团体竞争，并且还要在国外竞争，所以独占资本不但对于恐慌只能制止一时，而不能长久制止，并且还会使恐慌更扩大，更深刻，这只因为独占资本阻碍了恐慌的进行，把恐慌的放血作用抵消，使那些应该倒的产业或应该缩小的工厂，反因独占资本而被维持着，甚至于被扩大着的缘故。所以在有独占资本时，不但恐慌不规则，而且一旦爆发更为厉害。从前是约莫十年恐慌一次，到了金融资本主义时代，改变为四五年一次，到现在竟变为三年一次了。这本是很显明的道理，然而资本主义经济学者却不明白此理，而想别求方法去说明这个事实，如像德国经济学者 Schumpeter 就自谓对于这种恐慌有很好的说明。据他研究的结果，以为恐慌有四种：（一）模范的恐慌，约以十年为周期，（二）以五六年为周期的中恐慌，（三）以二三年为周期的小恐慌，（四）以三十年为周期的大恐慌。他说，越近现代，恐慌周期越短化，因为独占资本有了统制，渐渐可见预防或减小恐慌了。至于从一九二九年起的现在这一次的恐慌却因它恰恰是四种恐慌遇在一起时的恐慌，故又深刻，又长久。他这样的说法自然很受资本家的欢迎，因为他的结论显然是说恐慌是越变越少而小了，这一次恐慌还是进行着资本主义的恐慌变小的路程，不过这次恐慌是偶然的加重一些罢了；这显然是替资本家说话。如从社会主义的学者看来，则恐慌虽是循环，但是螺旋式的循环愈转愈高度，所以认为现在的恐慌，是资本主义末日的恐慌，会把资本主义弄完。Schumpeter 根本上以为独占资本可以限制恐慌，而今日的事实上却显着恐慌本身更深化，所以他造出四种恐慌说以自解。其实恐慌周期之不规则，据社会主义经济学者说，乃是不均等的发展的必然的结果。总之，资本主义经济学者以为有了独占资本就可以免恐慌，资本愈大，恐慌愈不会有，而社会主义学者则以为恐慌在独占资本时代仍是免不了的，是仍然有的，除非资本主义废除，才不会有。

C：农村的资本商品化与不均等的发展　如前述，在资本主义社会内，直到今日为止，仍是小生产者的农民占多数，而他们的生产品，依前述，因为劳动生产性较低的缘故，必然受资本主义的生产品压迫而移转其剩余于资本家，他们的购买又必然因不知市场情况而受欺骗，所以农村必然因资本主义生产制的剥削而崩溃，农民的小生产者必然随资本主义生产的发展而没落，问题不过时间的早迟而已。在事实上，农村受资本主义的影响有先后，农民有的速没落，有的慢没落，有的如英国那样很早就限一个短时间，把一村的农民赶走，使他们成为无产者或流氓，有的如德国比较很后才慢慢的使农村资本商品化，使独立的小生产者慢慢变为无产者或佃农；有的如最近的美国（虽然美国早就是资本商品化，早就把中国人与非洲的黑奴，都放在农村里，用资本主义的方法，令他们耕种，以便产生农业商品及工业上的原料），在欧战以后，农业资本家用自动牵引机去耕种，使农业成为单一的农业，使它资本商品化到极端，弄得农村里没有面包，要到街上去买。不管没落早迟如何及资本商品化的样式如何，总之，如农村资本商品化尚不完全，尚有资本商品化的余地，则资本主义的生产品的过剩因尚有出路，而恐慌来得慢，并且来得也不规则；如农村完全资本商品化，则恐慌来得快而有规则。而事实上农村的资本商品化在各国各有先后快慢，所以起首是英国的恐慌有规则，后来才是法德美各国的恐慌也有规则。现在各国农村都资本商品化了，所以现在恐慌一来，各国都有恐慌了。总之，农村资本商品化有早有迟，其速度也是不均等的，所以结果可以发生蓄积的不均等发展而阻碍恐慌之规则的进行。但是同时要知道，农村是有限的，所以终不能阻止或消灭恐慌。

D：国外市场的开拓与不均等的发展　从资本蓄积的观点看来，国外市场的开拓和农村的资本商品化是有同样的意义的，不同的只不过国外的销场与国内的销场的区别而已。当然国外市场的开拓也和国内市场一样，其发展的迟早及速度的快慢，是各国之间各有差异的，因此，早者快者便可以多蓄积，迟者慢者便会少蓄积，因此，所以各国的恐慌到来的迟早和程度也就不同了。但是，只因国外市场也是有限的，特别是各国的民族国家（如十九世纪的德国及意大利）随着资本主义的发展而成立时，必然会采用保护贸易政策，结果必然使国外自由市场日益狭小，因此，一时被阻止着的恐慌的进行，便仍然会有规则的进行起来。

E：帝国主义的瓜分世界（殖民地与半殖民地的设定）与不均等发展　不消说，在帝国主义时代以前，就有殖民地，但这时的殖民地却和从前的殖民地不同：第一，从前对于殖民地，是以政治上的剥削为主要目的，而帝国主义时代对于殖民地则是以经济上的剥削为主要目的；第二，从前关于殖民地问题是以殖民地本身为斗争对手，而帝国主义时代则因帝国主义国家与殖民地武力迥异的缘故，殖民地本身已不成为斗争对手，这时的斗争对手倒只是别的帝国主义国了。半殖民地和殖民地相比较时，除半殖民地尚为几个帝国主义国共同剥削，尚为它们所斗争着的东西一层外，完全相同，所以用不着说明。殖民地和半殖民地的设定，当然是于资本的蓄积有利的，因为，不但这种设定等于国内市场的开拓或国外自由市场的开拓，并且因殖民地及半殖民地利润率必定较高，原料品必定较廉的缘故，可以用作资本输出地及原料采集地，因此，资本的蓄积就更有可能，这已经可使恐慌循环当然有变动了。更加上帝国主义者必然为殖民地而扩张军备，而军备扩张又必然等于产业扩张（军队是一项大消费，德国工业商业在十九世纪后半所以特别发达，就是因为俾士麦等扩张军备，使重工业发展的缘故），所以在初有殖民地时，商品增了销路，资本有了出路，工业有了原料，产业有了发达，因此就必然使生产量与消费量的差池受阻碍，同时使恐慌来得慢了。但是，在另一方而因为有了殖民地，就不能丢掉，总得要尽力维持，总得尽力和别国斗争，结果必因军备关系，必因军饷出自租税，租税增重人民的困苦的关系，而减少消费力，反使恐慌来得快。如果发生国际战争，则人民负担更要增加，结局无论胜败，都会反使恐慌增进。所以殖民地及半殖民地的设定，都只能暂时增加不均等的发展，把恐慌略加阻止而已，并不能消灭它。

第四章　资本主义的一般危机恐慌的必然性

第一节　一般危机期的资本主义的特色

照上面几节所述，资本的蓄积的发展，一方面有循环恐慌的方式，一方面又有不均等发展的方式，而这两种方式又是对立物的统一，因此，一面相反，一面相成，结果弄得恐慌虽仍然循环进行，而它的不规则性却日益加大，它的范围日益加广，它的程度也日益加深，最后，必定由资本主义社会那个根本矛盾——劳动的深化了的社会性和生产手段及结果的资本主义的占有性间的矛盾——把帝国主义化了的资本主义更引到一般危机期的资本主义（即没落期的帝国主义或死灭中的资本主义）去。这个一般危机期的资本主义，具有下述种种特色：

A：机构的朽腐　如果简单说，这句话就是指资本主义那种自动的经过交换，而使社会的生产量和消费量适合的机构和资本主义在自由竞争中的，站在剥削剩余价值上的生产力的发展的机构，都朽腐了，说的。资本主义在从前虽然伴着恐慌和剥削，然而到底还能使生产力向前发展，所以它能代替封建生产制度来负历史的使命。在它当初负着这种使命的时候，虽因自由竞争而使生产力发展，然已同时因所争者是利润的缘故，而不能尽量发挥技术及生产力。后来到了独占时代，生产力就不能再向前发展了，因为独占资本可以任意加价，用不着新发明，纵有新发明，亦不采用，技术发展就因此停止了，这是因为新的设备费太大，采新的，换旧的，照例很费力，而旧的废弃也可惜，并且不换也可以获利润的缘故。这就使竞争的好处消失了，只有竞争的坏处存在着（用竞争方法去压迫非金融资本）。固然，如前述，这种机构的朽腐，却并未完全废止竞争，倒只是停止了小竞争而成了更大的，独占间的及国际间的竞争，因此恐慌仍旧存在，并且程度更深，所以越发使资本主义日渐死灭了。

B：帝国主义战争及其威吓　资本的蓄积，会依不均等的法则而向外发展，结果引起帝国主义者彼此冲突而发生战争，这是前面说过的必然的现象。并且帝国主义战争还必然会随着资本主义的发展，一次比一次范围扩大，一次比一次剧烈而招巨大损失。这是第一次世界大战证明过的。原来资本主义的存在理由就是仗有长久的蓄积，而战争却可以使长久的蓄积在短期中耗去，化为乌有；战败国是如此，战胜国也是如此。所以战争的发生可以使资本主义发生危机，俄德两帝国的崩溃就是明例。不但在战时，就是在平时，因战争威吓而来的军备，也足令人民的负担增重，而使资本主义有危机。这种危机是这时代的特色。

资本主义的在一般危机期中的战争的威吓，当然还会因两个体制间（即资本主义体制和社会主义体制即苏联间）的矛盾对立而加大——虽然从一方面说，社会主义体制的存在，有使帝国主义间的对立暂时缓和的倾向——因为资本主义的市场和原料地及投资场都因此减小了，所以打算牺牲别人以增加自己利益的必要也增加了，因此战争的威吓更大了。

C：国家间的蓄积的不均等发展的扩大　在危机期的战争过程中及战争的威吓的过程中，固然有一部分国家消失其过去的蓄积，因而招致崩溃或濒于崩溃的状况，然而另一方面也有少数国家倒因别国的损失和崩溃而加大其蓄积，如像世界第一次大战中的美国和日本的蓄积的增大，及少数农业国（如印度和中国）的工业化，就是明白的例子。因此，当然就会扩大少数国的蓄积的不均等的发展，而使恐慌进行愈加不规则，同时也愈加深刻化。

D：资本集中及生产集中的加速度的进行　上述战争及战争的

威吓，必然使各国政府财政发生赤字，因此各国政府必然使用货币膨胀政策，结果必然会使产业资本家及和产业有关的金融资本家收夺小生产者及小资本家的利益，并加重无产阶级的被剥削程度（货币膨胀政策后必然发生的货币收缩政策也必然同样使金融资本家及吃利息的人们收夺小生产者及小资本家并剥削劳动者），因此，必然会发生更大的资本集中和生产集中，而增加了独占的势力，使它越发超过国家的界限而行国际的资本联结。这样一来时，当然前述的独占自身所含的矛盾，即一方面防止恐慌的进行，一方面使恐慌扩大化深刻化的矛盾，就越发扩大了。

E：因产业合理化运动而来的生产装置的加大和停止运转　这又是根据上述两个特色而来的必然的结果：因为各国在战争过程中及战争的威吓过程中的蓄积发展是不均等的，及资本集中并生产集中是加速度的进行的，所以站在不利的地位的国家（如德国）必须改良技术，加倍剥削，才能挽回其不利，而站在有利地位的国家（如美国）也想越发增加其蓄积，因此也采用最新式的技术，去加倍剥削（主要的用增加劳动强度的方法）。因此，所以就变成一方面加大生产的装置，一方面停止生产的装置。生产装置是把化学上的装置及机器都包在内说的。在有了新的装置以后，在实行加设新装置的资本家说来，不消说，要停止其旧装置，就是不实行添加新装置的资本家，也因受别人的新装置的压迫及独占势力的压迫的缘故，而不能不停止其装置的运转，因此，就变得使生产力的要因无益的荒废，使生产力停止，使生产力和生产关系越发冲突了。

F：劳动预备军渐渐变为失业常备军　产业劳动预备军的存在，如前述，本是资本主义社会必然伴随的现象，但是，在一般危机期以前，即在欧战前，工人失业后尚能随市况活泼而恢复，工人失业总算尚有处暂时消纳，而在一般危机期中，则因上述种种关系，失业者一旦失了业，就不易就业，因此使失业的数目比从前日益加多（如美国失业者一千五百多万，德国失业工人最多到六百万），致使失业者变为失业常备军，变为慢性的失业，弄得资本主义社会上的最大的生产要因的劳动力，没有地方消纳。结果不消说，会使生产力和生产关系冲突。

G：慢性农业恐慌的存在　从前也有过农业恐慌，如像在西伯利亚铁路建筑成功时，因小麦可以往外转运的缘故，西欧各国曾发生过农业恐慌，但是，那时的农业恐慌只是暂时的，不是长期的，并且不是普遍的，只是某处一隅的。而这一次自 1920 年从加拿大起，农业发生恐慌，延及南美及东欧，久而未能解决，到 1929 年前后更有农业恐慌的深化，到现在还未解决，完全成为慢性的农业恐慌了。为什么这时会有农业的慢性恐慌呢？这是因为农业用牵引自动车（Tractor）的缘故。这个东西在资本主义生产制下，是一个非常可怕的怪物，它能增加大量的生产，它能以廉价的产品压倒小生产者，而小生产者的农人当然不能立刻停止生产，而只能为生存计勉强挣扎的继续生产，因此，必然的会使农产物过剩。例如在 1930 年美国用联合收割机（Combine）收甘蔗，一个联合收割机一天可以收五百吨，每个联合收割机抵二百人一天的工作，就是显例。这样，当然会使小生产者的农民失业而破产了。据说，由 1922 年到 1929 年，美国由农村到都市去的人口，数年之间有七百五十万人之多。由此可见农业恐慌如何的深刻了。最初慢性农业恐慌是起于利用机器的加拿大与美国，后来则逐渐推广的蔓延到德国捷克匈牙利等国。更后，农业恐慌更蔓延到南美及南洋等，以单一为主的殖民地及其他半殖民地去，使帝国主义者失其在殖民地的超过利润，因此，使他们不能不回而向本国去谋资本的蓄积，因此本国农业的慢性恐慌程度更甚。最后，更因苏联实行五年计划，利用农业自动车，增加了小麦等的生产的缘故，使资本主义国农业慢性恐慌更甚，因此大多数农民的生活更苦得不堪，因此更增加了资本主义的危机。

H：阶级斗争的激化　在上述几个情况下面，工人和农民既不聊生，当然会在努力求生存的过程当中，引起他们的阶级自觉，因此，阶级斗争就愈来愈烈，日趋激化了——这是显然的事实，不待多说。但，其结果却又减少资本家的蓄积，因此，资本主义的危机就更甚了。

I：殖民地半殖民地的革命　因为如上述，各帝国主义者有种种的危机，所以对于殖民地及半殖民地不能不加紧剥削，因此殖民地及半殖民地的人就不能不在受苦不过的状态当中，起而反抗，因此而发生这种地方的革命运动，如像在中国印度及南美等的革命运动，就是明例。当然这种运动又可以反作用到帝国主义的蓄积的进行上去，使它们的资本主义事业发生危机。

第二节　一般危机期的恐慌的特色和效果

一　像上节所述，不但一方面有极端的资本主义的独占和生产力的停滞，另一方面有极端的小生产者及农民并小资本家的穷苦化及没落，已经足以使暂时抑制着生产和消费的均衡必然成为一个总的大爆发；并且资本主义的一般机构的破坏腐朽，社会主义体制的存在，殖民地半殖民地的工业化及革命的自觉的猛进，又足以加重资本主义的一般危机的程度，减少资本主义的利润的分量；由此种种原因的凑合，遂必然构成为资本主义一般的危机期的恐慌，其内容为如下的几点：

（一）除苏联外，绝对是世界的恐慌，包含全世界的所有资本主义的国家及殖民地半殖民地。这当然是从来未曾有过的现象。

（二）各恐慌国的每个生产部门都发生恐慌，连从来不与一般生产恐慌相伴随的农业恐慌，也一时俱发，真可以说是普遍的恐慌。

（三）这次恐慌的程度非常深刻，为从来的恐慌所未有。

（四）这一次的恐慌的经过期间，比从前任何恐慌都长久，现已经过四年余，尚无解消的希望。

（五）在恐慌以前，除美国外，各国都无繁荣状况，这也是和从前的恐慌不同的地方，因为从前照例先有繁荣，然后有恐慌。这个特色对于恐慌的无出路，非常有关系。

（六）从前的过剩恐慌照例是先有金融恐慌，而这一次恐慌却不是先从金融恐慌发生，倒是金融恐慌即信用恐慌最后发生，事实上直到1931年6月，才由奥德两国发生金融恐慌，以至于蔓延成为世界的金融恐慌。这于恐慌的无出路也大有关系。

（七）物价下落的速度慢，但是下落的倾向却无止境。

（八）对外贸易的减少在从前的恐慌时虽也是有的，然而这一次恐慌时的对外贸易减少却特别多，这自然因为从前的恐慌，是局部的，往往这一国恐慌，那一国不恐慌，所以尚能维持世界贸易；

而这一次则各国都有恐慌，连殖民地半殖民地都有恐慌，所以弄得世界贸易下减而无止境，因此无论哪一国都不能在对外贸易上想有效的办法，去解消恐慌。这也是与这次恐慌的无出路大有关联的。

二　这次恐慌既是具有上述种种特色的一般危机期的恐慌，所以它的社会的效果也就和从前大不相同：

（一）工人阶级的政治运动的极端化　从前的恐慌时的效果虽往往也使工人阶级做政治的活动，然而从大体说来，到底只是局部的，比较温和的活动，而这次恐慌对于工人的效果却不然了：一则因为在产业合理化以后的工人生活本来甚苦，又加以这次恐慌的深刻和持久，所以工人生活已苦到忍无可忍，耐无可耐的程度，就连所谓工人贵族也因殖民地半殖民地的恐慌而失却了他们的比较安裕的生活，因此温和的工人运动便一时屏息，而所谓两极端的极左和极右的政治运动即共产主义运动及法西斯蒂运动便风靡了全世界的工人阶级。

（二）农民的政治倾向的变化　在从前，哪怕有恐慌，农民也始终是倾向资本家阶级的，而这次却不然了：因为一则农业恐慌非常深刻，二则一般恐慌的负担往往转嫁到农民头上（对于工人阶级的转嫁是不待说的），三则所谓恐慌的救济往往只及于金融业及工业的产业（因为他们拿着政权），所以一般农民都异常困苦，加紧没落，因此不能不在政治上转向，弃其从来的领导者的资产阶级而走向左右两翼的极端运动，特别是倾向右边的极端运动；这不但小农为然，就是地主也一般的有此倾向。

（三）小生产的手工业者的政治转向　他们当然会和小生产的农民同其运命，所以他们也同样弃其旧来的政治的领导者的资本家阶级（或社会民主主义者）而走向两极端。

（四）官吏及事务员等脑力的勤劳分子的政治化　这些分子的生活受了恐慌的打击，变得日益困苦；因此不能不弃其平日在政治上动摇无定的态度，而断然走入或左或右的极端政治运动。

（五）小资本家的没落和政治的转向　小资本家在从前的恐慌虽然也往往是被牺牲者，但从未有如此次之甚，因此，他们在被牺牲被打击的没落过程当中，也不能不弃其旧来的政治的领导者而另谋新路。不过，因为他们到底为阶级基础所限定，所以他们的政治的转向只是一种在资本家阶级的政治集团内的转向：或是倾向资本家阶级的另一政党（如在美国许多小资本家脱离共和党而拥护民主党）；或是倾向事实上的资本家的政党的法西斯主义党。

（六）大资本家内部的斗争的尖锐化　恐慌越深刻持久，则剩余价值的总量越少，因此各大资本家争夺较少的剩余价值以图自己生存的倾向也越甚，因此弄得工业资本反对农业资本，轻工业资本反对重工业资本，一般产业资本反对贷付资本，金融独占资本又反对非独占的资本并其他独占金融资本，在所谓经济政策，财政政策，关税政策及恐慌救济政策上面，发生剧烈的政争。

（七）财政上的赤字危机和一般的政治危机　在恐慌日益深刻化持久化的过程当中，当然政府财政收入会逐渐减少而形成所谓赤字恐慌，结果，就必然会连同上述的种种革命化，政治的转向及内部政争的激化，而形成国内的一般的政治的危机。

（八）国际政治斗争的尖锐化　这里所谓国际政治斗争是广义的，包含帝国主义者相互间的斗争，帝国主义者对殖民地半殖民地的政治斗争及资本主义体制对社会主义体制的政治斗争三者说的。

这三种国际政治斗争的必然的尖锐化，不但是理论的必然（因为，如下述，牺牲邻国以图解消本国的恐慌，以谋本国资本在恐慌过程中的增殖，是各国资本家政府所必然采用的政策），而且是事实上明白的证明了的。

第三节　一般危机期恐慌的必然的去路

一　上述的一般危机期的恐慌到底会走到什么地方去？这当然是我们大家想知道的问题，同时也是在过去两三年间争论最多，并被事实证明了许多错误的问题。我们现在为容易抓住这问题的真正的答解起见，且先把这几年来关于这次大恐慌的解消方法的种种主张，不管它是已实行而无效的，或是尚未见诸实行的，胪列于下，并指出其何以无效或何以不会生效的理由：

（一）放任法　这是听其自然，任由恐慌发挥恐慌的放血作用的方法。这本是从来在恐慌时各国常用的方法，并且是常常有相当效果的方法。不过，这个方法对于这次恐慌却在事实上表明无效（如像胡佛时代的美国的经验），这自然是因为在独占资本的时代，一般在技术上应被淘汰者反因独占资本的维持而不被淘汰，应存在者又因没有独占资本的后援而反趋没落的缘故。

（二）用卡特尔等去限制生产法　这种方法在这次恐慌中也被事实证明无效了：这是因为一则各大资本家已到自己的危急存亡之秋，总想在牺牲别人的方法当中找出路，二则恐慌的程度过于深刻，已经不是用各自牺牲一点小小利益的方法可以解消的东西的缘故，所以新的生产限制难于设定，并且旧的生产限制，也往往变成有名无实，甚至明白的破弃规约。此外，也有用政府的力量，去强制生产者限制生产的办法，如美国政府之对于煤油生产及农业生产的限制就是例子——这种办法在国内也要暂时发生相当效果，可以把生产过剩的现象解消一部分，但是，它在国际上却绝对不能发生效力，而且现今又不是可以完全闭关自守的时代，特别不是可以不向外国推销商品的时代，所以这种办法只是一种自杀政策，只是促使外国的同种商品多得销路，所以结局是不能长期实行有效的。

（三）由国家收买过剩商品法　这法也是在从前的恐慌时常常被使用而有效的，但是，在这一次恐慌中，这法却无效果（如像加拿大及美国在一九三〇年的收买小麦的无效），并且也不能大规模的实行。这自然是因为一则这次恐慌普及于各生产部门，政府又在赤字恐慌时期，决无力量收买各生产部门的过剩生产品，而部分的收买又不能有效果，二则这次恐慌是全世界的，所以单是国内的收买过剩品，适足以招致外国的同种过剩品的入口，至少也足以使本国的同种商品失掉了国际的销场。

（四）由国家兴办土木工事法　这法也是从前的恐慌时期常用过而有效的，并且在理论上仿佛也是应该常常有效的，因为一则政府土木工事的兴办一方面可以直接添加政府的购买，使生产手段部门的商品多有销路，二则工人的失业减少就等于他们的购买力增加，所以消费资料部门也借此多得销路。但是，在事实上，这个方法对于这次恐慌却无大效，也不能大大的施行：因为一则这次恐慌是全世界的，所以这种因土木事业而来的商品的销场反足以招致外国低价的倾销的商品的侵入，如用政治力量拒绝外国同种商品的入口，则外国施行报复手段，结果使本国一般的对外输出贸易更加不利；二则恐慌程度太深刻了，失业者太多了，而当此赤字恐慌时代，政府又决无力量兴办无数的可以使恐慌解消的巨大的土木事业。所以这种方法结果只不过是一种在政治上表示政府关心民瘼的办法而已。

（五）信用溶化法 主张用这种方法的人们，根本上是把恐慌的主要原因，看成在信用的冻结一层上面的人们；他们的根本理论已错，已没有把握恐慌的真正原因，所以这种信用溶化在平时也只能在极小的范围内缓和恐慌的进展速度，至对于这次的世界的一般的危机的恐慌，当然更是无能为力的了。在事实上，我们看见这次恐慌的最初并非从信用恐慌开始，这已是证明恐慌的真原因只在深刻的生产过剩及农工大众的消费力的非常的减少，而不在信用的冻结（信用冻结是恐慌的结果，不是恐慌的原因），再看美国财政复兴金融公司的设立，事实上只足以救济少数银行的破产，并不能提高物价，解消生产过剩的恐慌，更可以明白这种方法之无效了。

（六）国内市场开拓法 这是美国在一九二一年的恐慌时行之有效的办法，所以在这次恐慌各国，特别是美国，也采用了这种方法，然而结果却变成无效。原来，所谓国内市场开拓法一方面是指开拓新的商品的需要，如廉价的摩托车，无线电广播机，非常廉价的电话设备，非常廉价而便利的新式住宅的建筑等等的需要，一方面是指开拓新的贩卖方法如像关于上述的新商品的卖买所用的按期（普通是按月）付款法，二者说的。这种内容的方法，在农民或工人阶级的生活尚未沉沦到深底的时候，也许能够引起他们的生活内容向上心，能够勉强造出人为的购买力，所以这种方法在平常的恐慌是有相当的效果的。但是，这次恐慌是一个一般危机的恐慌，是经过产业合理化之后的恐慌，是已经把工人剥削到无可再行进一步的剥削的程度之后的恐慌，是所谓有了慢性农业恐慌之后的恐慌，所以纵然想引起农工的生活向上心，想造出他们的人为的购买力，在事实上也不可能了。因此，所以这种法宝也不灵了。

（七）提高关税，向外倾销法　这本是帝国主义者常用的方法，但是，在这一次恐慌中却不能使用有效，因为这次是世界的恐慌，各国都有使用这法的必要，因此一国开始提高关税，别国即刻会起而图谋报复，结果，不但两相抵消后，仍等于零，并且还往往因此惹起政治上的纠纷。因此，所以各国最后不但不敢用此法，并且还相约关税的休战——虽然这种休战也是暂时的。

（八）采用货币膨胀政策法　这法可以在对内的方面发生收夺别人财产的作用，在对外方面，等于提高关税（但是，好过提高关税，因为一则因伴着相当牺牲的缘故不怕别国报复，二则在国内政治上很易无形通过），这是前面在说资本货币的机能时，已经说过的，所以在理论上可以用此法去解消恐慌，事实上如英日美等多数国就已经用过了此法，从结果上看来，此法虽然在短期间中可以相当的提高物价，活泼产业，但是，据英日的经验看来，不但并无持久的效果，并且反有使恐慌日益深刻化的倾向，这自然是因为一则一国用此法时，别国必定同样用此法以行抵抗（如日本就是为对英国而开始这种政策的），所以结果会因抵消而等于零，二则此法的收夺作用会越发使工农的购买力减少。

（九）和平的扩张关税区域法　这即是所谓集团经济法或计划经济法或统制经济法（统制经济这句话在原则上是指几个原来不属

于同一政治权力的区域为达经济上的共通目的而形成的，有计划的共同利益的团结，说的。近来却大抵拿去专指由国家管理指导的经济，和原来的意义相差远了。应注意分开说。这里所指当然指原来的意义，因为第二的用法上的意义与本题无关，并且根本上在资本主义国内是无意义的）。这种方法显然是新殖民地的设定的一个变相，所以，如果运用得好，在理论上是可以相当的解消恐慌的进行的。不过，这种方法在今日的危机恐慌中，却不能有多大效果，因为各国都有恐慌。谁也不肯当牺牲者，并且原来的殖民地半殖民地也无可以更加剥削的余地，如果要勉强做去，结果必然会发生政治上的问题。沃大瓦大英帝国会议所决定的统制经济政策之不能获得预期的结果，就是前者的例，德奥关税同盟之不能实现及所谓日满统制经济政策之发生中日，日美，日俄，日英，等等方面的对立关系的尖锐化，便是后者的例。总之，这个方法，从"和平的"几个字的意义上说，一定是无效的。但，如果不是"和平的"，那又变成第十一的武力重分殖民地法了（那法有效与否，到下面再说）。

（十）世界统制经济法 这个方法就是世界经济会议的主张者们所提倡的方法。这个方法之不能实行而有效，不但可于世界经济会议本身之无结果而散，一事见之，并且，就拿世界经济会议所拟议的几个议题，如像世界货币统制问题，金银比率问题，关税统一问题，等等部分问题之毫无结果一层来说，也足以证明其在资本主义社会内完全是一种空想。这是当然的：因为以利润追求为唯一目的资本主义的生产，绝对离不开彼此间的激烈竞争，因此也就绝对谈不上统制，纵然有时表面上有所谓统制，实亦不过是一种表面上的，瞬间的，为达某种共同目标时的统制而已。

（十一）武力重分殖民地法　这当然也有几种的区别，如像（a）重分所谓半殖民地，（b）重分所谓社会主义体制的国如苏联，（c）重分已经在某一帝国主义国下面的殖民地，（d）重分现有的独立国，等等。不过，区别只管有区别，其本质却是一样的：一方面牺牲别人的利益，去扩大自己的商品销场，希冀借此销去过剩的生产品；一方面利用战争去在经济上发展军需工业，在政治上消灭国内的革命或反抗政府的倾向。这种方法在理论上说起来，似乎可以相当的有效，但是，在事实上却还未有大规模的实施。这种尚未实行，自然是因为这种方法必然伴随着相当大的牺牲，甚或有像前俄德两帝国主义国的历史那样的覆灭的危险的缘故。

二　在以上种种方法当中，显然只有最后一种的效力尚在疑问中，其他种种方法早经试验完毕，证明其为无效了。因此，这次一般危机的恐慌，从帝国主义方面说，只有出于用武力重分殖民地的方法，去谋解决的一途，问题只在这种方法的大规模的实行的时间问题而已。当然，关于这次恐慌的出路问题，还有种种论争：从大体说，照资本主义经济学者的观察，大抵都认为这一次的恐慌尚可以安然脱出来而回到繁荣，而社会主义经济学者却认为恐慌不是始终循环，而是螺旋，并认为现已到了末期。究竟如何？据我看，全要看压迫者及被压迫者对于如何使两个政治危机上的现实性变为必然性的努力如何而决（因为现在恐慌已经不纯是经济问题了，已经政治问题化了）。哪两个政治危机上的现实性呢？一个是上述，帝国主义者用武力重分殖民地的方法去谋恐慌的解消的现实性，一个是社会民众起来，行社会革命，用除去资本主义的根本矛盾的方法，去求恐慌的解消的现实性。从目前说，似乎第二种现实性大些，因为，第一，在现在两种体制中，资本主义体制的国家都有恐慌，而社会主义体制的苏联却无恐慌，不但无恐慌，并且向前建设，这种现象会给斗争的人们以勇气，使他们认为恐慌不是天然的，而是人为的，认为只要改革制度，便可以无恐慌，简单说，就是苏联的存在，可以使阶级斗争有推动力，因而可给资本主义方面一个打击。第二，资本主义体制的国家，对于恐慌，想尽了方法，也无能解决，如上述，最后只有打仗之一途，然而同时又感觉战争的危险，因为恐怕自己们一打，尚未决胜负，而自己的国内就起革命，而整个的把国家弄倒了，所以始终不敢出此。第三，在这种各国生产过剩，没有方法可以解决的状况当中，如果只是苟延一时的拖延了下去，则农工大众之间，难免不因生活困难而生由量到质的变化，结果必然更进一步的把现今的政治运动，转化为国内的社会革命的运动，而发生各帝国主义内的悲剧，结果或是帝国主义胜而民众败，或是民众胜而帝国主义败，总得二者之中，必出其一，才能使恐慌收场。不过，要知道，现实性只是现实性，到底必然性如何，却不是完全可以预测的，也许各国的这次恐慌，一直要到两种现实性互相统一的过程当中，即社会革命因世界第二次大战爆发而发生，或世界第二次大战因各国社会革命爆发而发生时，才能解消，也未可知。

第五章　关于资本蓄积及恐慌的谬说

第一节　关于蓄积的谬说

以上所说，只是关于马克思主义经济学的资本蓄积论的概要，那只是正面的叙述，还没有从反面批判各种关于资本蓄积论的谬说。其实若要彻底理解资本蓄积的理论，则除开正面的叙述之外，还得有侧面的说明，如像我们前面对于价值论的说明那样才行，不过，现在我们一则为时间所限制，二则这种理论——关于资本蓄积的谬误的理论，又极其复杂细微，不是初学经济学的人们所能理解的，当然也就不是经济学原理的初步讲义上所应解释的，所以我们只好简略说明共有几种谬说，而不详说其内容。

关于资本蓄积的谬说，又可分为两类：（一）关于蓄积本身的谬说，（二）关于恐慌的谬说。

关于蓄积的谬说，除开笼统的承认有蓄积而事实上否认蓄积理论的存在者外，最重要的有三种：

A：亚当·斯密的蓄积理论　亚当·斯密是热心想建设资本蓄积理论，并且的确是最初在这一方面，和他在经济学理论一般的建设上一样，建设了相当的基础。但是，只因他不懂劳动过程的二重性及生产过程的二重性，所以他不能把不变资本和可变资本的区别放入考察之中，而只考虑到年年生产物的价值的全体，所以不能发现资本蓄积的真髓，因此也就不理解恐慌的必然性，而认资本的蓄积（事实上是指工资，利润及地租的蓄积）可以无限的进行。亚当·斯密这种学说，虽经李嘉图加以修改，把工资和地租除开不计，不放在资本之内，然而其主张资本可以无限蓄积却是一样。不消说，这种学说是谬误的。

B：卢森堡的蓄积理论　卢森堡虽是自命为马克思主义经济学者，其实从她的资本蓄积论看来，显然是修正派。她一方面承认马克思的关于资本蓄积论的原则，一方面又以为，单考察资本主义社会上的生产手段部门和消费资料部门的关系还不够，还要考察资本主义的生产和非资本主义的生产部门的关系，即是说，还要考察非资本主义的生产部门的第三部门。她以为这个第三部门（实际上是指小生产者的农民及尚未资本主义化的落后民族地方）的存在，是资本主义的蓄积的一个前提，因为资本蓄积要靠资本主义的商品和这个第三部门行不等价的交换，才能实现其价值而实行蓄积，所以她以为：只要第三部门存在一天，资本的蓄积就能扩大一天，反过来说，这个第三部门一天不存在，资本主义就不能蓄积，而必崩溃了。她这种说法，显然只强调了马克思所谓原始聚积一方面，而忽略了资本主义本身所含的矛盾性和发展性，同时也就是显然忘记了剩余价值的根本理论，忘记了劳动力的价值和劳动力的劳动所产的结果的价值是不相等的东西那个道理；所以她这说不消说是谬误的。

C：屠干巴拉诺夫斯基的蓄积理论　这人也自命为马克思主义经济学者，并且极言只有用马克思所主张的二部门的学说，才能说明资本蓄积的道理；但是，他的结论却和马克思不同：他认为照二部门的公式看，资本蓄积可以无限扩大，如中译河上肇《经济学大纲》四〇六页所载的表那样。其实，他这种说法，完全是形式主义者的说法，完全忘记了马克思所说的二部门的均衡条件，只是拿来说明恐慌的原因如何容易形成，并不是单拿来说明资本蓄积的必有限度。所以屠干巴拉诺夫斯基这种学说可谓暗中借马氏之武器以攻马氏，它只是一种有意造成的曲解而已。就单拿公式来说，也可以即刻指出他的漏点，因为事实上劳动的生产性是进步的，而他的表上的假定的扩大数字，却是以劳动的生产性的不增加为前提的，所以他的说明完全是蔑视事实的。

第二节　关于恐慌的谬说

其次，关于恐慌的学说，种类极其复杂，我们当然在这里没有详细说明的可能，现在只择其最重要者，说明其大意罢：

A：偶然发生说　即外在原因说，这是从李嘉图以来被许多资本主义经济学者用许多形式主张了的并主张着的谬说。其谬不待多言，只拿事实上的恐慌循环的历史看看，就可证明其谬，因为恐慌是偶然的，它就不能够常常偶然行着循环的有规则的运动了。

B：自然主义的原因说　如像用太阳黑子释恐慌的原因，或依天时的好坏释恐慌的循环性，就是例子。这虽似乎比第一种说法进步，其实还是五十步百步之类，因为这还是一种外在原因说，它虽偶然在以一种有规则的外因为原因一层，可以避免上述不能解释循环性的批判，然而它所举原因并不是科学的因果关系的原因，倒只是所谓共存关系上的原因，是只能说明其常相伴随，而不能说明其所以然时的原因，所以还是同样荒谬。

C：过少消费说　这是从十八世纪就有，直到现在还有的谬说。它以为：恐慌的原因，只在消费的过少，只在消费比生产落后。显然的，这不是一种理论的叙述，倒只是同义语的反复："生产过剩叫做恐慌"和"恐慌的原因在消费过少"二句话当然不是一种说明。且使让一步，假定那也算是一种说明，那么，为什么会循环的有规则的发生消费过少的现象呢？对于这个问题，过少消费说者就不能答解。并且，在事实上，在恐慌以前，往往工人的工资也增，消费也加大，所以过少消费显然更不合事实——虽然在恐慌已来时，消费量会减少。依此，可知此说之荒谬。

D：生产各部门的不均衡说　这也是一种从很久以前就有，现在还存在着的谬说。这是说：只因各种生产部门间不得其均衡的缘故，所以才发生恐慌。这种主张的反面，当然含着，如果各生产部门间得着均衡，恐慌就会永远不能到来的意思。显然的，这是谬误的：第一，纵然各生产部门间得着均衡，如果资本主义制下的工农大众日益穷化而无购买力，则生产和消费间依然会失其均衡而发生恐慌。第二，资本主义机构本是无政府的无组织的，万万不能常得生产各部门间的均衡，所以不均衡说结果等于没有内容的空说。第三，对于恐慌的循环的规则性，还是没有一点切实的说明。所以，不均衡说至多只能说明恐慌的预备条件之一部分，决不能说明恐慌现象的全部。

E：金生产不足或偏在说　这是国联的经济学大家在所谓金调查委员会报告书上的主张，以为恐慌，特别是这次世界的恐慌的主要原因，在金的生产的不足或偏在。其实，这不但不合事实（因为金生产在恐慌前并未减少），并且，这种学说显然是站在所谓货币数量说上的说话，不知金也是一种商品，也靠它的生产上的未来必需劳动来决定，决不是可以任意减低其价值的，所以金的生产的多寡，并不会立刻影响一般物价的激落。所以这种说法，只是一种为要把美国及法国所存的现金分散的缘故的方便说法。

F：信用冻结说 这就是前述的想用信用溶化法去解消恐慌的人们所主张的。他们以为恐慌的发生是在信用卖买之不能结账，是在支付货币的缺乏，是在资本的缺乏。然而在事实上，情形却恰恰相反，所谓信用的冻结只是恐慌的结果，并不是它的原因（不但在这次世界大恐慌中，先有产业恐慌一年有余，然后才有信用恐慌，就是在平常的恐慌当中也是先发生生产过剩的事实，然后才反映或感应到信用界去，而爆发信用恐慌）。在生产过剩时，纵然增加无数货币，如果大众无购买力，谁又肯更去投资，更进一步的把资本焦化，把信用冻结呢？主张这种说法的人们，显然忘记了在资本主义生产制下，一切生产是为利润而生产，如没有利润，生产者宁愿窖藏他的资本，那件根本事实。所以这种说法当然是谬说，试看美国的复兴金融公司的成绩，那不是明白的证明这说的不对？

第六章 资本蓄积论与中国及过渡期经济

第一节 资本蓄积论与中国

如果彻底说来，中国许许多多的经济政策，都与中国的资本蓄积法则有关，要理解中国应有的经济政策，非先明白在中国的蓄积法则的适用的范围不可。不过，在我们现在这种初步的经济学原理的讲义上面，似乎无彻底说明的可能，所以这里只把几个比较重要问题提出来，以供将来诸位自己研究的端绪之用。关于资本蓄积论和中国的关系，大致可以发生下述几个重要问题：

A：第一部门和第二部门均衡的理论是否可以适用于中国的问题　马克思主义经济学上所谓第一部门和第二部门均衡的理论本是以资本主义的生产为研究的中心的，所以，如果中国是资本主义的生产占着优势，并且是独立自主的国家，则二部门的理论，当然也可以适用于中国；如果中国还是小生产的商品经济占着优势，则二部门的理论就不能适用，即使中国是资本主义生产占着优势，如政治上不是完全独立的国家，则二部门理论，也难完全适用。据我看，中国的生产正在由小生产者的商品生产过渡到资本主义的生产去的过程当中，并且中国还不是完全独立自主的国家，所以二生产部门的理论还不能完全适用于中国。中国应有的扩大再生产的理论，应该是半殖民地的扩大再生产的理论，这个理论到底是一个什么样的理论？这尚待研究。

B：中国的蓄积是以哪一种蓄积为主的问题　这问题在第一问题已经说明之后是很易明白的：中国既然尚不是成熟的资本经济，所以它的资本主义的蓄积，只能是第一种的原始聚积和第二种的以资本聚中或生产聚中为原因的蓄积。

C：中国的恐慌的性质的问题　因为中国还只是以第一种及第二种蓄积为主，因为中国的小生产的经济的成分还很重，所以中国本身的恐慌还不是生产过剩恐慌，而是生产不足的恐慌即资本经济以前的恐慌。当然，这句话并没有含着中国绝对不受资本主义各国的生产过剩恐慌的影响之意在内。事实是恰恰相反的：只管中国本身的恐慌只是生产不足的恐慌，但是，因为中国是一个半殖民地，所以中国还得受资本主义各国的生产过剩恐慌的影响（例如在这次世界大恐慌当中，中国农村亦发生恐慌）。所以中国的工农大众，从这一层说，不能不在生活上特别困苦。

D：中国最大的要务是否在振兴农工业的问题　中国最大的要务在振兴农工业，增加生产，如果能办到这一层，则其他一切问题都可解决一类的话，是现今一般名人和要人常常说的话。其实这种话，即使单从经济上说，亦是不对的：第一，这句话只能用于小生产的经济占着支配势力的地方，如拿到资本主义占势的地方去说，就显然是笑话（如果那样，则资本主义生产制下根本就没有过剩生产恐慌的问题了）。但是，如上述，中国正在过渡的状况当中，所以那句话不会全然对。第二，这句话只能用在完全独立自主的小生产经济的国家当中，如拿在不完全独立的国家中来说，那也显然背理：如果可以那样，则中国就可以不必定《五口通商条约》，中国及其他一切落后民族，也不会没落到殖民地及半殖民地的地位了。

E：中国统制经济可能与否的问题　前面已经说过，所谓统制经济的原来意义是指政权不相同的地方为达特殊目的而行的一种集团的统制说的，如从这个意义说，中国当然绝对没有行统制经济的可能，因为中国原是同一政权下的一国。如所谓统制经济是指一国内的有计划的经济，则其先决条件，必要是一切重要生产手段的私有的废止，但是，这不单是不经社会革命就不能做到的，并且也是现今主张行统制经济的人们所未梦想到的。所以现今中国所有种种统制经济的话，完全是东施效颦之类。

第二节　资本蓄积论与过渡期经济

关于资本蓄积论与过渡期经济的关系，现在更没有详论的必要，所以我们也只把这个关系上的几个可以成问题的问题提一提就行了：

A：过渡期经济的再生产的特性的问题　这和资本主义的再生产不同：在资本主义社会内，所谓再生产是一方面产生使用价值，一方面产生资本主义的生产关系本身的再生产，而在过渡期经济的再生产，却是一方面产生使用价值，一方面减少或绝灭资本主义的生产关系，另一方面计划的扩大社会主义的生产关系的再生产。关于这个问题，在苏联曾发生种种异论，有主张过渡期无再生产理论的，有主张过渡期有两个再生产理论即一个资本主义再生产理论，一个社会主义再生产理论的，也有主张过渡期只有社会主义再生产理论的。其实这些都有所偏，真正的性质只如上述。

B：过渡期经济内是否可以完全适用二部门的公式的问题　关于这个问题在苏联也有许多议论，但是，到现在，已经不成问题了：因为过渡期的再生产的性质，既然不同，则二部门公式上所谓 $C+V+M$ 中之 M 当然变了质，当然没有原来的意义了，所以当然不能机械的适用于过渡期经济。

C：再生产表式中的第一部门及第二部门的在计划经济上的意义的问题　关于这个问题，也和第二问题一样，曾经有过许多不同的议论，但是，在今日，则已公认为两个部门的区分是计划经济上不可少的区别，如果没有这种区分，则计划经济的进行层次，就会变得无标准，所以是必要的。但是，在实际上并不是完全照马克思的公式，而是采用他的公式的根本精神，将全生产部门二分之后，更依别的标准，分为 A 类和 B 类等，如第一五年计划所采用的分类那样。

　　D：公式内的 M 的性质在过渡期经济内的意义如何的问题　这和第三篇所述的，剩余价值论可否适用于过渡期经济的议论有关，并且可以随着那个问题的解决而解决，所以这里用不着赘说了。

第六篇　资本经济扬弃论

第一章　资本经济扬弃的必然性

一　资本经济扬弃问题本是极其复杂的问题，决不是几句话可以说明的，并且也不是在这种经济学原理的初步的讲义上应该详细讨论的问题，所以我们在这里只能略示其方向，而不能作详尽的讨论。这个问题大致可以分为四部分来说：（一）资本经济扬弃的必然性问题，（二）扬弃过程如何的问题，（三）扬弃后的社会如何及将来是否还有资本经济再生的可能的问题，（四）中国与资本经济扬弃的关系的问题。

二　根据前面的价值论及剩余价值论，等等，就可以看见资本主义经济的特色就是单纯商品社会的根本矛盾即社会的劳动和私人占有的矛盾所发展出来的，劳动的扩大了的社会性和劳动结果的资本主义的占有二者间的矛盾。其转化的过程是这样，由上述单纯商品社会的矛盾，发生劳动的二重性与商品的二重性，即抽象劳动与具体劳动间的对立并使用价值与价值的对立，又因为这两种对立的发展和解决而发生特殊商品的货币。有了货币以后，又必然发生资本及特殊商品的劳动力，因而产生了剩余价值的剥削。而剩余价值一旦成立之后，却又必然发生相对的人口过剩和平均利润低下，并且剩余价值的剥削的反面还必然有资本聚中及资本集中并与此相伴随的生产聚中与生产集中。因此必然一方面使生产规模日大，使生产手段部门的发展速于消费资料部门的发展，另一方面必然使工农大众日益贫化，结果必然使生产量大于消费量，必然使生产过剩而发生恐慌。在恐慌必然的循环过程中，必然有独占金融资本的很快的长成和它的向外的发展，因此必然会发生帝国主义的战争，必然会发生更大的恐慌，结局弄得资本本身朽腐而发生种种使生产力停滞的现象，必然使它们集合起来而变为资本主义的一段的危机。最后必然更由这危机当中发生这一次的危机的世界大恐慌。并且据第五篇所述，还是一种经过了螺旋式的转化的恐慌，还是程度极深，范围极广，用尽方法都无从解消，最后必于武力重分殖民地即实行帝国主义的战争及工农大众用革命力量推翻资本主义的基础，两个方法之中，实现其一，才能被解消的异常的恐慌。但是，无论在二者之中，实现哪一个方法，然而结果总是同样的：资本主义的生产必然的被扬弃而成为另一种社会。因为在工农大众起来革命时，不消说，必然像苏联一样，形成一种过渡期经济，就是在帝国主义第二次世界大战实现时，其结果还是必然会酿成工农大众的革命，不过前者是直接的，后者是绕弯的而已。

像这样，根据资本经济的内部矛盾——指由单纯商品经济内的根本矛盾起，经过种种现象形态及转化的发展形态，一直到资本主义的一般危机期的一般危机恐慌中的种种矛盾上的种种内部矛盾——必然发生的资本经济的扬弃，这件事，就叫做资本经济的扬弃的必然性。所以资本经济的必然扬弃，不是某个人或某几个人的理想或希望，也不是可以由外在的原因偶然降临的事实，而是资本经济的内部矛盾的必然发展的一种结果，一种无论经过多少弯曲，最终却必然会归到那里去的结果。

第二章　资本经济扬弃的过程

一　资本经济的扬弃，如上章所述，虽是必然的，然而它却不是自然生长的，它的发现当然应该和一切社会现象一样，还有它的必要条件，必要的契机，及必要的推进力的比较估计，所以还应该进一步加以考察的，并且它的发生的时期，从全世界说，是不是齐一的，它的经过期间的长短如何，等等问题，也都有考察的必要。我们且依次简单的看一看。

二　资本经济的扬弃的必然性，和其他社会现象上的必然性一样，决不是宿命论的，机械的，自然主义的必然性，而是唯物辩证法的必然性，是在阶级斗争中发现出来，在社会上的各种阶级势力的冲突抗争当中显示出来的必然性。这当然是因为社会关系本身根本上是要通过人类的意识才能发现出来的缘故（虽然并不是按照某一个或某一团人的意识而发现出来）。因为是这样，所以所谓必然性并没有含着毫不参加人为的推动力的意思，倒必须含着要看斗争阶级的推动力如何而定的意思。这样说来，也许有人疑惑，这和必然的意义相反，其实这种疑惑是一种无谓的疑惑，是没有彻底理解唯物辩证论的社会观的人们的无聊的疑惑。因为从唯物辩证论的社会观看来，社会现象的发生发展并消灭，虽然受着生产关系的决定，但是，只因生产关系本身必然是通过人类的有意识的行动而决定的，并且在阶级社会内必然是通过人类的有意识的阶级斗争而决定的，所以所谓决定就必然的会有两个（即所谓两个现实性）：一是有利于支配阶级的决定（在这里是指阶级社会的生产关系说），一是有利于被支配阶级的决定。因此，社会现象的运行也一定有两个相反的动向，并且，这两个动向中到底是哪一个动向实现的问题，也一定要看代表这两个动向的阶级的斗争上的努力如何，才能决定。这是当然之理论，因为，如果不是这样主张，则历史上许多亡国灭种的事实便无从说明，而所谓政治运动，特别是社会主义运动，就没有存在的理由了。

三　因为所谓扬弃的必然性，是要看对于这种扬弃站在利害相反的地位上的两个阶级的斗争的推动力如何而决定的，所以在研究资本经济的扬弃问题的时候，必然要：（一）观察这种扬弃的必要条件并它们成熟与否，　（二）观察这种扬弃的契机是否存在，（三）观察在必要的成熟条件下及契机存在的状况当中，两方面的斗争的推进力量究竟如何：

A：关于必要条件如何及条件成熟与否的问题　据一般说，资本主义的扬弃必须要有两方面的条件：一方面要有人推动，这是主观的条件，一方面要客观的可以容许扬弃的事实存在，这是客观的条件。从主观条件说，资本主义现在是不是有人反对，有人对它的扬弃加着推动力呢？是有的：各国的无产阶级，及正在没落而走入无产阶级队伍里去的小生产者，或尚未没落而生活日苦的小生产者并知识分子，等等的人们都是反对资本主义的，并且其力量很大，所以可以说是主观的条件已成熟了（在俄国大革命以前，一般人对于农民的小生产者能否帮助革命还是怀疑，但是，自革命以后，小生产者的农民能与工人合作革命一事，已不成问题了）。其次，从客观条件说，又可分为两层，第一要看维持资本主义的统治者，在事实上还有不有维持统治的力量，第二要看一般做社会运动的人在客观的事实上是不是能建设社会主义。从第一层看，在现今的一般的危机期中，一方面有深刻恐慌无法解消，一方面仍要扩大军备，可见是没有维持统治的力量了。从第二层看，一般做社会运动的人在得到政权以后能不能向社会主义进行这件事，当然在理论上应看生产规模是否大到已经能供社会主义的生产的建设，生产的组织是否能严密到可以供社会主义的集中的生产管理的程度，一般非资本家阶级的人们的经营能力是否发展到可以负担社会主义的建设的任务的高度，等等来决定的。但是，在苏联五年计划成功以后，这一层已经不成问题了，因为像俄国生产规模那样不发达，生产组织那样欠严密，非资本家阶级那样缺少经营能力的地方，尚能有效的向社会主义方向建设，则在其他生产规模比苏联更大，生产组织比苏联更严密，非资本家阶级的经营能力比苏联更大的地方，更不必说了。这样说来，可见资本主义经济扬弃的客观条件，也是已经成熟了。

　　B：关于资本经济的扬弃的契机是否存在的问题　条件的成熟与否，虽然大抵足以卜扬弃的客观性的存否，但是，只管条件成熟，如果不加上契机，则资本经济的扬弃运动还是未必能现实的进行起来（这犹如只有汽车，汽油和开车的人种种必要条件，而没加上推动力的契机时，汽车机关仍然不会运转，汽车的运动仍然不会实现一样），所以我们应该于必要条件之外，更看看资本经济扬弃上所必要的推动的契机是否存在。不过，在事实上我们可以看见，现在不但条件成熟，而且契机存在。笼统说来，世界空前的一般危机时期的世界恐慌就是契机；分析来说，资本经济扬弃的契机，就是世界恐慌所养成的四种斗争的存在：（一）帝国主义间的斗争是第一个契机，因为它们虽是怕战，却又努力备战，所以将来还是得出于一战，然而一战则社会主义运动便必然会勃兴起来。（二）第二个契机是劳动者对资本家的阶级斗争，这是自明的。（三）帝国主义与殖民地及半殖民地间由剥削而起的斗争，是第三个契机，因为，如前述，这种斗争一方面是必然要发生的，一方面又必然可以减少帝国主义者的利润，引起第一及第二种斗争的。（四）帝国主义对于社会主义国家的斗争是第四个契机，因为，这种斗争在帝国主义看，虽是一个解消恐慌的方法，因此，如前述，这也是它们必然趋向的路径之一，然而这种斗争足以引起资本经济的扬弃运动的进行，又是很明显的。

　　C：关于在上述的成熟条件下及契机存在中的两方面的斗争的力量究竟如何的问题，条件成熟，契机存在，则资本经济扬弃的运动便能现实的进行了。但是扬弃运动的进行，还不是扬弃的必然的实现，所以还应该看看两方面的斗争的力量到底如何。从这一层说，我们显然可以看见在反资本主义方面的力量是工人农民及殖民地与半殖民地的人（内中虽有尚无反资本主义的意识的，但只要主导方面领导得法，他们是可以相从的，他们在主观方面虽不自觉，但客观方面是可以被推动的），从人数看，反对资本主义的人的数目是较多的。但，光是人多还不行，还要看他们的力量如何才行。

力量的大小，从一般说，先要看经济上的力量如何。经济上的力量当然大部分是资本家所有的，所以资本家的势力很大，但是，只因在事实上实行生产的人只是工人与农民，所以经济上的实权还是在他们手中，若是全体罢工，他们的力量也是很大的，这是说经济上也有力量。再从武力看，则因当兵的都是农民及无产阶级，所以号令虽是在资产阶级方面，而实力则在农民及无产阶级的手中，只要领导得法，这种武力就可以转化为反资本主义的武力。这是说有武力。再看组织如何，这是要看两方面的自觉的程度如何，因为哪一方面自觉大，哪一方面组织就较有力，究竟哪一方面较有自觉，究竟谁的组织力强？这是很难说的。不过，资产阶级本身，从一般说，是利己主义的，并且常因保有巨大财产而顾虑甚多，在内部常有冲突，所以自觉心较少。而与资本阶级相对待的主力的无产阶级，却是本无所有，不怕损失，要失，也不过失掉一条锁链而已，所以照这样一看，反资本主义方面的自觉力较大些，所以组织力较强。

由此看来，可知斗争的力量从经济力，武力及意志力即斗志三方面看来，在实际上都是反资本主义方面的力量强些，所以在这个使资本经济继续或使其扬弃的斗争当中，反资本主义方面是较有胜算的。固然斗争的胜负，往往会因许多偶然的原因而有变动，不能完全预测，然而在全体的过程上却是反资本主义方面较有胜利的把握，即使在这一次危机恐慌中，资产阶级竟获意外胜利，但终局必定是社会主义方面得胜的，因为照前述，资本主义老朽了，无法返老还童，所以在不久的将来终必被扬弃了去。

四　资本经济虽是必然被扬弃，然而必不是整个的全世界资本经济同时被扬弃，正如封建经济的被扬弃，虽是从英国开始，但是，在许多资本主义各国中，还是有些被扬弃，有些尚未被扬弃，那种情形一样。这在今日，已不是理论的问题（在理论上也应该如是，因为一切东西的扬弃必定会先从最弱的部分起），而是事实上已经证明了的，因为苏联一部分在事实上已经把资本主义扬弃了，在现今，因为资本蓄积的不均等发展法则的缘故，有的国家似乎还可以相当长期的维持其资本主义经济，有的情形很坏，便不能长期维持了，如像德国，就有不能维持的情形，所以继苏联而起的，首先恐怕就是德国，因为德国扬弃资本主义可能性是充分存在的。英法资本经济的扬弃也许更慢，但也是可能的。美国照最近情形看也是资本经济的扬弃条件成熟了的，不过，因为它物资较丰富，而且易供它剥削的中南美诸国近在它的势力圈内，所以尚有进一步增加蓄积的可能性，因此，它的资本经济的被扬弃，也许最慢。

五　资本经济的被扬弃的过程的长短，即扬弃的完成所需的期间的长短，当然也是随各国过去的资本蓄积的不均等发展而有不同的。不过，从一般说来，这个扬弃过程的期间即所谓过渡期间（由资本经济走到非资本经济去的过渡期间）也一定"不是以年计的，而是以几个十年计的"。因为，不但从理论上看，一则这个从资本经济到非资本经济去的转换，在内容的复杂程度上和范围的广狭上，都迥胜过由封建经济到资本主义去的转换，而后一个转换却是经过相当的年月的，二则资本经济的拥护者即应被扬弃的资本家阶级的力量，从大体说，又远过于从前应被扬弃的封建的统治阶级，所以资本经济的被扬弃过程期间必然应该很长；并且就从苏联的过去的经验看，从一九一七年起，到一九三二年止，经过十五年的经营，才仅能奠稳过渡期经济的基础，如想终结过渡期，即照苏联的当局自己说，最平稳做下去，也应该还有十年，即不到第二五年计划及第三五年计划完成时（即整个"大计划"完成时）不可，从全体说，即是说，非有二十五年的经过不可，所以这个过渡期间很明显的是相当的长期间。

第三章　扬弃后的社会和资本经济的再生的可能性问题

一　资本经济的必然扬弃，当然还含着：（一）扬弃后的新社会是一种什么社会，（二）资本经济的扬弃是永远的扬弃，还是一时的扬弃，即是否资本经济在将来还能再生的问题，二者在内。关于这种问题，我们在这里不能详细述说，只说其要旨。

扬弃后的新社会是什么社会，这个问题的答解，从理论上说，应该根据资本经济的现有的经济基础去找，不能凭理想或幻想去找。如果根据现有基础去找，则这个解答只能有一个：扬弃后的新社会是社会主义社会。为什么呢？因为从一般说，人类的生产技术是不能退后的，人类的欲望也是只有增进而不能减少的，人类的目的意识又是日益明显，日益发达的，所以在资本经济的末期的人类所获的生产技术和这时人类所得到的物质的满足，必然为人类的日益明显发达的目的意识所绝对不能抛弃的，因此，资本经济末期的大规模的复杂的生产技术及高度的物质生活的满足，无论社会形态怎样变迁，必定要保存下去。然而，如果把这些东西保存着，而把资本经济的生产关系即人剥削人，人统治人的现象扬弃了去，则结果就只是社会主义的社会了。从反面说，新社会决不能够是无政府主义者所幻想的自由的小农业生产的社会，也决不能是法西斯主义者所想象的新封建社会。这不但理论上是如此，并且，苏联的历史已经给了一个明白的证明。

二　至于资本经济是否在新社会内可以再生的问题，因为这完全是很远的将来的问题，目前找不出确实的论据，所以很难作决定的答解。不过，如果我们相信人类的目的意识是日益明显，日益发达的，如果相信将来的新社会就是社会主义社会，是一种技术更发展，需要更满足，分子更有自觉的社会，如果我们相信本讲义全部所说的资本经济的发生发展和消灭是必然的，如果我们相信人类的发展是螺旋式的，一级高过一级的发展，则资本主义在将来的新社会内的再生当然是不可能的。

第四章　中国与资本经济的扬弃

如照前几篇的原则说来，我们在这里还得考察中国和资本经济的扬弃的关系，问一问，中国经济在这种资本经济扬弃的过程中，是不是也会被扬弃。当然，要解答这个问题，先要问中国经济是不是资本主义的经济。关于这个先决问题，前面已说过，因无统计，很难答复，但是，无论如何，无论中国经济是资本主义经济也好，是封建经济也好，是初期资本主义的经济也好，总之，中国处于半殖民地的地位一层，却是确定的，因此，我们可以适用半殖民地的一般法则。从一般说，半殖民地经济是与资本主义经济同其运命的。既然资本主义经济必然被扬弃，中国经济自然也必然的被扬弃，所差的，不过是比资本主义经济成熟的地方，在扬弃过程中，更要多受苦难一层而已。总之，无论如何，中国的经济不会走到金融独占的帝国主义的阶段去，这一层却是绝对可靠的。既然中国的半殖民地的经济的运命是随资本主义经济的运命而被解决的，所以要想用追踪帝国主义的办法，去富国强兵，那完全是违背历史发展方向的，走不通的办法。只有向扬弃资本经济，建设更进步的更好的社会主义的经济走的路线，才是走得通的路线。

　　（以上故任右民君笔记）